뚝딱뚝딱 파이썬 자동화

다양한 연습 프로젝트를 통해 익히는 단순 반복 작업 해결 전략

뚝딱뚝딱 파이썬 자동화:
다양한 연습 프로젝트를 통해 익히는 단순 반복 작업 해결 전략

초판 1쇄 발행 2021년 7월 28일 **지은이** 알 스웨이가트 **옮긴이** 이제혁 **펴낸이** 한기성 **펴낸곳** (주)도서출판인사이트 **편집** 송우일 **제작·관리** 신승준, 박미경 **용지** 에이페이퍼 **출력·인쇄** 에스제이피앤비 **제본** 서정바인텍 **등록번호** 제2002-000049호 **등록일자** 2002년 2월 19일 **주소** 서울시 마포구 연남로5길 19-5 **전화** 02-322-5143 **팩스** 02-3143-5579 **블로그** http://blog.insightbook.co.kr **이메일** insight@insightbook.co.kr **ISBN** 978-89-6626-321-9 책값은 뒤표지에 있습니다. 잘못 만들어진 책은 바꾸어 드립니다. 이 책의 정오표는 http://blog.insightbook.co.kr/에서 확인하실 수 있습니다.

뚝딱뚝딱 파이썬 자동화

다양한 연습 프로젝트를 통해 익히는 단순 반복 작업 해결 전략

알 스웨이가트 지음 | 이제혁 옮김

no starch
press

의사이트

지은이 소개

알 스웨이가트(Al Sweigart)는 소프트웨어 개발자이며 기술 서적 저자이기도 하다. 제일 좋아하는 프로그래밍 언어는 파이썬이며, 실제로 몇 가지 오픈 소스 모듈을 개발하기도 했다. 그가 집필한 책들은 크리에이티브 커먼즈 라이선스에 따라 그의 웹 사이트인 *https://inventwithpython.com/*에서 자유롭게 볼 수 있다. 그의 고양이는 현재 무게가 5kg이다.

기술 검토자 소개

필립 제임스(Philip James)는 10년 넘게 파이썬과 관련된 일을 해 왔으며, 파이썬 커뮤니티에서도 자주 발표를 한다. 주제는 유닉스 기초부터 오픈 소스 소셜 네트워크까지 다양하다. 그는 비웨어(BeeWare) 프로젝트에서 핵심적인 역할을 했고, 현재 배우자인 닉(Nic)과 그녀의 고양이 리버(River)와 함께 샌프란시스코 베이 에어리어에 살고 있다.

차 례

4장 리스트   87

2부 작업 자동화하기   181

8장 입력값 검증하기

9장 파일 읽고 쓰기

11장 디버깅   289

옮긴이의 글

파이썬은 직관적이고 간결한 프로그래밍 언어다. 다른 프로그래밍 언어를 사용해 본 사람들은 간단한 작업을 수행하기 위해 긴 명령어를 입력했던 경험이 있을 것이다. 이렇게 복잡하고 어려운 문법 때문에 일반 대중은 프로그래밍을 어렵게 느낀다. 하지만 파이썬 문법은 훨씬 더 간결하고 직관적이어서 일반 대중도 비교적 쉽게 이해할 수 있다. 이는 많은 사람이 파이썬으로 프로그래밍에 입문하는 이유이기도 하다.

이 책은 파이썬 입문자들을 위한 책이다. 이 책은 먼저 파이썬 언어에 대한 기초 지식을 설명하며, 그 후에는 여러 가지 예를 통해 프로그램을 구조화하는 방법을 설명한다. 이 책에서 나오는 예제는 대부분 우리가 실생활에서 수행하는 다양한 작업을 자동화하는 방법을 다루고 있다. 이러한 예들을 통해 프로그래밍을 실생활에서 활용할 수 있는 분야가 얼마나 많은지 알게 될 것이며, 멀게만 느껴졌던 프로그래밍을 조금 더 가깝게 느낄 수 있을 것이다.

거듭 강조하지만 파이썬의 큰 장점 중 하나는 간결하고 직관적이라는 점이다. 이로 인해 프로그래밍 언어의 문법을 이해하는 시간과 실제로 프로그래밍을 하는 데 필요한 노력을 줄일 수 있다. 이러한 특성 덕분에 숙련된 프로그래머가 아닌 일반인들이 단순한 작업을 자동화하는 간단한 프로그램을 만들 때 비교적 적은 시간과 노력이 소요된다. 즉, 업무를 효율적으로 수행하는 프로그램을 효율적으로 만들 수 있을 것이다. 이 책이 파이썬 언어를 익히고 실생활에서 활용하고자 하는 많은 사람에게 도움이 되길 바란다.

감사의 말

독자들이 표지에 내 이름만 있는 걸 보고 마치 내가 모든 작업을 오롯이 다했다고 오해할지도 모르겠다. 그러나 많은 사람의 도움이 없었다면 나는 이 책을 쓰지 못했을 것이다. 책의 발행인 Bill Pollock과 편집자 Laurel Chun, Leslie Shen, Greg Poulos, Jennifer Griffth-Delgado, Frances Saux와 더불어 노 스타치 출판사 모든 직원의 많은 도움에 감사드린다. 또한, 이 책의 기술적인 부분을 검토해 준 Ari Lacenski와 Philip James의 귀중한 조언과 편집 그리고 도움에 감사드린다.

파이썬 소프트웨어 재단의 모든 관계자에게도 감사드린다. 파이썬 커뮤니티는 내가 알고 있는 기술 커뮤니티 중 최고다.

마지막으로 이 책을 집필하느라 바빴던 것을 이해해 준 내 가족과 친구 그리고 쇼트웰(Shotwell)의 일당들에게 감사하고 싶다. 건배!

들어가는 글

"우리 세 명이 이틀이나 걸려서 한 일을 네가 단 두 시간 만에 끝냈어." 내 대학 시절 룸메이트는 2000년대 초반 전자 제품 소매점에서 일하고 있었다. 때때로 그 상점에서는 다른 상점들에서 온 수많은 제품의 가격이 적혀 있는 스프레드시트를 받았다. 직원 세 명으로 이루어진 팀이 그 스프레드시트를 출력한 두꺼운 종이 더미를 나눠서 각 제품 가격마다 자기 상점 가격을 찾아보고, 경쟁사에서 더 싸게 판매하는 상품은 전부 적어 두었다. 이 작업은 보통 며칠이 걸렸다.

종이가 여기저기 흩어지고 쌓여 있는 바닥에 직원들이 앉아 있는 모습을 보고, 내 룸메이트는 "출력물의 원본 파일만 있다면, 이 작업을 하는 프로그램을 만들 수 있어"라고 말했다.

몇 시간이 지난 뒤, 그는 원본 파일에서 경쟁사 가격을 읽고 상점의 데이터베이스에서 각 상품을 찾은 다음, 경쟁사 가격이 더 싼 제품을 표시하는 짧은 프로그램을 작성했다. 당시에 내 룸메이트 또한 프로그램에 익숙하지 않아서 프로그래밍 책에서 관련 내용을 찾는 데 시간을 대부분 소모했다. 실제 프로그램을 실행하는 데 걸린 시간은 단 몇 초였다. 내 룸메이트와 그의 동료들은 그날 긴 점심시간을 보냈다.

이것이 컴퓨터 프로그래밍의 힘이다. 컴퓨터는 수많은 종류의 작업을 위해 다양하게 구성할 수 있는 스위스 군용 칼과 같다. 컴퓨터에 올바르게 지시만 내리면 몇 초 안에 할 수 있는 반복 작업을, 몇 시간에 걸쳐 클릭하고 입력하는 과정을 거쳐 수행하는 사람이 수두룩하다.

이 책의 대상 독자

소프트웨어는 우리가 요즘 사용하는 다양한 도구의 핵심 역할을 한다. 대부분의 사람들이 소통을 위해 소셜 네트워크를 사용하고, 인터넷에 연결된 컴퓨터나 다름없는 휴대 전화를 갖고 있으며, 대부분의 사무 업무에 컴퓨터를 사용한다. 결과적으로 코딩을 할 줄 아는 사람들에 대한 수요가 폭증하게 되었다. 수많은 책, 인터랙티브 웹 튜토리얼, 개발자 부트 캠프 등이 야심 찬 프로그래밍 초보자들을 억대 연봉을 받는 소프트웨어 엔지니어가 되게 해 주겠다고 장담하고 있다.

이 책은 그러한 사람들을 위한 책이 아니다. 이 책은 모두를 위한 책이다.

기타 레슨을 몇 번 수강했다고 일반인이 록 스타가 되지 않듯이 이 책만으로 일반인이 전문적인 소프트웨어 개발자가 될 수는 없다. 그러나 여러분이 사무직, 행정직, 교육직에 종사하거나 컴퓨터를 재미로 사용하는 사람이라면 이 책이 다음과 같은 간단한 작업들을 자동화할 수 있는 프로그래밍 기초를 배우는 데 도움이 될 것이다.

- 수많은 파일의 이동 및 이름 바꾸기 그리고 폴더로 정렬
- 온라인 양식 작성하기(타자 없이)
- 업데이트될 때마다 웹 사이트에서 파일을 다운로드하거나 텍스트를 복사하기
- 지정된 알림을 문자로 알리도록 컴퓨터에 시키기
- 엑셀 스프레드시트 업데이트하기 또는 서식 지정하기
- 이메일 확인하기 및 미리 작성된 답장 발송하기

이러한 작업들은 간단하지만 사람이 수행하려면 시간이 많이 걸린다. 그뿐 아니라 사소하고 너무 특정한 작업이라 이러한 작업을 수행할 소프트웨어가 거의 없다. 그러나 프로그래밍 지식을 약간만 갖추면, 컴퓨터가 이러한 작업을 하도록 만들 수 있다.

코딩 관례

이 책은 참조 매뉴얼이 아니라 초보자들을 위한 안내서로 기획했다. 이 책에 있는 코딩 스타일은 때로는 모범적인 사례에 맞지 않는다(예를 들어 전역 변수를 사용하는 프로그램이 있다). 그러나 이는 초보자들이 코드를 더 쉽게 학습하게 하기 위한 선택이다. 이 책은 일회성 코드를 작성하려는 사람들을 위한 책이기 때문에 좋은 코드를 작성하는 방법이나 코딩 스타일은 많이 설명하지 않는다. 객체 지향 프로그램, 리스트 조건 제시법(list comprehension), 제너레이터(generator)와 같은 복잡한 프로그래밍 개념은 이 책에서 다루지 않는다. 숙련된 프로그래머들은 이 책에 있는 코드들이 효율성이 낮기 때문에 이를 향상시키기 위해 코드를 바꿔야 한다고 지적할지도 모르겠다. 그러나 이 책은 최소한의 노력으로 작동하는 프로그램을 만드는 데 초점을 두고 있다.

프로그래밍이란 무엇인가?

텔레비전이나 영화에 나오는 프로그래머들은 빛나는 화면에 정체 모를 0과 1을 맹렬하게 입력하는 모습을 보여 주지만, 현재 프로그래밍은 그 정도로 신비하지 않다. 프로그래밍이란 단순히 컴퓨터가 작동하도록 지시 사항을 입력하는 행위를 말한다. 이 지시 사항에는 숫자 처리나 텍스트 수정, 파일에서의 정보 검색 또는 인터넷을 통한 다른 컴퓨터와 통신 등의 동작들이 포함된다.

모든 프로그램은 다음과 같은 기초적인 명령으로 구성되어 있다. 명령은 다음과 같은 예처럼 사용된다.

- "이것을 하라. 그리고 나서 저것을 하라."
- "이 조건이 맞는다면 이 동작을 수행하라. 그렇지 않다면 저 동작을 수행하라."
- "이 동작을 27번 반복하라."
- "이 조건이 만족될 때까지 저 동작을 계속 수행하라."

이러한 명령들을 조합하여 더 복잡한 의사 결정을 하는 과정을 구현할 수 있다. 다음 예는 파이썬 언어로 작성된 간단한 프로그램의 소스 코드다. 파이썬 소프트웨어가 코드의 제일 위에서부터 시작해 제일 아래에 다다를 때까지 각 줄을 실행한다(몇몇 줄은 어떤 조건이 참일 경우에만 실행되고, 다른 몇몇 줄은 어떤 조건이 거짓일 경우에만 실행된다).

```
passwordFile = open('SecretPasswordFile.txt')                         ❶
secretPassword = passwordFile.read()                                  ❷
print('Enter your password.')                                         ❸
typedPassword = input()
if typedPassword == 'secretPassword':                                 ❹
    print('Access granted')                                          ❺
    if typedPassword == '12345':                                     ❻
        print('That password is one that an idiot puts on their luggage.')   ❼
else:
    print('Access denied')                                           ❽
```

프로그래밍에 대해 전혀 몰라도 단순히 코드를 읽다 보면 어떠한 일을 하는 코드인지 그럴 듯한 추론을 할 수 있을 것이다. 먼저 SecretPasswordFile.txt 파일을 열고(❶) 그 안의 비밀번호를 읽는다(❷). 그 후 사용자에게 키보드로 비밀번호를 입력하라고 요청하고(❸) 두 비밀번호를 비교한(❹) 뒤 두 비밀번호가 같으면 'Access granted'라는 메시지를 화면에 출력한다(❺). 그리고 나서 사용자가 입력한 비밀번호가 12345라면(❻), 이 비밀번호는 사용하기에 적합하지 않다고 알려 준다(❼). 두 비밀번호가 다르다면 프로그램은 화면에 'Access denied'라는 메시지를 출력한다(❽).

파이썬이란 무엇인가?

파이썬은 프로그래밍 언어(유효한 파이썬 코드로 간주되기 위해 필요한 구문 규칙을 따르는)로 파이썬 인터프리터 소프트웨어가 파이썬 언어로 작성된 소스 코드를 읽고 그 지시 사항을 수행한다. 파이썬 인터프리터는 *https://python.org/*에서 무료로 다운로드할 수 있으며 리눅스, 맥OS, 윈도우에 적합한 버전이 있다.

파이썬이란 이름은 뱀이 아니라 전설적인 영국의 코미디 그룹인 몬티 파이썬(Monty Python)에서 유래했다. 파이썬 프로그래머들은 파이써니스타(Pythonistas)라는 애칭으로 불리며, 몬티 파이썬과 뱀에 관한 언급은 파이썬 튜토리얼과 문서 여러 군데에 가미되어 있다.

프로그래머가 수학을 많이 알아야 할 필요는 없다

사람들이 프로그래밍에 두려움을 느끼는 가장 큰 이유는 수학이 많이 필요하다는 생각 때문이다. 그러나 대부분의 프로그래밍은 간단한 연산 이상의 수학이 필요 없다. 사실 프로그래밍을 잘한다는 것은 스도쿠 퍼즐을 잘한다는 것과 비슷하다.

스도쿠 퍼즐은 전체 9×9 보드와 그 안에 있는 3×3 정사각형의 모든 행과 열에 1부터 9까지의 숫자가 존재하도록 숫자를 채워 넣는 퍼즐이다. 시작할 때 숫자 몇 개가 미리 주어지면, 각 행과 열에서 주어진 숫자를 제외하고 숫자를 채워 가면서 해답을 찾게 된다. 그림 0-1의 퍼즐에서 5가 첫 번째와 두 번째 행에 존재하기 때문에 이 행에 5라는 숫자는 더 이상 존재할 수 없다. 그러므로 맨 오른쪽 위에 있는 3×3 격자에서는 5가 세 번째 행에 존재해야 한다. 또한, 전체 보드를 기준으로 마지막 열에는 5가 존재하기 때문에 5는 앞의 3×3 격자의 6이라는 숫자의 왼쪽 열에 존재해야 한다. 행과 열, 격자를 하나씩 풀어 가면 나머지 퍼즐에 대한 단서를 찾게 되고 이를 기반으로 다른 행, 열, 격자를 풀어서 곧 전체 퍼즐을 다 풀 수 있을 것이다.

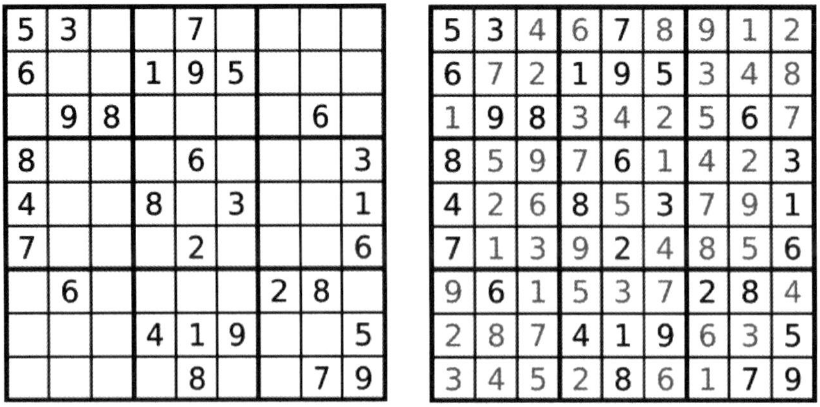

그림 0-1 새로운 스도쿠 퍼즐(왼쪽)과 정답(오른쪽). 숫자를 활용한 퍼즐이지만 수학 지식은 많이 필요 없다.
(그림 저작권: 위키미디어 커먼즈).

스도쿠 퍼즐이 숫자를 사용한다고 해서 이를 풀기 위해 수학적 지식이 많이 필요하지는 않다는 점을 살펴봤다. 프로그래밍도 마찬가지다. 스도쿠 퍼즐을 푸는 것과 마찬가지로 프로그램을 작성하는 데도 어떤 문제를 개별적이고 자세한 단위로 나누는 과정이 포함된다. 비슷하게, 프로그램 디버깅(문제를 찾고 고치는 행위)은 프로그램이 어떻게 동작하는지 참을성 있게 관찰하고 문제의 원인을 찾는 것이다. 문제를 푸는 기술도 프로그램을 많이 작성할수록 더 향상될 것이다.

프로그래밍을 배우기에 늦은 나이는 없다

사람들이 프로그래밍에 두려움을 느끼는 두 번째 흔한 이유는 프로그래밍을 배우기에는 나이가 너무 들었다고 생각하는 것이다. 사람들이 인터넷에 남긴 댓글들을 보면 자신이 이미 스물세 살이나(헉!) 되어서 프로그래밍을 배우기에는 너무 늦었다고 한다. 이는 프로그램을 배우기에 절대로 '늦은' 나이가 아니다. 더 늦은 나이에 배우는 사람도 많다.

유능한 프로그래머가 되기 위해 꼭 어릴 때부터 프로그래밍을 시작할 필요는 없다. 그러나 사람들에게 프로그래머는 어릴 때부터 신동이라는 이미지가 있다. 불행히도, 나 또한 초등학교 때 프로그래밍을 시작했기 때문에 이러한 미신에 일조하고 있다.

그러나 1990년대에 비해 오늘날에는 프로그래밍을 배우기가 훨씬 쉽다. 요즘에는 많은 책이나 검색 엔진과 더불어 온라인 질답 웹 사이트가 있다. 그리고 무엇보다 프로그래밍 언어가 이전보다 훨씬 사용자 친화적이다. 이러한 이유로, 내가 초등학교부터 고등학교를 졸업할 때까지 배운 것들을 요즘은 불과 몇 주

내에 배울 수 있다. 즉, 내가 프로그래밍을 배우기 시작하던 환경은 별로 좋은 환경이 아니었다.

프로그래밍에 대해 '성장하는 마음가짐'을 갖는 것이 중요하다. 다시 말해, 프로그래밍 기량이 연습을 통해 발전할 수 있다는 점을 이해해야 한다. 타고난 프로그래머가 아니고 지금 프로그래밍을 못한다고 해서 영원히 전문가가 되지 못한다는 것은 아니다.

프로그래밍은 창작 활동이다

프로그래밍은 그림 그리기, 글쓰기, 뜨개질이나 레고 성 만들기 같은 창작 활동이다. 빈 캔버스에 그림을 그리는 것처럼 소프트웨어를 만드는 데는 많은 제약이 있지만 무한한 가능성이 존재한다.

프로그래밍이 다른 창작 활동과 다른 점은 창작에 필요한 모든 재료가 컴퓨터에 들어 있다는 것이다. 캔버스, 페인트, 뜨개실, 레고 블록 또는 전자 부품 등을 구입할 필요가 없다. 10년 전 컴퓨터도 프로그램을 작성하는 데 아무런 문제가 없다. 한 번 프로그램을 작성하면 몇 번이고 완벽하게 복제할 수 있다. 니트 스웨터는 한 번에 한 사람만 입을 수 있지만, 유용한 프로그램은 온라인으로 전 세계에 쉽게 공유할 수 있다.

책 소개

이 책의 1부에서는 기본적인 파이썬 프로그래밍의 개념을, 2부에서는 컴퓨터가 자동화할 수 있는 작업들에 대해 다룰 것이다. 2부의 각 장에는 과제 프로그램들이 있다. 다음은 각 장에서 다루는 내용을 간략하게 요약한 것이다.

1부 파이썬 프로그래밍 기초

1장 파이썬 기초 표현식, 파이썬 명령문의 가장 기초적인 타입 그리고 파이썬 대화형 셸 소프트웨어를 활용하는 방법을 설명한다.

2장 흐름 제어 코드가 조건에 따라 실행할 명령문을 결정하는 프로그램을 작성하는 방법을 설명한다.

3장 함수 함수를 직접 정의하여 코드를 관리하기 쉬운 덩어리로 구조화하는 방법을 설명한다.

4장 리스트 리스트 자료형을 소개하고 데이터를 구조화하는 방법을 설명한다.

5장 딕셔너리와 데이터 구조화 딕셔너리 자료형을 소개하고 데이터를 구조화하기 위한 더 강력한 방법을 소개한다.

6장 문자열 조작하기 텍스트 데이터(파이썬에서는 문자열이라고 부른다)를 다루는 방법을 소개한다.

2부 작업 자동화하기

7장 정규 표현식으로 패턴 대조하기 파이썬으로 문자열을 조작하는 방법과 정규 표현식으로 텍스트 패턴을 검색하는 방법을 설명한다.

8장 입력값 검증하기 사용자가 프로그램에 입력하는 정보가 프로그램을 실행할 때 문제를 불러일으키지 않는 형식인지 검증하는 방법을 소개한다.

9장 파일 읽고 쓰기 프로그램이 텍스트 파일로부터 내용을 읽고 정보를 드라이브에 있는 파일에 저장하는 방법을 설명한다.

10장 파일 정리하기 파이썬으로 사람보다 훨씬 빨리 많은 수의 파일을 복사하고 옮기고 이름을 바꾸고 삭제하는 방법을 소개한다. 또한, 파일 압축과 해제에 대해 설명한다.

11장 디버깅 파이썬의 다양한 버그 탐색, 수정 도구를 소개한다.

12장 웹 스크래핑 웹 페이지의 내용을 다운로드하고 정보를 추출하기 위해 구문 분석(parse)하는 프로그램을 작성하는 방법을 설명한다.

13장 엑셀 스프레드시트 다루기 엑셀 스프레드시트를 일일이 읽지 않고 조작하는 방법을 설명한다. 이는 읽어야 할 파일이 매우 많을 때 유용하다.

14장 구글 스프레드시트 다루기 파이썬을 활용하여 웹 기반 스프레드시트 애플리케이션인 구글 스프레드시트를 읽고 업데이트하는 방법을 설명한다.

15장 워드 문서와 PDF 파일 다루기 프로그램으로 워드나 PDF 문서를 읽는 방법을 설명한다.

16장 CSV 파일과 JSON 데이터 다루기 프로그램으로 CSV나 JSON 파일 형식의 문서를 조작하는 방법을 설명한다.

17장 시간 관리, 작업 예약, 프로그램 실행 파이썬 프로그램으로 시간과 날짜를 처리하는 방법을 소개하고, 컴퓨터가 특정 시간에 작업을 수행하도록 스케줄링하는 방법을 설명한다. 또한, 파이썬으로 파이썬 기반이 아닌 프로그램을 실행하는 방법을 설명한다.

18장 이메일과 문자 메시지 보내기 사용자를 대신하여 이메일이나 문자 메시지를 보내는 프로그램을 작성하는 방법을 설명한다.

19장 이미지 처리하기 프로그램으로 JPEG나 PNG 파일과 같은 이미지를 처리하는 방법을 설명한다.

20장 GUI 자동화로 키보드와 마우스 제어하기 프로그램으로 마우스 클릭이나 키보드 누르기와 같은 동작을 제어할 수 있는 방법을 설명한다.

부록 A 서드 파티 모듈 설치하기 유용한 추가 모듈로 파이썬의 활용 범위를 넓히는 방법을 설명한다.

부록 B 프로그램 실행하기 윈도우, 맥OS, 리눅스 환경에서 코드 편집기를 활용하지 않고 코드를 실행하는 방법을 설명한다.

부록 C 연습 문제 해답 각 장의 끝에 있는 연습 문제에 필요한 추가 정보와 해답을 제공한다.

파이썬 다운로드 및 설치

윈도우나 맥OS, 우분투에 맞는 파이썬 프로그램을 *https://python.org/downloads/* 에서 무료로 다운로드할 수 있다. 해당 웹 사이트에서 최신 버전의 파이썬을 받으면, 이 책의 모든 프로그램이 정상적으로 실행될 것이다.

> ❗ 반드시 파이썬 3 버전을 받아야 한다. 이 책에 있는 프로그램은 모두 파이썬 3를 기반으로 작성했기 때문에 파이썬 2에서는 정상적으로 실행되지 않을 수 있다.

다운로드 페이지에 32비트와 64비트 컴퓨터 운영 체제를 위한 설치 프로그램이 별도로 있는 것을 볼 수 있다. 따라서 먼저 어떤 설치 프로그램이 필요한지 알아야 한다. 컴퓨터를 2007년이나 그 이후에 구매했다면, 64비트 운영 체제에 해당할 가능성이 높다. 그렇지 않다면 32비트 운영 체제일 가능성이 높지만, 다음과 같은 과정으로 이를 확인하자.

- 윈도우에서는 시작 ▶ 설정 ▶ 시스템 ▶ 정보에서 시스템 종류가 32비트인지, 64비트인지 확인한다.
- 맥OS에서는 이 Mac에 관하여 ▶ 개요 ▶ 시스템 리포트 ▶ 하드웨어에서 프로세서 이름 항목을 본다. 해당 항목의 값이 Intel Core Solo나 Intel Core Duo라면 32비트에 해당한다. 이 외에 다른 값을 갖는다면(Intel Core 2 Duo 포함) 64비트에 해당한다.

- 우분투 리눅스에서는 터미널 창을 열고 uname -m을 실행한다. i686을 출력한 다면 32비트에 해당하고, x86_64를 출력한다면 64비트에 해당한다.

윈도우에서 파이썬 설치 파일을 다운로드하고(파일 이름은 .msi로 끝난다) 더블 클릭하여 실행한다. 설치 프로그램이 화면에 출력하는 지시 사항에 따라 다음과 같이 파이썬을 설치한다.

1. Install for All Users를 선택하고 Next를 클릭한다.
2. 그다음 나오는 창들에서는 기본으로 주어진 옵션들을 그대로 선택하고 Next 를 클릭한다.

맥OS에서는 사용하는 맥OS 버전에 맞는 .dmg 파일을 다운로드하고 더블 클릭하여 실행한다. 설치 프로그램이 화면에 출력하는 지시 사항에 따라 다음과 같이 파이썬을 설치한다.

1. DMG 패키지가 새 창을 열면 Python.mpkg 파일을 더블 클릭한다. 관리자 비밀번호를 입력해야 할 수도 있다.
2. 그다음 나오는 창들에서는 기본으로 주어진 옵션들을 그대로 선택하고, Continue를 클릭하고, 라이선스를 수락하기 위해 Agree를 클릭한다.
3. 마지막 창에서 Install을 클릭한다.

우분투를 사용하고 있다면 터미널에서 다음과 같은 단계로 파이썬을 설치할 수 있다.

1. 터미널 창을 연다.
2. sudo apt-get install python3를 입력한다.
3. sudo apt-get install idle3를 입력한다.
4. sudo apt-get install python3-pip를 입력한다.

뮤 편집기 다운로드 및 설치

파이썬 인터프리터는 파이썬 프로그램을 실행하는 소프트웨어인 반면, 뮤(Mu) 편집기 소프트웨어는 워드 프로세서로 타자를 하는 것과 비슷하게 프로그램을 입력하는 프로그램이다. 뮤 편집기는 *https://codewith.mu/*에서 다운로드할 수 있다.

윈도우나 맥OS에서는 운영 체제에 맞는 설치 프로그램을 다운로드하고 더블 클릭하여 실행하면 된다. 맥OS에서 설치 프로그램을 실행하면 창이 열리고, 창에 들어 있는 뮤 아이콘을 '응용 프로그램' 폴더 아이콘으로 드래그하면 된다. 우분투에서는 뮤를 파이썬 패키지처럼 설치해야 한다. 이 경우라면, 다운로드 페이지의 파이썬 패키지 섹션에서 Instructions 버튼을 클릭해 설치 안내를 참고하라.

뮤 편집기 시작하기

설치가 끝났다면 이제 뮤를 사용해 보자.

- 윈도우 7이나 그 이후 버전에서는 왼쪽 아래 시작 버튼을 누르고 검색 상자에서 Mu라고 입력하고 선택한다.
- 맥OS에서는 파인더(Finder) 창을 열고 '응용 프로그램' 폴더를 클릭하고, mu-editor를 클릭한다.
- 우분투에서는 터미널을 실행한 후 `python —m mu`를 입력한다.

뮤를 처음 실행하면 모드 창 선택에서 Adafruit Circuit Python, BBC micro:bit, Pygame Zero, Python 3 옵션이 나타난다. 여기서 Python 3를 선택한다. 편집기 창 위쪽에 있는 모드 버튼을 클릭해서 언제든지 모드를 바꿀 수 있다.

 이 책에서 활용하는 서드 파티 모듈을 설치하기 위해서는 버전 1.1.0이나 그 이후 버전의 뮤를 설치해야 한다. 이 책을 쓰는 현재 1.1.0은 알파 릴리스 상태이고, 별도 페이지 (https://github.com/mu-editor/mu/releases/)에서 받을 수 있다.

IDLE 시작하기

이 책에서는 뮤를 편집기와 대화형 셸로 사용한다. 그러나 파이썬 코드를 작성하기 위해 어떠한 종류의 편집기를 사용해도 좋다. IDLE(Interactive Development and Learning Environment) 소프트웨어를 파이썬과 함께 설치하여 뮤가 정상적으로 설치되지 않거나 실행되지 않을 때 대안으로 사용할 수 있다. IDLE을 시작해 보자.

- 윈도우 7이나 그 이후 버전에서는 왼쪽 아래 시작 버튼을 클릭하고 검색 창에서 IDLE을 입력하여 IDLE(Python GUI)을 선택한다.
- 맥OS에서는 파인더 창에서 '응용 프로그램' ▶ Python 3.8을 선택하고 IDLE 아이콘을 클릭한다.
- 우분투에서는 터미널 창을 열고 idle을 입력한다.

대화형 셀

뮤를 실행하면 파일 편집기라는 창이 열린다. REPL 버튼을 클릭하면 대화형 셀을 열 수 있다. 이는 맥OS의 터미널이나 윈도우의 명령 프롬프트처럼 컴퓨터에 명령어를 직접 입력할 수 있게 하는 프로그램이다. 파이썬의 대화형 셀에서 파이썬 인터프리터가 실행할 수 있는 명령어를 직접 입력할 수 있다. 컴퓨터는 명령어를 읽고 즉시 실행한다.

뮤에서 대화형 셀은 전체 창의 아래에 위치해 있다.

```
Jupyter QtConsole 4.3.1
Python 3.6.3 (v3.6.3:2c5fed8, Oct 3 2017, 18:11:49) [MSC v.1900 64 bit (AMD64)]
Type 'copyright', 'credits' or 'license' for more information
IPython 6.2.1 -- An enhanced Interactive Python. Type '?' for help.

In [1]:
```

IDLE을 실행했을 때 가장 먼저 나타나는 창은 대화형 셀 창이다. 다음과 같은 텍스트만 빼면 거의 비어 있는 상태다.

```
Python 3.8.0b1 (tags/v3.8.0b1:3b5deb0116, Jun 4 2019, 19:52:55) [MSC v.1916 64 bit (AMD64)] on win32
Type "help", "copyright", "credits" or "license" for more information.
>>>
```

In [1]:과 >>>는 프롬프트라고 부른다. 대화형 셀에서는 >>>가 더 보편적이기 때문에 이 책에서는 대화형 셀의 프롬프트로 >>>를 사용한다. 터미널이나 명령 프롬프트에서 파이썬을 실행할 때도 >>>를 프롬프트로 사용한다. 또 다른 유명한 파이썬 편집기인 주피터 노트북(Jupyter Notebook)에서는 In [1]:을 프롬프트로 사용한다.

예를 들어 대화형 셀의 프롬프트에 다음과 같이 입력해 보자.

```
>>> print('Hello, world!')
```

이와 같이 입력하고 엔터를 누르면 대화형 셸은 다음과 같이 화면에 실행 결과를 출력한다.

```
>>> print('Hello, world!')
Hello, world!
```

이 예는 사용자가 컴퓨터에 명령을 내리면 컴퓨터가 그 명령을 수행한 결과를 나타낸다.

서드 파티 모듈 설치하기

몇몇 파이썬 코드는 모듈을 불러와야 한다. 몇몇 모듈은 파이썬을 설치하면 같이 설치되지만, 파이썬 핵심 개발자 팀이 아닌 다른 개발자들이 만든 서드 파티 모듈들도 있다. 부록 A에 pip(윈도우)나 pip3 프로그램(맥OS와 리눅스)으로 서드 파티 모듈을 설치하는 방법을 자세히 설명했다. 이 책에서 특정 서드 파티 모듈을 설치할 것을 요구할 때는 부록 A를 참고하여 설치하면 된다.

도움 얻기

프로그래머들은 어떤 질문이 있을 때 인터넷에서 검색하여 그 해결책을 찾으려고 하는 경향이 있다. 이는 일반인에게 익숙한, 선생님이 직접 알려 주는 학습 방식과 많이 다르다. 인터넷을 잘 활용한다면 사용자의 질문에 대답해 줄 수 있는 사람을 매우 많이 찾을 수 있다는 장점이 있다. 실제로 많은 질문에 사람들이 이미 답을 했을 가능성이 높고, 사용자는 이를 온라인에서 찾기만 하면 된다. 코드를 작성하면서 오류가 발생했거나 코드가 제대로 작동하지 않는다면 여러 사용자가 같은 문제를 이미 겪었을 가능성이 높고, 이에 대한 해결책을 찾는 것은 생각보다 쉽다.

예를 들어 다음과 같이 고의로 오류를 일으켜 보자. 대화형 셸에 '42' + 3을 입력해 보자. 이 명령어가 무엇을 의미하는지 지금 당장 알 필요는 없지만, 다음과 같이 결과가 나오는 것을 볼 수 있다.

```
>>> '42' + 3
Traceback (most recent call last):                                    ❶
  File "<pyshell#0>", line 1, in <module>
    '42' + 3
TypeError: Can't convert 'int' object to str implicitly               ❷
>>>
```

오류 메시지(❷)는 파이썬이 사용자의 명령어를 이해하지 못했기 때문에 발생했다. 오류 메시지의 트레이스백 부분(❶)은 문제가 생긴 줄 번호와 명령어를 보여준다. 그 오류 메시지에 어떻게 대처해야 할지 모르겠다면 온라인에서 검색해 보자. 주로 사용하는 검색 엔진에 "TypeError: Can't convert 'int' object to str implicitly"라고 입력하고(따옴표도 포함) 검색하면, 그림 0-2와 같이 그 오류 메시지의 의미와 발생 원인에 대한 설명이 있는 링크들을 어렵지 않게 찾을 수 있을 것이다.

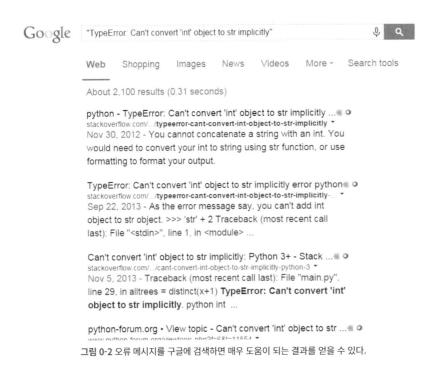

그림 0-2 오류 메시지를 구글에 검색하면 매우 도움이 되는 결과를 얻을 수 있다.

온라인에서 검색해 보면 다른 사용자가 똑같은 문제를 질문했고, 다른 사람이 그 질문에 이미 대답한 사례를 많이 찾아볼 수 있다. 누구도 프로그래밍에 대해 모든 걸 다 알고 있지 않고, 소프트웨어 개발자라면 누구나 매일 기술적인 질문에 대해 답을 찾는다.

영리하게 질문하기

단순히 온라인에서 검색하는 것만으로는 문제에 대한 답을 찾을 수 없는 경우, 스택 오버플로(*https://stackoverflow.com/*)나 *https://reddit.com/r/learnprogramming/*

에 있는 'learn programming' 서브레딧에서 사람들에게 질문해 보자. 이때 다른 사용자들이 도와줄 수 있게 영리하게 질문할 수 있는 방법이 있다는 것을 명심하자. 웹 사이트의 FAQ 섹션을 잘 읽고 질문을 작성하는 방법을 숙지하자.

프로그래밍에 관해 질문할 때 다음과 같은 사항들을 기억하자.

- 무엇을 했는지만 설명하지 말고 무엇을 하려고 하는지 설명한다. 이렇게 해야 다른 사용자들이 여러분이 잘못된 길로 가고 있다는 것을 알 수 있다.
- 오류가 발생한 지점을 명확하게 밝힌다. 문제가 발생하는 지점이 프로그램의 시작점인가, 그렇지 않다면 여러분이 어떤 행동을 한 뒤에만 발생하는가?
- 전체 오류 메시지와 여러분의 코드를 복사해서 *https://pastebin.com/*이나 *https://gist.github.com/*에 붙여 넣는다. 이 웹 사이트들을 이용하면 방대한 양의 코드를 텍스트 형식의 변동 없이 온라인에 쉽게 공유할 수 있다. 그 후 코드를 붙여 넣은 URL을 여러분의 이메일이나 게시판 글에 포함시킨다. 예를 들어 다음 URL에는 내가 작성한 코드의 일부분이 포함되어 있다: *https://pastebin.com/SzP2DbFx/, https://gist.github.com/asweigart/6912168/*.
- 여러분이 문제를 해결하기 위해 시도했던 사항들을 설명한다. 이런 식으로 여러분이 문제를 해결하기 위해 어떤 일을 했는지 사람들에게 알려 준다.
- 사용하는 파이썬 버전을 명시한다(파이썬 2와 파이썬 3 인터프리터 사이에는 몇 가지 중요한 차이점이 있다). 또한, 사용하는 운영 체제와 버전도 언급한다.
- 코드를 수정한 뒤에 오류가 발생했다면 수정 사항을 설명한다.
- 코드를 실행할 때마다 오류가 발생하는지 또는 특정 행동을 취했을 때만 오류가 발생하는지 언급한다. 후자의 경우 어떠한 행동을 했는지도 설명한다.

또한 항상 온라인 에티켓을 지켜야 한다. 예를 들어 질문을 올릴 때 모든 글자를 대문자로 작성하거나(영어일 경우) 사람들이 여러분을 도와주게 하려고 부당하게 요구하는 행위 등을 하면 안 된다.

프로그래밍에 대해 질문할 때 필요한 더 많은 정보는 *https://autbor.com/help/*의 블로그 글을 참고하길 바란다. 또한, 프로그래밍에 관련하여 자주 묻는 질문들은 *https://www.reddit.com/r/learnprogramming/wiki/faq/*에서 찾을 수 있으며, 소프트웨어 개발 관련 직업에 대한 정보는 *https://www.reddit.com/r/cscareerquestions/wiki/*에서 찾을 수 있다.

나는 파이썬과 관련된 일들을 도와주는 것을 좋아한다. 내 블로그 *https://*

*inventwithpython.com/blog/*에 프로그래밍 튜토리얼을 작성했으며, 문의 사항이 있을 때는 al@inventwithpython.com으로 연락하기 바란다. 이러한 방법이 있지만 더 빠른 답변을 원한다면, *https://reddit.com/r/inventwithpython/*에 질문을 남겨 주기 바란다.

요약

대부분의 사람들은 컴퓨터를 유용한 도구가 아니라 단순히 가전 제품으로만 이용한다. 그러나 프로그래밍을 하는 방법을 배운다면, 현대 사회에서 가장 강력한 도구를 사용할 수 있는 방법을 알게 될 뿐 아니라 이를 즐기게 될 것이다. 프로그래밍은 뇌 수술이 아니다. 아마추어들이 시도하고 실수해도 괜찮다.

이 책은 여러분의 프로그래밍 지식이 전무하다고 가정하고 많은 지식을 알려줄 것이지만, 독자들이 이 책을 읽으면서 책의 범위를 넘어서는 질문을 갖게 될지도 모르겠다. 이때 질문을 잘하고 이에 대한 대답을 찾는 방법을 알아 두는 것은 프로그래밍을 배울 때 매우 가치 있는 행동이라는 점을 기억하라.

이제 시작하자!

1부

파이썬 프로그래밍 기초

1장

파이썬 기초

파이썬 프로그래밍 언어는 광범위한 구문 구조, 표준 라이브러리 함수 및 대화식 개발 환경 기능을 갖고 있다. 다행히도 이 모든 것을 알아야 할 필요는 없다. 그저 편리한 작은 프로그램을 작성할 수 있을 정도만 배우면 된다.

그러나 어떤 종류의 작업을 하게 되더라도 기본적인 프로그래밍 개념은 몇 가지 배워야 한다. 마법사 훈련생처럼 여러분은 이러한 개념이 복잡하고 지루하다고 생각할 수도 있다. 그러나 약간의 지식과 실습을 통해 마술 지팡이 다루듯 컴퓨터에 명령을 내려서 놀라운 일들을 할 수 있을 것이다.

이 장에서는 REPL(read-evaluate-print loop)이라고도 부르는 대화형 셸에 명령어를 입력하여 파이썬 명령어를 한 번에 하나씩 실행한 결과를 즉시 볼 수 있는 몇 가지 예가 나온다. 대화형 셸은 기본적인 파이썬 명령어의 역할을 배우는 데 좋은 도구이기 때문에 이 예를 그대로 따라 하면 좋다. 단순히 읽기만 하기보다 직접 실습해야 더 잘 기억할 수 있을 것이다.

대화형 셸에 표현식 입력하기

대화형 셸은 뮤 편집기에서 실행할 수 있다. 이때 뮤 편집기는 '들어가는 글'에 나온 방법을 따라 다운로드하고 설치할 수 있다. 윈도우에서는 시작 메뉴에서 'Mu'라고 입력하고 뮤 앱을 실행하면 된다. 맥OS에서는 '응용 프로그램' 폴더를 열고 **Mu**를 더블 클릭하여 실행한다. 이제 **New** 버튼을 클릭해 새로운 빈 파일을 만들고 이를 blank.py로 저장한다. 이 빈 파일을 **Run** 버튼이나 F5 키를 눌러서 실행하면, 뮤 편집기 하단에 새로운 패널이 생기면서 대화형 셸이 실행된다. 이때 대화형 셸에서 >>> 프롬프트를 볼 수 있을 것이다.

프롬프트에 2 + 2라고 입력하면 파이썬은 간단한 연산을 수행한다. 뮤 창에는 다음과 같이 결과가 출력된다.

```
>>> 2 + 2
4
>>>
```

파이썬에서 2 + 2는 표현식(expression)이라고 부르며, 이는 프로그래밍 언어에서 가장 기본적인 명령이다. 표현식은 값(이를테면 2)과 연산자(이를테면 +)로 구성되어 있으며, 항상 단일 값으로 평가(축소)할 수 있다. 파이썬 코드에서 표현식을 쓸 수 있는 곳이라면 값도 쓸 수 있다.

앞서 나온 예에서 2 + 2는 단일 값인 4로 평가된다. 다음과 같이 연산자가 없는 단일 값도 자기 자신으로 평가되는 표현식으로 간주된다.

```
>>> 2
2
```

오류도 괜찮다!

컴퓨터가 이해할 수 없는 코드가 들어 있을 경우, 프로그램은 중단되고 파이썬은 오류 메시지를 출력한다. 오류 메시지가 출력된다고 컴퓨터가 망가지는 게 아니기 때문에 실수를 두려워하지 않아도 된다. 프로그램이 중단된다는 것은 예기치 않게 실행이 중지됐음을 의미할 뿐이다. 오류에 대해 더 알고 싶다면 정확한 오류 메시지를 온라인에서 검색하면 된다. 또한, https://nostarch.com/automatestuff2/에서 일반적인 파이썬 오류 메시지와 그 의미에 대해 찾아볼 수 있다.

파이썬 표현식에는 다양한 연산자를 사용할 수 있다. 예를 들어 표 1-1에는 파이썬에 들어 있는 수학 연산자가 정리되어 있다.

연산자	연산	예	평갓값
**	지수	2 ** 3	8
%	모듈러스/나머지	22 % 8	6
//	정수 나누기/나머지 버리기	22 // 8	2
/	나누기	22 / 8	2.75
*	곱하기	3 * 5	15
−	빼기	5 − 2	3
+	더하기	2 + 2	4

표 1-1 높은 우선순위에서 낮은 우선순위로 정렬된 수학 연산자

파이썬 수학 연산자의 연산 순서(우선순위)는 수학과 비슷하다. 먼저 ** 연산자가 수행된다. 그 후 %, //, /, * 연산자를 수행한다. 그러고 나서 −, + 연산자가 마지막으로 수행된다. 필요할 경우, 괄호를 사용하여 우선순위를 바꿀 수도 있다. 값과 연산자 사이의 빈칸은 파이썬에서 별 영향이 없지만(단, 줄의 시작 부분에서 들여쓰기에 사용되는 빈칸은 예외다) 관례적으로 한 칸을 띄운다.

```
>>> 2 + 3 * 6
20
>>> (2 + 3) * 6
30
>>> 48565878 * 578453
28093077826734
>>> 2 ** 8
256
>>> 23 / 7
3.2857142857142856
>>> 23 // 7
3
>>> 23 % 7
2
>>> 2 + 2
4
>>> (5 − 1) * ((7 + 1) / (3 − 1))
16.0
```

각각의 경우 표현식을 입력해야 하는 건 프로그래머이지만 표현식을 단일 값으로 평가하는 어려운 부분을 수행하는 건 파이썬이다. 파이썬은 다음과 같이 단일 값이 될 때까지 표현식을 계속 평가한다.

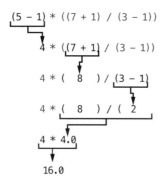

연산자와 값을 조합하여 표현식을 구성하는 이러한 규칙은 프로그래밍 언어인 파이썬의 기본적인 부분으로 의사소통에 도움을 주는 문법 규칙과 비슷하다. 다음과 같은 예를 생각해 보자.

이것은 문법적으로 맞는 문장이다.
이 문법적으로 문장이다 아니다 맞는.

두 번째 줄은 규칙을 따르지 않기 때문에 분석하기 어렵다. 이와 비슷하게 제대로 된 파이썬 명령어를 입력하지 않는다면 파이썬은 이를 이해하지 못해 다음과 같이 SyntaxError 오류 메시지를 출력한다.

```
>>> 5 +
  File "<stdin>", line 1
    5 +
      ^
SyntaxError: invalid syntax
>>> 42 + 5 + * 2
  File "<stdin>", line 1
    42 + 5 + * 2
            ^
SyntaxError: invalid syntax
```

이러한 코드들을 대화형 셀에 입력하여 명령어가 제대로 작동하는지 테스트할 수 있다. 컴퓨터에 문제가 발생하는 것을 두려워하지 말라. 최악의 사태라고 해봐야 단지 파이썬이 오류 메시지를 출력할 뿐이다. 전문적인 소프트웨어 개발자들이 코드를 작성할 때도 오류 메시지가 항상 발생한다.

정수, 부동 소수점 수 및 문자열 자료형

표현식은 단순히 값과 연산자의 조합이고 항상 단일 값으로 평가된다는 사실을 기억하자. 자료형이란 값의 유형을 의미하고, 각 데이터는 단 한 가지 자료형에 포함된다. 표 1-2에는 파이썬에서 자주 사용되는 자료형이 몇 가지 나열되어 있다. 예를 들어 –2나 30과 같은 경우 정숫값이라고 한다. 정수 자료형은 정숫값을 나타낸다. 반면, 부동 소수점 수는 3.14와 같이 소수점이 있는 수다. 이때 42라는 값은 정수지만, 42.0이라는 값은 부동 소수점 수임을 명심하자.

자료형	예
정수	–2, –1, 0, 1, 2, 3, 4, 5
부동 소수점 수	–1.25, –1.0, –0.5, 0.0, 0.5, 1.0, 1.25
문자열	'a', 'aa', 'aaa', 'Hello!', '11 cats'

표 1-2 자주 사용되는 자료형

파이썬 프로그램은 문자열이라는 값을 가질 수 있다. 이때 문자열의 양 끝에 작은따옴표(')를 표시하여 파이썬이 문자열의 시작과 끝을 알 수 있게 해야 한다. 문자가 없는 문자열도 빈 문자열이라 일컫는 ''로 나타낼 수 있다. 4장에서는 이러한 문자열에 대해 더 자세히 다룬다.

SyntaxError: EOL while scanning string literal과 같은 오류 메시지가 출력되었다면, 다음 예와 같이 문자열 끝에 작은따옴표를 붙이는 것을 잊어버렸을 것이다.

```
>>> 'Hello, world!
SyntaxError: EOL while scanning string literal
```

문자열 결합 및 복제

연산자는 자료형에 따라 의미가 바뀔 수 있다. 예를 들어 두 개의 정수나 부동 소수점 수에 사용되는 + 연산자는 덧셈 연산자를 의미한다. 그러나 두 개의 문자열에 + 연산자가 사용될 경우, 문자열 결합 연산자로 사용되어 두 개의 문자열을 결합한다. 다음과 같이 대화형 셀에 입력해 보자.

```
>>> 'Alice' + 'Bob'
'AliceBob'
```

이 표현식도 두 개의 문자열을 결합하여 하나의 새로운 문자열로 평가한다. 그러나 + 연산자를 문자열과 정숫값 사이에 사용하려고 한다면, 파이썬은 이를 어떻게 다뤄야 할지 모르기 때문에 다음과 같은 오류 메시지를 출력한다.

```
>>> 'Alice' + 42
Traceback (most recent call last):
  File "<pyshell#0>", line 1, in <module>
    'Alice' + 42
TypeError: can only concatenate str (not "int") to str
```

오류 메시지인 can only concatenate str (not "int") to str는 사용자가 정수를 문자열인 'Alice'에 연결하려고 하는 것으로 파이썬이 생각했다는 의미다. 이때 사용자는 정수를 문자열로 변환하도록 명확하게 선언해야 하는데, 파이썬이 이러한 작업을 자동으로 할 수 없기 때문이다(자료형을 변환하는 것은 14쪽 '프로그램 해부하기'에서 str(), int(), float() 함수를 언급하면서 같이 설명한다).

  * 연산자는 두 개의 정수 또는 부동 소수점 수를 곱한다. 그러나 * 연산자가 하나의 문자열값과 하나의 정숫값 사이에 사용된다면 문자열 복제 연산자가 된다. 대화형 셸에 어떤 문자열과 정수를 입력하면 다음과 같은 결과가 출력된다.

```
>>> 'Alice' * 5
'AliceAliceAliceAliceAlice'
```

이 표현식을 평가하면 원래 문자열이 입력한 정숫값만큼 반복된다. 문자열 복제는 유용한 트릭이지만, 문자열 결합만큼 자주 사용되지는 않는다.

  * 연산자는 두 개의 수치형 값과 사용되거나(곱셈) 하나의 문자열값 및 하나의 정숫값과 사용되어야(문자열 복제) 한다. 그 이외에 경우에 파이썬은 다음과 같이 오류 메시지를 출력할 것이다.

```
>>> 'Alice' * 'Bob'
Traceback (most recent call last):
  File "<pyshell#32>", line 1, in <module>
    'Alice' * 'Bob'
TypeError: can't multiply sequence by non-int of type 'str'
>>> 'Alice' * 5.0
Traceback (most recent call last):
  File "<pyshell#33>", line 1, in <module>
```

```
'Alice' * 5.0
TypeError: can't multiply sequence by non-int of type 'float'
```

파이썬이 이러한 표현식을 이해하지 못하는 것은 일리가 있다. 두 개의 단어를 곱할 수도, 어떤 문자열을 소수만큼 복제할 수도 없다.

변수에 값 저장하기

변수란 어떤 값을 저장할 수 있는 컴퓨터 메모리 내의 상자와 같다. 어떤 표현식의 평가 결과를 프로그램에서 나중에 사용하고 싶다면 변수에 저장하면 된다.

할당문

할당문으로 변수에 값을 저장할 수 있다. 할당문은 변수의 이름과 등호 기호(할당 연산자) 그리고 저장할 값으로 구성된다. spam = 42라는 할당문을 입력하면, spam이라는 이름의 변수가 정숫값 42를 갖게 된다.

그림 1-1과 같이 변수라는 것을 내부에 값이 존재하고 이름표가 붙은 상자라고 생각해 보자.

그림 1-1 spam = 42는 "변수 spam은 42라는 값을 갖는다"라고 프로그램에 말해 주는 것과 같다.

예를 들어 대화형 셸에 다음과 같이 입력해 보자.

```
>>> spam = 40                                                    ❶
>>> spam
40
>>> eggs = 2
>>> spam + eggs                                                  ❷
42
```

```
>>> spam + eggs + spam
82
>>> spam = spam + 2                                              ❸
>>> spam
42
```

변수가 처음으로 초기화(생성)되고 어떤 값이 변수에 저장된다(❶). 그 후, 해당 변수를 다른 변수나 값과 함께 표현식에서 사용할 수 있다(❷). 새로운 값을 변수에 할당하면(❸), 기존에 저장되어 있던 값은 잊어버리게 되는데, 이는 예의 마지막에서 spam 변수에 저장되어 있는 값이 40 대신 42인 이유다. 이를 변수 덮어쓰기라고 일컫는다. 대화형 셸에 다음과 같은 코드를 입력하여 문자열을 덮어써 보자.

```
>>> spam = 'Hello'
>>> spam
'Hello'
>>> spam = 'Goodbye'
>>> spam
'Goodbye'
```

그림 1-2와 같이 spam 변수가 'Hello' 문자열을 갖고 있는데 사용자가 'Goodbye'라는 문자열로 덮어쓸 수 있다.

그림 1-2 변수에 새로운 값이 할당되면 기존 값은 잊어버린다.

변수 이름

좋은 변수 이름은 변수가 갖고 있는 데이터를 잘 설명한다. 새로운 집으로 이사 하면서 이삿짐에 모두 '물건'이라는 이름표를 붙였다고 가정해 보자. 아마 아무 것도 찾을 수 없을 것이다! 이 책에 있는 대부분의 예에서는 spam, eggs, bacon 과 같이 일반적인 변수 이름을 사용하는데 이 변수 이름들은 몬티 파이썬의 '스 팸' 스케치에 등장한다. 프로그램을 작성할 때 서술적인 변수 이름을 사용한다 면 코드 가독성이 더 좋아질 것이다.

변수 이름을 임의로 지을 수 있지만 파이썬은 변수 이름에 몇 가지 제한을 둔 다. 표 1-3은 몇 가지 유효한 변수 이름의 예를 보여 준다. 다음과 같이 세 가지 규칙만 잘 지킨다면 변수 이름을 어떻게 지어도 문제없다.

- 변수 이름은 빈칸이 없는 한 단어여야 한다.
- 변수 이름은 글자, 숫자, 밑줄 기호로만 구성되어야 한다.
- 변수 이름은 숫자로 시작할 수 없다.

유효한 변수 이름	유효하지 않은 변수 이름
current_balance	current-balance(변수 이름에 하이픈은 쓸 수 없다)
currentBalance	current balance(변수 이름에 빈칸은 쓸 수 없다)
account4	4account(변수 이름은 숫자로 시작할 수 없다)
_42	42(변수 이름은 숫자로 시작할 수 없다)
TOTAL_SUM	TOTAL_$UM(변수 이름에 $와 같은 특수 문자는 쓸 수 없다)
hello	'hello'(변수 이름에 ' 같은 특수 문자는 쓸 수 없다)

표 1-3 유효한 변수 이름과 유효하지 않은 변수 이름

변수 이름은 대소문자를 구분하는데 spam, SPAM, Spam, sPaM은 각각 다른 변수 이름이다. 프로그램에서 Spam과 같은 변수 이름은 유효하게 사용할 수 있지만, 파이썬의 관례상 변수 이름은 소문자로 시작한다.

이 책에서는 변수 이름을 나타내기 위해 밑줄 대신 캐멀 표기법을 사용한다. 이는 looking_like_this로 표기하는 대신 lookLikeThis로 표기한다는 것을 의 미한다. 몇몇 숙련된 프로그래머는 파이썬 코드 스타일인 PEP 8에 따라 밑줄을 사용해야 한다고 지적할 수 있겠다. 그러나 나는 캐멀 표기법을 더 선호하는데, 이는 PEP 8의 '어리석은 일관성은 꽉 막힌 사람들에게 나타나는 골칫거리다' 절 에 따른 것임을 분명히 밝힌다.

스타일 가이드의 일관성은 중요하다. 하지만 가장 중요한 것은 언제 이를 어길지 아는 것이다. 때때로 이 스타일 가이드는 적용되지 않을 수 있다. 의구심이 생길 때는 여러분의 최선의 판단을 따르도록 한다.

첫 번째 프로그램

대화형 셸은 파이썬 명령어를 한 번에 하나씩 실행할 때는 좋지만, 전체 파이썬 프로그램을 작성할 때는 파일 편집기에 명령어들을 입력하게 될 것이다. 파일 편집기는 메모장(Notepad) 등의 텍스트 편집기와 비슷하지만 소스 코드를 입력하기 위한 기능들이 존재한다. 뮤 편집기에서 새로운 파일을 열기 위해 제일 위 줄에서 **New** 버튼을 클릭해 보자.

사용자의 입력을 기다리는 커서가 있는 창이 나타날 것이다. 그러나 이는 사용자가 엔터만 누르면 파이썬 명령어가 실행되는 대화형 셸과는 다르다. 파일 편집기로는 많은 명령어를 한 파일에 작성하고 저장해 실행할 수 있다. 이 둘의 차이점은 다음과 같다.

- 대화형 셸에는 >>> 프롬프트가 항상 존재한다.
- 파일 편집기에는 >>> 프롬프트가 존재하지 않는다.

자, 이제 여러분의 첫 번째 프로그램을 만들어 보자! 파일 편집기 창이 열리면 다음과 같이 입력해 보자.

```
# 이 프로그램은 'Hello, world!'라고 인사하고 내 이름을 묻는 프로그램이다.          ❶

print('Hello, world!')                                                          ❷
print('What is your name?') # 이름을 묻는다.
myName = input()                                                                ❸
print('It is good to meet you, ' + myName)                                      ❹
print('The length of your name is:')                                            ❺
print(len(myName))
print('What is your age?') # 나이를 묻는다.                                       ❻
myAge = input()
print('You will be ' + str(int(myAge) + 1) + ' in a year.')
```

소스 코드를 입력했으면 뮤를 실행할 때마다 다시 입력할 필요가 없도록 저장하자. **Save** 버튼을 누르고 File Name 필드에 hello.py라고 입력하고 **Save** 버튼을 누르자.

프로그램을 입력하는 도중에 수시로 저장하는 것이 좋다. 그래야 컴퓨터에 예기치 못한 문제가 생겨 뮤 편집기가 종료되었을 때 코드를 완전히 잃어버리는 상황을 막을 수 있다. 윈도우나 리눅스 운영 체제에서 단축키 Ctrl-S, 맥OS에서 단축키 command(또는 ⌘)-S를 눌러도 파일을 저장할 수 있다.

파일을 저장했다면 이제 프로그램을 실행해 보자. **F5** 키를 눌러 보자. 이제 작성한 프로그램이 대화형 셸 창에서 실행될 것이다. 이때 대화형 셸 창이 아니라 파일 편집기 창에서 **F5** 키를 눌러야 하는 것을 명심하자. 프로그램에서 요청하는 질문에 따라 이름을 입력한다. 이제 대화형 셸에서는 다음 예와 같은 형식의 결과가 출력될 것이다.

```
Python 3.7.0b4 (v3.7.0b4:eb96c37699, May 2 2018, 19:02:22) [MSC v.1913 64 bit
(AMD64)] on win32
Type "copyright", "credits" or "license()" for more information.
>>> =========================== RESTART ===========================
>>>
Hello, world!
What is your name?
Al
It is good to meet you, Al
The length of your name is:
2
What is your age?
4
You will be 5 in a year.
>>>
```

더 이상 실행할 코드 줄이 없을 때 파이썬 프로그램은 종료된다. 즉, 실행을 멈춘다(이를 '파이썬 프로그램이 끝났다'고 말하기도 한다).

파일 편집기를 종료할 때는 편집기 창의 맨 위에 있는 X 버튼을 누르면 된다. 프로그램을 다시 불러오기 위해서는 먼저 메뉴에서 File ▶ Open을 선택한다. 그 결과로 나타나는 창에서 *hello.py*를 선택하고 **Open** 버튼을 클릭한다.

파이썬 프로그램의 실행 과정을 보고 싶다면, *http://pythontutor.com/*에서 파이썬 튜터 시각화 도구를 사용하면 된다. 앞에 나온 예의 실행 과정은 *https://autbor.com/hellopy/*에서 볼 수 있다. Forward 버튼(또는 Next 버튼)을 누르면서 프로그램의 각 단계를 순차적으로 실행해 보자. 변숫값과 출력이 어떻게 변하는지 볼 수 있을 것이다.

프로그램 해부하기

파일 편집기로 새 프로그램을 열었다면 코드의 명령어들이 어떠한 역할을 하는지 각 줄을 하나씩 보면서 빠르게 알아보자.

주석

다음 줄은 주석이라고 부른다.

```
# 이 프로그램은 'Hello, world!'라고 인사하고 내 이름을 묻는 프로그램이다.      ❶
```

파이썬에서 주석은 실행 과정에서 무시되는데, 개발자가 각 코드의 목적 등에 대해 나중에 기억하기 쉽도록 간단하게 기록하는 데 활용할 수 있다. 해시 기호 (#)가 있는 줄의 나머지 텍스트는 모두 주석의 일부다.

　프로그래머들은 프로그램을 테스트하기 위해 코드의 일부분에 임시로 # 기호를 붙이기도 한다. 이러한 코드를 주석 처리된 코드라 하는데, 프로그램이 제대로 작동하지 않을 경우, 문제의 발생 원인이 어느 부분에 있는지 찾아낼 때 도움이 된다. 해당 부분을 코드에 다시 포함할 준비가 되면 # 기호를 제거하기만 하면 된다.

　파이썬은 주석 뒤에 있는 빈 줄도 무시한다. 프로그램에 원하는 만큼 빈 줄을 추가해도 된다. 이렇게 하면 책의 문단처럼 코드의 가독성이 좋아진다.

print() 함수

print() 함수는 괄호 안의 문자열을 화면에 출력한다.

```
print('Hello, world!')                              ❷
print('What is your name?') # 이름을 묻는다.
```

이 예에서 print('Hello, world!')는 "문자열 'Hello, world!'를 화면에 출력하라"라는 의미다. 파이썬이 이를 실행하면, print() 함수를 호출하여 문자열값이 함수에 전달된다. 이 과정에서 함수 호출에 전달된 값을 인자라고 한다. 이때 화면에는 따옴표가 출력되지 않는다. 따옴표들은 문자열의 시작과 끝에 표기되어 있을 뿐, 문자열값의 일부분이 아니다.

> ✅　화면에 빈 줄을 출력할 때도 이 함수를 사용할 수 있다. 괄호 안에 아무런 값도 존재하지 않게 print()만 호출하면 된다.

함수를 호출할 때 함수 이름 끝에 괄호를 써야 그것이 함수의 이름임을 알 수 있다. 이 책에서 print 대신 print()를 쓰는 이유는 그 때문이다. 함수에 대한 더 자세한 내용은 3장에서 설명하겠다.

input() 함수

input() 함수는 사용자가 키보드로 텍스트를 입력하고 엔터를 누르기를 기다린다.

```
myName = input()                                                    ❸
```

이 예에서 함수 호출은 사용자가 입력한 텍스트와 동일한 문자열로 평가되며, myName 변수에 이 값이 할당된다.

input() 함수 호출을 사용자가 입력한 문자열로 평가되는 표현식으로 생각할 수 있다. 사용자가 'Al'이라고 입력했다면 이 표현식은 myName='Al'로 평가된다.

input() 함수를 호출하고 NameError: name 'Al' is not defined와 같은 오류 메시지가 출력된다면, 이 문제는 사용자가 파이썬 3가 아니라 파이썬 2를 사용해서 생기는 문제다.

사용자의 이름 출력하기

다음 예를 보면 print() 함수를 호출할 때, 괄호 안에 'It is good to meet you, ' + myName이라는 표현식이 포함되어 있다.

```
print('It is good to meet you, ' + myName)                          ❹
```

표현식은 언제나 단일 값으로 평가될 수 있다는 것을 기억하자. ❸에서 myName 이라는 변수 안에 'Al'이라는 값이 저장되어 있다면, 이 표현식은 'It is good to meet you, Al'로 평가된다. 이제 이 단일 문자열값은 print() 함수에 전달되어 화면에 출력된다.

len() 함수

len() 함수에 문자열(또는 문자열이 저장된 변수)을 전달하면, 그 문자열에 존재하는 문자 개수가 결과로 나온다.

```
print('The length of your name is:')                              ❷
print(len(myName))
```

대화형 셸에 다음과 같이 입력해 보자.

```
>>> len('hello')
5
>>> len('My very energetic monster just scarfed nachos.')
46
>>> len('')
0
```

앞에 나온 예들처럼 len(myName)은 하나의 정수로 평가된다. 이 값이 print() 함수에 전달되어 화면에 출력되는 것이다. print() 함수에 정숫값이나 문자열값 모두 전달할 수 있지만, 대화형 셸에 다음과 같이 입력할 경우 오류가 발생할 수 있다는 것을 명심하자.

```
>>> print('I am ' + 29 + ' years old.')
Traceback (most recent call last):
  File "<pyshell#6>", line 1, in <module>
    print('I am ' + 29 + ' years old.')
TypeError: can only concatenate str (not "int") to str
```

print() 함수가 오류를 일으키는 것이 아니라 print() 함수에 전달하려고 했던 표현식이 오류를 일으키는 것이다. 대화형 셸에 다음과 같이 입력해도 같은 오류 메시지가 출력될 것이다.

```
>>> 'I am ' + 29 + ' years old.'
Traceback (most recent call last):
  File "<pyshell#7>", line 1, in <module>
    'I am ' + 29 + ' years old.'
TypeError: can only concatenate str (not "int") to str
```

+ 연산자는 두 개의 정수를 더하거나 두 개의 문자열을 연결할 때만 사용할 수 있기 때문에 파이썬은 오류를 일으킨다. 정수를 문자열에 더하는 것은 파이썬 문법에 부합하지 않기 때문에 불가능하다. 다음에 나올 내용과 같이 정수를 문자열 형식으로 바꿔서 이러한 문제를 해결할 수 있다.

str(), int(), float() 함수

어떤 문자열과 29 같은 숫자를 연결한 결과를 print() 함수에 전달하고 싶다면, 해당 문자열에 29의 문자열 형식인 '29'를 연결해야 한다. str() 함수는 다음과 같이 정숫값을 전달받아 문자열값 형식으로 바꾼 값을 반환한다.

```
>>> str(29)
'29'
>>> print('I am ' + str(29) + ' years old.')
I am 29 years old.
```

str(29)의 결과로 '29'가 반환되기 때문에 표현식 'I am ' + str(29) + ' years old.'는 'I am 29 years old.'로 평가된다. 그리고 이는 print() 함수의 인자로 전달된다.

str(), int(), float() 함수는 입력한 값을 각각 문자열, 정수, 부동 소수점 수 형식의 값으로 변환한다. 대화형 셸에 각 함수를 사용하여 몇몇 값을 변환해 보고, 어떤 일이 일어나는지 살펴보자.

```
>>> str(0)
'0'
>>> str(-3.14)
'-3.14'
>>> int('42')
42
>>> int('-99')
-99
>>> int(1.25)
1
>>> int(1.99)
1
>>> float('3.14')
3.14
>>> float(10)
10.0
```

앞의 예는 str(), int(), float() 함수를 호출하여 다른 자료형의 값을 전달하고 문자열, 정수형, 부동 소수점 수 형식으로 변환된 결과를 보여 준다.

str() 함수는 정수 또는 부동 소수점 수 형식의 값을 문자열에 연결할 때 편리하다. int() 함수는 문자열 형식의 숫자를 어떤 수식에 사용할 때 편리하다. 예를 들어 input() 함수는 사용자가 숫자를 입력하더라도 항상 문자열 형식의 값을 반환한다. 대화형 셸에 다음과 같이 spam = input()이라고 입력하고 사용자의 입력을 기다릴 때 101이라고 입력해 보자.

```
>>> spam = input()
101
>>> spam
'101'
```

spam 변수에 저장되어 있는 값은 정수 101이 아니라 문자열 '101'이다. 어떤 수식에 spam 변수를 사용하려면, int() 함수를 사용하여 spam의 값을 정수형으로 변환하고, 이를 다시 spam의 새로운 값으로 저장하면 된다.

```
>>> spam = int(spam)
>>> spam
101
```

이제 spam 변수를 문자열이 아니라 정수로 사용할 수 있다.

```
>>> spam * 10 / 5
202.0
```

int() 함수에 정수로 평가할 수 없는 값을 인자로 전달하면, 파이썬은 오류 메시지를 출력한다.

```
>>> int('99.99')
Traceback (most recent call last):
  File "<pyshell#18>", line 1, in <module>
    int('99.99')
ValueError: invalid literal for int() with base 10: '99.99'
>>> int('twelve')
Traceback (most recent call last):
  File "<pyshell#19>", line 1, in <module>
    int('twelve')
ValueError: invalid literal for int() with base 10: 'twelve'
```

또한, int() 함수는 부동 소수점 수를 버림 하는 경우에도 사용된다.

```
>>> int(7.7)
7
>>> int(7.7) + 1
8
```

앞에 나온 프로그램의 마지막 세 줄에서는 int(), str()를 사용하여 코드에 적합한 자료형의 값을 얻는다.

```
print('What is your age?') # 나이를 묻는다.                                    ❻
myAge = input()
print('You will be ' + str(int(myAge) + 1) + ' in a year.')
```

텍스트와 정수 동일성

숫자의 문자열값은 정수나 부동 소수점 수와 완전히 다른 값으로 간주되지만, 정수와 부동 소수점 수는 같을 수 있다.

```
>>> 42 == '42'
False
>>> 42 == 42.0
True
>>> 42.0 == 0042.000
True
```

파이썬에서 문자열값은 텍스트이고 정수나 부동 소수점 형식의 값은 둘 다 숫자이기 때문에 이와 같이 구분한다.

---

myAge 변수에는 input() 함수가 반환한 값이 저장되어 있다. 이때 input() 함수는 항상 문자열 형식의 값을 반환하기 때문에(사용자가 숫자를 입력하더라도) int(myAge) 코드를 통해 myAge에 있는 문자열값을 숫자로 변환하도록 할 수 있다. 이제 이 정숫값은 표현식 int(myAge) + 1에서 1이 더해진다.

이 덧셈의 결과는 str() 함수에 전달된다: str(int(myAge) + 1). 결과로 반환된 문자열값은 'You will be '와 ' in a year.'와 연결되어 하나의 긴 문자열값으로 평가된다. 이러한 긴 문자열은 print() 함수에 인자로 전달되어 화면에 출력된다.

사용자가 myAge에 문자열 '4'를 입력했다고 하자. 문자열 '4'는 정수로 변환되어 1을 더할 수 있게 된다. 그리고 그 결과는 5다. str()는 이 결과를 문자열로 다시 변환하여 두 번째 문자열인 'in a year.'와 연결해 최종 메시지를 생성한다. 이 평가 단계들은 다음과 같이 나타낼 수 있다.

```
print('You will be ' + str(int(myAge) + 1) + ' in a year.')
print('You will be ' + str(int('4') + 1) + ' in a year.')
print('You will be ' + str(4+1) + ' in a year.')
print('You will be ' + str(5) + ' in a year.')
print('You will be ' + '5' + ' in a year.')
print('You will be 5' + ' in a year.')
print('You will be 5 in a year.')
```

요약

계산기로 식을 계산하거나 워드 프로세서를 통해 문자열을 결합할 수 있다. 그뿐 아니라 텍스트 복사, 붙여 넣기를 통해 문자열 복제도 쉽게 할 수 있다. 그런데 표현식과 요솟값들, 즉 연산자, 변수, 함수 호출은 프로그램을 만들기 위한 기본 구성 요소다. 이러한 요소들을 사용하는 방법을 알게 된다면, 파이썬으로 많은 양의 데이터를 처리할 수 있다.

이번 장에서 소개했던 여러 종류의 연산자(수학 연산자인 +, -, *, /, //, %, **과 문자열 연산자인 +, *)와 세 가지 자료형(정수, 부동 소수점 수, 문자열)은 기억하는 것이 좋다.

또한, 몇 가지 함수도 소개했다. print(), input() 함수는 간단한 텍스트를 출력하거나(화면에) 또는 입력하도록 하는(키보드로) 함수다. len() 함수는 문자열을 인자로 받아 정숫값의 문자열 길이를 결과로 반환하는 함수다. str(), int(), float() 함수는 인자로 전달한 값을 각각 문자열, 정수, 부동 소수점 수 형태로 변환하여 결과로 반환하는 함수다.

다음 장에서는 갖고 있는 값에 따라 실행할 코드와 생략할 코드 그리고 반복할 코드를 지능적으로 결정하도록 파이썬에 명령하는 방법을 배울 것이다. 이를 흐름 제어라고 하며, 이러한 개념을 활용하여 지능적인 결정을 하도록 프로그램을 작성할 수 있다.

연습 문제

1. 다음 중 연산자는 어떤 것이고 값은 어떤 것인가?

```
*
'hello'
-88.8
-
/
+
5
```

2. 다음 중 변수는 어떤 것이고 문자열은 어떤 것인가?

```
spam
'spam'
```

3. 세 가지 자료형을 답하라.

4. 표현식은 무엇으로 구성되어 있고 어떤 역할을 하는가?

5. 이 장에서 spam = 10과 같은 할당문에 대해 소개했다. 할당문과 표현식의 차이는 무엇인가?

6. 다음 코드가 실행된 뒤 bacon에는 어떤 값이 들어 있는가?

```
bacon = 20
bacon + 1
```

7. 다음 두 표현식의 결과는 무엇인가?

```
'spam' + 'spamspam'
'spam' * 3
```

8. 변수 이름으로 eggs는 적절하지만, 100은 적절하지 않은 이유는 무엇인가?

9. 어떤 값의 정수 형식, 부동 소수점 수 형식, 문자열 형식의 값을 얻기 위해 사용해야 할 세 가지 함수는 각각 무엇인가?

10. 다음 표현식에서 문제가 발생하는 이유는 무엇인가? 그리고 이를 어떻게 수정해야 하는가?

```
'I have eaten ' + 99 + ' burritos.'
```

추가 과제: 온라인 파이썬 문서에서 len() 함수를 검색해 보자. 그 결과 제목이 'Built-in Functions'라는 페이지가 검색될 것이다. 파이썬이 갖고 있는 다른 함수들을 훑어보면서 round() 함수가 어떤 역할을 하는지 찾아보고 이를 대화형 셀에서 사용해 보자.

2장

흐름 제어

지난 장에서 몇 가지 기초적인 명령어에 대해 알아보았고 프로그램은 일련의 명령어로 이루어져 있음을 배웠다. 그러나 프로그래밍의 진정한 강점은 주말 심부름 목록을 실행하는 것처럼 명령어를 하나씩 순차적으로 실행하지 않는다는 데 있다. 표현식의 결괏값에 따라 프로그램은 명령어를 생략하거나 반복하거나 또는 여러 명령어 중 하나를 선택하여 실행할 수 있다. 실제로 프로그램의 처음부터 끝까지 전부 실행해야 하는 경우는 거의 없다. 흐름 제어문은 조건에 따라 어떤 파이썬 명령어들을 실행할지 결정하는 역할을 한다.

이러한 흐름 제어문들은 순서도의 기호들과 일치하기 때문에 이 장에서는 각 코드의 순서도를 같이 제공한다. 그림 2-1은 비가 올 때 취하는 행동에 대한 순서도다. 시작에서 끝까지 화살표들로 이루어진 경로를 따라가 보자.

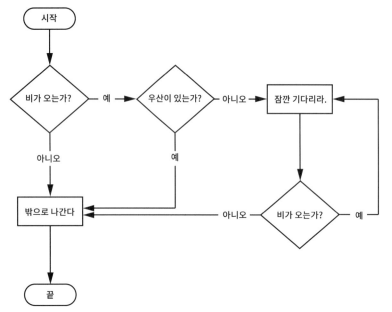

그림 2-1 비가 올 때 취하는 행동을 알려 주는 순서도

일반적으로 순서도의 시작에서 끝까지 갈 때 최소 한 가지 이상의 경로가 있다. 이는 컴퓨터 프로그램의 코드에서도 동일하다. 순서도에서 분기점은 다이아몬드로 표시하고, 다른 단계들은 직사각형으로 표시한다. 시작과 끝은 모서리가 둥근 사각형으로 표시한다.

흐름 제어문에 대해 배우기 전에 예/아니오 옵션을 어떻게 나타내는지 알아야 하고, 이러한 분기점들을 파이썬 코드로 작성하는 방법을 이해해야 한다. 이를 위해 불값, 비교 연산자, 불 연산자에 대해 알아야 한다.

불값

정수, 부동 소수점 수, 문자열 자료형은 가능한 값이 무한히 많지만 불 자료형은 참(True)과 거짓(False) 단 두 가지 값이 존재한다(불은 수학자 조지 불(George Boole)의 이름에서 유래했다). 파이썬 코드를 작성할 때 불값 True와 False에는 문자열에서 항상 같이 사용하던 따옴표를 쓰지 않는다. 또한, 제일 앞 글자인 T와 F는 반드시 대문자로 쓰고, 나머지는 소문자로 써야 한다. 대화형 셸에 다음과 같이 입력해 보자(몇몇 명령어는 의도적으로 잘못 썼기 때문에 오류 메시지가 나타날 것이다).

```
>>> spam = True                                                    ❶
>>> spam
True
>>> true                                                           ❷
Traceback (most recent call last):
  File "<pyshell#2>", line 1, in <module>
    true
NameError: name 'true' is not defined
>>> True = 2 + 2                                                   ❸
SyntaxError: can't assign to keyword
```

다른 값들처럼 불값도 표현식에서 사용할 수 있고 변수에 저장할 수 있다(❶).
대소문자를 제대로 구별하지 않고 쓰거나(❷) True나 False를 변수 이름으로 사
용하려고 하면(❸) 파이썬은 오류 메시지를 낸다.

비교 연산자

비교 연산자 또는 관계 연산자는 두 값을 비교하여 불값으로 산출한다. 표 2-1에
는 비교 연산자들이 나열되어 있다.

연산자	의미
==	같음
!=	다름
<	작음
>	큼
<=	작거나 같음
>=	크거나 같음

표 2-1 비교 연산자

사용자가 이 연산자에 부여한 값에 따라 True나 False로 평가된다. 다음과 같이
몇 가지 연산자를 사용해 보자. 먼저 ==와 !=다.

```
>>> 42 == 42
True
>>> 42 == 99
False
>>> 2 != 3
True
>>> 2 != 2
False
```

예상과 같이 ==(같음)는 연산자 양쪽에 있는 두 값이 같을 때 True로 평가되고,
!=(다름)는 두 값이 다를 때 True로 평가된다. 이때 ==와 != 연산자는 모든 자료
형의 값에 사용할 수 있다.

```
>>> 'hello' == 'hello'
True
>>> 'hello' == 'Hello'
False
>>> 'dog' != 'cat'
True
>>> True == True
True
>>> True != False
True
>>> 42 == 42.0
True
>>> 42 == '42'                                              ❶
False
```

정수형이나 부동 소수점 수 유형의 값은 문자열 형태의 값과 항상 다르다는 것
을 명심하자. 표현식 42 == '42'는 False로 평가되는데(❶) 이는 파이썬이 정수
42를 문자열 '42'와 다르게 인식하기 때문이다.

　한편 <, >, <=, >= 연산자는 정수나 부동 소수점 수 유형의 값에만 사용할 수
있다.

```
>>> 42 < 100
True
>>> 42 > 100
False
>>> 42 < 42
False
>>> eggCount = 42
>>> eggCount <= 42                                          ❶
True
>>> myAge = 29
>>> myAge >= 10                                             ❷
True
```

==와 = 연산자의 차이점

== 연산자(같음)는 등호 기호가 두 개 있는 반면, = 연산자(할당)는 등호 기호가 한 개만 있다. 이 두 연산자는 혼동하기 쉽다. 다음 요점만 기억하자.

- == 연산자(같음)는 두 값이 서로 같은지 묻는다.
- = 연산자(할당)는 연산자 왼쪽에 있는 변수에 연산자 오른쪽에 있는 값을 대입한다.

이 둘을 구별하기 위해 == 연산자(같음)는 != 연산자(다름)와 같이 두 개의 문자로 되어 있다는 것을 기억하자.

---

eggCount <= 42(❶)나 myAge >= 10(❷)처럼 변수의 값을 다른 어떤 값과 비교할 때 이 비교 연산자를 자주 사용하게 될 것이다(코드에 'dog' != 'cat'이라고 입력하는 것보다 단순히 True라고 입력하는 게 더 좋을 수 있다). 추후 흐름 제어문에 대해 더 자세히 배울 때 이와 관련된 예를 더 많이 보게 될 것이다.

불 연산자

세 가지 불 연산자(and, or, not)는 불값들을 비교하는 역할을 한다. 비교 연산자처럼 불 연산자도 표현식을 단일 불값으로 평가한다. and 연산자부터 하나씩 자세히 알아보자.

이진 불 연산자

and와 or 연산자는 항상 두 개의 불값(또는 표현식)을 받기 때문에 이진 연산자로 부르기도 한다. and 연산자는 두 불값이 모두 True일 때 표현식을 True로 평가한다. 그렇지 않을 경우 False로 평가한다. 대화형 셀에 and를 사용한 표현식을 몇 개 입력해 보고 그 결과를 살펴보자.

```
>>> True and True
True
>>> True and False
False
```

진리표에는 불 연산자의 가능한 결과가 모두 나열되어 있다. 표 2-2는 and 연산자의 진리표다.

표현식	결괏값
True and True	True
True and False	False
False and True	False
False and False	False

표 2-2 and 연산자의 진리표

한편 or 연산자는 두 불값 중 하나라도 True일 경우 표현식을 True로 평가한다.

```
>>> False or True
True
>>> False or False
False
```

표 2-3에 있는 진리표에서 or에 대한 가능한 결과를 모두 확인할 수 있다.

표현식	결괏값
True or True	True
True or False	True
False or True	True
False or False	False

표 2-3 or 연산자의 진리표

not 연산자

and나 or 연산자와 달리 not 연산자는 한 개의 불값(또는 표현식)만 연산한다. 따라서 이 연산자는 단항 연산자가 된다. not 연산자는 단순히 불값을 반대로 평가한다.

```
>>> not True
False
>>> not not not not True                                    ❶
True
```

말과 글에서 이중 부정을 사용하는 것처럼 not 연산자를 중첩하여 사용할 수 있다(❶). 그러나 실제 프로그램에서 이렇게 사용할 이유는 전혀 없다. 표 2-4는 not 연산자의 진리표다.

표현식	결괏값
not True	False
not False	True

표 2-4 not 연산자의 진리표

불 연산자와 비교 연산자를 같이 사용하기

비교 연산자의 결과로 불값이 나오기 때문에 표현식에 비교 연산자와 불 연산자를 같이 사용할 수 있다.

and, or, not 연산자는 결과로 불값인 True와 False만 나오기 때문에 불 연산자로 일컬어진다는 것을 기억해 보자. 표현식 4 < 5 등은 그 자체로 불값은 아니지만, 불값으로 결과가 나오는 표현식이다. 대화형 셸에 비교 연산자를 사용하는 불 표현식을 입력해 보자.

```
>>> (4 < 5) and (5 < 6)
True
>>> (4 < 5) and (9 < 6)
False
>>> (1 == 2) or (2 == 2)
True
```

컴퓨터는 왼쪽에 있는 표현식부터 결과를 산출하고 그 뒤에 오른쪽 표현식의 결과를 산출한다. 두 값이 모두 불값일 경우 전체 표현식을 단일 불값으로 평가한다. 컴퓨터가 표현식 (4 < 5) and (5 < 6)을 평가하는 프로세스는 다음과 같이 생각할 수 있다.

```
(4 < 5) and (5 < 6)
        ↓
True and (5 < 6)
        ↓
True and True
        ↓
True
```

또한, 표현식에 비교 연산자와 함께 여러 개의 불 연산자를 사용할 수 있다.

```
>>> 2 + 2 == 4 and not 2 + 2 == 5 and 2 * 2 == 2 + 2
True
```

불 연산자의 연산 순서는 수학 연산자의 연산 순서와 같다. 수학 연산자나 비교 연산자가 중간 결과들을 산출하면 파이썬은 not, and, or의 순서로 결과를 산출한다.

흐름 제어 요소

흐름 제어문은 일반적으로 조건 부분으로 시작하여 절이라는 코드 블록이 이어서 나타나는 형식으로 이루어져 있다. 파이썬의 흐름 제어문에 대해 설명하기 전에 앞에서 언급한 조건과 코드 블록에 대해 설명하겠다.

조건

조건은 단지 표현식의 일종으로, 지금까지 설명한 불 표현식은 이러한 조건과 동일하다고 볼 수 있다. 조건은 흐름 제어문의 의미에 부합하게 지어진 이름에 불과하다. 조건은 항상 불값인 True나 False로 평가된다. 흐름 제어문은 조건이 True 또는 False인지에 따라 어떤 작업을 수행할지 결정하는 역할을 하고, 대부분의 흐름 제어문이 조건을 사용한다.

코드 블록

파이썬 코드 여러 줄을 블록으로 묶을 수 있다. 코드 들여쓰기를 기준으로 블록의 시작과 끝이 정해진다고 할 수 있다. 이때 블록에는 세 가지 규칙이 있다.

- 들여쓰기가 증가하면 블록이 시작된다.
- 블록은 다른 블록들을 포함할 수 있다.
- 블록은 들여쓰기가 0으로 줄어들거나 해당 블록을 포함하는 블록의 들여쓰기와 같아지면 끝난다.

블록은 들여쓰기가 잘 이루어진 코드를 살펴보면 이해하기 쉬운데, 다음과 같은 작은 게임 프로그램의 일부분에서 블록을 찾아보자.

```
name = 'Mary'
password = 'swordfish'
if name == 'Mary':
    print('Hello, Mary')                              ❶
    if password == 'swordfish':                       
        print('Access granted.')                      ❷
    else:                                             
        print('Wrong password.')                      ❸
```

이 프로그램의 실행 과정은 *https://autbor.com/blocks/*에서 볼 수 있다. 코드의 첫 번째 블록(❶)은 print('Hello, Mary')가 있는 줄에서 시작하여 그 이후에 있는 줄들을 포함한다. 이 블록 안에는 또 다른 블록이 있는데(❷) print('Access Granted.') 한 줄로 이루어져 있다. 세 번째 블록(❸)도 print('Wrong password.') 한 줄이다.

프로그램 실행

이전 장의 hello.py 프로그램에서 파이썬은 전체 명령어를 위에서 아래로 순차적으로 실행했다. 프로그램 실행(또는 간단하게 실행)은 현재 명령어가 실행되고 있는 것을 일컫는 용어다. 소스 코드를 종이에 출력하고 코드의 각 줄이 실행될 때 손가락으로 가리킨다면, 손가락을 프로그램의 실행이라고 생각할 수 있다.

  그러나 모든 프로그램이 위에서 아래로 내려가면서 전부 실행되지는 않는다. 흐름 제어문이 있는 프로그램을 손가락으로 쫓아가면, 조건에 따라 소스 코드 내의 전체 절을 생략할 수도 있다는 사실을 발견할 것이다.

흐름 제어문

이제 흐름 제어에서 가장 중요한 흐름 제어문 자체를 살펴보자. 흐름 제어문은 그림 2-1의 순서도에서 다이아몬드를 나타내고, 이는 프로그램이 실제로 내리는 결정이다.

if 문

가장 흔하게 볼 수 있는 흐름 제어문은 if 문이다. if 절(if 문 뒤에 오는 코드 블록)은 if 문의 조건이 참이면 실행된다. 그 조건이 거짓이라면 해당 절은 생략된다.

  쉽게 말해 if 문은 '이 조건이 참이라면 절 안에 있는 코드를 실행하라'는 의미로 해석될 수 있다. 파이썬에서 if 문은 다음과 같은 요소들로 구성되어 있다.

- if 키워드
- 조건(True나 False로 평가되는 표현식)
- 콜론
- 다음 줄에서 시작하는 들여쓰기가 된 코드 블록(if 절)

예를 들어 어떤 사람의 이름이 'Alice'인지 확인하는 코드를 생각해 보자(name 변수에는 어떤 값이 이미 할당되어 있다고 하자).

```
if name == 'Alice':
    print('Hi, Alice.')
```

모든 흐름 제어문은 콜론으로 끝나고 새로운 코드 블록(절)이 뒤를 잇는다. 앞의 경우, if 절은 print('Hi, Alice.')가 있는 코드 블록이다. 그림 2-2에 이 코드의 순서도가 나타나 있다.

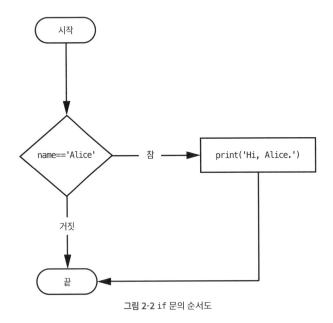

그림 2-2 if 문의 순서도

else 문

if 절 다음에 else 문이 선택적으로 나올 수 있다. else 절은 if 문이 False일 경우에만 실행된다. 쉽게 말해 else 문은 '이 조건이 참이라면 이 코드를 실행하라. 그렇지 않다면 저 코드를 실행하라'는 의미로 해석될 수 있다. else 문은 조건을 갖지 않으며, 다음과 같은 요소들로 구성되어야 한다.

- else 키워드
- 콜론
- 다음 줄에서 시작하는 들여쓰기가 된 코드 블록(else 절)

앞서 나온 'Alice' 예로 돌아가서 else 문을 사용하여 이름이 'Alice'가 아닌 사람일 경우 다르게 인사하는 코드를 살펴보자.

```python
if name == 'Alice':
    print('Hi, Alice.')
else:
    print('Hello, stranger.')
```

그림 2-3은 앞에 나온 코드의 순서도를 나타낸다.

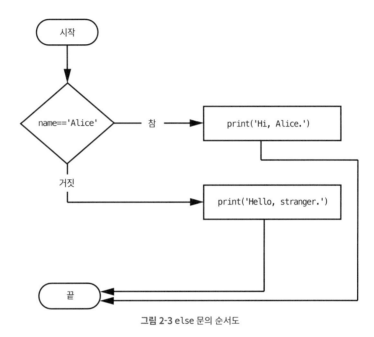

그림 2-3 else 문의 순서도

elif 문

if 절이나 else 절 중 하나만 실행될 수도 있지만, 여러 개의 절 중에서 하나를 실행하려는 경우도 있을 수 있다. elif 문은 if 문이나 또 다른 elif 문 뒤에 사용되는 'else if' 문이다. 이는 이전의 조건들이 모두 거짓일 경우 검사해야 할 또 다른 조건을 나타낸다. 코드에서 elif 문은 항상 다음과 같은 요소들로 구성되어야 한다.

- elif 키워드
- 조건(True나 False로 평가되는 표현식)
- 콜론

- 다음 줄에서 시작하는 들여쓰기가 된 코드 블록(elif 절)

앞에 나온 이름을 묻는 예시 코드에 elif 문을 추가해 보자.

```
if name == 'Alice':
    print('Hi, Alice.')
elif age < 12:
    print('You are not Alice, kiddo.')
```

이 예는 그 사람의 나이가 열두 살보다 어릴 경우 뭔가 다른 문구를 출력하는 프로그램이다. 이 프로그램의 순서도는 그림 2-4에서 확인할 수 있다.

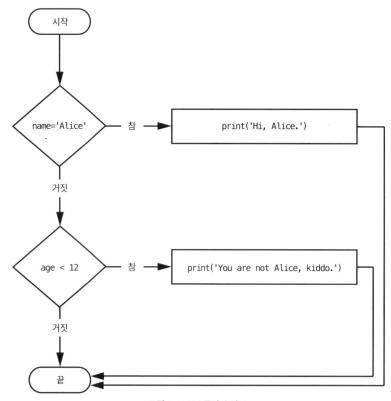

그림 2-4 elif 문의 순서도

조건 age < 12가 True이고 name == 'Alice'가 False일 때 elif 절이 실행된다. 그러나 두 조건이 모두 False일 경우 두 개의 절 모두 실행되지 않는다. 최소한 하나의 절이 반드시 실행된다고 보장되지 않는 것이다. 여러 개의 elif 문이 있을 때 단 하나의 절만 실행되거나 또는 어떠한 절도 실행되지 않을 수 있다. 어떤 조건이 True로 판명될 경우 나머지 elif 절은 자동으로 실행되지 않는다. 파일 편집기 창을 열고 다음 코드를 입력한 뒤 vampire.py라는 이름으로 저장해 보자.

```
name = 'Carol'
age = 3000
if name == 'Alice':
    print('Hi, Alice.')
elif age < 12:
    print('You are not Alice, kiddo.')
elif age > 2000:
    print('Unlike you, Alice is not an undead, immortal vampire.')
elif age > 100:
    print('You are not Alice, grannie.')
```

이 프로그램의 실행 과정은 *https://autbor.com/vampire/*에서 볼 수 있다. 이 프로그램은 기존 코드에 elif 문을 두 개 추가하여 age에 대한 사용자의 대답에 따라 다르게 인사한다. 그림 2-5는 이 프로그램의 순서도를 나타낸다.

여기서 elif 문들의 순서가 중요하다. 여기서 고의로 오류를 일으키기 위해 순서를 바꿔 보자. 일단 참인 조건을 발견하면 나머지 elif 절들은 실행되지 않는다는 것을 기억하자. 이제 vampire.py의 절들의 순서를 바꾸고 실행해 보자. 다음 예와 같이 코드를 바꾸고 vampire2.py로 저장하자.

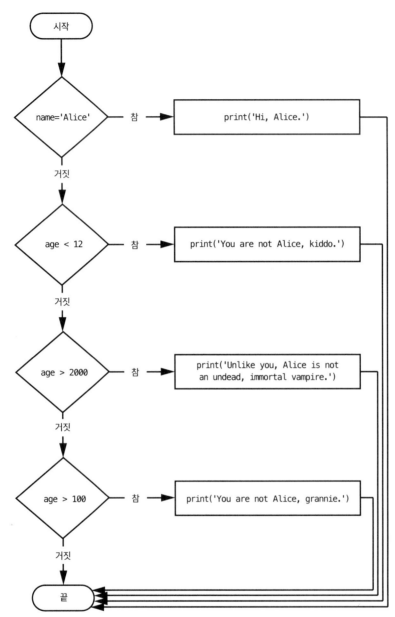

그림 2-5 vampire.py 프로그램의 여러 개의 elif 문에 대한 순서도

```
name = 'Carol'
age = 3000
if name == 'Alice':
    print('Hi, Alice.')
elif age < 12:
    print('You are not Alice, kiddo.')
elif age > 100:
    print('You are not Alice, grannie.')
elif age > 2000:
    print('Unlike you, Alice is not an undead, immortal vampire.')
```
❶

이 프로그램의 실행 과정은 *https://autbor.com/vampire2/*에서 볼 수 있다. age 변수에는 코드가 실행되기 전 이미 3000이라는 값이 저장되어 있다. 이 코드의 결과로 'Unlike you, Alice is not an undead, immortal vampire.'라는 문자열이 출력될 것으로 예상된다. 그러나 age > 100라는 조건(❶)이 먼저 True이기 때문에(3000은 100보다 크다) 'You are not Alice, grannie.'라는 문자열이 출력되고 나머지 elif 문은 자동으로 생략된다. 최대 한 개의 절만 실행된다는 점과 elif 문의 경우 순서가 중요하다는 점을 명심하자!

그림 2-6은 앞에 나온 코드의 순서도를 나타낸다. age > 100와 age > 2000가 있는 다이아몬드가 어떻게 바뀌는지 확인하자.

마지막 elif 문 뒤에 선택적으로 else 문을 사용할 수도 있다. 이 경우, 최소 하나 이상(그리고 단 하나)의 절이 반드시 실행된다. 모든 if, elif 문의 조건이 거짓일 경우 else 절이 실행된다. 예를 들어 'Alice' 프로그램을 if, elif, else 절을 사용하여 다시 만들어 보자.

```
name = 'Carol'
age = 3000
if name == 'Alice':
    print('Hi, Alice.')
elif age < 12:
    print('You are not Alice, kiddo.')
else:
    print('You are neither Alice nor a little kid.')
```

이 프로그램의 실행 과정은 *https://autbor.com/littlekid/*에서 볼 수 있다. 그림 2-7은 littleKid.py라는 파일 이름으로 저장할 이 새로운 코드의 순서도다.

이러한 흐름 제어 구조는 쉽게 말해 '첫 번째 조건이 참이라면 이 작업을 수행하라. 그렇지 않다면 두 번째 조건이 참일 경우 저 작업을 수행하고, 거짓일 경우 다른 작업을 수행하라'로 얘기할 수 있다. if, elif, else 문을 함께 사용할 경우 그림 2-6과 같은 오류가 생기지 않도록 순서를 정하는 규칙을 기억하자. 첫째, if 문이 항상 단 한 개 있다. 필요한 elif 문은 if 문 뒤에 있다. 둘째, 한 절이 반드시 실행되어야 하는 경우 else 문을 사용하여 제어문을 마무리한다.

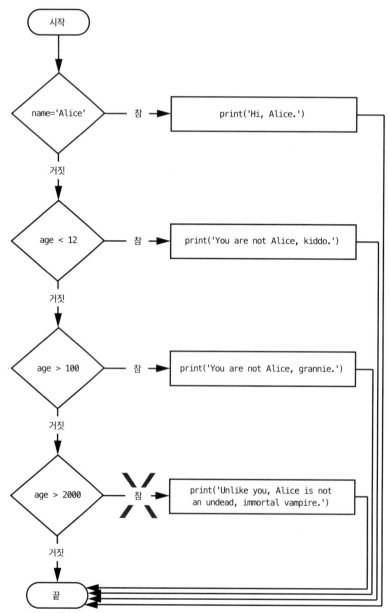

그림 2-6 vampire2.py 프로그램의 순서도. X로 표시한 경로는 논리적으로 일어나지 않는 상황으로, 이는 age가 2000보다 크다면 이미 100보다 크기 때문이다.

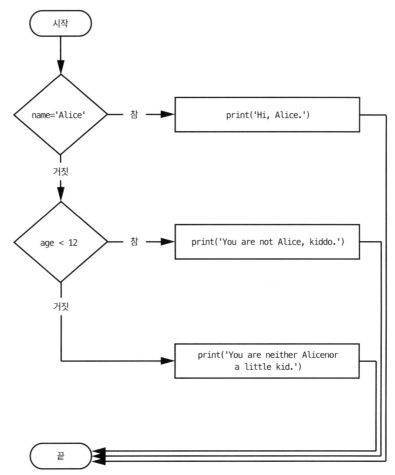

그림 2-7 littleKid.py 프로그램의 순서도

while 반복문

while 문으로 코드 블록을 반복하여 실행할 수 있다. while 절 안에 있는 코드는 while 문의 조건이 참일 경우 계속해서 실행된다. while 문은 항상 다음과 같은 요소들로 구성되어 있다.

- while 키워드
- 조건(True나 False로 평가되는 표현식)
- 콜론
- 다음 줄에서 시작하는 들여쓰기가 된 코드 블록(while 절)

while 문과 if 문은 형식이 매우 비슷해 보이지만 작동하는 방식이 다르다. if 절이 끝나고 나서 프로그램은 if 문 뒤에 있는 코드를 실행한다. 반면, while 절이 끝나고 나면 프로그램은 while 문의 시작점으로 돌아간다. 이때 while 절은 while 반복문 또는 반복문으로 일컬어지기도 한다.

같은 조건과 행동을 하는 if 문과 while 반복문을 살펴보자. 다음은 if 문을 활용하여 작성한 코드다.

```
spam = 0
if spam < 5:
    print('Hello, world.')
    spam = spam + 1
```

다음은 while 문을 활용하여 작성한 코드다.

```
spam = 0
while spam < 5:
    print('Hello, world.')
    spam = spam + 1
```

앞의 코드들은 서로 비슷하다. if와 while 모두 spam의 값을 점검하고, 이 값이 5보다 작으면 어떤 메시지를 출력하도록 한다. 그러나 이 두 개의 간단한 코드를 실행했을 때 결과는 서로 다르다. if 문을 실행했을 때 결과는 단순히 'Hello, world.'가 출력된다. 그러나 while 문의 경우 'Hello, world.'가 다섯 번 반복하여 출력된다. 각 코드의 순서도를 나타내는 그림 2-8과 2-9를 살펴보면서 이러한 일이 일어나는 이유를 알아보자.

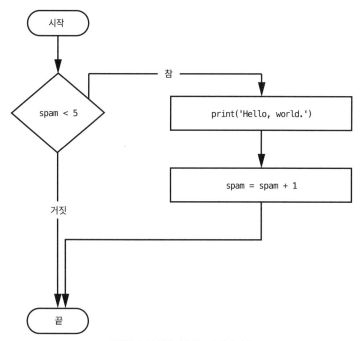

그림 2-8 if 문을 사용한 코드의 순서도

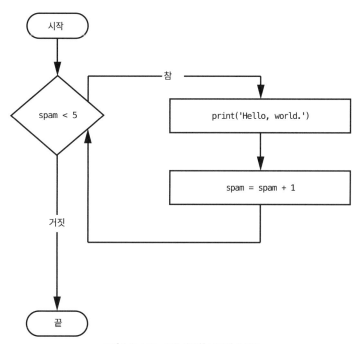

그림 2-9 while 문을 사용한 코드의 순서도

if 문을 사용한 코드는 조건을 검사하고, 그 조건이 참일 때만 Hello, world를 한 번 출력한다. 반면, while 문을 사용한 코드는 이를 다섯 번 출력한다. 이 반복문은 다섯 번 출력한 후 멈추는데, 이는 spam에 저장된 숫자가 반복문이 끝날 때마다 1씩 증가하기 때문이다. 이는 조건 spam < 5가 거짓이 되기 전까지 반복문이 다섯 번 실행된다는 것을 의미한다.

while 문에서는 반복문이 실행되는 매 시작 시점에서 조건을 점검한다(즉, 반복문이 실행될 때마다 점검한다). 해당 조건이 True일 경우, while 절이 실행된 뒤 앞의 조건을 다시 점검한다. 이 조건이 처음으로 False로 판명되면 while 절을 실행하지 않고 건너뛴다.

성가신 while 반복문

다음 예는 문자 그대로 your name을 입력하라고 계속 요청하는 프로그램이다. **File ▶ New**를 선택하여 새로운 파일 편집기 창을 열고 다음과 같은 코드를 입력하고 yourName.py로 저장하자.

```
name = ''                                                    ❶
while name != 'your name':                                   ❷
    print('Please type your name.')
    name = input()                                           ❸
print('Thank you!')                                          ❹
```

이 프로그램의 실행 과정은 *https://autbor.com/yourname/*에서 볼 수 있다. 먼저 이 프로그램은 name 변수(❶)에 빈 문자열을 할당한다. 이렇게 하면 name != 'your name' 조건이 True로 평가돼서 while 절이 실행된다(❷).

이 절에서는 사용자에게 이름을 입력하도록 요청하고 입력받은 값을 name 변수에 할당한다(❸). 이 줄이 코드 블록의 마지막 줄이므로 while 반복문의 시작점으로 돌아가서 조건을 다시 검사한다. name의 값이 문자열 'your name'과 다를 경우 조건이 True가 돼서 while 절을 다시 실행하게 된다.

그러나 사용자가 your name이라는 문자열을 입력할 경우 while의 조건인 'your name' != 'your name'은 False로 평가된다. 이 조건은 이제 False이기 때문에 파이썬은 while 절을 건너뛰고 프로그램의 나머지를 실행한다(❹). 그림 2-10은 yourName.py 프로그램의 순서도를 나타낸다.

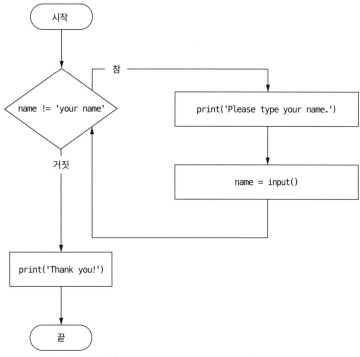

그림 2-10 yourName.py 프로그램의 순서도

이제 yourName.py를 실행해 보자. **F5** 버튼을 누르고 실행하여 프로그램이 원하는 **your name**을 입력하기 전에 다른 것을 몇 번 입력해 보자.

```
Please type your name.
Al
Please type your name.
Albert
Please type your name.
%#@#%*(^&!!!
Please type your name.
your name
Thank you!
```

your name을 입력하지 않으면, while 반복문의 조건은 False가 되지 않기 때문에 프로그램은 계속해서 입력하라고 요청할 것이다. 여기서 input() 함수가 호출될 때 사용자가 올바른 문자열을 입력하여 프로그램이 계속 진행되도록 할 수 있다. 다른 프로그램들에서는 조건이 영원히 바뀌지 않는 경우도 있는데 이는 프로그램의 문제가 될 수 있다. 이제 while 반복문에서 벗어날 수 있는 방법을 알아보자.

break 문

while 절을 일찍 벗어날 수 있는 간단한 방법이 있다. break 문을 실행하게 되면, 즉시 while 절에서 벗어난다. break 문에는 단순히 break 키워드만 있다.

매우 간단하지 않은가? 이전의 프로그램과 동일한 작업을 수행하지만 break 문으로 반복문을 벗어나는 프로그램을 작성해 보자. 다음과 같은 코드를 입력하고 yourName2.py라는 파일 이름으로 저장하자.

```
while True:                              ❶
    print('Please type your name.')
    name = input()                       ❷
    if name == 'your name':              ❸
        break                            ❹
print('Thank you!')                      ❺
```

이 프로그램의 실행 과정은 *https://autbor.com/yourname2/*에서 볼 수 있다. 첫 번째 줄(❶)은 무한 루프를 만들어 낸다. 이는 조건이 항상 True인 while 반복문이다(표현식 True는 항상 True라는 값으로 평가된다). 이 반복문을 한 번 실행하면 break 문이 실행될 때까지 반복문을 계속 실행한다(무한 루프는 흔한 프로그래밍 버그다).

이전과 같이 프로그램은 사용자에게 your name을 입력하라고 요청한다(❷). 그러나 이번에는 while 반복문을 실행하고 있지만, if 문이 name이 'your name'과 같은지 검사한다(❸). 이 조건이 True라면 break 문이 실행되고(❹) 반복문을 빠져나와 print('Thank you!')를 출력한다(❺). 그렇지 않다면 break 문이 있는 if 절을 건너뛰고 while 반복문의 끝으로 진행된다. 이때 프로그램은 while 반복문(❶)의 시작점을 다시 실행하여 조건을 검사한다. 이 조건은 항상 True 불값이기 때문에 반복문을 다시 실행하여 사용자에게 your name을 입력하라고 요청한다. 그림 2-11은 이 프로그램의 순서도를 나타낸다.

프로그램 yourName2.py를 실행해 보고 yourName.py와 동일한 텍스트를 입력해 보자. 수정하여 작성된 이 프로그램은 원래 프로그램과 동일하게 응답할 것이다.

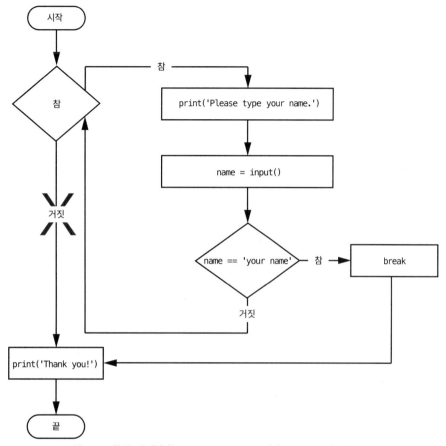

그림 2-11 무한 루프를 활용한 yourName2.py 프로그램의 순서도. X 표시는 반복문의 조건이
항상 참이기 때문에 논리적으로 결코 일어나지 않는다.

continue 문

break처럼 continue 문도 반복문 안에서 사용한다. 프로그램이 continue 문을
실행하면 반복문의 시작점으로 돌아가 반복문의 조건을 다시 검사한다(이는 반
복문을 다 실행했을 때 일어나는 상황이기도 하다).

continue를 사용하여 이름과 비밀번호를 묻는 프로그램을 만들어 보자. 새 파
일 편집기 창에 다음과 같이 코드를 입력하고 swordfish.py라는 이름으로 저장
하자.

```python
while True:
    print('Who are you?')
    name = input()
    if name != 'Joe':                                    ❶
```

```
        continue
    print('Hello, Joe. What is the password? (It is a fish.)')
    password = input()
    if password == 'swordfish':
        break
print('Access granted.')
```

❷
❸
❹
❺

무한 루프에 갇혔는가?

버그가 있는 프로그램을 실행하여 무한 루프에 갇혔다면, Ctrl-C를 누르거나 IDLE 메뉴의
Shell ▶ Restart Sell을 클릭하자. 이렇게 하면 프로그램에 KeyboardInterrupt 오류를 일
으켜 실행이 즉시 중지될 것이다. 다음과 같이 파일 편집기에 간단한 무한 루프를 생성하는 프
로그램을 작성하고 infiniteLoop.py라는 이름으로 저장하고 실행해 보자. 그리고 이 프로그램
을 멈춰 보자.

```
While True:
    Print('Hello, world!')
```

이 프로그램을 실행하면 while 문의 조건이 항상 True이므로 화면에 Hello, world!라는
문구를 영원히 출력할 것이다. 단축키 Ctrl-C는 무한 루프에 갇히는 경우뿐 아니라 프로그램을
즉시 종료하고 싶을 때도 편리하게 사용할 수 있다.

사용자가 Joe가 아닌 다른 이름을 입력할 경우(❶) continue 문(❷)이 반복문의
시작점으로 돌아가서 다시 실행하도록 한다. 프로그램이 조건을 다시 평가하는
데 항상 True이기 때문에 반복문을 또 실행한다. 이 if가 거짓이라면 비밀번호
를 입력하도록 할 것이다(❸). 입력한 비밀번호가 swordfish라면 break 문(❹)이
실행되고, while 반복문을 빠져나와 Access granted라는 문구(❺)를 출력할 것
이다. 그렇지 않다면 while 반복문의 끝까지 다 실행되었기 때문에 반복문의 시
작점으로 돌아와서 다시 실행한다. 그림 2-12는 이 프로그램의 순서도를 나타
낸다.

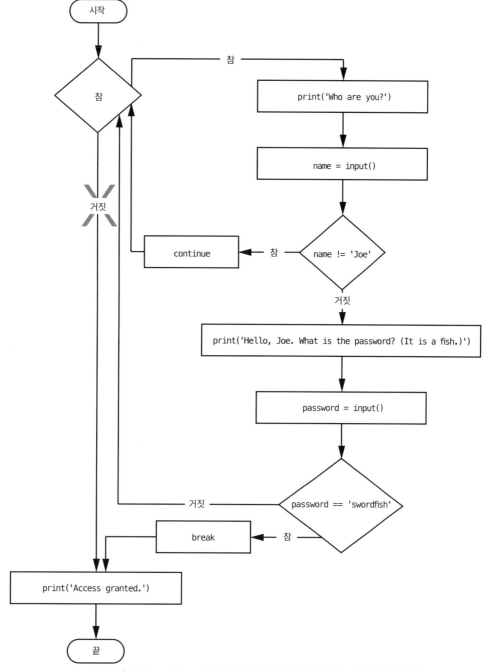

그림 2-12 swordfish.py 프로그램의 순서도. X 표시는 반복문의 조건이 항상 참이기 때문에
논리적으로 결코 일어나지 않는다.

'참 같은' 값과 '거짓 같은' 값

조건문은 몇몇 값을 True나 False와 같다고 평가한다. 조건문에서 사용될 때 0, 0.0, ''(빈 문자열)은 False로 평가되며 다른 모든 값은 True로 평가된다. 다음 프로그램 예를 보자.

```
name = ''
    while not name:                                                    ❶
        print('Enter your name:')
        name = input()
print('How many guests will you have?')
numOfGuests = int(input())
    if numOfGuests:                                                    ❷
        print('Be sure to have enough room for all your guests.')      ❸
print('Done')
```

이 프로그램의 실행 과정은 https://autbor.com/howmanyguests/에서 볼 수 있다. 사용자가 name에 빈 문자열을 입력하면, while 문의 조건의 결과는 True이고(❶) 프로그램은 name에 대해 계속 묻는다. numOfGuests의 값이 0이 아니라면(❷) 조건의 결과는 True이고, 프로그램은 사용자에게 알림 문자열을 출력한다(❸).

not name 대신 not name != ''를 입력할 수 있고, numOfGuests 대신 numOfGuests != 0를 입력할 수 있다. 그러나 앞에 소개한 예와 같이 참 또는 거짓으로 평가되는 값을 사용하면 코드의 가독성을 높일 수 있다.

이 프로그램을 실행하고 값을 입력해 보자. 사용자가 Joe라고 입력하기 전까지 프로그램은 비밀번호를 물어보지 않고, 맞는 비밀번호를 입력하면 프로그램이 종료된다.

```
Who are you?
I'm fine, thanks. Who are you?
Who are you?
Joe
Hello, Joe. What is the password? (It is a fish.)
Mary
Who are you?
Joe
Hello, Joe. What is the password? (It is a fish.)
swordfish
Access granted.
```

이 프로그램의 실행 과정은 *https://autbor.com/hellojoe/*에서 볼 수 있다.

for 반복문과 range() 함수

while 반복문은 조건이 참일 경우 계속 반복되는데(이러한 이름을 가진 이유다), 어떤 코드 블록을 일정 횟수만큼만 반복하고 싶으면 어떻게 할까? for 반복문과 range() 함수를 사용하여 이러한 작업을 수행할 수 있다.

코드에서 for는 for i in range(5):와 같은 형식으로 사용되며 다음과 같은 요소들로 구성되어 있다.

- for 키워드
- 변수 이름
- in 키워드
- 최대 세 개의 정수를 인자로 전달하는 range() 함수 호출
- 콜론
- 다음 줄에서 시작하는 들여쓰기가 된 코드 블록(for 절이라고 부름)

다음과 같이 for 반복문에 대해 살펴볼 수 있는 fiveTimes.py라는 프로그램을 작성해 보자.

```python
print('My name is')
for i in range(5):
    print('Jimmy Five Times (' + str(i) + ')')
```

이 코드의 실행 과정은 *https://autbor.com/fivetimesfor/*에서 볼 수 있다. for 절은 다섯 번 반복하여 실행된다. 처음으로 실행될 때 i 변수의 값은 0으로 설정된다. 반복문 안에서 호출된 print() 함수는 Jimmy Five Times (0)이라는 문구를 출력한다. 파이썬이 for 절의 코드를 다 실행하여 한 번의 반복을 종료한 뒤 반복문의 시작점으로 돌아가면 for 문은 i를 1만큼 증가시킨다. 이와 같이 range(5)는 i를 0, 1, 2, 3, 4로 증가시키면서 반복문 절을 다섯 번 반복하는 것이다. i 변수는 range() 함수에 전달된 정숫값이 될 때까지 증가하지만 그 값을 포함하지는 않는다. 그림 2-13은 fiveTimes.py 프로그램의 순서도를 나타낸다.

이 프로그램을 실행하면 for 반복문을 빠져나가기 전까지 Jimmy Five Times와 i 변수의 값을 다섯 번 출력한다.

```
My name is
Jimmy Five Times (0)
Jimmy Five Times (1)
Jimmy Five Times (2)
```

```
Jimmy Five Times (3)
Jimmy Five Times (4)
```

☑️ for 반복문 안에서도 break나 continue 문을 사용할 수 있다. 프로그램이 반복문의 끝까지 실행하고 다시 시작점으로 돌아간 것처럼 continue 문은 for 반복문 카운터의 다음 값으로 바꾼 뒤 반복문을 진행한다. 더 정확하게 얘기하자면 continue와 break 문은 while이나 for 반복문 안에서만 사용할 수 있다. 파이썬에서 이러한 문장을 다른 곳에서 사용한다면 오류가 일어난다.

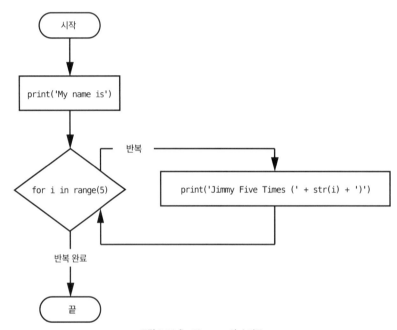

그림 2-13 fiveTimes.py의 순서도

또 다른 for 반복문의 예로, 수학자 카를 프리드리히 가우스(Carl Friedrich Gauss)의 일화가 있다. 가우스가 어렸을 적에 그의 선생님이 학급 학생들에게 쓸데없는 숙제를 냈다. 선생님은 학생들에게 0부터 100까지의 수를 모두 더하라고 얘기했다. 소년 가우스는 몇 초 안에 질문에 답할 수 있는 묘책을 제시했는데, for 문을 활용한 파이썬 프로그램을 작성하여 이에 대한 답을 얻을 수도 있다.

```
total = 0                    ❶
for num in range(101):       ❷
    total = total + num      ❸
print(total)                 ❹
```

이 질문의 답은 5050이다. 프로그램이 처음 실행되었을 때 total 변수의 값은 0으로 설정된다(❶). 그리고 나서 for 반복문(❷)은 total = total + num을 100번 실행한다(❸). 반복문이 100번 실행되는 동안 0에서 100 사이의 모든 정수가 total 변수에 합산된다. 이제 total의 값이 화면에 출력된다(❹). 매우 느린 컴퓨터에서도 이 프로그램은 실행이 완료되기까지 1초도 걸리지 않는다.

(어린 가우스는 이 문제를 몇 초 안에 풀 수 있는 방법을 제안했다. 0부터 100 사이에는 합이 101이 되는 쌍이 50개 있다: 1+100, 2+99, 3+98, ⋯ 50+51. 따라서 50×101=5050이므로 0부터 100까지의 모든 수의 합은 5050이라는 해법이다. 매우 똑똑한 어린이지 않은가!)

while 반복문으로 같은 작업하기

사실 while 반복문으로 for 반복문이 하는 작업을 할 수 있다. for 반복문이 더 간결할 뿐이다. 앞에서 작성했던 fiveTimes.py를 while 반복문을 사용하여 다시 작성해 보자.

```
print('My name is')
i = 0
while i < 5:
    print('Jimmy Five Times (' + str(i) + ')')
    i = i + 1
```

이 프로그램의 실행 과정은 *https://autbor.com/fivetimeswhile/*에서 볼 수 있다. 이 프로그램을 실행하면 for 반복문을 사용한 fiveTimes.py의 실행 결과와 같은 것을 확인할 수 있다.

range()의 시작 인자, 종료 인자, 증감 인자

몇몇 함수는 쉼표로 구분된 인자를 여러 개 사용하여 호출되기도 하는데, range()도 이러한 함수 중 하나다. 이러한 특징으로 range() 함수에 다른 정수 인자를 전달하여 0이 아닌 정수로 시작하는 정수 배열 등의 다양한 종류의 정수 배열을 만들 수 있다.

```
for i in range(12, 16):
    print(i)
```

range() 함수는 세 개의 인자로도 호출할 수 있다. 처음 두 개의 인자는 각각 시작값과 종룟값을, 세 번째 인자는 증감 인자를 의미한다. 이 증감 인자에 해당하는 값은 반복이 끝날 때마다 변수가 증가하는 정도를 의미한다.

```
for i in range(0, 10, 2):
    print(i)
```

range(0, 10, 2)를 호출한 결과는 0에서 8까지 2씩 증가하는 정수 배열이다.

```
0
2
4
6
8
```

range() 함수는 for 반복문과 함께 사용해 다양한 형태의 숫자 배열을 나타낼 수 있다. 예를 들어 증감 인자로 음수를 전달하여 호출할 경우, for 문은 증가하는 숫자 배열 대신 감소하는 숫자 배열을 만들 수 있다.

```
for i in range(5, -1, -1):
    print(i)
```

이 for 반복문의 결과는 다음과 같다.

```
5
4
3
2
1
0
```

i를 출력하는 for 반복문과 range(5, -1, -1)을 함께 사용한 결과 5에서 0까지 순서대로 출력한다.

모듈 불러오기

모든 파이썬 프로그램에서 print(), input(), len()과 같은 내장 함수를 호출할 수 있다. 또한, 표준 라이브러리라는 기본으로 제공되는 모듈들이 있다. 이러한 모듈은 사용자의 프로그램에서 불러와서 사용할 수 있도록 관련 함수들이 모여 있는 파이썬 프로그램이다. 예를 들어 math 모듈에는 수학과 관련된 함수들이, random 모듈에는 난수와 관련된 함수들이 있다.

모듈에 있는 함수를 사용하기 위해서는 먼저 import 문으로 모듈을 불러와야 한다. 코드에서 import 문은 다음 요소들로 구성되어 있다.

- import 키워드
- 모듈 이름
- 쉼표로 구분된 여러 모듈의 이름(선택 사항)

이와 같이 모듈을 불러오면 해당 모듈 내에 있는 모든 함수를 사용할 수 있다. 예를 들어 random.randint() 함수를 사용할 수 있도록 random 모듈을 불러와 보자.

　파일 편집기에 다음 코드를 입력하고 printRandom.py라는 이름으로 저장 하자.

```
import random
for i in range(5):
    print(random.randint(1, 10))
```

모듈 이름을 덮어쓰지 말라

파이썬 스크립트를 저장할 때 파일 이름이 random.py, sys.py, os.py, math.py와 같이 이미 존재하는 파이썬 모듈 이름과 겹치지 않도록 주의하자. 실수로 random.py라는 이름으로 프로그램을 저장할 경우, 다른 프로그램에서 import random을 실행하면 파이썬의 random 모듈을 불러오는 대신 새로 저장한 random.py를 불러온다. 그 결과 AttributeError: module 'random' has no attribute 'randint'와 같은 오류가 일어난다. 이러한 오류가 일어나는 이유는 새로 만든 random.py에는 실제 random 모듈에 있는 함수들이 없기 때문이다. 또한, print(), input()과 같이 파이썬 내장 함수와 동일한 이름을 사용하지 말자. 이러한 문제들은 자주 생기지 않지만 해결하기 까다로울 수 있다. 프로그래밍 경험이 쌓일수록 파이썬 모듈이나 함수에 사용되는 표준 이름들에 대해 더 많이 알게 되고, 이러한 문제들을 잘 겪지 않을 것이다.

프로그램을 실행하면 결과는 다음과 같다.

```
4
1
8
4
1
```

이 프로그램의 실행 과정은 *https://autbor.com/printrandom/*에서 볼 수 있다. random.randint() 함수를 호출하면, 전달한 두 개의 정수 인자 사이의 임의의 정숫값을 반환한다. randint() 함수는 random 모듈 안에 있기 때문에 random 모듈에서 이 함수를 찾도록 알려 주기 위해 함수 이름 앞에 random을 입력해야 한다.

다음과 같이 import 문을 사용하여 네 가지 모듈을 한 번에 불러올 수도 있다.

```
import random, sys, os, math
```

이제 이 네 가지 모듈에 있는 모든 함수를 사용할 수 있다. 이에 대해서는 이 책의 뒷부분에서 다루도록 하겠다.

from import 문

다른 형식으로 import 문을 사용할 수도 있다. from 키워드, 모듈 이름, import 키워드 그리고 별표 문자 순으로 쓰면 된다. 예를 들어 from random import *와 같다.

이와 같은 형식으로 import 문을 선언했을 경우 random 모듈 안에 있는 함수를 호출할 때 앞에 명시해야 했던 random을 명시하지 않는다. 그러나 함수의 전체 이름을 써 주면 코드 가독성이 좋아지기 때문에 import random과 같은 형식으로 사용하는 것이 좋다.

sys.exit() 함수를 사용하여 프로그램 조기 종료하기

마지막으로 다룰 흐름 제어 개념은 프로그램을 종료하는 방법이다. 명령문의 마지막 줄까지 실행되면 프로그램은 항상 종료된다. 그러나 마지막 명령문을 실행하기 전에 sys.exit()로 프로그램을 조기 종료할 수 있다. 이 함수는 sys 모듈 안에 있기 때문에 프로그램에서 이 함수를 사용하기 전에 sys 모듈을 불러와야 한다.

파일 편집기 창을 열고 다음과 같이 코드를 입력한 뒤 exitExample.py라는 이름으로 저장해 보자.

```
import sys

while True:
    print('Type exit to exit.')
    response = input()
    if response == 'exit':
        sys.exit()
    print('You typed ' + response + '.')
```

이 프로그램을 IDLE에서 실행해 보자. 이 프로그램은 break 문이 없기 때문에 무한 루프에 빠진다. 이 프로그램을 끝낼 수 있는 유일한 방법은 sys.exit()를 실행하는 것이다. response의 값이 exit일 때 sys.exit()가 실행된다. response 변수의 값은 input() 함수에 의해 정해지기 때문에 프로그램을 종료하기 위해서는 사용자가 exit를 입력해야 한다.

간단한 프로그램: 숫자 맞히기

지금까지 소개한 예들은 기본적인 개념을 이해하는 데 유용했다. 이제 그동안 배운 내용으로 완전한 프로그램을 어떻게 구성하는지 살펴보겠다. 이 절에서는 간단한 '숫자 맞히기' 게임 프로그램을 보여 줄 것이다. 이 프로그램을 실행하면 다음과 같은 결과가 출력된다.

```
I am thinking of a number between 1 and 20.
Take a guess.
10
Your guess is too low.
Take a guess.
15
Your guess is too low.
Take a guess.
17
Your guess is too high.
Take a guess.
16
Good job! You guessed my number in 4 guesses!
```

파일 편집기에 다음과 같은 소스 코드를 입력하고 guessTheNumber.py라는 이름으로 저장해 보자.

```
# 이것은 숫자 맞히기 게임이다.
import random
secretNumber = random.randint(1, 20)
print('I am thinking of a number between 1 and 20.')

# 플레이어에게 숫자를 맞힐 기회를 여섯 번 준다.
for guessesTaken in range(1, 7):
    print('Take a guess.')
    guess = int(input())

    if guess < secretNumber:
        print('Your guess is too low.')
    elif guess > secretNumber:
```

```
            print('Your guess is too high.')
        else:
            break # 추측이 맞을 때의 조건이다!

if guess == secretNumber:
    print('Good job! You guessed my number in ' + str(guessesTaken) +
        'guesses!')
else:
    print('Nope. The number I was thinking of was ' + str(secretNumber))
```

이 프로그램의 실행 과정은 *https://autbor.com/guessthenumber/*에서 볼 수 있다.
이 코드를 시작 부분부터 자세히 살펴보자.

```
# 이것은 숫자 맞히기 게임이다.
import random
secretNumber = random.randint(1, 20)
```

코드 제일 위에 있는 주석은 이것이 어떤 프로그램인지 설명한다. 다음 줄은
사용자가 맞혀야 할 숫자를 생성하는 random.randint() 함수를 사용하기 위해
random 모듈을 불러오는 역할을 한다. 함수의 반환값인 1에서 20 사이의 정수
하나가 secretNumber 변수에 저장된다.

```
print('I am thinking of a number between 1 and 20.')
```

```
# 플레이어에게 숫자를 맞힐 기회를 여섯 번 준다.
for guessesTaken in range(1, 7):
    print('Take a guess.')
    guess = int(input())
```

이 프로그램은 플레이어에게 비밀 숫자가 있다는 것을 알려 주고, 이를 맞힐 수
있는 기회를 여섯 번 준다. 플레이어는 숫자를 추측해서 입력하고 프로그램은
이를 검사하는데, 이러한 동작을 for 문으로 최대 여섯 번 반복하는 코드다. 반
복문에서 가장 먼저 일어나는 일은 플레이어가 값을 추측하고 입력하는 일이다.
input() 함수는 문자열을 반환하기 때문에 문자열을 숫자로 변환하는 int()에
반환값을 바로 전달한다. 그 결괏값은 guess 변수에 저장된다.

```
    if guess < secretNumber:
        print('Your guess is too low.')
    elif guess > secretNumber:
        print('Your guess is too high.')
```

이 몇 줄의 코드는 추측값이 비밀 숫자보다 작은지, 큰지 검사한다. 두 경우 모

두 힌트가 화면에 출력된다.

```
    else:
        break # 추측이 맞을 때의 조건이다!
```

추측값이 비밀 숫자보다 작거나 크지 않다면 그 값은 비밀 숫자와 같을 것이다. 즉, 프로그램 실행이 for 반복문에서 벗어나야 하는 경우다.

```
if guess == secretNumber:
    print('Good job! You guessed my number in ' + str(guessesTaken)
        + 'guesses!')
else:
    print('Nope. The number I was thinking of was ' + str(secretNumber))
```

for 반복문이 종료된 후, 앞의 if … else 문은 플레이어가 숫자를 맞혔는지 확인하고 화면에 적절한 메시지를 출력한다. 두 경우 모두 정숫값이 저장되어 있는 변수를 출력한다(guessesTaken과 secretNumber). 이 정숫값을 문자열과 연결해야 하기 때문에 숫자를 문자열로 변환해 주는 str() 함수에 이 정숫값을 전달한다. 이제 이 문자열은 + 연산자로 연결되어 print() 함수에 전달된다.

간단한 프로그램: 가위바위보

이제까지 배운 개념을 활용하여 간단한 가위바위보 게임을 만들어 보자. 실행 결과는 다음과 같다.

```
ROCK, PAPER, SCISSORS
0 Wins, 0 Losses, 0 Ties
Enter your move: (r)ock (p)aper (s)cissors or (q)uit
p
PAPER versus...
PAPER
It is a tie!
0 Wins, 1 Losses, 1 Ties
Enter your move: (r)ock (p)aper (s)cissors or (q)uit
s
SCISSORS versus...
PAPER
You win!
1 Wins, 1 Losses, 1 Ties
Enter your move: (r)ock (p)aper (s)cissors or (q)uit
q
```

파일 편집기에 다음과 같은 소스 코드를 입력하고 rpsGame.py라는 이름으로 저장해 보자.

```python
import random, sys

print('ROCK, PAPER, SCISSORS')

# 이 변수들은 이긴 횟수, 진 횟수, 비긴 횟수를 기록한다.
wins = 0
losses = 0
ties = 0

while True: # 본 게임 반복문
    print('%s Wins, %s Losses, %s Ties' % (wins, losses, ties))
    while True: # 플레이어가 값을 입력하는 반복문
        print('Enter your move: (r)ock (p)aper (s)cissors or (q)uit')
        playerMove = input()
        if playerMove == 'q':
            sys.exit() # 프로그램 종료
        if playerMove == 'r' or playerMove == 'p' or playerMove == 's':
            break # 플레이어가 값을 입력하는 반복문을 벗어나기
        print('Type one of r, p, s, or q.')

    # 플레이어의 선택을 출력
    if playerMove == 'r':
        print('ROCK versus...')
    elif playerMove == 'p':
        print('PAPER versus...')
    elif playerMove == 's':
        print('SCISSORS versus...')

    # 컴퓨터의 선택을 출력
    randomNumber = random.randint(1, 3)
    if randomNumber == 1:
        computerMove = 'r'
        print('ROCK')
    elif randomNumber == 2:
        computerMove = 'p'
        print('PAPER')
    elif randomNumber == 3:
        computerMove = 's'
        print('SCISSORS')

    # 승리, 패배, 무승부 여부를 출력하고 기록
    if playerMove == computerMove:
        print('It is a tie!')
        ties = ties + 1
    elif playerMove == 'r' and computerMove == 's':
        print('You win!')
        wins = wins + 1
    elif playerMove == 'p' and computerMove == 'r':
```

```
        print('You win!')
        wins = wins + 1
    elif playerMove == 's' and computerMove == 'p':
        print('You win!')
        wins = wins + 1
    elif playerMove == 'r' and computerMove == 'p':
        print('You lose!')
        losses = losses + 1
    elif playerMove == 'p' and computerMove == 's':
        print('You lose!')
        losses = losses + 1
    elif playerMove == 's' and computerMove == 'r':
        print('You lose!')
        losses = losses + 1
```

코드의 시작 부분부터 자세히 살펴보자.

```
import random, sys

print('ROCK, PAPER, SCISSORS')

# 이 변수들은 이긴 횟수, 진 횟수, 비긴 횟수를 기록한다.
wins = 0
losses = 0
ties = 0
```

먼저 프로그램에서 random.randint(), sys.exit() 함수를 사용하기 위해 random, sys 모듈을 불러온다. 또한, 플레이어가 이긴 횟수, 진 횟수, 비긴 횟수를 기록하는 변수 세 개를 설정한다.

```
while True: # 본 게임 반복문
    print('%s Wins, %s Losses, %s Ties' % (wins, losses, ties))
    while True: # 플레이어가 값을 입력하는 반복문
        print('Enter your move: (r)ock (p)aper (s)cissors or (q)uit')
        playerMove = input()
        if playerMove == 'q':
            sys.exit() # 프로그램 종료
        if playerMove == 'r' or playerMove == 'p' or playerMove == 's':
            break # 플레이어가 값을 입력하는 반복문을 벗어나기
        print('Type one of r, p, s, or q.')
```

이 프로그램에는 while 반복문 안에 또 하나의 while 반복문이 있다. 첫 번째 반복문은 본 게임 반복문으로 매 반복마다 한 번의 가위바위보 게임을 한다. 두 번째 반복문은 플레이어가 값을 입력하는 반복문으로, 플레이어가 r, p, s, q 중한 값을 입력할 때까지 값을 입력하도록 반복해서 요청한다. 입력값 s, r, p는

각각 가위, 바위, 보를 의미하며 q는 프로그램 종료를 의미한다. 이 경우, sys. exit() 함수가 호출되어 프로그램이 종료된다. 플레이어가 r, p, s를 입력할 경우 반복문을 벗어난다. 그렇지 않다면, 프로그램은 플레이어에게 r, p, s, q 중 한 값을 입력해야 함을 알려 주고 반복문의 시작 부분으로 돌아간다.

```
# 플레이어의 선택을 출력
if playerMove == 'r':
    print('ROCK versus...')
elif playerMove == 'p':
    print('PAPER versus...')
elif playerMove == 's':
    print('SCISSORS versus...')
```

화면에 플레이어의 선택이 출력된다.

```
# 컴퓨터의 선택을 출력
randomNumber = random.randint(1, 3)
if randomNumber == 1:
    computerMove = 'r'
    print('ROCK')
elif randomNumber == 2:
    computerMove = 'p'
    print('PAPER')
elif randomNumber == 3:
    computerMove = 's'
    print('SCISSORS')
```

그런 다음 컴퓨터가 무작위로 선택한다. random.randint() 함수는 난수만 반환하기 때문에 정수 1, 2, 3 중에서 선택된 값은 randomNumber 변수에 저장된다. 프로그램은 randomNumber에 저장된 값에 따라 computerMove 변수에 'r', 'p', 's' 값 중 하나를 저장하고 이를 화면에 출력한다.

```
# 승리, 패배, 무승부 여부를 출력하고 기록
if playerMove == computerMove:
    print('It is a tie!')
    ties = ties + 1
elif playerMove == 'r' and computerMove == 's':
    print('You win!')
    wins = wins + 1
elif playerMove == 'p' and computerMove == 'r':
    print('You win!')
    wins = wins + 1
elif playerMove == 's' and computerMove == 'p':
    print('You win!')
    wins = wins + 1
```

```
    elif playerMove == 'r' and computerMove == 'p':
        print('You lose!')
        losses = losses + 1
    elif playerMove == 'p' and computerMove == 's':
        print('You lose!')
        losses = losses + 1
    elif playerMove == 's' and computerMove == 'r':
        print('You lose!')
        losses = losses + 1
```

마지막으로 playerMove와 computerMove에 저장되어 있는 문자열을 비교하여 결과를 화면에 출력한다. 또한, 결과에 따라 wins, losses, ties 변수에 저장되어 있는 값을 증가시킨다. 한 번 끝까지 실행되면 반복문의 처음 부분으로 돌아가서 다음 게임을 시작한다.

요약

True 또는 False로 평가되는 표현식을 사용함으로써(조건으로 부르기도 함), 실행할 코드나 건너뛸 코드를 결정하는 프로그램을 작성할 수 있다. 또한, 반복문을 사용하여 어떤 조건이 True인 경우에 코드를 반복하여 실행하는 프로그램도 작성할 수 있다. break와 continue 문은 반복문을 빠져나오거나 반복문의 시작 부분으로 돌아가야 할 때 유용하게 사용된다.

이러한 흐름 제어문은 더 지능적인 프로그램을 작성하는 데 도움이 된다. 또한 사용자가 함수를 직접 정의하여 다른 종류의 흐름 제어를 할 수 있는데, 이는 다음 장에서 소개하겠다.

연습 문제

1. 불 자료형의 값 두 개는 무엇인가? 그리고 이를 어떻게 쓰는가?

2. 총 세 가지 불 연산자는 무엇인가?

3. 불 연산자의 진리표를 작성하라(이는 각 연산자마다 가능한 불값 조합과 결괏값을 답하라는 의미다).

4. 다음 표현식들은 무엇으로 평가되는가?

```
(5 > 4) and (3 == 5)
not (5 > 4)
(5 > 4) or (3 == 5)
not ((5 > 4) or (3 == 5))
```

```
(True and True) and (True == False)
(not False) or (not True)
```

5. 총 여섯 가지 비교 연산자는 무엇인가?

6. 비교 연산자 중 '같음'을 의미하는 연산자와 할당 연산자의 차이는 무엇인가?

7. 조건은 무엇이고 어떤 경우에 사용할 수 있는지 설명하라.

8. 다음 코드에서 블록을 세 개 찾아보자.

```
spam = 0
if spam == 10:
    print('eggs')
    if spam > 5:
        print('bacon')
    else:
        print('ham')
    print('spam')
print('spam')
```

9. spam에 1이 저장되어 있으면 Hello를 출력하고, 2가 저장되어 있으면 Howdy 를 출력하며, 다른 값이 저장되어 있으면 Greetings!를 출력하는 코드를 작성 하라.

10. 무한 루프에 빠졌을 때 어떤 키를 눌러야 하는가?

11. break와 continue의 차이는 무엇인가?

12. for 반복문과 함께 range(10), range(0, 10), range(0, 10, 1)을 각각 사용 했을 때 차이점은 무엇인가?

13. for 반복문을 사용하여 1부터 10까지의 숫자를 출력하는 프로그램을 작성하 라. 그리고 나서 while 반복문을 사용하여 똑같이 1부터 10까지의 숫자를 출 력하는 프로그램을 작성하라.

14. spam 모듈 안에 bacon()이라는 함수가 존재한다고 가정하자. 다른 프로그램 에서 spam 모듈을 불러온 뒤, 이 함수를 사용하고자 한다. 이 함수를 어떻게 호출하면 되는가?

추가 과제: 인터넷에서 round(), abs()라는 함수를 찾아보고 어떠한 역할을 하는지 알아보자. 그리고 대화형 셸에서 이 함수들을 사용해 보자.

함수

이전 장에서 사용한 print(), input(), len() 함수는 이미 익숙할 것이다. 파이썬은 이와 같은 내장 함수들을 제공하는데, 사용자가 함수를 직접 작성할 수도 있다. 함수는 프로그램 안의 작은 프로그램과 같다.

함수가 어떤 식으로 동작하는지 이해하기 위해 실제로 한번 만들어 보자. 파일 편집기에 다음과 같은 프로그램을 입력하고 helloFunc.py라는 이름으로 저장하자.

```
def hello():                    ❶
    print('Howdy!')             ❷
    print('Howdy!!!')
    print('Hello there.')

hello()                         ❸
hello()
hello()
```

이 프로그램의 실행 과정은 *https://autbor.com/hellofunc/*에서 볼 수 있다. 첫 번째 줄은 def 문(❶)으로 hello() 함수를 정의한다. def 문 뒤의 코드 블록(❷)은 함수의 바디(body)다. 이 코드는 함수가 처음 정의되었을 때가 아니라 호출될 때 실행된다.

함수를 정의한 뒤에 나오는 hello()가 있는 줄(❸)은 함수 호출을 의미한다. 앞에 나온 코드에서는 단순히 함수 이름 뒤에 소괄호를 사용하여 함수 호출이 이뤄지지만, 괄호 사이에 인자가 몇 개 있을 수도 있다. 함수 호출을 실행하면 함수의 첫 번째 줄로 건너뛰어 코드를 실행한다. 함수의 마지막 줄까지 다 실행하면 함수를 호출한 부분으로 되돌아가서 이전과 같이 코드를 실행한다.

프로그램이 hello()를 세 번 호출했기 때문에 hello() 안의 코드는 세 번 실행된다. 이 프로그램을 실행한 결과는 다음과 같다.

```
Howdy!
Howdy!!!
Hello there.
Howdy!
Howdy!!!
Hello there.
Howdy!
Howdy!!!
Hello there.
```

함수의 주 목적은 여러 번 실행되는 코드를 그룹화하는 것이다. 함수를 정의하지 않는다면 다음과 같이 매번 코드를 복사해서 붙여 넣어야 한다.

```
print('Howdy!')
print('Howdy!!!')
print('Hello there.')
print('Howdy!')
print('Howdy!!!')
print('Hello there.')
print('Howdy!')
print('Howdy!!!')
print('Hello there.')
```

일반적으로 코드를 복사해서 사용하는 것은 좋지 않다. 그 이유는 코드를 업데이트할 때, 예를 들어 버그를 발견하여 고쳐야 할 때 코드를 복사하여 작성한 부분을 전부 기억하고 있어야 수정할 수 있기 때문이다.

프로그래밍 경험이 쌓이면 코드가 중복되지 않게 코드 복사-붙여 넣기를 최대한 하지 않으려 하게 된다. 이러한 중복 제거를 통해 프로그램을 더 짧게, 가독성이 더 좋게 그리고 업데이트하기 더 쉽게 작성할 수 있다.

매개 변수를 사용한 def 문

print()나 len() 함수를 호출할 때 괄호 사이에 어떤 값을 입력하여 전달하는데, 이 값을 인자라고 한다. 사용자는 이와 같이 인자를 전달받는 함수를 정의할 수 있다. 파일 편집기에 다음 예를 입력하고 helloFunc2.py라는 파일로 저장하자.

```
def hello(name):                                                     ❶
    print('Hello, ' + name)                                          ❷

hello('Alice')                                                       ❸
hello('Bob')
```

이 프로그램을 실행한 결과는 다음과 같다.

```
Hello, Alice
Hello, Bob
```

이 프로그램의 실행 과정은 *https://autbor.com/hellofunc2/*에서 볼 수 있다. 이 프로그램에서 hello() 함수는 매개 변수 name을 사용하도록 정의되었다(❶). 여기서 매개 변수는 인자가 저장되어 있는 변수다. 함수가 인자와 함께 호출되면 이 인자는 매개 변수에 저장된다. 처음 hello() 함수가 호출될 때 'Alice'라는 인자를 전달받는다(❸). 함수 부분을 실행하면, 매개 변수 name은 자동으로 'Alice'로 설정되고, 이는 print() 문에 의해 화면에 출력된다(❷).

매개 변수의 특징 중 하나는, 함수가 종료될 때 매개 변수에 저장되어 있던 값은 사라진다는 것이다. 예를 들어 이전 프로그램에서 hello('Bob') 뒤에 print(name)이라는 코드를 추가한다면, name이라는 변수가 없기 때문에 프로그램은 NameError를 일으킨다. 이 변수는 hello('Bob')이 호출된 뒤 없어지기 때문에 print(name)은 존재하지 않는 변수를 참조하는 것이다.

이는 프로그램이 종료된 후 프로그램의 변수들이 없어지는 것과 비슷하다. 이 장의 뒷부분에서 함수의 지역 범위를 설명하면서 이러한 일이 일어나는 이유를 설명하겠다.

정의, 호출, 전달, 인자, 매개 변수

정의, 호출, 전달, 인자, 매개 변수라는 용어는 혼동하기 쉽다. 이러한 용어들에 대해 다시 한번 설명하기 위해 다음과 같은 예시 코드를 보자.

```
def sayHello(name):                                                  ❶
    print('Hello, ' + name)
sayHello('Al')                                                       ❷
```

함수를 정의한다는 것은 함수를 생성한다는 의미다. 마치 spam = 42이라는 할당문이 spam이라는 변수를 생성하는 것과 비슷하다. def 문은 sayHello()라는 함수를 정의한다(❶). sayHello('Al')(❷)은 생성된 함수를 호출하는 것으로, 함수 코드의 시작 부분부터 실행되도록 한다. 이러한 함수 호출은 문자열 'Al'을 함수에 전달한다. 이때 함수 호출 과정에서 함수에 전달되는 값을 인자라고 한다. 이제 'Al'은 name이라는 지역 변수에 할당된다. 이와 같이 인자가 할당된 변수를 매개 변수라고 한다.

이러한 용어들은 혼용하기 쉽지만 정확하게 알고 있어야 이 장에서 설명하는 내용을 잘 이해할 수 있다.

반환값과 return 문

len() 함수를 호출할 때 'Hello'라는 인자를 전달하면, 이 문자열의 길이인 정수 5가 이 함수 호출의 결괏값으로 나온다. 일반적으로 함수를 호출했을 때 나오는 결괏값을 함수의 반환값이라 일컫는다.

def 문을 사용하여 함수를 생성할 때 return 문으로 어떤 값을 반환할지 정할 수 있다. return 문은 다음과 같은 요소들로 구성되어 있다.

- return 키워드
- 함수가 반환할 값 또는 표현식

어떤 표현식이 return 문에 사용되었다면 반환값은 표현식이 평가된 값이다. 예를 들어 다음 프로그램에서는 어떤 숫자를 인자로 전달하는지에 따라 다른 문자열을 출력하는 함수를 정의한다. 파일 편집기에 이 코드를 입력하고 magic8Ball.py라는 파일로 저장하자.

```
import random                                    ❶

def getAnswer(answerNumber):                     ❷
    if answerNumber == 1:                        ❸
        return 'It is certain'
    elif answerNumber == 2:
        return 'It is decidedly so'
    elif answerNumber == 3:
        return 'Yes'
    elif answerNumber == 4:
        return 'Reply hazy try again'
    elif answerNumber == 5:
        return 'Ask again later'
    elif answerNumber == 6:
        return 'Concentrate and ask again'
    elif answerNumber == 7:
        return 'My reply is no'
```

```
    elif answerNumber == 8:
        return 'Outlook not so good'
    elif answerNumber == 9:
        return 'Very doubtful'

r = random.randint(1, 9)                                         ❹
fortune = getAnswer(r)                                           ❺
print(fortune)                                                  ❻
```

이 프로그램의 실행 과정은 *https://autbor.com/magic8ball/*에서 볼 수 있다. 이 프로그램이 시작되면 파이썬은 먼저 random 모듈을 불러온다(❶). 그런 다음 getAnswer() 함수가 정의된다(❷). 이때 함수가 정의되는(호출되지 않고) 과정이기 때문에 이 코드는 실행되지 않고 건너뛴다. 이제 random.randint() 함수가 1과 9라는 두 개의 인자와 함께 호출된다(❹). 이 결과는 1과 9 사이에서 임의로 선정된 정수이고(1과 9를 포함해서 선정), 이 값은 r이라는 변수에 저장된다.

getAnswer() 함수는 매개 변수 r과 함께 호출된다(❺). 이제 getAnswer() 함수의 첫 줄(❸)부터 실행되고, r 값은 매개 변수 answerNumber에 저장된다. 이제 answerNumber에 저장된 값에 따라 함수는 다양한 문자열 중 한 문자열값을 반환한다. 이제 getAnswer() 함수(❺)가 호출된 프로그램의 아랫부분으로 돌아가서 코드가 실행된다. 반환된 문자열은 fortune 변수에 할당되고, 이는 print() 함수(❻)가 호출될 때 전달되어 화면에 출력된다.

이때 어떤 함수의 반환값을 다른 함수가 호출될 때 인자로 전달할 수 있기 때문에 다음 세 줄의 코드를

```
r = random.randint(1, 9)
fortune = getAnswer(r)
print(fortune)
```

다음과 같이 한 줄의 동일한 코드로 작성할 수 있다.

```
print(getAnswer(random.randint(1, 9)))
```

표현식은 값과 연산자로 구성되어 있음을 기억하자. 함수의 호출 결과는 하나의 반환값으로 도출되기 때문에 어떤 표현식에 함수 호출을 바로 사용할 수 있다.

None 값

파이썬에는 값이 없음을 나타내는 None이라는 값이 존재한다. 이 None 값은 NoneType 자료형의 유일한 값에 해당한다(다른 프로그래밍 언어에서는 이러한 값을 null, nil, undefined라고 일컫는다). 불값인 True, False처럼 None도 첫 글자를 대문자 N으로 써야 한다.

이러한 '값이 없는 값'은 변수에 실제 존재하는 값과 혼동되지 않는 것을 저장해야 할 때 유용하다. print() 함수의 반환값은 None 값이 사용되는 곳 중 하나다. print() 함수는 화면에 텍스트를 출력하지만 len(), input() 함수와 달리 어떤 값도 반환할 필요가 없다. 그러나 모든 함수는 반환값을 가져야 하기 때문에 print()의 반환값은 None이다. 이를 실제로 보기 위해 대화형 셸에 다음과 같이 입력해 보자.

```
>>> spam = print('Hello!')
Hello!
>>> None == spam
True
```

실제로 보이지는 않지만 파이썬은 return 문이 없는 함수에는 return None을 함수 정의의 마지막 부분에 추가한다. 이는 while, for 문에서 명시적으로 continue 문 없이 끝나는 것과 비슷하다. 또한, return 표현식에 값을 써 주지 않아도(즉, return 키워드만 존재할 때) None 값이 반환된다.

키워드 인자와 print() 함수

대부분의 인자는 함수 호출 시 위치에 따라 구별된다. 예를 들어 random.randint (1, 10)은 random.randint(10, 1)과 다르다. random.randint(1, 10)에서 첫 번째 인자는 범위의 하한값이고, 두 번째 인자는 상한값이기 때문에 이를 호출하면 1부터 10까지의 숫자 중 임의의 정수 하나를 반환한다(한편 random.randint(10, 1)은 오류를 일으킨다).

그러나 단순히 위치로 구별하는 대신 함수 호출 시 인자 앞에 키워드를 명시하여 구분하기도 하는데, 이러한 인자를 키워드 인자라고 일컫는다. 키워드 인자는 종종 선택적 매개 변수로 사용된다. 예를 들어 print() 함수는 선택적 매개 변수인 end와 sep을 가지는데 각각 인자의 마지막과 인자 사이(인자 구분)에 무엇을 출력할지 지정하는 기능을 한다.

다음과 같은 코드가 있는 프로그램을 실행하면

```
print('Hello')
print('World')
```

다음과 같이 출력된다.

```
Hello
World
```

두 문자열은 서로 다른 줄에 있는데, 이는 print() 함수가 전달된 문자열의 끝에 개행 문자를 자동으로 붙였기 때문이다. 그러나 end 키워드 인자로 개행 문자를 다른 문자열로 바꿀 수 있다. 예를 들어 다음과 같은 코드는

```
print('Hello', end='')
print('World')
```

다음과 같이 출력된다.

```
HelloWorld
```

바뀐 코드에서는 'Hello' 뒤에 더 이상 새로운 줄이 출력되지 않기 때문에 그 결과 한 줄에 줄력된다. 대신 빈 문자열이 줄력된다. 이는 print() 함수를 호출할 때마다 추가되는 개행 문자를 비활성화해야 할 때 유용하다.

이와 비슷하게, print() 함수에 문자열값을 여러 개 전달하면 각 문자열값을 빈칸으로 구분해서 출력한다. 대화형 셀에 다음과 같이 입력해 보자.

```
>>> print('cats', 'dogs', 'mice')
cats dogs mice
```

그러나 sep 키워드 인자를 사용해서 기본으로 설정된 구분 문자열을 다른 문자열로 설정할 수 있다. 대화형 셀에 다음과 같이 입력해 보자.

```
>>> print('cats', 'dogs', 'mice', sep=',')
cats,dogs,mice
```

사용자가 정의하는 함수에도 키워드 인자를 추가할 수 있지만, 이에 대해 배우기 전에 다음 두 장에서 리스트와 딕셔너리 자료형을 먼저 배워야 한다. 지금은 함수가 선택적 키워드 인자를 가질 수 있고, 함수를 호출할 때 이를 특정할 수 있다는 것만 알아 두자.

호출 스택

어떤 사람과 두서없이 대화를 나누는 상황을 가정해 보자. 당신의 친구인 앨리스에 대해 얘기하다가 갑자기 동료인 밥에 대한 얘기가 생각이 났고, 이에 대해 얘기하려면 사촌인 캐럴에 대해 설명해야 할 내용이 있다는 사실이 생각났다. 먼저 캐럴에 관한 이야기를 마무리하고 밥에 대한 얘기를 하고 난 뒤 앨리스 이야기를 했다. 그러던 와중에 당신의 형제인 데이비드에 관한 이야기가 생각이 났고, 이에 대해 잠깐 말한 뒤에 원래 주제였던 앨리스에 관한 이야기로 돌아왔다. 이 대화는 그림 3-1과 같은 스택 구조로 진행되었다. 이 대화가 스택과 같은 구조라고 말할 수 있는 것은 현재 나누고 있는 이야기 주제가 항상 스택의 제일 윗부분에 위치하고 있기 때문이다.

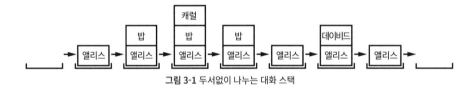

그림 3-1 두서없이 나누는 대화 스택

이와 같은 대화 흐름과 비슷하게, 함수가 호출되었다고 해서 함수의 가장 윗부분으로 건너뛰어 거기서부터 한 방향으로만 계속 실행되는 것은 아니다. 파이썬은 함수가 호출된 줄을 기억하고 있다가 함수에서 return 문이 실행되면, 앞에서 기억한 줄로 돌아가서 계속 실행된다. 어떤 함수에서 다른 함수들을 호출한다면 처음 함수가 호출된 부분으로 돌아가기 전에 다른 함수 호출이 먼저 실행된다.

파일 편집기 창을 열고 다음과 같은 코드를 입력한 뒤 abcdCallStack.py라는 이름으로 저장하자.

```
def a():
    print('a() starts')
    b()                                    ❶
    d()                                    ❷
    print('a() returns')

def b():
    print('b() starts')
    c()                                    ❸
    print('b() returns')

def c():
    print('c() starts')                    ❹
    print('c() returns')
```

```
def d():
    print('d() starts')
    print('d() returns')

a()                                                                    ❺
```

이 프로그램을 실행한 결과는 다음과 같다.

```
a() starts
b() starts
c() starts
c() returns
b() returns
d() starts
d() returns
a() returns
```

이 프로그램의 실행 과정은 *https://autbor.com/abcdcallstack/*에서 볼 수 있다. a() 를 호출하면(❺), b()를 호출하고(❶), 이는 곧 c()를 호출하는(❸) 결과로 이어진다. c() 함수는 아무것도 호출하지 않는다. 단지 c() starts(❹)와 c() returns를 출력하고, b()에서 c()를 호출한 부분으로 돌아간다(❸). 그 뒤에 a()에서 b()를 호출한 부분으로 돌아간다(❶). 이제 b()의 다음 줄인 d()가 실행되어(❷) 해당 함수를 호출한다. c() 함수처럼 d()도 아무것도 호출하지 않는다. 딘지 d() starts와 d() returns를 화면에 출력하고 d()를 호출한 부분으로 돌아간다. a() 함수의 마지막 줄에서 a() returns를 출력한 뒤 a() 함수가 호출된 프로그램의 마지막 부분으로 돌아간다(❺).

　호출 스택이란 파이썬이 함수를 호출한 뒤 어느 부분부터 실행해야 하는지 기억하는 방법이다. 프로그램에서 호출 스택은 어떤 변수에 저장되지 않고, 파이썬이 이를 사용자에게 보이지 않게 처리한다. 프로그램에서 어떤 함수를 호출하면, 파이썬은 호출 스택의 맨 위에 프레임 객체를 생성한다. 그 프레임 객체에는 파이썬이 어디로 돌아가야 하는지 기억할 수 있도록 원래 함수 호출의 줄 번호가 저장되어 있다. 다른 함수를 호출할 경우, 파이썬은 호출 스택의 프레임 객체 위에 또 다른 프레임 객체를 생성한다.

　함수 호출이 이뤄지고 값을 반환하면 파이썬은 스택의 맨 위에 존재하는 프레임 객체를 삭제하고 그 안에 있는 줄 번호로 이동하여 다음 코드를 실행한다. 항상 스택의 맨 위에서만 프레임 객체의 생성과 삭제가 이뤄지고, 다른 곳에서는 이러한 작업이 이뤄지지 않는 것을 명심하자. 그림 3-2는 abcdCallStack.py에서 각 함수가 호출되고 값이 반환됨에 따른 호출 스택의 상태를 나타낸 것이다.

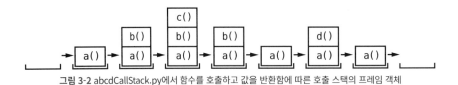

그림 3-2 abcdCallStack.py에서 함수를 호출하고 값을 반환함에 따른 호출 스택의 프레임 객체

호출 스택의 맨 위는 현재 실행되고 있는 함수를 나타낸다. 호출 스택이 비어 있는 경우, 현재 어떤 함수에도 속하지 않는 부분이 실행되고 있다는 것을 의미한다.

호출 스택은 기술적으로 매우 세부적인 내용이라서 프로그램을 작성할 때 자세히 알 필요는 없다. 함수를 호출한 뒤에는 그 호출이 이뤄진 줄 번호로 돌아가서 실행이 계속된다는 것만 이해하면 충분하다. 그러나 호출 스택을 이해하면 다음 절에서 설명할 지역 및 전역 범위에 대해 이해하기 쉽다.

지역 및 전역 범위

호출된 함수에 할당된 매개 변수와 변수는 그 함수의 지역 범위에 존재한다. 모든 함수의 외부에서 할당된 변수는 전역 범위에 존재한다. 지역 범위에 존재하는 변수를 지역 변수라고 하며, 전역 범위에 존재하는 변수를 전역 변수라고 한다. 모든 변수는 둘 중 하나에만 속한다. 지역 변수이면서 전역 변수일 수는 없다.

범위는 변수를 담고 있는 상자처럼 생각할 수 있다. 그 범위가 파괴되었을 경우, 그 범위에 존재하는 변수가 갖고 있던 값은 사라진다. 전역 범위는 단 하나만 존재하고, 이는 프로그램을 시작할 때 생성된다. 프로그램을 종료할 때 전역 범위는 파괴되고, 그 범위에 해당하는 변수들은 사라진다. 그렇지 않다면 다음에 프로그램을 실행할 때 최근에 프로그램을 실행했을 때의 값들을 저장하고 있을 것이다.

지역 범위는 함수가 호출될 때 생성된다. 함수 내에서 할당된 변수들은 그 함수의 지역 범위에 존재한다. 함수가 값을 반환하면 지역 범위는 파괴되어 이에 해당하는 변수들은 사라진다. 그 뒤에 함수를 호출하면 최근에 함수를 호출했을 때 지역 변수에 저장된 값을 기억하지 못한다. 또한 지역 변수들은 호출 스택의 프레임 객체에 저장된다.

범위는 몇 가지 이유로 인해 중요하다.

- 모든 함수의 외부에 존재하는, 즉 전역 범위의 코드에서는 지역 변수를 사용할 수 없다.
- 그러나 지역 범위에 존재하는 코드는 전역 변수에 접근할 수 있다.
- 어떤 함수의 지역 범위에 존재하는 코드는 다른 지역 변수를 사용할 수 없다.
- 어떤 변수들이 서로 다른 범위에 존재한다면 같은 변수 이름을 사용할 수 있다. 예를 들어 지역 변수 spam과 전역 변수 spam이 공존할 수 있다.

파이썬에서 모든 변수가 단순히 전역 변수로 설정되는 대신 다른 범위를 갖는 이유는 코드 내에서 함수가 호출되어 변수가 수정될 때, 함수가 매개 변수와 반환값을 통해서만 프로그램의 나머지 부분과 상호 작용하게 하기 위함이다. 이렇게 하면 버그를 유발하는 코드 줄 수를 줄일 수 있다. 프로그램에 전역 변수들만 존재하고 그중 한 변수에 적절하지 않은 값이 설정되어 있어서 버그가 생겼다면, 이 값이 어디서 설정되었는지 추적하기 어렵다. 프로그램 내 모든 곳에서 그러한 값이 설정되었을 수 있고 그 프로그램에는 수백, 수천 줄의 코드가 있을 수 있다! 그러나 버그가 잘못된 값을 가진 지역 변수 때문에 생겼다면, 해당 함수 내의 코드에서 값이 잘못 설정되었다는 것을 알 수 있다.

작은 프로그램에서 전역 변수들을 사용하는 것은 괜찮지만, 프로그램 크기가 커질수록 전역 변수에 의존하는 것은 좋지 않은 습관이다.

지역 변수는 전역 범위에서 사용할 수 없다

다음과 같은 프로그램을 실행하면 오류가 발생한다.

```
def spam():
    eggs = 31337                                    ❶
spam()
print(eggs)
```

프로그램을 실행한 결과는 다음과 같다.

```
Traceback (most recent call last):
  File "C:/test1.py", line 4, in <module>
    print(eggs)
NameError: name 'eggs' is not defined
```

이러한 오류는 eggs 변수가 spam() 함수를 호출할 때 지역적으로만 존재하기 때문이다(❶). 프로그램이 spam() 함수를 실행한 뒤에는 지역 범위가 파괴되고 eggs라는 변수는 더는 존재하지 않는다. 따라서 프로그램이 print(eggs)를 실행하려고 하면, 파이썬은 eggs가 정의되지 않았다는 오류를 일으킨다. 생각해 보면 이것이 맞는 말임을 알 수 있다. 프로그램은 전역 범위에서 실행되고 지역 범위는 존재하지 않기 때문에 어떠한 지역 변수도 존재할 수 없다. 이것이 전역 범위에서는 전역 변수만 사용할 수 있는 이유다.

어떤 지역 범위에서 다른 지역 범위에 존재하는 변수를 사용할 수 없다

새로운 지역 범위는 함수를 호출할 때 생성되는데, 이는 어떤 함수를 다른 함수에서 호출할 때도 마찬가지다. 다음 프로그램을 생각해 보자.

```
def spam():
    eggs = 99                                           ❶
    bacon()                                             ❷
    print(eggs)                                         ❸

def bacon():
    ham = 101
    eggs = 0                                            ❹

spam()                                                  ❺
```

이 프로그램의 실행 과정은 *https://autbor.com/otherlocalscopes/*에서 볼 수 있다. 프로그램이 시작되면 spam()이 호출되고(❺) 지역 범위가 생성된다. 지역 변수 eggs(❶)가 99로 설정된다. 그리고 bacon() 함수가 호출되고(❷) 두 번째 지역 범위가 생성된다. 동시에 여러 개의 지역 범위가 존재할 수 있다. 이 새로운 지역 범위에서 지역 변수 ham은 101로 설정된다. 또한 spam()의 지역 범위 안의 변수와 다른 eggs가 생성되고(❹) 그 값은 0으로 설정된다.

　bacon() 함수의 실행이 끝나면 이 함수 호출로 생성된 지역 범위가 파괴되고, 그 범위에 있는 eggs 변수도 같이 파괴된다. spam() 함수가 계속 실행되어 eggs의 값이 출력된다(❸). 이때 spam() 호출로 인한 지역 범위만 남아 있으므로 존재하는 eggs 변수는 spam() 함수 내의 eggs 변수로, 이 값은 99로 설정되어 있다. 프로그램은 이 값을 출력한다.

　결론적으로 어떤 함수의 지역 변수는 다른 함수의 지역 변수와 완전히 분리되어 있다.

전역 변수는 지역 범위에서 읽을 수 있다

다음 프로그램을 생각해 보자.

```
def spam():
    print(eggs)
eggs = 42
spam()
print(eggs)
```

이 프로그램의 실행 과정은 *https://autbor.com/readglobal/*에서 볼 수 있다. eggs 변수가 spam() 함수에서 사용될 때 spam() 내에서 eggs라는 매개 변수나 eggs에 값을 할당한 코드가 없으므로 파이썬은 전역 변수 eggs를 참조한다. 이러한 이유로 앞서 나온 프로그램을 실행하면 42가 출력된다.

이름이 같은 지역 변수와 전역 변수

파이썬에서 이름이 같은 지역 변수와 전역 변수를 사용하는 것은 기술적으로 전혀 문제가 없다. 그러나 가급적 이러한 행동은 피하는 것이 좋다. 이러한 경우 어떤 일이 일어나는지 보기 위해 파일 편집기에 다음과 같은 코드를 입력하고 localGlobalSameName.py라는 이름으로 저장하자.

```
def spam():
    eggs = 'spam local'                              ❶
    print(eggs)     # 'spam local'을 출력

def bacon():
    eggs = 'bacon local'                             ❷
    print(eggs)     # 'bacon local'을 출력
    spam()
    print(eggs)     # 'bacon local'을 출력

eggs = 'global'                                      ❸
bacon()
print(eggs)         # 'global'을 출력
```

이 프로그램의 실행 결과는 다음과 같다.

```
bacon local
spam local
bacon local
global
```

이 프로그램의 실행 과정은 *https://autbor.com/localglobalsamename/*에서 볼 수 있다. 이 프로그램에는 다른 변수가 세 개 있지만, 혼란스럽게도 그것들의 이름이 모두 eggs다. 이 변수들은 다음과 같다.

❶ spam() 함수를 호출할 때 생성되는 지역 범위에 존재하는 eggs 변수

❷ bacon() 함수를 호출할 때 생성되는 지역 범위에 존재하는 eggs 변수

❸ 전역 범위에 존재하는 eggs 변수

이 변수 세 개는 모두 이름이 같기 때문에 어느 시점에 어떤 변수를 사용하는지 추적이 어렵다. 따라서 서로 다른 범위에 있는 변수들이 같은 이름을 사용하지 않도록 해야 한다.

global 문

함수 내에서 전역 변수를 수정해야 할 경우에는 global 문을 사용한다. 어떤 함수의 첫 줄에 global eggs와 같은 코드를 작성하면, 그 코드는 '이 함수에서 eggs는 전역 변수를 의미하므로 이 이름으로 지역 변수를 생성하지 말라'고 파이썬에 얘기한다. 예를 들어 파일 편집기에 다음과 같은 코드를 입력하고 globalStatement.py라는 이름으로 저장하자.

```
def spam():
    global eggs                                          ❶
    eggs = 'spam'                                        ❷
eggs = 'global'
spam()
print(eggs)
```

이 프로그램을 실행해 마지막 print() 함수를 호출한 결과는 다음과 같다.

```
spam
```

이 함수의 실행 과정은 *https://autbor.com/globalstatement/*에서 볼 수 있다. spam() 함수에서 global 문으로 eggs 변수를 선언했기(❶) 때문에 eggs는 'spam'으로 설정되고(❷), 이러한 할당 과정은 전역 범위에서 이루어진다. 지역 변수 eggs는 생성되지 않는다.

다음은 변수가 지역 변수인지 전역 변수인지 알려 주는 네 가지 규칙이다.

- 변수가 전역 범위(즉, 모든 함수 외부)에서 사용되고 있다면 그 변수는 전역 변수다.
- 함수 내에서 global 문으로 선언한 변수는 전역 변수다.

- 그렇지 않다면 함수 내에서 할당된 변수는 지역 변수다.
- 그러나 함수 내에서 할당되지 않은 변수는 전역 변수다.

이 규칙들에 대한 이해를 돕기 위해 다음과 같은 예시 프로그램을 보자. 파일 편집기에 다음과 같은 코드를 입력하고 sameNameLocalGlobal.py라는 이름으로 저장하자.

```
def spam():
    global eggs
    eggs = 'spam'    # 이 변수는 전역 변수다.       ❶

def bacon():
    eggs = 'bacon'   # 이 변수는 지역 변수다.       ❷

def ham():
    print(eggs)      # 이 변수는 전역 변수다.       ❸

eggs = 42            # 이 변수는 전역 변수다.
spam()
print(eggs)
```

spam() 함수에서 eggs 변수는 전역 변수다. 그 이유는 함수 시작 부분에서 eggs를 global 문으로 선언했기(❶) 때문이다. bacon() 함수 내의 eggs 변수는 함수 내에 변수 할당문이 존재하므로 지역 변수다(❷). ham() 함수 안에는 어떠한 할당문이나 global 문이 존재하지 않기 때문에 이 함수 안의 eggs 변수는 전역 변수다(❸). 이 sameNameLocalGlobal.py를 실행한 결과는 다음과 같다.

```
spam
```

이 프로그램의 실행 과정은 *https://autbor.com/sameNameLocalGlobal/*에서 볼 수 있다. 함수 내에서 모든 변수는 전역 변수이거나 지역 변수다. 함수 내에서 지역 변수 eggs를 사용한 뒤에는 전역 변수 eggs를 사용할 수 없다.

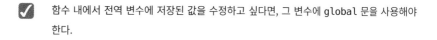 함수 내에서 전역 변수에 저장된 값을 수정하고 싶다면, 그 변수에 global 문을 사용해야 한다.

다음 프로그램과 같이 함수 내에서 지역 변수에 값을 할당하기 전에 사용한다면, 파이썬은 오류를 일으킨다. 이를 직접 관찰하기 위해 파일 편집기에 다음과 같이 입력하고 sameNameError.py라는 이름으로 저장하자.

```
def spam():
    print(eggs) # 오류!
    eggs = 'spam local'                                    ❶

eggs = 'global'                                            ❷
spam()
```

이 프로그램을 실행하면 다음과 같은 오류 메시지를 출력한다.

```
Traceback (most recent call last):
  File "C:/sameNameError.py", line 6, in <module>
    spam()
  File "C:/sameNameError.py", line 2, in spam
    print(eggs) # 오류!
UnboundLocalError: local variable 'eggs' referenced before assignment
```

이 프로그램의 실행 과정은 *https://autbor.com/sameNameError/*에서 볼 수 있다. 이 경우, 파이썬은 먼저 spam() 함수 안에 eggs 변수의 할당문이 존재하는지 살펴보는데(❶), 이를 실제로 발견했고 eggs를 지역 변수로 여긴다. 그러나 함수 내에서 eggs를 할당하기 전에 print(eggs)를 실행하는데, 이때까지는 eggs 변수가 존재하지 않기 때문에 오류가 발생한다. 파이썬은 eggs 변수를 전역 변수로 대체하지 않는다(❷).

'블랙박스'와 같은 함수

대부분의 경우 함수에 대해 알아야 할 것은 함수의 입력값(매개 변수)과 출력값이다. 함수가 어떻게 작동하는지 일일이 살펴볼 필요는 없다. 함수를 이와 같이 고차원적으로 생각할 경우, 함수를 '블랙박스'로 취급한다고 얘기하는 것이 일반적이다.

이러한 접근은 현대 프로그래밍의 근간을 이룬다. 이 책에서 다루는 나머지 장에서는 다른 사람들이 작성한 함수들로 이루어진 모듈들을 설명할 것이다. 궁금하다면 소스 코드를 자세히 살펴볼 수 있지만, 그러한 함수들을 사용하기 위해 작동 원리 등을 알 필요는 없다. 또한, 함수를 작성할 때 전역 변수를 최대한 사용하지 않는 것이 권장되므로 일반적으로 함수의 코드가 프로그램의 나머지 부분들과 상호 작용하는 것을 걱정할 필요는 없다.

예외 처리

파이썬 프로그램에서 오류 또는 예외가 발생한다면 전체 프로그램이 정상적으로 실행되지 않는다는 것을 의미한다. 실제 프로그램에서 이러한 일이 발생하길 바라는 경우는 없을 것이다. 대신 프로그램이 오류를 탐지, 처리하고 계속해서 실행되길 바랄 것이다.

다음과 같이 0으로 나누는 예시 프로그램을 생각해 보자. 파일 편집기 창을 열고 다음과 같은 코드를 입력하고 zeroDivide.py라는 이름으로 저장하자.

```python
def spam(divideBy):
    return 42 / divideBy

print(spam(2))
print(spam(12))
print(spam(0))
print(spam(1))
```

이 프로그램에서는 매개 변수를 사용하는 spam이라는 함수를 정의하고, 매개 변수에 다양한 값이 할당되었을 때 함수의 결괏값을 출력한다. 앞서 나온 코드의 실행 결과는 다음과 같다.

```
21.0
3.5
Traceback (most recent call last):
  File "C:/zeroDivide.py", line 6, in <module>
    print(spam(0))
  File "C:/zeroDivide.py", line 2, in spam
    return 42 / divideBy
ZeroDivisionError: division by zero
```

이 프로그램의 실행 과정은 *https://autbor.com/zerodivide/*에서 볼 수 있다. 0으로 나누는 모든 경우 ZeroDivisionError가 발생한다. 이 메시지에서 오류를 일으키는 줄 번호부터 spam()의 return 문이 오류를 야기한다는 사실까지 알 수 있다.

오류는 try, except 문으로 처리할 수 있다. 오류를 일으킬 가능성이 있는 코드를 try 절에 넣는다. 오류가 발생하면 except 절로 이동하여 거기서부터 코드를 실행한다.

앞서 나온 0으로 나누는 코드를 try 절에 넣고 오류가 발생할 때 처리할 방법에 대한 코드를 except 절에 넣는다.

```python
def spam(divideBy):
    try:
        return 42 / divideBy
    except ZeroDivisionError:
        print('Error: Invalid argument.')
```

```
print(spam(2))
print(spam(12))
print(spam(0))
print(spam(1))
```

try 문에 있는 코드가 오류를 일으킨다면, 곧바로 except 절에 있는 코드를 실행한다. 그 코드를 실행한 뒤에는 일반적인 상황과 같이 코드를 실행한다. 앞서 나온 프로그램의 실행 결과는 다음과 같다.

```
21.0
3.5
Error: Invalid argument.
None
42.0
```

이 프로그램의 실행 과정은 *https://autbor.com/tryexceptzerodivide/*에서 볼 수 있다. 이때 try 블록 안에서 함수를 호출할 때 발생하는 오류도 탐지했음을 알 수 있다. 한편, 다음 코드는 try 블록에서 spam() 함수를 호출하는 코드다.

```
def spam(divideBy):
    return 42 / divideBy

try:
    print(spam(2))
    print(spam(12))
    print(spam(0))
    print(spam(1))
except ZeroDivisionError:
    print('Error: Invalid argument.')
```

이 프로그램의 실행 결과는 다음과 같다.

```
21.0
3.5
Error: Invalid argument.
```

이 프로그램의 실행 과정은 *https://autbor.com/spamintry/*에서 볼 수 있다. print(spam(1))이 실행되지 않는 이유는 일단 except 절에 있는 코드가 실행되면, try 절 안의 코드는 더는 실행되지 않기 때문이다. 그 대신, 정상적인 상황처럼 위에서 아래로 코드를 실행한다.

간단한 프로그램: 지그재그

이제까지 배운 프로그래밍 개념을 적용하여 간단한 애니메이션 프로그램을 만들어 보자. 이 프로그램은 뮤 편집기의 Stop 버튼을 누르거나 Ctrl-C를 눌러서 프로그램을 멈추기 전까지 앞뒤로 지그재그 패턴을 만든다. 이 프로그램을 실행하면 다음과 같이 출력될 것이다.

```
    ********
   ********
  ********
 ********
********
 ********
  ********
   ********
    ********
```

파일 편집기에 다음과 같이 소스 코드를 입력하고 zigzag.py라는 이름으로 저장하자.

```python
import time, sys
indent = 0 # 들여쓰기 공백 수
indentIncreasing = True # 들여쓰기가 늘어날 것인지 여부

try:
    while True: # 주 프로그램 반복문
        print(' ' * indent, end='')
        print('********')
        time.sleep(0.1) # 0.1초 일시 정지

        if indentIncreasing:
            # 들여쓰기 공백을 늘림
            indent = indent + 1
            if indent == 20:
                # 방향 전환
                indentIncreasing = False
        else:
            # 들여쓰기 공백을 줄임
            indent = indent - 1
            if indent == 0:
                # 방향 전환
                indentIncreasing = True
except KeyboardInterrupt:
    sys.exit()
```

코드의 시작 부분부터 자세히 살펴보자.

```
import time, sys
indent = 0 # 들여쓰기 공백 수
indentIncreasing = True # 들여쓰기가 늘어날 것인지 여부
```

먼저 time, sys 모듈을 불러온다. 이 프로그램은 변수 두 개를 사용한다. indent
는 별표 문자 8개로 구성된 밴드가 출력되기 전에 들여쓰기 공백 수를 기록하는
변수이며, indentIncreasing은 들여쓰기를 늘릴지 줄일지 여부를 결정하는 불값
을 나타내는 변수다.

```
try:
    while True: # 주 프로그램 반복문
        print(' ' * indent, end='')
        print('********')
        time.sleep(0.1) # 0.1초 일시 정지
```

그런 다음 프로그램의 나머지 부분을 try 문 안에 작성한다. 프로그램을 실행
하는 동안 Ctrl-C를 누르면, 파이썬은 KeyboardInterrupt 예외를 일으킨다. try,
except 문을 사용하지 않고 이러한 예외를 별도로 처리하지 않는다면, 이 프로
그램은 매우 지저분한 오류 메시지를 출력하면서 멈출 것이다. 그러나 이 프로
그램에서는 sys.exit()를 활용하여 KeyboardInterrupt 예외를 깔끔하게 처리하
길 원했다(이러한 역할을 하는 코드는 프로그램 마지막 부분에 있는 except 문
이다).

무한 루프 while True:는 프로그램이 영원히 실행되도록 한다. 이때 ' ' *
indent로 들여쓰기를 해야 하는 양만큼 정확한 양의 공백을 출력한다. 여기서
이 공백을 출력한 뒤 자동으로 줄 바꿈이 되지 말아야 하기 때문에 처음 print()
함수를 출력할 때 end=''를 전달한다. 두 번째 print() 호출은 별표 문자로 구성
된 밴드를 출력하는 역할을 한다. time.sleep() 함수는 아직 다루지 않았지만,
이 프로그램에서는 0.1초 동안 일시 정지하는 역할을 한다는 정도만 알아도 충
분하다.

```
        if indentIncreasing:
            # 들여쓰기 공백을 늘림
            indent = indent + 1
            if indent == 20:
                # 방향 전환
                indentIncreasing = False
```

그런 다음 별표 문자들을 출력할 때 들여쓰기를 해야 할 공백 수를 조절해야 한

다. indentIncreasing 값이 True라면, indent 값에 1을 더한다. 그러나 indent 값이 20에 도달하면, 이 들여쓰기가 줄어들도록 해야 한다.

```
else:
    # 들여쓰기 공백을 줄임
    indent = indent - 1
    if indent == 0:
        # 방향 전환
        indentIncreasing = True
```

한편, indentIncreasing 값이 False라면, indent 값을 1 줄여야 한다. 이 값이 0에 도달하면 들여쓰기가 다시 1씩 증가해야 한다. 이 두 가지 경우 모두 프로그램은 다시 별표 문자를 출력하기 위해 주 프로그램 반복문의 시작 부분으로 돌아간다.

```
except KeyboardInterrupt:
    sys.exit()
```

프로그램이 try 블록 내의 코드를 실행하고 있을 때 사용자가 Ctrl-C를 누르면, KeyboardInterrupt 예외를 일으키고 이 except 문에 의해 예외 처리된다. except() 블록 안으로 이동하면 sys.exit()가 실행되어 프로그램이 종료된다. 이와 같은 방법으로, 주 프로그램 반복문이 무한 루프에 빠졌더라도 사용자가 프로그램을 종료할 수 있다.

요약

함수는 코드를 논리적 그룹으로 구분할 수 있는 기본적인 방법이다. 함수 내의 변수들은 각 함수의 지역 범위 안에서만 존재하기 때문에 어떤 함수의 코드는 다른 함수의 변숫값에 직접적으로 영향을 주지 못한다. 이러한 특성으로 인해 변숫값을 변경할 수 있는 코드가 제한되므로 코드를 디버깅할 때 도움이 된다.

함수는 코드를 구조화하는 좋은 도구다. 함수는 블랙박스와 같다고 생각할 수 있다. 매개 변수 형식의 입력값과 반환값 형식의 출력값이 존재하고, 함수 안에 있는 코드는 다른 함수들의 변수에 영향을 미치지 않는다.

이전 장에서는 오류 하나가 프로그램의 충돌로 이어졌다. 그러나 이번 장에서 다룬 try 문과 except 문을 활용하여 오류가 발생하더라도 코드를 계속 실행할 수 있다. 이를 활용하면 프로그램이 일반적인 오류들에 더 유연하게 대처할 수 있다.

연습 문제

1. 프로그램에서 함수를 사용하면 좋은 점은 무엇인가?

2. 함수 내의 코드를 실행하는 시점은 언제인가? 함수가 정의될 때인가 아니면 함수를 호출할 때인가?

3. 함수는 어떤 선언문으로 생성하는가?

4. 함수와 함수 호출의 차이는 무엇인가?

5. 파이썬 프로그램에서 전역 범위는 몇 개인가? 지역 범위는 몇 개인가?

6. 함수 호출이 값을 반환하면 지역 범위에 존재하는 변수들은 어떻게 되는가?

7. 반환값은 무엇인가? 반환값으로 표현식을 사용할 수 있는가?

8. 어떤 함수에 반환문이 존재하지 않는다면 이 함수를 호출했을 때 반환값은 무엇인가?

9. 함수 안의 변수가 전역 변수를 참조하도록 하려면 어떻게 해야 하는가?

10. None은 어떤 자료형인가?

11. import areallyourpetsnamederic은 어떠한 역할을 하는가?

12. spam 모듈 안에 bacon()이라는 함수가 있다고 하자. spam을 불러왔을 때 이 함수를 어떻게 호출할 수 있는가?

13. 프로그램에 오류가 있더라도 충돌하지 않게 하는 방법은 무엇인가?

14. try 절에는 어떠한 코드가 있는가? except 절에는 어떠한 코드가 있는가?

연습 프로젝트

연습을 위해 다음 작업들을 하는 프로그램을 만들어 보자.

콜라츠 수열

한 개의 매개 변수 number를 갖는 collatz() 함수를 작성해 보자. 이때 number가 짝수라면, collatz() 함수는 number // 2를 출력하고 이 값을 반환한다. 반면 number가 홀수라면, collatz() 함수는 3 * number + 1을 출력하고 이 값을 반환한다.

그리고 나서 사용자가 어떤 정수를 입력하면 collatz()의 반환값이 1이 될 때까지 계속 collatz() 함수를 호출하는 프로그램을 작성하라(매우 놀랍게도 입력 정수에 관계없이 속도 차이는 있지만 최종적으로는 1에 수렴한다! 수학자들도 이러한 수렴의 이유는 정확하게 알지 못한다. 이 프로그램은 '가장 간단한 수학

난제'라고도 하는 콜라츠 수열에 관한 것이다).

input() 함수가 반환하는 값을 int() 함수로 정수로 변환하는 것을 잊지 말라. 그렇지 않다면 문자열값을 그대로 사용하게 된다.

힌트: 정수 number는 number % 2 == 0이면 짝수이며, number % 2 == 1이면 홀수다.

이 프로그램의 출력은 다음과 같아야 한다.

```
Enter number:
3
10
5
16
8
4
2
1
```

입력값 검증

이전 프로젝트에 try, except 문을 추가하여 숫자가 아닌 문자열을 입력했을 때를 탐지하도록 하자. 일반적으로 사용자가 숫자가 아닌 문자열을 입력하면 int()는 int('puppy')와 같이 숫자가 아닌 문자열을 전달받게 될 것이고 ValueError를 일으킬 것이다. except 절에서 정수를 입력해야 한다는 메시지를 출력하도록 하자.

4장

리스트

본격적으로 프로그램을 작성하기 전에 이해해야 할 또 한 가지 주제는 리스트 (list) 자료형과 이와 비슷한 튜플(tuple) 자료형이다. 리스트와 튜플에는 값이 여러 개 존재할 수 있으며, 이를 활용하여 프로그램이 많은 양의 데이터를 더 쉽게 처리하도록 할 수 있다. 또한 리스트는 다른 리스트를 포함할 수 있기 때문에 데이터를 계층적으로 구조화하여 사용할 수 있다.

이번 장에서는 리스트의 기본적인 사항들에 대해 설명하겠다. 또한, 득성 자료형값에 연결된 함수인 메서드에 대해서도 다루도록 하겠다. 그러고 나서 시퀀스(sequence) 자료형(리스트, 튜플, 문자열)에 관해 설명한 뒤 각각을 비교할 것이다. 다음 장에서는 딕셔너리(dictionary) 자료형에 대해 설명할 것이다.

리스트 자료형

리스트는 정렬된 시퀀스에 값이 여러 개 들어 있는 값을 의미한다. 리스트값은 리스트 안에 있는 값을 의미하는 것이 아니라 리스트 그 자체를 의미한다(즉, 다른 값들처럼 변수에 저장할 수 있거나 함수에 전달할 수 있는 값을 의미). 리스트값은 다음과 같이 생겼다: ['cat', 'bat', 'rat', 'elephant']. 따옴표로 문자열의 시작과 끝을 표기하는 것과 같이 리스트는 대괄호를 열어서 리스트의 시작을, 대괄호를 닫아서 리스트의 끝을 표기한다. 아이템(item)은 리스트 안에 있는 값을 의미한다. 이때 아이템들은 쉼표로 나뉘어 있다(즉, 쉼표로 구분되어 있다). 예를 들어 대화형 셸에 다음과 같이 입력하자.

```
>>> [1, 2, 3]
[1, 2, 3]
>>> ['cat', 'bat', 'rat', 'elephant']
['cat', 'bat', 'rat', 'elephant']
>>> ['hello', 3.1415, True, None, 42]
['hello', 3.1415, True, None, 42]
>>> spam = ['cat', 'bat', 'rat', 'elephant']                    ❶
>>> spam
['cat', 'bat', 'rat', 'elephant']
```

spam 변수(❶)에는 단 한 개의 값인 리스트값이 할당되어 있다. 그러나 리스트값
자체에는 다른 값들이 들어 있다. 또한, ''가 빈 문자열을 의미하는 것과 같이 []
는 어떠한 값도 들어 있지 않은 빈 리스트를 의미한다.

인덱스로 리스트 내의 개별 값 얻기

spam 변수에 ['cat', 'bat', 'rat', 'elephant']라는 리스트가 저장되어 있다고
하자. 파이썬 코드 spam[0]은 'cat'으로, spam[1]은 'bat'으로 평가된다. 이때 리
스트 뒤의 대괄호 안에 들어 있는 정숫값은 인덱스(index)라고 한다. 리스트의
첫 번째 값은 인덱스 0에, 두 번째 값은 인덱스 1에, 세 번째 값은 인덱스 2에 해
당한다. 그림 4-1은 spam에 할당되어 있는 리스트값과 인덱스 표현식의 결과를
나타낸다. 이때 첫 번째 인덱스는 0이기 때문에 마지막 인덱스는 리스트의 크기
보다 1만큼 작다는 점에 주목하자. 네 개의 아이템을 갖는 리스트의 마지막 인
덱스는 3이다.

그림 4-1 spam 변수에 저장되어 있는 리스트값과 각 인덱스에 해당하는 값

예를 들어 대화형 셀에 다음과 같은 표현식을 입력해 보자. spam 변수에 리스트
를 할당하면서 시작한다.

```
>>> spam = ['cat', 'bat', 'rat', 'elephant']
>>> spam[0]
'cat'
>>> spam[1]
'bat'
>>> spam[2]
'rat'
>>> spam[3]
'elephant'
```

```
>>> ['cat', 'bat', 'rat', 'elephant'][3]
'elephant'
>>> 'Hello, ' + spam[0]                                          ❶
'Hello, cat'                                                     ❷
>>> 'The ' + spam[1] + ' ate the ' + spam[0] + '.'
'The bat ate the cat.'
```

spam[0]의 결과는 문자열 'cat'이기 때문에 표현식 'Hello, ' + spam[0](❶)의
결과는 'Hello, ' +'cat'이다. 이 표현식은 'Hello, cat'으로 평가된다(❷).

리스트에 있는 값의 수를 넘는 인덱스를 사용하면, 파이썬은 IndexError 오류
메시지를 출력한다.

```
>>> spam = ['cat', 'bat', 'rat', 'elephant']
>>> spam[10000]
Traceback (most recent call last):
  File "<pyshell#9>", line 1, in <module>
    spam[10000]
IndexError: list index out of range
```

인덱스는 오직 정숫값만 사용할 수 있다. 실숫값은 사용할 수 없다. 다음 예는
TypeError 오류를 일으킨다.

```
>>> spam = ['cat', 'bat', 'rat', 'elephant']
>>> spam[1]
'bat'
>>> spam[1.0]
Traceback (most recent call last):
  File "<pyshell#13>", line 1, in <module>
    spam[1.0]
TypeError: list indices must be integers or slices, not float
>>> spam[int(1.0)]
'bat'
```

리스트는 다른 리스트값을 포함할 수 있다. 리스트 안의 리스트에 있는 값에 접
근하고 싶다면, 다음과 같이 인덱스를 여러 개 사용하면 된다.

```
>>> spam = [['cat', 'bat'], [10, 20, 30, 40, 50]]
>>> spam[0]
['cat', 'bat']
>>> spam[0][1]
'bat'
>>> spam[1][4]
50
```

첫 번째 인덱스는 어떤 리스트를 사용할지 지정하고, 두 번째 인덱스는 해당 리

스트 안에 들어 있는 값을 지정한다. 예를 들어 spam[0][1]은 첫 번째 리스트의 두 번째 값인 'bat'을 출력한다. 인덱스를 한 개만 사용할 경우, 그에 해당하는 리스트값을 전부 출력할 것이다.

음수 인덱스

인덱스는 보통 0부터 시작하여 증가하지만 음수도 인덱스로 사용할 수 있다. 음수 인덱스 -1은 리스트의 마지막 인덱스를 나타내고, -2는 리스트의 마지막에서 두 번째 인덱스를 나타낸다. 대화형 셸에 다음과 같이 입력해 보자.

```
>>> spam = ['cat', 'bat', 'rat', 'elephant']
>>> spam[-1]
'elephant'
>>> spam[-3]
'bat'
>>> 'The ' + spam[-1] + ' is afraid of the ' + spam[-3] + '.'
'The elephant is afraid of the bat.'
```

리스트를 슬라이스해서 또 다른 리스트를 얻기

리스트에서 인덱스를 활용하여 한 개의 값을 얻을 수 있는 것과 같이 슬라이스 (slice)를 활용하여 새로운 리스트를 얻을 수 있다. 슬라이스는 인덱스와 같이 대괄호를 쓰지만, 그 안에 콜론으로 구분된 정수 두 개를 사용한다. 인덱스와 슬라이스의 차이점을 알아보자.

- spam[2]는 인덱스(정수 한 개)를 사용한 리스트
- spam[1:4]는 슬라이스(정수 두 개)를 사용한 리스트

슬라이스에서 첫 번째 정수는 슬라이스가 시작하는 인덱스다. 두 번째 정수는 슬라이스가 끝나는 인덱스를 의미한다. 슬라이스는 두 번째 인덱스의 값은 포함하지 않는다. 슬라이스의 결과는 새로운 리스트값이다. 대화형 셸에 다음과 같이 입력해 보자.

```
>>> spam = ['cat', 'bat', 'rat', 'elephant']
>>> spam[0:4]
['cat', 'bat', 'rat', 'elephant']
>>> spam[1:3]
['bat', 'rat']
>>> spam[0:-1]
['cat', 'bat', 'rat']
```

이보다 더 짧게 작성하기 위해 슬라이스에 있는 콜론의 한쪽 또는 양쪽 인덱스 모두를 생략할 수 있다. 첫 번째 인덱스를 생략하는 것은 인덱스 0이나 또는 리스트의 시작과 같은 의미다. 두 번째 인덱스를 생략하는 것은 리스트의 길이를 사용한 것과 같으며, 리스트의 끝까지 슬라이스가 이어진다는 의미다. 대화형 셸에 다음과 같이 입력해 보자.

```
>>> spam = ['cat', 'bat', 'rat', 'elephant']
>>> spam[:2]
['cat', 'bat']
>>> spam[1:]
['bat', 'rat', 'elephant']
>>> spam[:]
['cat', 'bat', 'rat', 'elephant']
```

len() 함수를 활용하여 리스트 길이 얻기

len() 함수는 문자열값에 있는 문자의 개수를 세는 것과 비슷하게, 전달한 리스트에 존재하는 값의 개수를 반환한다. 대화형 셸에 다음과 같이 입력해 보자.

```
>>> spam = ['cat', 'dog', 'moose']
>>> len(spam)
3
```

인덱스로 리스트 내의 값 변경하기

일반적으로 할당문에서는 spam = 42와 같이 등호 왼쪽에 변수 이름이 있다. 그런데 리스트의 인덱스를 이용해 그 인덱스에 해당하는 값을 변경할 수 있다. 예를 들어 spam[1] = 'aardvark'는 '리스트 spam의 인덱스 1에 해당하는 값에 문자열 'aardvark'를 할당하라'는 의미다. 대화형 셸에 다음과 같이 입력해 보자.

```
>>> spam = ['cat', 'bat', 'rat', 'elephant']
>>> spam[1] = 'aardvark'
>>> spam
['cat', 'aardvark', 'rat', 'elephant']
>>> spam[2] = spam[1]
>>> spam
['cat', 'aardvark', 'aardvark', 'elephant']
>>> spam[-1] = 12345
>>> spam
['cat', 'aardvark', 'aardvark', 12345]
```

리스트 결합과 복제

문자열과 마찬가지로 리스트도 결합과 복제가 가능하다. + 연산자는 리스트 두 개를 결합하여 새로운 리스트값을 생성하며 연산자 *는 리스트, 정수와 함께 사용될 경우 해당 리스트를 일정 횟수만큼 복제하는 것을 의미한다. 대화형 셀에 다음과 같이 입력해 보자.

```
>>> [1, 2, 3] + ['A', 'B', 'C']
[1, 2, 3, 'A', 'B', 'C']
>>> ['X', 'Y', 'Z'] * 3
['X', 'Y', 'Z', 'X', 'Y', 'Z', 'X', 'Y', 'Z']
>>> spam = [1, 2, 3]
>>> spam = spam + ['A', 'B', 'C']
>>> spam
[1, 2, 3, 'A', 'B', 'C']
```

del 문으로 리스트에서 값 제거하기

del 문은 리스트에서 어떤 인덱스에 해당하는 값을 제거한다. 제거된 값 뒤에 있는 리스트의 모든 값의 인덱스는 1씩 앞으로 당겨진다. 예를 들어 대화형 셀에 다음과 같이 입력해 보자.

```
>>> spam = ['cat', 'bat', 'rat', 'elephant']
>>> del spam[2]
>>> spam
['cat', 'bat', 'elephant']
>>> del spam[2]
>>> spam
['cat', 'bat']
```

del 문은 마치 '할당 해제'문처럼 단순히 변수 하나를 제거할 때도 사용할 수 있다. 어떤 변수를 제거한 뒤에 그 변수를 사용하려고 하면, 그 변수는 더 이상 존재하지 않기 때문에 NameError가 발생할 것이다. 실제로는 단순한 변수 제거가 필요한 경우는 많지 않다. del 문이 주로 사용될 때는 리스트에서 값을 제거할 때다.

리스트로 작업하기

처음 프로그램을 작성할 때는 비슷한 값들을 저장하기 위해 개별 변수를 많이 만드는 경향이 있다. 예를 들어 고양이 이름을 저장하고 싶은 경우 다음과 같이 코드를 작성하는 경향이 있다.

```
catName1 = 'Zophie'
catName2 = 'Pooka'
catName3 = 'Simon'
catName4 = 'Lady Macbeth'
catName5 = 'Fat-tail'
catName6 = 'Miss Cleo'
```

이와 같이 코드를 작성하는 것은 좋지 않은 방법이다(또한, 나는 맹세하건대 이 정도로 고양이를 많이 기르지 않는다). 일례로, 기르는 고양이 수가 변할 경우 미리 선언한 변수 개수 이상의 고양이 이름을 저장하는 것은 불가능하다. 또한, 이런 유형의 프로그램에는 중복되거나 거의 동일한 코드가 많이 있다. 파일 편집기에 다음과 같이 입력하고 allMyCats1.py라는 이름으로 저장한 뒤, 중복된 코드가 얼마나 있는지 살펴보자.

```
print('Enter the name of cat 1:')
catName1 = input()
print('Enter the name of cat 2:')
catName2 = input()
print('Enter the name of cat 3:')
catName3 = input()
print('Enter the name of cat 4:')
catName4 = input()
print('Enter the name of cat 5:')
catName5 = input()
print('Enter the name of cat 6:')
catName6 = input()
print('The cat names are:')
print(catName1 + ' ' + catName2 + ' ' + catName3 + ' ' + catName4 + ' ' +
catName5 + ' ' + catName6)
```

반복된 변수 여러 개를 사용하는 대신, 리스트값 하나가 저장된 변수 하나를 사용할 수 있다. 다음 예는 이전의 allMyCats1.py 프로그램을 발전시킨 새로운 코드다. 이 새로운 코드에서는 리스트를 사용하여 사용자가 입력하는 고양이 수만큼 저장할 수 있다. 파일 편집기에 다음과 같이 소스 코드를 입력하고 allMyCats2.py라는 이름으로 저장하자.

```
catNames = []
while True:
    print('Enter the name of cat ' + str(len(catNames) + 1) +
        ' (Or enter nothing to stop.):')
    name = input()
    if name == '':
        break
    catNames = catNames + [name] # 리스트 결합
```

```
print('The cat names are:')
for name in catNames:
    print(' ' + name)
```

이 프로그램의 실행 결과는 다음과 같다.

```
Enter the name of cat 1 (Or enter nothing to stop.):
Zophie
Enter the name of cat 2 (Or enter nothing to stop.):
Pooka
Enter the name of cat 3 (Or enter nothing to stop.):
Simon
Enter the name of cat 4 (Or enter nothing to stop.):
Lady Macbeth
Enter the name of cat 5 (Or enter nothing to stop.):
Fat-tail
Enter the name of cat 6 (Or enter nothing to stop.):
Miss Cleo
Enter the name of cat 7 (Or enter nothing to stop.):

The cat names are:
  Zophie
  Pooka
  Simon
  Lady Macbeth
  Fat-tail
  Miss Cleo
```

이 프로그램의 실행 과정은 각각 *https://autbor.com/allmycats1/*과 *https://autbor. com/allmycats2/*에서 볼 수 있다. 이와 같이 리스트를 사용하면 데이터가 어떤 체계에 맞춰 존재하기 때문에 반복된 변수 여러 개로 관리할 때보다 데이터를 처리하기 더 쉬운 프로그램이 될 수 있다.

리스트를 사용한 for 반복문

2장에서는 for 반복문으로 코드 블록을 몇 차례 반복하여 실행하는 방법을 설명했다. 기술적으로, for 반복문은 어떤 리스트값에 있는 각 아이템에 대해 한 번씩 실행한다. 예를 들어 다음과 같은 코드를 실행하면,

```
for i in range(4):
    print(i)
```

실행 결과는 다음과 같다.

```
0
1
2
3
```

이러한 결과가 나오는 이유는 range(4)의 반환값이 파이썬이 [0, 1, 2, 3]과 비슷하다고 간주하는 시퀀스 값이기 때문이다(시퀀스는 105쪽 '시퀀스 자료형'에서 설명한다). 다음 프로그램을 실행한 결과는 앞의 결과와 같다.

```
For i in [0, 1, 2, 3]:
    print(i)
```

앞에 나온 for 반복문에서는 실제로 매 반복마다 리스트 [0, 1, 2, 3] 안의 값을 순서대로 i 변수에 할당하여 for 절을 반복한다.

어떤 리스트의 인덱스 내에서 특정 작업을 반복하기 위한 일반적인 파이썬 기술은 range(len(someList))와 for 반복문을 함께 사용하는 것이다. 예를 들어 대화형 셀에 다음과 같이 입력해 보자.

```
>>> supplies = ['pens', 'staplers', 'flamethrowers', 'binders']
>>> for i in range(len(supplies)):
...     print('Index ' + str(i) + ' in supplies is: ' + supplies[i])

Index 0 in supplies is: pens
Index 1 in supplies is: staplers
Index 2 in supplies is: flamethrowers
Index 3 in supplies is: binders
```

이 for 반복문에 range(len(supplies))를 사용하면, 반복문 내에 있는 코드에서 인덱스(i 변수)와 그에 해당하는 값(supplies[i])에 접근할 수 있으므로 편리하다. 무엇보다도 range(len(supplies))는 supplies 안에 아이템이 몇 개 존재하느냐와 무관하게, 이 안에 있는 모든 인덱스만큼 코드를 반복하여 실행한다.

in과 not in 연산자

연산자 in과 not in을 활용하여 어떤 값이 리스트에 존재하는지 여부를 확인할 수 있다. 다른 연산자들과 마찬가지로 in과 not in은 두 개의 값과 함께 표현식에서 사용된다. 바로 찾으려는 값과 그 값을 찾고자 하는 리스트다. 이 표현식의 결과는 불값이다. 대화형 셀에 다음과 같이 입력해 보자.

```
>>> 'howdy' in ['hello', 'hi', 'howdy', 'heyas']
True
>>> spam = ['hello', 'hi', 'howdy', 'heyas']
>>> 'cat' in spam
False
>>> 'howdy' not in spam
False
>>> 'cat' not in spam
True
```

다음 예는 사용자가 반려동물의 이름을 입력하고 그 이름이 반려동물 이름 리스트에 존재하는지 검사하는 프로그램이다. 새 파일 편집기 창을 열고 다음과 같이 코드를 입력한 뒤, myPets.py라는 이름으로 저장해 보자.

```
myPets = ['Zophie', 'Pooka', 'Fat-tail']
print('Enter a pet name:')
name = input()
if name not in myPets:
    print('I do not have a pet named ' + name)
else:
    print(name + ' is my pet.')
```

이 코드의 실행 결과는 다음과 같다.

```
Enter a pet name:
Footfoot
I do not have a pet named Footfoot
```

이 프로그램의 실행 과정은 *https://autbor.com/mypets/*에서 볼 수 있다.

다중 할당 기법

다중 할당 기법(기술적으로는 튜플 언패킹이라 부른다)은 코드 한 줄로 리스트에 들어 있는 값들을 변수 여러 개에 할당할 수 있는 간단한 방법이다. 다음과 같이 입력하는 대신,

```
>>> cat = ['fat', 'gray', 'loud']
>>> size = cat[0]
>>> color = cat[1]
>>> disposition = cat[2]
```

다음과 같이 코드를 입력할 수 있다.

```
>>> cat = ['fat', 'gray', 'loud']
>>> size, color, disposition = cat
```

할당하려는 변수의 개수와 리스트의 길이는 정확히 일치해야 한다. 그렇지 않으면 파이썬은 ValueError를 일으킨다.

```
>>> cat = ['fat', 'gray', 'loud']
>>> size, color, disposition, name = cat
Traceback (most recent call last):
  File "<pyshell#84>", line 1, in <module>
    size, color, disposition, name = cat
ValueError: not enough values to unpack (expected 4, got 3)
```

리스트에 enumerate() 함수 사용하기

for 반복문과 range(len(someList))를 함께 사용하여 리스트 내 각 아이템의 인덱스를 얻는 대신, enumerate() 함수를 사용할 수 있다. 매 반복마다 enumerate()는 값 두 개를 반환한다. 리스트 내 각 아이템의 인덱스와 아이템 그 자체를 반환한다. 예를 들어 다음 코드는 '리스트를 사용한 for 반복문'(94쪽)에 있는 코드와 같은 작업을 수행한다.

```
>>> supplies = ['pens', 'staplers', 'flamethrowers', 'binders']
>>> for index, item in enumerate(supplies):
...     print('Index ' + str(index) + ' in supplies is: ' + item)

Index 0 in supplies is: pens
Index 1 in supplies is: staplers
Index 2 in supplies is: flamethrowers
Index 3 in supplies is: binders
```

enumerate() 함수는 반복문 블록에서 아이템과 그 인덱스가 필요할 때 유용하다.

리스트에 random.choice(), random.shuffle() 함수 사용하기

random 모듈에는 인자로 리스트를 받아들이는 함수가 여러 개 있다. random.choice() 함수는 리스트에서 임의로 추출한 아이템을 반환한다. 대화형 셀에 다음과 같이 입력해 보자.

```
>>> import random
>>> pets = ['Dog', 'Cat', 'Moose']
>>> random.choice(pets)
'Dog'
>>> random.choice(pets)
'Cat'
>>> random.choice(pets)
'Cat'
```

random.choice(someList)는 someList[random.randint(0, len(someList) − 1]을 축약한 형태다.

　random.shuffle() 함수는 리스트의 아이템들을 재정렬한다. 이 함수는 새로운 리스트를 반환하는 대신 제자리에서(in place) 리스트 자체를 수정한다. 대화형 셸에 다음과 같이 입력해 보자.

```
>>> import random
>>> people = ['Alice', 'Bob', 'Carol', 'David']
>>> random.shuffle(people)
>>> people
['Carol', 'David', 'Alice', 'Bob']
>>> random.shuffle(people)
>>> people
['Alice', 'David', 'Bob', 'Carol']
```

복합 할당 연산자

어떤 변수에 값을 할당할 때 주로 변수 그 자체를 사용할 것이다. 예를 들어 spam 변수에 42라는 값을 할당한 뒤 다음 코드로 spam 안에 있는 값을 1만큼 증가시킬 수 있다.

```
>>> spam = 42
>>> spam = spam + 1
>>> spam
43
```

복합 할당 연산자 +=를 사용하여 똑같은 작업을 하는 코드를 다음과 같이 간단하게 작성할 수 있다.

```
>>> spam = 42
>>> spam += 1
>>> spam
43
```

표 4-1에 명시된 바와 같이 +, −, *, /, % 연산자에도 복합 할당 연산자가 존재한다.

복합 할당 연산자	동일한 할당문
spam += 1	spam = spam + 1
spam -= 1	spam = spam - 1
spam *= 1	spam = spam * 1
spam /= 1	spam = spam / 1
spam %= 1	spam = spam % 1

표 4-1 복합 할당 연산자

+= 연산자는 문자열이나 리스트의 결합에도 사용되며, *=는 문자열이나 리스트의 복제에도 사용된다. 대화형 셸에 다음과 같이 입력해 보자.

```
>>> spam = 'Hello,'
>>> spam += ' world!'
>>> spam
'Hello world!'
>>> bacon = ['Zophie']
>>> bacon *= 3
>>> bacon
['Zophie', 'Zophie', 'Zophie']
```

메서드

메서드는 함수와 매우 비슷하지만 값에 대해 '호출한다'는 점이 다르다. 예를 들어 spam 변수에 어떤 리스트값이 저장되어 있을 때 리스트 메서드(곧 설명할 것이다)인 index()를 spam.index('hello')와 같이 호출할 수 있다. 메서드 부분은 마침표 뒤에 위치한다.

각 자료형에는 고유의 메서드들이 있다. 예를 들어 리스트 자료형에는 리스트에서 값을 탐색, 추가, 제거, 수정하는 등의 유용한 메서드들이 있다.

index() 메서드를 활용하여 리스트에서 값 탐색하기

리스트값에는 index() 메서드가 존재하는데, 어떤 값을 전달받아서 그 값이 해당 리스트에 존재한다면 그 값의 인덱스를 반환한다. 그 값이 해당 리스트에 존재하지 않는다면 파이썬은 ValueError 오류를 일으킨다. 대화형 셸에 다음과 같이 입력해 보자.

```
>>> spam = ['hello', 'hi', 'howdy', 'heyas']
>>> spam.index('hello')
0
>>> spam.index('heyas')
3
>>> spam.index('howdy howdy howdy')
Traceback (most recent call last):
  File "<pyshell#31>", line 1, in <module>
    spam.index('howdy howdy howdy')
ValueError: 'howdy howdy howdy' is not in list
```

리스트에 동일한 값이 여러 개 존재한다면 가장 먼저 존재하는 값의 인덱스가
반환된다. 대화형 셀에 다음과 같이 입력했을 때 index()가 반환하는 값이 3이
아니라 1임에 주의하자.

```
>>> spam = ['Zophie', 'Pooka', 'Fat-tail', 'Pooka']
>>> spam.index('Pooka')
1
```

append()와 insert() 메서드로 리스트에 값 추가하기

리스트에 어떤 값을 추가하고자 할 때는 append()와 insert() 메서드를 사용
하면 된다. 대화형 셀에 다음과 같이 입력하여 spam 변수에 있는 리스트값에
append() 함수를 호출해 보자.

```
>>> spam = ['cat', 'dog', 'bat']
>>> spam.append('moose')
>>> spam
['cat', 'dog', 'bat', 'moose']
```

append() 메서드는 호출 시 전달한 인자를 리스트의 마지막에 추가한다.
insert() 메서드는 리스트의 어떤 인덱스에 값을 집어넣을 수 있다. insert() 메
서드의 첫 번째 인자는 새로운 값을 추가할 인덱스를, 두 번째 인자는 추가할 값
을 의미한다. 대화형 셀에 다음과 같이 입력해 보자.

```
>>> spam = ['cat', 'dog', 'bat']
>>> spam.insert(1, 'chicken')
>>> spam
['cat', 'chicken', 'dog', 'bat']
```

앞에 나온 코드에서 spam = spam.append('moose')나 spam = spam.insert(1,
'chicken') 대신 spam.append('moose')와 spam.insert(1, 'chicken')으로 작성

되어 있음에 유의하자. append()와 insert() 메서드 모두 spam의 새로운 값을 반환하지 않는다(사실, append()와 insert()는 None 값을 반환하므로 새로운 값을 새로운 변수에 저장할 필요가 없다). 그 대신, 리스트는 제자리에서(in place) 수정되었다. 제자리에서 수정한다는 것은 '가변 자료형과 불변 자료형'(106쪽)에서 더 자세히 설명할 것이다.

메서드는 단 하나의 자료형에만 속한다. append()와 insert()는 리스트 메서드이고, 리스트값에서만 호출할 수 있다. 문자열이나 정수와 같은 여타 값에서는 호출할 수 없다. 대화형 셸에 다음과 같이 입력하면 AttributeError 오류 메시지가 나타난다는 점에 주의하자.

```
>>> eggs = 'hello'
>>> eggs.append('world')
Traceback (most recent call last):
  File "<pyshell#19>", line 1, in <module>
    eggs.append('world')
AttributeError: 'str' object has no attribute 'append'
>>> bacon = 42
>>> bacon.insert(1, 'world')
Traceback (most recent call last):
  File "<pyshell#22>", line 1, in <module>
    bacon.insert(1, 'world')
AttributeError: 'int' object has no attribute 'insert'
```

remove() 메서드로 리스트에서 값 제거하기

remove() 메서드는 전달하는 값을 리스트에서 제거한다. 대화형 셸에 다음과 같이 입력해 보자.

```
>>> spam = ['cat', 'bat', 'rat', 'elephant']
>>> spam.remove('bat')
>>> spam
['cat', 'rat', 'elephant']
```

리스트에 존재하지 않는 값을 제거하려고 하면 ValueError 오류가 생긴다. 예를 들어 대화형 셸에 다음과 같이 입력하면 에러 메시지가 출력된다.

```
>>> spam = ['cat', 'bat', 'rat', 'elephant']
>>> spam.remove('chicken')
Traceback (most recent call last):
  File "<pyshell#11>", line 1, in <module>
    spam.remove('chicken')
ValueError: list.remove(x): x not in list
```

리스트에 같은 값이 여러 개 있을 경우 가장 앞에 있는 값이 제거된다. 대화형 셀에 다음과 같이 입력해 보자.

```
>>> spam = ['cat', 'bat', 'rat', 'cat', 'hat', 'cat']
>>> spam.remove('cat')
>>> spam
['bat', 'rat', 'cat', 'hat', 'cat']
```

리스트에서 제거할 값의 인덱스를 알고 있는 경우 del 문을 사용하여 제거할 수 있다. 리스트에서 제거할 값을 알고 있는 경우 remove() 문을 사용하여 제거할 수 있다.

sort() 메서드로 리스트 안의 값들을 정렬하기

숫자나 문자열로 이루어진 리스트는 sort() 메서드로 정렬할 수 있다. 예를 들어 대화형 셀에 다음과 같이 입력해 보자.

```
>>> spam = [2, 5, 3.14, 1, -7]
>>> spam.sort()
>>> spam
[-7, 1, 2, 3.14, 5]
>>> spam = ['ants', 'cats', 'dogs', 'badgers', 'elephants']
>>> spam.sort()
>>> spam
['ants', 'badgers', 'cats', 'dogs', 'elephants']
```

sort() 함수의 reverse 키워드 인자에 True를 전달하여 값들을 역순으로 정렬할 수 있다. 대화형 셀에 다음과 같이 입력해 보자.

```
>>> spam.sort(reverse=True)
>>> spam
['elephants', 'dogs', 'cats', 'badgers', 'ants']
```

sort() 메서드를 사용할 때 주의해야 할 사항이 세 가지 있다.

첫째, sort() 메서드는 리스트를 제자리에서 정렬한다. spam = spam.sort()와 같이 반환값을 얻으려는 코드를 작성하지 말아야 한다.

둘째, 수치형 값과 문자열값이 함께 존재하는 리스트는 파이썬이 이 값들을 비교할 방법을 모르기 때문에 정렬할 수 없다. 대화형 셀에 다음과 같이 입력하면 TypeError가 발생한다는 점에 주의하자.

```
>>> spam = [1, 3, 2, 4, 'Alice', 'Bob']
>>> spam.sort()
Traceback (most recent call last):
  File "<pyshell#70>", line 1, in <module>
    spam.sort()
TypeError: '<' not supported between instances of 'str' and 'int'
```

셋째, sort()로 문자열값들을 정렬할 때는 알파벳 순서 대신 '아스키코드 순서'에 따라 정렬한다. 이는 대문자가 소문자보다 우선순위가 높다는 것을 의미한다. 그러므로 소문자 a는 대문자 Z보다 뒤에 정렬된다. 예를 들어 대화형 셸에 다음과 같이 입력해 보자.

```
>>> spam = ['Alice', 'ants', 'Bob', 'badgers', 'Carol', 'cats']
>>> spam.sort()
>>> spam
['Alice', 'Bob', 'Carol', 'ants', 'badgers', 'cats']
```

sort() 메서드를 호출할 때 키워드 인자인 key에 str.lower를 전달하면 이 값을 알파벳 순서로 정렬할 수 있다.

```
>>> spam = ['a', 'z', 'A', 'Z']
>>> spam.sort(key=str.lower)
>>> spam
['a', 'A', 'z', 'Z']
```

이 경우 sort() 함수는 리스트의 실제 값을 바꾸지 않으면서 리스트의 모든 아이템이 소문자로 되어 있다는 가정하에 정렬한다.

reverse() 메서드로 리스트에 들어 있는 값들의 순서를 뒤집기

리스트에 들어 있는 아이템의 순서를 빠르게 뒤집어야 할 경우, reverse() 리스트 메서드를 호출하면 된다. 대화형 셸에 다음과 같이 입력해 보자.

```
>>> spam = ['cat', 'dog', 'moose']
>>> spam.reverse()
>>> spam
['moose', 'dog', 'cat']
```

파이썬의 예외적인 들여쓰기 규칙

대부분의 경우, 파이썬 코드에서 들여쓰기 칸 수는 코드가 어떤 블록에 존재하는지 알려 준다. 그러나 이러한 규칙에도 예외는 있다. 예를 들어 소스 코드 파일에서 리스트는 몇 줄에 걸쳐서 작성할 수 있다. 이 경우, 들여쓰기는 중요하지 않다. 파이썬은 대괄호를 닫을 때까지 리스트가 끝나지 않음을 알기 때문이다. 예를 들어 다음과 같이 코드를 작성할 수 있다.

```
spam = ['apples',
    'oranges',
                'bananas',
'cats']
print(spam)
```

물론 실제로 대부분의 사람들은 운세를 보는 장난감인 매직 8볼 프로그램에 있는 메시지 리스트와 같이 리스트를 가독성 있게 작성한다.

또한, 줄 연속 문자인 \를 줄 끝마다 적어서 한 명령문을 여러 줄에 걸쳐서 작성할 수 있다. \ 문자는 '이 명령문은 다음 줄에서 계속된다'는 의미로 생각할 수 있다. 줄 연속 문자인 \의 다음 줄에서 띄어쓰기는 중요하지 않다. 예를 들어 다음과 같은 파이썬 코드는 정상적으로 실행된다.

```
print('Four score and seven ' + \
        'years ago...')
```

이러한 기법들은 파이썬 코드에서 길이가 긴 줄을 가독성이 좋게 재배열할 때 유용하게 사용된다.

리스트 메서드 sort()와 마찬가지로 reverse()도 리스트를 반환하지 않는다. 그렇기 때문에 코드를 작성할 때 spam = spam.reverse() 대신 spam.reverse()라고 써야 한다.

예제 프로그램: 리스트로 매직 8볼 만들기

리스트를 활용하면 3장에 나온 매직 8볼 프로그램을 좀 더 우아하게 작성할 수 있다. 거의 동일한 elif 문을 여러 개 사용하는 대신, 리스트를 한 개 만들어 같은 작업을 수행하도록 할 수 있다. 새 파일 편집기 창을 열어 다음과 같은 코드를 입력하고 magic8Ball2.py라는 이름으로 저장하자.

```
import random

messages = ['It is certain',
    'It is decidedly so',
```

```
        'Yes definitely',
        'Reply hazy try again',
        'Ask again later',
        'Concentrate and ask again',
        'My reply is no',
        'Outlook not so good',
        'Very doubtful']
```

```
print(messages[random.randint(0, len(messages) - 1)])
```

이 프로그램의 실행 과정은 *https://autbor.com/magic8ball2/*에서 볼 수 있다.

이 프로그램을 실행하면 3장에 나온 magic8Ball.py 프로그램과 똑같이 동작하는 것을 볼 것이다.

`messages`의 인덱스로 사용한 표현식을 살펴보자: `random.randint(0, len(messages) - 1)`. 이는 인덱스로 사용할 정수를 `messages`의 크기와 무관하게 임의로 추출하는 역할을 한다. 즉, `0`과 `len(messages) - 1` 값 사이에 있는 정수 중 임의로 값을 하나 추출한다. 이러한 접근 방법의 장점은 코드의 다른 줄들을 수정할 필요 없이 `messages` 리스트에 쉽게 문자열을 추가하거나 제거할 수 있다는 것이다. 추후 이 코드를 업데이트할 경우, 코드를 덜 수정해도 되기 때문에 버그가 생길 가능성도 줄어든다.

시퀀스 자료형

리스트가 순서가 지정된 값의 시퀀스를 나타내는 유일한 자료형은 아니다. 예를 들어 문자열을 낱개의 문자로 이루어진 '리스트'라는 관점으로 본다면 문자열과 리스트는 사실 비슷하다. 파이썬 시퀀스 자료형에는 리스트, 문자열, `range()`의 반환값인 `range` 객체 그리고 튜플 등이 있다(108쪽 '튜플 자료형'에서 자세히 설명한다). 리스트에서 할 수 있는 작업들은 대부분 문자열이나 다른 시퀀스 자료형값에서도 수행할 수 있다. 예를 들면 인덱싱, 슬라이싱을 할 수 있고 `for` 반복문, `in`, `not in` 연산자, `len()`과 함께 사용할 수 있다. 이를 살펴보기 위해 대화형 셀에 다음과 같이 입력해 보자.

```
>>> name = 'Zophie'
>>> name[0]
'Z'
>>> name[-2]
'i'
>>> name[0:4]
'Zoph'
```

```
>>> 'Zo' in name
True
>>> 'z' in name
False
>>> 'p' not in name
False
>>> for i in name:
...     print('* * * ' + i + ' * * *')

* * * Z * * *
* * * o * * *
* * * p * * *
* * * h * * *
* * * i * * *
* * * e * * *
```

가변 자료형과 불변 자료형

그러나 리스트와 문자열은 매우 중요한 차이가 있다. 리스트는 가변 자료형이라서 값을 추가, 제거, 변경할 수 있다. 반면 문자열은 불변 자료형이므로 값이 바뀔 수 없다. 문자열에서 한 문자를 다른 문자로 재할당하면 TypeError가 발생한다. 대화형 셸에 다음과 같이 입력하여 이를 확인해 볼 수 있다.

```
>>> name = 'Zophie a cat'
>>> name[7] = 'the'
Traceback (most recent call last):
  File "<pyshell#50>", line 1, in <module>
    name[7] = 'the'
TypeError: 'str' object does not support item assignment
```

문자열을 '변경'하는 적절한 방법은 기존 문자열에서 일부분을 슬라이싱하여 복사한 뒤, 새로운 문자열에 연결하는 것이다. 대화형 셸에 다음과 같이 입력해 보자.

```
>>> name = 'Zophie a cat'
>>> newName = name[0:7] + 'the' + name[8:12]
>>> name
'Zophie a cat'
>>> newName
'Zophie the cat'
```

여기서 [0:7], [8:12]로 변경하지 않을 문자들을 나타냈다. 문자열은 불변 자료형이기 때문에 기존 문자열인 'Zophie a cat'은 수정되지 않는다.

리스트는 가변 자료형이지만 다음 코드의 두 번째 줄은 eggs 리스트를 수정하지 않는다.

```
>>> eggs = [1, 2, 3]
>>> eggs = [4, 5, 6]
>>> eggs
[4, 5, 6]
```

eggs 변수의 리스트는 바뀌지 않는다. 오히려 완전히 새롭고 다른 리스트값인 [4, 5, 6]이 기존 리스트값인 [1, 2, 3]을 덮어쓴다. 이는 그림 4-2에 묘사되어 있다.

기존 리스트인 eggs를 [4, 5, 6]으로 수정하고 싶다면, 다음과 같이 처리해야 한다.

```
>>> eggs = [1, 2, 3]
>>> del eggs[2]
>>> del eggs[1]
>>> del eggs[0]
>>> eggs.append(4)
>>> eggs.append(5)
>>> eggs.append(6)
>>> eggs
[4, 5, 6]
```

그림 4-2 eggs = [4, 5, 6]이 실행되면 eggs에 있는 값이 새로운 리스트값으로 대체된다.

앞서 나온 예에서 최종적으로 eggs에 있는 리스트값 자체는 처음에 있던 리스트값과 동일하다. 다만 이 리스트는 덮어쓰이지 않고 리스트 안에 있는 값이 변경된 것일 뿐이다. 그림 4-3은 앞의 대화형 셀에 입력한 예에서 처음부터 일곱 번째 줄까지 실행했을 때 일어난 일곱 번의 변화를 나타낸다.

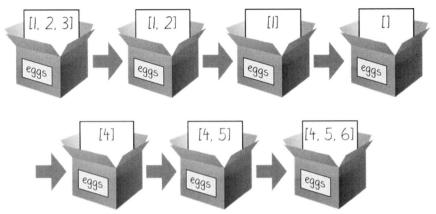

그림 4-3 del 문과 append() 메서드는 같은 리스트값을 제자리에서 수정한다.

가변 자료형값의 수정(앞에 나온 예에서 del 문이나 append() 메서드가 수행하는 작업과 같이)은 제자리에서 이루어지는데, 이는 변수에 있는 리스트가 새로운 리스트값으로 대체되는 것이 아니기 때문이다.

가변 자료형과 불변 자료형의 차이는 별로 의미가 없어 보이지만, '참조 전달'(113쪽)에서 가변 자료형과 불변 자료형을 인자로 전달하여 함수를 호출할 때 다르게 작동함을 살펴볼 것이다. 그러나 여기서는 리스트 자료형의 불변 형태인 튜플 자료형부터 알아보자.

튜플 자료형

튜플 자료형은 리스트 자료형과 거의 동일하지만 두 가지 차이점이 있다. 우선 튜플은 [] 대신 ()를 사용한다. 예를 들어 대화형 셸에 다음과 같이 입력해 보자.

```
>>> eggs = ('hello', 42, 0.5)
>>> eggs[0]
'hello'
>>> eggs[1:3]
(42, 0.5)
>>> len(eggs)
3
```

그러나 주요한 차이점은 튜플 역시 문자열처럼 불변 자료형이라는 것이다. 튜플 안의 값은 수정, 추가, 제거할 수 없다. 대화형 셸에 다음과 같이 입력하면 TypeError 에러 메시지가 나온다.

```
>>> eggs = ('hello', 42, 0.5)
>>> eggs[1] = 99
Traceback (most recent call last):
  File "<pyshell#5>", line 1, in <module>
    eggs[1] = 99
TypeError: 'tuple' object does not support item assignment
```

튜플 안에 값이 단 하나만 존재하는 경우, 괄호 안에 있는 값 뒤에 쉼표를 붙여서 이를 나타낼 수 있다. 그렇지 않을 경우 파이썬은 일반적인 괄호 안에 값을 입력했다고 여긴다. 파이썬은 쉼표로 사용자의 입력값이 튜플값임을 알게 된다(다른 프로그래밍 언어들과 달리 파이썬에서는 리스트나 튜플의 마지막 아이템 뒤에 쉼표를 써도 괜찮다). 대화형 셸에 다음과 같이 type() 함수를 호출해 보고 차이점을 살펴보자.

```
>>> type(('hello',))
<class 'tuple'>
>>> type(('hello'))
<class 'str'>
```

튜플을 사용하면 코드를 읽는 모든 사람에게 이 값의 시퀀스는 변경하지 않겠다는 의도를 전달할 수 있다. 순서가 지정된 불변의 시퀀스가 필요한 경우 튜플을 사용하면 된다. 또한, 튜플은 가변적이지 않아서 그 안의 값이 바뀌지 않기 때문에 리스트를 사용할 때보다 최적화가 잘 이루어져 코드 실행 속도가 빠르다는 장점이 있다.

list()와 tuple() 함수로 자료형 변경하기

str(42)가 정수 42를 문자열로 표현한 '42'를 반환하듯이, list()와 tuple()은 그 함수에 전달한 값의 리스트나 튜플 형태의 값을 반환한다. 대화형 셸에 다음과 같이 입력하고 전달한 값과 다른 자료형의 값이 반환됨을 살펴보자.

```
>>> tuple(['cat', 'dog', 5])
('cat', 'dog', 5)
>>> list(('cat', 'dog', 5))
['cat', 'dog', 5]
>>> list('hello')
['h', 'e', 'l', 'l', 'o']
```

튜플값의 가변 형태가 필요한 경우 튜플을 리스트로 바꾸면 편리하다.

참조

지금까지 살펴본 것처럼 변수는 문자열이나 정숫값을 '저장'한다. 그러나 이 설명은 파이썬이 실제로 하고 있는 동작을 단순화한 것이다. 기술적으로, 변수는 값이 저장된 컴퓨터 메모리 참조(또는 주소)를 저장하고 있다. 대화형 셀에 다음과 같이 입력해 보자.

```
>>> spam = 42
>>> cheese = spam
>>> spam = 100
>>> spam
100
>>> cheese
42
```

spam 변수에 42를 할당하면, 컴퓨터 메모리에 42라는 값을 생성하고, spam 변수에는 그 값을 가리키는 참조를 저장한다. 이 spam 변수에 있는 값을 복사하여 변수 cheese에 할당하면, 실제로는 그 참조를 복사하는 것이다. spam과 cheese 변수 모두 컴퓨터 메모리에 있는 42라는 값을 참조한다. 나중에 spam의 값을 100으로 변경하면, 새로 100이라는 값을 생성하고 spam 변수에 그 참조를 저장한다. 이렇게 해도 cheese의 값에는 영향을 미치지 않는다. 정수는 불변 자료형값이다. spam 변수를 변경하면, 실제로는 메모리에서 완전히 다른 값을 참조하게 된다.

그러나 리스트는 가변적으로 값이 바뀔 수 있기 때문에 이런 식으로 작동하지 않는다. 다음 예시 코드를 보면 이 차이를 더 쉽게 이해할 수 있을 것이다. 대화형 셀에 다음과 같이 입력해 보자.

```
>>> spam = [0, 1, 2, 3, 4, 5]                            ❶
>>> cheese = spam # 리스트 자체가 아니라 참조가 복사된다.      ❷
>>> cheese[1] = 'Hello!'   # 리스트값이 변경된다.            ❸
>>> spam
[0, 'Hello!', 2, 3, 4, 5]
>>> cheese # 변수 cheese는 같은 리스트를 참조한다.
[0, 'Hello!', 2, 3, 4, 5]
```

이 결과가 매우 낯설게 느껴질 것이다. 코드에서는 cheese 리스트만 수정했는데도 cheese와 spam 리스트가 모두 바뀌었다.

먼저 리스트를 만들고(❶) 이 리스트의 참조를 spam 변수에 할당한다. 그러나 다음 줄(❷)에서는 리스트 자체를 복사하는 대신 spam에 있는 참조를 cheese에 복사한다. 이는 spam과 cheese에 저장되어 있는 값이 동일한 리스트를 가리킨다는 것을 의미한다. 한 번도 리스트 자체를 복제한 적이 없기 때문에 현재 단 하나의 리스트만 존재한다. 따라서 cheese가 가리키는 리스트의 첫 번째 요소의 값을 수정하면(❸) spam이 가리키는 리스트도 수정된다.

변수는 값이 들어 있는 상자와 같다는 사실을 기억하자. 이 장에서 지금까지 나왔던 그림들에서는 변수에 리스트 자체가 들어 있는 것처럼 보이는데 이는 정확하지 않은 묘사다. 해당 변수에는 리스트 자체가 들어 있는 것이 아니라 리스트의 참조가 들어 있기 때문이다(이 참조는 파이썬이 내부에서 사용하는 아이디를 갖는데, 이에 대해서는 무시해도 된다). 그림 4-4는 spam 변수에 리스트를 할당할 때 어떠한 일이 일어나는지 변수를 상자에 비유해서 묘사한 그림이다.

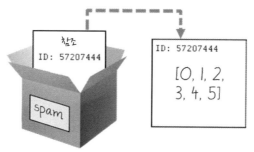

그림 4 4 spam − [0, 1, 2, 3, 4, 5]에서 변수는 리스트 사체를 저장하지 않고 리스트의 참조를 저장한다.

그림 4-5는 spam의 참조가 cheese에 복사될 때를 묘사한 그림이다. 새로운 리스트가 생성되는 것이 아니라 새로운 참조가 생성되고 이를 cheese에 저장한다. 각 참조가 어떻게 같은 리스트를 가리키는지 확인하자.

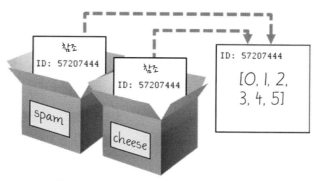

그림 4-5 spam = cheese는 리스트가 아닌 참조를 복사한다.

변수 cheese와 spam이 같은 리스트를 가리키기 때문에 cheese가 가리키는 리스트를 수정하면, spam이 가리키는 리스트도 바뀐다. 이러한 현상을 그림 4-6에서 볼 수 있다.

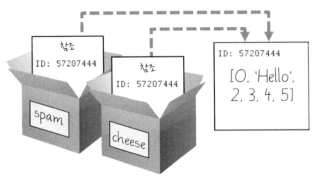

그림 4-6 cheese[1] = 'Hello!'는 두 변수가 가리키는 같은 리스트를 수정한다.

기술적으로는 파이썬에서 변수에는 값에 대한 참조가 들어 있지만, 그냥 간단하게 변수에 값이 들어 있다고 얘기한다.

정체성과 id() 함수

가변 자료형인 리스트에서 보이는 이러한 이상한 특징이 왜 정수나 문자열과 같은 불변 자료형값에서는 보이지 않는지 궁금할 것이다. 이를 이해하기 위해 파이썬의 id() 함수를 사용해 보자. 파이썬의 모든 값은 id() 함수로 얻을 수 있는 고유한 정체성(identity)을 갖는다. 대화형 셸에 다음과 같이 입력해 보자.

```
>>> id('Howdy')  # 반환값은 사용하는 기기에 따라 다르다.
44491136
```

파이썬이 id('Howdy')를 실행하면, 컴퓨터 메모리에 'Howdy'라는 문자열을 생성한다. id() 함수는 이 문자열이 저장된 메모리 주소를 숫자 형태로 반환한다. 파이썬은 이 문자열을 생성할 때 컴퓨터에서 현재 사용하지 않는 메모리 바이트를 사용하기 때문에 코드를 실행할 때마다 주소가 달라진다.

일반적인 문자열들과 같이 'Howdy'는 불변 자료형이므로 수정할 수 없다. 해당 변수의 문자열을 '수정'한다면 새로운 문자열 객체가 메모리의 다른 공간에 생성되고 변수는 이 새로운 문자열을 가리킨다. 예를 들어 대화형 셸에 다음과 같이 입력해 보고 bacon이 가리키는 문자열의 정체성이 바뀌는 것을 확인해 보자.

```
>>> bacon = 'Hello'
>>> id(bacon)
44491136
>>> bacon += ' world!' # 'Hello'와 ' world!'로 새로운 문자열을 생성한다.
>>> id(bacon) # bacon은 완전히 새로운 문자열을 가리킨다.
44609712
```

그러나 리스트는 가변적인 객체로 수정이 가능하다. append() 메서드는 새로운 리스트 객체를 생성하지 않는다. 이미 존재하는 리스트 객체를 수정한다. 이를 '객체를 제자리에서(in-place) 수정한다'고 일컫는다.

```
>>> eggs = ['cat', 'dog'] # 새로운 리스트를 생성한다.
>>> id(eggs)
35152584
>>> eggs.append('moose') # append()는 리스트를 '제자리에서' 수정한다.
>>> id(eggs) # eggs는 이전과 동일한 리스트를 가리킨다.
35152584
>>> eggs = ['bat', 'rat', 'cow'] # 새로운 정체성을 갖는 새로운 리스트를 생성한다.
>>> id(eggs) # eggs는 이제 완전히 다른 리스트를 가리킨다
44409800
```

두 변수가 같은 리스트를 가리키고(이전 절에서 spam과 cheese처럼) 리스트값 자체가 바뀐다면, 두 변수가 같은 리스트를 가리키기 때문에 둘 모두 영향을 받는다. append(), extend(), remove(), sort(), reverse()뿐 아니라 다른 리스트 메서드들은 리스트를 제자리에서 수정한다.

파이썬의 자동 가비지 컬렉터는 메모리를 확보하기 위해 변수가 참조하지 않는 값을 삭제한다. 가비지 컬렉터가 어떻게 작동하는지 신경 쓸 필요는 없다. 가비지 컬렉터는 괜찮은 기술이다. 다른 프로그래밍 언어에서 수동으로 메모리를 관리하는 것이 버그의 흔한 원인 중 하나이기 때문이다.

참조 전달

참조는 인자가 함수에 전달되는 과정을 이해하기 위해 중요하다. 함수를 호출하면 인자들이 매개 변수에 복사된다. 리스트(그리고 다음 장에서 설명할 딕셔너리)의 경우 참조를 복사하여 매개 변수에 사용한다는 것을 의미한다. 이 과정을 보기 위해 새 파일 편집기 창을 열고 다음과 같이 코드를 입력한 뒤, passingReference.py라는 이름으로 저장하자.

```
def eggs(someParameter):
    someParameter.append('Hello')
```

```
spam = [1, 2, 3]
eggs(spam)
print(spam)
```

spam 변수에 eggs() 함수가 반환하는 값을 할당하지 않는다는 사실을 주목하자. 그 대신 리스트를 직접 그 자리에서 수정한다. 이 프로그램을 실행한 결과는 다음과 같다.

```
[1, 2, 3, 'Hello']
```

spam과 someParameter에는 별도의 참조가 들어 있지만 동일한 리스트를 가리킨다. 그 결과, 함수 내부에서 append('Hello') 메서드를 호출하면, 함수 호출로 값을 반환한 이후의 결과도 영향을 받는 것이다.

이와 같이 작동하는 점을 항상 명심하자. 파이썬이 리스트나 딕셔너리를 이러한 방식으로 처리한다는 사실을 잊으면 매우 혼란스러운 버그가 생길 수 있다.

copy 모듈의 함수 copy()와 deepcopy()

참조 전달이 리스트나 딕셔너리를 처리하는 가장 쉬운 방법이다. 그러나 어떤 함수가 전달받은 리스트나 딕셔너리를 수정하는 역할을 하더라도 원래 리스트나 딕셔너리값이 변경되는 것은 원하지 않을 수도 있다. 이럴 경우를 위해 파이썬은 copy()와 deepcopy() 함수가 있는 copy라는 모듈을 제공한다. 먼저 copy.copy()는 가변적인 값인 리스트나 딕셔너리의 참조가 아닌 값을 복사한다. 대화형 셸에 다음과 같이 입력해 보자.

```
>>> import copy
>>> spam = ['A', 'B', 'C', 'D']
>>> id(spam)
44684232
>>> cheese = copy.copy(spam)
>>> id(cheese) # cheese는 다른 정체성을 갖는 다른 리스트다.
44685832
>>> cheese[1] = 42
>>> spam
['A', 'B', 'C', 'D']
>>> cheese
['A', 42, 'C', 'D']
```

변수 spam과 cheese는 별도의 리스트를 가리키기 때문에 인덱스 1에 해당하는 값을 42로 할당하면 cheese가 가리키는 리스트만 수정된다. 그림 4-7에서 볼 수 있듯이 각 변수는 서로 다른 리스트를 가리키기 때문에 두 변수에 있는 참조 아이디다는 더 이상 같지 않다.

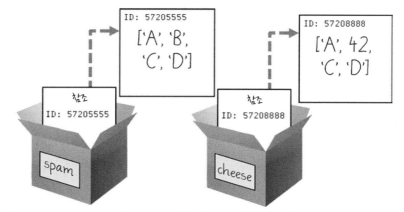

그림 4-7 cheese = copy.copy(spam)으로 두 번째 리스트를 만들어 첫 번째 리스트와 무관하게 수정할 수 있다.

복사해야 하는 리스트 안에 리스트가 존재하면, copy.copy() 대신 copy.deepcopy()를 사용하면 된다. deepcopy() 함수는 내부 리스트까지 복사한다.

간단한 프로그램: 콘웨이의 생명 게임

콘웨이의 생명 게임(Conway's Game of Life)은 개별 세포들로 구성된 필드의 동작을 제어하는 규칙의 집합인 셀룰러 오토마타(cellular automata)의 예다. 실제로 이는 멋진 애니메이션을 만들어 낸다. 각 사각형을 세포처럼 사용하여 그래프 용지에 각 단계를 그릴 수 있다. 채워진 사각형을 '생존'으로, 그렇지 않은 사각형을 '사망'으로 생각하자. 어떤 살아 있는 사각형의 이웃에 살아 있는 사각형이 두 개 또는 세 개가 있다면, 그 사각형은 다음 단계에도 살아 있게 된다. 어떤 죽은 사각형의 이웃에 정확히 살아 있는 사각형이 세 개 있다면, 그 사각형은 다음 단계에서 살아난다. 다른 사각형들은 새로 죽거나 계속 죽은 상태로 존재한다. 그림 4-8에서 각 단계별 진행 예를 볼 수 있다.

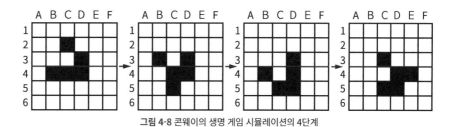

그림 4-8 콘웨이의 생명 게임 시뮬레이션의 4단계

규칙은 매우 간단하지만 놀라운 결과가 나온다. 콘웨이의 생명 게임은 움직이거나 자가 복제하거나 심지어 CPU를 모방하는 패턴을 만들어 내기도 한다. 그러나 이 모든 고도의 복잡한 동작은 간단한 프로그램으로 생성된다.

이차원 공간을 나타내기 위해 중첩 리스트를 사용하자. 내부 리스트는 각 열의 사각형을 나타내며 살아 있는 사각형은 해시 문자 '#'를 저장하며 죽어 있는 사각형은 빈 문자 ' '를 저장한다. 파일 편집기에 다음과 같은 소스 코드를 입력하고 conway.py라는 이름으로 저장하자. 모든 코드가 어떻게 동작하는지 상세히 이해하지 못해도 괜찮다. 코드를 입력만 하고 책에 있는 주석과 설명을 읽으면서 가능한 만큼만 이해해 보자.

```python
# 콘웨이의 생명 게임
import random, time, copy
WIDTH = 60
HEIGHT = 20

# 세포들을 나타내기 위한 중첩 리스트 생성
nextCells = []
for x in range(WIDTH):
    column = [] # 새로운 열 생성
    for y in range(HEIGHT):
        if random.randint(0, 1) == 0:
            column.append('#') # 생존 세포 생성
        else:
            column.append(' ') # 사망 세포 생성
    nextCells.append(column) # nextCells는 열 리스트들의 리스트

while True: # 메인 프로그램 반복문
    print('\n\n\n\n\n') # 개행 문자를 사용하여 각 단계를 분리
    currentCells = copy.deepcopy(nextCells)
    # 화면에 currentCells 출력
    for y in range(HEIGHT):
        for x in range(WIDTH):
            print(currentCells[x][y], end='') # #나 빈 문자를 출력
        print() # 각 줄의 끝에 개행 문자를 출력

    # 현재 단계의 세포들로 다음 단계의 세포들을 계산
    for x in range(WIDTH):
        for y in range(HEIGHT):
            # 이웃들의 좌표 계산
            # '% WIDTH'는 leftCoord 값이 0과 WIDTH - 1 사이에 항상 존재하도록 함
            leftCoord = (x - 1) % WIDTH
            rightCoord = (x + 1) % WIDTH
            aboveCoord = (y - 1) % HEIGHT
            belowCoord = (y + 1) % HEIGHT
```

```python
    # 생존하는 이웃의 수 세기
    numNeighbors = 0
    if currentCells[leftCoord][aboveCoord] == '#':
        numNeighbors += 1 # 좌측 상단의 이웃이 생존
    if currentCells[x][aboveCoord] == '#':
        numNeighbors += 1 # 상단의 이웃이 생존
    if currentCells[rightCoord][aboveCoord] == '#':
        numNeighbors += 1 # 우측 상단의 이웃이 생존
    if currentCells[leftCoord][y] == '#':
        numNeighbors += 1 # 좌측의 이웃이 생존
    if currentCells[rightCoord][y] == '#':
        numNeighbors += 1 # 우측의 이웃이 생존
    if currentCells[leftCoord][belowCoord] == '#':
        numNeighbors += 1 # 좌측 하단의 이웃이 생존
    if currentCells[x][belowCoord] == '#':
        numNeighbors += 1 # 하단의 이웃이 생존
    if currentCells[rightCoord][belowCoord] == '#':
        numNeighbors += 1 # 우측 하단의 이웃이 생존

    # 콘웨이의 생명 게임 규칙에 따라 세포 상태 설정
    if currentCells[x][y] == '#' and (numNeighbors == 2 or
        numNeighbors == 3):
        # 이웃으로 두 개 또는 세 개의 생존 세포가 있는 생존 세포는 계속 생존
        nextCells[x][y] = '#'
    elif currentCells[x][y] == ' ' and numNeighbors == 3:
        # 이웃으로 세 개의 생존 세포가 있는 죽은 세포는 살아남
        nextCells[x][y] = '#'
    else:
        # 다른 모든 세포는 죽거나 계속 죽은 상태를 유지
        nextCells[x][y] = ' '
time.sleep(1) # 깜박거림을 줄이기 위해 1초간 일시 정지
```

이제 코드를 시작부터 한 줄씩 순서대로 살펴보자.

```python
# 콘웨이의 생명 게임
import random, time, copy
WIDTH = 60
HEIGHT = 20
```

먼저 여기서 사용할 random.randint(), time.sleep(), copy.deepcopy() 함수가
들어 있는 모듈들을 불러온다.

```python
# 세포들을 나타내기 위한 중첩 리스트 생성
nextCells = []
for x in range(WIDTH):
    column = [] # 새로운 열 생성
    for y in range(HEIGHT):
        if random.randint(0, 1) == 0:
```

```
        column.append('#') # 생존 세포 생성
    else:
        column.append(' ') # 사망 세포 생성
nextCells.append(column) # nextCells는 열 리스트들의 리스트
```

이 셀룰러 오토마타의 첫 번째 단계는 완전히 무작위로 진행된다. 살아 있거나 죽은 세포들을 나타내는 '#'와 ' ' 문자열을 저장하기 위해 중첩 리스트 데이터 구조를 생성해야 하며, 이 리스트에서의 위치는 화면에서의 위치를 나타낸다. 내부 리스트는 세포들의 열을 나타낸다. 함수 random.randint(0, 1)을 호출하면, 처음 시작할 때 50 대 50의 확률로 생존 또는 사망 세포를 만들어 낸다.

이 중첩 리스트를 nextCells라는 변수에 저장하는데, 이는 메인 프로그램 반복문에서 제일 먼저 수행하는 작업이 nextCells를 currentCells로 복사하는 작업이기 때문이다. 생성한 중첩 리스트 데이터 구조에서 x축은 맨 왼쪽인 0에서 시작하여 오른쪽으로 갈수록 증가하며, y축은 맨 위쪽인 0에서 시작하여 아래로 갈수록 증가한다. 즉, nextCells[0][0]은 화면의 가장 좌상단의 세포를 나타내며, nextCells[1][0]은 그 세포의 바로 오른쪽에 위치한 세포를, nextCelss[0][1]은 바로 아래에 위치한 세포를 의미한다.

```
while True: # 메인 프로그램 반복문
    print('\n\n\n\n\n') # 개행 문자를 사용하여 각 단계를 분리
    currentCells = copy.deepcopy(nextCells)
```

이 메인 프로그램 반복문에서 매 반복은 셀룰러 오토마타의 각 단계를 의미한다. 각 단계마다 nextCells를 currentCells로 복사하고, 화면에 currentCells를 출력한 뒤, currentCells의 세포들을 활용하여 nextCells를 계산한다.

```
    # 화면에 currentCells 출력
    for y in range(HEIGHT):
        for x in range(WIDTH):
            print(currentCells[x][y], end='') # #나 빈 문자를 출력
        print() # 각 줄의 끝에 개행 문자를 출력
```

중첩 for 반복문은 한 행에 있는 세포들을 화면에 출력할 수 있도록 하며, 각 행의 끝에는 개행 문자를 붙여 준다. 이를 nextCells의 각 행마다 반복한다.

```
    # 현재 단계의 세포들로 다음 단계의 세포들을 계산
    for x in range(WIDTH):
        for y in range(HEIGHT):
            # 이웃들의 좌표 계산
            # `% WIDTH`는 leftCoord 값이 0과 WIDTH − 1 사이에 항상 존재하도록 함
```

```
leftCoord = (x - 1) % WIDTH
rightCoord = (x + 1) % WIDTH
aboveCoord = (y - 1) % HEIGHT
belowCoord = (y + 1) % HEIGHT
```

이제 중첩 for 반복문 두 개로 다음 단계의 세포 상태를 계산한다. 세포의 생존 여부는 그 세포의 이웃들에 의해 결정되므로 먼저 그 세포의 현재 x좌표와 y좌 표의 상하좌우 인덱스를 계산하자.

여기서 나머지 연산자 %는 '순환' 작업을 수행한다. 맨 왼쪽 열인 0번 열에 존 재하는 셀의 왼쪽 이웃은 0 - 1번 열 또는 -1번 열에 있다. 이를 맨 오른쪽 열의 인덱스인 59로 순환하기 위해 (0 - 1) % WIDTH를 계산한다. WIDTH는 60이므로 이 표현식의 결과는 59다. 이와 같이 나머지 연산자를 사용한 순환 기법은 오른 쪽, 위쪽, 아래쪽 이웃들에도 적용할 수 있다.

```
# 생존하는 이웃의 수 세기
numNeighbors = 0
if currentCells[leftCoord][aboveCoord] == '#':
    numNeighbors += 1 # 좌측 상단의 이웃이 생존
if currentCells[x][aboveCoord] == '#':
    numNeighbors += 1 # 상단의 이웃이 생존
if currentCells[rightCoord][aboveCoord] == '#':
    numNeighbors += 1 # 우측 상단의 이웃이 생존
if currentCells[leftCoord][y] == '#':
    numNeighbors += 1 # 좌측의 이웃이 생존
if currentCells[rightCoord][y] == '#':
    numNeighbors += 1 # 우측의 이웃이 생존
if currentCells[leftCoord][belowCoord] == '#':
    numNeighbors += 1 # 좌측 하단의 이웃이 생존
if currentCells[x][belowCoord] == '#':
    numNeighbors += 1 # 하단의 이웃이 생존
if currentCells[rightCoord][belowCoord] == '#':
    numNeighbors += 1 # 우측 하단의 이웃이 생존
```

nextCells[x][y]에 해당하는 세포의 생존 여부를 결정하기 위해 currentCells [x][y]의 생존 이웃 개수를 세야 한다. 앞에 나온 코드의 if 문들은 이 세포의 8 개 이웃을 검사하고, 생존한 이웃이 있을 때마다 numNeighbors에 1을 더한다.

```
# 콘웨이의 생명 게임 규칙에 따라 세포 상태 설정
if currentCells[x][y] == '#' and (numNeighbors == 2 or
    numNeighbors == 3):
    # 이웃으로 두 개 또는 세 개의 생존 세포가 있는 생존 세포는 계속 생존
    nextCells[x][y] = '#'
elif currentCells[x][y] == ' ' and numNeighbors == 3:
    # 이웃으로 세 개의 생존 세포가 있는 죽은 세포는 살아남
```

```
            nextCells[x][y] = '#'
        else:
            # 다른 모든 세포들은 죽거나 계속 죽은 상태를 유지
            nextCells[x][y] = ' '
    time.sleep(1) # 깜박거림을 줄이기 위해 1초간 일시 정지
```

이제 currentCells[x][y]에 해당하는 세포의 생존한 이웃들의 수를 알 수 있으므로 이로부터 nextCells[x][y]를 '#' 또는 ' '로 설정할 수 있다. 모든 x좌표와 y좌표에 대해 반복한 뒤, time.sleep(1)을 호출하여 1초간 일시 정지한다. 그 뒤에 메인 프로그램의 시작 부분으로 돌아가 계속해서 다음 단계를 실행한다.

나는 '글라이더', '프로펠러', '무거운 우주선' 등의 이름을 갖는 패턴들을 발견했다. 그림 4-8은 네 단계마다 대각선 방향으로 '이동'하는 글라이더 패턴을 나타낸다. 글라이더를 생성하기 위해서는 conway.py 프로그램에서 다음 줄을

```
    if random.randint(0, 1) == 0:
```

다음과 같이 바꾸면 된다.

```
    if (x, y) in ((1, 0), (2, 1), (0, 2), (1, 2), (2, 2)):
```

웹을 검색하면 콘웨이의 생명 게임으로 만든 흥미로운 패턴들을 찾을 수 있다. 또한, *https://github.com/asweigart/pythonstdiogames*에서 짧은 텍스트 기반 파이썬 프로그램의 다른 예들을 찾아볼 수 있다.

요약

리스트는 매우 유용한 자료형으로 이를 사용하면 한 변수에 저장할 값의 개수가 가변적인 코드를 작성할 수 있다. 리스트를 사용하지 않으면 어렵거나 불가능한 작업을 수행하는 프로그램들을 나중에 보게 될 것이다.

리스트는 내용물이 변할 수 있는 가변적인 시퀀스 자료형이다. 튜플과 문자열은 시퀀스 자료형이지만 불변 자료형이므로 값을 수정할 수 없다. 튜플이나 문자열값을 갖는 변수는 새로운 튜플이나 문자열값으로 덮어쓸 수 있지만, 리스트의 append()와 remove()와 같이 제자리에서 값을 수정하는 것과는 다른 동작이다.

변수는 리스트값이 아니라 리스트의 참조를 저장한다. 이러한 특징으로 인해 변수를 복사하거나 리스트를 인자로 전달하여 함수를 호출할 때 큰 차이가 생긴

다. 변수를 복사할 때 복사되는 것은 리스트의 참조이기 때문에 이를 수정하면 프로그램의 다른 변수에 영향을 줄 수 있다. 원본 리스트를 수정하지 않고 변수의 리스트를 수정하고 싶으면 copy()나 deepcopy()를 사용할 수 있다.

연습 문제

1. []는 무엇인가?

2. spam 변수의 세 번째 값에 'hello'라는 값을 할당하려면 어떻게 해야 하는가 (spam에는 [2, 4, 6, 8, 10]이라는 값이 있다고 하자)?

다음 세 문제에서 spam에 ['a', 'b', 'c', 'd']라는 리스트가 들어 있다고 하자.

3. spam[int(int('3' * 2) // 11)]의 결과는?

4. spam[-1]의 결과는?

5. spam[:2]의 결과는?

다음 세 문제에서 bacon에 [3.14, 'cat', 11, 'cat', True]라는 리스트가 들어 있다고 하자.

6. bacon.index('cat')의 결과는?

7. bacon.append(99)를 실행하면 bacon은 어떤 값을 갖는가?

8. bacon.remove('cat')을 실행하면 bacon은 어떤 값을 갖는가?

9. 리스트를 복제하는 연산자와 결합하는 연산자는 각각 무엇인가?

10. 리스트 메서드 append()와 insert()의 차이점은 무엇인가?

11. 리스트에서 값을 제거하는 두 가지 방법은 무엇인가?

12. 리스트와 문자열의 비슷한 점은 무엇인가?

13. 리스트와 튜플의 차이점은 무엇인가?

14. 42라는 값만 갖고 있는 튜플을 입력하는 방법은 무엇인가?

15. 리스트값을 튜플 형식으로 받는 방법은 무엇인가? 튜플값을 리스트 형식으로 받는 방법은 무엇인가?

16. 리스트값을 '갖는' 변수는 사실 그 리스트를 직접적으로 갖고 있지 않다. 대신 어떤 값을 갖고 있는가?

17. copy.copy()와 copy.deepcopy()의 차이점은 무엇인가?

연습 프로젝트

연습을 위해 다음과 같은 작업을 수행하는 프로그램을 작성해 보자.

쉼표 코드

다음과 같은 리스트값이 존재한다고 하자.

```
spam = ['apples', 'bananas', 'tofu', 'cats']
```

리스트값을 인자로 받아서 모든 아이템을 쉼표와 빈칸으로 구분한 문자열을 반환하는 함수를 작성하라. 이때 마지막 아이템 앞에는 and가 삽입되도록 하라. 예를 들어 앞서 나온 spam 리스트를 함수에 전달하면 'apples, bananas, tofu, and cats'라는 문자열이 반환되도록 하자. 이때 어떤 리스트가 전달되더라도 동작하도록 작성해야 한다. 빈 리스트인 []가 전달되더라도 동작하는지 확인하자.

연속 동전 던지기

연습을 위해 다음과 같은 실험을 시도할 것이다. 동전을 100번 던져 앞면이 나오면 'H', 뒷면이 나오면 'T'를 쓴다고 할 때 'T T T T H H H H T T'와 같은 리스트가 만들어질 것이다. 사람에게 임의로 동전 던지기를 100번 수행하도록 하면 'H T H T H H T H T T'와 같이 앞면과 뒷면이 번갈아 가며 나타나는 무작위(처럼 보이는) 결과가 발생한다. 그러나 이는 수학적으로 무작위가 아니다. 사람이 실제로 동전 던지기를 했는데 앞면이나 뒷면이 여섯 번 연속으로 나오는 일은 거의 없을 것이다. 하지만 엄밀한 의미의 무작위 동전 던지기에서는 이러한 일이 일어날 가능성이 꽤 높다. 사람은 예측할 수 없이 무작위로 행동하는 데 서툴다.

무작위로 생성된 앞면과 뒷면이 존재하는 리스트에서 여섯 번 연속으로 앞면이 나오거나 뒷면이 나오는 빈도가 얼마나 되는지 알아보는 프로그램을 작성해보자. 이 프로그램은 두 부분으로 나눌 수 있다. 첫 번째 부분은 무작위로 뽑은 'heads'와 'tails' 값들을 저장한 리스트를 생성하고, 두 번째 부분은 연속된 값의 존재 여부를 검사한다. 앞의 역할을 하는 코드를 1만 번 반복하여 실험하는 반복문에 넣어서, 여섯 번 연속으로 앞면이나 뒷면이 나오는 비율이 얼마나 되는지 확인한다. 힌트를 주자면 함수 random.randint(0, 1)을 호출하면 50%의 확률로 0을, 나머지 50%의 확률로 1을 반환한다.

다음과 같은 템플릿에서 시작해 보자.

```
import random
numberOfStreaks = 0
for experimentNumber in range(10000):
    # 100개의 '앞면' 또는 '뒷면'이 들어 있는 리스트를 생성하는 코드

    # 여섯 번 연속으로 앞면이나 뒷면이 나오는지 여부를 검사하는 코드
print('Chance of streak: %s%%' % (numberOfStreaks / 100))
```

물론 이것은 추정치일 뿐이지만 1만 개는 적절한 샘플 크기다. 약간의 수학 지식이 있으면 정답을 알 수 있고 프로그램을 작성해야 하는 수고를 덜 수 있지만, 프로그래머들은 수학을 그다지 잘하지 못한다.

문자 그림 그리드

다음과 같이 중첩 리스트가 존재하고 내부 리스트의 각 값은 한 글자의 문자열로 되어 있다고 가정하자.

```
grid = [['.', '.', '.', '.', '.', '.'],
        ['.', 'O', 'O', '.', '.', '.'],
        ['O', 'O', 'O', 'O', '.', '.'],
        ['O', 'O', 'O', 'O', 'O', '.'],
        ['.', 'O', 'O', 'O', 'O', 'O'],
        ['O', 'O', 'O', 'O', 'O', '.'],
        ['O', 'O', 'O', 'O', '.', '.'],
        ['.', 'O', 'O', '.', '.', '.'],
        ['.', '.', '.', '.', '.', '.']]
```

grid[x][y]를 텍스트 문자들로 그린 그림의 x좌표, y좌표에 있는 문자라고 생각해 보자. 원점인 (0, 0)은 좌상단 구석에 해당하고, x좌푯값은 오른쪽으로 갈수록 증가하며, y좌푯값은 아래로 갈수록 증가한다.

앞의 그리드 값을 복사하여 다음과 같은 이미지를 출력하는 코드를 작성해 보자.

```
..OO.OO..
.OOOOOOO.
.OOOOOOO.
..OOOOO..
...OOO...
....O....
```

힌트: 중첩 리스트를 사용하여 grid[0][0]을 출력하고, grid[1][0]을 출력하여 이와 같은 방식으로 grid[8][0]까지 계속 출력한다. 이러한 과정을 거쳐서 첫 번째 행을 마치고 새로운 행을 출력한다. 이제 이 프로그램은 grid[0][1], grid[1][1], grid[2][1]과 같은 순서로 출력한다. 이 프로그램에서 마지막으로 출력하는 것은 grid[8][5]다.

또한, 매번 print() 함수를 호출할 때마다 자동으로 줄이 바뀌는 것을 원하지 않는다면, print() 함수에 키워드 인자 end를 전달해야 하는 것을 잊지 말자.

5장

딕셔너리와 데이터 구조화

이번 장에서는 데이터를 유연하게 구조화하고 사용할 수 있는 딕셔너리 자료형을 소개한다. 그리고 나서 딕셔너리와 이전 장에서 살펴본 리스트 관련 지식을 함께 활용하여 틱택토(tic-tac-toe) 보드 모델링에 필요한 데이터 구조를 만드는 방법을 배울 것이다.

딕셔너리 자료형

리스트와 같이 딕셔너리도 여러 값의 모음으로 가변적이라는 특징이 있다. 그러나 리스트의 인덱스와 달리, 딕셔너리의 인덱스에는 정수뿐 아니라 다양한 자료형을 사용할 수 있다. 딕셔너리의 인덱스는 키(key)라고 부르며, 키와 이에 해당하는 값을 키-값 쌍이라고 한다.

코드에서 딕셔너리는 {}와 함께 입력된다. 대화형 셀에 다음과 같이 입력해 보자.

```
>>> myCat = {'size': 'fat', 'color': 'gray', 'disposition': 'loud'}
```

이 코드는 myCat 변수에 딕셔너리를 할당한다. 이 딕셔너리에는 'size', 'color', 'disposition'이라는 키들이 존재한다. 이 키에 해당하는 값들은 'fat', 'gray', 'loud'다. 키를 사용하여 이 값에 접근할 수 있다.

```
>>> myCat['size']
'fat'
>>> 'My cat has ' + myCat['color'] + ' fur.'
'My cat has gray fur.'
```

리스트의 정수 인덱스처럼 딕셔너리도 정수 키를 사용할 수 있다. 그러나 키는 0부터 시작할 필요가 없으며, 어떤 수도 사용할 수 있다.

```
>>> spam = {12345: 'Luggage Combination', 42: 'The Answer'}
```

딕셔너리 대 리스트

리스트와 달리 딕셔너리의 아이템들은 순서가 지정되어 있지 않다. 리스트 spam 의 첫 번째 아이템은 spam[0]일 것이다. 그러나 딕셔너리에는 '첫 번째' 아이템이 없다. 두 리스트가 동일한지 판별할 때는 아이템 순서가 중요한 반면, 두 딕셔너리를 비교할 때는 키-값 쌍을 입력한 순서는 중요하지 않다. 대화형 셀에 다음과 같이 입력해 보자.

```
>>> spam = ['cats', 'dogs', 'moose']
>>> bacon = ['dogs', 'moose', 'cats']
>>> spam == bacon
False
>>> eggs = {'name': 'Zophie', 'species': 'cat', 'age': '8'}
>>> ham = {'species': 'cat', 'age': '8', 'name': 'Zophie'}
>>> eggs == ham
True
```

딕셔너리는 순서가 지정되어 있지 않기 때문에 리스트와 같이 슬라이스할 수 없다.

리스트의 '범위를 벗어남'에 해당하는 IndexError 오류 메시지처럼, 딕셔너리에 존재하지 않는 키에 접근하려고 하면 KeyError 오류 메시지가 나타난다. 대화형 셀에 다음과 같이 입력하여 존재하지 않는 'color' 키에 접근하려고 할 때 나타나는 오류 메시지를 확인해 보자.

```
>>> spam = {'name': 'Zophie', 'age': 7}
>>> spam['color']
Traceback (most recent call last):
  File "<pyshell#1>", line 1, in <module>
    spam['color']
KeyError: 'color'
```

딕셔너리는 순서가 지정되어 있지 않지만, 여러 종류의 값을 키로 사용할 수 있는 덕분에 데이터를 강력한 방식으로 구조화할 수 있다. 친구들의 생일 데이터를 저장하는 프로그램을 작성한다고 가정해 보자. 새 파일 편집기 창을 열고 다음과 같이 코드를 입력하여 birthdays.py라는 이름으로 저장하자.

```
birthdays = {'Alice': 'Apr 1', 'Bob': 'Dec 12', 'Carol': 'Mar 4'}        ❶

while True:
    print('Enter a name: (blank to quit)')
    name = input()
    if name == '':
        break

    if name in birthdays:                                                ❷
        print(birthdays[name] + ' is the birthday of ' + name)           ❸
    else:
        print('I do not have birthday information for ' + name)
        print('What is their birthday?')
        bday = input()
        birthdays[name] = bday                                           ❹
        print('Birthday database updated.')
```

이 프로그램의 실행 과정은 *https://autbor.com/bdaydb*에서 확인할 수 있다. 먼저 초기화된 딕셔너리를 만들고 이를 birthdays에 저장한다(❶). 리스트와 마찬가지로 키워드 in을 사용하여 입력한 이름의 키가 해당 딕셔너리에 존재하는지(❷) 파악할 수 있다. 딕셔너리에 해당 키가 존재한다면, 대괄호를 사용하여 그 키에 해당하는 값에 접근할 수 있다(❸). 해당 키가 존재하지 않는다면, 같은 대괄호 구문과 할당 연산자를 사용하여 딕셔너리에 추가할 수 있다(❹).

이 프로그램을 실행한 결과는 다음과 같다.

```
Enter a name: (blank to quit)
Alice
Apr 1 is the birthday of Alice
Enter a name: (blank to quit)
Eve
I do not have birthday information for Eve
What is their birthday?
Dec 5
Birthday database updated.
Enter a name: (blank to quit)
Eve
Dec 5 is the birthday of Eve
Enter a name: (blank to quit)
```

물론 프로그램이 종료되면 프로그램에 입력했던 모든 데이터는 사라진다. 9장에서 데이터를 하드 드라이브에 파일로 저장하는 방법을 소개할 것이다.

파이썬 3.7의 순서가 지정된 딕셔너리

딕셔너리는 순서가 지정되지 않고 '최초의' 키-값 쌍이 존재하지 않지만, 파이썬 3.7과 그 이후 버전에서는 딕셔너리에서 시퀀스 값을 생성할 경우 딕셔너리를 생성할 때 입력한 키-값 쌍의 순서를 기억한다. 다음 예를 보면 eggs와 ham 딕셔너리로 만든 리스트의 아이템 순서가 딕셔너리에 입력된 아이템 순서와 일치하는 것을 볼 수 있다.

```
>>> eggs = {'name': 'Zophie', 'species': 'cat', 'age': '8'}
>>> list(eggs)
['name', 'species', 'age']
>>> ham = {'species': 'cat', 'age': '8', 'name': 'Zophie'}
>>> list(ham)
['species', 'age', 'name']
```

딕셔너리 자체는 순서가 지정되어 있지 않기 때문에 eggs[0], ham[2]와 같이 정수 인덱스를 사용하여 아이템에 접근할 수 없다. 이전 파이썬 버전에서는 키-값 쌍을 입력한 순서를 기억하지 않기 때문에 순서에 의존해서는 안 된다. 예를 들어 파이썬 3.5에서는 다음과 같이 딕셔너리의 키-값 쌍을 입력한 순서와 리스트의 순서가 일치하지 않음을 볼 수 있다.

```
>>> spam = {}
>>> spam['first key'] = 'value'
>>> spam['second key'] = 'value'
>>> spam['third key'] = 'value'
>>> list(spam)
['first key', 'third key', 'second key']
```

keys(), values(), items() 메서드

딕셔너리에는 키, 값 그리고 키와 값 둘 다를 리스트와 비슷한 형태의 값으로 반환하는 세 가지 딕셔너리 메서드가 존재한다. 바로 keys(), values(), items()다. 이 메서드들이 반환하는 값은 실제 리스트가 아니다. 즉, 그 값을 수정할 수 없고 append() 메서드가 없다. 그러나 이러한 자료형(dict_keys, dict_values, dict_items)은 for 반복문에서 사용할 수 있다. 이 메서드들이 어떻게 동작하는지 알아보기 위해 대화형 셸에 다음과 같이 입력해 보자.

```
>>> spam = {'color': 'red', 'age': 42}
>>> for v in spam.values():
...     print(v)

red
42
```

여기서 for 반복문은 spam 딕셔너리의 각 값에 대해 반복한다. 또한, for 반복문은 딕셔너리의 키 또는 키와 값들에 대해 반복할 수도 있다.

```
>>> for k in spam.keys():
...     print(k)

color
age
>>> for i in spam.items():
...     print(i)

('color', 'red')
('age', 42)
```

keys(), values(), items() 메서드를 사용하면 각각 딕셔너리의 키, 값, 키-값 쌍에 대해 반복할 수 있다. items() 메서드가 반환하는 값인 dict_items 값은 키와 값의 튜플 형태다.

이 메서드들이 반환한 값으로 실제 리스트를 만들고 싶다면, 리스트와 비슷한 형태의 반환값을 list() 함수에 전달하면 된다. 대화형 셸에 다음과 같이 입력해보자.

```
>>> spam = {'color': 'red', 'age': 42}
>>> spam.keys()
dict_keys(['color', 'age'])
>>> list(spam.keys())
['color', 'age']
```

list(spam.keys())는 keys()가 반환한 dict_keys 값을 받아서 list()에 전달하여 리스트 ['color', 'age']를 반환한다.

또한 for 문 안에 다중 할당 기법을 사용하여 키와 값을 별도의 변수에 할당할 수 있다. 대화형 셸에 다음과 같이 입력해 보자.

```
>>> spam = {'color': 'red', 'age': 42}
>>> for k, v in spam.items():
...     print('Key: ' + k + ' Value: ' + str(v))

Key: age Value: 42
Key: color Value: red
```

딕셔너리에 특정 키나 값이 존재하는지 검사하기

이전 장에서 in과 not in 연산자로 리스트에 특정 값이 있는지 검사한 것을 기억하자. 이 연산자들을 딕셔너리에 사용하여 특정 키나 값이 있는지 여부를 확인할 수 있다. 대화형 셀에 다음과 같이 입력해 보자.

```
>>> spam = {'name': 'Zophie', 'age': 7}
>>> 'name' in spam.keys()
True
>>> 'Zophie' in spam.values()
True
>>> 'color' in spam.keys()
False
>>> 'color' not in spam.keys()
True
>>> 'color' in spam
False
```

앞의 예에서 'color' in spam은 'color' in spam.keys()의 축약 버전이다. 이는 항상 성립한다. 어떤 값이 딕셔너리의 키에 해당하는지 검사하고 싶다면, 단순히 딕셔너리값 자체와 함께 키워드 in(또는 not in)을 사용하면 된다.

get() 메서드

딕셔너리에서 어떤 키에 해당하는 값에 접근하기 전에 그 키가 존재하는지 검사하는 것은 매우 귀찮은 일이다. 다행히도 딕셔너리에는 찾을 키와 해당 키가 존재하지 않을 경우 반환할 값, 두 개의 인자를 받는 get() 메서드가 있다.

대화형 셀에 다음과 같이 입력해 보자.

```
>>> picnicItems = {'apples': 5, 'cups': 2}
>>> 'I am bringing ' + str(picnicItems.get('cups', 0)) + ' cups.'
'I am bringing 2 cups.'
>>> 'I am bringing ' + str(picnicItems.get('eggs', 0)) + ' eggs.'
'I am bringing 0 eggs.'
```

picnicItems 딕셔너리에는 'eggs'라는 키가 없기 때문에 get() 메서드가 0을 반환한다. 이 get() 메서드를 사용하지 않으면, 코드는 다음 예와 같이 오류 메시지를 낸다.

```
>>> picnicItems = {'apples': 5, 'cups': 2}
>>> 'I am bringing ' + str(picnicItems['eggs']) + ' eggs.'
Traceback (most recent call last):
  File "<pyshell#34>", line 1, in <module>
```

```
    'I am bringing ' + str(picnicItems['eggs']) + ' eggs.'
KeyError: 'eggs'
```

setdefault() 메서드

딕셔너리에 어떤 키가 존재하지 않을 때, 해당 키와 이에 해당하는 값을 설정해야 할 경우가 종종 있을 것이다. 이때 작성해야 할 코드는 다음과 같다.

```
spam = {'name': 'Pooka', 'age': 5}
if 'color' not in spam:
    spam['color'] = 'black'
```

setdefault() 메서드를 사용하면 이러한 작업을 한 줄로 수행할 수 있다. 이 메서드에 전달한 첫 번째 인자는 검사해야 할 키이고, 두 번째 인자는 검사해야 할 키가 존재하지 않을 경우 이 키에 설정할 값을 나타낸다. 키가 이미 존재할 경우, setdefault() 메서드는 그 키에 해당하는 값을 반환한다. 대화형 셀에 다음과 같이 입력해 보자.

```
>>> spam = {'name': 'Pooka', 'age': 5}
>>> spam.setdefault('color', 'black')
'black'
>>> spam
{'color': 'black', 'age': 5, 'name': 'Pooka'}
>>> spam.setdefault('color', 'white')
'black'
>>> spam
{'color': 'black', 'age': 5, 'name': 'Pooka'}
```

처음으로 setdefault() 메서드를 호출하면, spam 딕셔너리는 {'color': 'black', 'age': 5, 'name': 'Pooka'}로 바뀐다. 이 메서드는 'black'을 반환하는데, 이는 'color' 키에 해당하는 값이기 때문이다. 다음으로 spam.setdefault('color', 'white')를 호출하면, spam은 이미 'color'라는 키를 갖고 있으므로 이 키에 해당하는 값은 'white'로 바뀌지 않는다.

setdefault() 메서드는 키가 존재하는지 확인하는 간단한 방법이다. 다음은 어떤 문자열에서 각 문자가 나오는 횟수를 세는 간단한 프로그램이다. 파일 편집기를 열어서 다음과 같이 입력하고, characterCount.py라는 이름으로 저장하자.

```
message = 'It was a bright cold day in April, and the clocks were striking thirteen.'
count = {}
```

```
for character in message:
    count.setdefault(character, 0)                                    ❶
    count[character] = count[character] + 1                           ❷
```

```
print(count)
```

이 프로그램의 실행 과정은 *https://autbor.com/setdefault*에서 볼 수 있다. 이 프로그램은 message 변수에 있는 문자열의 각 문자에 대해 반복하면서, 각 문자가 나온 횟수를 센다. setdefault() 메서드를 호출하면(❶) 키가 count 딕셔너리에 존재하는지 확인하여(기본값은 0) count[character] = count[character] + 1을 실행할 때(❷) KeyError가 발생하지 않도록 한다. 이 프로그램을 실행한 결과는 다음과 같다.

```
{' ': 13, ',': 1, '.': 1, 'A': 1, 'I': 1, 'a': 4, 'c': 3, 'b': 1, 'e': 5, 'd':
3, 'g': 2, 'i': 6, 'h': 3, 'k': 2, 'l': 3, 'o': 2, 'n': 4, 'p': 1, 's': 3, 'r':
5, 't': 6, 'w': 2, 'y': 1}
```

이 결과로부터 소문자 c는 세 번 나왔고, 빈칸 문자는 열세 번 나왔으며, 대문자 A는 한 번 나왔다. 이 프로그램은 message 변수에 어떠한 문자열이 들어가도 문제없이 작동한다. 심지어 문자열이 수백만 개의 문자로 이뤄져 있다고 해도 문제없다.

보기 좋게 출력하기

프로그램에서 pprint 모듈을 불러오면, 딕셔너리의 값을 '보기 좋게 출력하는' pprint()와 pformat() 함수를 사용할 수 있다. 이를 사용하면 print() 함수보다 딕셔너리의 아이템을 더 깔끔하게 출력할 수 있다. 이전 characterCount.py 프로그램을 다음과 같이 수정하고, prettyCharacterCount.py라는 이름으로 저장하자.

```
import pprint
message = 'It was a bright cold day in April, and the clocks were striking
thirteen.'
count = {}

for character in message:
    count.setdefault(character, 0)
    count[character] = count[character] + 1

pprint.pprint(count)
```

이 프로그램의 실행 과정은 *https://autbor.com/pprint/*에서 볼 수 있다. 이제 이 프로그램을 실행하면 정렬된 키와 함께 더 깔끔하게 출력되는 것을 볼 수 있다.

```
{' ': 13,
 ',': 1,
 '.': 1,
 'A': 1,
 'I': 1,
 --생략--
 't': 6,
 'w': 2,
 'y': 1}
```

특히 pprint.pprint() 함수는 딕셔너리에 중첩 리스트나 딕셔너리가 있을 때 더 도움이 된다.

꾸며진 텍스트를 화면에 출력하는 대신 문자열값으로 얻고 싶다면, print.pformat()을 호출하면 된다. 다음 두 줄은 서로 동일하다.

```
pprint.pprint(someDictionaryValue)
print(pprint.pformat(someDictionaryValue))
```

자료 구조를 사용하여 실제 사물 모델링하기

인터넷을 사용하기 전에도 세계 반대편에 있는 누군가와 체스를 둘 수 있었다. 집에다 체스판을 펴 두고 번갈아 가면서 말의 이동을 나타내는 엽서를 주고받는 식으로 진행하는 것이다. 이를 위해 플레이어들은 체스판의 상태와 말의 이동을 정확하게 설명할 수 있는 방법이 필요했다.

체스 대수 표기법은 그림 5-1과 같이 숫자와 문자 좌표로 체스판을 표기하는 방법이다.

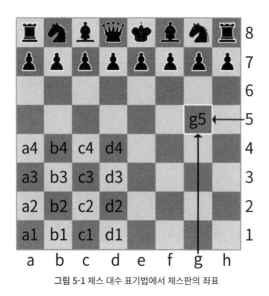

그림 5-1 체스 대수 표기법에서 체스판의 좌표

체스 말은 글자에 의해 식별된다. K는 킹(king)을, Q는 퀸(queen)을, R은 룩 (rook)을, B는 비숍(bishop)을, N은 나이트(knight)를 의미한다. 체스 말을 나 타내는 글자와 이동하려는 좌표로 말의 움직임을 나타낸다. 이런 이동들로 한 턴에 어떤 일이 일어나는지 설명한다(흰색이 먼저 시작한다). 예를 들어 2. Nf3 Nc6은 게임의 두 번째 턴에서 흰색이 나이트를 f3으로 옮겼고, 검은색이 나이트 를 c6으로 옮겼다는 것을 의미한다.

이보다 좀 더 대수적인 표기법이 더 있지만, 여기서 중요한 점은 체스판 앞에 있지 않아도 체스 게임을 정확하게 설명할 수 있다는 것이다. 심지어 게임 상대 가 세계 반대편에 있더라도 가능하다! 사실, 기억력만 좋으면 물리적인 체스 세 트마저 필요 없다. 상상 속에 있는 체스판에 엽서로 보낸 말의 이동을 업데이트 하면 된다.

컴퓨터는 기억력이 좋다. 현대 컴퓨터의 프로그램은 '2. Nf3 Nc6'와 같은 문 자열을 수십억 개 정도는 저장할 수 있다. 이러한 이유로 인해 컴퓨터는 물리적 인 체스판이 없더라도 플레이를 할 수 있다. 체스판을 표현하기 위해 데이터를 모델링하고, 이 모델을 사용하는 코드를 작성할 수 있다.

이때 리스트와 딕셔너리를 사용할 수 있다. 예를 들어 {'1h': 'bking', '6c': 'wqueen', '2g': 'bbishop', '5h': 'bqueen', '3e': 'wking'}이라는 딕셔너리로 그림 5-2와 같은 상황을 표현할 수 있다.

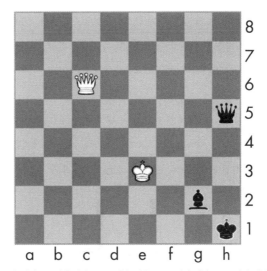

그림 5-2 딕셔너리 {'1h': 'bking', '6c': 'wqueen', '2g': 'bbishop', '5h': 'bqueen', '3e': 'wking'}으로 모델링한 체스판

또 다른 예로 체스보다 좀 더 단순한 틱택토 게임을 사용해 보자.

틱택토 보드

틱택토 보드는 큰 해시 기호처럼 생긴 보드로 X, O가 들어가거나 빈칸으로 둘 수 있는 아홉 개의 자리로 구성되어 있다. 딕셔너리를 활용하여 이 보드를 나타 내기 위해 그림 5-3과 같이 각 자리에 문자열값의 키를 할당한다.

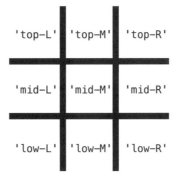

그림 5-3 틱택토 보드의 자리와 각 자리에 할당된 키

보드의 각 자리에 들어 있는 값을 나타내기 위해 'X', 'O', ' '(빈칸) 문자열을 사 용할 수 있다. 즉, 아홉 개의 문자열값을 저장해야 한다. 이를 위해 딕셔너리를 사용할 수 있다. 문자열 키 'top-R'은 오른쪽 상단 모서리를, 'low-L'은 왼쪽 하

단 모서리를, 'mid-M'은 한가운데를 표현하도록 한다.

딕셔너리는 틱택토 보드를 나타내는 자료형이다. 변수 theBoard에 이 딕셔너리 형태의 보드를 저장하자. 새 파일 편집기 창을 열고 다음과 같은 소스 코드를 입력한 뒤 ticTacToe.py라는 이름으로 저장하자.

```
theBoard = {'top-L': ' ', 'top-M': ' ', 'top-R': ' ',
            'mid-L': ' ', 'mid-M': ' ', 'mid-R': ' ',
            'low-L': ' ', 'low-M': ' ', 'low-R': ' '}
```

변수 theBoard에 저장된 데이터 구조는 그림 5-4의 틱택토 보드를 표현한다.

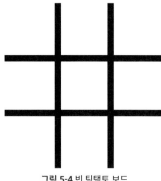

그림 5-4 빈 틱택토 보드

theBoard에 저장된 딕셔너리의 모든 키에 해당하는 값이 빈칸을 나타내는 문자열이므로 이 딕셔너리는 완전히 빈 보드를 나타낸다. 플레이어 X가 먼저 가서 한가운데를 선택했을 때 딕셔너리에 다음과 같이 표현할 수 있다.

```
theBoard = {'top-L': ' ', 'top-M': ' ', 'top-R': ' ',
            'mid-L': ' ', 'mid-M': 'X', 'mid-R': ' ',
            'low-L': ' ', 'low-M': ' ', 'low-R': ' '}
```

이제 변수 theBoard에 저장된 데이터 구조는 그림 5-5의 틱택토 보드를 표현한다.

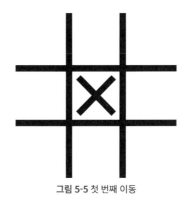

그림 5-5 첫 번째 이동

플레이어 O가 첫 번째 줄에 모두 O를 위치시켜 이겼을 경우 다음과 같이 표현할 수 있다.

```
theBoard = {'top-L': 'O', 'top-M': 'O', 'top-R': 'O',
            'mid-L': 'X', 'mid-M': 'X', 'mid-R': ' ',
            'low-L': ' ', 'low-M': ' ', 'low-R': 'X'}
```

이제 변수 theBoard에 저장된 데이터 구조는 그림 5-6의 틱택토 보드를 표현한다.

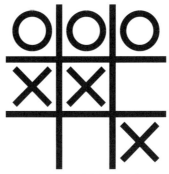

그림 5-6 플레이어 O의 승리

당연하게도 플레이어는 각 변수의 내용물을 보지 않고 화면에 출력된 것만 본다. 이제 이 보드 딕셔너리를 화면에 출력하는 화면을 작성해 보자. 기존 ticTacToe.py에 다음과 같은 내용을 추가하자(새로운 코드는 볼드 표기).

```
theBoard = {'top-L': ' ', 'top-M': ' ', 'top-R': ' ',
            'mid-L': ' ', 'mid-M': ' ', 'mid-R': ' ',
            'low-L': ' ', 'low-M': ' ', 'low-R': ' '}
def printBoard(board):
    print(board['top-L'] + '|' + board['top-M'] + '|' + board['top-R'])
```

```
    print('-+-+-')
    print(board['mid-L'] + '|' + board['mid-M'] + '|' + board['mid-R'])
    print('-+-+-')
    print(board['low-L'] + '|' + board['low-M'] + '|' + board['low-R'])
printBoard(theBoard)
```

이 프로그램의 실행 과정은 *https://autbor.com/tictactoe1/*에서 볼 수 있다. 이 프로그램을 실행하면, printBoard() 함수가 빈 틱택토 보드를 출력한다.

```
 | |
-+-+-
 | |
-+-+-
 | |
```

printBoard() 함수는 전달하는 모든 틱택토 데이터 구조를 다룰 수 있다. 다음과 같이 코드를 수정해 보자.

```
theBoard = {'top-L': 'O', 'top-M': 'O', 'top-R': 'O', 'mid-L': 'X', 'mid-M':
'X', 'mid-R': ' ', 'low-L': ' ', 'low-M': ' ', 'low-R': 'X'}

def printBoard(board):
    print(board['top-L'] + '|' + board['top-M'] + '|' + board['top-R'])
    print('-+-+-')
    print(board['mid-L'] + '|' + board['mid-M'] + '|' + board['mid-R'])
    print('-+-+-')
    print(board['low-L'] + '|' + board['low-M'] + '|' + board['low-R'])
printBoard(theBoard)
```

이 프로그램의 실행 과정은 *https://autbor.com/tictactoe2/*에서 볼 수 있다. 이 프로그램을 실행하면 다음과 같이 화면에 새로운 보드가 출력된다.

```
O|O|O
-+-+-
X|X|
-+-+-
 | |X
```

틱택토 보드를 나타내는 데이터 구조를 만들고 이를 해석하는 printBoard()라는 코드를 작성했으므로 이제 틱택토 보드를 '모델링'하는 프로그램을 만들었다고 할 수 있다. 데이터 구조를 다르게 구성했더라도(예를 들어 'top-L' 대신 'TOP-LEFT'를 사용) 코드가 데이터 구조와 함께 동작하는 한, 제대로 작동하는 프로그램을 만들었다고 할 수 있다.

예를 들어 printBoard() 함수는 틱택토 데이터 구조가 아홉 개의 자리를 키로 갖는 딕셔너리 형태일 것이라고 가정한다. 딕셔너리에 'mid-L' 키와 같이 누락된 값이 있다면, 프로그램은 더 이상 동작하지 않는다.

```
0|0|0
-+-+-
Traceback (most recent call last):
  File "ticTacToe.py", line 10, in <module>
    printBoard(theBoard)
  File "ticTacToe.py", line 6, in printBoard
    print(board['mid-L'] + '|' + board['mid-M'] + '|' + board['mid-R'])
KeyError: 'mid-L'
```

이제 플레이어가 이동할 수 있도록 하는 코드를 작성하자. ticTacToe.py 프로그램을 다음과 같이 수정하자.

```
theBoard = {'top-L': ' ', 'top-M': ' ', 'top-R': ' ', 'mid-L': ' ', 'mid-M': '
', 'mid-R': ' ', 'low-L': ' ', 'low-M': ' ', 'low-R': ' '}

def printBoard(board):
    print(board['top-L'] + '|' + board['top-M'] + '|' + board['top-R'])
    print('-+-+-')
    print(board['mid-L'] + '|' + board['mid-M'] + '|' + board['mid-R'])
    print('-+-+-')
    print(board['low-L'] + '|' + board['low-M'] + '|' + board['low-R'])
turn = 'X'
for i in range(9):
    printBoard(theBoard)                                              ❶
    print('Turn for ' + turn + '. Move on which space?')
    move = input()                                                    ❷
    theBoard[move] = turn                                             ❸
    if turn == 'X':                                                   ❹
        turn = 'O'
    else:
        turn = 'X'
printBoard(theBoard)
```

이 프로그램의 실행 과정은 *https://autbor.com/tictactoe3/*에서 볼 수 있다. 수정된 코드는 새로운 턴마다 보드 상태를 출력하고(❶), 플레이어의 이동을 받은(❷) 뒤 이에 따라 게임 보드를 업데이트하고(❸), 활동 플레이어를 바꾸고(❹) 나서 다음 턴으로 넘어간다.

이 프로그램을 실행한 결과는 다음과 같다.

```
 | |
-+-+-
 | |
-+-+-
 | |
Turn for X. Move on which space?
mid-M
 | |
-+-+-
 |X|
-+-+-
 | |

--생략--

O|O|X
-+-+-
X|X|O
-+-+-
O| |X
Turn for X. Move on which space?
low-M
O|O|X
-+-+-
X|X|O
-+-+-
O|X|X
```

아직 완전한 틱택토 게임은 아니다. 일례로 여기서는 어떤 플레이어가 이겼는지 확인하지 않는다. 그러나 이 정도 예로도 프로그램에서 데이터 구조가 어떻게 사용되는지 파악하는 데는 충분하다.

 완전한 틱택토 프로그램의 소스 코드가 https://nostarch.com/automatestuff2/에 있으니 궁금한 독자들은 참고하기 바란다.

중첩 딕셔너리와 리스트

틱택토 보드를 모델링하는 것은 매우 간단해서 아홉 개의 키-값 쌍을 갖는 딕셔너리만으로 모델링이 가능했다. 더 복잡한 작업을 하는 모델을 만들다 보면 딕셔너리나 리스트 안에 또 다른 딕셔너리나 리스트가 필요할 것이다. 리스트는 순서가 지정된 일련의 값들을 저장하는 데 유용하며, 딕셔너리는 값을 키와 연결할 때 유용하다. 예를 들어 다음 프로그램은 손님들이 소풍에 가지고 오는 물품 목록의 딕셔너리를 포함하는 딕셔너리를 나타낸다. totalBrought() 함수는 이 데이터 구조를 읽고 모든 손님이 가지고 오는 물품의 전체 수량을 계산한다.

```python
allGuests = {'Alice': {'apples': 5, 'pretzels': 12},
             'Bob': {'ham sandwiches': 3, 'apples': 2},
             'Carol': {'cups': 3, 'apple pies': 1}}

def totalBrought(guests, item):
    numBrought = 0
    for k, v in guests.items():                            ❶
        numBrought = numBrought + v.get(item, 0)           ❷
    return numBrought

print('Number of things being brought:')
print(' - Apples ' + str(totalBrought(allGuests, 'apples')))
print(' - Cups ' + str(totalBrought(allGuests, 'cups')))
print(' - Cakes ' + str(totalBrought(allGuests, 'cakes')))
print(' - Ham Sandwiches ' + str(totalBrought(allGuests, 'ham sandwiches')))
print(' - Apple Pies ' + str(totalBrought(allGuests, 'apple pies')))
```

이 프로그램의 실행 과정은 *https://autbor.com/guestpicnic/*에서 볼 수 있다. totalBrought() 함수 안에는 for 반복문이 guests 안의 키-값 쌍에 대해 반복하여 실행된다(❶). 반복문에서 손님 이름은 k에 할당되고, 소풍에 가지고 오는 아이템에 관한 딕셔너리는 v에 할당된다. item 매개 변수가 이 딕셔너리의 키에 있다면, 이 값(수량)을 numBrought에 가산한다(❷). 키에 있다면, get() 메서드는 0을 반환하고 이 값을 numBrought에 가산한다.

이 프로그램의 실행 결과는 다음과 같다.

```
Number of things being brought:
- Apples 7
- Cups 3
- Cakes 0
- Ham Sandwiches 3
- Apple Pies 1
```

프로그램을 작성할 필요도 느끼지 못할 정도로 이 작업이 너무 간단해 보일지도 모른다. 그러나 이 totalBrought() 함수는 서로 다른 소풍 물품 수천 개를 들고 오는 손님 수천 명에 대한 정보를 갖고 있는 딕셔너리도 쉽게 처리할 수 있다. 그러므로 이러한 정보를 담고 있는 데이터 구조와 totalBrought() 함수를 같이 사용하면 많은 시간을 절약할 수 있다!

데이터 모델과 코드의 나머지 부분이 제대로 작동하기만 한다면, 어떠한 데이터 구조를 사용해도 좋다. 프로그래밍을 처음 배운다면, 데이터를 모델링하는 '올바른' 방법에 대해 너무 걱정하지 않는 것이 좋다. 경험이 쌓이면 더 효율적인 모델을 제시하게 될 것이다. 그러나 중요한 점은 데이터 모델이 프로그램의 요구에 맞게 작동해야 한다는 것이다.

요약

이 장에서는 딕셔너리에 대해 설명했다. 리스트와 딕셔너리는 또 다른 리스트나 딕셔너리를 포함한 값을 여러 개 저장할 수 있다. 리스트는 순서를 부여한 일련의 값들을 담고 있는 반면, 딕셔너리는 한 아이템(키)을 다른 아이템(값)에 연결할 수 있다는 점에서 유용하다. 리스트와 비슷하게 딕셔너리의 값은 대괄호를 사용하여 접근할 수 있다. 정수 인덱스 대신 딕셔너리는 정수, 부동 소수점 수, 문자열, 튜플 등 여러 가지 자료형의 키를 가질 수 있다. 프로그램의 값들을 데이터 구조로 체계화해서 실생활에 있는 개체를 표현할 수 있다. 틱택토 보드로 이에 대한 예를 보았다.

연습 문제

1. 빈 딕셔너리를 만드는 코드는 무엇인가?

2. 키가 'foo'이고 값이 42인 딕셔너리를 만드는 코드는 무엇인가?

3. 딕셔너리와 리스트의 주요 차이점은 무엇인가?

4. spam 변수가 {'bar': 100}일 때 spam['foo']에 접근하려고 하면 무슨 일이 일어나는가?

5. spam 변수에 딕셔너리가 저장되어 있을 때 표현식 'cat' in spam과 'cat' in spam.keys()의 차이는 무엇인가?

6. spam 변수에 딕셔너리가 저장되어 있을 때 표현식 'cat' in spam과 'cat' in spam.values()의 차이는 무엇인가?

7. 다음 코드를 간단하게 바꾸려면 어떻게 해야 하는가?

```
if 'color' not in spam:
    spam['color'] = 'black'
```

8. 딕셔너리값을 '보기 좋게 출력'하려면 어떤 모듈과 함수를 사용해야 하는가?

연습 프로젝트

연습을 위해 다음과 같은 작업들을 수행하는 프로그램을 작성해 보자.

체스 딕셔너리 검증기

이번 장에서 체스판을 나타내기 위해 {'1h': 'bking', '6c': 'wqueen', '2g': 'bbishop', '5h': 'bqueen', '3e': 'wking'}이라는 딕셔너리를 사용했다. 딕셔너리 인자를 받고 이 체스판의 유효 여부에 따라 True나 False를 반환하는 isValidChessBoard() 함수를 작성하라.

이때 유효한 체스판에는 각각 단 한 개의 검은색 킹과 흰색 킹이 존재한다. 각 플레이어는 말을 최대 16개 가질 수 있고, 폰(pawn)은 최대 8개 존재한다. 또한, 모든 말은 '1a'에서 '8h' 사이의 유효한 공간에 위치해야 한다. 즉, 말이 '9z'와 같은 위치에는 존재할 수 없다. 말의 이름은 흰색과 검은색을 나타내는 'w', 'b'로 시작해야 하고 그 뒤에는 'pawn', 'knight', 'bishop', 'rook', 'queen', 'king' 중 하나가 있어야 한다. 이 함수는 유효하지 않은 체스판으로 인해 발생하는 버그를 탐지할 수 있어야 한다.

판타지 게임 인벤토리

여러분은 지금 판타지 비디오 게임을 만들고 있다. 딕셔너리로 플레이어의 인벤토리(inventory)를 모델링할 것이다. 이때 딕셔너리의 키는 인벤토리에 있는 아이템을 서술하는 문자열값이고, 이에 해당하는 값은 플레이어가 해당 아이템을 갖고 있는 수량을 나타내는 정숫값이다. 예를 들어 딕셔너리 {'rope': 1, 'torch': 6, 'gold coin': 42, 'dagger': 1, 'arrow': 12}는 플레이어가 밧줄(rope) 1개, 횃불(torch) 6개, 금화(gold coin) 42개를 갖고 있는 것을 의미한다.

임의의 가능한 '인벤토리'를 전달받아 다음과 같이 화면에 출력하는 display Inventory() 함수를 작성해 보자.

```
Inventory:
12 arrow
42 gold coin
1 rope
6 torch
1 dagger
Total number of items: 62
```

힌트: 딕셔너리의 모든 키에 대해 반복하려면 for 반복문을 사용하면 된다.

```python
# inventory.py
stuff = {'rope': 1, 'torch': 6, 'gold coin': 42, 'dagger': 1, 'arrow': 12}

def displayInventory(inventory):
    print("Inventory:")
```

```
    item_total = 0
    for k, v in inventory.items():
        # 이 부분을 채우자.
    print("Total number of items: " + str(item_total))

displayInventory(stuff)
```

판타지 게임 인벤토리를 위한 리스트를 딕셔너리로 변환하는 함수

어떤 드래곤을 정복했을 때 얻는 전리품을 다음과 같이 문자열 리스트로 표현한 다고 가정하자.

```
dragonLoot = ['gold coin', 'dagger', 'gold coin', 'gold coin', 'ruby']
```

addToInventory(inventory, addedItems) 함수를 작성해 보자. 이때 inventory 인자는 플레이어의 인벤토리를 나타내는 딕셔너리이고(이전 프로젝트와 같이), addedItems 인자는 dragonLoot와 같은 리스트다. addToInventory() 함수 는 업데이트된 인벤토리를 나타내는 업데이트된 딕셔너리를 반환한다. 이때 addedItems에는 같은 아이템이 여러 개 있을 수 있다. 이를 위한 코드는 다음과 같은 형식이다.

```
def addToInventory(inventory, addedItems):
    # 여기에 코드를 작성하라.

inv = {'gold coin': 42, 'rope': 1}
dragonLoot = ['gold coin', 'dagger', 'gold coin', 'gold coin', 'ruby']
inv = addToInventory(inv, dragonLoot)
displayInventory(inv)
```

이 프로그램의 결과는(이전 프로젝트의 displayInventory() 함수와 같이 사용) 다음과 같다.

```
Inventory:
45 gold coin
1 rope
1 ruby
1 dagger

Total number of items: 48
```

6장

문자열 조작하기

프로그램에서 가장 많이 다뤄야 할 데이터 형식은 텍스트다. 이미 앞에서 + 연산자를 활용하여 문자열 두 개를 결합하는 방법을 다루었지만, 이보다 훨씬 많은 일을 할 수 있다. 문자열값에서 일부 문자열만 추출하기, 빈칸을 넣거나 빼기, 문자들을 소문자나 대문자로 변환하기, 문자열이 맞는 형식인지 검사하기 등의 작업을 할 수 있다. 심지어 텍스트를 복사하고 붙여 넣기 위해 클립보드에 접근히는 파이썬 코드도 직성힐 수 있다.

이번 장에서는 이 모든 것뿐 아니라 그 이상을 설명할 것이다. 그런 다음 두 가지 프로그래밍 프로젝트를 할 것이다. 바로 텍스트 문자열 여러 개를 저장하는 간단한 클립보드를 만드는 프로젝트와 텍스트 형식을 맞추는 지루한 작업을 자동화하는 프로젝트다.

문자열 다루기

파이썬 코드로 문자열을 쓰고 출력하고 문자열에 접근하는 몇 가지 방법을 알아보자.

문자열 리터럴

파이썬에서 문자열값을 입력하는 방법은 매우 간단하다. 작은따옴표를 시작과 끝부분에 넣으면 된다. 그렇다면 문자열에서 따옴표는 어떻게 사용할 수 있을까? 'That is Alice's cat.'이라고 입력하면, 파이썬은 문자열이 Alice 뒤에서 끝나고, 나머지(s cat.')는 유효하지 않은 파이썬 코드라고 생각한다. 다행히도 문자열을 입력하는 여러 가지 방법이 있다.

큰따옴표

문자열의 시작과 끝에 작은따옴표를 넣듯이 큰따옴표를 넣어도 된다. 큰따옴표를 사용해서 좋은 점은 문자열에 작은따옴표 문자를 포함시킬 수 있다는 것이다. 대화형 셸에 다음과 같이 입력해 보자.

```
>>> spam = "That is Alice's cat."
```

문자열이 큰따옴표로 시작하기 때문에 파이썬은 작은따옴표가 문자열의 끝이 아니라 문자열의 일부라는 것을 알게 된다. 그러나 문자열에 작은따옴표와 큰따옴표가 같이 있는 경우, 이스케이프 문자(escape character)를 사용해야 한다.

이스케이프 문자

이스케이프 문자를 사용하면 문자열에 넣을 수 없는 문자를 사용할 수 있다. 이스케이프 문자는 먼저 역슬래시(\)를 쓰고 나서 문자열에 더하고 싶은 문자를 덧붙이면 된다(두 개의 문자로 이뤄져 있지만, 통상적으로 한 개의 이스케이프 문자라고 일컫는다). 예를 들어 작은따옴표를 위한 이스케이프 문자는 \'이다. 이를 작은따옴표로 시작해서 끝나는 문자열에 사용할 수 있다. 이스케이프 문자가 어떻게 작동하는지 살펴보기 위해 대화형 셸에 다음과 같이 입력해 보자.

```
>>> spam = 'Say hi to Bob\'s mother.'
```

파이썬은 Bob\'s의 작은따옴표 앞에 역슬래시가 있기 때문에 문자열 값의 끝부분을 의미하는 작은따옴표가 아니라는 것을 알게 된다. 이스케이프 문자 \', \"로 각각 문자열에 작은따옴표와 큰따옴표를 넣을 수 있다.

표 6-1은 사용할 수 있는 이스케이프 문자들을 나타낸다.

이스케이프 문자	출력 방식
\'	작은따옴표
\"	큰따옴표
\t	탭
\n	새 줄(줄 바꿈)
\\	역슬래시

표 6-1 이스케이프 문자

대화형 셸에 다음과 같이 입력해 보자.

```
>>> print("Hello there!\nHow are you?\nI\'m doing fine.")
Hello there!
How are you?
I'm doing fine.
```

원시 문자열

문자열의 시작 부분에 있는 작은따옴표 앞에 r을 붙여서 원시 문자열을 만들 수 있다. 원시 문자열이란 모든 이스케이프 문자를 무시하고 모든 역슬래시를 문자열의 일부로 취급하여 출력한다. 예를 들어 대화형 셸에 다음과 같이 입력해 보자.

```
>>> print(r'That is Carol\'s cat.')
That is Carol\'s cat.
```

이 문자열은 원시 문자열이기 때문에 파이썬은 역슬래시를 이스케이프 문자의 시작 부분이 아니라 문자열의 일부로 취급한다. 원시 문자열은 역슬래시가 많이 포함된 문자열을 입력할 때 도움이 된다. 이러한 문자열의 예로, r'C:\Users\Al\Desktop'과 같은 윈도우 파일 경로 문자열 또는 다음 장에서 소개할 정규 표현식이 있다.

세 겹 따옴표를 사용하는 여러 줄에 걸친 문자열

문자열에서 이스케이프 문자 \n을 사용하여 새로운 줄을 삽입할 수 있지만, 여러 줄에 걸친 문자열을 사용하는 게 더 편리한 방법이다. 파이썬에서 여러 줄에 걸친 문자열은 시작 부분과 끝부분에 작은따옴표 세 개 또는 큰따옴표 세 개가 있다. 이러한 '세 겹 따옴표' 사이에 있는 따옴표, 탭, 줄 바꿈은 모두 문자열의 일부로 취급한다. 여러 줄에 걸친 문자열에서 파이썬의 블록 들여쓰기 규칙은 적용되지 않는다.

　파일 편집기를 열고 다음과 같이 작성해 보자:

```
print('''Dear Alice,

Eve's cat has been arrested for catnapping, cat burglary, and extortion.

Sincerely,
Bob''')
```

이 프로그램을 catnapping.py라는 이름으로 저장하고 실행해 보자. 실행 결과는 다음과 같다.

```
Dear Alice,

Eve's cat has been arrested for catnapping, cat burglary, and extortion.

Sincerely,
Bob
```

Eve's에서 작은따옴표를 표기하기 위해 이스케이프 문자를 사용할 필요가 없음에 주목하자. 작은따옴표나 큰따옴표가 포함된 이스케이프 문자는 여러 줄에 걸친 문자열에서 선택적으로 사용할 수 있다. 다음 print() 함수를 호출하면 여러 줄에 걸친 문자열을 사용하지 않으면서 동일한 텍스트를 출력한다.

```
print('Dear Alice,\n\nEve\'s cat has been arrested for catnapping, cat
burglary, and extortion.\n\nSincerely,\nBob')
```

여러 줄에 걸친 주석

해시 문자(#)는 해당 줄의 나머지 부분이 전부 주석임을 나타내는 반면, 주석을 여러 줄에 걸쳐서 쓸 때 여러 줄로 된 문자열을 사용하기도 한다. 다음은 제대로 된 파이썬 코드다.

```
"""이것은 테스트용 파이썬 프로그램이다.
이 프로그램의 작성자는 알 스웨이가트(al@inventwithpython.com)다.

파이썬 2가 아니라 파이썬 3에서 동작한다.
"""

def spam():
    """spam() 함수가 어떤 작업을 하는지 설명하는 데
    도움이 되는 여러 줄에 걸친 주석이다. """
    print('Hello!')
```

문자열 인덱싱과 슬라이싱

리스트와 마찬가지로 문자열도 인덱스를 사용하고 같은 방식으로 슬라이싱한다. 문자열 'Hello, world!'를 리스트로 생각하고, 문자열의 각 문자가 인덱스에 해당하는 항목이라고 생각할 수 있다.

```
' H  e  l  l  o  ,     w  o  r  l  d  !  '
  0  1  2  3  4  5  6  7  8  9  10 11 12
```

문자 개수를 셀 때 띄어쓰기와 느낌표도 포함되므로 'Hello, world!'는 길이가 총 13이다. 이때 인덱스는 H의 인덱스인 0부터 !의 인덱스인 12까지 존재한다.

대화형 셀에 다음과 같이 입력해 보자.

```
>>> spam = 'Hello, world!'
>>> spam[0]
'H'
>>> spam[4]
'o'
>>> spam[-1]
'!'
>>> spam[0:5]
'Hello'
>>> spam[:5]
'Hello'
>>> spam[7:]
'world!'
```

어떤 인덱스를 지정하면 문자열의 해당 위치에 있는 문자를 가져온다. 어떤 인덱스에서 다른 인덱스까지 범위를 지정하면, 시작 인덱스는 포함되고 종료 인덱스는 포함되지 않는다. spam이 'Hello, world!'일 때, spam[0:5]의 결과가 'Hello'인 것은 그 때문이다. spam[0:5]로 얻을 수 있는 부분 문자열은 spam[0]에서 spam[4]까지의 모든 것이 포함되며, spam[5]에 해당하는 쉼표와 spam[6]에 해당하는 띄어쓰기는 제외된다. 이는 range(5)가 for 반복문을 5가 되기 전까지 반복하는 것과 비슷하다.

문자열을 슬라이싱해도 원래 문자열은 바뀌지 않는다. 어떤 변수에 있는 문자열을 슬라이싱한 결과를 별도의 변수에 저장할 수 있다. 대화형 셀에 다음과 같이 입력해 보자.

```
>>> spam = 'Hello, world!'
>>> fizz = spam[0:5]
>>> fizz
'Hello'
```

슬라이싱한 결과로 얻은 부분 문자열을 별도의 변수에 저장함으로써 원래 문자열과 부분 문자열에 빠르고 쉽게 접근할 수 있다.

문자열에서 in 및 not in 연산자

리스트와 마찬가지로 문자열에서도 in, not in 연산자를 사용할 수 있다. 문자열 두 개와 함께 in 또는 not in 연산자를 사용한 표현식의 결과로 불값인 True 또는 False를 얻게 된다. 대화형 셀에 다음과 같이 입력해 보자.

```
>>> 'Hello' in 'Hello, World'
True
>>> 'Hello' in 'Hello'
True
>>> 'HELLO' in 'Hello, World'
False
>>> '' in 'spam'
True
>>> 'cats' not in 'cats and dogs'
False
```

이 표현식들은 앞 문자열(완전히 일치하는 문자열, 대소문자 구별)이 뒤에 나오는 문자열에 존재하는지 검사한다.

문자열을 다른 문자열 안에 넣기

프로그래밍에서 문자열을 다른 문자열에 넣는 것은 자주 일어나는 연산이다. 지금까지 우리는 + 연산자를 사용하여 다음과 같이 문자열을 결합했다.

```
>>> name = 'Al'
>>> age = 4000
>>> 'Hello, my name is ' + name + '. I am ' + str(age) + ' years old.'
'Hello, my name is Al. I am 4000 years old.'
```

그러나 이러한 방식은 많은 양의 지루한 입력이 필요하다. 더 간단한 방법은 문자열 보간(string interpolation)을 사용하는 것이다. 이는 문자열 내에 %s 연산자를 넣는 방식인데, 이 연산자는 문자열 뒤에 나오는 값으로 대체됨을 표시하는 역할을 한다. 문자열 보간을 사용하면 임의의 값을 문자열로 변환하기 위해 str() 함수를 호출할 필요가 없다는 장점이 있다. 대화형 셀에 다음과 같이 입력해 보자.

```
>>> name = 'Al'
>>> age = 4000
>>> 'My name is %s. I am %s years old.' % (name, age)
'My name is Al. I am 4000 years old.'
```

파이썬 3.6에서는 문자열 보간과 비슷한 f-문자열이라는 개념을 도입했다. 이 두 방식의 차이는 %s 대신 중괄호가 사용되고 이 중괄호 안에 표현식이 있다는 것이다. 원시 문자열처럼 f-문자열은 접두어 f가 문자열 시작 부분에 있는 따옴표 앞에 붙는다. 대화형 셀에 다음과 같이 입력해 보자.

```
>>> name = 'Al'
>>> age = 4000
>>> f'My name is {name}. Next year I will be {age + 1}.'
'My name is Al. Next year I will be 4001.'
```

접두어 f를 넣어야 함을 기억하자. 그렇지 않으면 중괄호와 그 안에 있는 내용은 문자열의 일부로 여겨진다.

```
>>> 'My name is {name}. Next year I will be {age + 1}.'
'My name is {name}. Next year I will be {age + 1}.'
```

유용한 문자열 메서드들

몇몇 문자열 메서드는 문자열을 분석하거나 변형된 문자열을 생성하기도 한다. 이 절에서는 가장 많이 사용하게 될 메서드들을 설명하겠다.

upper(), lower(), isupper(), islower() 메서드

문자열 메서드 upper()와 lower()는 각각 문자열을 모두 대문자와 소문자로 변환한 새로운 문자열을 반환한다. 문자열에서 글자가 아닌 문자는 변하지 않는다. 대화형 셀에 다음과 같이 입력해 보자.

```
>>> spam = 'Hello, world!'
>>> spam = spam.upper()
>>> spam
'HELLO, WORLD!'
>>> spam = spam.lower()
>>> spam
'hello, world!'
```

이 메서드들은 원 문자열을 수정하는 대신 새로운 문자열을 반환한다. 원 문자열을 수정하고 싶다면, 해당 문자열에 upper()나 lower() 함수를 호출하고, 원래 문자열이 저장되어 있는 변수에 새로운 문자열을 할당해야 한다. 따라서 spam.upper() 대신 spam = spam.upper()라고 써야 한다(이는 마치 10이라는 값을 갖는 eggs 변수가 있을 때 eggs + 3이라고 쓰면 eggs의 값이 변하지 않지만, eggs = eggs + 3이라고 쓰면 값이 변하는 것과 같다).

upper(), lower() 메서드는 대소문자를 구별하지 않고 비교해야 할 때 유용하다. 예를 들어 문자열 'great'와 'GREat'는 서로 같지 않다. 그러나 다음과 같이 짧은 프로그램에서는 사용자가 Great, GREAT, grEAT 중 어떤 것을 입력해도 모두 같다고 인식하는데 이는 문자열이 먼저 소문자로 변환되기 때문이다.

```
print('How are you?')
feeling = input()
if feeling.lower() == 'great':
    print('I feel great too.')
else:
    print('I hope the rest of your day is good.')
```

이 프로그램을 실행하여 질문이 화면에 출력되면, GREat처럼 great의 여러 변형된 형태를 입력하더라도 'I feel great too.'라는 결과가 출력될 것이다. 일관되지 않은 대소문자와 같은 다양한 유형의 입력값이나 사용자들의 입력 실수 등을 처리하는 이와 같은 코드를 프로그램에 삽입한다면 프로그램을 사용하기 더욱 편리해지고 문제가 생길 가능성이 줄어들 것이다.

```
How are you?
GREat
I feel great too.
```

이 프로그램의 실행 과정은 *https://autbor.com/convertlowercase/*에서 확인할 수 있다. isupper(), islower() 메서드는 문자열에 적어도 글자가 하나 존재하고 각각 문자열에 있는 글자가 모두 대문자, 소문자일 때 불값 True를 반환한다. 그렇지 않다면 이 메서드는 False를 반환한다. 대화형 셸에 다음과 같이 입력하고, 각 메서드의 호출 결과를 확인해 보자.

```
>>> spam = 'Hello, world!'
>>> spam.islower()
False
>>> spam.isupper()
False
>>> 'HELLO'.isupper()
True
>>> 'abc12345'.islower()
True
>>> '12345'.islower()
False
>>> '12345'.isupper()
False
```

문자열 메서드 upper(), lower() 모두 문자열을 반환하기 때문에 반환된 문자열 값에도 이 문자열 메서드를 다시 호출할 수 있다. 이러한 표현식은 연쇄적인 메서드 호출처럼 보일 것이다. 대화형 셀에 다음과 같이 입력해 보자.

```
>>> 'Hello'.upper()
'HELLO'
>>> 'Hello'.upper().lower()
'hello'
>>> 'Hello'.upper().lower().upper()
'HELLO'
>>> 'HELLO'.lower()
'hello'
>>> 'HELLO'.lower().islower()
True
```

isX() 메서드

islower(), isupper() 메서드와 같이 is로 시작하는 다른 문자열 메서드들이 있다. 이 메서드들은 문자열의 특성을 서술하는 불값을 반환한다. 다음은 종종 사용되는 isX 문자열 메서드들이다.

> **isalpha()** 문자열에 글자들만 존재하고 빈 문자열이 아닐 때 True를 반환
>
> **isalnum()** 문자열에 글자나 숫자만 존재하고 빈 문자열이 아닐 때 True를 반환
>
> **isdecimal()** 문자열에 숫자들만 존재하고 빈 문자열이 아닐 때 True를 반환
>
> **isspace()** 문자열에 띄어쓰기, 탭, 개행만 존재하고 빈 문자열이 아닐 때 True를 반환
>
> **istitle()** 문자열의 시작 부분이 대문자로 시작하고 이어지는 문자가 소문자일 때 True를 반환

대화형 셀에 다음과 같이 입력해 보자.

```
>>> 'hello'.isalpha()
True
>>> 'hello123'.isalpha()
False
>>> 'hello123'.isalnum()
True
>>> 'hello'.isalnum()
True
>>> '123'.isdecimal()
True
```

```
>>> ' '.isspace()
True
>>> 'This Is Title Case'.istitle()
True
>>> 'This Is Title Case 123'.istitle()
True
>>> 'This Is not Title Case'.istitle()
False
>>> 'This Is NOT Title Case Either'.istitle()
False
```

문자열 메서드 isX()는 사용자 입력값을 검증해야 할 때 유용하게 사용할 수 있다. 예를 들어 다음 프로그램은 유효한 입력을 할 때까지 사용자에게 나이와 비밀번호를 반복해서 물어본다. 새 파일 편집기 창을 열고 다음 프로그램을 입력한 뒤, validateInput.py라는 이름으로 저장하자.

```
while True:
    print('Enter your age:')
    age = input()
    if age.isdecimal():
        break
    print('Please enter a number for your age.')

while True:
    print('Select a new password (letters and numbers only):')
    password = input()
    if password.isalnum():
        break
    print('Passwords can only have letters and numbers.')
```

처음 while 반복문에서는 사용자에게 나이를 물어보고 이를 age에 저장한다. age가 유효한 값(숫자)이면, 처음 while 반복문을 빠져나와 비밀번호를 묻는 두 번째 반복문을 실행한다. 그렇지 않을 경우, 사용자에게 숫자를 입력해야 한다는 것을 알려 주고 다시 나이를 입력하도록 한다. 두 번째 while 반복문에서는 비밀번호를 물어보고 이를 password에 저장한 뒤, 입력한 값이 알파벳과 숫자로 이뤄져 있다면 반복문을 빠져나간다. 그렇지 않다면 비밀번호는 알파벳과 숫자로 이뤄져야 한다고 알려 주고, 사용자에게 비밀번호를 입력하도록 다시 요청한다.

이 프로그램의 실행 결과는 다음과 같다.

```
Enter your age:
forty two
```

```
Please enter a number for your age.
Enter your age:
42
Select a new password (letters and numbers only):
secr3t!
Passwords can only have letters and numbers.
Select a new password (letters and numbers only):
secr3t
```

이 프로그램의 실행 결과는 *https://autbor.com/validateinput/*에서 볼 수 있다. 변수에 isdecimal() 또는 isalnum()을 호출하면, 그 변수에 있는 값이 각각 숫자로만 이뤄졌는지, 숫자와 알파벳으로만 이뤄졌는지 검사한다. 이 검사들로 입력값 forty two와 secr3t!를 거부하고, 42와 secr3t를 받아들이도록 한다.

startswith()와 endswith() 메서드

startswith(), endswith() 메서드는 어떤 문자열값이 메서드에 전달한 문자열로 시작하거나 끝나면 True를 반환한다. 그렇지 않다면 False를 반환한다. 대화형 셀에 다음과 같이 입력해 보자.

```
>>> 'Hello, world!'.startswith('Hello')
True
>>> 'Hello, world!'.endswith('world!')
True
>>> 'abc123'.startswith('abcdef')
False
>>> 'abc123'.endswith('12')
False
>>> 'Hello, world!'.startswith('Hello, world!')
True
>>> 'Hello, world!'.endswith('Hello, world!')
True
```

문자열 전체가 아니라 문자열의 시작 또는 끝부분만 다른 문자열과 동일한지 검사해야 할 경우, 이 메서드들이 일치 연산자인 ==보다 더 유용한 대안이다.

join()과 split() 메서드

join() 메서드는 문자열들로 이루어진 리스트를 한 문자열로 결합할 때 유용하게 사용할 수 있다. 문자열에서 join() 메서드를 호출하면, 문자열 리스트를 전달받아 새로운 문자열을 반환한다. 이때 전달한 리스트의 각 문자열을 결합한 결과가 반환된다. 예를 들어 대화형 셀에 다음과 같이 입력해 보자.

```
>>> ', '.join(['cats', 'rats', 'bats'])
'cats, rats, bats'
>>> ' '.join(['My', 'name', 'is', 'Simon'])
'My name is Simon'
>>> 'ABC'.join(['My', 'name', 'is', 'Simon'])
'MyABCnameABCisABCSimon'
```

join() 메서드를 호출하는 문자열은 인자로 전달한 문자열들 사이에 삽입된다.
예를 들어 문자열 ', '에서 join(['cats', 'rats', 'bats'])를 호출하면 'cats,
rats, bats'라는 문자열이 반환된다.

join() 메서드는 문자열값에서 호출하며, 리스트값에 전달된다는 사실을 기억
하자(실수로 다른 방법으로 호출하려고 하기 쉽다). split() 메서드는 정반대 역
할을 수행한다. 문자열값에서 이 메서드를 호출하면 문자열로 이루어진 리스트
를 반환한다. 대화형 셸에 다음과 같이 입력해 보자.

```
>>> 'My name is Simon'.split()
['My', 'name', 'is', 'Simon']
```

기본적으로 문자열 'My name is Simon'은 띄어쓰기나 탭, 개행 문자 등 공백 문
자가 있는 곳에서 나뉜다. 반환된 리스트의 문자열들에는 이러한 공백 문자들
이 포함되지 않는다. split() 메서드에 구분자 문자열을 전달하여 문자열을 나
눌 구분자를 다르게 설정할 수 있다. 예를 들어 대화형 셸에 다음과 같이 입력해
보자.

```
>>> 'MyABCnameABCisABCSimon'.split('ABC')
['My', 'name', 'is', 'Simon']
>>> 'My name is Simon'.split('m')
['My na', 'e is Si', 'on']
```

split() 메서드는 여러 줄에 걸친 문자열을 개행 문자를 기준으로 나눌 때 자주
사용하기도 한다. 대화형 셸에 다음과 같이 입력해 보자.

```
>>> spam = '''Dear Alice,
How have you been? I am fine.
There is a container in the fridge
that is labeled "Milk Experiment."

Please do not drink it.
Sincerely,
Bob'''
>>> spam.split('\n')
['Dear Alice,', 'How have you been? I am fine.', 'There is a container in the
```

```
fridge', 'that is labeled "Milk Experiment."', '', 'Please do not drink it.',
'Sincerely,', 'Bob']
```

split() 메서드에 '\n'을 전달하여 spam에 저장된 여러 줄에 걸친 문자열을 개행 문자를 기준으로 나눈다. 그 결과, 각 줄에 해당하는 문자열을 각 항목으로 갖는 리스트를 반환한다.

partition() 메서드로 문자열 나누기

문자열 메서드 partition()은 문자열을 구분자 이전과 이후로 나눈다. 이 메서드는 문자열에 구분자가 있는지 검색한 뒤 '전', '구분자', '후' 부분 문자열 튜플을 반환한다. 대화형 셸에 다음과 같이 입력해 보자.

```
>>> 'Hello, world!'.partition('w')
('Hello, ', 'w', 'orld!')
>>> 'Hello, world!'.partition('world')
('Hello, ', 'world', '!')
```

partition() 메서드를 호출한 문자열에 메서드 호출 시 전달한 구분자 문자열이 여러 개 있을 경우, 구분자가 처음 나온 곳을 기준으로 문자열을 나눈다.

```
>>> 'Hello, world!'.partition('o')
('Hell', 'o', ', world!')
```

구분자 문자열이 없다면 반환되는 튜플의 첫 번째 문자열에는 전체 문자열이 있고 나머지 문자열 두 개는 비어 있게 된다.

```
>>> 'Hello, world!'.partition('XYZ')
('Hello, world!', '', '')
```

반환되는 문자열 세 개를 다중 할당 기법으로 각각 변수 세 개에 할당할 수 있다.

```
>>> before, sep, after = 'Hello, world!'.partition(' ')
>>> before
'Hello,'
>>> after
'world!'
```

partition() 메서드는 어떤 문자열을 특정 구분자 문자열의 전, 후 그리고 구분자 그 자체로 나눌 때 유용하다.

rjust(), ljust(), center() 메서드로 텍스트 정렬하기

문자열 메서드 rjust()와 ljust()는 호출한 문자열에 공백을 넣어 정렬된 문자열을 반환한다. 두 메서드에 전달하는 첫 번째 인자는 정렬된 문자열의 길이다. 대화형 셀에 다음과 같이 입력해 보자.

```
>>> 'Hello'.rjust(10)
'     Hello'
>>> 'Hello'.rjust(20)
'               Hello'
>>> 'Hello, World'.rjust(20)
'        Hello, World'
>>> 'Hello'.ljust(10)
'Hello     '
```

'Hello'.rjust(10)은 문자열 'Hello'를 총 길이가 10인 문자열이 되도록 오른쪽 정렬한다. 'Hello'는 길이가 5이므로 다섯 개의 빈칸을 문자열의 왼쪽에 추가하여 열 개의 문자로 이루어지고 'Hello'가 오른쪽으로 정렬된 문자열이 반환된다.

rjust()와 ljust()의 두 번째 인자는 선택적으로 전달하는 인자로, 빈칸 대신 채워 넣을 문자를 특정할 수 있다. 대화형 셀에 다음과 같이 입력해 보자.

```
>>> 'Hello'.rjust(20, '*')
'***************Hello'
>>> 'Hello'.ljust(20, '-')
'Hello---------------'
```

문자열 메서드 center()는 rjust()와 ljust()와 같은 방식으로 작동하되 텍스트를 왼쪽이나 오른쪽으로 정렬하는 대신 가운데로 정렬한다. 대화형 셀에 다음과 같이 입력해 보자.

```
>>> 'Hello'.center(20)
'       Hello        '
>>> 'Hello'.center(20, '=')
'=======Hello========'
```

이러한 방법은 간격이 정확한 표 형식의 데이터를 출력할 때 유용하다. 새 파일 편집기 창을 열고 다음과 같은 코드를 입력한 뒤 picnicTable.py라는 이름으로 저장하자.

```
def printPicnic(itemsDict, leftWidth, rightWidth):
    print('PICNIC ITEMS'.center(leftWidth + rightWidth, '-'))
    for k, v in itemsDict.items():
        print(k.ljust(leftWidth, '.') + str(v).rjust(rightWidth))

picnicItems = {'sandwiches': 4, 'apples': 12, 'cups': 4, 'cookies': 8000}
printPicnic(picnicItems, 12, 5)
printPicnic(picnicItems, 20, 6)
```

이 프로그램의 실행 과정은 *https://autbor.com/picnictable/*에서 볼 수 있다. 이 프로그램에서 정의한 printPicnic() 메서드는 딕셔너리를 전달받아 center(), ljust(), rjust()를 사용하여 표와 같은 형식으로 정보를 출력한다.

printPicnic()에 전달한 딕셔너리는 picnicItems다. 이 picnicItems에는 샌드위치 4개, 사과 12개, 컵 4개, 쿠키 8000개가 있다. 이 정보를 2열로 구조화하여 왼쪽 열에는 항목이, 오른쪽 열에는 해당 항목의 수량이 위치하도록 하고자 한다.

이러한 작업을 수행하기 위해 왼쪽과 오른쪽 열의 너비를 결정해야 한다. printPicnic에는 딕셔너리와 함께 이 값들도 전달한다.

printPicnic() 함수는 딕셔너리와 함께 표의 왼쪽 열 너비에 해당하는 leftWidth와 오른쪽 열 너비에 해당하는 rightWidth를 전달받는다. 먼저 표 위에 제목인 PICNIC ITEMS를 가운데 정렬해서 출력한다. 그 뒤 딕셔너리를 반복하면서 각 키-값 쌍을 한 줄에 출력한다. 이때 각 키는 왼쪽 정렬하되 나머지 공간은 마침표로 채우고, 값은 오른쪽 정렬하되 나머지 공간은 빈칸으로 채운다.

printPicnic()을 정의한 뒤 picnicItems를 정의하고 표의 왼쪽 열과 오른쪽 열의 너비를 전달하여 printPicnic()을 두 번 호출한다.

이 프로그램을 실행하면 소풍 물품이 두 번 출력된다. 첫 번째 표에서 왼쪽 열의 너비는 12자, 오른쪽 열의 너비는 5자다. 두 번째 표는 각각 20자, 6자다.

```
---PICNIC ITEMS--
sandwiches..    4
apples......   12
cups........    4
cookies..... 8000
-------PICNIC ITEMS-------
sandwiches..........    4
apples..............   12
cups................    4
cookies............. 8000
```

rjust(), ljust(), center()를 사용하면 문자열의 길이가 얼마나 되는지 몰라도 깔끔하게 정렬할 수 있다.

strip(), rstrip(), lstrip() 메서드로 공백 제거하기

때때로 문자열의 왼쪽, 오른쪽 또는 양쪽 모두에서 공백(빈칸, 탭, 개행 문자)을 제거해야 할 경우가 있다. 문자열 메서드 strip()은 어떤 문자열의 시작 또는 끝 부분에서 공백 문자를 제거한 새로운 문자열을 반환한다. lstrip(), rstrip() 메서드는 각각 문자열의 왼쪽 끝과 오른쪽 끝에서 공백 문자를 제거한다. 대화형 셀에 다음과 같이 입력해 보자.

```
>>> spam = '    Hello, World    '
>>> spam.strip()
'Hello, World'
>>> spam.lstrip()
'Hello, World    '
>>> spam.rstrip()
'    Hello, World'
```

선택적으로 문자열 인자를 전달하면 문자열의 끝에서 어느 문자를 제거할지 특정할 수 있다. 대화형 셀에 다음과 같이 입력해 보자.

```
>>> spam = 'SpamSpamBaconSpamEggsSpamSpam'
>>> spam.strip('ampS')
'BaconSpamEggs'
```

strip()에 'ampS' 인자를 전달할 경우, spam에 저장되어 있는 문자열의 끝에서 a, m, p 또는 대문자 S가 나오면 이를 제거한다. strip()에 전달한 문자열의 순서는 상관없다. 즉, strip('ampS')는 strip('mapS')나 strip('Spam')과 같은 작업을 수행한다.

ord(), chr() 함수로 문자의 숫잣값 알아내기

컴퓨터는 정보를 이진수의 문자열 형태인 바이트 형태로 저장한다. 이는 텍스트를 숫자로 전환할 수 있어야 함을 의미한다. 따라서 모든 텍스트 문자는 각각 유니코드 코드 포인트(Unicode code point)라는 숫잣값을 갖고 있다. 예를 들어 'A'의 코드 포인트는 65, '4'의 코드 포인트는 52, '!'의 코드 포인트는 33이다. 문자 하나로 이루어진 문자열의 코드 포인트를 구하려면 ord() 함수를 사용하면 된다. 반대로, 어떤 코드 포인트에 해당하는 문자를 구하려면 chr() 함수를 사용하면 된다. 대화형 셸에 다음과 같이 입력해 보자.

```
>>> ord('A')
65
>>> ord('4')
52
>>> ord('!')
33
>>> chr(65)
'A'
```

이 함수들은 문자들을 정렬하거나 문자들로 수학적 연산을 할 때 유용하다.

```
>>> ord('B')
66
>>> ord('A') < ord('B')
True
>>> chr(ord('A'))
'A'
>>> chr(ord('A') + 1)
'B'
```

유니코드나 코드 포인트에는 더 많은 내용이 있지만 이 책의 범위에서 벗어난다. 이에 대해 더 많은 내용을 알고 싶다면, 네드 베첼더(Ned Batchelder)의 2012년 파이콘 발표인 'Pragmatic Unicode, or, How Do I Stop the Pain?'을 참고하기 바란다. 영상은 *https://youtu.be/sgHbC6udIqc*에서 볼 수 있다.

pyperclip 모듈로 문자열 복사, 붙여 넣기

pyperclip 모듈에는 컴퓨터의 클립보드에 텍스트를 보내거나 클립보드로부터 텍스트를 받는 copy(), paste() 함수가 있다. 프로그램의 결과를 클립보드에 보낼 수 있으면, 이메일이나 워드 프로세서 또는 다른 소프트웨어에 쉽게 붙여 넣을 수 있다.

> **뮤의 외부에서 파이썬 스크립트 실행하기**
>
> 지금까지 대화형 셸이나 뮤의 파일 편집기를 사용하여 파이썬 스크립트를 실행해 왔다. 그러나 파이썬 스크립트를 실행할 때마다 매번 뮤를 실행해야 하는 불편함을 계속 감수하고 싶지는 않을 것이다. 다행히도 파이썬 스크립트를 더 간편하게 실행할 수 있는 방법이 있다. 이 방법은 윈도우, 맥OS, 리눅스에서 각각 조금씩 다르다. 각 방법은 부록 B에 서술되어 있다. 부록 B를 참고하여 파이썬 스크립트를 편리하게 실행하고 명령 행 인자를 전달하는 방법을 알아보자(뮤를 사용하면 프로그램에 명령 행 인자를 전달할 수 없다).

pyperclip 모듈은 파이썬에 기본으로 포함되어 있지 않다. 이를 설치하기 위해서는 부록 A에 나온 서드 파티 모듈 설치 방법을 따라 하면 된다. pyperclip을 설치한 뒤 대화형 셸에 다음과 같이 입력해 보자.

```
>>> import pyperclip
>>> pyperclip.copy('Hello, world!')
>>> pyperclip.paste()
'Hello, world!'
```

물론 프로그램 밖에서 클립보드에 있는 내용을 변경하면, paste() 함수는 이를 반환한다. 예를 들어 다음 문장을 클립보드에 복사하고 paste()를 호출한 결과는 다음과 같다.

```
>>> pyperclip.paste()
'For example, if I copied this sentence to the clipboard and then called
paste(), it would look like this:'
```

프로젝트: 다중 클립보드 자동 메시지

많은 양의 이메일에 비슷한 구절을 사용하여 답장을 쓴 경험이 있다면 아마 반복 입력을 많이 했을 것이다. 작업을 쉽게 하기 위해 이러한 구절을 별도의 텍스트 문서로 저장한 뒤 이를 클립보드를 활용해 복사하고 붙여 넣을 수도 있다. 그러나 클립보드는 한 번에 한 메시지만 저장할 수 있기 때문에 그다지 편한 방법은 아니다. 여러 구절을 저장하는 프로그램을 만들어서 더 수월하게 이 작업을 수행할 수 있도록 하자.

1단계: 프로그램 디자인과 데이터 구조

이 프로그램은 agree나 busy 등 짧은 주요 구절로 된 명령 행 인자를 전달받아 실행된다. 이 주요 구절과 결합된 메시지는 클립보드에 복사되어 사용자가 이메일에 붙여 넣을 수 있다. 이러한 방법으로 사용자는 길고 자세한 메시지를 다시 입력할 필요가 없다.

> **이 장의 프로젝트**
>
> 이 프로젝트는 이 책의 첫 번째 '이 장의 프로젝트'다. 이제부터 매 장마다 배운 내용을 활용한 프로젝트를 진행할 것이다. 이러한 프로젝트들은 빈 파일 편집기 창에서 시작하여 완전히 동작하는 프로그램을 만드는 방식으로 진행할 것이다. 대화형 셸을 사용하는 예들처럼 이 프로젝트 부분을 단순히 읽지 말고, 컴퓨터로 직접 따라 해 보기 바란다!

새 파일 편집기 창을 열고 mclip.py라는 이름으로 저장하자. 프로그램은 #!(서뱅) 줄(부록 B 참고)로 시작하고, 그 뒤에 프로그램을 간단하게 요약하는 주석을 작성한다. 각 텍스트 조각을 주요 구절들과 연결하기 위해 딕셔너리의 문자열로 저장하자. 딕셔너리 자료 구조를 사용하여 주요 구절들과 텍스트를 조직화할 것이다. 다음과 같이 프로그램을 작성하자.

```
#! python3
# mclip.py – 다중 클립보드 프로그램

TEXT = {'agree': """Yes, I agree. That sounds fine to me.""",
        'busy': """Sorry, can we do this later this week or next week?""",
        'upsell': """Would you consider making this a monthly donation?"""}
```

2단계: 명령 행 인자 처리하기

명령 행 인자들은 sys.argv 변수에 저장된다(명령 행 인자를 사용하는 방법에 관한 더 많은 내용은 부록 B를 참고하라). 리스트 sys.argv에 있는 첫 번째 항목은 프로그램의 파일 이름('mclip.py')에 해당하는 문자열이고, 두 번째 항목은 첫 번째 명령 행 인자에 해당한다. 프로그램을 위해 이 인자는 보낼 메시지의 주요 구문이 되어야 한다. 명령 행 인자는 반드시 사용해야 하므로 사용자가 이를 추가하는 것을 잊었다면, 명령 행 인자를 사용하라는 경고 메시지를 출력해야 한다(이 경우, sys.argv에는 두 개보다 더 적은 수의 값이 들어 있다). 다음과 같이 프로그램을 작성하자.

```
#! python3
# mclip.py — 다중 클립보드 프로그램

TEXT = {'agree': """Yes, I agree. That sounds fine to me.""",
        'busy': """Sorry, can we do this later this week or next week?""",
        'upsell': """Would you consider making this a monthly donation?"""}

import sys
if len(sys.argv) < 2:
    print('Usage: python mclip.py [keyphrase] - copy phrase text')
    sys.exit()

keyphrase = sys.argv[1]  # 첫 번째 명령 행 인자는 keyphrase
```

3단계: 올바른 구문 복사하기

이제 주요 구절이 keyphrase 변수에 문자열 형태로 저장되어 있고, TEXT 딕셔너리의 키에 해당하는지 살펴봐야 한다. 만약 그렇다면, 그 키에 해당하는 값을 pyperclip.copy()로 클립보드에 복사한다(pyperclip 모듈을 사용하기 때문에 이를 불러와야 한다). 사실은 keyphrase 변수가 반드시 필요한 것은 아니다. 프로그램에서 keyphrase가 있는 위치에 sys.argv[1]을 써도 된다. 그러나 keyphrase라는 이름의 변수가 sys.argv[1]과 같은 아리송한 것보다 가독성이 더 좋다.

프로그램을 다음과 같이 작성해 보자.

```
#! python3
# mclip.py — 다중 클립보드 프로그램

TEXT = {'agree': """Yes, I agree. That sounds fine to me.""",
        'busy': """Sorry, can we do this later this week or next week?""",
        'upsell': """Would you consider making this a monthly donation?"""}

import sys, pyperclip
if len(sys.argv) < 2:
    print('Usage: python mclip.py [keyphrase] - copy phrase text')
    sys.exit()

keyphrase = sys.argv[1]  # 첫 번째 명령 행 인자는 keyphrase에 저장

if keyphrase in TEXT:
    pyperclip.copy(TEXT[keyphrase])
    print('Text for ' + keyphrase + ' copied to clipboard.')
else:
    print('There is no text for ' + keyphrase)
```

이 코드는 TEXT 딕셔너리에서 주요 구절을 먼저 찾는다. 그 문구가 딕셔너리의 키에 해당하면 그 키에 해당하는 값을 받고 클립보드에 복사한 뒤 값을 복사했다는 메시지를 출력한다. 그렇지 않다면 해당 이름의 주요 구절이 없다는 메시지를 출력한다.

이제 이는 완전한 스크립트다. 부록 B의 지시 사항을 따라 명령 행 프로그램을 실행하면, 메시지를 빠르게 클립보드에 복사할 수 있다. 새로운 메시지로 프로그램을 업데이트하면, TEXT 딕셔너리도 수정해야 한다.

윈도우에서는 win-R로 실행 창을 켜서 이 프로그램을 실행하기 위한 배치(batch) 파일을 만들 수 있다(배치 파일에 대해 더 알고 싶다면 부록 B를 참고하라). 파일 편집기에 다음과 같이 입력하고 C:\Windows 폴더에 mclip.bat이라는 이름으로 저장한다.

```
@py.exe C:\path_to_file\mclip.py %*
@pause
```

이 배치 파일을 만들고 윈도우에서 이러한 다중 클립보드 프로그램을 실행하려면 win-R을 누르고 mclip *key phrase*만 입력하면 된다.

프로젝트: 위키 마크업에 글머리 기호 추가하기

위키백과 글을 수정할 때 각 항목 앞에 별표 기호를 넣어서 글머리 기호 목록을 만들 수 있다. 그러나 글머리 기호를 추가해야 할 목록이 매우 많다고 가정해 보자. 그냥 각 줄 시작 부분에 일일이 별표 기호를 입력할 수도 있다. 아니면 짧은 파이썬 스크립트로 이러한 작업을 자동화할 수도 있다.

스크립트 bulletPointAdder.py는 클립보드에서 텍스트를 가져와서 각 줄 시작 부분에 별표 기호와 빈칸을 추가한 새로운 텍스트를 클립보드에 붙여 넣는다. 예를 들어 다음과 같은 텍스트(위키백과 글 'List of Lists of Lists')를 클립보드에 복사한다고 가정하자.

```
Lists of animals
Lists of aquarium life
Lists of biologists by author abbreviation
Lists of cultivars
```

그러고 나서 bulletPointAdder.py 프로그램을 실행하면, 다음과 같은 텍스트들이 클립보드에 들어 있다.

```
* Lists of animals
* Lists of aquarium life
* Lists of biologists by author abbreviation
* Lists of cultivars
```

이와 같이 별표가 앞에 붙은 텍스트들은 이제 글머리 기호 목록으로서 위키백과 글에 붙여 넣을 준비가 되었다.

1단계: 클립보드에서 복사, 붙여 넣기

프로그램 bulletPointAdder.py는 다음과 같은 역할을 해야 한다.

1. 클립보드로부터 텍스트를 붙여 넣기
2. 텍스트로 어떠한 작업을 수행하기
3. 새로운 텍스트를 클립보드에 붙여 넣기

이때 두 번째 단계는 약간 어렵지만 첫 번째와 세 번째 단계는 간단하다. 단지 pyperclip.copy(), pyperclip.paste() 함수가 필요할 뿐이다. 지금은 첫 번째와 세 번째 단계를 수행하는 프로그램만 작성해 보자. 다음과 같이 입력하고 bulletPointAdder.py라는 이름으로 저장하자.

```
#! python3
# bulletPointAdder.py – 클립보드에 있는 텍스트의 각 줄 시작 부분에
# 위키백과 글머리 기호 추가하기

import pyperclip
text = pyperclip.paste()

# TODO: 각 줄을 분리하고 별표 기호를 추가

pyperclip.copy(text)
```

이때 TODO 주석은 언젠가는 주석이 있는 부분을 완성해야 한다는 것을 상기시키는 표시다. 다음 단계는 프로그램의 이 부분을 실제로 구현하는 것이다.

2단계: 텍스트의 각 줄을 분리하고 별표 기호 추가하기

pyperclip.paste() 함수를 호출하면 클립보드에 있는 모든 텍스트를 하나의 거대한 문자열로 만들어 반환한다. 'List of Lists of Lists' 예에서 text에 들어 있는 문자열은 다음과 같다.

'Lists of animals\nLists of aquarium life\nLists of biologists by author abbreviation\nLists of cultivars'

이 문자열에서 \n 문자는 문자열을 출력하거나 클립보드에서 붙여 넣을 때 여러 줄로 화면에 표시되게 한다. 한 문자열값에 여러 '줄'이 존재하는 것이다. 이제 각 줄의 시작 부분에 별표 기호를 추가하려고 한다.

문자열에서 각 \n을 검색하고, 그 바로 뒤에 별표 문자를 추가하는 방법도 있을 것이다. 그러나 더 간단한 방법은 split() 메서드로 각 줄이 하나의 항목에 해당하는 문자열 리스트를 반환한 뒤, 그 리스트의 각 문자열 앞에 별표 문자를 추가하는 방식이다.

다음과 같이 프로그램을 작성해 보자.

```python
#! python3
# bulletPointAdder.py – 클립보드에 있는 텍스트의 각 줄 시작 부분에
# 위키백과 글머리 기호 추가하기

import pyperclip
text = pyperclip.paste()

# 각 줄을 분리하고 별표 기호 추가하기
lines = text.split('\n')
for i in range(len(lines)): # '줄' 리스트의 모든 인덱스에서 반복
    lines[i] = '* ' + lines[i] # 각 '줄'의 리스트에 있는 모든 문자열에
                               # 별표 기호 추가

pyperclip.copy(text)
```

줄이 바뀔 때를 기준으로 텍스트를 나누어 리스트를 생성하는데, 이때 리스트의 각 항목은 텍스트의 각 줄이다. lines 변수에 이를 저장하고, lines의 각 항목에 대해 앞부분에 별표 기호와 빈칸을 추가한다. 이제 lines의 모든 문자열은 별표 기호로 시작한다.

3단계: 수정된 줄들을 연결하기

이제 lines 리스트에는 별표 기호로 시작하는 수정된 줄들이 들어 있다. 그러나 pyperclip.copy()에는 문자열값으로 이뤄진 리스트가 아니라 하나의 문자열값을 전달해야 한다. 단일 문자열값을 생성하기 위해 join() 메서드에 lines를 전달하여 리스트에 있는 문자열들을 결합한다. 다음과 같이 프로그램을 작성해보자.

```
#! python3
# bulletPointAdder.py - 클립보드에 있는 텍스트의 각 줄 시작 부분에
# 위키백과 글머리 기호 추가하기

import pyperclip
text = pyperclip.paste()

# 각 줄을 분리하고 별표 기호 추가하기
lines = text.split('\n')
for i in range(len(lines)): # '줄' 리스트의 모든 인덱스에서 반복
    lines[i] = '* ' + lines[i] # 각 '줄'의 리스트에 있는 모든 문자열에
                               # 별표 기호 추가
text = '\n'.join(lines)
pyperclip.copy(text)
```

이 프로그램을 실행하면 클립보드에 있는 텍스트가 각 줄이 별표 기호로 시작하
는 텍스트로 대체된다. 이제 프로그램은 완성되었고 클립보드에 복사되어 있는
텍스트로 실행해 볼 수 있다.

이 작업을 군이 자동화할 필요가 없더라도 줄의 끝부분에 있는 공백을 제거하
거나 텍스트를 대문자 또는 소문자로 변환하는 등 다른 종류의 텍스트 조작을
자동화하고 싶을 수 있다. 클립보드를 입출력하는 과정 중에 원하는 어떤 작업
이든 수행할 수 있다.

간단한 프로그램: 피그 라틴

피그 라틴(Pig Latin)은 영어 단어들을 바꾸는 말장난이다. 어떤 단어가 모음으
로 시작하면 그 단어의 끝에 yay라는 단어를 붙인다. 단어가 자음이나 자음군
(예: ch나 sh)으로 시작하면 해당 자음이나 자음군이 단어의 끝부분으로 이동하
고 그 뒤에 ay를 붙인다.

결과가 다음과 같은 피그 라틴 프로그램을 작성해 보자.

```
Enter the English message to translate into Pig Latin:
My name is AL SWEIGART and I am 4,000 years old.
Ymay amenay isyay ALYAY EIGARTSWAY andyay Iyay amyay 4,000 yearsyay oldyay.
```

이번 장에서 소개한 메서드들을 활용하여 문자열을 치환하는 방식으로 작동하
는 프로그램이다. 파일 편집기에 다음과 같은 소스 코드를 입력하고 pigLat.py
라는 이름으로 저장하자.

```python
# 영어에서 피그 라틴으로
print('Enter the English message to translate into Pig Latin:')
message = input()

VOWELS = ('a', 'e', 'i', 'o', 'u', 'y')

pigLatin = [] # 피그 라틴에 있는 단어 리스트
for word in message.split():
    # 단어의 시작 부분에 있는 글자가 아닌 문자 제거하기
    prefixNonLetters = ''
    while len(word) > 0 and not word[0].isalpha():
        prefixNonLetters += word[0]
        word = word[1:]
    if len(word) == 0:
        pigLatin.append(prefixNonLetters)
        continue

    # 단어의 끝부분에 있는 글자가 아닌 문자 제거하기
    suffixNonLetters = ''
    while not word[-1].isalpha():
        suffixNonLetters += word[-1]
        word = word[:-1]

    # 단어가 대문자인지, 타이틀 케이스인지 기억하기
    wasUpper = word.isupper()
    wasTitle = word.istitle()

    word = word.lower() # 변환을 위해 단어를 소문자로 바꾸기

    # 단어의 시작 부분에 있는 자음 분리하기
    prefixConsonants = ''
    while len(word) > 0 and not word[0] in VOWELS:
        prefixConsonants += word[0]
        word = word[1:]

    # 단어 끝부분에 피그 라틴 추가하기
    if prefixConsonants != '':
        word += prefixConsonants + 'ay'
    else:
        word += 'yay'

    # 단어를 대문자나 타이틀 케이스로 변경하기
    if wasUpper:
        word = word.upper()
    if wasTitle:
        word = word.title()

    # 글자가 아닌 문자들을 단어의 시작 또는 끝부분에 추가하기
    pigLatin.append(prefixNonLetters + word + suffixNonLetters)
```

```
# 모든 단어를 연결하여 하나의 문자열로 만들기
print(' '.join(pigLatin))
```

이 코드를 위에서부터 하나씩 살펴보자.

```
# 영어에서 피그 라틴으로
print('Enter the English message to translate into Pig Latin:')
message = input()

VOWELS = ('a', 'e', 'i', 'o', 'u', 'y')
```

먼저 사용자에게 피그 라틴으로 변환할 영어 텍스트를 입력하도록 요청한다. 또한, 모든 소문자 모음(그리고 y)으로 이뤄진 문자열 튜플을 갖는 상수를 만든다. 이는 프로그램의 뒷부분에서 사용한다.

다음으로 단어를 피그 라틴으로 변환할 때마다 이를 저장할 pigLatin 변수를 생성한다.

```
pigLatin = [] # 피그 라틴에 있는 단어 리스트
for word in message.split():
    # 단어의 시작 부분에 있는 글자가 아닌 문자 제거하기
    prefixNonLetters = ''
    while len(word) > 0 and not word[0].isalpha():
        prefixNonLetters += word[0]
        word = word[1:]
    if len(word) == 0:
        pigLatin.append(prefixNonLetters)
        continue
```

각 단어가 고유한 문자열이 되어야 하기 때문에 message.split()을 호출하여 각 단어를 개별 문자열로 만든 리스트를 생성한다. 문자열 'My name is AL SWEIGART and I am 4,000 years old.'에 split()을 호출한 결과 ['My', 'name', 'is', 'AL', 'SWEIGART', 'and', 'I', 'am', '4,000', 'years', 'old.']가 반환된다.

각 단어의 시작이나 끝에서 글자가 아닌 부분은 제거해야 한다. 이런 과정을 거쳐야 'old.'와 같은 문자열을 'old.yay'가 아니라 'oldyay.'로 변환한다. 이러한 글자가 아닌 문자를 prefixNonLetters 변수에 저장한다.

```
    # 단어의 끝부분에 있는 글자가 아닌 문자 제거하기
    suffixNonLetters = ''
    while not word[-1].isalpha():
        suffixNonLetters += word[-1]
        word = word[:-1]
```

단어의 첫 번째 문자에 isalpha()를 호출하는 반복문에서는 해당 문자를 단어에서 제거하고 prefixNonLetters의 끝에 이를 결합한다. 전체 단어가 '4,000'과 같이 글자가 아닌 문자들로 구성되어 있다면 pigLatin 리스트에 이를 단순히 추가하고 계속해서 다음 단어를 변경한다. 이때 글자가 아닌 문자도 word 문자열 뒤에 저장해야 한다. 이 코드는 이전 반복문과 비슷하다.

그런 다음, 단어가 대문자인지 타이틀 케이스(title case)인지 프로그램이 기억하도록 한다. 이렇게 하면 단어를 피그 라틴으로 변경한 뒤에도 원래 단어의 형식으로 복원할 수 있기 때문이다.

```python
# 단어가 대문자인지 타이틀 케이스인지 기억하기
wasUpper = word.isupper()
wasTitle = word.istitle()

word = word.lower() # 변환을 위해 단어를 소문자로 바꾸기
```

for 반복문의 나머지 코드에서는 word를 소문자로 변경한 값으로 작업이 진행된다.

sweigart와 같은 단어를 eigart-sway로 변경하기 위해 word의 시작 부분에서 모든 자음을 제거해야 한다.

```python
# 단어의 시작 부분에 있는 자음 분리하기
prefixConsonants = ''
while len(word) > 0 and not word[0] in VOWELS:
    prefixConsonants += word[0]
    word = word[1:]
```

word의 시작 부분에서 글자가 아닌 문자를 제거하는 반복문과 비슷한 유형의 반복문을 사용했다. 다만 추출한 자음을 prefixConsonants라는 이름의 변수에 저장했다는 점이 다르다.

단어의 시작 부분에 자음이 존재한다면 prefixConsonants에 저장되고, 이 변수에 저장된 값과 문자열 'ay'를 word의 뒤에 결합한다. 그렇지 않다면 word는 모음으로 시작하고 'yay'를 결합하기만 하면 된다.

```python
# 단어 끝부분에 피그 라틴 추가하기
if prefixConsonants != '':
    word += prefixConsonants + 'ay'
else:
    word += 'yay'
```

word = word.lower()로 단어를 소문자로 바꿨다는 사실을 기억하자. word가 대문자로 되어 있거나 타이틀 케이스 형식으로 되어 있었다면, 다음 코드는 word를 원래 형식으로 변경한다.

```
# 단어를 대문자나 타이틀 케이스로 변경하기
if wasUpper:
    word = word.upper()
if wasTitle:
    word = word.title()
```

for 반복문의 끝에서 원래 단어에 있던 접두어나 접미어를 결합하고, 이를 pigLatin 리스트에 추가한다.

```
# 글자가 아닌 문자들을 단어의 시작 또는 끝부분에 추가하기
pigLatin.append(prefixNonLetters + word + suffixNonLetters)
```

```
# 모든 단어를 연결하여 하나의 문자열로 만들기
print(' '.join(pigLatin))
```

이 반복문이 끝나면 join() 메서드를 호출하여 문자열 리스트의 문자열들을 하나의 문자열로 결합한다. 이 단일 문자열이 print() 함수에 전달되어 생성된 피그 라틴이 화면에 출력된다.

이 예와 같은 텍스트 기반의 짧은 파이썬 프로그램 예들을 *https://github.com/asweigart/pythonstdiogames/*에서 찾아볼 수 있다.

요약

텍스트는 흔하게 사용되는 자료형으로, 파이썬은 문자열에 있는 텍스트를 처리하는 데 도움이 되는 다양한 문자열 메서드를 제공한다. 파이썬 프로그램을 작성할 때 대부분의 경우 인덱싱, 슬라이싱, 문자열 메서드를 사용하게 될 것이다.

현재 작성하는 프로그램들은 그렇게 복잡하지 않다. 이미지나 색상이 있는 텍스트가 들어간 그래픽 사용자 인터페이스와 관련된 코드들이 아직 없다. 지금까지는 print() 함수를 사용하여 화면에 출력하고, input() 함수를 사용하여 사용자가 텍스트를 입력하도록 해 왔다. 그러나 사용자가 클립보드를 사용하여 많은 양의 텍스트를 한번에 입력할 수도 있다. 이러한 기능은 방대한 양의 텍스트를 조작하는 프로그램을 작성하는 데 유용하게 사용할 수 있다. 이러한 텍스트 기반 프로그램은 현란한 창이나 그래픽을 활용하지는 않지만, 많은 유용한 작업을 빠르게 수행할 수 있다.

많은 양의 텍스트를 조작하는 다른 방법은 하드 드라이브에서 파일을 직접 읽고 쓰는 것이다. 9장에서는 파이썬으로 이러한 작업들을 수행하는 방법을 설명하겠다.

지금까지 파이썬 프로그래밍의 기본적인 개념을 다루었다. 이 책의 나머지 부분에서도 새로운 개념을 배울 예정이나 이제는 작업 자동화 프로그램 작성을 시작하는 데 필요한 지식은 충분히 갖추었다. 지금까지 배웠던 기본적인 개념으로 만든 짧고 간단한 프로그램 예들을 보고 싶다면 *https://github.com/asweigart/pythonstdiogames/*를 참고하기 바란다. 이 소스 코드를 직접 따라 해 보고, 여기에 수정을 하면 프로그램에 어떠한 영향을 미치는지 확인해 보자. 프로그램의 작동 원리가 이해된다면, 스스로 그 프로그램을 처음부터 작성해 보자. 프로그램이 하는 일이 아니라 그 일을 하는 방법에 주목하라.

웹 페이지를 다운로드하거나 스프레드시트를 업데이트하거나 텍스트 메시지를 보내는 등의 작업을 하기에는 스스로 파이썬 지식이 모자라다고 생각할 수 있다. 그러나 이러한 작업은 파이썬 모듈을 활용하여 수행할 수 있다! 다른 프로그래머들이 만든 이 모듈들은 이러한 작업을 쉽게 할 수 있는 여러 가지 함수를 제공한다. 그럼 이제 작업 자동화를 위한 진짜 프로그램은 어떻게 만드는지 알아보자.

연습 문제

1. 이스케이프 문자란 무엇인가?

2. 이스케이프 문자 \n과 \t는 무엇을 나타내는가?

3. 역슬래시 문자 \는 문자열로 어떻게 나타내는가?

4. 문자열 "Howl's Moving Castle"은 유효한 문자열이다. "Howl's의 작은따옴표가 이스케이프 처리되지 않았음에도 문제가 되지 않는 이유는 무엇인가?

5. \n을 사용하지 않고 줄 바꿈이 있는 문자열을 작성하는 방법은 무엇인가?

6. 다음 표현식들의 결과는?

   * 'Hello, world!'[1]

   * 'Hello, world!'[0:5]

   * 'Hello, world!'[:5]

   * 'Hello, world!'[3:]

7. 다음 표현식들의 결과는?

- `'Hello'.upper()`
- `'Hello'.upper().isupper()`
- `'Hello'.upper().lower()`

8. 다음 표현식들의 결과는?

- `'Remember, remember, the fifth of November.'.split()`
- `'-'.join('There can be only one.'.split())`

9. 문자열을 오른쪽 정렬, 왼쪽 정렬, 가운데 정렬을 하려면 각각 어떤 문자열 메서드를 사용해야 하는가?

10. 문자열의 시작 또는 끝에서 공백 문자를 제거하려면 어떻게 해야 하는가?

연습 프로젝트

연습을 위해 다음과 같은 작업들을 수행하는 프로그램을 작성해 보자.

표 출력기

`printTable()`이라는 함수를 작성하라. 이 함수는 문자열로 구성된 리스트의 리스트를 전달받아 잘 구조화된 표 형태로 출력한다. 이때 표의 각 열은 오른쪽으로 정렬한다. 내부 리스트는 모두 길이가 같다고 가정하자. 예를 들어 전달받는 값은 다음과 같다.

```
tableData = [['apples', 'oranges', 'cherries', 'banana'],
             ['Alice', 'Bob', 'Carol', 'David'],
             ['dogs', 'cats', 'moose', 'goose']]
```

여러분이 만든 `printTable()` 함수는 다음과 같이 출력해야 할 것이다.

```
  apples Alice  dogs
 oranges  Bob  cats
cherries Carol moose
  banana David Goose
```

힌트: 먼저 각 내부 리스트에서 길이가 가장 긴 문자열을 찾고, 그 문자열이 모두 들어갈 수 있을 만큼 열의 너비를 설정한다. 각 열의 최대 길이를 숫자로 이뤄진 리스트에 저장한다. `printTable()` 함수의 시작을 `colWidths = [0] * len(tableData)`로 해서, tableData의 내부 리스트 수만큼 0을 생성한다. 이런 식으로 colWidths[0]은 tableData[0]의 가장 긴 문자열의 길이, colWidths[1]은 tableData[1]의 가장 긴

문자열의 길이를 저장할 수 있다. 이제 colWidths 리스트에서 가장 큰 값을 찾고 어떤 정수를 ljust() 문자열 메서드에 전달할지 알아낼 수 있다.

좀비 주사위 봇

프로그래밍 게임은 게임을 직접 플레이하는 대신, 봇 프로그램을 작성하여 게임을 자동으로 플레이하는 게임 장르다. 나는 좀비 주사위 시뮬레이터를 만들었는데, 프로그래머들이 게임을 플레이하는 인공 지능을 만들면서 자신의 실력을 연마할 수 있다. 좀비 주사위 봇은 간단할 수도, 엄청나게 복잡할 수도 있는 게임으로 수업 연습 문제나 개개인의 프로그래밍 도전 과제로 사용하기 좋다.

스티브 잭슨 게임즈(Steve Jackson Games)의 주사위 게임인 좀비 주사위 (Zombie Dice, *http://www.sjgames.com/dice/zombiedice/*)는 재미있고 진행 속도가 빠른 게임이다. 플레이어는 세 번 총을 맞지 않으면서 최대한 많은 사람의 뇌를 먹으려고 하는 좀비다. 주사위의 각 면에는 뇌, 발자국, 산탄총 아이콘이 그려져 있으며 이러한 주사위가 열세 개 들어 있는 컵이 있다. 이때 주사위 아이콘들은 색상이 있으며, 각 색상마다 각 사건이 발생할 가능성이 다르다. 모든 주사위에는 발자국 두 개가 있지만, 초록색 아이콘의 주사위에는 뇌가 그려진 면이 더 많으며, 빨간색 아이콘의 주사위에는 산탄총이 그려진 면이 더 많고, 노란색 아이콘의 주사위는 뇌와 산탄총이 그려진 면의 수가 같다. 플레이어는 각 턴마다 다음 행동을 한다.

1. 주사위 열세 개를 컵에 넣는다. 플레이어는 컵에서 임의로 주사위 세 개를 뽑아 굴린다. 플레이어는 정확히 주사위 세 개를 굴린다.

2. 이제 뇌의 개수(뇌가 먹힌 사람)와 산탄총의 개수(반격한 사람)를 센다. 산탄총을 세 자루 모을 경우, 그 턴에서 플레이어의 점수는 0점이다(뇌를 모은 개수에 무관하게). 산탄총을 0~2자루 모았을 경우, 원한다면 주사위를 계속해서 굴릴 수 있다. 턴을 끝내고 뇌 한 개당 1점을 얻을 수도 있다

3. 플레이어가 주사위를 계속해서 굴리기로 결정했다면, 발자국이 나온 주사위를 포함해서 주사위를 굴린다. 이때 플레이어는 항상 주사위 세 개를 굴려야 한다는 사실을 기억하자. 즉, 이번 턴에 나온 발자국 개수가 세 개보다 적을 경우, 부족한 수만큼 주사위를 뽑아서 주사위를 굴려야 한다는 것이다. 플레이어는 누적된 산탄총 개수가 세 자루가 되어 모든 것을 잃거나 주사위 열세 개를 모두 굴릴 때까지 주사위를 계속해서 굴릴 수 있다. 플레이어는 주사위

를 한 개 또는 두 개만 굴릴 수 없으며, 중간에 다시 굴릴 수도 없다.

4. 어떤 사람이 최종적으로 뇌 열세 개를 얻는 데 성공한다면, 나머지 플레이어들은 해당 라운드를 마친다. 가장 많은 뇌를 획득한 사람이 이긴다. 동점이 존재할 경우, 해당 플레이어 간 단판으로 순위 결정전을 실시한다.

좀비 주사위 게임에서는 운을 과신하게 된다. 즉, 주사위를 많이 굴릴수록 더 많은 뇌를 가질 수 있지만, 산탄총이 세 자루가 되어 모든 것을 잃을 수도 있다. 어떤 플레이어가 13점을 획득하면, 나머지 플레이어들은 턴을 한 번 더 진행한 뒤에(따라잡을 가능성이 있으므로) 게임을 종료한다. 가장 많은 점수를 획득한 플레이어가 승리한다. 전체적인 게임 규칙은 *https://github.com/asweigart/zombiedice/*에서 확인해 보자.

부록 A에 나온 대로 pip를 사용하여 zombiedice 모듈을 설치하자. 대화형 셸에 다음과 같이 입력하여 미리 만들어진 봇을 활용한 시뮬레이터 데모를 실행해 볼 수 있다.

```
>>> import zombiedice
>>> zombiedice.demo()
Zombie Dice Visualization is running. Open your browser to http://
localhost:51810 to view it.
Press Ctrl-C to quit.
```

프로그램은 웹 브라우저를 실행하고 그림 6-1과 비슷한 화면이 보일 것이다.

그림 6-1 좀비 주사위 시뮬레이터 웹 GUI

turn() 메서드가 있는 클래스를 작성하여 봇을 만들 것이다. 이 메서드는 봇이 주사위를 굴릴 차례일 때, 시뮬레이터가 호출하는 메서드다. 클래스는 이 책의 범위 밖이므로 클래스 코드는 myZombie.py 프로그램에 미리 작성한 것을 활용한다. 이때 이 프로그램은 *https://nostarch.com/automatestuff2/*에서 ZIP 파일 형태로 다운로드할 수 있다. 메서드 작성은 함수 작성과 비슷하고, myZombie.py 프로그램에 있는 turn() 코드를 견본으로 사용할 수 있다. 이 turn() 메서드 안에서는 봇이 주사위를 굴리길 원할 때마다 zombiedice.roll() 함수를 호출한다.

```python
import zombiedice

class MyZombie:
    def __init__(self, name):
        # 모든 좀비는 이름이 있다.
        self.name = name

    def turn(self, gameState):
        # gameState는 게임의 현재 상태 정보가 있는 딕셔너리다.
        # 이를 코드에서 무시할 수도 있다.

        diceRollResults = zombiedice.roll() # 첫 번째 주사위 굴리기
        # roll()은 키 'brains', 'shotgun', 'footsteps'를 갖는 딕셔너리로
        # 각 종류별로 나온 횟수를 나타낸다.
        # 'rolls' 키는 (주사위 색상, 아이콘) 튜플들로 구성된 리스트로
        # 주사위를 굴린 결과를 나타낸다.
        # roll()의 반환값 예시
        # {'brains': 1, 'footsteps': 1, 'shotgun': 1,
        #  'rolls': [('yellow', 'brains'), ('red', 'footsteps'),
        #            ('green', 'shotgun')]}

        # 이 좀비 코드 부분을 새로 작성하라.
        brains = 0
        while diceRollResults is not None:
            brains += diceRollResults['brains']

            if brains < 2:
                diceRollResults = zombiedice.roll() # roll again
            else:
                break

zombies = (
    zombiedice.examples.RandomCoinFlipZombie(name='Random'),
    zombiedice.examples.RollsUntilInTheLeadZombie(name='Until Leading'),
    zombiedice.examples.MinNumShotgunsThenStopsZombie(name='Stop at 2
        Shotguns', minShotguns=2),
    zombiedice.examples.MinNumShotgunsThenStopsZombie(name='Stop at 1
        Shotgun', minShotguns=1),
```

```
        MyZombie(name='My Zombie Bot'),
        # 여기에 다른 좀비 플레이어들을 추가
)

# CLI나 웹 GUI 모드 중 한 모드에서 실행하기 위해 주석 처리를 제거하라.
#zombiedice.runTournament(zombies=zombies, numGames=1000)
zombiedice.runWebGui(zombies=zombies, numGames=1000)
```

turn() 메서드는 self, gameState 인자를 전달받는다. 처음으로 좀비 봇을 만들 때는 이 부분을 무시해도 좋다. 이에 대해 더 자세히 알고 싶다면 온라인 문서를 참고하기 바란다. turn() 메서드는 처음 주사위를 굴릴 때 zombiedice.roll()을 최소 한 번 호출한다. 그 뒤에는 봇이 취하는 전략에 따라 zombiedice.roll()을 원하는 만큼 호출할 수 있다. 이 myZombie.py의 turn() 메서드에서는 zombiedice.roll()을 두 번 호출하는데, 결과에 관계없이 항상 한 턴에 주사위를 두 번 굴린다는 의미다.

zombiedice.roll()의 반환값은 코드에 주사위를 굴린 결과를 알려 준다. 이 결과는 네 개의 키를 가진 딕셔너리 형태다. 그중 세 개의 키 'shotgun', 'brains', 'footsteps'에 해당하는 값은 각 아이콘이 나온 개수다. 네 번째 키인 'rolls'에 해당하는 값은, 매번 주사위를 굴린 결과를 튜플들의 리스트 형태로 저장한 값이다. 각 튜플은 두 개의 문자열로 이뤄져 있는데 인덱스 0에는 주사위의 색상이, 인덱스 1에는 아이콘의 종류가 존재한다. turn()을 정의하는 부분에 있는 주석에 나온 예를 살펴보자. 봇이 주사위를 굴린 결과로 산탄총 세 자루가 나왔다면, zombiedice.roll()의 반환값은 None이다.

좀비 주사위를 플레이하는 각자의 봇을 만들어 보고 다른 봇들과 비교해 보자. 특히 다음과 같은 봇들을 만들어 보자.

- 처음 주사위를 굴린 뒤 계속해서 주사위를 굴릴지 여부를 임의로 결정하는 봇
- 뇌 두 개가 나오면 중단하는 봇
- 산탄총 두 자루가 나오면 중단하는 봇
- 최소 한 번에서 최대 네 번까지 주사위를 굴리지만, 산탄총 두 자루가 나오면 조기 중단하는 봇
- 뇌 개수보다 산탄총 개수가 많으면 중단하는 봇

시뮬레이터를 통해 이러한 봇들을 실행해 보고 결과를 서로 비교해 보자. 미리 만들어진 몇몇 봇의 코드도 *https://github.com/asweigart/zombiedice/*에서 받아 실행해

볼 수 있다. 수천 번의 시뮬레이션 게임 결과, 처음 두 자루의 산탄총이 나오면 멈추는 것이 가장 좋은 전략 중 하나임을 알게 될 것이고, 실제로 게임을 할 때 이 전략을 사용할 수 있는 이점을 누릴 수 있다. 그러나 과욕을 부려 볼 수도 있다.

2부

작업 자동화하기

7장

정규 표현식으로 패턴 대조하기

텍스트에서 어떤 단어를 찾을 때 Ctrl-F를 누르고 단어를 입력하여 검색하는 데 매우 익숙할 것이다. 정규 표현식을 사용하면 이보다 한 단계 더 나아가 검색할 텍스트의 패턴을 지정할 수 있다. 미국이나 캐나다에 산다면, 어떤 업체의 정확한 전화번호를 모르더라도 전화번호는 세 자리 숫자와 하이픈 그리고 네 자리 숫자가 나타나는 형식임을 알 것이다(시작 부분에 세 자리 숫자로 시작하는 지역 코드가 추가로 붙을 수도 있다). 사람은 이런 방식으로 전화번호를 인식한다. 예를 들어 415-555-1234는 전화번호이지만 4,155,551,234는 그렇지 않다.

우리는 모든 종류의 텍스트 패턴을 인식한다. 이메일 주소는 가운데 @가 있고, 미국 사회 보장 번호에는 숫자 아홉 개와 하이픈 두 개가 있으며, 웹 사이트 URL에는 마침표와 슬래시가 있고, 뉴스 표제는 타이틀 케이스를 사용하며, 소셜 미디어의 해시 태그는 #로 시작하며 빈칸이 없는 등 다양한 패턴이 존재한다.

정규 표현식은 매우 유용하지만 프로그래머가 아닌 사람들은 이에 대해 거의 알지 못한다. 심지어 마이크로소프트 워드(Microsoft Word)나 오픈오피스(OpenOffice) 등 대부분의 텍스트 편집기나 워드 프로세스의 찾기와 바꾸기 기능이 정규 표현식을 기반으로 텍스트를 검색하는데도 그렇다. 정규 표현식을 쓰면 프로그래머뿐 아니라 일반 소프트웨어 사용자도 시간을 많이 절약할 수 있다. 사실 SF 작가 코리 닥터로(Cory Doctorow)는 프로그래밍을 가르치기 전에 정규 표현식을 가르쳐야 한다고 주장한다.

[정규 표현식을] 알면 문제를 풀 때 3단계로 해결하는 것과 3000단계로 해결하는 것의 차이를 만들어 낼 수 있다. '컴퓨터광'들은 자신이 단순히 키를 몇 번 입력해서 해결하는 문제가 다른 사람들에게는 처리하는 데 며칠이 걸릴 수도 있는 지루하고 오류가 발생하기 쉬운 작업임을 모른다.[1]

이 장에서는 정규 표현식을 쓰지 않고 텍스트의 패턴을 찾는 프로그램을 작성하는 것부터 시작해서 나중에는 정규 표현식을 사용해 코드의 길이를 줄이는 방법을 설명할 것이다. 정규 표현식을 사용한 가장 기본적인 대조부터 소개하고, 문자열 치환이나 고유의 문자 클래스 생성 등 더 강력한 기능들을 소개할 것이다. 마지막으로 이 장의 끝에서는 텍스트 블록에서 전화번호나 이메일 주소를 자동으로 추출하는 프로그램을 작성할 것이다.

정규 표현식 없이 텍스트 패턴 찾기

문자열에서 미국 전화번호를 찾아야 한다고 가정하자. 미국인이라면 미국 전화번호 체계를 알고 있을 것이다. 이는 숫자 세 개, 하이픈, 숫자 세 개, 하이픈, 숫자 네 개로 이루어져 있다. 이러한 전화번호의 예로 415-555-4242가 있다.

어떤 문자열이 이러한 패턴에 해당하는지 여부를 검사하여 True나 False를 반환하는 isPhoneNumber() 함수를 작성해 보자. 새로운 파일 편집기 창을 열고 다음과 같은 코드를 입력한 뒤 isPhoneNumber.py라는 이름으로 저장하자.

```
def isPhoneNumber(text):
    if len(text) != 12:                          ❶
        return False
    for i in range(0, 3):
        if not text[i].isdecimal():              ❷
            return False
    if text[3] != '-':                           ❸
        return False
    for i in range(4, 7):
        if not text[i].isdecimal():              ❹
            return False
    if text[7] != '-':                           ❺
        return False
    for i in range(8, 12):
        if not text[i].isdecimal():              ❻
            return False
```

---

[1] 'Here's What ICT Should Really Teach Kids: How to Do Regular Expressions' *http://www.theguardian.com/technology/2012/dec/04/ict-teach-kids-regular-expressions/*

```
        return True                                                    ❼
print('Is 415-555-4242 a phone number?')
print(isPhoneNumber('415-555-4242'))
print('Is Yeoboseyo a phone number?')
print(isPhoneNumber('Yeoboseyo'))
```

이 프로그램의 실행 결과는 다음과 같다.

```
Is 415-555-4242 a phone number?
True
Is Yeoboseyo a phone number?
False
```

oneNumber() 함수는 문자열에 있는 텍스트가 유효한 전화번호인지 여러 단계에 걸쳐 검사하는 코드다. 검사를 통과하지 못한다면 이 함수는 False를 반환한다. 먼저 이 코드는 문자열이 열두 개의 문자로 이루어져 있는지(❶) 검사한다. 그 뒤에 지역 번호(text의 처음 세 개 문자)가 세 개의 숫자로 이루어져 있는지(❷) 검사한다. 함수의 나머지 부분에서는 문자열이 전화번호 패턴을 따르는지 검사한다. 즉, 첫 번째 하이픈이 지역 코드 뒤에 반드시 존재하는지(❸), 그 뒤에 세 개의 숫자가 있는지(❹), 또 다른 하이픈이 있는지(❺), 그 뒤에 네 개의 숫자가 있는지(❻) 검사한다. 이 검사들을 모두 통과한다면 True를 반환한다(❼).

isPhoneNumber() 함수를 호출할 때 '415-555-4242'라는 인자를 전달하면 True를 반환하고, 'Yeoboseyo'라는 인자를 전달하면 False를 반환한다. 문자열 'Yeoboseyo'의 길이가 12가 아니므로 첫 번째 검사를 통과하지 못한다.

길이가 더 긴 문자열이 전화번호인지 여부를 알아야 한다면, 전화번호 패턴을 찾는 코드를 더 작성해야 한다. isPhoneNumber.py의 마지막 네 줄에 있는 print() 함수 호출을 다음과 같이 수정하라.

```
message = 'Call me at 415-555-1011 tomorrow. 415-555-9999 is my office.'
for i in range(len(message)):
    chunk = message[i:i+12]                                            ❶
    if isPhoneNumber(chunk):                                           ❷
        print('Phone number found: ' + chunk)
print('Done')
```

이 프로그램을 실행한 결과는 다음과 같다.

```
Phone number found: 415-555-1011
Phone number found: 415-555-9999
Done
```

for 반복문을 한 번 반복할 때마다 message 변수에서 생성된 열두 개 문자의 덩어리가 chunk 변수에 할당된다(❶). 예를 들어 첫 번째 반복인 i가 0일 때, message[0:12]가 chunk에 할당된다(즉, 문자열 'Call me at 4'). 다음 반복인 i 가 1일 때, message[1:13]이 chunk에 할당된다(즉, 문자열 'all me at 41'). 달리 말하면, for 반복문의 각 반복 시에 chunk에는 다음과 같은 값들이 할당된다.

- 'Call me at 4'
- 'all me at 41'
- 'll me at 415'
- 'l me at 415-'
- … 등등

isPhoneNumber() 함수에 chunk를 전달하여(❷) 전화번호 패턴과 대조하여 일치 한다면 그 문자열을 출력한다.

 message 문자열에 대해 계속 반복하면서 chunk 변수에 있는 열두 개의 문 자가 전화번호인지 여부를 판별한다. 전체 문자열에 대해 반복하여 열두 개 의 문자로 이루어진 문자열 조각인 chunk를 생성하고, 이를 검사하기 위해 isPhoneNumber()의 조건들을 만족한다면 이를 출력한다. 전체 message에 대해 이러한 작업을 완료했다면, Done을 출력한다.

 이 예에서 message 문자열은 매우 짧지만, 수백만 개의 문자로 이루어진 문자 열이라도 짧은 시간 내에 작업이 완료될 것이다. 정규 표현식을 사용하여 전화 번호를 찾는 프로그램은 실행이 금방 완료되기도 하지만, 더 빠르게 작성할 수 있다는 장점도 있다.

정규 표현식으로 텍스트 패턴 찾기

앞서 살펴본 전화번호 찾기 프로그램의 경우 잘 동작은 하지만, 제한된 역할 에 비해 너무 많은 코드를 작성해야 한다. isPhoneNumber() 함수의 코드는 17줄 이지만, 한 가지 패턴의 전화번호만 찾을 수 있다. 전화번호가 415.555.4242나 (415) 555-4292와 같은 형식이라면 찾을 수 있을까? 내선 번호도 포함된 전화번 호인 415-555-4242 x99와 같은 경우 찾을 수 있을까? isPhoneNumber() 함수는 이를 검증할 수 없다. 이러한 패턴들을 위해 더 많은 코드를 추가해야 하지만 이보다 더 쉬운 방법이 있다.

줄여서 정규식(regexes)이라고도 부르는 정규 표현식(regular expressions)은 텍스트의 패턴을 서술하는 방법이다. 예를 들어 정규 표현식 \d는 0에서 9 사이의 단일 숫자를 나타낸다. 정규 표현식 \d\d\d-\d\d\d-\d\d\d\d는 파이썬으로 작성된 이전의 isPhoneNumber()에서 비교하는 텍스트 패턴과 같다. 즉, 숫자 세 개, 하이픈, 숫자 세 개, 또 다른 하이픈 그리고 숫자 네 개를 나타낸다. 다른 문자열은 정규 표현식 \d\d\d-\d\d\d-\d\d\d\d와 일치하지 않는다.

그런데 사용자가 정규 표현식을 직접 정의하여 더 복잡한 패턴을 찾아낼 수도 있다. 예를 들어 어떤 패턴 뒤에 3이 들어 있는 중괄호를 추가하면({3}), '이 패턴을 세 번 대조한다'는 의미다. 즉, 약간 짧게 쓴 정규 표현식인 \d{3}-\d{3}-\d{4} 또한 맞는 전화번호 형식으로 패턴을 대조할 때 사용할 수 있다.

Regex 객체 생성하기

파이썬에서 모든 정규 표현식 관련 함수는 re 모듈 안에 있다. 대화형 셸에 다음과 같이 입력하여 이 모듈을 불러오자.

```
>>> import re
```

 이 장에 있는 대부분의 예에서 re 모듈이 필요하기 때문에 스크립트를 실행하거나 뮤를 시작하기 전에 반드시 이 모듈을 불러오는 것을 잊지 말자. re 모듈을 불러오지 않으면 NameError: name 're' is not defined와 같은 오류 메시지를 보게 될 것이다.

정규 표현식을 나타내는 문자열을 re.compile()에 전달하면 Regex 패턴 객체를 생성한다(또는 단순히 Regex 객체라고 하기도 한다).

전화번호 패턴을 맞춰 보는 Regex 객체를 만들기 위해 대화형 셸에 다음과 같이 입력해 보자('\d'는 '숫자'를 의미하기 때문에 \d\d\d-\d\d\d-\d\d\d\d는 전화번호 패턴에 대한 정규 표현식임을 기억하자).

```
>>> phoneNumRegex = re.compile(r'\d\d\d-\d\d\d-\d\d\d\d')
```

이제 phoneNumRegex에는 Regex 객체가 들어 있다.

Regex 객체 대조하기

Regex 객체의 search() 메서드는 전달된 문자열에서 정규 표현식의 패턴과 일치하는 부분을 검색한다. 그 문자열에서 정규 표현식의 패턴과 일치하는 부분이 없다면 None을 반환한다. 패턴이 일치하는 부분이 발견되었다면, search() 메서드는 Match 객체를 반환한다. 이때 이 객체에는 검색한 문자열에서 패턴과 일치하는 텍스트를 반환하는 group() 메서드가 있다(그룹에 대해서는 곧 설명하겠다). 예를 들어 대화형 셸에 다음과 같이 입력해 보자.

```
>>> phoneNumRegex = re.compile(r'\d\d\d-\d\d\d-\d\d\d\d')
>>> mo = phoneNumRegex.search('My number is 415-555-4242.')
>>> print('Phone number found: ' + mo.group())
Phone number found: 415-555-4242
```

변수 이름 mo는 그저 Match 객체에 통상적으로 사용되는 이름일 뿐이다. 이 예를 처음 보면 복잡해 보이지만, 이전의 isPhoneNumber.py 프로그램보다 길이가 훨씬 짧은 코드로 같은 작업을 수행한다.

여기서 찾고자 하는 패턴을 re.compile()에 전달하고, 생성된 Regex 객체를 phoneNumRegex에 저장한다. 그런 다음 phoneNumRegex에서 search() 메서드를 호출하는데, 이때 검색하려는 문자열을 전달한다. 검색한 결과는 mo 변수에 저장된다. 이 예에서 우리는 문자열에서 이러한 패턴이 발견되리라는 사실을 알고 있기 때문에 Match 객체가 반환될 것이라는 사실을 알고 있다. mo 변수 안에는 널(null)값인 None이 아니라 Match 객체가 들어 있다는 사실을 알고 있으므로 일치하는 결과를 반환하기 위해 mo에 group()을 호출할 수 있다. print() 함수 안에 mo.group()을 전달하여 호출하면, 패턴과 일치하는 값인 415-555-4242를 출력한다.

정규 표현식을 활용한 대조 복습하기

파이썬에서 정규 표현식을 활용하려면 몇 단계를 거쳐야 하지만 각 단계는 매우 단순하다.

1. import re로 정규 표현식 모듈을 불러온다.
2. re.compile()로 Regex 객체를 생성한다(원시 문자열을 사용해야 함을 잊지 말자).
3. Regex 객체의 search() 메서드에 검색하려는 문자열을 전달한다.

4. Match 객체의 group() 메서드로 패턴과 일치하는 텍스트를 문자열 형식으로
   반환한다.

 이 예를 대화형 셀에 입력하라고 했지만, 웹 기반 정규 표현식 검사기를 사용하는 것도 좋
다. 이는 입력한 텍스트와 정규 표현식이 정확히 어떻게 일치하는지 보여 준다. https://
pythex.org/에 있는 검사기를 사용해 보자.

정규 표현식을 활용한 더 많은 패턴 대조

이제 파이썬으로 정규 표현식 객체를 생성하고, 이를 활용하여 검색하는 기본
단계들에 대해 알게 되었다. 이제 더 강력한 패턴 대조 기능들을 사용해 보자.

괄호를 사용하여 묶기

전화번호를 지역 번호와 나머지 번호로 분리하려 한다고 가정하자. 다음과 같
이 괄호를 넣으면 정규 표현식에 그룹을 생성할 수 있다: (\d\d\d)-(\d\d\d-
\d\d\d\d) 그 후에 group()이라는 객체 메서드로 한 그룹에서만 일치하는 텍스
트를 얻을 수 있다.

첫 번째 괄호에 있는 정규 표현식 문자열은 그룹 1이 된다. 두 번째 괄호에 있
는 문자열은 그룹 2가 된다. group() 객체 메서드에 정수 1이나 2를 전달하면 패
턴이 일치하는 텍스트의 다른 부분을 얻을 수 있다. 이 group() 메서드에 0을 전
달하거나 아무것도 전달하지 않으면 패턴이 일치하는 전체 텍스트를 반환한다.
대화형 셀에 다음과 같이 입력해 보자.

```
>>> phoneNumRegex = re.compile(r'(\d\d\d)-(\d\d\d-\d\d\d\d)')
>>> mo = phoneNumRegex.search('My number is 415-555-4242.')
>>> mo.group(1)
'415'
>>> mo.group(2)
'555-4242'
>>> mo.group(0)
'415-555-4242'
>>> mo.group()
'415-555-4242'
```

모든 그룹을 한 번에 얻고 싶다면 groups() 메서드를 사용하면 된다. 이때 이름
이 복수형임에 주의하자.

```
>>> mo.groups()
('415', '555-4242')
>>> areaCode, mainNumber = mo.groups()
>>> print(areaCode)
415
>>> print(mainNumber)
555-4242
```

mo.groups()는 여러 개의 값으로 이루어진 튜플을 반환하기 때문에 mainNumber = mo.groups()와 같이 다중 할당 기법을 사용하여 각 값을 별도의 변수에 할당할 수 있다.

　정규 표현식에서 괄호는 특별한 의미를 갖는다. 그러나 텍스트에서 대조해야할 패턴에 괄호가 포함되어 있으면 어떻게 할까? 예를 들어 대조해야 할 전화번호가 괄호 안에 지역 번호가 있는 형태일 수 있다. 이럴 경우, (와) 문자에 역슬래시를 써서 이스케이프 문자로 바꿔야 한다. 대화형 셸에 다음과 같이 입력해보자.

```
>>> phoneNumRegex = re.compile(r'(\(\d\d\d\)) (\d\d\d-\d\d\d\d)')
>>> mo = phoneNumRegex.search('My phone number is (415) 555-4242.')
>>> mo.group(1)
'(415)'
>>> mo.group(2)
'555-4242'
```

re.compile()에 전달한 원시 문자열의 이스케이프 문자 \(와 \)는 실제 괄호 문자와 일치할 것이다. 정규 표현식에서 다음 문자들은 특별한 의미를 갖고 있다.

. ^ $ * + ? { } [ ] \ | ( )

이 문자들을 탐지해야 할 텍스트 패턴의 일부로 설정하고 싶으면, 역슬래시를 써서 이스케이프 문자로 만들어야 한다.

\. \^ \$ * \+ \? \{ \} \[\] \\ \| \(\)

소괄호 (와)를 실수로 \(와 \)의 이스케이프 문자로 바꾸지 않았는지 꼭 다시 확인하자. "missing)"나 "unbalanced parenthesis,"와 같은 오류 메시지가 나온다면, 다음 예와 같이 실수로 그룹에서 이스케이프 문자가 아닌 일반 닫는 괄호 기호를 누락했다는 것을 의미한다.

```
>>> re.compile(r'(\(Parentheses\)')
Traceback (most recent call last):
    --생략--
re.error: missing ), unterminated subpattern at position 0
```

이 오류 메시지는 문자열 r'(\(Parentheses\)'의 인덱스 0에서 괄호를 열었지만, 그에 해당하는 닫는 괄호가 누락되어 있다는 것을 의미한다.

파이프로 여러 그룹 대조하기

| 문자는 파이프라고 부른다. 이 문자는 여러 개의 표현식 중 하나라도 일치하는지 대조하고 싶을 때 사용할 수 있다. 예를 들어 정규 표현식 r'Batman|Tina Fey'는 'Batman' 또는 'Tina Fey'와 일치한다.

문자열에 Batman과 Tina Fey가 둘 다 있을 경우, 패턴과 처음으로 일치한 텍스트를 Match 객체 형태로 반환한다. 대화형 셀에 다음과 같이 입력해 보자.

```
>>> heroRegex = re.compile (r'Batman|Tina Fey')
>>> mo1 = heroRegex.search('Batman and Tina Fey')
>>> mo1.group()
'Batman'

>>> mo2 = heroRegex.search('Tina Fey and Batman')
>>> mo2.group()
'Tina Fey'
```

 search() 메서드를 사용하여 패턴과 일치하는 모든 텍스트를 찾을 수 있는데, 이는 'findall() 메서드'(196쪽)에서 설명한다.

파이프를 사용하여 정규 표현식의 일부를 여러 패턴 중 하나와 일치시킬 수도 있다. 예를 들어 문자열 'Batman', 'Batmobile', 'Batcopter', 'Batbat' 중 하나와 일치하는 것을 찾고 싶다고 하자. 모든 문자열은 Bat로 시작하기 때문에 이를 접두어로 한 번만 쓰면 좋을 것이다. 소괄호로 이를 처리할 수 있다. 대화형 셀에 다음과 같이 입력해 보자.

```
>>> batRegex = re.compile(r'Bat(man|mobile|copter|bat)')
>>> mo = batRegex.search('Batmobile lost a wheel')
>>> mo.group()
'Batmobile'
>>> mo.group(1)
'mobile'
```

mo.group() 메서드의 호출 결과는 완전히 일치한 텍스트 'Batmobile'이고, mo.group(1)은 첫 번째 괄호에 해당하는 그룹에서 일치한 텍스트인 'mobile'만 반환한다. 파이프 문자와 그룹을 나누는 소괄호를 사용하여 정규 표현식으로 대조할 몇 가지 대체 패턴을 지정할 수 있다.

실제 파이프 문자를 대조해야 할 경우, 역슬래시를 사용하여 \|로 이스케이프 문자로 만들어 준다.

물음표를 사용한 선택적 대조

가끔씩 선택적으로 대조하고자 하는 패턴이 있을 수 있다. 즉, 정규 표현식은 해당 텍스트의 존재 여부에 관계없이 일치하는 부분을 찾아야 한다. ? 문자는 그 앞에 있는 그룹이 선택적으로 대조하는 패턴이라고 지정하는 역할을 한다. 예를 들어 대화형 셸에 다음과 같이 입력해 보자.

```
>>> batRegex = re.compile(r'Bat(wo)?man')
>>> mo1 = batRegex.search('The Adventures of Batman')
>>> mo1.group()
'Batman'

>>> mo2 = batRegex.search('The Adventures of Batwoman')
>>> mo2.group()
'Batwoman'
```

정규 표현식 (wo)? 부분은 패턴 wo가 선택적인 그룹임을 의미한다. 정규 표현식은 wo가 없거나 한 개 있는 텍스트와 일치한다. 이것이 정규 표현식과 'Batwoman'과 'Batman'이 모두 일치하는 이유다.

앞의 전화번호 예에서 지역 번호가 있거나 없는 전화번호를 찾는 정규 표현식을 만들 수 있다. 대화형 셸에 다음과 같이 입력해 보자.

```
>>> phoneRegex = re.compile(r'(\d\d\d-)?\d\d\d-\d\d\d\d')
>>> mo1 = phoneRegex.search('My number is 415-555-4242')
>>> mo1.group()
'415-555-4242'

>>> mo2 = phoneRegex.search('My number is 555-4242')
>>> mo2.group()
'555-4242'
```

정규 표현식에서 ?는 '물음표 앞에 있는 그룹이 없거나 한 개 있으면 일치시키기' 라고 생각할 수 있다.

물음표 문자가 대조해야 하는 패턴에 포함되어 있다면, 이스케이프 문자 \?로 작성한다.

별표 기호로 0개 또는 그 이상과 일치시키기

*(별표) 기호는 '0개 또는 그 이상과 일치'를 의미한다. 즉, 텍스트에서 별표 앞의 그룹이 여러 번 나타날 수 있다는 것이다. 아예 없거나 여러 개가 반복될 수도 있다. Batman 예를 다시 한번 살펴보자.

```
>>> batRegex = re.compile(r'Bat(wo)*man')
>>> mo1 = batRegex.search('The Adventures of Batman')
>>> mo1.group()
'Batman'

>>> mo2 = batRegex.search('The Adventures of Batwoman')
>>> mo2.group()
'Batwoman'

>>> mo3 = batRegex.search('The Adventures of Batwowowowoman')
>>> mo3.group()
'Batwowowowoman'
```

'Batman'에서 정규 표현식의 (wo)* 부분이 문자열의 wo와 일치하는 개수는 0개다. 'Batwoman'의 경우, (wo)*는 wo 한 개와 일치하고, 'Batwowowowoman'의 경우 (wo)*는 wo 네 개와 일치한다.

대조해야 하는 패턴에 실제 별표 기호가 포함되어 있으면, *와 같이 별표 기호 앞에 역슬래시를 넣어 준다.

더하기 기호로 한 개 또는 그 이상과 일치시키기

* 기호가 '0개 또는 그 이상과 일치'라는 의미라면, +(더하기) 기호는 '1개 또는 그 이상과 일치'라는 의미다. 대조하는 문자열에서 별표 기호 앞의 그룹은 꼭 나타나지는 않아도 되는 반면, 더하기 기호 앞의 그룹은 최소한 한 번은 반드시 나타나야 한다. 이는 선택 사항이 아니다. 대화형 셸에 다음과 같이 입력하여 앞의 별표 기호를 사용한 정규 표현식과 비교해 보자.

```
>>> batRegex = re.compile(r'Bat(wo)+man')
>>> mo1 = batRegex.search('The Adventures of Batwoman')
>>> mo1.group()
'Batwoman'
```

```
>>> mo2 = batRegex.search('The Adventures of Batwowowowoman')
>>> mo2.group()
'Batwowowowoman'

>>> mo3 = batRegex.search('The Adventures of Batman')
>>> mo3 == None
True
```

정규 표현식 Bat(wo)+man은 문자열 'The Adventures of Batman'에서 일치하는 부분이 없는데, 이는 더하기 기호에 의해 wo가 적어도 한 개 이상 존재해야 하기 때문이다.

실제 더하기 기호를 사용하여 대조해야 한다면, 다음과 같이 앞에 역슬래시 기호를 넣어 이스케이프 문자로 만든다: \+

중괄호로 특정 횟수의 반복과 일치시키기

특정 횟수만큼 반복하는 그룹의 경우, 정규 표현식 안의 해당 그룹 뒤에 숫자가 들어 있는 중괄호를 붙여 준다. 예를 들어 정규 표현식 (Ha){3}은 문자열 'HaHaHa'와 일치하지만 'HaHa'와 일치하지 않는데, 이는 (Ha) 그룹이 두 번만 반복되기 때문이다.

중괄호 안에 숫자 하나를 쓰는 대신 최솟값, 쉼표, 최댓값을 써서 범위를 특정할 수도 있다. 예를 들어 정규 표현식 (Ha){3,5}는 'HaHaHa', 'HaHaHaHa', 'HaHaHaHaHa'와 일치한다.

또한, 중괄호 안의 첫 번째 숫자나 두 번째 숫자를 비워 최솟값이나 최댓값을 제한하지 않을 수 있다. 예를 들어 (Ha){3,}은 (Ha) 그룹이 3개 또는 그 이상 있는 것과 일치하며, (Ha){,5}는 0개에서 5개가 있는 것과 일치한다. 중괄호를 사용하면 정규 표현식을 더 간결하게 작성할 수 있다. 다음 두 정규 표현식은 같은 패턴을 의미한다.

```
(Ha){3}
(Ha)(Ha)(Ha)
```

다음 두 정규 표현식도 같은 패턴을 의미한다.

```
(Ha){3,5}
((Ha)(Ha)(Ha))|((Ha)(Ha)(Ha)(Ha))|((Ha)(Ha)(Ha)(Ha)(Ha))
```

대화형 셸에 다음과 같이 입력해 보자.

```
>>> haRegex = re.compile(r'(Ha){3}')
>>> mo1 = haRegex.search('HaHaHa')
>>> mo1.group()
'HaHaHa'

>>> mo2 = haRegex.search('Ha')
>>> mo2 == None
True
```

여기서 (Ha){3}은 'Ha'가 아니라 'HaHaHa'와 일치한다. 'Ha'와 일치하지 않기 때문에 search()는 None을 반환한다.

최대 일치와 최소 일치

(Ha){3,5}는 'HaHaHaHaHa'에서 세 개, 네 개 또는 다섯 개의 Ha와 일치할 수 있다. Match 객체에서 group()을 호출하면 더 짧은 후보들도 있는데 'HaHaHaHaHa'를 반환하는 이유가 궁금할 것이다. 여하튼 'HaHaHa'와 'HaHaHaHa'도 정규 표현식 (Ha){3,5}의 패턴과 일치하는 것은 사실이기 때문이다.

파이썬의 정규 표현식은 기본적으로 최대 일치를 추구하는데, 이는 애매한 상황에서 최대한 긴 문자열과 일치시키려 하기 때문이다. 가장 짧은 문자열을 일치시키는 최소 일치(게으른 일치)는 닫는 중괄호 뒤에 물음표를 붙이면 된다.

대화형 셸에 다음과 같이 입력하고 같은 문자열에서 최대 일치와 최소 일치 검색을 할 때 중괄호의 형태를 살펴보자.

```
>>> greedyHaRegex = re.compile(r'(Ha){3,5}')
>>> mo1 = greedyHaRegex.search('HaHaHaHaHa')
>>> mo1.group()
'HaHaHaHaHa'

>>> nongreedyHaRegex = re.compile(r'(Ha){3,5}?')
>>> mo2 = nongreedyHaRegex.search('HaHaHaHaHa')
>>> mo2.group()
'HaHaHa'
```

정규 표현식에서 물음표는 두 가지 의미를 갖고 있음을 주목하자. 바로 최소 일치를 선언할 때나 선택적 그룹임을 나타낼 때 사용된다. 이 두 가지 의미는 전혀 연관성이 없다.

findall() 메서드

search() 메서드와 더불어 Regex 객체에는 findall() 메서드도 있다. search() 메서드는 검색한 문자열에서 처음 패턴이 일치하는 텍스트의 Match 객체를 반환하는 반면, findall() 메서드는 검색한 문자열에서 패턴이 일치하는 모든 텍스트를 문자열 형태로 반환한다. 대화형 셸에 다음과 같이 입력하여 search()가 첫 번째로 패턴이 일치하는 텍스트만 Match 객체로 반환하는 것을 확인해 보자.

```
>>> phoneNumRegex = re.compile(r'\d\d\d-\d\d\d-\d\d\d\d')
>>> mo = phoneNumRegex.search('Cell: 415-555-9999 Work: 212-555-0000')
>>> mo.group()
'415-555-9999'
```

반면 findall()은 정규 표현식에 그룹이 없는 상황이라면, Match 객체가 아니라 문자열로 구성된 리스트를 반환한다. 리스트의 각 문자열은 정규 표현식과 패턴이 일치하는 텍스트다. 대화형 셸에 다음과 같이 입력해 보자.

```
>>> phoneNumRegex = re.compile(r'\d\d\d-\d\d\d-\d\d\d\d') # has no groups
>>> phoneNumRegex.findall('Cell: 415-555-9999 Work: 212-555-0000')
['415-555-9999', '212-555-0000']
```

정규 표현식 안에 그룹이 있을 경우, findall()은 튜플들로 이뤄진 리스트를 반환한다. 각 튜플은 패턴이 일치한 검색 결과를 나타내며, 튜플 내의 각 항목은 정규 표현식의 각 그룹과 일치한 문자열을 나타낸다. 대화형 셸에 다음과 같이 입력하여 findall()이 실제로 어떻게 작동하는지 살펴보자(이번에 컴파일된 정규 표현식은 괄호 안에 그룹이 존재한다).

```
>>> phoneNumRegex = re.compile(r'(\d\d\d)-(\d\d\d)-(\d\d\d\d)') # 그룹이 있다.
>>> phoneNumRegex.findall('Cell: 415-555-9999 Work: 212-555-0000')
[('415', '555', '9999'), ('212', '555', '0000')]
```

요약하자면 기억해야 할 findall()의 역할은 다음과 같은 것들이 있다.

- \d\d\d-\d\d\d-\d\d\d\d와 같이 그룹이 없는 정규 표현식에서 findall()을 호출하면, ['415 555-9999', '212-555-0000']과 같이 패턴이 일치하는 문자열로 구성된 리스트를 반환한다.

- (\d\d\d)-(\d\d\d)-(\d\d\d\d)와 같이 그룹이 있는 정규 표현식에서 findall()을 호출하면, [('415', '555', '9999'), ('212','555', '0000')]과 같이 패턴이 일치하는 문자열의 튜플로 구성된 리스트를 반환한다.

문자 클래스

앞서 나온 전화번호 정규 표현식 예에서 \d는 숫자를 나타낸다고 이미 언급했다. 즉, \d는 정규 표현식 (0|1|2|3|4|5|6|7|8|9)를 나타낸다. 표 7-1과 같이 축약된 문자 클래스가 많다.

축약된 문자 클래스	의미
\d	0에서 9 사이의 숫자
\D	0에서 9 사이의 숫자가 아닌 문자
\w	글자, 숫자, 밑줄 중 하나에 해당하는 문자
\W	글자, 숫자, 밑줄 중 어디에도 해당하지 않는 문자
\s	빈칸, 탭, 개행 문자 중 하나에 해당하는 문자('공백' 문자와 일치한다고 생각하라)
\S	빈칸, 탭, 개행 문자 중 어디에도 해당하지 않는 문자

표 7-1 자주 사용되는 문자 클래스의 축약된 코드

문자 클래스는 정규 표현식을 간결하게 작성하는 데 좋다. 문자 클래스 [0-5]는 0에서 5 사이의 숫자와 일치한다. 이는 (0|1|2|3|4|5)를 입력하는 것보다 훨씬 간결하다. \d는 숫자와 일치하고 \w는 숫자, 글자, 밑줄과 일치하지만 오직 글자와 일치하는 축약된 문자 클래스는 없다는 데 주의하자(그렇지만 다음에 설명할 문자 클래스 [a-zA-Z]를 사용하면 된다).

예를 들어 대화형 셸에 다음과 같이 입력해 보자.

```
>>> xmasRegex = re.compile(r'\d+\s\w+')
>>> xmasRegex.findall('12 drummers, 11 pipers, 10 lords, 9 ladies, 8 maids, 7
swans, 6 geese, 5 rings, 4 birds, 3 hens, 2 doves, 1 partridge')
['12 drummers', '11 pipers', '10 lords', '9 ladies', '8 maids', '7 swans', '6
geese', '5 rings', '4 birds', '3 hens', '2 doves', '1 partridge']
```

정규 표현식 \d+\s\w+는 한 개 이상의 숫자(\d+)와 그 뒤에 공백(\s) 문자가 있고, 그 뒤에 한 개 이상의 글자·숫자·밑줄(\w+) 문자가 있는 텍스트와 일치한다. search() 메서드는 이 정규 표현식과 패턴이 일치하는 문자열들로 구성된 리스트를 반환한다.

사용자 정의 문자 클래스 만들기

어떤 문자 집합과 대조할 때 축약된 문자 클래스(\d, \w, \s 등)는 때때로 너무

광범위할 수 있다. 대괄호를 사용하여 사용자가 직접 문자 클래스를 정의할 수 있다. 예를 들어 문자 클래스 [aeiouAEIOU]는 대문자 또는 소문자로 된 모든 모음과 일치한다. 대화형 셸에 다음과 같이 입력해 보자.

```
>>> vowelRegex = re.compile(r'[aeiouAEIOU]')
>>> vowelRegex.findall('RoboCop eats baby food. BABY FOOD.')
['o', 'o', 'o', 'e', 'a', 'a', 'o', 'o', 'A', 'O', 'O']
```

하이픈을 사용하여 글자나 숫자의 범위를 포함시킬 수 있다. 예를 들어 문자 클래스 [a-zA-z0-9]는 모든 소문자, 대문자, 숫자와 일치한다.

대괄호 안에서는 일반적인 정규 표현식 기호들이 원래대로 해석되지 않는다. 이는 ., *, ?, ()와 같은 기호들 앞에 역슬래시 기호를 붙여서 이스케이프 문자로 만들어야 할 필요가 없다는 의미다. 예를 들어 문자 클래스 [0-5.]는 0에서 5 사이의 숫자 그리고 마침표와 일치한다. 이를 [0-5\.]라고 작성할 필요는 없다.

문자 클래스의 여는 대괄호 바로 뒤에 캐럿 기호(^)를 넣어 주면, 반대 문자 클래스를 만들 수 있다. 반대 문자 클래스는 문자 클래스에 있지 않은 모든 문자와 일치한다. 예를 들어 대화형 셸에 다음과 같이 입력해 보자.

```
>>> consonantRegex = re.compile(r'[^aeiouAEIOU]')
>>> consonantRegex.findall('RoboCop eats baby food. BABY FOOD.')
['R', 'b', 'C', 'p', ' ', 't', 's', ' ', 'b', 'b', 'y', ' ', 'f', 'd', '.', ' ',
'B', 'B', 'Y', ' ', 'F', 'D', '.']
```

이 예에서는 모음이 아닌 모든 문자와 일치한다.

캐럿 및 달러 기호 문자

정규 표현식 앞에 캐럿 기호(^)를 넣을 수도 있는데, 이때 의미는 검색 결과 텍스트의 시작 부분이 일치해야 한다는 것을 의미한다. 정규 표현식의 끝부분에 달러 기호($)를 넣으면 문자열의 끝부분이 이 정규 표현식의 패턴과 일치해야 한다는 것을 의미한다. 그리고 ^과 $를 같이 사용하면 전체 문자열이 정규 표현식과 일치해야 함을 의미한다. 즉, 문자열의 일부분만 일치하는 것은 충분하지 않다는 의미다.

예를 들어 정규 표현식 r'^Hello'는 'Hello'로 시작하는 문자열과 일치한다. 대화형 셸에 다음과 같이 입력해 보자.

```
>>> beginsWithHello = re.compile(r'^Hello')
>>> beginsWithHello.search('Hello, world!')
<re.Match object; span=(0, 5), match='Hello'>
>>> beginsWithHello.search('He said hello.') == None
True
```

정규 표현식 r'\d$'는 0에서 9 사이의 숫자로 끝나는 문자열과 일치한다. 대화형 셀에 다음과 같이 입력해 보자.

```
>>> endsWithNumber = re.compile(r'\d$')
>>> endsWithNumber.search('Your number is 42')
<re.Match object; span=(16, 17), match='2'>
>>> endsWithNumber.search('Your number is forty two.') == None
True
```

정규 표현식 r'^\d+$'는 시작과 끝부분이 한 개 이상의 숫자로 시작하고 끝나는 문자열과 일치한다. 대화형 셀에 다음과 같이 입력해 보자.

```
>>> wholeStringIsNum = re.compile(r'^\d+$')
>>> wholeStringIsNum.search('1234567890')
<re.Match object; span=(0, 10), match='1234567890'>
>>> wholeStringIsNum.search('12345xyz67890') == None
True
>>> wholeStringIsNum.search('12 34567890') == None
True
```

앞서 대화형 셀에 입력했던 예에서 마지막 두 번의 search() 호출은 ^, $가 동시에 사용되었을 때, 전체 문자열이 정규 표현식과 일치해야 함을 나타낸다.

　나는 이 두 기호의 의미를 늘 혼동하기 때문에 '당근 가격은 1달러다(Carrots cost dollars)'라는 문장을 만들어 캐럿 기호가 처음에 나오고 달러 기호가 마지막에 나온다는 사실을 떠올린다.

와일드카드 문자

정규 표현식에서 .(마침표) 문자는 와일드카드(wildcard)라고 하는데, 이는 줄바꿈을 제외한 모든 문자와 일치한다. 예를 들어 대화형 셀에 다음과 같이 입력해 보자.

```
>>> atRegex = re.compile(r'.at')
>>> atRegex.findall('The cat in the hat sat on the flat mat.')
['cat', 'hat', 'sat', 'lat', 'mat']
```

마침표 문자는 단 한 개의 문자와 일치하기 때문에 앞에 나온 예에서 텍스트 flat 과 대조한 결과가 lat이 되는 것이다. 실제 마침표와 일치시키려면 \.와 같이 앞에 역슬래시를 넣어 준다.

마침표-별표 기호로 모든 것과 일치시키기

때때로 모든 것을 일치시켜야 할 경우가 있다. 예를 들어 문자열 'First Name:', 모든 텍스트, 'Last Name:', 모든 텍스트의 형식을 갖는 문자열과 일치시키고 싶다고 하자. 마침표-별표(.*) 기호를 사용하여 '모든 문자'를 나타낼 수 있다. 마침표 기호가 '줄 바꿈을 제외한 모든 한 개의 문자'를, 별표 기호가 '앞에 있는 문자가 0개 또는 그 이상 존재함'을 의미한다는 것을 기억하자.

대화형 셸에 다음과 같이 입력해 보자.

```
>>> nameRegex = re.compile(r'First Name: (.*) Last Name: (.*)')
>>> mo = nameRegex.search('First Name: Al Last Name: Sweigart')
>>> mo.group(1)
'Al'
>>> mo.group(2)
'Sweigart'
```

마침표-별표는 최대 일치 모드다. 즉, 항상 일치하는 텍스트 중 최대한 많은 양의 텍스트를 찾는다. 최소 일치로 텍스트를 찾으려면 마침표, 별표, 물음표(.*?)를 사용한다. 중괄호와 더불어 물음표는 파이썬에 최소 일치를 지시하는 역할을 한다.

대화형 셸에 다음과 같이 입력하고 최대 일치와 최소 일치의 차이점을 살펴보자.

```
>>> nongreedyRegex = re.compile(r'<.*?>')
>>> mo = nongreedyRegex.search('<To serve man> for dinner.>')
>>> mo.group()
'<To serve man>'

>>> greedyRegex = re.compile(r'<.*>')
>>> mo = greedyRegex.search('<To serve man> for dinner.>')
>>> mo.group()
'<To serve man> for dinner.>'
```

두 정규 표현식 모두 대략 '여는 꺾쇠 괄호 뒤에 모든 것 뒤에 닫는 꺾쇠 괄호 형식과 일치'라는 의미다. 그러나 문자열 '<To serve man> for dinner.>'는 닫는 꺾쇠 괄호에서 두 가지 다른 종류의 일치가 가능하다. 최소 일치의 정규 표현식에서 파이썬은 다음과 같이 가능한 한 가장 짧은 문자열과 일치한다: '<To serve man>' 최대 일치 정규 표현식에서 파이썬은 다음과 같이 가능한 한 가장 긴 문자열과 일치한다: '<To serve man> for dinner.>'

마침표 문자로 개행 문자와 일치시키기

마침표-별표 기호는 줄 바꿈만 제외하면 모든 것과 일치한다. re.compile의 두 번째 인자로 re.DOTALL을 전달하면, 마침표 문자로 개행 문자를 포함한 모든 문자와 일치한다.

대화형 셸에 다음과 같이 입력해 보자.

```
>>> noNewlineRegex = re.compile('.*')
>>> noNewlineRegex.search('Serve the public trust.\nProtect the innocent.
\nUphold the law.').group()
'Serve the public trust.'

>>> newlineRegex = re.compile('.*', re.DOTALL)
>>> newlineRegex.search('Serve the public trust.\nProtect the innocent.
\nUphold the law.').group()
'Serve the public trust.\nProtect the innocent.\nUphold the law.'
```

re.compile()을 호출할 때 re.DOTALL을 전달하지 않고 생성한 정규 표현식 noNewlineRegex는 처음 개행 문자가 나타나기 전까지의 모든 것과 일치한다. 한편, re.compile()을 호출할 때 re.DOTALL을 전달하여 생성한 정규 표현식 newlineRegex는 모든 것과 일치한다. 이것이 newlineRegex.search()를 호출하면 개행 문자를 포함한 모든 문자열과 일치하는 이유다.

정규 표현식 기호 복습하기

이 장에서는 많은 표기법에 대해 설명했다. 여기서 이제까지 다루었던 기본적인 정규 표현식 기호들을 다시 한번 빠르게 살펴보도록 하겠다.

- ?는 앞의 그룹이 0개 또는 1개 있을 경우 일치
- *는 앞의 그룹이 0개 또는 그 이상 있을 경우 일치
- +는 앞의 그룹이 1개 또는 그 이상 있을 경우 일치
- {n}은 앞의 그룹이 정확히 n번 반복될 경우 일치
- {n,}는 앞의 그룹이 n번 이상 반복될 경우 일치
- {,m}은 앞의 그룹이 0번 이상 m번 이하만큼 반복될 경우 일치

- {n,m}은 앞의 그룹이 n번 이상 m번 이하만큼 반복될 경우 일치
- {n,m}?이나 *? 또는 +?는 앞의 그룹을 최소 일치로 일치
- ^spam은 문자열이 spam으로 시작해야 함
- spam$는 문자열이 spam으로 끝나야 함
- . 기호는 개행 문자를 제외한 모든 문자와 일치
- \d, \w, \s는 각각 숫자, 문자, 공백 문자와 일치
- \D, \W, \S는 각각 숫자, 문자, 공백 문자를 제외한 모든 문자와 일치
- [abc]는 대괄호 안에 있는 문자일 경우 일치(즉, a, b, c 중 하나)
- [^abc]는 대괄호 안에 있는 문자가 아닐 경우 일치

대소문자를 구분하지 않고 대조하기

일반적으로 정규 표현식은 대소문자를 구분하여 텍스트를 대조한다. 예를 들어 다음 정규 표현식은 완전히 다른 문자열과 일치한다.

```
>>> regex1 = re.compile('RoboCop')
>>> regex2 = re.compile('ROBOCOP')
>>> regex3 = re.compile('robOcop')
>>> regex4 = re.compile('RobocOp')
```

그러나 가끔은 대소문자를 구분하지 않고 글자만 대조해야 할 때도 있다. 정규 표현식이 대소문자를 구분하지 않게 하려면, re.compile()의 두 번째 인자에 re.IGNORECASE 또는 re.I를 전달하면 된다. 대화형 셸에 다음과 같이 입력해 보자.

```
>>> robocop = re.compile(r'robocop', re.I)
>>> robocop.search('RoboCop is part man, part machine, all cop.').group()
'RoboCop'

>>> robocop.search('ROBOCOP protects the innocent.').group()
'ROBOCOP'

>>> robocop.search('Al, why does your programming book talk about robocop so much?').group()
'robocop'
```

sub() 메서드로 문자열 치환하기

정규 표현식은 텍스트 패턴을 검색할 때 사용할 뿐 아니라 그 패턴에 해당하는

텍스트를 새로운 텍스트로 치환할 경우에도 사용할 수 있다. Regex 객체에 있는 sub() 메서드는 인자를 두 개 받는다. 첫 번째 인자는 치환할 문자열이다. 두 번째 인자는 정규 표현식과 대조할 문자열이다. sub() 메서드는 치환을 한 결과 문자열을 반환한다.

예를 들어 대화형 셀에 다음과 같이 입력해 보자.

```
>>> namesRegex = re.compile(r'Agent \w+')
>>> namesRegex.sub('CENSORED', 'Agent Alice gave the secret documents to Agent Bob.')
'CENSORED gave the secret documents to CENSORED.'
```

sub()의 첫 번째 인자에 \1, \2, \3처럼 입력할 수 있는데 이는 '텍스트 그룹 1, 2, 3 등으로 치환하겠다'는 의미다.

예를 들어 비밀 요원들의 이름을 첫 글자를 제외하고 공개하지 않으려 한다고 가정하자. 이를 위해 정규 표현식 Agent (\w)\w*를 사용하고 sub()의 첫 번째 인자에 r'\1****'를 전달하면 된다. 문자열의 \1 부분은 그룹 1과 일치한 문자는 무엇이든 치환된다는 의미다. 이때 그룹 1은 정규 표현식의 (\w)에 해당한다.

```
>>> agentNamesRegex = re.compile(r'Agent (\w)\w*')
>>> agentNamesRegex.sub(r'\1****', 'Agent Alice told Agent Carol that Agent Eve
knew Agent Bob was a double agent.')
A**** told C**** that E**** knew B**** was a double agent.'
```

복잡한 정규 표현식 관리하기

대조하는 텍스트 패턴이 간단하면 정규 표현식도 매우 명료하다. 그러나 복잡한 텍스트 패턴과 일치시키려면 길고 난해한 정규 표현식이 필요하다. 정규 표현식에 공백 문자와 주석을 넣어서 이러한 어려움을 완화할 수 있다. 이 '자세한 모드'는 re.compile()에 두 번째 인자로 re.VERBOSE를 전달하면 된다.

다음과 같이 가독성이 좋지 않은 정규 표현식 대신,

```
phoneRegex = re.compile(r'((\d{3}|\(\d{3}\))?(\s|-|\.)?\d{3}(\s|-|\.)\d{4}
(\s*(ext|x|ext.)\s*\d{2,5})?)')
```

다음과 같이 정규 표현식을 여러 줄에 걸쳐서 주석과 함께 작성할 수 있다.

```
phoneRegex = re.compile(r'''(
    (\d{3}|\(\d{3}\))?            # 지역 번호
    (\s|-|\.)?                    # 구분자
    \d{3}                        # 첫 세 자리 숫자
```

```
(\s|-|\.)                        # 구분자
\d{4}                            # 마지막 네 자리 숫자
(\s*(ext|x|ext.)\s*\d{2,5})?     # 내선 번호
)''', re.VERBOSE)
```

이 예에서 세 겹 따옴표 기호를 활용하여 정규 표현식을 여러 줄에 나눠 정의한 덕분에 가독성이 더 좋아졌다.

정규 표현식 문자열에서 주석에 관한 규칙은 일반적인 파이썬 코드와 동일하다. 즉, 어떤 줄에서 # 기호 뒤에 있는 것들은 전부 무시된다. 또한, 여러 줄에 걸친 정규 표현식 문자열에서 추가된 공백 문자는 대조하는 텍스트 패턴의 일부로 포함하지 않는다. 이 덕분에 정규 표현식이 더 구조화되고, 가독성도 더 좋아진다.

re.IGNORECASE, re.DOTALL, re.VERBOSE를 함께 사용하기

정규 표현식에 re.VERBOSE를 이용하여 주석을 작성하려 하는데, 이와 동시에 re.IGNORECASE를 이용하여 대소문자를 구분하고 싶지 않다면 어떻게 해야 할까? 안타깝게도 re.compile() 함수는 두 번째 인자에 값을 하나만 받는다. 이러한 한계는 비트 단위 or 연산자인 파이프 문자를 사용해 re.IGNORECASE, re.DOTALL, re.VERBOSE 변수를 결합함으로써 극복할 수 있다.

따라서 대소문자를 구분하지 않고 마침표 문자를 사용하여 개행 문자도 일치시키려면, re.compile을 다음과 같이 호출해야 한다.

```
>>> someRegexValue = re.compile('foo', re.IGNORECASE | re.DOTALL)
```

두 번째 인자에 선택지 세 개를 다 포함하려면 다음과 같이 호출한다.

```
>>> someRegexValue = re.compile('foo', re.IGNORECASE | re.DOTALL | re.VERBOSE)
```

이렇게 작성하는 방법은 파이썬 초기 버전에서 쓰이던 방식으로 조금 오래된 표기 방법이다. 비트 단위 연산자는 이 책의 범위를 벗어나서 여기서 자세히 설명하지 않지만, 이에 관한 더 많은 정보를 원한다면 *https://nostarch.com/automatestuff2/*를 참고하기 바란다. 두 번째 인자에 또 다른 옵션들을 전달할 수 있지만, 자주 사용하지는 않는다. 이에 대한 설명 또한 앞서 언급한 홈페이지를 참고하기 바란다.

프로젝트: 전화번호·이메일 주소 추출기

어떤 긴 홈페이지나 문서에서 전화번호나 이메일 주소를 추출하는 지루한 작업을 해야 한다고 하자. 전체 페이지를 일일이 스크롤하면서 작업할 경우, 작업을 끝마치는 데 오랜 시간이 걸릴 것이다. 그러나 클립보드에 있는 텍스트에서 전화번호와 이메일 주소를 추출할 수 있는 프로그램이 있다면, Ctrl-A로 모든 텍스트를 선택해 Ctrl-C로 클립복드에 복사하고 나서 프로그램을 실행하면 된다. 찾은 전화번호와 이메일로 클립보드의 텍스트를 대체할 수 있다.

새로운 프로젝트를 진행할 때마다 바로 코드를 작성하려고 하기 쉽다. 그러나 한발 물러나서 더 큰 그림을 그리는 것이 좋다. 먼저 프로그램이 수행해야 하는 작업에 대해 높은 수준의 계획을 세우는 것이 좋다. 아직 실제 코드에 대해 생각하지 말라. 실제 코드는 나중에 걱정해도 된다. 지금은 넓게 바라보자.

예를 들어 전화번호와 이메일 주소 추출기는 다음과 같은 작업을 수행해야 한다.

1. 클립보드에서 텍스트를 가져온다.
2. 텍스트에 있는 전화번호와 이메일 주소를 찾는다.
3. 주줄한 번호와 수소를 클립보드에 붙여 넣는다.

이제 코드가 어떻게 작동해야 할지 생각하면 된다. 코드는 다음과 같은 작업을 수행해야 한다.

1. pyperclip 모듈을 사용하여 문자열을 복사하고 붙여 넣는다.
2. 두 개의 정규 표현식을 만들어 하나는 전화번호, 다른 하나는 이메일 주소 검색에 사용한다.
3. 두 개의 정규 표현식 모두 첫 번째로 패턴이 일치하는 것뿐 아니라 패턴이 일치하는 모든 텍스트를 찾는다.
4. 패턴이 일치하는 문자열들을 하나의 문자열로 깔끔하게 형식을 맞추고 붙여 넣는다.
5. 텍스트에서 패턴이 일치하는 문자열이 발견되지 않을 경우 메시지를 출력한다.

이 목록은 프로젝트를 위한 로드맵과 같다. 코드를 작성할 때 각 단계별로 집중할 수 있다. 각 단계는 상당히 관리하기 쉽고 파이썬으로 작성하는 방법을 이미 알고 있는 것들로 표현할 수 있다.

1단계: 전화번호를 위한 정규 표현식 작성하기

먼저 전화번호를 검색하기 위한 정규 표현식을 작성해야 한다. 새로운 파일을 만들고 다음 코드를 입력한 뒤, phoneAndEmail.py라는 이름으로 저장하자.

```python
#! python3
# phoneAndEmail.py - 클립보드에서 전화번호와 이메일 주소 찾기

import pyperclip, re

phoneRegex = re.compile(r'''(
    (\d{3}|\(\d{3}\))?              # 지역 번호
    (\s|-|\.)?                      # 구분자
    (\d{3})                        # 첫 세 자리 숫자
    (\s|-|\.)                      # 구분자
    (\d{4})                        # 마지막 네 자리 숫자
    (\s*(ext|x|ext.)\s*(\d{2,5}))? # 내선 번호
    )''', re.VERBOSE)

# TODO: 메일 주소를 위한 정규 표현식

# TODO: 클립보드의 텍스트에서 패턴이 일치하는 것 찾기

# TODO: 결과를 클립보드에 복사하기
```

TODO 주석은 이 프로그램의 뼈대일 뿐이다. 이 주석들이 있는 자리에 곧 실제 코드를 작성할 것이다.

전화번호는 지역 번호로 시작하는데 이는 선택 사항이므로 지역 번호 그룹 뒤에 물음표를 넣는다. 또한 지역 번호는 세 자리 숫자(\d{3}) 또는 괄호 안의 세 자리 숫자(\(\d{3}\))로 되어 있으므로 파이프 문자를 사용하여 두 부분을 연결해야 한다. 이 정규 표현식에 주석(# 지역 번호)을 추가하면 여러 줄에 걸친 문자열에서 이 (\d{3}|\(\d{3}\))?가 일치시키려고 하는 것이 무엇인지 기억하는 데 도움이 된다.

전화번호 구분자로 빈칸(\s), 하이픈(-), 마침표(.)를 사용할 수 있으므로 파이프 기호를 사용하여 이 부분들을 연결해야 한다. 정규 표현식의 그다음 부분은 매우 간단하다. 세 자리 숫자, 또 다른 구분자, 네 자리 숫자로 구성되어 있다. 마

지막 부분은 선택적인 내선 번호로 빈칸 뒤에 ext, x, ext.가 앞에 붙는 두 자리 또는 다섯 자리 숫자로 구성되어 있다.

 정규 표현식에서 그룹을 나타내기 위한 소괄호 ()와 이스케이프 문자인 소괄호 \(\)를 혼동하기 쉽다. "missing), unterminated subpattern"이라는 오류 메시지가 나오면 이를 제대로 사용했는지 다시 한번 검사하는 것을 잊지 말라.

2단계: 이메일 주소를 위한 정규 표현식 작성하기

이메일 주소를 검색하기 위한 정규 표현식도 필요하다. 다음과 같이 프로그램을 작성하자.

```python
#! python3
# phoneAndEmail.py - 클립보드에서 전화번호와 이메일 주소 찾기

import pyperclip, re

phoneRegex = re.compile(r'''(
--생략--

# 이메일 정규 표현식 만들기
emailRegex = re.compile(r'''(
    [a-zA-Z0-9._%+-]+    # 사용자 이름                            ❶
    @                    # @ 기호                               ❷
    [a-zA-Z0-9.-]+       # 도메인 이름                           ❸
    (\.[a-zA-Z]{2,4})    # .com, .net, .org 등 최상위 도메인
    )''', re.VERBOSE)

# TODO: 클립보드의 텍스트에서 패턴이 일치하는 것 찾기

# TODO: 결과를 클립보드에 복사하기
```

이메일 주소의 사용자 이름 부분(❶)은 다음과 같은 문자들이 하나 또는 그이상 존재한다: 소문자, 대문자, 숫자, 마침표, 밑줄, 퍼센트 기호, 더하기 기호, 하이픈. 이 모든 것을 다음과 같이 단일 문자 클래스에 포함시킬 수 있다: [a-zA-Z0-9._%+-]

도메인과 사용자 이름은 @ 기호(❷)로 분리된다. 도메인 이름(❸)은 허용되는 문자가 약간 적다. 다음과 같이 글자, 숫자, 마침표 및 하이픈만으로 이뤄져야 한다: [a-zA-Z0-9.-] 마지막 부분은 '닷컴' 부분으로(기술적으로는 최상위 도메인이라고 알려져 있다) 마침표와 두 개에서 네 개 사이의 글자로 구성된다.

이메일 주소 형식에는 여러 가지 이상한 규칙이 있어서 이 정규 표현식으로는

가능하고 유효한 이메일 주소와 전부 일치하지는 못하지만, 앞으로 마주할 대부분의 일반적인 이메일 주소와는 일치할 것이다.

3단계: 클립보드 텍스트에서 패턴이 일치하는 모든 것 찾기

이제 전화번호와 이메일 주소를 위해 만든 정규 표현식을 활용하여 파이썬의 re 모듈로 클립보드에서 패턴이 일치하는 것을 전부 찾는 어려운 작업을 할 수 있게 되었다. pyperclip.paste() 함수는 클립보드에서 텍스트의 문자열값을 가져오고, findall() 메서드는 튜플들로 구성된 리스트를 반환한다.

　다음과 같이 프로그램을 작성하자.

```
#! python3
# phoneAndEmail.py - 클립보드에서 전화번호와 이메일 주소 찾기

import pyperclip, re

phoneRegex = re.compile(r'''(
--생략--

# 클립보드 텍스트에서 패턴이 일치하는 것 찾기
text = str(pyperclip.paste())

matches = []                                              ❶
for groups in phoneRegex.findall(text):                   ❷
    phoneNum = '-'.join([groups[1], groups[3], groups[5]])
    if groups[8] != '':
        phoneNum += ' x' + groups[8]
    matches.append(phoneNum)
for groups in emailRegex.findall(text):                   ❸
    matches.append(groups[0])

# TODO: 결과를 클립보드에 복사하기
```

패턴이 일치하는 결과 한 개당 튜플이 하나 존재하며, 각 튜플에는 정규 표현식의 각 그룹에 해당하는 문자열이 들어 있다. 그룹 0은 정규 표현식과 일치하는 전체 문자열을 의미하므로 튜플의 인덱스 0에 있는 그룹이 필요하다.

　❶에서 볼 수 있듯이 패턴이 일치하는 결과를 matches라는 이름의 리스트에 저장한다. 처음에 이는 빈 리스트와 몇 개의 for 반복문으로 시작한다. 이메일 주소의 경우, 일치하는 결과의 그룹 0에 해당하는 문자열을 추가한다(❸). 전화번호의 경우, 단순히 그룹 0에 해당하는 문자열을 추가하지 않는다. 프로그램이 전화번호를 몇 가지 형식으로 탐지하므로 한 가지 표준화된 형식으로 전화번호

를 추가하고자 한다. phoneNum 변수에는 패턴이 일치하는 텍스트 그룹 1, 3, 5, 8에 해당하는 문자열들(❷)이 있다(이 그룹들은 각각 지역 코드, 처음 세 자리 숫자, 네 자리 숫자 그리고 내선 번호다).

4단계: 일치한 텍스트들을 하나의 문자열로 연결하여 클립보드에 전달하기

이제 문자열 리스트인 matches에 이메일 주소와 전화번호가 있고, 이를 클립보드에 전달하고자 한다. pyperclip.copy() 함수는 문자열로 구성된 리스트가 아니라 단일 문자열값만 받기 때문에 matches에 join() 메서드를 호출하자.

프로그램이 작동하는 것을 쉽게 관찰하기 위해 패턴이 일치한 결과를 터미널에 출력해 보자. 전화번호나 이메일 주소가 없다면, 프로그램은 이를 사용자에게 알릴 것이다.

다음과 같이 프로그램을 작성하자.

```python
#! python3
# phoneAndEmail.py – 클립보드에서 전화번호와 이메일 주소 찾기

--생략--
for groups in emailRegex.findall(text):
    matches.append(groups[0])

# 결과를 클립보드에 복사하기
if len(matches) > 0:
    pyperclip.copy('\n'.join(matches))
    print('Copied to clipboard:')
    print('\n'.join(matches))
else:
    print('No phone numbers or email addresses found.')
```

프로그램 실행하기

예를 들어 웹 브라우저를 열고 노 스타치 출판사의 연락처 페이지(*https://nostarch.com/contactus/*)에 접속해서 Ctrl-A를 눌러 전체 텍스트를 선택한 뒤 Ctrl-C를 눌러 클립보드에 복사했다고 하자. 이 프로그램을 실행한 결과는 다음과 같다.

```
Copied to clipboard:
800-420-7240
415-863-9900
415-863-9950
info@nostarch.com
media@nostarch.com
```

academic@nostarch.com
info@nostarch.com

비슷한 프로그램들을 위한 아이디어

텍스트의 패턴을 발견하는 것(그리고 발견한 결과를 sub() 메서드로 치환하는 것)을 응용할 수 있는 분야는 매우 많다. 예를 들어 다음과 같다.

- http:// 또는 https://로 시작하는 웹 사이트 URL 찾기
- 서로 다른 형식의 날짜(3/14/2019, 03-14-2019, 2015/3/19와 같은)들을 단일 표준 형식으로 바꾸기
- 사회 보장 번호나 신용 카드 번호 등 민감한 정보 제거하기
- 자주 발생하는 오타 찾기. 이러한 예로는 단어 사이에 여러 칸 띄어쓰기, 실수로 실수로 반복하는 단어들, 문장 끝에 느낌표를 여러 개 쓰는 경우 등이 있다. 이는 매우 귀찮은 일이다!!

요약

컴퓨터는 텍스트를 빨리 찾을 수 있지만 찾으려고 하는 대상을 컴퓨터에 정확하게 알려 줘야 한다. 정규 표현식을 사용하면 정확한 텍스트를 알려 주는 대신, 찾으려는 문자의 패턴만 명시해도 찾을 수 있다. 사실 몇몇 워드 프로세서나 스프레드시트 애플리케이션은 정규 표현식을 사용한 찾기-바꾸기 기능을 제공하고 있다.

파이썬에 있는 re 모듈은 Regex 객체를 컴파일하도록 한다. 이 객체에는 몇 가지 메서드가 존재한다. 단 하나의 일치하는 결과를 찾는 search(), 패턴이 일치하는 모든 사례를 찾는 findall(), 찾기-바꾸기를 통해 텍스트를 치환하는 sub()가 있다.

더 많은 정보를 원한다면 *https://docs.python.org/3/library/re.html*에 있는 파이썬 공식 문서를 참고하기 바란다. 튜토리얼 웹 사이트인 *https://www.regular-expressions.info/*에 있는 자료들도 도움이 된다.

연습 문제

1. Regex 객체를 생성하는 함수는 무엇인가?
2. Regex 객체를 생성할 때 왜 원시 문자열을 자주 사용하는가?

3. search() 메서드는 무엇을 반환하는가?

4. Match 객체로부터 패턴과 일치하는 실제 문자열을 얻을 수 있는 방법은 무엇인가?

5. 정규 표현식 r'(\d\d\d)-(\d\d\d-\d\d\d\d)'에서 그룹 0, 1, 2가 의미하는 바는 무엇인가?

6. 정규 표현식에서 소괄호와 마침표는 특정한 의미를 갖는다. 실제 소괄호와 마침표 문자를 정규 표현식에 포함하고 싶다면 어떻게 해야 하는가?

7. search() 메서드는 문자열로 이루어진 리스트나 문자열로 이루어진 튜플을 반환한다. 둘 중 하나를 반환하는 이유는 각각 무엇인가?

8. 정규 표현식에서 | 문자의 의미는 무엇인가?

9. 정규 표현식에서 ? 문자의 두 가지 의미는 무엇인가?

10. 정규 표현식에서 +와 *의 차이점은 무엇인가?

11. 정규 표현식에서 {3}과 {3,5}의 차이점은 무엇인가?

12. 정규 표현식에서 축약된 문자 클래스인 \d, \w, \s의 의미는 무엇인가?

13. 정규 표현식에서 축약된 문자 클래스인 \D, \W, \S의 의미는 무엇인가?

14. .*와 .*?의 차이는 무엇인가?

15. 모든 숫자, 소문자와 일치하는 문자 클래스는 무엇인가?

16. 대소문자를 구분하지 않도록 하는 정규 표현식은 무엇인가?

17. . 문자는 일반적으로 무엇과 일치하는가? re.compile()의 두 번째 인자로 re.DOTALL을 전달하면 무엇과 일치하는가?

18. numRegex = re.compile(r'\d+')일 때 numRegex.sub('X', '12 drummers, 11 pipers, five rings, 3 hens')는 무엇을 반환하는가?

19. re.compile()의 두 번째 인자로 re.VERBOSE를 전달하면 어떤 일을 할 수 있는가?

20. 세 자리 숫자마다 쉼표가 있는 수와 일치하는 정규 표현식은 어떻게 작성하는가? 다음과 같은 것들과 일치해야 한다.

- '42'
- '1,234'
- '6,368,745'

그러나 다음과 같은 것들과는 일치하지 않는다.

- '12,34,567'(쉼표 사이에 숫자가 단 두 개 있는 경우가 있음)
- '1234'(쉼표가 빠져 있음)

21. 성이 Jeong인 사람의 전체 이름과 일치하는 정규 표현식은 어떻게 작성하는가? 이때 전체 이름에서 이름 부분이 앞에 나오고 성 부분이 뒤에 나온다. 이름 부분은 하나의 단어로 이루어져 있으며 대문자로 시작한다. 정규 표현식은 다음과 같은 것들과 일치해야 한다.

- `'Joonmo Jeong'`
- `'Alice Jeong'`
- `'RoboCop Jeong'`

그러나 다음과 같은 것들과는 일치하지 않는다.

- `'joonmo Jeong'`(이름 부분의 첫 글자가 대문자가 아님)
- `'Mr. Jeong'`(이름 부분에 글자가 아닌 문자가 존재)
- `' Jeong'`(이름 부분이 없음)
- `'Joonmo jeong'`(성의 첫 글자가 대문자가 아님)

22. 첫 번째 단어가 Alice, Bob, Carol, 두 번째 단어가 eats, pets, throws, 세 번째 단어가 apples, cats, baseballs 중 한 단어에 해당하고 마침표로 끝나는 문장과 일치하는 정규 표현식을 작성하려면 어떻게 해야 하는가? 이 정규 표현식은 대소문자를 구별하지 않는다. 다음과 같은 것들과 일치해야 한다.

- `'Alice eats apples.'`
- `'Bob pets cats.'`
- `'Carol throws baseballs.'`
- `'Alice throws Apples.'`
- `'BOB EATS CATS.'`

그러나 다음과 같은 것들과는 일치하지 않는다.

- `'RoboCop eats apples.'`
- `'ALICE THROWS FOOTBALLS.'`
- `'Carol eats 7 cats.'`

연습 프로젝트

연습을 위해 다음과 같은 작업들을 수행하는 프로그램을 작성해 보자.

날짜 탐지기

DD/MM/YYYY 형식의 날짜를 탐지하는 정규 표현식을 작성하라.

일자의 범위는 01일부터 31일까지, 달의 범위는 01월부터 12월까지이며, 연도의 범위는 1000년부터 2999년까지다. 일자나 달이 한 자리 숫자로 되어 있으면 앞에 0을 붙여 준다.

정규 표현식으로 윤년에 해당하는 때나 각 달의 정확한 날짜를 탐지할 필요는 없다. 즉, 실제로 존재하지 않는 31/02/2020이나 31/04/2021 같은 날짜도 인정한다. 그런 다음 month, day, year 변수에 문자열을 저장하고 유효한 형식의 날짜인지 탐지하는 추가 코드를 작성하라. 4월, 6월, 9월, 11월은 30일까지 있고 2월은 28일까지 있으며 나머지 달은 31일까지 있다. 윤년의 2월은 29일까지 있다. 윤년은 보통 4로 나누어 떨어지는 연도들을 의미하는데, 예외로 100으로 나누어 떨어지는 연도는 평년으로 한다. 단 400으로 나누어 떨어지는 연도는 윤년으로 한다. 이러한 계산 방식으로 인해 유효한 날짜를 탐지하는 정규 표현식을 적당한 길이로 작성하기가 불가능하다는 데 주의하자.

강력한 비밀번호 여부 확인하기

비밀번호 문자열이 강력한지 정규 표현식으로 확인하는 함수를 작성하자. 강력한 비밀번호는 길이가 적어도 여덟 글자 이상이어야 하며, 대소문자를 모두 포함하고, 최소 한 개의 숫자를 포함해야 한다. 강력한지 확인하기 위해 여러 개의 정규 표현식 패턴을 문자열에 시험해 봐야 할 것이다.

strip() 메서드의 정규 표현식 버전

문자열을 받아서 문자열 메서드 strip()과 같은 역할을 하는 함수를 작성하라. 제거해야 할 문자열 외에 아무런 인자도 전달받지 못하면, 문자열의 시작과 끝 부분의 공백 문자가 제거된다. 그렇지 않다면 함수가 전달받은 두 번째 인자에 해당하는 문자가 문자열에서 제거된다.

8장

입력값 검증하기

입력값 검증 코드는 input()으로 입력한 텍스트와 같이 사용자가 입력한 값이 맞는 형식인지 검사하는 코드다. 예를 들어 사용자가 나이를 입력하는데 음수 (올바른 범위 밖에 있는 정수)나 단어(틀린 자료형) 등의 터무니없는 입력값이 들어와서는 안 된다. 입력값 검증으로 버그나 보안 취약성을 방지하기도 한다. 계좌에서 인출하는 금액을 인수로 받는 withdrawFromAccount() 함수를 실행할 때 먼저 그 금액이 양수인지 확인해야 한다. withdrawFromAccount()가 계좌에서 음수만큼 인출할 경우, '인출'이 돈을 입금하는 결과와 같다!

일반적으로 입력값 검증은 다음과 같이 사용자가 유효한 텍스트를 입력할 때 까지 반복해서 요청하는 형식으로 수행된다.

```python
while True:
    print('Enter your age:')
    age = input()
    try:
        age = int(age)
    except:
        print('Please use numeric digits.')
        continue
    if age < 1:
        print('Please enter a positive number.')
        continue
    break

print(f'Your age is {age}.')
```

이 프로그램을 실행한 결과는 다음과 같다.

```
Enter your age:
five
Please use numeric digits.
Enter your age:
-2
Please enter a positive number.
Enter your age:
30
Your age is 30.
```

이 코드를 실행하면 유효한 값을 입력할 때까지 나이를 입력하라는 메시지가 표시될 것이다. 이를 통해 while 반복문을 벗어날 때까지 age 변수에는 추후 프로그램에 문제가 생기지 않도록 하는 유효한 값이 반드시 저장되도록 할 수 있다.

그러나 프로그램에서 input()을 호출할 때마다 입력 검증 코드를 작성하는 것은 매우 귀찮은 일이다. 또한, 특정 사례를 놓쳐서 유효하지 않은 입력값이 검사를 통과하게 허용할 수도 있다. 이 장에서는 서드 파티 모듈인 PyInputPlus를 사용하여 입력값을 검증하는 방법을 설명할 것이다.

PyInputPlus 모듈

PyInputPlus 모듈에는 숫자, 날짜, 이메일 주소 등 몇 가지 데이터를 위한 input()과 비슷한 함수들이 있다. 사용자가 틀린 형식의 날짜나 유효 범위에서 벗어난 숫자 등 유효하지 않은 값을 입력하면, PyInputPlus는 앞의 예시 코드와 같이 사용자에게 다시 입력하도록 요청할 것이다. 또한, PyInputPlus는 다시 입력하는 횟수나 응답 시간에 제한을 두는 등의 다른 유용한 기능들도 갖고 있다.

PyInputPlus는 파이썬 표준 라이브러리에 포함되어 있지 않기 때문에 pip를 이용해 별도로 설치해야 한다. PyInputPlus를 설치하려면 명령 행에서 `pip install --user pyinputplus`를 실행한다. 서드 파티 모듈을 설치하는 방법은 부록 A를 참고하라. PyInputPlus가 제대로 설치되었는지 검사하기 위해 대화형 셸에서 이를 불러오자.

```
>>> import pyinputplus
```

모듈을 불러올 때 문제가 생기지 않았다면 성공적으로 설치된 것이다.

PyInputPlus에는 서로 다른 종류의 입력값을 위한 몇 가지 함수가 있다.

inputStr() 내장 함수 input()과 비슷하지만, 일반적인 PyInputPlus 기능을 갖는다. 사용자가 직접 작성한 검증 함수도 전달할 수 있다.

inputNum() 사용자는 숫자만 입력하도록 하고, 소수점 존재 여부에 따라 정수나 부동 소수점 수를 반환한다.

inputChoice() 사용자는 제공한 선택 사항 중 하나만 입력하도록 한다.

inputMenu() inputChoice()와 비슷하지만 각 메뉴에는 번호나 글자가 붙는다.

inputDatetime() 사용자가 날짜나 시간을 입력하도록 한다.

inputYesNo() 사용자가 'yes' 또는 'no'만 대답할 수 있도록 한다.

inputBool() inputYesNo()와 비슷하지만 'True' 또는 'False'의 답을 받아 불값을 반환한다.

inputEmail() 사용자가 이메일 주소만 입력하도록 한다.

inputFilepath() 사용자가 유효한 파일 주소와 파일 이름을 입력하도록 하고, 선택적으로 그 파일이 실제 존재하는지 확인할 수 있다.

inputPassword() 내장 함수 input()과 비슷하지만, 사용자가 민감한 정보 또는 비밀번호를 입력할 때, 실제 정보는 화면에 출력되지 않고 * 문자가 출력된다.

이 함수들은 유효한 값을 입력할 때까지 다시 입력하도록 사용자에게 자동으로 요청한다.

```
>>> import pyinputplus as pyip
>>> response = pyip.inputNum()
five
'five' is not a number.
42
>>> response
42
```

이때 import 문의 as pyip는 PyInputPlus에 있는 함수를 호출할 때마다 pyinputplus라고 입력해야 하는 수고로움을 덜어 준다. 대신 더 짧은 이름인 pyip를 사용할 수 있다. 앞에 나온 예에서 input()과 달리, int나 float 값을 반환하는 것을 볼 수 있다. 즉, 문자열 '42', '3.14' 대신 42, 3.14를 반환한다.

프롬프트를 제공하기 위해 input()에 문자열을 전달하는 것처럼 PyInputPlus의 함수들을 사용할 때 prompt 키워드 인자에 문자열을 전달하면 프롬프트를 출력할 수 있다.

```
>>> response = input('Enter a number: ')
Enter a number: 42
>>> response
'42'
>>> import pyinputplus as pyip
>>> response = pyip.inputInt(prompt='Enter a number: ')
Enter a number: cat
'cat' is not an integer.
Enter a number: 42
>>> response
42
```

이 함수들에 관해 더 많은 정보를 알고 싶다면 파이썬의 help() 함수를 사용하기 바란다. 예를 들어 help(pyip.inputChoice)는 inputChoice() 함수에 관한 도움말을 출력한다. 전체 문서는 *https://pyinputplus.readthedocs.io/*에서 찾아볼 수 있다.

min, max, greaterThan, lessThan 키워드 인자

정수 또는 부동 소수점 수를 받는 inputNum(), inputInt(), inputFloat() 함수들은 유효한 값의 범위를 지정하기 위한 min, max, greaterThan, lessThan 키워드 인자를 갖는다. 예를 들어 대화형 셸에 다음과 같이 입력해 보자.

```
>>> import pyinputplus as pyip
>>> response = pyip.inputNum('Enter num: ', min=4)
Enter num:3
Input must be at minimum 4.
Enter num:4
>>> response
4
>>> response = pyip.inputNum('Enter num: ', greaterThan=4)
Enter num: 4
Input must be greater than 4.
Enter num: 5
>>> response
5
>>> response = pyip.inputNum('>', min=4, lessThan=6)
Enter num: 6
Input must be less than 6.
Enter num: 3
Input must be at minimum 4.
Enter num: 4
>>> response
4
```

키워드 인자는 선택 사항이지만 이 값을 제공했다면 사용자의 입력값은 min 인자보다 작을 수 없고 max 인자보다 클 수 없다(입력값이 그 인자들과 같은 값을 가질 수 있다). 또한, 입력값은 greaterThan 인자보다 커야 하고 lessThan 인자보다 작아야 한다(입력값이 그 인자들과 같은 값을 가질 수 없다).

blank 키워드 인자

기본적으로 빈 값을 입력하는 것은 허용되지 않는다. 단, blank 키워드 인자가 True로 설정되어 있다면 가능하다.

```
>>> import pyinputplus as pyip
>>> response = pyip.inputNum('Enter num: ')
Enter num:(빈 값을 여기에 입력한다)
Blank values are not allowed.
Enter num: 42
>>> response
42
>>> response = pyip.inputNum(blank=True)
(빈 값을 여기에 입력한다)
>>> response
''
```

사용자가 아무것도 입력하지 않아도 되도록 입력을 선택 사항으로 설정하려면 blank=True를 사용하면 된다.

limit timeout, default 키워드 인자

기본적으로 PyInputPlus의 함수들은 사용자가 유효한 값을 입력할 때까지 계속해서 요청한다(또는 프로그램이 실행되는 한 계속된다). 사용자에게 몇 번 더 요청한 뒤 또는 일정 시간이 지난 뒤 입력 요청을 그만하고 싶다면 limit과 timeout 키워드 인자를 사용할 수 있다. 키워드 인자 limit에 정수를 전달하여 PyInputPlus 함수가 유효한 입력값을 받기 위해 몇 번 시도할지 정할 수 있다. 또한, 키워드 인자 timeout에 정수를 전달하여 사용자가 유효한 값을 입력할 제한 시간을 정할 수 있다.

　사용자가 유효한 값을 입력하지 못한다면, 이 키워드 인자들은 각각 함수가 RetryLimitException 또는 TimeoutException을 일으키도록 한다. 예를 들어 대화형 셀에 다음과 같이 입력해 보자.

```
>>> import pyinputplus as pyip
>>> response = pyip.inputNum(limit=2)
```

```
blah
'blah' is not a number.
Enter num: number
'number' is not a number.
Traceback (most recent call last):
--생략--
pyinputplus.RetryLimitException
>>> response = pyip.inputNum(timeout=10)
42 (10초가 지난 후 입력했다)
Traceback (most recent call last):
--생략--
pyinputplus.TimeoutException
```

이 키워드 인자들을 사용할 때 default 키워드 인자도 같이 쓰면 예외로 처리하는 대신 기본값을 반환한다. 대화형 셀에 다음과 같이 입력해 보자.

```
>>> response = pyip.inputNum(limit=2, default='N/A')
hello
'hello' is not a number.
world
'world' is not a number.
>>> response
'N/A'
```

RetryLimitException을 일으키는 대신 inputNum() 함수는 문자열 'N/A'를 반환한다.

allowRegexes와 blockRegexes 키워드 인자

정규 표현식을 사용하여 입력값의 허용 여부도 특정할 수 있다. 키워드 인자 allowRegexes와 blockRegexes는 정규 표현식 문자열로 구성된 리스트를 전달받고, PyInputPlus 함수는 입력값의 유효성 여부를 판단하여 입력값을 받아들일지 거부할지 결정한다. 예를 들어 다음과 같이 대화형 셀에 입력하여 inputNum()이 일반 숫자 외에 로마 숫자도 받아들이도록 해 보자.

```
>>> import pyinputplus as pyip
>>> response = pyip.inputNum(allowRegexes=[r'(I|V|X|L|C|D|M)+', r'zero'])
XLII
>>> response
'XLII'
>>> response = pyip.inputNum(allowRegexes=[r'(i|v|x|l|c|d|m)+', r'zero'])
xlii
>>> response
'xlii'
```

물론 이 정규 표현식은 inputNum() 함수가 사용자로부터 받아들이는 글자에만 영향을 준다. 즉, 이 함수는 'XVX', 'MILLI'와 같이 실제 로마 숫자가 아닌 문자열도 받아들이는데, 이는 정규 표현식 r'(I|V|X|L|C|D|M)+'가 이러한 문자열도 받아들이기 때문이다.

또한, blockRegexes 키워드 인자를 사용하여 PyInputPlus 함수들이 허용하지 않는 정규 표현식 리스트를 특정할 수도 있다. 대화형 셸에 다음과 같이 입력하여 inputNum()이 짝수를 받아들이지 않도록 하자.

```
>>> import pyinputplus as pyip
>>> response = pyip.inputNum(blockRegexes=[r'[02468]$'])
42
This response is invalid.
44
This response is invalid.
43
>>> response
43
```

allowRegexes, blockRegexes 인자를 모두 설정하면 허용하는 리스트가 차단하는 리스트보다 우선순위가 높다. 예를 들어 대화형 셸에 다음과 같이 입력하여 'caterpillar', 'category'를 제외하고 'cat'이 있는 단어를 모두 차단하도록 하자.

```
>>> import pyinputplus as pyip
>>> response = pyip.inputStr(allowRegexes=[r'caterpillar', 'category'],
blockRegexes=[r'cat'])
cat
This response is invalid.
catastrophe
This response is invalid.
category
>>> response
'category'
```

PyInputPlus 모듈의 함수를 사용하면 지루한 입력 검증 코드를 별도로 만드는 수고를 크게 줄일 수 있다. 그러나 PyInputPlus 모듈에는 여기에서 설명한 것보다 더 많은 기능이 있다. 이에 대한 전체 문서는 *https://pyinputplus.readthedocs.io/*에서 찾아볼 수 있다.

inputCustom()에 사용자가 정의한 검증 함수 전달하기

사용자 정의 검증 로직을 수행하는 함수를 작성해 inputCustom()에 전달하는 방식으로 직접 만든 로직에 따라 검증을 수행할 수 있다. 예를 들어 사용자가 합계가 10인 일련의 숫자를 입력해야 하는 상황을 가정해 보자. pyinputplus. inputAddsUpToTen()과 같은 함수는 없지만, 사용자가 다음과 같은 함수를 직접 만들 수 있다.

- 사용자가 입력한 단일 문자열 인자를 허용한다.
- 문자열이 검증을 통과하지 못하면 예외를 일으킨다
- inputCustom()이 문자열을 수정하지 않고 반환해야 할 경우, None을 반환한다 (또는 return 문이 없다).
- inputCustom()이 사용자가 입력한 값이 아니라 다른 문자열을 반환해야 할 경우 None이 아닌 값을 반환한다.
- inputCustom()의 첫 번째 인자로 전달된다.

예를 들어 사용자는 addsUpToTen()이라는 함수를 정의할 수 있으며, 이를 inputCustom()에 전달할 수 있다. 이때 함수는 inputCustom(addsUpToTen()) 이 아니라 inputCustom(addsUpToTen)과 같은 형식으로 호출해야 한다. 이는 addsUpToTen() 함수를 호출하여 반환하는 값을 inputCustom()에 전달하는 방식이 아니라 addsUpToTen() 함수 자체를 전달하는 방식이기 때문이다.

```
>>> import pyinputplus as pyip
>>> def addsUpToTen(numbers):
...     numbersList = list(numbers)
...     for i, digit in enumerate(numbersList):
...         numbersList[i] = int(digit)
...     if sum(numbersList) != 10:
...         raise Exception('The digits must add up to 10, not %s.' % (sum(numbersList)))
...     return int(numbers) # 숫자의 정수형을 반환환다.
...
>>> response = pyip.inputCustom(addsUpToTen) # 뒤에 괄호가 붙지 않는다.
addsUpToTen here.
123
The digits must add up to 10, not 6.
1235
The digits must add up to 10, not 11.
1234
>>> response # inputStr()은 문자열이 아니라 정수를 반환한다.
1234
>>> response = pyip.inputCustom(addsUpToTen)
```

```
hello
invalid literal for int() with base 10: 'h'
55
>>> response
```

inputCustom() 함수도 blank, limit, timeout, default, allowRegexes, blockRegexes 등의 키워드 인자 같은 일반적인 PyInputPlus의 기능을 지원한다. 앞서 나온 '합계가 10' 예와 같이 정규 표현식을 사용하여 유효한 입력임을 검증하기가 불가능하거나 어려울 때는 사용자가 검증 함수를 직접 작성하는 것이 좋다.

프로젝트: 어리석은 사람을 오랫동안 바쁘게 하는 방법

PyInputPlus를 사용하여 다음과 같은 작업을 수행하는 간단한 프로그램을 만들어 보자.

1. 사용자에게 어리석은 사람을 오랫동안 바쁘게 하고 싶은지 물어본다.
2. 사용자의 대답이 no라면 종료한다.
3. 사용자의 대답이 yes라면 1단계로 돌아간다.

당연하게도 사용자가 'yes'나 'no' 외의 다른 값을 입력할 수도 있으니 입력값 검증을 수행해야 한다. 사용자가 전체 단어를 입력하는 대신 'y'나 'n'을 입력해도 된다면 편리할 것이다. PyInputPlus의 inputYesNo()가 이를 처리하며, 사용자가 대문자 또는 소문자로 입력하는지와 무관하게 소문자로 된 문자열 'yes'나 'no'를 반환한다. 이 프로그램을 실행한 결과는 다음과 같다.

```
Want to know how to keep an idiot busy for hours?
sure
'sure' is not a valid yes/no response.
Want to know how to keep an idiot busy for hours?
yes
Want to know how to keep an idiot busy for hours?
y
Want to know how to keep an idiot busy for hours?
Yes
Want to know how to keep an idiot busy for hours?
YES
Want to know how to keep an idiot busy for hours?
YES!!!!!!
```

```
'YES!!!!!!' is not a valid yes/no response.
Want to know how to keep an idiot busy for hours?
TELL ME HOW TO KEEP AN IDIOT BUSY FOR HOURS.
'TELL ME HOW TO KEEP AN IDIOT BUSY FOR HOURS.' is not a valid yes/no response.
Want to know how to keep an idiot busy for hours?
no
Thank you. Have a nice day.
```

새 파일 편집기 탭을 열고 idiot.py라는 이름으로 저장한다. 그리고 다음과 같은 코드를 입력한다.

```
import pyinputplus as pyip
```

이 코드는 PyInputPlus 모듈을 불러온다. 이 pyinputplus는 일일이 입력하기에는 약간 길기 때문에 짧게 pyip라는 이름을 사용할 것이다.

```
while True:
    prompt = 'Want to know how to keep an idiot busy for hours?\n'
    response = pyip.inputYesNo(prompt)
```

그다음 while True:는 break 문에 다다를 때까지 계속해서 실행되는 무한 루프를 만든다. 이 반복문 내에서 pyip.inputYesNo()를 호출하여 사용자가 유효한 대답을 할 때까지 함수 호출에 대한 값을 반환하지 않도록 한다.

```
    if response == 'no':
        break
```

pyip.inputYesNo()를 호출함으로써 문자열 'yes' 또는 'no'만 반환할 수 있다. 'no'를 반환했다면 프로그램은 무한 루프를 빠져나와 사용자에게 감사를 표시하는 마지막 줄을 실행한다.

```
print('Thank you. Have a nice day.')
```

그렇지 않다면 반복문을 한 번 더 실행한다.

이 inputYesNo() 함수에 yesVal, noVal 키워드 인자를 전달하여 영어가 아닌 다른 언어도 사용할 수 있다. 예를 들어 이 프로그램의 스페인어 버전은 다음 두 줄과 같을 것이다.

```
    prompt = '¿Quieres saber cómo mantener ocupado a un idiota durante horas?\n'
    response = pyip.inputYesNo(prompt, yesVal='sí', noVal='no')
    if response == 'sí':
```

이제 사용자는 긍정의 대답으로 yes 또는 y 대신 sí 또는 s(소문자 또는 대문자)를 사용할 수 있다.

프로젝트: 곱하기 퀴즈

시간 제한이 있는 곱셈 퀴즈를 만드는 데 PyInputPlus의 기능을 유용하게 사용할 수 있다. pyip.inputStr()의 allowRegexes, blockRegexes, timeout, limit 키워드 인자를 설정하면 대부분의 실행은 PyInputPlus가 한다. 작성해야 할 코드가 적을수록 프로그램을 빨리 만들 수 있다. 사용자에게 곱셈 문제를 열 개 내는 프로그램을 만들어 보자. 유효한 입력값이 문제의 정답이 되어야 한다. 새 파일 편집기 탭을 열고 multiplicationQuiz.py라는 이름으로 파일을 저장하자.

먼저 pyinputplus, random, time을 불러온다. 출제한 문제 개수와 사용자가 맞힌 정답 개수를 각각 numberOfQuestions, correctAnswers 변수에 저장한다. for 반복문은 임의의 곱셈 문제를 열 번 출제한다.

```
import pyinputplus as pyip
import random, time

numberOfQuestions = 10
correctAnswers = 0
for questionNumber in range(numberOfQuestions):
```

for 반복문 안에서 프로그램은 임의의 한 자리 숫자를 두 개 선택하여 사용자에게 #Q: N × N = 프롬프트를 보여 준다. 이때 Q는 질문 번호(1에서 10까지)를, N은 곱해야 할 숫자 두 개를 의미한다.

```
    # 임의의 숫자 두 개를 고른다.
    num1 = random.randint(0, 9)
    num2 = random.randint(0, 9)

    prompt = '#%s: %s x %s = ' % (questionNumber, num1, num2)
```

pyip.inputStr() 함수는 이 퀴즈 프로그램의 대부분을 처리한다. allowRegexes에 전달하는 인자는 정규 표현식 문자열 '^%s$'가 있는 정규 표현식이고, %s는 정답으로 대체된다. ^, % 문자는 입력한 답이 정답과 시작/끝이 같도록 보장하지만, 사용자가 응답 전후에 실수로 스페이스 바를 눌렀을 경우를 대비하여 PyInputPlus는 사용자 응답 전후에 있는 공백 문자를 제거한다. blocklistRegexes에 전달한 인자는 ('.*', 'Incorrect!')가 있는 리스트다. 이 튜플에 있는 첫 번째 문자열은 가능한 문자열과 전부 매칭되는 정규 표현식이다. 그러므로 사용자의 응답이 정답과 일치하지 않으면, 프로그램은 다른 모든 응답을 거부한다. 이 경우, 'Incorrect!'라는 문자열이 출력되며 사용자는 다시 응답할 기회를 얻게 된다. 이와 더불어 timeout에 8을, limit에 3을 전달하여 사용자에게 정답을 입력할 8초의 시간과 세 번의 기회만 준다.

```python
    try:
        # 정답은 allowRegexes가 처리한다.
        # 오답은 특정 메시지를 출력하면서 blockRegexes가 처리한다.
        pyip.inputStr(prompt, allowRegexes=['^%s$' % (num1 * num2)],
                            blockRegexes=[('.*', 'Incorrect!')],
                            timeout=8, limit=3)
```

8초가 지난 뒤에는 정답을 입력했더라도 pyip.inputStr()이 TimeoutException 예외를 일으킨다. 세 번 이상 틀리면 RetryLimitException 예외를 일으킨다. 이는 모두 PyInputPlus 모듈에 있는 예외 유형이므로 pyip.를 앞에 붙여야 한다.

```python
    except pyip.TimeoutException:
        print('Out of time!')
    except pyip.RetryLimitException:
        print('Out of tries!')
```

else 블록이 if나 elif 블록 뒤에 오는 것과 마찬가지로 다음 코드는 마지막 except 블록 뒤에 위치할 수 있다. try 블록에서 어떤 예외도 발생하지 않았다면, 다음 else 블록 안에 있는 코드를 실행한다. 여기서 코드를 실행하는 경우는 사용자가 정답을 입력할 경우다.

```python
    else:
        # try 블록에서 예외가 발생하지 않으면 이 블록을 실행한다.
        print('Correct!')
        correctAnswers += 1
```

세 종류의 메시지인 "Out of time!", "Out of tries!", "Correct!" 중 어떤 메시지가 출력되어도 for 반복문이 끝나면 1초간 일시 정지하여 사용자가 이를 읽을 수 있도록 하자. for 반복문이 계속되면서 프로그램이 열 가지 질문을 한 뒤에는 사용자가 몇 문제를 맞혔는지 보여 주자.

```python
    time.sleep(1) # 사용자가 결과를 볼 수 있도록 일시 정지
print('Score: %s / %s' % (correctAnswers, numberOfQuestions))
```

이 장에 있는 예시 프로그램들에서 보여 준 바와 같이 PyInputPlus는 사용자로부터 키보드 입력을 받는 다양한 프로그램에서 사용할 수 있을 만큼 충분히 유연하다.

요약

입력값을 검증하는 코드는 잊어버리기 쉽지만, 이것이 누락되어 있으면 프로그램에 버그가 있을 가능성이 매우 높다. 사용자들이 입력할 것이라 예상되는 값과 실제로 입력하는 값은 완전히 다를 수 있으며, 프로그램은 이러한 예외 상황을 처리할 수 있을 정도로 탄탄해야 한다. 정규 표현식을 사용하여 입력값을 검증하는 코드를 직접 만들 수 있다. 그러나 일반적으로 PyInputPlus와 같이 이미 존재하는 모듈을 사용하는 것이 더 손쉬운 방법이다. 이 모듈을 `import pyinputplus as pyip`로 불러올 수 있으며, 이렇게 불러오면 모듈의 함수를 사용해야 할 때 모듈의 이름을 더 짧게 쓸 수 있다.

PyInputPlus에는 문자열, 숫자, 날짜, 예/아니오, `True/False`, 이메일, 파일 등 다양한 형태의 입력값을 위한 함수들이 있다. `input()`이 항상 문자열을 반환하는 반면, PyInputPlus의 함수들은 적절한 자료형의 값을 반환한다. `inputChoice()` 함수는 미리 정해진 선택지 중에서 하나를 고를 수 있도록 한다. 반면, `inputMenu()`는 여기에 숫자나 글자 보기를 추가하여 더 빠른 선택을 할 수 있도록 한다.

이러한 함수들에는 다음과 같은 표준 기능들이 있다. 양쪽에서 공백 문자 제거하기, `timeout`과 `limit` 키워드 인자로 시간 또는 재시도 횟수 제한하기, `allowRegexes`와 `blockRegexes` 키워드 인자에 정규 표현식 문자열로 이루어진 리스트를 전달하여 특정 응답을 포함하거나 제외하기 등이 이러한 기능들의 예다. 유효한 입력 여부를 확인하고 사용자에게 다시 알려 주는 지루한 `while` 문을 더는 작성할 필요가 없다.

PyInputPlus 모듈의 어떤 함수도 목적에 맞지 않는데 PyInputPlus가 제공하는 다른 기능들을 계속 사용하고 싶다면, `inputCustom()`에 PyInputPlus에서 사용할 사용자 정의 검증 함수를 인자로 전달하여 호출하면 된다. PyInputPlus의 모든 함수와 추가 기능의 전체 목록이 들어 있는 문서는 *https://pyinputplus. readthedocs.io/en/latest/*에서 확인할 수 있다. 이 장에서 PyInputPlus에 대해 설명한 것보다 훨씬 더 많은 내용이 온라인 문서에 있다. 바퀴를 재발명할 필요가 없듯이 이 모듈을 사용하는 방법을 배우면 코드를 직접 작성하고 디버그할 필요가 없다.

이제 텍스트 조작과 검증에 익숙해졌으니 다음 장에서는 컴퓨터의 하드 드라이브에서 파일을 읽거나 쓰는 방법을 살펴보겠다.

연습 문제

1. PyInputPlus는 파이썬 표준 라이브러리에 있는가?
2. PyInputPlus는 종종 import pyinputplus as pyip와 같은 형식으로 불러온다. 그 이유는 무엇인가?
3. inputInt()와 inputFloat()의 차이는 무엇인가?
4. PyInputPlus를 사용하여 사용자가 0에서 99 사이의 숫자만 입력하도록 하려면 어떻게 해야 하는가?
5. 키워드 인자 allowRegexes와 blockRegexes에는 무엇이 전달되는가?
6. 빈 값을 세 번 입력하면 inputStr(limit=3)은 무엇을 하는가?
7. 빈 값을 세 번 입력하면 inputStr(limit=3, default='hello')는 무엇을 하는가?

연습 프로젝트

연습을 위해 다음과 같은 작업들을 수행하는 프로그램을 작성해 보자.

샌드위치 조리사
손님에게 좋아하는 샌드위치 종류를 물어보는 프로그램을 작성하라. 이 프로그램에서는 PyInputPlus를 사용하여 유효한 값만 입력받도록 하고 싶다. 예를 들어 다음과 같다.

- inputMenu()를 사용한 빵 종류: 밀 빵, 흰 빵, 사워도우(sourdough)
- inputMenu()를 사용한 단백질 종류: 닭, 칠면조, 햄, 두부
- inputYesNo()로 치즈를 원하는지 질문
- 치즈를 원한다면 inputMenu()로 치즈 종류 질문: 체다, 스위스, 모차렐라
- inputYesNo()를 활용하여 마요네즈, 머스터드, 상추, 토마토를 원하는지 질문

- `inputInt()`를 활용하여 원하는 샌드위치 개수를 질문. 이 값은 적어도 1 이상 이다.

이 프로그램은 각 선택지에 대한 가격도 같이 제시하고, 손님이 선택지를 입력한 뒤에는 총가격도 보여 준다.

나만의 곱셈 퀴즈 코드 작성하기

PyInputPlus가 어떠한 역할들을 하는지 알아보기 위해 이를 사용하지 않고 곱셈 퀴즈를 다시 만들어 보자. 이 프로그램은 사용자에게 0×0에서 9×9 사이의 범위에서 열 개의 곱셈 문제를 출제할 것이다. 다음과 같은 기능을 구현해야 한다.

- 사용자가 정답을 입력하면 프로그램은 "Correct!"라는 문구를 1초간 출력하고 다음 문제로 넘어간다.
- 사용자가 정답을 세 번 안에 맞히지 못한다면 다음 문제로 넘어간다.
- 문제가 출제되고 8초 뒤에는 사용자가 정답을 입력하더라도 그 문제는 오답 처리된다.

작성한 코드와 '프로젝트: 곱하기 퀴즈'(225쪽)에서 만든 PyInputPlus를 활용한 코드를 비교해 보사.

9장

파일 읽고 쓰기

변수는 프로그램을 실행할 때 데이터를 저장하기 좋은 방법이다. 그러나 프로그램을 종료한 후에도 데이터를 유지하고 싶다면, 파일 형태로 저장해야 한다. 파일의 내용은 문자열값 하나일 수도 있고 크기는 기가바이트가 될 수도 있다. 이장에서는 파이썬으로 하드 드라이브에 파일을 생성하고 읽고 쓰는 방법을 설명한다.

파일과 파일 경로

파일에는 파일 이름(보통 한 단어)과 경로라는 두 가지 주요 속성이 있다. 경로는 컴퓨터에서 파일의 위치를 특정한다. 예를 들어 윈도우 운영 체제를 사용하는 노트북 컴퓨터의 C:\Users\Al\Documents라는 경로에 project.docx라는 이름의 파일이 있다고 하자. 파일 이름의 마지막 마침표 뒷부분은 파일 확장자라고 하며 파일 유형을 나타낸다. 파일 이름 project.docx는 워드 문서이며 Users, Al, Documents는 모두 폴더를 나타낸다(디렉터리라고 부르기도 한다). 폴더 안에는 파일이나 다른 폴더가 들어 있을 수 있다. 예를 들어 project.docx는 Documents 폴더 안에 존재하는데 이 폴더는 Al 폴더 안에 존재하고 이는 다시 Users 폴더 안에 존재한다. 그림 9-1은 이 폴더 구조를 나타낸다.

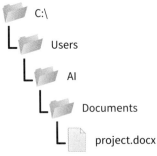

그림 9-1 폴더 계층 구조에 있는 파일

경로의 C:\는 루트 폴더를 나타내며 모든 폴더가 이 안에 들어 있다. 윈도우에서 루트 폴더의 이름은 C:\이며, C: 드라이브라고 부르기도 한다. 한편 맥OS나 리눅스에서 루트 폴더는 /이다. 이 책에서는 윈도우 형식의 루트 폴더인 C:\를 사용할 것이다. 맥OS나 리눅스를 사용하는 경우, 대화형 셸 예시들에 C:\ 대신 /를 입력하자.

추가 저장 공간인 DVD 드라이브나 USB 플래시 드라이브는 운영 체제마다 다르게 나타난다. 윈도우에서는 D:\나 E:\와 같이 새로운 문자로 된 루트 드라이브로 나타난다. 맥OS에서는 /Volumes 폴더 아래 새로운 폴더로 나타난다. 리눅스의 경우, /mnt('mount') 폴더 아래 새로운 폴더로 나타난다. 또한, 윈도우와 맥OS에서는 폴더 이름이나 파일 이름의 대소문자를 구분하지 않지만, 리눅스의 경우 이를 구분한다는 점에 주의하자.

 독자들의 시스템에는 내 시스템과 다른 파일과 폴더가 존재할 수 있기 때문에 이 장에 있는 모든 예를 그대로 따라 할 수는 없을 것이다. 그래도 여러분의 컴퓨터에 있는 폴더를 사용하여 이 예들을 따라 하기 바란다.

윈도우에서는 역슬래시, 맥OS와 리눅스에서는 슬래시

윈도우에서 경로를 쓸 때 폴더 이름 사이의 구분자로 역슬래시(\)를 사용한다. 그러나 맥OS나 리눅스 운영 체제에서는 경로 구분자로 슬래시(/)를 사용한다. 프로그램이 모든 운영 체제에서 작동하도록 하려면, 두 가지 경우 모두 처리하도록 파이썬 스크립트를 작성해야 한다.

다행스럽게도 이는 pathlib 모듈의 Path() 함수를 사용하면 간단하게 해결할 수 있다. 경로에 포함된 개별 파일과 폴더 이름의 문자열값을 전달하면, Path() 는 올바른 경로 구분자를 사용하여 파일 경로에 해당하는 문자열을 반환한다.

대화형 셸에 다음과 같이 입력해 보자.

```
>>> from pathlib import Path
>>> Path('spam', 'bacon', 'eggs')
WindowsPath('spam/bacon/eggs')
>>> str(Path('spam', 'bacon', 'eggs'))
'spam\\bacon\\eggs'
```

pathlib은 불러올 때 from pathlib import Path를 실행하는 것이 관례다. 이 방법을 사용하지 않는다면 코드에 Path를 쓸 때마다 pathlib.Path를 입력해야 한다. 이러한 추가 입력은 불필요한 작업일 뿐이다.

나는 윈도우 운영 체제에서 이번 장에 있는 대화형 셸 예들을 실행하기 때문에 Path('spam', 'bacon', 'eggs')는 연결된 경로에 대한 WindowsPath 객체인 WindowsPath('spam/bacon/eggs')를 반환한다. 이때 윈도우에서는 역슬래시를 사용하더라도 대화형 셸에서 WindowsPath를 표현할 때는 슬래시를 사용한다. 이는 역사적으로 오픈 소스 소프트웨어 개발자들이 리눅스 운영 체제를 선호했기 때문이다.

이 경로에 대한 텍스트 문자열을 얻고 싶다면 이를 str()에 전달하면 된다. 앞서 나온 예의 경우, 'spam\\bacon\\eggs'를 반환한다(이때 역슬래시가 두 개 있는 이유는 각 역슬래시 기호는 다른 역슬래시 기호를 써서 이스케이프 문자로 만들어야 하기 때문이다). 이 함수를 리눅스 운영 체제에서 호출하면, Path()는 PosixPath 객체를 생성한다. 이 객체를 str() 함수에 전달하면 'spam/bacon/eggs'를 반환한다(POSIX는 리눅스와 같은 유닉스 계열 운영 체제들을 위한 표준이다).

이 장에서 소개할 몇몇 파일 관련 함수들은 이러한 Path 객체(운영 체제에 따라 정확히는 WindowsPath 또는 PosixPath인 객체)들을 전달받는다. 예를 들어 다음 코드는 폴더 이름 끝에 파일 이름 리스트에 있는 파일 이름들을 연결한다.

```
>>> from pathlib import Path
>>> myFiles = ['accounts.txt', 'details.csv', 'invite.docx']
>>> for filename in myFiles:
        print(Path(r'C:\Users\Al', filename))
C:\Users\Al\accounts.txt
C:\Users\Al\details.csv
C:\Users\Al\invite.docx
```

윈도우에서 역슬래시는 폴더를 구분하기 때문에 파일 이름에 이를 사용할 수 없다. 그러나 맥OS나 리눅스에서는 파일 이름에 역슬래시를 사용할 수 있다. 윈도우에서 Path(r'spam\eggs')가 두 개의 분리된 폴더를 의미하는 반면(폴더 spam 안의 파일 eggs), 맥OS나 리눅스에서는 같은 명령어가 spam\eggs라는 이름을 갖는 하나의 폴더를 나타낸다. 이러한 이유로 인해 파이썬 코드에서는 항상 슬래시를 사용하는 것이 좋다(이 장의 나머지 부분에서도 이를 따를 것이다). pathlib 모듈은 이 프로그램이 모든 운영 체제에서 작동하도록 보장한다.

파이썬 3.4에서 기존 os.path 함수를 대체하기 위한 pathlib이 도입되었고 파이썬 3.6부터 파이썬 표준 라이브러리에서 이를 지원한다. 파이썬 2 버전으로 작업하는 경우에는 파이썬 2.7에서 pathlib 기능들을 지원하는 pathlib2를 사용하는 것이 좋다. pip를 사용하여 pathlib2를 설치하는 방법은 부록 A를 참고하라. pathlib으로 대체된 예전 os.path 함수는 간단히 언급하겠다. 이전에 사용하던 함수들은 *https://docs.python.org/3/library/os.path.html*에서 볼 수 있다.

/ 연산자로 경로 연결하기

2 + 2라는 표현식을 평가하면 정수 4가 되듯이 + 연산자는 두 개의 정수 또는 부동 소수점 수를 더할 때 사용한다. 그런데 표현식 'Hello' + 'World'을 평가하면 'HelloWorld'가 되는 것처럼 + 연산자를 두 개의 문자열값을 연결할 때도 사용할 수 있다. 이와 비슷하게 / 연산자는 나눗셈 연산에 쓰이기도 하지만, Path 객체와 문자열을 결합할 때도 사용할 수 있다. 이는 Path() 함수로 이미 생성한 Path 객체를 수정할 때 도움이 된다.

예를 들어 대화형 셸에 다음과 같이 입력해 보자.

```
>>> from pathlib import Path
>>> Path('spam') / 'bacon' / 'eggs'
WindowsPath('spam/bacon/eggs')
>>> Path('spam') / Path('bacon/eggs')
WindowsPath('spam/bacon/eggs')
>>> Path('spam') / Path('bacon', 'eggs')
WindowsPath('spam/bacon/eggs')
```

/ 연산자를 Path 객체와 함께 사용하여 경로를 연결하는 것은 문자열을 연결하는 것만큼 간단하다. 또한, 다음 예와 같이 문자열 결합이나 join() 메서드를 활용하는 것보다 더 안전하다.

```
>>> homeFolder = r'C:\Users\Al'
>>> subFolder = 'spam'
>>> homeFolder + '\\' + subFolder
'C:\\Users\\Al\\spam'
```

```
>>> '\\'.join([homeFolder, subFolder])
'C:\\Users\\Al\\spam'
```

이러한 코드를 사용하는 스크립트는 안전하지 않은데, 이 역슬래시는 윈도우에서만 유효하기 때문이다. sys.platform(컴퓨터의 운영 체제를 나타내는 문자열을 포함)을 검사하는 if 문을 추가하여 어떤 종류의 슬래시를 사용할지 결정할 수 있지만, 이러한 맞춤 코드를 필요한 모든 곳에 적용하면 일관성이 없고 버그가 생기기 쉽다.

pathlib 모듈은 이러한 문제들을 수학 연산자 /를 재사용하여, 코드를 실행하는 운영 체제 종류에 관계없이 올바르게 경로를 연결한다. 다음 예는 이 방법을 사용하여 앞에 나온 예와 같은 경로를 연결한다.

```
>>> homeFolder = Path('C:/Users/Al')
>>> subFolder = Path('spam')
>>> homeFolder / subFolder
WindowsPath('C:/Users/Al/spam')
>>> str(homeFolder / subFolder)
'C:\\Users\\Al\\spam'
```

여기서 / 연산자를 사용하여 경로를 연결할 때 주의해야 할 사항은, 첫 두 값 중 하나는 반드시 Path 객체여야 한다는 사실이다.

대화형 셀에 다음과 같이 입력하면 파이썬은 오류를 일으킬 것이다.

```
>>> 'spam' / 'bacon' / 'eggs'
Traceback (most recent call last):
  File "<stdin>", line 1, in <module>
TypeError: unsupported operand type(s) for /: 'str' and 'str'
```

파이썬은 / 연산자의 왼쪽에서 오른쪽으로 평가하고 Path 객체를 생성한다. 따라서 전체 표현식의 결과가 Path 객체이려면 왼쪽에서 첫 번째 또는 두 번째 값이 반드시 Path 객체여야 한다. 다음은 / 연산자와 Path 객체를 사용하여 어떻게 최종 결과로 Path 객체가 도출되는지 나타낸다.

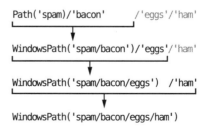

이전의 TypeError: unsupported operand type(s) for /: 'str' and 'str' 같은 오류 메시지가 발생했다면, 표현식의 왼쪽 부분에 Path 객체가 필요하다는 것을 의미한다.

/ 연산자는 기존의 os.path.join() 함수를 대체한다. 이에 대한 더 많은 정보는 *https://docs.python.org/3/library/os.path.html#os.path.join*을 참고하기 바란다.

현재 작업 디렉터리

컴퓨터에서 실행되는 모든 프로그램은 현재 작업 디렉터리(current working directory 또는 cwd)를 갖는다. 루트 폴더에서 시작하지 않는 파일 이름이나 경로는 현재 작업 디렉터리에 있다고 가정한다.

 요즘에는 디렉터리보다 폴더가 더 익숙한 명칭이지만, '현재 작업 폴더'가 아닌 현재 작업 디렉터리(또는 작업 디렉터리)가 표준 용어다.

Path.cwd() 함수로 현재 작업 디렉터리를 문자열값으로 받을 수 있고, os.chdir()로 수정할 수 있다. 대화형 셸에 다음과 같이 입력해 보자.

```
>>> from pathlib import Path
>>> import os
>>> Path.cwd()
WindowsPath('C:/Users/Al/AppData/Local/Programs/Python/Python37')'
>>> os.chdir('C:\\Windows\\System32')
>>> Path.cwd()
WindowsPath('C:/Windows/System32')
```

여기서 현재 작업 디렉터리는 C:\Users\Al\AppData\Local\Programs\Python\Python37로 설정되었기 때문에 파일 이름 project.docx는 C:\Users\Al\AppData\Local\Programs\Python\Python37\project.docx를 나타낸다. 현재 작업 디렉터리를 C:\Windows\System32로 변경하면, 파일 이름 project.docx는 C:\Windows\System32\project.docx를 의미한다.

실제로 존재하지 않는 디렉터리로 변경하려고 하면 오류가 발생한다.

```
>>> os.chdir('C:/ThisFolderDoesNotExist')
Traceback (most recent call last):
  File "<stdin>", line 1, in <module>
FileNotFoundError: [WinError 2] The system cannot find the file specified:
'C:/ThisFolderDoesNotExist'
```

pathlib에는 작업 디렉터리를 변경하는 함수가 없는데, 이는 프로그램 실행 중에 현재 작업 디렉터리를 변경하면 미묘한 문제가 생길 수 있기 때문이다.

os.getcwd() 함수는 현재 작업 디렉터리를 문자열 형식으로 받는 오래된 방식이다.

홈 디렉터리

컴퓨터에는 사용자가 자신의 파일들을 보관하는 홈 디렉터리 또는 홈 폴더가 있다. Path.home()을 호출하여 Path 객체 형식의 홈 폴더를 얻을 수 있다.

```
>>> Path.home()
WindowsPath('C:/Users/Al')
```

홈 디렉터리는 사용하는 운영 체제에 따라 지정된 위치가 다르다.

- 윈도우의 경우 홈 디렉터리는 C:\Users 아래에 있다.
- 맥OS의 경우 홈 디렉터리는 /Users 아래에 있다.
- 리눅스의 경우 홈 디렉터리는 /home 아래에 있다.

절대 경로 대 상대 경로

파일 경로는 두 가지 방법으로 특정할 수 있다.

- 항상 루트 폴더에서 시작하는 절대 경로
- 현재 작업 디렉터리에 대한 상대 경로

또한 . 폴더와 .. 폴더도 있다. 이것들은 실제 폴더가 아니라 경로를 나타낼 때 사용하는 특별한 이름들이다. 폴더 이름으로 마침표 한 개(.)를 사용하는 것은 '현재 디렉터리'를 축약해서 나타낸 것이다. 마침표 두 개(..)는 '상위 폴더'를 의미한다.

그림 9-2는 어떤 폴더들과 파일들을 나타낸 예다. 현재 작업 디렉터리를 C:\bacon으로 설정했을 경우, 다른 폴더나 파일의 상대 경로들은 그림과 같이 설정된다.

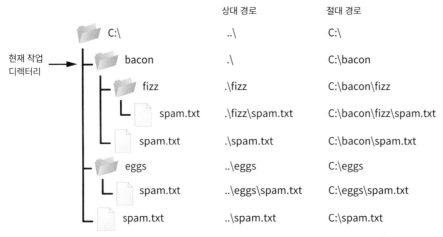

	상대 경로	절대 경로
C:\	..\	C:\
bacon	.\	C:\bacon
fizz	.\fizz	C:\bacon\fizz
spam.txt	.\fizz\spam.txt	C:\bacon\fizz\spam.txt
spam.txt	.\spam.txt	C:\bacon\spam.txt
eggs	..\eggs	C:\eggs
spam.txt	..\eggs\spam.txt	C:\eggs\spam.txt
spam.txt	..\spam.txt	C:\spam.txt

그림 9-2 작업 디렉터리 C:\bacon 안에 있는 폴더와 파일의 상대 경로

상대 경로의 시작 부분에 있는 .\는 선택 사항이다. 예를 들어 .\spam.txt와 spam.txt는 동일한 파일을 나타낸다.

os.makedirs() 함수로 새로운 폴더 만들기

프로그램에서 os.makedirs() 함수로 새로운 폴더(디렉터리)를 만들 수 있다. 대화형 셸에 다음과 같이 입력해 보자.

```
>>> import os
>>> os.makedirs('C:\\delicious\\walnut\\waffles')
```

이 코드는 C:\delicious 폴더를 만들 뿐 아니라 C:\delicious 안에 walnut 폴더를 만들고, C:\delicious\walnut 안에 waffles 폴더를 만든다. 즉, os.makedirs()는 전체 경로에 해당하는 폴더가 존재하게 하기 위해 필요한 모든 중간 폴더를 만든다. 그림 9-3은 이 폴더 계층을 나타낸다.

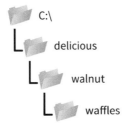

그림 9-3 os.makedirs('C:\\delicious\\walnut\\waffles')의 결과

Path 객체로 디렉터리를 만들기 위해서는 `mkdir()` 메서드를 호출한다. 예를 들어 다음 코드는 내 컴퓨터의 홈 폴더 아래에 spam 폴더를 만든다.

```
>>> from pathlib import Path
>>> Path(r'C:\Users\Al\spam').mkdir()
```

`mkdir()`은 한 번에 디렉터리 한 개만 만들 수 있다. `os.makedirs()`처럼 하위 디렉터리 여러 개를 한 번에 만들 수는 없다.

절대 경로와 상대 경로 다루기

`pathlib` 모듈에는 주어진 경로가 절대 경로인지 확인하는 메서드와 상대 경로를 절대 경로로 바꿔서 반환하는 메서드가 있다.

어떤 Path 객체가 절대 경로를 나타낼 경우, 이 객체에 is_absolute() 메서드를 호출하면 True를 반환한다. 반면, Path 객체가 상대 경로를 나타낼 경우, 이 객체에 is_absolute() 메서드를 호출하면 False를 반환한다. 예를 들어 대화형 셸에 다음과 같이 입력해 보자. 이때 다음 코드에 나온 파일이나 폴더를 사용하지 말고, 각자 컴퓨터에 실제 존재하는 파일이나 폴더를 사용하자.

```
>>> Path.cwd()
WindowsPath('C:/Users/Al/AppData/Local/Programs/Python/Python37')
>>> Path.cwd().is_absolute()
True
>>> Path('spam/bacon/eggs').is_absolute()
False
```

상대 경로에서 절대 경로를 얻기 위해서는 상대 경로 Path 객체 앞에 Path.cwd() /를 넣어 준다. 결국 '상대 경로'는 거의 모든 경우에 현재 작업 디렉터리에 대해 상대적인 경로를 의미한다. 대화형 셸에 다음과 같이 입력해 보자.

```
>>> Path('my/relative/path')
WindowsPath('my/relative/path')
>>> Path.cwd() / Path('my/relative/path')
WindowsPath('C:/Users/Al/AppData/Local/Programs/Python/Python37/my/relative/
path')
```

상대 경로가 현재 작업 디렉터리 외에 다른 경로에 상대적일 경우, Path.cwd() 대신에 다른 경로를 넣어 준다. 다음은 현재 작업 디렉터리 대신 홈 디렉터리를 사용하여 절대 경로를 얻는 예다.

```
>>> Path('my/relative/path')
WindowsPath('my/relative/path')
>>> Path.home() / Path('my/relative/path')
WindowsPath('C:/Users/Al/my/relative/path')
```

os.path 모듈에는 절대 경로와 상대 경로에 관한 몇 가지 유용한 함수가 있다.

- os.path.abspath(*path*)는 전달한 인자의 절대 경로를 문자열 형식으로 반환한다. 이는 상대 경로를 절대 경로로 변환하는 간단한 방법이다.
- os.path.isabs(*path*)는 전달한 인자가 절대 경로이면 True를, 상대 경로이면 False를 전달한다.
- os.path.relpath(*path, start*)는 *start*에 대한 *path*의 상대적인 경로를 문자열 형식으로 반환한다. *start*가 주어지지 않았으면, 현재 작업 디렉터리가 시작 경로가 된다.

대화형 셸에서 이 함수들을 사용해 보자.

```
>>> os.path.abspath('.')
'C:\\Users\\Al\\AppData\\Local\\Programs\\Python\\Python37'
>>> os.path.abspath('.\\Scripts')
'C:\\Users\\Al\\AppData\\Local\\Programs\\Python\\Python37\\Scripts'
>>> os.path.isabs('.')
False
>>> os.path.isabs(os.path.abspath('.'))
True
```

처음 os.path.abspath()를 호출했을 때 현재 작업 디렉터리는 C:\Users\Al\AppData\Local\Programs\Python\Python37이었으므로 '마침표' 폴더는 절대 경로인 'C:\\Users\\Al\\AppData\\Local\\Programs\\Python\\Python37'을 나타낸다.

대화형 셸에서 다음과 같이 os.path.relpath()를 호출해 보자.

```
>>> os.path.relpath('C:\\Windows', 'C:\\')
'Windows'
>>> os.path.relpath('C:\\Windows', 'C:\\spam\\eggs')
'..\\..\\Windows'
```

어떤 폴더에서 다른 폴더의 상대 경로를 나타내려 한다고 하자. 이때 두 디렉터리는 'C:\\Windows'와 'C:\\spam\\eggs'처럼 같은 상위 폴더 안에 존재하지만 서로 다른 하위 폴더 안에 있다. 이러한 경우에는 .. 기호를 사용하여 상위 폴더로 돌아갈 수 있다.

파일 경로의 일부분 얻기

어떤 Path 객체가 주어졌을 때 Path 객체의 속성을 활용하여 파일 경로의 다른 부분을 문자열 형태로 추출할 수 있다. 이 속성들은 기존에 있는 것들을 기반으로 새로운 파일 경로를 만들 때 유용하다. 그림 9-4는 이러한 속성들을 나타낸다.

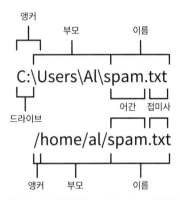

그림 9-4 윈도우 파일 경로의 부분들(위)과 맥OS·리눅스 파일 경로의 부분들(아래)

파일 경로에는 다음과 같은 것들이 포함되어 있다.

- 파일 시스템의 루트 폴더인 앵커(anchor)
- 윈도우에서 하드 드라이브나 다른 저장 장치를 한 글자로 나타내는 드라이브 (drive)
- 파일이 들어 있는 폴더인 부모(parent)
- 어간(기본 이름)과 접미사(확장자)로 이루어진 파일 이름

윈도우의 Path 객체는 drive 속성을 갖는 반면, 맥OS와 리눅스의 Path 객체는 그렇지 않다. drive 속성은 첫 번째 역슬래시를 포함하지 않는다.

파일 경로에서 각 속성을 추출하기 위해 대화형 셀에 다음과 같이 입력해 보자.

```
>>> p = Path('C:/Users/Al/spam.txt')
>>> p.anchor
'C:\\'
>>> p.parent # 이것은 문자열이 아니라 Path 객체다.
```

```
WindowsPath('C:/Users/Al')
>>> p.name
'spam.txt'
>>> p.stem
'spam'
>>> p.suffix
'.txt'
>>> p.drive
'C:'
```

이 속성 중 또 다른 Path 객체로 평가되는 parent 속성을 제외하면 모두 결괏값이 단순 문자열 형식이다.

parents 속성(parent 속성과 다르다)을 정수 인덱스와 함께 사용하면, Path 객체의 상위 폴더들이 결괏값으로 산출된다.

```
>>> Path.cwd()
WindowsPath('C:/Users/Al/AppData/Local/Programs/Python/Python37')
>>> Path.cwd().parents[0]
WindowsPath('C:/Users/Al/AppData/Local/Programs/Python')
>>> Path.cwd().parents[1]
WindowsPath('C:/Users/Al/AppData/Local/Programs')
>>> Path.cwd().parents[2]
WindowsPath('C:/Users/Al/AppData/Local')
>>> Path.cwd().parents[3]
WindowsPath('C:/Users/Al/AppData')
>>> Path.cwd().parents[4]
WindowsPath('C:/Users/Al')
>>> Path.cwd().parents[5]
WindowsPath('C:/Users')
>>> Path.cwd().parents[6]
WindowsPath('C:/')
```

기존 os.path 모듈에도 파일 경로의 서로 다른 부분들을 문자열 형태로 얻을 수 있는 함수가 있다. os.path.dirname(*path*)를 호출하면 path 인자의 마지막 슬래시 전에 있는 모든 것을 문자열 형식으로 반환한다. os.path.basename(*path*)를 호출하면 path 인자의 마지막 슬래시 뒤에 있는 모든 것을 문자열 형식으로 반환한다. 그림 9-5에는 경로의 폴더 이름과 기본 이름이 나타나 있다.

C:\Windows\System32\calc.exe

폴더 이름　　　　　기본 이름

그림 9-5 경로에서 기본 이름은 마지막 슬래시 뒤에 있고 이는 파일 이름과 동일하다.
폴더 이름은 마지막 슬래시 앞에 있는 모든 것이다.

예를 들어 대화형 셸에 다음과 같이 입력해 보자.

```
>>> calcFilePath = 'C:\\Windows\\System32\\calc.exe'
>>> os.path.basename(calcFilePath)
'calc.exe'
>>> os.path.dirname(calcFilePath)
'C:\\Windows\\System32'
```

경로의 폴더 이름과 기본 이름 모두 필요하다면, 다음과 같이 os.path.split()을 호출하여 문자열 두 개로 이루어진 튜플값을 얻으면 된다.

```
>>> calcFilePath = 'C:\\Windows\\System32\\calc.exe'
>>> os.path.split(calcFilePath)
('C:\\Windows\\System32', 'calc.exe')
```

os.path.dirname()과 os.path.basename()을 호출해서 그 반환값으로 앞서와 동일한 튜플을 만들 수 있다.

```
>>> (os.path.dirname(calcFilePath), os.path.basename(calcFilePath))
('C:\\Windows\\System32', 'calc.exe')
```

그러나 os.path.split()은 두 개의 값이 모두 필요할 때 행할 수 있는 간단한 방법이다.

또한, os.path.split()은 파일 경로를 받아 문자열 형식의 폴더들로 이루어진 리스트를 반환하는 함수가 아니다. 이를 위해서는 split() 문자열 메서드를 사용하여 os.sep을 기준으로 문자열을 나눈다(이때 sep은 os.path가 아니라 os 안에 있음을 명심하자). os.sep 변수는 프로그램이 실행되는 컴퓨터에 맞는 폴더 구분자를 설정하는 역할을 한다. 윈도우의 경우 '\\', 맥OS나 리눅스의 경우 '/'로 설정하며, 이를 기반으로 나누면 각 폴더로 구성된 리스트를 반환한다.

예를 들어 대화형 셸에 다음과 같이 입력해 보자.

```
>>> calcFilePath.split(os.sep)
['C:', 'Windows', 'System32', 'calc.exe']
```

이는 경로의 모든 부분을 문자열로 반환한다.

맥OS나 리눅스에서 반환하는 폴더 리스트는 다음과 같이 빈 문자열로 시작한다.

```
>>> '/usr/bin'.split(os. sep)
['', 'usr', 'bin']
```

문자열 메서드 split()은 경로의 각 부분이 들어 있는 리스트를 반환한다.

파일 크기와 폴더 내용 확인하기

이제 파일 경로를 다루는 방법을 알게 되었으니 특정한 파일이나 폴더의 정보를 추출할 수 있게 되었다. os.path 모듈에는 파일 크기를 바이트 단위로 반환하는 함수와 주어진 폴더 안에 들어 있는 파일과 폴더를 찾아 주는 함수가 있다.

- os.path.getsize(*path*)는 *path* 인자에 해당하는 파일 크기를 바이트 단위로 반환한다.
- os.listdir(*path*)는 *path*에 있는 파일 이름 리스트를 반환한다. 이때 파일 이름들은 모두 문자열 형식으로 되어 있다(이 함수는 os.path가 아니라 os 모듈에 있다).

대화형 셸에서 이 함수들을 사용하면 다음과 같은 결과를 얻게 된다.

```
>>> os.path.getsize('C:\\Windows\\System32\\calc.exe')
27648
>>> os.listdir('C:\\Windows\\System32')
['0409', '12520437.cpx', '12520850.cpx', '5U877.ax', 'aaclient.dll',
--생략--
'xwtpdui.dll', 'xwtpw32.dll', 'zh-CN', 'zh-HK', 'zh-TW', 'zipfldr.dll']
```

앞에서 볼 수 있듯이 내 컴퓨터에 있는 calc.exe 프로그램의 크기는 2만 7648바이트이며, C:\Windows\system32에는 많은 파일이 있다. 이 폴더에 있는 파일들의 전체 크기를 알고 싶다면, os.path.getsize()와 os.listdir()을 함께 사용하면 된다.

```
>>> totalSize = 0
>>> for filename in os.listdir('C:\\Windows\\System32'):
        totalSize = totalSize + os.path.getsize(os.path.join('C:\\Windows\\System32', filename))
>>> print(totalSize)
2559970473
```

C:\Windows\System32 폴더 안에 있는 모든 파일 이름에 대해 반복하다 보면, totalSize 변수는 각 파일의 크기만큼 증가한다. os.path.getsize()를 호출할 때 os.path.join()으로 폴더 이름과 현재 파일 이름을 연결한 데 주의하라. os.path.getsize()가 반환하는 정수는 totalSize에 합산한다. 앞의 코드에서는

모든 파일에 대해 반복한 뒤 C:\Windows\System32 폴더의 전체 크기를 알아보기 위해 totalSize를 출력한다.

글로브 패턴으로 파일 리스트 수정하기

특정 파일에서 작업을 하고 싶다면 listdir()보다 glob()가 사용하기 더 편리하다. Path 객체는 glob()라는 메서드를 갖고 있는데, 이는 글로브 패턴(glob pattern)에 따라 폴더에 있는 내용물들을 나열하는 메서드다. 글로브 패턴은 명령 행에서 자주 사용되는 간단한 형태의 정규 표현식과 비슷하다. glob() 메서드는 제너레이터 객체를 반환하는데(제너레이터는 이 책의 범위를 벗어난다), 대화형 셸에서 이를 쉽게 보려면 list()에 전달해야 한다.

```
>>> p = Path('C:/Users/Al/Desktop')
>>> p.glob('*')
<generator object Path.glob at 0x000002A6E389DED0>
>>> list(p.glob('*')) # 제너레이터로부터 리스트를 만든다.
[WindowsPath('C:/Users/Al/Desktop/1.png'), WindowsPath('C:/Users/Al/Desktop/22-
ap.pdf'), WindowsPath('C:/Users/Al/Desktop/cat.jpg'),
--생략--
WindowsPath('C:/Users/Al/Desktop/zzz.txt')]
```

애스터리스크(asterisk) 기호(*)는 '모든 문자'를 의미하므로 p.glob('*')는 p에 저장된 경로에 있는 모든 파일의 제너레이터를 반환한다.

정규 표현식처럼 복잡한 형태의 표현식을 다음과 같이 작성할 수 있다.

```
>>> list(p.glob('*.txt') # 모든 텍스트 파일을 나열한다.
[WindowsPath('C:/Users/Al/Desktop/foo.txt'),
--생략--
WindowsPath('C:/Users/Al/Desktop/zzz.txt')]
```

글로브 패턴 '*.txt'는 어떤 조합의 문자로 시작되는지에 관계없이 텍스트 파일 확장자인 문자열 '.txt'로 끝나는 파일을 다 반환한다.

* 기호와 반대로 물음표(?)는 모든 종류의 단일 문자를 나타낸다.

```
>>> list(p.glob('project?.docx')
[WindowsPath('C:/Users/Al/Desktop/project1.docx'), WindowsPath('C:/Users/Al/
Desktop/project2.docx'),
--생략--
WindowsPath('C:/Users/Al/Desktop/project9.docx')]
```

글로브 표현식 'project?.docx'는 'project1.docx' 또는 'project5.docx'를 반

환하지만 'project10.docx'를 반환하지는 않는데, 이는 ?는 단 하나의 문자와 매칭되기 때문이다. 따라서 두 개의 문자로 구성된 문자열 10과 매칭되지 않는 것이다.

마지막으로 다음과 같이 * 기호와 물음표를 함께 사용하여 더 복잡한 글로브 표현식을 생성할 수 있다.

```
>>> list(p.glob('*.?x?')
[WindowsPath('C:/Users/Al/Desktop/calc.exe'), WindowsPath('C:/Users/Al/Desktop/foo.txt'),
--생략--
WindowsPath('C:/Users/Al/Desktop/zzz.txt')]
```

글로브 표현식 '*.?x?'는 확장자가 세 개의 문자로 구성되어 있고, 확장자의 가운데 글자가 'x'인 모든 파일을 반환한다.

glob() 메서드로 특정한 속성을 갖는 파일을 선택하면 작업을 수행하려는 디렉터리 안의 파일을 쉽게 지정할 수 있다. for 반복문으로 glob()가 반환한 제너레이터를 반복할 수 있다.

```
>>> p = Path('C:/Users/Al/Desktop')
>>> for textFilePathObj in p.glob('*.txt'):
...     print(textFilePathObj) # Path 객체를 문자열 형식으로 출력
...     # 텍스트 파일로 어떤 작업을 수행한다.
...
C:\Users\Al\Desktop\foo.txt
C:\Users\Al\Desktop\spam.txt
C:\Users\Al\Desktop\zzz.txt
```

디렉터리 내의 모든 파일에 어떤 연산을 수행하려면 os.listdir(p) 또는 p.glob('*')를 사용할 수 있다.

경로 유효성 검사하기

실제 존재하지 않는 경로를 전달하면 오류가 발생하며 멈추는 파이썬 함수가 많다. 다행히도 Path 객체는 주어진 경로의 존재 여부를 검사하는 메서드들을 갖고 있다. 이때 경로는 파일이나 폴더 모두 해당된다. p 변수가 Path 객체를 가지고 있는 변수라고 가정하면, 다음과 같은 것들을 기대할 수 있다.

- p.exists()는 경로가 존재하면 True를, 그렇지 않다면 False를 반환한다.
- p.is_file()은 경로가 존재하고 이 경로가 파일의 경로라면 True를, 그렇지 않다면 False를 반환한다.

- p.is_dir()은 경로가 존재하고 이 경로가 폴더의 경로라면 True를, 그렇지 않다면 False를 반환한다.

내 컴퓨터의 대화형 셸에서 이 메서드를 사용하면 다음과 같은 결과를 얻는다.

```
>>> winDir = Path('C:/Windows')
>>> notExistsDir = Path('C:/This/Folder/Does/Not/Exist')
>>> calcFile = Path('C:/Windows/System32/calc.exe')
>>> winDir.exists()
True
>>> winDir.is_dir()
True
>>> notExistsDir.exists()
False
>>> calcFile.is_file()
True
>>> calcFile.is_dir()
False
```

현재 컴퓨터에 DVD나 플래시 드라이브가 연결되어 있는지 확인하려면 exists() 메서드를 사용하면 된다. 예를 들어 내 윈도우 컴퓨터에 D:\라는 이름의 플래시 드라이브가 있는지 확인하려면 다음과 같이 하면 된다.

```
>>> dDrive = Path('D:/')
>>> dDrive.exists()
False
```

이런! 플래시 드라이브를 컴퓨터에 연결하는 것을 잊은 모양이다.

기존의 os.path 모듈도 os.path.exists(*path*), os.path.isfile(*path*), os.path.isdir(*path*) 함수들을 사용하여 이러한 작업을 수행할 수 있다. 이것들은 각각 대응되는 Path 함수들과 비슷하게 동작한다. 파이썬 3.6부터 이 함수들은 파일 경로의 문자열 형태뿐 아니라 Path 객체도 허용한다.

파일 읽기/쓰기 프로세스

폴더와 상대 경로를 갖고 작업하는 것이 익숙해졌다면 파일을 읽거나 쓸 위치를 특정할 수 있다. 다음 몇 개 절에서 설명할 함수들은 일반 텍스트 파일에 적용할 수 있다. 일반 텍스트 파일은 기본적인 텍스트 문자만 포함할 뿐 글꼴, 크기, 색상 등의 정보는 포함하지 않는다. 일반 텍스트 파일의 예로는 확장자가 .txt인 텍스트 파일이나 .py인 파이썬 스크립트 파일이 있다. 이런 파일들은 윈도우의 메모장이나 맥OS의 텍스트 편집기(TextEdit) 애플리케이션으로 열 수 있다. 이러한 프로그램들은 일반 텍스트 파일의 내용을 쉽게 읽고 이를 일반 문자열로 취급한다.

이진 파일(binary file)은 그 밖의 파일 형태로 워드 프로세싱 문서, PDF 파일, 이미지, 스프레드시트, 실행 가능한 프로그램이 이에 해당된다. 메모장으로 이진 파일을 열면, 그림 9-6처럼 매우 이상하게 보일 것이다.

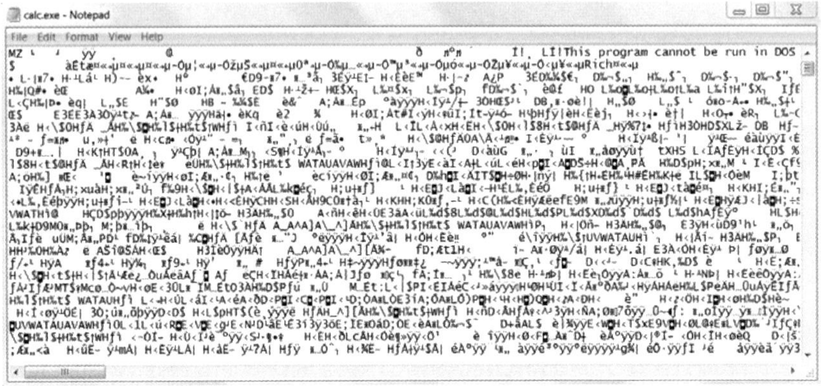

그림 9-6 윈도우 메모장에서 연 calc.exe

모든 종류의 서로 다른 이진 파일은 각각 고유한 방식으로 처리되어야 하기 때문에 이 책에서는 원시 이진 파일을 직접 읽고 쓰는 방법은 설명하지 않는다. 다행히 이진 파일로 작업을 쉽게 할 수 있는 모듈이 많이 있다. 이 장의 뒷부분에서 이러한 모듈 중 하나인 shelve 모듈에 대해 알아볼 것이다. pathlib 모듈의 read_text() 메서드는 텍스트 파일의 전체 내용을 문자열 형태로 반환한다. 동일 모듈의 write_text() 메서드는 전달된 문자열을 가지고 새로운 텍스트 파일을 만든다(또는 기존 파일을 덮어쓴다). 대화형 셸에 다음과 같이 입력해 보자.

```
>>> from pathlib import Path
>>> p = Path('spam.txt')
>>> p.write_text('Hello, world!')
13
>>> p.read_text()
'Hello, world!'
```

이와 같이 메서드를 호출하면 'Hello, world!'라는 내용의 spam.txt 파일을 만든다. write_text() 메서드가 반환하는 13은 파일에 열세 개의 문자를 썼다는 것을 의미한다(이 정보는 대부분 무시해도 된다). read_text() 메서드를 호출하면 새로 만든 파일을 읽고 그 내용인 'Hello, world!'를 문자열 형태로 반환한다.

Path 객체 메서드는 파일과의 기본적인 상호 작용을 하는 함수만 제공한다는 사실을 기억하자. 더 자주 사용하는 파일 쓰기 방법은 open() 함수와 파일 객체를 사용하는 것이다. 파이썬은 3단계에 걸쳐 파일을 읽거나 파일에 쓰는 과정을 수행한다.

1. File 객체를 반환하는 open() 함수를 호출한다.
2. File 객체에 read()나 write() 메서드를 호출한다.
3. File 객체에 close() 메서드를 호출하여 파일을 닫는다.

이제 이 단계들을 자세히 살펴보자.

open() 함수로 파일 열기

open() 함수로 파일을 열려면, 문자열 형식으로 된 파일 위치를 전달해야 한다. 이때 파일 위치는 절대 경로, 상대 경로 모두 가능하다. open() 함수는 File 객체를 반환한다.

윈도우 메모장이나 맥OS 텍스트 편집기(TextEdit)로 hello.txt라는 이름의 텍스트 파일을 만들어서 사용해 보자. 이 텍스트 파일에 Hello, world!를 내용으로 입력하고 사용자의 홈 폴더에 저장하자. 그리고 대화형 셸에 다음과 같이 입력해 보자.

```
>>> helloFile = open(Path.home() / 'hello.txt')
```

open() 함수는 문자열 형식도 받아들인다. 윈도우 운영 체제를 사용할 경우 대화형 셸에 다음과 같이 입력해 보자.

```
>>> helloFile = open('C:\\Users\\your_home_folder\\hello.txt')
```

맥OS를 사용할 경우 대화형 셸에 앞서 나온 방법 대신 다음과 같이 입력해 보자.

```
>>> helloFile = open('/Users/your_home_folder/hello.txt')
```

이때 반드시 *your_home_folder*를 컴퓨터 사용자 이름으로 대체해야 한다. 예를 들어 내 사용자 이름은 Al이므로 윈도우에서는 'C:\\Users\\Al\\hello.txt'라고 입력해야 한다. 파이썬 3.6부터 open() 함수는 Path 객체를 허용한다. 그 이전 버전에서는 문자열을 open()에 전달해야 한다.

이 두 가지 명령어 모두 '일반 텍스트 읽기' 모드 또는 읽기 모드로 파일을 연다. 파일을 읽기 모드로 열면 파이썬은 파일을 읽기만 할 뿐, 쓰거나 수정할 수는 없다. 파이썬은 파일을 열 때 기본적으로 읽기 모드로 연다. 그러나 파이썬의 기본값에 의존하고 싶지 않다면, open()의 두 번째 인자로 문자열값 'r'을 전달하여 모드를 명시적으로 지정할 수 있다. 따라서 open('/Users/Al/hello.txt', 'r')과 open('/Users/Al/hello.txt')는 같은 작업을 수행한다.

open() 함수를 호출하면 File 객체를 반환한다. 이 File 객체는 컴퓨터에 있는 파일을 나타내는 것으로, 이미 익숙한 리스트나 딕셔너리처럼 파이썬의 또 다른 자료형이다. 앞서 나온 예에서는 File 객체를 helloFile 변수에 저장한다. 이제 파일을 읽거나 쓸 때 helloFile 변수에 있는 File 객체에 메서드를 호출하면 된다.

파일 내용 읽기

이제 파일 객체를 만들었으니 이 객체로부터 내용을 읽을 수 있게 되었다. 파일의 전체 내용을 문자열 형태로 읽고 싶다면, File 객체의 read() 메서드를 사용한다. helloFile 변수에 저장된 hello.txt의 File 객체를 사용하여 계속해 보자.

대화형 셸에 다음과 같이 입력해 보자.

```
>>> helloContent = helloFile.read()
>>> helloContent
'Hello, world!'
```

파일 내용을 하나의 큰 문자열값으로 생각한다면, read() 메서드는 파일에 저장된 문자열을 반환한다.

이 방법을 대신해서 readlines() 메서드를 사용하여 파일에서 문자열값으로 이루어진 리스트를 얻을 수 있다. 이때 텍스트의 각 줄이 하나의 문자열이 된다. 예를 들어 hello.txt와 같은 디렉터리에 sonnet29.txt라는 파일을 만들고 다음과 같이 텍스트를 입력하자.

```
When, in disgrace with fortune and men's eyes,
I all alone beweep my outcast state,
And trouble deaf heaven with my bootless cries,
And look upon myself and curse my fate,
```

반드시 줄 바꿈을 사용하여 네 줄을 구분하라. 이제 대화형 셸에 다음과 같이 입력해 보자.

```
>>> sonnetFile = open(Path.home() / 'sonnet29.txt')
>>> sonnetFile.readlines()
[When, in disgrace with fortune and men's eyes,\n', ' I all alone beweep my
outcast state,\n', And trouble deaf heaven with my bootless cries,\n', And look
upon myself and curse my fate,']
```

파일의 마지막 줄을 제외하면 각 문자열값은 개행 문자 \n으로 끝난다. 문자열로 구성된 리스트가 하나의 거대한 문자열값보다 작업하기 더 쉽다.

파일에 쓰기

파이썬으로 파일에 내용을 작성할 수 있는데, 이는 print() 함수가 화면에 문자열을 '쓰는 것'과 비슷한 방식으로 수행한다. 그러나 읽기 모드로 연 파일은 쓸 수 없다. 그 대신 파일을 '일반 텍스트 쓰기' 또는 '일반 텍스트 추가' 모드로 열어야 한다. 이를 각각 쓰기 모드, 추가 모드라고 줄여서 일컫는다.

변수의 값을 새로운 값으로 덮어쓰는 것처럼 쓰기 모드는 존재하는 파일을 덮어쓰고 처음부터 시작한다. 쓰기 모드로 파일을 열기 위해서는 open()에 'w'를 두 번째 인자로 전달한다. 반면, 추가 모드는 실제 존재하는 파일의 끝부분에 텍스트를 추가한다. 이는 변수를 전부 덮어쓰는 대신, 변수에 있는 리스트에 값을 추가하는 것으로 생각할 수 있다. 파일을 추가 모드로 열기 위해서는 open()에 'a'를 두 번째 인자로 전달한다.

open()에 전달한 이름의 파일이 존재하지 않는다면, 쓰기와 추가 모드에서는 빈 파일을 새로 생성한다. 파일을 읽거나 쓴 후 close() 메서드를 호출하고 나서 파일을 다시 열어야 한다.

이러한 개념을 함께 활용해 보자. 대화형 셸에 다음과 같이 입력하라.

```
>>> baconFile = open('bacon.txt', 'w')
>>> baconFile.write('Hello, world!\n')
13
>>> baconFile.close()
>>> baconFile = open('bacon.txt', 'a')
>>> baconFile.write('Bacon is not a vegetable.')
25
>>> baconFile.close()
>>> baconFile = open('bacon.txt')
>>> content = baconFile.read()
>>> baconFile.close()
```

```
>>> print(content)
Hello, world!
Bacon is not a vegetable.
```

먼저 bacon.txt를 쓰기 모드로 연다. 아직 bacon.txt라는 이름의 파일이 존재하지 않기 때문에 파이썬이 해당 파일을 만든다. 열린 파일에 문자열 인자 'Hello, world! \n'을 전달하여 write() 메서드를 호출하면, 전달한 문자열을 파일에 쓰고 개행 문자를 포함한 문자의 개수를 반환한다. 그 뒤 파일을 닫는다.

방금 작성한 파일의 내용을 덮어쓰는 대신, 기존 내용에 이어서 텍스트를 추가하려면 추가 모드로 파일을 연다. 파일에 'Bacon is not a vegetable.'이라고 쓰고 닫는다. 마지막으로 파일 내용을 화면에 출력하기 위해 read()를 호출하여 파일을 기본 읽기 모드로 열고, 결과 File 객체를 content에 저장한 뒤 파일을 닫고 content를 출력한다.

write() 메서드는 print() 함수처럼 문자열 끝에 개행 문자를 자동으로 넣지 않는다. 이 문자는 별도로 추가해야 한다.

파이썬 3.6부터는 open() 함수에 문자열 형식의 파일 이름 대신 Path 객체를 전달할 수도 있다.

shelve 모듈로 변수 저장하기

shelve 모듈을 사용하여 파이썬 프로그램의 변수들을 셸프(shelf) 파일로 저장할 수 있다. 이런 방식으로 프로그램은 하드 드라이브에서 데이터를 복원할 수 있다. 이 shelve 모듈로 프로그램에 저장 및 열기 기능을 추가할 수 있다. 예를 들어 어떤 프로그램을 실행하고 몇 가지 환경 설정을 입력했을 경우, 이 설정을 셸프 파일에 저장하고 나서 나중에 이 프로그램을 실행할 때 불러올 수 있다.

대화형 셸에 다음과 같이 입력해 보자.

```
>>> import shelve
>>> shelfFile = shelve.open('mydata')
>>> cats = ['Zophie', 'Pooka', 'Simon']
>>> shelfFile['cats'] = cats
>>> shelfFile.close()
```

shelve 모듈을 활용하여 데이터를 읽거나 쓰려면 먼저 shelve를 불러와야 한다. 파일 이름을 전달하여 shelve.open()을 호출하고 반환된 셸프값을 변수에 저장하자. 이 셸프값은 딕셔너리처럼 수정할 수 있다. 이 작업이 끝나면 셸프값에서

close()를 호출한다. 여기서는 shelfFile에 셸프값이 들어 있다.

리스트 cats를 생성하고 shelfFile['cats'] = cats로, shelfFile에 'cats' 키와 연관된 값으로 해당 리스트를 저장한다(딕셔너리와 비슷하다). 그리고 shelfFile에 close()를 호출한다. 파이썬 3.7부터 셸프 메서드인 open()에는 문자열 형태의 파일 이름만 전달해야 한다. Path 객체는 전달할 수 없다.

앞서 나온 코드를 윈도우에서 실행하면 현재 작업 디렉터리에 새로운 파일 세 개(mydata.bak, mydata.dat, mydata.dir)가 만들어졌음을 알 수 있다. 맥OS에서는 mydata.db라는 파일 하나만 생성된다.

이 이진 파일에는 셸프에 저장한 데이터들이 들어 있다. 이 이진 파일들의 형식은 중요하지 않다. 알아야 할 것은 shelve 모듈이 이러한 작업을 수행한다는 사실이지, 수행하는 방법이 아니다. 이 모듈을 사용하면 프로그램의 데이터를 파일로 저장할 방법에 대해 걱정할 필요가 없어진다.

shelve 모듈을 사용하여 추후 셸프 파일에서 데이터를 다시 열어 검색할 수 있다. 셸프값은 읽기 또는 쓰기 모드로 열 필요가 없다. 즉, 파일을 열면 두 가지 작업 모두 할 수 있다. 대화형 셸에 다음과 같이 입력해 보자.

```
>>> shelfFile = shelve.open('mydata')
>>> type(shelfFile)
<class 'shelve.DbfilenameShelf'>
>>> shelfFile['cats']
['Zophie', 'Pooka', 'Simon']
>>> shelfFile.close()
```

이제 셸프 파일을 다시 열고 데이터가 제대로 들어 있는지 확인해 보자. shelfFile['cats']를 입력하면 이전에 저장했던 것과 동일한 리스트를 반환하는 것을 볼 때, 리스트가 제대로 저장되었음을 알 수 있다. 그 뒤에 close()를 호출한다.

딕셔너리처럼 셸프는 키와 값들을 리스트와 비슷한 형식으로 반환하는 keys()와 values() 메서드를 갖는다. 이 메서드들이 실제 리스트가 아니라 리스트와 비슷한 형식의 값을 반환하기 때문에 리스트 형식의 값을 얻고 싶다면 이 값을 list() 함수에 전달해야 한다. 대화형 셸에 다음과 같이 입력해 보자.

```
>>> shelfFile = shelve.open('mydata')
>>> list(shelfFile.keys())
['cats']
>>> list(shelfFile.values())
[['Zophie', 'Pooka', 'Simon']]
>>> shelfFile.close()
```

일반 텍스트는 윈도우 메모장 같은 텍스트 편집기에서 읽을 파일을 만들 때 유용하다. 그러나 파이썬 프로그램에서 데이터를 저장하려면 shelve 모듈을 사용하는 것이 좋다.

pprint.pformat() 함수로 변수 저장하기

'보기 좋게 출력하기'(132쪽)에서 언급한 pprint.pprint() 함수는 리스트나 딕셔너리의 내용을 화면에 '보기 좋게' 출력하는 반면, pprint.pformat() 함수는 같은 텍스트를 화면에 출력하는 대신 문자열로 반환한다는 것을 기억하자. 이러한 문자열 형식은 가독성이 좋을 뿐 아니라 문법적으로 올바른 파이썬 코드다. 변수에 어떤 딕셔너리가 들어 있고 이 변수에 있는 내용을 추후에 사용하기 위해 저장하고 싶다고 하자. pprint.pformat()을 사용하면 .py 파일에 쓸 수 있는 문자열을 제공한다. 이 파일은 그 안에 저장된 변수를 사용하고자 할 때마다 불러올 수 있는 사용자의 고유한 모듈 역할을 한다.

예를 들어 다음과 같이 대화형 셀에 입력해 보자.

```
>>> import pprint
>>> cats = [{'name': 'Zophie', 'desc': 'chubby'}, {'name': 'Pooka', 'desc':
'fluffy'}]
>>> pprint.pformat(cats)
"[{'desc': 'chubby', 'name': 'Zophie'}, {'desc': 'fluffy', 'name': 'Pooka'}]"
>>> fileObj = open('myCats.py', 'w')
>>> fileObj.write('cats = ' + pprint.pformat(cats) + '\n')
83
>>> fileObj.close()
```

이 예에서는 pprint.pformat()을 사용하기 위해 pprint를 불러왔다. cats 변수에는 딕셔너리들로 구성된 리스트가 들어 있다. 셀을 종료한 이후에도 cats에 있는 리스트를 유지하기 위해 pprint.pformat() 함수를 사용하여 이를 문자열값으로 반환한다. cats 변수에 있는 데이터를 문자열 형식으로 변환하면, 이 문자열을 파일에 쓰는 것은 간단한 일인데, 이를 myCats.py라고 하자.

import 문에서 불러오는 모듈들도 그 자체가 파이썬 스크립트다. pprint.pformat()으로 만든 문자열을 .py 파일에 저장하면, 그 파일은 다른 모듈들과 마찬가지로 불러올 수 있는 하나의 모듈이 되는 것이다.

또한 파이썬 스크립트는 단순히 확장자가 .py인 텍스트 파일이므로 여러분이 작성한 파이썬 프로그램으로 다른 파이썬 프로그램을 생성할 수도 있다. 그런 다음 스크립트에서 이 파일들을 불러올 수 있다.

```
>>> import myCats
>>> myCats.cats
[{'name': 'Zophie', 'desc': 'chubby'}, {'name': 'Pooka', 'desc': 'fluffy'}]
>>> myCats.cats[0]
{'name': 'Zophie', 'desc': 'chubby'}
>>> myCats.cats[0]['name']
'Zophie'
```

.py 파일을 만드는 것의 장점은 (shelve 모듈을 사용하여 변수를 저장하는 것과 반대로) 텍스트 파일이기 때문에 단순한 텍스트 편집기로 누구나 파일의 내용을 읽거나 수정할 수 있다는 것이다. 그러나 shelve 모듈을 사용하여 변수를 파일로 저장하는 방법을 더 선호하는 경우가 많다. 정수, 부동 소수점 수, 문자열, 리스트, 딕셔너리 등 기본 자료형만 간단한 텍스트 파일로 쓸 수 있기 때문이다. 예를 들어 File 객체는 텍스트로 인코딩될 수 없다.

프로젝트: 무작위로 퀴즈 파일 생성하기

여러분이 학생 35명이 있는 반의 지리학 교사이고, 미국 각 주의 주도에 대한 퀴즈를 출제하려고 한다고 가정하자. 아, 그 반에는 부정직한 학생들이 몇 명 있어서 부정행위를 하지 않을 것이라 믿을 수가 없다. 질문 순서를 무작위로 배치하는 방식으로 각 퀴즈를 유일무이하게 만들어서 다른 사람의 답을 베낄 수 없게 하려고 한다. 물론 이를 일일이 수작업으로 한다면 길고 지루한 작업이 될 것이다. 다행히 여러분은 파이썬을 좀 할 수 있다.

프로그램이 수행하는 작업들은 다음과 같다.

1. 서로 다른 퀴즈 35개 만들기
2. 각 퀴즈는 객관식이며 총 50문제가 있다. 문제 순서는 무작위로 결정된다.
3. 각 문제당 정답 한 개와 오답 세 개가 있으며 보기 순서는 무작위로 결정된다.
4. 퀴즈를 35개 텍스트 파일에 쓴다.
5. 35개 텍스트 파일의 정답을 쓴다.

이는 코드가 다음과 작업들을 해야 한다는 의미다.

1. 딕셔너리에 각 주와 해당 주도를 저장한다.
2. 퀴즈와 정답 텍스트 파일을 위한 open(), write(), close()를 호출한다.

3. random.shuffle()을 사용하여 문제 순서와 객관식 보기 순서를 무작위로 지정한다.

1단계: 딕셔너리에 퀴즈 데이터 저장하기

첫 번째 단계는 뼈대 코드를 작성하고 퀴즈 데이터를 채우는 것이다. randomQuizGenerator.py라는 이름의 파일을 만들고 다음과 같이 작성한다.

```
#! python3
# randomQuizGenerator.py - 무작위 순서로 정렬된 문제와 정답으로 구성된
# 퀴즈와 정답지를 생성

import random                                                    ❶

# 퀴즈 데이터. 키는 주, 값은 주의 주도.
capitals = {'Alabama': 'Montgomery', 'Alaska': 'Juneau', 'Arizona': 'Phoenix',
'Arkansas': 'Little Rock', 'California': 'Sacramento', 'Colorado': 'Denver',
'Connecticut': 'Hartford', 'Delaware': 'Dover', 'Florida': 'Tallahassee',
'Georgia': 'Atlanta', 'Hawaii': 'Honolulu', 'Idaho': 'Boise', 'Illinois':
'Springfield', 'Indiana': 'Indianapolis', 'Iowa': 'Des Moines', 'Kansas':
'Topeka', 'Kentucky': 'Frankfort', 'Louisiana': 'Baton Rouge', 'Maine':
'Augusta', 'Maryland': 'Annapolis', 'Massachusetts': 'Boston', 'Michigan':
'Lansing', 'Minnesota': 'Saint Paul', 'Mississippi': 'Jackson', 'Missouri':
'Jefferson City', 'Montana': 'Helena', 'Nebraska': 'Lincoln', 'Nevada': 'Carson
City', 'New Hampshire': 'Concord', 'New Jersey': 'Trenton', 'New Mexico':
'Santa Fe', 'New York': 'Albany', 'North Carolina': 'Raleigh', 'North Dakota':
'Bismarck', 'Ohio': 'Columbus', 'Oklahoma': 'Oklahoma City', 'Oregon': 'Salem',
'Pennsylvania': 'Harrisburg', 'Rhode Island': 'Providence', 'South Carolina':
'Columbia', 'South Dakota': 'Pierre', 'Tennessee': 'Nashville', 'Texas':
'Austin', 'Utah': 'Salt Lake City', 'Vermont': 'Montpelier', 'Virginia':
'Richmond', 'Washington': 'Olympia', 'West Virginia': 'Charleston', 'Wisconsin':
'Madison', 'Wyoming': 'Cheyenne'}                                ❷

# 35개의 퀴즈 파일 생성
for quizNum in range(35):                                        ❸
    # TODO: 퀴즈와 정답지 파일 생성하기

    # TODO: 퀴즈 헤더 작성하기

    # TODO: 주의 순서 섞기

    # TODO: 전체 50개 주에 대해 반복하면서 문제를 생성하기
```

이 프로그램은 문제와 답의 순서를 무작위로 정렬해야 하기 때문에 random 모듈을 불러와서(❶) 해당 함수들을 사용해야 할 것이다. capitals 변수(❷)에는 키는 미국의 주, 값은 그 주의 주도인 딕셔너리가 들어 있다. 또한 퀴즈를 35개 만들어야 하기 때문에 실제로 퀴즈와 정답지 파일을 생성하는 코드(TODO 주석으로 표시되어 있는 부분)는 35번 반복하는 for 반복문(❸) 안에 있어야 한다(이 숫자는 생성할 퀴즈 파일 수에 따라 변할 수 있다).

2단계: 퀴즈 파일을 생성하고 문제 순서 섞기

이제 TODO들을 채우기 시작하자.

반복문 안에 있는 코드는 퀴즈 한 개당 한 번씩 반복하여 총 35번 반복한다. 따라서 반복문에서 한 번 반복할 때마다 단 한 개의 퀴즈만 생성하도록 해야 한다. 먼저 실제 퀴즈 파일을 만든다. 각 파일은 고유한 파일 이름이 있어야 하며 학생 이름, 시험 날짜, 수업 기간을 입력할 수 있는 표준화된 헤더가 있어야 한다. 그리고 무작위 순서로 정렬된 주의 목록이 필요하다. 이는 나중에 퀴즈의 문제와 정답을 만들 때 사용한다.

다음과 같은 코드를 randomQuizGenerator.py에 추가한다.

```
#! python3
# randomQuizGenerator.py – 무작위 순서로 정렬된 문제와 정답으로 구성된
# 퀴즈와 정답지를 생성

--생략--

# 35개의 퀴즈 파일 생성
for quizNum in range(35):
    # 퀴즈와 정답지 파일 만들기
    quizFile = open(f'capitalsquiz{quizNum + 1}.txt', 'w')            ❶
    answerKeyFile = open(f'capitalsquiz_answers{quizNum + 1}.txt', 'w')  ❷

    # 퀴즈의 헤더 작성하기
    quizFile.write('Name:\n\nDate:\n\nPeriod:\n\n')                   ❸
    quizFile.write((' ' * 20) + f'State Capitals Quiz (Form{quizNum + 1})')
    quizFile.write('\n\n')

    # 주의 순서 섞기
    states = list(capitals.keys())
    random.shuffle(states)                                           ❹

    # TODO: 전체 50개 주에 대해 반복하면서 각각 문제를 생성하기
```

각 퀴즈의 파일 이름은 capitalsquiz〈N〉.txt다. 이때 〈N〉은 for 반복문의 카운터인 quizNum에서 온 퀴즈의 고유 번호다. 퀴즈 capitalsquiz〈N〉.txt의 정답지는 capitalsquiz_answers〈N〉.txt라는 텍스트 파일에 저장된다. 반복문이 실행될 때마다 f'capitalsquiz{quizNum + 1}.txt'와 f'capitalsquiz_answers{quizNum

+ 1}.txt'의 위치 표시자 {quizNum + 1}은 고유 번호로 대체된다. 따라서 생성된 첫 번째 퀴즈와 정답지 파일은 capitalsquiz1.txt와 capitalsquiz_answers1.txt다. 이 파일은 ❶과 ❷에 있는 open() 함수를 호출하여 생성되었고, 호출 시 두번째 인자로 'w'를 전달하여 그 파일을 쓰기 모드로 열었다.

write() 문(❸)은 학생들이 채워야 할 퀴즈 헤더 부분을 생성한다. 마지막으로 전달한 리스트 안에 있는 값들을 무작위 순서로 재배치하는 random.shuffle() 함수(❹)를 활용하여 미국의 주가 무작위 순서로 나열되어 있는 리스트를 생성한다.

3단계: 정답 선택지 만들기

이제 각 문제별로 A부터 D까지 있는 객관식 정답 선택지를 만들어야 한다. 이를 위해 퀴즈의 50개 질문 각각에 대해 질문지를 생성하는 for 반복문을 한 개 더 만들어야 한다. 그리고 각 질문의 객관식 선택지를 만들기 위한 세 번째 for 반복문이 안에 중첩하여 위치한다. 다음과 같이 코드를 작성하라.

```python
#! python3
# randomQuizGenerator.py – 무작위 순서로 정렬된 문제와 정답으로 구성된
# 퀴즈와 정답지를 생성

--생략--

    # 전체 50개 주에 대해 반복하면서 각각 문제를 생성하기
    for questionNum in range(50):

        # 정답과 오답을 얻는다.
        correctAnswer = capitals[states[questionNum]]          ❶
        wrongAnswers = list(capitals.values())                 ❷
        del wrongAnswers[wrongAnswers.index(correctAnswer)]    ❸
        wrongAnswers = random.sample(wrongAnswers, 3)          ❹
        answerOptions = wrongAnswers + [correctAnswer]         ❺
        random.shuffle(answerOptions)                          ❻

        # TODO: 퀴즈 파일에 문제와 정답 선택지를 쓴다.

        # TODO: 정답지를 파일에 쓴다.
```

정답은 capitals 딕셔너리(❶)에 들어 있는 값을 불러오면 되기 때문에 매우 얻기 쉽다. 이 반복문은 무작위로 섞인 states 리스트의 states[0]부터 states[49]까지 반복하면서 capitals에서 주를 찾고, 그 주에 해당하는 주도를 correctAnswer에 저장한다.

가능한 오답 리스트는 더 복잡하다. 딕셔너리 capitals에 있는 모든 값을 복사한(❷) 뒤 정답을 제거하고(❸) 임의로 세 개의 값을 선택한다(❹). random. sample() 함수는 이 선택을 쉽게 수행할 수 있도록 도와준다. 이 함수의 첫 번째 인자는 선택할 리스트이고, 두 번째 인자는 선택할 값의 개수다. 정답 선택지 리스트는 정답과 오답의 조합이다(❺). 마지막으로 정답이 항상 보기 D만 되는 상황이 일어나지 않도록 정답 선택지 리스트를 섞어(❻) 준다.

4단계: 퀴즈와 정답 파일에 내용 쓰기

이제 남은 것은 질문을 퀴즈 파일에, 정답을 정답 파일에 쓰는 작업이다. 다음과 같이 코드를 작성해 보자.

```
#! python3
# randomQuizGenerator.py - 무작위 순서로 정렬된 문제와 정답으로 구성된
# 퀴즈와 정답지를 생성

--생략--

    # 전체 50개 주에 대해 반복하면서 각각 문제를 만들기
    for questionNum in range(50):
        --생략--

        # 퀴즈 파일에 문제와 정답 선택지를 쓴다.
        quizFile.write(f'{questionNum + 1}. What is the capital of
            {states[questionNum]}?\n')
        for i in range(4):                                              ❶
            quizFile.write(f"    {'ABCD'[i]}. { answerOptions[i]}\n")   ❷
        quizFile.write('\n')

        # 정답지를 파일에 쓴다.
        answerKeyFile.write(f"{questionNum + 1}.                        ❸
            {'ABCD'[answerOptions.index(correctAnswer)]}")
    quizFile.close()
    answerKeyFile.close()
```

숫자 0에서 3까지 반복되는 for 반복문(❶)은 answerOptions 리스트 안에 있는 정답 선택지들을 쓴다. 표현식 'ABCD'[i]는(❷) 문자열 'ABCD'를 배열 취급하여 반복문을 돌 때마다 'A', 'B', 'C', 'D'로 평가된다.

마지막 표현식(❸)을 보면 answerOptions.index(correctAnswer)는 무작위로 정렬된 정답 선택지에서 정답이 있는 인덱스를 찾고, 'ABCD'[answerOptions. index(correctAnswer)]의 결과는 정답 기호가 되고 이를 정답지 파일에 쓴다.

이 프로그램을 실행하여 생성된 capitalsquiz1.txt는 다음과 같은 형식이다. 물론 질문이나 정답 선택지는 random.shuffle()의 호출 결과에 따라 여기에 나와 있는 것과 다를 수 있다.

```
Name:

Date:

Period:

                    State Capitals Quiz (Form 1)


1. What is the capital of West Virginia?
    A. Hartford
    B. Santa Fe
    C. Harrisburg
    D. Charleston

2. What is the capital of Colorado?
    A. Raleigh
    B. Harrisburg
    C. Denver
    D. Lincoln
--생략--
```

이 퀴즈에 대한 capitalsquiz_answers1.txt 텍스트 파일은 다음과 같은 형식이다.

```
1. D
2. C
3. A
4. C
--생략--
```

프로젝트: 업데이트 가능한 다중 클립보드

6장의 '다중 클립보드' 프로그램을 shelve 모듈을 사용하여 다시 작성해 보자. 사용자는 이제 소스 코드를 수정하지 않고도 새로운 문자열을 저장했다가 클립보드로 불러올 수 있다. 이 프로그램의 이름을 mcb.pyw라고 하겠다('mcb'는 'multi-clipboard'의 줄임말이다). 확장자 .pyw는 이 프로그램을 실행할 때 파이썬이 터미널 창을 표시하지 않음을 의미한다(더 자세한 내용은 부록 B를 확인하기 바란다).

이 프로그램은 키워드에 클립보드 텍스트를 저장한다. 예를 들어 `py mcb.pyw save spam`을 실행하면, 현재 클립보드에 있는 내용을 spam이라는 키워드와 함께 저장한다. 이 텍스트는 나중에 `py mcb.pyw spam`을 실행하여 클립보드로 다시 불러올 수 있다. 또한, 어떤 키워드가 있는지 사용자가 잊었을 경우, `py mcb.pyw list`를 실행하여 모든 키워드가 있는 리스트를 클립보드로 복사할 수 있다.

프로그램은 다음과 같은 작업들을 수행한다.

1. 키워드에 대한 명령 행 인자를 확인한다.
2. 인자가 save일 경우 클립보드 내용을 키워드에 저장한다.
3. 인자가 list일 경우 모든 키워드를 클립보드에 복사한다.
4. 그렇지 않다면 키워드에 해당하는 텍스트들을 클립보드에 복사한다.

이는 코드가 다음과 같은 일들을 수행해야 함을 의미한다.

1. sys.argv로부터 명령 행 인자를 읽는다.
2. 클립보드에서 읽거나 클립보드에 쓴다.
3. 셸프 파일을 저장하거나 불러온다.

윈도우를 사용한다면 다음과 같이 입력하여 mcb.bat이라는 배치 파일을 만들어서 쉽게 실행할 수 있다.

```
@pyw.exe C:\Python34\mcb.pyw %*
```

1단계: 주석과 셸프 설정

먼저 몇 가지 주석, 기본 설정과 함께 뼈대 코드를 작성하자. 다음과 같이 코드를 작성하자.

```
#! python3
# mcb.pyw – 텍스트를 클립보드에 저장하고 불러오기
# 사용법: py.exe mcb.pyw save <keyword> – 클립보드의 내용을 keyword에 저장하기        ❶
# py.exe mcb.pyw <keyword> – keyword를 클립보드로 불러오기
# py.exe mcb.pyw list – 모든 keyword를 클립보드로 불러오기

import shelve, pyperclip, sys                                                      ❷

mcbShelf = shelve.open('mcb')                                                      ❸
```

```
# TODO: 클립보드 내용 저장하기

# TODO: 키워드들을 나열하고 내용 불러오기

mcbShelf.close()
```

일반적으로 파일 상단 주석에 사용 방법을 남긴다(❶). 스크립트 실행 방법을 잊어버릴 때마다 이 주석을 확인하여 기억을 떠올릴 수 있다. 그리고 필요한 모듈들을 불러온다(❷). 복사하고 붙여 넣을 때 필요한 pyperclip, 명령 행 인자를 읽는 데 필요한 sys가 그것이다. shelve 모듈도 유용하게 사용된다. 사용자가 클립보드 텍스트의 새로운 부분을 저장하고 싶을 때 이를 셸프 파일로 저장할 것이다. 그 뒤에 사용자가 텍스트를 클립보드에 다시 붙여 넣고 싶다면, 셸프 파일을 열고 텍스트를 프로그램에 다시 불러오면 된다. 셸프 파일의 이름에는 접두어인 mcb를 붙인다(❸).

2단계: 키워드와 함께 클립보드 내용 저장하기

이 프로그램은 사용자가 원하는 것이 무엇인지에 따라 다른 작업을 수행한다. 수행할 수 있는 작업으로는 텍스트를 키워드에 저장하기, 텍스트를 클립보드에 불러오기, 존재하는 키워드를 모두 나열하기가 있다. 먼저 첫 번째 경우를 알아보자. 다음과 같이 코드를 작성하자.

```
#! python3
# mcb.pyw – 텍스트를 클립보드에 저장하고 불러오기
--생략--

# 클립보드 내용 저장하기
if len(sys.argv) == 3 and sys.argv[1].lower() == 'save':          ❶
    mcbShelf[sys.argv[2]] = pyperclip.paste()                     ❷
elif len(sys.argv) == 2:
    # TODO: 키워드들을 나열하고 내용 불러오기                        ❸

mcbShelf.close()
```

첫 번째 명령 행 인자(sys.argv 리스트의 인덱스 1에 해당)가 'save'일(❶) 경우, 두 번째 명령 행 인자는 현재 클립보드에 있는 내용의 키워드다. 키워드는 mcbShelf의 키로 사용되며, 값은 현재 클립보드에 있는 텍스트가 된다(❷).

명령 행 인자가 단 한 개라면 그것은 'list'이거나 클립보드에 불러올 내용의 키워드라고 가정할 것이다. 이에 대한 코드는 나중에 작성하자. 지금은 TODO 주석(❸)으로 남겨 두자.

3단계: 키워드 나열하기 및 키워드에 해당하는 내용 불러오기

마지막으로 나머지 두 경우에 대해 알아보자. 이 경우들은 각각 사용자가 키워드로부터 클립보드에 텍스트를 불러오는 경우와 가능한 키워드를 모두 나열하는 경우다. 다음과 같이 코드를 작성하자.

```
#! python3
# mcb.pyw - 텍스트를 클립보드에 저장하고 불러오기
--생략--

# 클립보드 내용 저장하기
if len(sys.argv) == 3 and sys.argv[1].lower() == 'save':
    mcbShelf[sys.argv[2]] = pyperclip.paste()
elif len(sys.argv) == 2:
    # 키워드들을 나열하고 내용 불러오기
    if sys.argv[1].lower() == 'list':                           ❶
        pyperclip.copy(str(list(mcbShelf.keys())))              ❷
    elif sys.argv[1] in mcbShelf:
        pyperclip.copy(mcbShelf[sys.argv[1]])                   ❸

mcbShelf.close()
```

명령 행 인자가 단 하나만 존재할 경우, 먼저 이것이 'list'인지 확인해야 한다 (❶). 만약 그렇다면 문자열로 나타낸 셸프 키 리스트가 클립보드에 복사된다 (❷). 사용자는 이 리스트를 문자열 편집기에 붙여 넣어서 읽을 수 있다.

그렇지 않다면 명령 행 인자가 키워드라고 생각할 수 있다. 이 키워드가 mcbShelf 셸프 키라면 이 값을 클립보드에 불러올 수 있다(❸).

이제 끝났다! 컴퓨터가 어떤 운영 체제를 사용하는지에 따라 이 프로그램은 다른 방법으로 실행된다. 자세한 내용은 부록 B를 참고하기 바란다.

비밀번호를 딕셔너리에 저장했던 6장의 비밀번호 잠금 프로그램을 기억해 보자. 비밀번호를 업데이트하려면 프로그램의 소스 코드를 수정해야 했다. 이는 이상적이지 않은 상황으로, 일반인들은 소프트웨어를 업데이트하려고 소스 코드를 수정해야 하는 것을 불편해하기 때문이다. 또한 프로그램의 소스 코드를 수정할 때마다 실수로 새로운 버그가 생길 위험이 있다. 프로그램에 필요한 데이터를 코드가 아닌 다른 곳에 저장하면, 다른 사람이 이 프로그램을 사용하기 쉽고 버그에 더 강하게 만들 수 있다.

요약

파일은 폴더(또는 디렉터리)에 정리하고 경로는 파일 위치를 나타낸다. 컴퓨터에서 실행하는 모든 프로그램은 현재 작업 디렉터리를 갖고 있다. 이로써 항상 전체 경로(또는 절대 경로)를 전부 입력하지 않고, 현재 위치에서 상대적인 경로를 명시할 수 있다. pathlib, os.path 모듈은 경로를 처리할 수 있는 많은 함수를 갖고 있다.

프로그램은 텍스트 파일 내용과 직접 상호 작용할 수 있다. open() 함수는 이 파일들을 열고 그 내용을 하나의 큰 문자열(read() 메서드로) 또는 문자열로 구성된 리스트(readlines() 메서드로)로 읽는다. open() 함수는 파일을 쓰기나 추가 모드로 열어서 각각 새로운 텍스트 파일을 만들거나 기존 텍스트 파일에 내용을 추가할 수 있다.

이전 장들에서 프로그램에 많은 양의 텍스트를 넣으려고 일일이 입력하는 대신 클립보드를 활용했다. 이제 하드 드라이브에서 직접 파일을 읽는 프로그램을 작성할 수 있게 되었다. 이는 매우 큰 발전인데, 그 이유는 파일이 클립보드보다 안정성이 훨씬 좋기 때문이다.

다음 장에서는 파일의 복사, 삭제, 이름 바꾸기, 이동 등 파일을 처리하는 방법에 관해 설명할 예정이다.

연습 문제

1. 상대 경로는 어떤 것에 대해 상대적인가?

2. 절대 경로는 무엇으로 시작하는가?

3. 윈도우에서 Path('C:/Users') / 'Al'의 결과는 무엇인가?

4. 윈도우에서 'C:/Users' / 'Al'의 결과는 무엇인가?

5. os.getcwd()와 os.chdir()은 어떤 역할을 하는가?

6. .와 .. 폴더는 무엇인가?

7. C:\bacon\eggs\spam.txt에서 폴더 이름과 기본 이름은 각각 어느 부분인가?

8. open() 함수에 전달할 수 있는 세 가지 '모드' 인자는 무엇인가?

9. 쓰기 모드에서 실제 존재하는 파일을 열면 일어나는 일은 무엇인가?

10. read()와 readlines() 메서드의 차이점은 무엇인가?

11. 셸프값은 어떤 자료형과 비슷한가?

연습 프로젝트

연습을 위해 다음과 같은 작업들을 수행하는 프로그램을 작성해 보자.

다중 클립보드 확장하기

이 장의 다중 클립보드 프로그램을 확장하여 셸프 파일에서 키워드를 삭제하는 delete <keywords> 명령 행 인자를 갖도록 하자. 그리고 모든 키워드를 다 삭제하는 delete 명령 행 인자도 갖도록 하자.

매드 립스

텍스트 파일을 읽고 ADJECTIVE, NOUN, ADVERB, VERB가 있는 위치에 사용자가 텍스트를 추가하는 매드 립스(Mad Libs) 프로그램을 만들어 보자. 텍스트 파일은 다음 예와 같은 형식을 갖는다.

```
The ADJECTIVE panda walked to the NOUN and then VERB. A nearby NOUN was
unaffected by these events.
```

이 프로그램은 ADJECTIVE, NOUN, ADVERB, VERB를 찾으면 사용자에게 이를 대체할 단어를 입력하도록 한다.

```
Enter an adjective:
silly
Enter a noun:
chandelier
Enter a verb:
screamed
Enter a noun:
pickup truck
```

이제 다음과 같은 텍스트 파일이 생성된다.

```
The silly panda walked to the chandelier and then screamed. A nearby pickup
truck was unaffected by these events.
```

이 결과를 화면에 출력하고 새로운 텍스트 파일에 저장해야 한다.

정규 표현식 검색

폴더에서 모든 .txt 파일을 열고 사용자가 입력한 정규 표현식과 매칭되는 줄을 검색하는 프로그램을 만들라. 결과는 화면에 출력해야 한다.

10장

AUTOMATE THE BORING STUFF WITH PYTHON

파일 정리하기

이전 장에서는 파이썬으로 새로운 파일을 만들고 작성하는 방법을 공부했다. 또한, 하드 드라이브에 이미 존재하는 파일들을 정리할 수도 있다. 수십, 수백 또는 수천 개의 파일로 가득 찬 폴더를 살펴보고 모두 손으로 복사, 이름 변경, 이동 또는 압축을 한 경험이 있을지도 모른다. 아니면 다음 작업들은 어떤지 생각해 보자.

- 폴더의 모든 하위 폴더에서 모든 PDF 파일 복사하기
- 어떤 폴더에 들어 있는 spam001.txt, spam002.txt, spam003.txt와 같은 파일에서 이름에 붙어 있는 0을 제거하기
- 몇 개의 폴더에 있는 내용물을 하나의 ZIP 파일로 압축하기(간단한 백업 시스템이 될 수 있음)

이 모든 지루한 작업을 파이썬으로 자동화하면 좋을 것이다. 컴퓨터가 이러한 작업을 하도록 프로그래밍하면, 컴퓨터를 실수하지 않고 매우 빠르게 일하는 파일 담당자로 탈바꿈시킬 수 있다.

파일과 관련된 작업을 시작하기 전에 파일 확장자(.txt, .pdf, .jpg 등)가 무엇인지 빨리 확인할 수 있다면 도움이 될 것이다. 맥OS나 리눅스에서 파일 탐색기는 파일 확장자를 대부분 자동으로 보여 준다. 윈도우에서는 기본적으로 파일 확장자가 숨겨져 있다. 확장자를 보려면, 시작 ▶ 제어판 ▶ 모양 및 개인 설정 ▶ 파일 탐색기 옵션에 들어간다. 보기 탭의 고급 설정에서 '알려진 파일 형식의 파일 확장명 숨기기'에 체크가 되어 있는 것을 해제한다.

shutil 모듈

shutil(또는 셸 유틸리티) 모듈은 파이썬 프로그램으로 파일 복사, 이동, 이름 바꾸기, 삭제를 할 수 있는 함수를 갖고 있다. shutil의 함수들을 사용하고 싶다면, 먼저 import shutil 문을 사용해야 한다.

파일 및 폴더 복사하기

shutil 모듈은 파일뿐 아니라 폴더 전체를 복사하는 함수를 제공한다.

shutil.copy(*source*, *destination*)을 호출하면 *source*에 있는 파일을 *destination* 경로에 해당하는 폴더에 복사한다(*source*, *destination*은 문자열이나 Path 객체가 될 수 있다). *destination*이 파일 이름이라면 이를 복사한 파일의 새로운 이름으로 사용한다. 이 함수는 문자열이나 복사한 파일의 Path 객체를 반환한다.

대화형 셸에 다음과 같이 입력하여 shutil.copy()가 어떻게 동작하는지 확인하자.

```
>>> import shutil, os
>>> from pathlib import Path
>>> p = Path.home()
>>> shutil.copy(p / 'spam.txt', p / 'some_folder')            ❶
'C:\\Users\\Al\\some_folder\\spam.txt'
>>> shutil.copy(p / 'eggs.txt', p / 'some_folder/eggs2.txt')  ❷
WindowsPath('C:/Users/Al/some_folder/eggs2.txt')
```

처음 shutil.copy()를 호출하면 C:\Users\Al\spam.txt의 파일을 C:\Users\Al\some_folder에 복사한다. 반환값은 새로 복사한 파일의 경로다. 폴더가 목적지로 지정되었기(❶) 때문에 새로 복사된 파일의 파일 이름도 spam.txt다. 두 번째 shutil.copy() 호출(❷)도 C:\Users\Al\eggs.txt 파일을 C:\Users\Al\some_folder에 복사하지만 복사한 파일의 이름은 eggs2.txt가 된다.

shutil.copy()는 파일 하나를 복사하지만, shutil.copytree()는 전체 폴더와 그 안에 있는 폴더와 파일을 전부 복사한다. shutil.copytree(*source*, *destination*)은 *source* 경로에 해당하는 폴더와 그 안에 있는 파일들과 하위 폴더들을 *destination* 경로에 해당하는 폴더로 복사한다. *source*, *destination* 인자는 모두 문자열이다. 이 함수는 복사한 폴더의 경로를 문자열 형태로 반환한다.

대화형 셀에 다음과 같이 입력해 보자.

```
>>> import shutil, os
>>> from pathlib import Path
>>> p = Path.home()
>>> shutil.copytree(p / 'spam', p / 'spam_backup')
WindowsPath('C:/Users/Al/spam_backup')
```

shutil.copytree()를 호출하면, 원래 spam 폴더의 내용물과 같은 spam_backup이라는 이름의 새로운 폴더를 만든다. 여러분의 매우 '소중한' 스팸은 이제 안전하게 백업되었다.

파일 및 폴더 이동과 이름 바꾸기

shutil.move(*source*, *destination*)은 *source* 경로에 해당하는 파일이나 폴더를 *destination* 경로에 옮기고, 새로운 위치의 절대 경로를 문자열 형태로 반환한다.

*destination*이 폴더를 나타내면, *source* 파일은 현재 파일 이름을 유지한 채로 *destination*으로 옮겨진다. 예를 들어 대화형 셀에 다음과 같이 입력해 보자.

```
>>> import shutil
>>> shutil.move('C:\\bacon.txt', 'C:\\eggs')
'C:\\eggs\\bacon.txt'
```

C:\ 디렉터리에 eggs라는 폴더가 이미 존재한다고 할 때, shutil.move()를 호출한다는 것은 'C:\bacon.txt에 해당하는 파일을 C:\eggs로 옮기라'는 의미다.

C:\eggs 안에 bacon.txt라는 파일이 이미 존재한다면 이 파일은 덮어쓰인다. 이러한 방식으로 파일을 실수로 덮어쓰기 쉬우므로 move()를 사용할 때는 주의해야 한다.

destination 경로에도 파일 이름을 지정할 수 있다. 다음 예는 *source* 파일을 옮기면서 이름을 변경한다.

```
>>> shutil.move('C:\\bacon.txt', 'C:\\eggs\\new_bacon.txt')
'C:\\eggs\\new_bacon.txt'
```

이는 'C:\bacon.txt를 C:\eggs 폴더에 옮긴 뒤, 옮긴 bacon.txt의 이름을 new_bacon.txt로 변경한다'는 의미다.

앞에 나온 예 모두 C:\ 디렉터리 안에 eggs라는 폴더가 있다는 가정하에 작동

한다. 그러나 eggs 폴더가 없다면, move()는 bacon.txt 파일의 이름을 eggs라고
변경한다.

```
>>> shutil.move('C:\\bacon.txt', 'C:\\eggs')
'C:\\eggs'
```

여기서 move()는 C:\ 디렉터리 안의 eggs라는 폴더를 찾지 못했고, *destination*
은 폴더가 아니라 파일 이름을 지정한다고 여기게 된다. 따라서 bacon.txt 텍스
트 파일은 eggs(.txt 파일 확장자가 없는 텍스트 파일)로 이름이 바뀐다. 이런 상
황을 의도하지는 않았을 것이다. move() 함수가 예상과 다른 작업을 수행했기 때
문에 이는 매우 찾기 힘든 버그가 될 수 있다. 이는 move()를 사용할 때 주의해야
하는 또 다른 이유다.

마지막으로 옮길 위치는 반드시 존재해야 한다. 그렇지 않다면 파이썬은 예외
를 일으킬 것이다. 대화형 셸에 다음과 같이 입력해 보자.

```
>>> shutil.move('spam.txt', 'c:\\does_not_exist\\eggs\\ham')
Traceback (most recent call last):
  --생략--
FileNotFoundError: [Errno 2] No such file or directory: 'c:\\does_not_exist\\
eggs\\ham'
```

파이썬은 does_not_exist 디렉터리 안에 있는 eggs와 ham을 찾는다. 그러나 존
재하지 않는 디렉터리를 찾을 수 없기 때문에 지정한 경로에 spam.txt를 옮길
수 없다.

파일 및 폴더를 영구적으로 삭제하기

os 모듈에 있는 함수를 사용하면 파일 한 개 또는 비어 있는 폴더 한 개를 삭제할
수 있다. 한편, 폴더와 그 안의 내용물을 모두 삭제하려면 shutil 모듈을 사용해
야 한다.

- os.unlink(*path*)를 호출하면 *path*에 해당하는 파일을 삭제한다
- os.rmdir(*path*)를 호출하면 *path*에 해당하는 폴더를 삭제한다. 이 폴더는 그
  안에 어떤 파일이나 폴더도 없는 빈 상태여야 한다.
- shutil.rmtree(*path*)를 호출하면 *path*에 있는 폴더를 비롯해 그 안에 들어 있
  는 파일과 폴더를 모두 삭제한다.

프로그램에서 이 함수들을 사용할 때는 조심해야 한다! 처음 프로그램을 실행할

때 이 함수들을 호출하는 부분은 주석 처리하고 print()를 호출하여 삭제할 파일을 살펴보는 것이 좋다. 다음 예는 확장자가 .txt인 파일을 삭제하려 했으나 오타(볼드로 표시) 때문에 확장자가 .rxt인 파일을 삭제하는 프로그램이다.

```
import os
from pathlib import Path
for filename in Path.home().glob('*.rxt'):
    os.unlink(filename)
```

어떤 중요한 파일의 확장자가 .rxt라면 이 파일은 실수로 인해 영구적으로 삭제된다. 대신 먼저 프로그램을 다음과 같이 실행해야 한다.

```
import os
from pathlib import Path
for filename in Path.home().glob('*.rxt'):
    #os.unlink(filename)
    print(filename)
```

이제 os.unlink() 호출 부분이 주석 처리되었기 때문에 파이썬은 이를 실행하지 않는다. 그 대신 삭제되어야 할 파일 이름을 출력한다. 이 버전의 프로그램을 먼저 실행하면 실수로 .txt 파일 대신 .rxt 파일을 삭제하도록 프로그램에 지시했음을 알 수 있다.

의도한 대로 프로그램이 실행된다는 것을 확인하면 print(filename)을 지우고 os.unlink(filename)의 주석 처리를 해제한다. 그리고 이 프로그램을 다시 실행해 실제로 파일들을 삭제한다.

send2trash 모듈로 안전하게 삭제하기

파이썬의 내장 함수인 shutil.rmtree()는 파일과 폴더를 비가역적으로 삭제하기 때문에 위험하다. 서드 파티 모듈인 send2trash로 파일과 폴더를 삭제하는 것이 더 좋은 방법이다. 이 모듈을 설치하려면 터미널 창에서 pip install --user send2trash를 실행하면 된다(서드 파티 모듈 설치 방법은 부록 A를 참고하라).

send2trash를 사용하면 폴더와 파일을 컴퓨터의 휴지통으로 보내기 때문에 파이썬의 일반 삭제 함수들보다 훨씬 더 안전하다. send2trash를 사용하면 프로그램에 버그가 있어서 의도하지 않은 폴더나 파일을 삭제했더라도 나중에 휴지통에서 복원할 수 있다.

send2trash를 설치한 후 대화형 셸에 다음과 같이 입력해 보자.

```
>>> import send2trash
>>> baconFile = open('bacon.txt', 'a') # 파일 생성
>>> baconFile.write('Bacon is not a vegetable.')
25
>>> baconFile.close()
>>> send2trash.send2trash('bacon.txt')
```

일반적으로 파일이나 폴더를 삭제할 때 항상 send2trash.send2trash() 함수를
사용하는 것이 좋다. 그러나 파일을 휴지통에 보내서 나중에 복원할 수는 있지
만, 삭제하는 경우처럼 디스크에 공간을 확보하는 것은 불가능하다. 프로그램이
디스크 공간을 확보하게 하려면, os와 shutil의 함수로 파일이나 폴더를 삭제하
라. 또한, send2trash() 함수는 파일을 휴지통으로 보내는 역할만 할 뿐, 파일을
휴지통에서 꺼내지는 못한다.

디렉터리 트리 탐색하기

어떤 폴더에 들어 있는 모든 파일과 그 폴더의 하위 폴더에 들어 있는 모든 파일의
이름을 변경하고 싶다고 하자. 이는 디렉터리 트리를 탐색하면서 각 파일에 작업
을 수행하고 싶다는 것이다. 이러한 작업을 하는 프로그램을 작성하는 것은 까다
로울 수 있으나 다행히도 파이썬은 이러한 과정을 수행하는 함수를 제공한다.

그림 10-1에서 C:\delicious 폴더와 그 안에 있는 내용물을 보자.

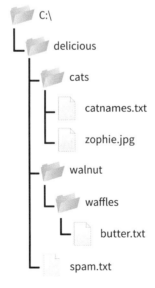

그림 10-1 폴더 세 개와 파일 네 개가 들어 있는 폴더의 예

다음은 그림 10-1의 디렉터리 트리에서 os.walk() 함수를 사용하는 예시 프로그램이다.

```python
import os

for folderName, subfolders, filenames in os.walk('C:\\delicious'):
    print('The current folder is ' + folderName)

    for subfolder in subfolders:
        print('SUBFOLDER OF ' + folderName + ': ' + subfolder)

    for filename in filenames:
        print('FILE INSIDE ' + folderName + ': '+ filename)

    print('')
```

os.walk() 함수에 하나의 문자열값인 폴더 경로가 전달되었다. range() 함수를 사용하여 어떤 범위의 숫자만큼 반복하는 것과 비슷하게, 디렉터리 트리를 탐색하기 위해 for 반복문 안에 os.walk()를 사용할 수 있다. range()와 달리 os.walk()는 매 반복마다 값 세 개를 반환한다.

- 현재 폴더 이름 문자열
- 현재 폴더 안에 있는 폴더 이름들의 문자열로 구성된 리스트
- 현재 폴더 안에 있는 파일 이름들의 문자열로 구성된 리스트

(현재 폴더란 for 반복문의 현재 반복에서의 폴더를 의미한다. 프로그램의 현재 작업 디렉터리는 os.walk()에 의해 변경되지 않는다.)

코드 for i in range(10):에서 변수의 이름을 i로 선택할 수 있듯이, 앞에 언급한 세 변수의 이름도 선택할 수 있다. 나는 foldername, subfolders, filenames 라는 이름을 자주 사용한다.

이 프로그램을 실행한 결과는 다음과 같다.

```
The current folder is C:\delicious
SUBFOLDER OF C:\delicious: cats
SUBFOLDER OF C:\delicious: walnut
FILE INSIDE C:\delicious: spam.txt

The current folder is C:\delicious\cats
FILE INSIDE C:\delicious\cats: catnames.txt
FILE INSIDE C:\delicious\cats: zophie.jpg

The current folder is C:\delicious\walnut
```

```
SUBFOLDER OF C:\delicious\walnut: waffles

The current folder is C:\delicious\walnut\waffles
FILE INSIDE C:\delicious\walnut\waffles: butter.txt.
```

os.walk()는 subfolder, filename 변수에 있는 문자열 리스트를 반환하기 때문에 for 반복문에 이 리스트를 사용할 수 있다. print() 함수 호출 부분을 사용자 정의의 코드로 대체하면 된다(둘 중 하나 또는 모두가 필요하지 않다면 for 부분을 제거한다).

zipfile 모듈로 파일 압축하기

여러분은 아마도 ZIP 파일(확장자가 .zip인 파일)에 익숙할 것이다. 이 파일은 많은 파일을 압축한 것이다. 파일 압축은 파일 크기를 줄이는 것인데 인터넷으로 파일을 보낼 때 유용하다. 또한 ZIP 파일은 여러 개의 파일과 하위 폴더를 포함할 수 있기 때문에 여러 개의 파일을 하나로 묶는 데 편리한 방법이다. 압축 파일이라 일컫는 이 단일 파일은 이메일에 첨부할 수 있다.

파이썬 프로그램은 zipfile 모듈의 함수들로 ZIP 파일을 만들거나 열거나 압축을 풀 수 있다. 그림 10-2와 같이 example.zip이라는 ZIP 파일에 다음과 같은 내용물이 있다고 하자.

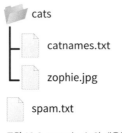

그림 10-2 example.zip의 내용물

이 ZIP 파일을 *https://nostarch.com/automatestuff2/*에서 다운로드하거나 컴퓨터에 이미 존재하는 ZIP 파일을 사용해도 된다.

ZIP 파일 읽기

ZIP 파일의 내용을 읽기 위해서는 먼저 ZipFile 객체를 생성해야 한다(Z와 F가 대문자임에 주의하자). ZipFile 객체는 이전 장에서 살펴봤던 open() 함수가 반환하는 File 객체와 개념적으로 비슷하다. 이는 모두 파일과 상호 작용하는 데 사용되는 값이다. ZipFile 객체를 생성하기 위해 zipfile.ZipFile() 함수를 호출한다. 이때 문자열 형식으로 된 ZIP 파일의 파일 이름을 전달한다. zipfile은 파이썬 모듈 이름이고, ZipFile()은 함수 이름이다.

예를 들어 다음과 같이 대화형 셸에 입력해 보자.

```
>>> import zipfile, os
>>> from pathlib import Path
>>> p = Path.home()
>>> exampleZip = zipfile.ZipFile(p / 'example.zip')
>>> exampleZip.namelist()
['spam.txt', 'cats/', 'cats/catnames.txt', 'cats/zophie.jpg']
>>> spamInfo = exampleZip.getinfo('spam.txt')
>>> spamInfo.file_size
13908
>>> spamInfo.compress_size
3828
>>> f'Compressed file is {round(spamInfo.file_size / spamInfo.compress_size, 2)}
x smaller!'                                                                    ❶
'Compressed file is 3.63x smaller!'
>>> exampleZip.close()
```

ZipFile 객체는 namelist() 메서드를 갖는데, 이 메서드는 ZIP 파일에 들어 있는 파일과 폴더의 문자열 리스트를 반환한다. 이 문자열들은 getinfo()라는 ZipFile 메서드에 전달되어 그 특정 파일의 ZipInfo 객체를 반환한다. ZipInfo 객체는 file_size나 compress_size 등의 고유 속성을 갖는데, 이 속성들은 각각 바이트 단위의 원본 파일 크기와 압축 파일 크기다. ZipFile 객체가 전체 압축 파일을 나타내는 반면, ZipInfo 객체는 압축 파일 내 단일 파일에 대한 유용한 정보를 갖는다.

명령문 ❶은 example.zip이 얼마나 효율적으로 압축되었는지 계산하는 역할을 하는데, 원본 파일 크기를 압축 파일의 크기로 나눈 뒤 이를 출력한다.

ZIP 파일 압축 풀기

ZipFile 객체의 extractall() 메서드는 현재 작업 폴더에 ZIP 파일에 들어 있는 모든 파일과 폴더의 압축을 푼다.

```
>>> import zipfile, os
>>> from pathlib import Path
>>> p = Path.home()
>>> exampleZip = zipfile.ZipFile(p / 'example.zip')
>>> exampleZip.extractall()                                                    ❶
>>> exampleZip.close()
```

이 코드를 실행하면 C:\에 example.zip의 압축을 푼다. extractall()에 폴더 이름을 전달하여 현재 작업 디렉터리가 아닌 다른 폴더에 압축을 풀 수 있다. extractall() 메서드에 전달한 폴더가 존재하지 않는다면 폴더를 만든다. 예를 들어 ❶의 호출 부분을 exampleZip.extractall('C:\\delicious')로 대체하면, 새로 C:\delicious 폴더를 만들고 그 폴더 안에 example.zip의 압축을 푼다.

ZipFile 객체의 extract() 메서드는 ZIP 파일에서 한 파일의 압축을 푼다. 앞서 나온 대화형 셸 예시를 다음과 같이 계속 진행해 보자.

```
>>> exampleZip.extract('spam.txt')
'C:\\spam.txt'
>>> exampleZip.extract('spam.txt', 'C:\\some\\new\\folders')
'C:\\some\\new\\folders\\spam.txt'
>>> exampleZip.close()
```

extract() 메서드에 전달한 문자열은 namelist()가 반환한 리스트에 있는 문자열 중 하나와 반드시 일치해야 한다. extract() 메서드에 두 번째 인자를 전달하여 현재 작업 디렉터리 대신 다른 폴더에 압축을 풀 수 있다. 두 번째 인자가 실제로 존재하지 않는 폴더라면 파이썬은 그 폴더를 새로 만든다. extract() 메서드가 반환하는 값은 파일의 압축을 푼 절대 경로다.

ZIP 파일을 만들고 ZIP 파일에 파일 추가하기

압축된 ZIP 파일을 만들기 위해서는 두 번째 인자로 'w'를 전달하여 ZipFile 객체를 쓰기 모드로 열어야 한다(이는 텍스트 파일을 쓰기 모드로 열 때 open() 함수에 'w'를 전달하는 것과 비슷하다).

ZipFile 객체의 write() 메서드에 경로를 전달하면, 파이썬은 그 경로에 있는 파일을 압축하고 ZIP 파일에 이를 추가한다. write() 메서드의 첫 번째 인자는 문자열 형태의 추가해야 할 파일 이름이다. 두 번째 인자는 압축 유형 인자로, 어떤 알고리즘을 사용하여 파일들을 압축할지 컴퓨터에 알려 준다. 이 값은 단순히 zipfile.ZIP_DEFLATED로 설정해도 된다(이렇게 하면 모든 유형의 데이터에서 잘 작동하는 디플레이트 알고리즘을 지정한다). 대화형 셸에 다음과 같이 입력해 보자.

```
>>> import zipfile
>>> newZip = zipfile.ZipFile('new.zip', 'w')
>>> newZip.write('spam.txt', compress_type=zipfile.ZIP_DEFLATED)
>>> newZip.close()
```

이 코드는 spam.txt를 압축한 내용물이 들어 있는 new.zip이라는 새로운 ZIP 파일을 생성한다.

파일을 쓸 때와 마찬가지로 쓰기 모드는 이미 존재하는 ZIP 파일의 모든 내용을 지울 수도 있다는 사실을 명심하자. 기존 ZIP 파일에 단순히 파일을 추가하고 싶을 경우, `zipfile.ZipFile`의 두 번째 인자로 'a'를 전달하여 ZIP 파일을 추가 모드로 열어야 한다.

프로젝트: 파일 이름을 미국식 날짜 표기에서 유럽식 날짜 표기로 변경하기

상사가 미국식 날짜 형식(MM-DD-YYYY)으로 된 수천 개 파일의 이름을 유럽식 날짜 형식(DD-MM-YYYY)으로 바꾸라는 이메일을 보냈다고 하자. 수작업으로 이 지루한 일을 다 하려면 종일 걸릴 것이다! 대신 이 작업을 하는 프로그램을 작성해 보자.

프로그램이 수행하는 일은 다음과 같다.

1. 현재 작업 디렉터리에서 미국식 날짜로 표기된 파일 이름들을 검색한다.
2. 이와 같은 파일이 검색되면 월과 일의 위치를 변경하여 유럽식 날짜 표기로 만든다.

즉, 코드는 다음과 같은 일들을 해야 한다.

1. 미국식 날짜 표기 패턴을 인식하는 정규 표현식을 작성한다.
2. `os.listdir()`을 호출하여 작업 디렉터리에 있는 모든 파일을 찾는다.
3. 각 파일 이름에 대해 반복하면서 정규 표현식으로 그 파일 이름에 날짜가 있는지 확인한다.
4. 날짜가 포함되어 있다면 `shutil.move()`로 파일 이름을 변경한다.

이 프로젝트를 위해 새로운 파일 편집기 창을 열고 renameDates.py라는 이름으로 코드를 저장한다.

1단계: 미국식 날짜에 대한 정규 표현식 작성하기

이 프로그램의 첫 번째 부분에서는 필요한 모듈을 불러오고 MM-DD-YYYY 날짜를 인식하는 정규 표현식을 만든다. 해야 할 일로 주석 처리된 부분은 이 프로그램에 어떤 것들을 작성해야 하는지 알려 준다. 이를 TODO라고 입력하면 뮤 편집기의 찾기 기능(Ctrl-F)을 사용하여 쉽게 찾을 수 있다. 코드를 다음과 같이 작성하자.

```python
#! python3
# renameDates.py – 미국식 날짜 표기 형식인 MM-DD-YYYY로 된 파일 이름을
# 유럽식 날짜 표기 형식인 DD-MM-YYYY로 변경

import shutil, os, re                                              ❶

# 미국식 날짜 표기 형식과 매칭하는 정규 표현식 작성
datePattern = re.compile(r"""^(.*?) # 날짜 이전의 모든 텍스트        ❷
    ((0|1)?\d)- # 달에 해당하는 한 자리 또는 두 자리 숫자
    ((0|1|2|3)?\d)- # 날에 해당하는 한 자리 또는 두 자리 숫자
    ((19|20)\d\d) # 연도에 해당하는 네 자리 숫자
    (.*?)$ # 날짜 이후의 모든 텍스트
    """, re.VERBOSE)                                               ❸

# TODO: 작업 디렉터리 내의 모든 파일에 대해 반복하기

# TODO: 날짜가 없는 파일은 건너뛰기

# TODO: 파일 이름의 다른 부분을 가져오기

# TODO: 유럽식 파일 이름을 생성하기

# TODO: 전체 절대 경로들을 가져오기

# TODO: 파일 이름들을 변경하기
```

이 장에서 shutil.move() 함수로 파일 이름을 변경할 수 있다는 것을 이미 소개했다. 이때 전달하는 인자는 변경 대상인 파일 이름과 새로운 파일 이름이다. 이 함수는 shutil 모듈에 있기 때문에 이 모듈을 반드시 불러와야 한다(❶).

그러나 파일 이름을 변경하기 전에 어떤 파일의 이름을 바꿀 것인지 명시해야 한다. 날짜가 포함되어 있는 spam4-4-1984.txt 또는 01-03-2014eggs.zip 같은 파일은 이름을 변경해야 하지만, 날짜가 포함되어 있지 않은 littlebrother.epub와 같은 파일들은 무시해야 한다.

정규 표현식으로 이러한 패턴을 명시할 수 있다. 가장 먼저 re 모듈을 불러온 뒤에 re.compile()을 호출하여(❷) Regex 객체를 생성한다. 이때 두 번째 인자로

re.VERBOSE를 전달하면(❸) 정규 표현식에 공백 문자나 주석을 허용하므로 정규 표현식 문자열의 가독성을 높일 수 있다.

날짜 앞에 올 수 있는 파일 이름 앞부분의 모든 텍스트와 매칭하기 위해 정규 표현식은 ^(.*?)로 시작한다. ((0|1)?\d) 그룹은 달과 매칭된다. 처음 숫자는 0 또는 1로 시작할 수 있으므로 정규 표현식은 12월의 12뿐 아니라 2월의 02와 매칭되어야 한다. 또한, 이 숫자는 선택적으로 포함할 수 있다. 예를 들어 4와 04는 모두 4월을 의미한다. 날에 해당하는 그룹은 ((0|1|2|3)?\d)로 비슷한 논리에 따라 3, 03, 31은 모두 유효한 날이다(그러나 이 정규 표현식은 4-31-2014, 2-29-2013, 0-15-2014와 같은 유효하지 않은 날들도 받아들인다. 날짜에는 놓치기 쉬운 예외가 많다. 그러나 간단하게 만든 이 프로그램 내의 정규 표현식도 충분히 잘 작동한다).

1885는 유효한 연도이지만 이 프로그램으로는 20세기나 21세기에 해당하는 연도만 찾을 수 있다. 프로그램의 이러한 설정은 날짜와 같은 형식이지만 실제로는 날짜가 아닌 10-10-1000.txt 같은 파일 이름과 실수로 매칭하는 것을 방지한다.

정규 표현식의 (.*?)$는 날짜 뒤에 있는 모든 텍스트와 매칭한다.

2단계: 파일 이름에서 날짜 부분 찾기

이제 os.listdir()이 반환한 파일 이름 문자열들로 구성된 리스트에 대해 반복하면서 정규 표현식과 대조한다. 날짜가 포함되어 있지 않는 이름의 파일은 건너뛴다. 날짜가 포함된 이름의 파일은 몇 개의 변수에 저장된다. 처음 세 개의 TODO에 다음 코드와 같이 채워 넣자.

```
#! python3
# renameDates.py - 미국식 날짜 표기 형식인 MM-DD-YYYY로 된 파일 이름을
# 유럽식 날짜 표기 형식인 DD-MM-YYYY로 변경

--생략--

# 작업 디렉터리 내의 모든 파일에 대해 반복하기
for amerFilename in os.listdir('.'):
    mo = datePattern.search(amerFilename)

    # 날짜가 없는 파일은 건너뛰기
    if mo == None:                                                    ❶
        continue                                                      ❷
```

```
        # 파일 이름의 다른 부분을 가져오기                                    ❸
        beforePart = mo.group(1)
        monthPart = mo.group(2)
        dayPart = mo.group(4)
        yearPart = mo.group(6)
        afterPart = mo.group(8)
```

--생략--

search()가 반환한 Match 객체가 None이라면(❶), amerFilename의 파일 이름은
정규 표현식에 매칭되지 않는다. continue 문(❷)은 반복문의 나머지 부분을 건
너뛰고, 다음 파일 이름으로 넘어간다.

그렇지 않다면 정규 표현식 그룹에 매칭된 문자열들은 각각 beforePart,
monthPart, dayPart, yearPart, afterPart 변수에 저장된다(❸). 이 변수에 있
는 문자열들은 다음 단계에서 유럽식 파일 이름을 만드는 데 사용된다.

그룹 번호를 제대로 유지하려면 처음부터 정규 표현식을 읽으면서 여는 괄호
를 발견할 때마다 계산하라. 코드에 대해 생각하지 말고 정규 표현식의 개요를
적어 보자. 이는 그룹을 시각화하는 데 도움이 될 수 있다. 다음은 그 예다.

```
datePattern = re.compile(r"""^(1) # 날짜 이전의 모든 텍스트
    (2 (3) )- # 달에 해당하는 한 자리 또는 두 자리 숫자
    (4 (5) )- # 날에 해당하는 한 자리 또는 두 자리 숫자
    (6 (7) ) # 연도에 해당하는 네 자리 숫자
    (8)$ # 날짜 이후의 모든 텍스트
    """, re.VERBOSE)
```

여기서 1부터 8까지의 숫자는 작성한 정규 표현식의 그룹을 나타낸다. 괄호와
그룹 번호만 사용하여 정규 표현식의 개요를 만들면, 프로그램의 나머지 부분으
로 넘어가기 전에 정규 표현식에 대해 더 명확히 이해할 수 있다.

3단계: 새로운 파일 이름을 구성하거나 변경하기

마지막으로 이전 단계에서 만들어진 변수에 들어 있는 문자열과 유럽식 날짜를
결합한다. 이는 날이 달 앞에 오는 형식이다. 프로그램에 있는 나머지 세 개의
TODO에 다음과 같이 코드를 작성하자.

```
#! python3
# renameDates.py – 미국식 날짜 표기 형식인 MM-DD-YYYY로 된 파일 이름을
# 유럽식 날짜 표기 형식인 DD-MM-YYYY로 변경
```

--생략--

```
# 유럽식 파일 이름을 생성하기
euroFilename = beforePart + dayPart + '-' + monthPart + '-' + yearPart +   ❶
                afterPart

# 전체 절대 경로들을 가져오기
absWorkingDir = os.path.abspath('.')
amerFilename = os.path.join(absWorkingDir, amerFilename)
euroFilename = os.path.join(absWorkingDir, euroFilename)

# 파일 이름들을 변경하기
print(f'Renaming "{amerFilename}" to "{euroFilename}"...')            ❷
#shutil.move(amerFilename, euroFilename) # 테스트 이후에 주석 처리 제거하기   ❸
```

결합한 문자열을 euroFilename 변수에 저장한다(❶). 그 뒤 파일 이름을 변경하기 위해 shutil.move() 함수에 원래 파일 이름인 amerFilename과 새로운 파일 이름인 euroFilename을 전달한다.

이 프로그램에서는 shutil.move() 호출 부분을 주석 처리하고, 그 대신 변경할 파일 이름을 출력한다(❷). 이와 같이 프로그램을 실행하면 파일 이름이 제대로 바뀌는지 다시 한번 확인할 수 있다. 그 뒤에 shutil.move() 호출 부분의 주석 처리를 제거하고, 프로그램을 다시 실행하여 실제로 파일 이름을 바꿀 수 있다.

비슷한 프로그램에 대한 아이디어

다음과 같이 여러 가지 이유로 많은 수의 파일 이름을 변경하고 싶을지도 모른다.

- 파일 이름에 접두어를 붙이려는 경우, 예를 들어 eggs.txt의 이름에 spam_을 붙여서 spam_eggs.txt로 파일 이름을 변경하기
- 유럽식 날짜 표기로 된 파일 이름을 미국식 날짜 표기로 된 파일 이름으로 변경하기
- 파일 이름에서 0을 제거하려는 경우, 예를 들어 spam0042.txt에서 0을 제거하기

프로젝트: 폴더를 ZIP 파일로 백업하기

작업 중인 어떤 프로젝트의 파일들이 모두 C:\AlsPythonBook에 있다고 하자. 작업한 내용을 다 잃어버릴까 염려되어 전체 폴더의 '스냅샷'인 ZIP 파일을 생성하려고 한다. 다른 버전들을 유지하기 위해 AlsPythonBook_1.zip, AlsPythonBook_2.zip, AlsPythonBook_3.zip 등과 같이 ZIP 파일이 만들어질

때마다 파일 이름이 1씩 증가하게 만들려고 한다. 이를 수작업으로 진행할 수도 있으나 매우 귀찮은 작업일 뿐 아니라 실수로 ZIP 파일 이름에 잘못된 숫자를 붙일 수 있다. 이 지루한 작업을 처리하는 프로그램을 실행하는 게 훨씬 더 간단하다.

이 프로젝트를 수행하기 위해 새 파일 편집기 창을 열고 backupToZip.py라는 이름으로 저장하자.

1단계: ZIP 파일 이름 정하기

이 프로그램을 위한 코드는 backupToZip()이라는 함수 안에 넣을 것이다. 이렇게 구성하면 이와 같은 역할이 필요한 다른 파이썬 프로그램에서 이 함수를 사용하기 쉬울 것이다. 이 프로그램의 마지막 부분에서는 이 함수를 호출하여 백업을 수행할 것이다. 프로그램을 다음과 같이 작성해 보자.

```
#! python3
# backupToZip.py – 전체 폴더와 내용물을
# 파일 이름에 붙은 숫자가 증가하는 ZIP 파일에 복사하기

import zipfile, os                                              ❶

def backupToZip(folder):
    # '폴더'의 전체 내용물을 ZIP 파일에 백업

    folder = os.path.abspath(folder) # 폴더 경로가 절대 경로인지 확인함

    # 이미 존재하는 파일들을 기반으로
    # 이 코드가 사용해야 하는 파일 이름 정하기
    number = 1                                                  ❷
    while True:                                                 ❸
        zipFilename = os.path.basename(folder) + '_' + str(number) + '.zip'
        if not os.path.exists(zipFilename):
            break
        number = number + 1

    # TODO: ZIP 파일 생성하기                                     ❹

    # TODO: 전체 폴더 트리를 탐색하고 각 폴더에 있는 파일들을 압축하기
    print('Done.')

backupToZip('C:\\delicious')
```

다음과 같은 기본적인 사항들부터 수행하자. 서뱅(#!) 줄을 추가하고 프로그램이 어떤 역할을 수행하는지 적은 뒤 zipfile, os 모듈을 불러온다(❶).

단 한 개의 매개 변수인 folder만 받는 backupToZip 함수를 정의하자. 이 매개 변수는 백업해야 할 내용이 들어 있는 문자열 형식의 폴더 경로다. 이 함수는 생성할 ZIP 파일의 이름을 결정하고 파일을 생성하며 folder 폴더를 탐색한 뒤, ZIP 파일에 각 하위 폴더와 파일을 추가한다. 추후에 각 단계를 작성해야 함을 떠올리기 위해 소스 코드에 각 단계를 위한 TODO 주석(❹)을 작성하자.

첫 번째 부분인 ZIP 파일의 이름을 결정하는 단계에서는 folder의 절대 경로의 기본 이름을 사용한다. 백업할 폴더가 C:\delicious라면 ZIP 파일의 이름은 delicious_N.zip이 되어야 한다 이때 처음 프로그램을 실행하면 N=1, 두 번째로 실행하면 N=2가 된다.

이 N 값은 delicious_1.zip이 존재하는지 검사하고, 그 후 delicious_2.zip이 존재하는지 검사하는 방식으로 결정한다. os.path.exists로 파일 존재 여부를 확인하는 반복문(❸) 안에 N 값을 위한 number 변수(❷)를 넣고 1씩 증가시킨다. 처음으로 존재하지 않는 파일 이름을 발견하면 break 문을 실행하고, 새로운 압축 파일의 이름을 결정한다.

2단계: 새로운 ZIP 파일 생성하기

이제 ZIP 파일을 생성하자. 다음과 같이 프로그램을 작성하자.

```python
#! python3
# backupToZip.py - 전체 폴더와 내용물을
# 파일 이름에 붙은 숫자가 증가하는 ZIP 파일에 복사하기

--생략--
    while True:
        zipFilename = os.path.basename(folder) + '_' + str(number) + '.zip'
        if not os.path.exists(zipFilename):
            break
        number = number + 1

    # ZIP 파일 생성하기
    print(f'Creating {zipFilename}...')
    backupZip = zipfile.ZipFile(zipFilename, 'w')                          ❶

    # TODO: 전체 폴더 트리를 탐색하고 각 폴더에 있는 파일들을 압축하기
    print('Done.')

backupToZip('C:\\delicious')
```

새로운 ZIP 파일 이름이 zipfilename 변수에 들어 있기 때문에 실제 ZIP 파일을 생성하기 위해 zipfile.ZipFile()을 호출할(❶) 수 있다. ZIP 파일을 쓰기 모드로 열기 위해 두 번째 인자로 'w'를 전달해야 함을 잊지 말자.

3단계: 디렉터리 트리를 탐색하면서 ZIP 파일에 추가하기

이제 os.walk()를 사용하여 폴더와 그 안의 하위 폴더들에 존재하는 파일들을 나열한다. 다음과 같이 프로그램을 작성하자.

```python
#! python3
# backupToZip.py – 전체 폴더와 내용물을
# 파일 이름에 붙은 숫자가 증가하는 ZIP 파일에 복사하기

--생략--

    # 전체 폴더 트리를 탐색하고 각 폴더에 있는 파일들을 압축하기
    for foldername, subfolders, filenames in os.walk(folder):          ❶
        print(f'Adding files in {foldername}...')
        # 현재 폴더를 ZIP 파일에 더하기
        backupZip.write(foldername)                                     ❷

        # 이 폴더에 있는 모든 파일을 ZIP 파일에 더하기
        for filename in filenames:                                      ❸
            newBase = os.path.basename(folder) + '_'
            if filename.startswith(newBase) and filename.endswith('.zip'):
                continue # 백업한 ZIP 파일을 백업할 때 포함하지 않기
            backupZip.write(os.path.join(foldername, filename))
    backupZip.close()
    print('Done.')

backupToZip('C:\\delicious')
```

for 반복문 안에 os.walk()를 사용하면(❶) 매 반복마다 현재 폴더의 이름, 폴더 내에 있는 하위 폴더들의 이름, 폴더 안에 있는 파일 이름들을 반환한다.

　for 반복문에서는 폴더를 ZIP 파일에 추가한다(❷). 중첩된 for 반복문(❸)은 filenames 리스트 내의 각 파일을 ZIP 파일에 추가한다. 이때 이전에 만들어진 백업 ZIP 파일은 제외한다.

　이 프로그램을 실행한 결과는 다음과 같다.

```
Creating delicious_1.zip...
Adding files in C:\delicious...
Adding files in C:\delicious\cats...
Adding files in C:\delicious\waffles...
Adding files in C:\delicious\walnut...
Adding files in C:\delicious\walnut\waffles...
Done.
```

두 번째로 이 프로그램을 실행하면 C:\delicious 안에 있는 모든 파일을 delicious_2.zip이라는 이름의 파일로 압축하여 생성하고 이후 실행을 거듭할 때도 같은 방식으로 파일들을 생성한다.

비슷한 프로그램에 대한 아이디어

다른 프로그램들로도 디렉터리 트리를 탐색하면서 압축 ZIP 파일에 파일을 추가할 수 있다. 예를 들어 다음과 같은 작업을 수행하는 프로그램을 작성할 수 있다.

- 디렉터리 트리를 탐색하면서 .txt나 .py와 같은 특정 확장자를 가진 파일만 압축하기
- 디렉터리 트리를 탐색하면서 .txt나 .py 확장자가 아닌 모든 파일을 압축하기
- 디렉터리 트리에서 가장 많은 파일이 있는 폴더나 가장 많은 디스크 공간을 차지하는 폴더 찾기

요약

컴퓨터에 매우 숙련된 사용자라 하더라도 대부분 마우스나 키보드로 파일을 다룰 것이다. 최신 파일 탐색기를 사용하면 파일 몇 개 정도는 쉽게 처리할 수 있다. 그러나 가끔씩 어떤 작업은 컴퓨터의 파일 탐색기를 사용하더라도 몇 시간이 걸릴 수 있다.

os와 shutil 모듈은 파일 복사, 이동, 이름 바꾸기, 삭제 작업을 하는 함수들을 제공한다. 파일을 제거할 때 영구적으로 삭제하는 대신 send2trash 모듈을 사용하여 휴지통으로 옮길 수 있다. 또한, 파일을 처리하는 프로그램을 작성할 때 어떤 작업을 실제로 수행하는지 확인하기 위해 파일 복사, 이동, 이름 바꾸기, 삭제 등을 하는 실제 코드를 먼저 주석 처리하고 print()를 호출하는 코드를 추가해 테스트하는 것이 좋다.

이러한 작업은 한 폴더 안에 있는 파일들뿐 아니라 폴더 안에 있는 모든 폴더 그리고 그 폴더들 안에 있는 또 다른 폴더들에 있는 파일들에 대해 수행해야 할 수도 있다. os.walk() 함수는 이와 같이 폴더들을 탐색하는 역할을 수행하므로 코드 작성자는 그 파일로 수행해야 할 작업을 작성하는 데만 집중할 수 있다.

zipfile 모듈은 파이썬으로 파일을 압축하거나 ZIP 파일의 압축을 푸는 방법을 제공한다. zipfile 모듈을 os나 shutil 모듈의 파일 처리 함수와 같이 사용하여

하드 드라이브의 어느 위치에서나 파일들을 쉽게 패키징할 수 있다. 웹 사이트에 업로드하거나 이메일에 첨부할 때 수많은 개별 파일보다 ZIP 파일 한 개를 이용하는 것이 훨씬 더 쉽다.

이 책의 이전 장에서는 단순히 복사하여 사용할 수 있는 소스 코드를 제공했다. 그러나 프로그램을 직접 작성해 보면, 한 번에 완벽히 작동하는 경우는 거의 없을 것이다. 다음 장에서는 프로그램을 분석하고 디버깅하는 몇 가지 파이썬 모듈을 소개할 것이다. 이를 활용하면 프로그램이 정확히 동작하도록 빠르게 수정할 수 있을 것이다.

연습 문제

1. shutil.copy()와 shutil.copytree()의 다른 점은 무엇인가?
2. 파일 이름을 바꾸는 함수는 무엇인가?
3. send2trash 모듈과 shutil 모듈에 있는 파일 제거 함수 간의 차이점은 무엇인가?
4. File 객체의 close() 메서드처럼 ZipFile 객체도 close() 메서드를 갖는다. File 객체의 open() 메서드와 같은 역할을 하는 ZipFile 객체의 메서드는 무엇인가?

연습 프로젝트

연습을 위해 다음과 같은 작업들을 수행하는 프로그램을 작성해 보자.

선택적 복사
폴더 트리를 탐색하면서 .pdf나 .jpg와 같은 특정 파일 확장자를 가진 파일을 찾는 프로그램을 작성하라. 이러한 파일들을 새 폴더에 복사하라. 이때 새 폴더의 위치는 상관없다.

불필요한 파일 삭제하기
불필요한 파일이나 폴더가 하드 드라이브의 많은 공간을 차지하는 것은 흔히 있는 일이다. 컴퓨터의 공간을 확보하려면, 불필요하면서 공간을 많이 차지하는 파일들을 제거해야 한다. 그러나 가장 먼저 이런 파일들을 찾아야 한다.

폴더 트리를 탐색하면서 예외적으로 용량이 큰 파일이나 폴더를 찾는 프로그램을 작성하라. 이때 용량이 100MB 이상인 파일을 용량이 큰 파일이라고 간주한다(파일 크기는 os 모듈의 os.path.getsize() 함수로 알아낼 수 있음을 기억하자). 이 파일들과 그것들의 절대 경로를 화면에 출력하라.

공백 채우기

어떤 폴더 내에서 spam001.txt, spam002.txt처럼 접두어가 붙어 있는 파일 중에서 결번이 있는 경우를 찾는 프로그램을 작성하라(예를 들어 spam001.txt, spam003.txt는 존재하지만 spam002.txt는 존재하지 않는 경우). 결번 이후에 있는 파일들의 이름을 변경하여 이 결번을 채우는 프로그램을 작성하라.

추가 문제로, 새로운 파일을 추가할 수 있도록 파일 이름에 붙인 번호에 결번이 생기게 하는 프로그램을 작성하라.

11장

디버깅

지금까지 복잡한 프로그램을 작성하는 데 충분한 지식을 익혔으니 이제 그 안에 들어 있는 찾기 매우 어려운 버그들을 찾아야 한다. 이 장에서는 버그를 더 쉽고 빠르게 고칠 수 있도록 프로그램에 버그가 생긴 근본적인 원인을 찾는 도구와 기법을 설명한다.

프로그래머들 사이에서 오래된 농담이 하나 있는데, 이를 약간 바꿔 말하면 다음과 같다: 프로그래밍의 90%는 코드를 작성하는 데 쓰이고, 코드를 디버깅하는 데 또 다른 90%가 필요하다.

컴퓨터는 사용자의 지시 사항에 따라 작동할 뿐 사용자의 마음을 읽고 의도에 따라 작동하지 않는다. 숙련된 프로그래머들도 버그를 늘 만든다. 그러므로 프로그램에 문제가 있더라도 너무 실망할 필요는 없다.

다행히 코드가 어떤 일을 수행하는지 그리고 어디에서 문제가 발생하는지 찾는 몇 가지 도구나 기법이 있다. 먼저 버그를 조기에 탐지하는 데 도움을 주는 로깅(logging)과 단언(assertion)에 관해 알아볼 것이다. 일반적으로 버그를 일찍 탐지할수록 고치기 더 쉽다.

둘째로 디버거(debugger)를 사용하는 방법을 알아볼 것이다. 뮤의 디버거는 프로그램이 한 번에 한 개의 명령문을 실행하게 하는데, 코드가 실행되는 동안 변수에 있는 값을 검사하고 프로그램이 진행되는 과정에서 그 값이 어떻게 변하는지 추적할 수 있다. 이렇게 하면 프로그램을 최대 속도로 실행하는 것보다 훨씬 느리지만, 소스 코드에서 값을 추론하는 것보다 실행 중에 값을 직접 볼 수 있으므로 더 도움이 된다.

예외 일으키기

파이썬은 유효하지 않은 코드를 실행하려 할 때 예외를 일으킨다. 3장에서는 try, except 문을 활용한 파이썬 예외 처리로, 예상된 예외 상황들로부터 복구하는 방법을 설명했다. 사용자는 자신의 방법대로 코드 안에서 예외를 일으킬 수도 있다. 예외를 일으킨다는 것은 '이 함수에서 코드 실행을 중지하고 프로그램의 except 문을 실행한다'는 의미다.

예외는 raise 문으로 일으킨다. 코드에서 raise 문은 다음과 같은 요소들로 구성되어 있다.

- raise 키워드
- Exception() 함수 호출
- Exception() 함수에 전달한 오류 메시지 문자열

예를 들어 대화형 셸에 다음과 같이 입력해 보자.

```
>>> raise Exception('This is the error message.')
Traceback (most recent call last):
  File "<pyshell#191>", line 1, in <module>
    raise Exception('This is the error message.')
Exception: This is the error message.
```

raise 문을 포함하는 try, except 문이 없다면, 이 프로그램은 단순히 충돌하고 예외 오류 메시지를 출력한다.

일반적으로 함수 자체보다 함수를 호출하는 코드가 예외를 어떻게 처리해야 하는지 더 많은 정보를 갖고 있는 경우가 많다. 이는 함수 내부에서 raise 문을 더 자주 볼 것이고, try, except 문에서 이 함수를 호출하는 코드를 볼 것이라는 의미다. 예를 들어 새 파일 편집기 탭을 열고 다음과 같은 코드를 입력한 뒤 이 프로그램을 boxPrint.py라는 이름으로 저장하자.

```
def boxPrint(symbol, width, height):
    if len(symbol) != 1:
        raise Exception('Symbol must be a single character string.')   ❶
    if width <= 2:
        raise Exception('Width must be greater than 2.')   ❷
    if height <= 2:
        raise Exception('Height must be greater than 2.')   ❸

    print(symbol * width)
    for i in range(height - 2):
```

```
        print(symbol + (' ' * (width - 2)) + symbol)
    print(symbol * width)

for sym, w, h in (('*', 4, 4), ('O', 20, 5), ('x', 1, 3), ('ZZ', 3, 3)):
    try:
        boxPrint(sym, w, h)
    except Exception as err:                                                ❹
        print('An exception happened: ' + str(err))                         ❺
```

이 프로그램의 실행 과정은 *https://autbor.com/boxprint*에서 볼 수 있다. 이 예에서 정의한 boxPrint() 함수는 한 개의 문자, 너비, 높이를 전달받아서 상자를 그린 뒤 화면에 출력한다.

　문자는 단 하나만 전달받아야 하고 높이와 너비는 반드시 2보다 커야 한다고 하자. 이때 if 문을 사용하여 이 조건이 충족되지 않는다면 예외를 일으키도록 한다. 나중에 다양한 인자를 활용하여 boxPrint()를 호출하는데, 이 try, except 문이 유효하지 않은 인자를 처리할 것이다.

　이 프로그램은 except Exception as err 형식의 except 문(❹)을 사용한다. boxPrint()가 Exception 객체를 반환하면(❶, ❷, ❸), except 문은 이를 err라는 이름의 변수에 저장한다. 그 뒤에 Exception 객체를 str() 함수에 전달하여 문자열로 변환해 사용자가 읽기에 편한 에러 메시지를 만들 수 있다(❺). 이 boxPrint.py를 실행한 결과는 다음과 같다.

```
****
*  *
*  *
****
OOOOOOOOOOOOOOOOOOOO
O                  O
O                  O
O                  O
OOOOOOOOOOOOOOOOOOOO
An exception happened: Width must be greater than 2.
An exception happened: Symbol must be a single character string.
```

try, except 문을 사용하면 전체 프로그램을 중단하는 것보다 더 적절하게 오류를 처리할 수 있다.

트레이스백 내용을 문자열로 받기

파이썬에서는 오류가 발생할 경우 오류 정보의 보고인 트레이스백(traceback)

을 생성한다. 트레이스백에는 오류 메시지와 오류가 일어난 줄의 번호, 오류를 일으킨 일련의 함수 호출 정보가 포함되어 있다. 이 일련의 함수 호출을 콜 스택 (call stack)이라고 한다.

뮤의 새 파일 편집기 탭을 열고 다음과 같이 입력한 뒤 errorExample.py라는 이름으로 저장하자.

```
def spam():
    bacon()

def bacon():
    raise Exception('This is the error message.')

spam()
```

이 errorExample.py를 실행한 결과는 다음과 같다.

```
Traceback (most recent call last):
  File "errorExample.py", line 7, in <module>
    spam()
  File "errorExample.py", line 2, in spam
    bacon()
  File "errorExample.py", line 5, in bacon
    raise Exception('This is the error message.')
Exception: This is the error message.
```

트레이스백 정보를 통해 오류는 5번 줄에 있는 bacon() 함수에서 발생했다는 사실을 알 수 있다. 이 bacon() 함수는 spam() 함수의 2번 줄에서 호출했으며, 이 spam() 함수는 7번 줄에서 호출되었다. 여러 위치에서 함수가 호출될 수 있는 프로그램에서 콜 스택은 어떤 호출이 오류를 일으켰는지 판단하는 데 도움이 된다.

파이썬은 발생한 예외가 처리되지 않을 때마다 트레이스백을 출력한다. 그런데 이는 traceback.format_exc()를 호출하여 문자열 형태로 얻을 수도 있다. 이 함수는 예외 트레이스백 정보가 필요할 뿐 아니라 except 문이 예외를 잘 처리해야 할 때 유용하다. 이 함수를 호출하려면 파이썬의 traceback 모듈을 불러와야 한다.

예를 들어 예외가 발생했을 때 프로그램을 바로 종료하는 대신, 트레이스백 정보를 텍스트 파일에 쓰고 프로그램을 계속 실행할 수 있다. 나중에 프로그램을 디버깅할 준비가 되었을 때 텍스트 파일을 볼 수 있다. 대화형 셸에 다음과 같이 입력해 보자.

```
>>> import traceback
>>> try:
...         raise Exception('This is the error message.')
... except:
...         errorFile = open('errorInfo.txt', 'w')
...         errorFile.write(traceback.format_exc())
...         errorFile.close()
...         print('The traceback info was written to errorInfo.txt.')

111
The traceback info was written to errorInfo.txt.
```

파일에 111이라는 문자가 적혀 있었으므로 write() 메서드의 반환값은 111이다. 트레이스백 텍스트는 errorInfo.txt에 기록된다.

```
Traceback (most recent call last):
  File "<pyshell#28>", line 2, in <module>
Exception: This is the error message.
```

'로깅'(296쪽)에서는 오류 정보를 단순히 텍스트 파일에 저장하는 것보다 더 효과적인 logging 모듈 사용법을 알아볼 것이다.

단언

단언은 코드가 명백히 잘못된 작업을 수행하는지 여부를 확인하는 온전성 검사(sanity check)다. 이 검사는 assert 문으로 수행한다. 이 검사를 통과하지 못한다면 AssertionError를 일으킨다. 코드에서 assert 문은 다음 요소들로 구성되어 있다.

- assert 키워드
- 조건(표현식 평가 결과가 True 또는 False)
- 쉼표
- 조건이 False일 때 출력하는 문자열

영어로 assert 문은 '이 조건이 참이라고 주장한다. 그렇지 않고 어딘가에 버그가 있을 경우, 즉시 프로그램을 중지한다'는 의미다. 예를 들어 대화형 셀에 다음과 같이 입력해 보자.

```
>>> ages = [26, 57, 92, 54, 22, 15, 17, 80, 47, 73]
>>> ages.sort()
>>> ages
```

```
[15, 17, 22, 26, 47, 54, 57, 73, 80, 92]
>>> assert
ages[0] <= ages[-1] # 첫 번째 나이가 마지막 나이보다 어리거나 같다고 주장한다.
```

여기서 assert 문은 ages의 첫 번째 항목이 마지막 항목보다 작거나 같다고 주장한다. 이것이 온전성 검사다. sort()에 버그가 없고 역할을 제대로 수행한다면이 단언은 참이 될 것이다.

표현식 ages[0] <= ages[-1]의 결과는 True이므로 assert 문은 아무것도 하지않는다.

그러나 코드에 버그가 있다고 가정하자. 예를 들어 리스트 메서드 sort() 대신 reverse()를 호출했다고 하자. 대화형 셸에 다음과 같이 입력하면, assert 문은 AssertionError를 일으킨다.

```
>>> ages = [26, 57, 92, 54, 22, 15, 17, 80, 47, 73]
>>> ages.reverse()
>>> ages
[73, 47, 80, 17, 15, 22, 54, 92, 57, 26]
>>> assert
ages[0] <= ages[-1] # 첫 번째 나이가 마지막 나이보다 어리거나 같다고 주장한다.
254 Chapter 11
Traceback (most recent call last):
  File "<stdin>", line 1, in <module>
AssertionError
```

예외 처리의 경우와 달리 assert 문은 try, except와 함께 활용하여 처리하면 안 된다. assert 문의 결과가 거짓일 경우, 반드시 프로그램 실행을 중지해야 한다. 이와 같이 '빨리 실패'하게 되면 버그를 처음 인지한 시점과 버그 발생 원인이 된 코드를 쓴 시간 사이의 간격이 크지 않다. 이렇게 하면 버그의 원인을 찾기 전에 검사해야 하는 코드의 양을 줄일 수 있다.

단언은 사용자 오류가 아니라 프로그래머 오류를 위해 사용한다. 단언을 통과하지 못하는 경우는 오직 프로그램이 개발 중일 때여야 한다. 즉, 사용자가 완성된 프로그램에서 단언 오류를 보는 경우는 없어야 한다. 프로그램의 정상적인 작업 부분에서 발생할 수 있는 오류(예: 존재하지 않는 파일이나 유효하지 않은 데이터 입력)는 assert 문을 활용하여 탐지하는 대신 예외를 일으키자. 사용자가 단언을 사용하지 않도록 강제로 설정할 수 있기 때문에 예외 처리 대신 assert 문을 사용해서는 안 된다. python myscript.py 대신 python -O myscript.py로 파이썬 스크립트를 실행하면, 파이썬은 assert 문을 실행하지 않고 넘어간다. 사용자들은 개발 중인 프로그램을 최고 성능의 프로덕션 세팅에서 실행해야 할 때 단언을 비활성화하기도 한다(그러나 이와 같은 경우에도 대부분이 단언을 활성화한 채로 남겨 둔다).

단언은 또한 포괄적 검사를 대체하지 않는다. 예를 들어 이전 예시에서 ages가 [10, 3, 2, 1, 20]으로 설정되었다고 가정하자. 이 경우, 단언 assert ages[0] <= ages[-1]만으로는 리스트가 정렬되어 있지 않다는 것을 알 수 없다. 이는 이 리스트가 단언이 유일하게 검사하는, 첫 번째 나이가 마지막 나이보다 어리거나 같아야 한다는 조건에 부합하기 때문이다.

신호등 시뮬레이션에서 단언 사용하기

신호등 시뮬레이션 프로그램을 만들고 있다고 가정하자. 교차로의 신호등을 나타내는 데 딕셔너리 자료 구조를 사용했다. 이 딕셔너리는 각각 동서남북 방향의 신호등을 나타내는 'ew', 'ns' 키를 갖는다. 이 키에 해당하는 값은 문자열 'green', 'yellow', 'red' 중 한 값을 갖는다. 코드는 다음과 같다.

```
market_2nd = {'ns': 'green', 'ew': 'red'}
mission_16th = {'ns': 'red', 'ew': 'green'}
```

이 변수 두 개는 각각 Market Street, 2nd Street의 교차로와 Mission Street, 16th Street의 교차로를 나타낸다. 이 프로젝트에는 교차로 딕셔너리를 인자로 받아 신호등 불빛 색을 바꾸는 switchLights() 함수가 필요하다.

처음에는 switchLights() 함수가 신호등 불빛을 단순히 시퀀스의 다음 색상으로 바꾸면 될 것이라고 생각할 수 있다. 즉, 모든 'green' 값은 'yellow'로, 'yellow' 값은 'red'로 변경하는 것으로 생각할 수 있다. 이 아이디어를 구현한 코드는 다음과 같다.

```
def switchLights(stoplight):
    for key in stoplight.keys():
        if stoplight[key] == 'green':
            stoplight[key] = 'yellow'
        elif stoplight[key] == 'yellow':
            stoplight[key] = 'red'
        elif stoplight[key] == 'red':
            stoplight[key] = 'green'

switchLights(market_2nd)
```

어쩌면 벌써 이 코드의 문제점을 깨달았을 수도 있지만, 이를 인지하지 못하고 나머지 시뮬레이션 코드 수천 줄을 작성했다고 가정하자. 이 시뮬레이션을 실행하면 프로그램은 문제가 없지만 가상의 차에는 문제가 생긴다!

프로그램을 이미 다 작성했기 때문에 버그가 어디에서 발생했는지 파악하기 어렵다. 차를 시뮬레이션하는 코드 또는 운전자를 시뮬레이션하는 코드에서 버그가 생겼을 수도 있다. 버그의 원인을 찾아서 switchLights()까지 이르는 데 몇 시간이 걸릴 수 있다

그러나 switchLights()를 작성할 때 최소 한 개의 신호등은 항상 빨간불이라는 사실을 검사하기 위해 단언을 추가했다면, 함수의 마지막 부분에 다음과 같은 코드가 추가되었을 것이다.

```
assert 'red' in stoplight.values(), 'Neither light is red! ' + str(stoplight)
```

이 단언을 추가했다면 이 프로그램은 다음과 같은 오류 메시지와 함께 종료될 것이다.

```
Traceback (most recent call last):
  File "carSim.py", line 14, in <module>
    switchLights(market_2nd)
  File "carSim.py", line 13, in switchLights
    assert 'red' in stoplight.values(), 'Neither light is red! ' +
str(stoplight)
AssertionError: Neither light is red! {'ns': 'yellow', 'ew': 'green'}    ❶
```

여기서 중요한 부분은 AssertionError다(❶). 프로그램 충돌이 이상적인 것은 아니지만 온전성 검사를 통과하지 못했음을 지적한다. 즉, 신호등의 어떤 방향도 빨간불이 아니기 때문에 양방향으로 통행이 가능하다는 것이다. 이와 같이 프로그램이 일찍 실패하면, 추후 디버깅에 드는 노력을 많이 줄일 수 있다.

로깅

프로그램이 실행되는 동안 일부 변수의 값을 출력하기 위해 코드에 print() 문을 넣어 본 적이 있다면, 코드를 디버깅하기 위해 로깅 형식을 사용한 경험이 있는 것이다. 로깅은 프로그램에서 어떤 일이 일어나는지, 어떤 순서로 진행되는지 이해하기 위한 좋은 방법이다. 파이썬의 logging 모듈을 사용하면 사용자 정의 메시지 기록을 쉽게 생성할 수 있다. 이러한 로그 메시지는 프로그램이 로깅 함수를 호출하는 시점에 도달했는지 알려 주고, 그 시점에 지정한 변수들의 값을 나열한다. 반면, 누락된 로그 메시지는 코드의 일부분을 건너뛰고 실행하지 않았음을 나타낸다.

logging 모듈 사용하기

프로그램이 실행되는 동안 logging 모듈을 사용해 로그 메시지를 출력하려면 프로그램 상단에 다음과 같이 입력하라(#! python 셔뱅 줄 아래에 작성하라).

```
import logging
logging.basicConfig(level=logging.DEBUG, format=' %(asctime)s - %(levelname)
s - %(message)s')
```

이 코드가 어떻게 작동하는지 너무 신경 쓰지 않아도 된다. 그러나 기본적으로 파이썬이 어떤 사건을 기록할 때, 그 이벤트에 관한 정보를 기록하는 LogRecord 객체를 생성한다는 사실은 알아 두자. logging 모듈의 basicConfig()로 보려고 하는 LogRecord 객체에 대한 세부 정보와 이를 표시하는 방법을 지정할 수 있다.

　어떤 숫자의 계승(factorial)을 계산하는 함수를 작성해 보자. 수학적으로 4의 계승은 1×2×3×4로 24다. 7의 계승은 1×2×3×4×5×6×7로 5040이다. 새 파일 편집기 탭을 열고 다음과 같은 코드를 입력해 보자. 이 코드 안에는 버그가 있는데 무엇이 잘못되었는지 스스로 알아내기 위해 로그 메시지를 몇 개 입력할 것이다. 이 프로그램을 factorialLog.py라는 이름으로 저장하자.

```
import logging
logging.basicConfig(level=logging.DEBUG, format='%(asctime)s - %(levelname)s -
%(message)s')
logging.debug('Start of program')

def factorial(n):
    logging.debug('Start of factorial(%s%%)' % (n))
    total = 1
    for i in range(n + 1):
        total *= i
        logging.debug('i is ' + str(i) + ', total is ' + str(total))
    logging.debug('End of factorial(%s%%)' % (n))
    return total

print(factorial(5))
logging.debug('End of program')
```

로그 정보를 출력하기 위해 logging.debug() 함수를 사용했다. 이 debug() 함수는 basicConfig()를 호출하고 정보 라인을 출력한다. 이 정보는 basicConfig()에서 지정한 형식으로 되어 있으며, debug()에 전달한 메시지가 포함되어 있다. print(factorial(5)) 호출은 원래 프로그램의 일부분이므로 로깅 메시지가 비활성화되어 있어도 결과는 출력된다.

이 프로그램의 결과는 다음과 같다.

```
2019-05-23 16:20:12,664 - DEBUG - Start of program
2019-05-23 16:20:12,664 - DEBUG - Start of factorial(5)
2019-05-23 16:20:12,665 - DEBUG - i is 0, total is 0
2019-05-23 16:20:12,668 - DEBUG - i is 1, total is 0
2019-05-23 16:20:12,670 - DEBUG - i is 2, total is 0
2019-05-23 16:20:12,673 - DEBUG - i is 3, total is 0
2019-05-23 16:20:12,675 - DEBUG - i is 4, total is 0
2019-05-23 16:20:12,678 - DEBUG - i is 5, total is 0
2019-05-23 16:20:12,680 - DEBUG - End of factorial(5)
0
2019-05-23 16:20:12,684 - DEBUG - End of program
```

factorial() 함수는 5의 계승으로 오답인 0을 반환한다. for 반복문은 total에 있는 값에 1부터 5까지 곱한다. 그러나 logging.debug()가 출력하는 로그 메시지는 i 변수를 1이 아닌 0부터 시작하여 곱한다. 0에 어떤 수를 곱해도 결과는 0이기 때문에 나머지 반복에서도 total에는 잘못된 값이 있는 것이다. 로깅 메시지는 문제가 어디서 발생했는지 알아내는 데 도움이 되는 일련의 흔적을 제공한다.

코드의 for i in range(n + 1):을 for i in range(1, n + 1):로 수정하고 프로그램을 다시 실행하자. 결과는 다음과 같다.

```
2019-05-23 17:13:40,650 - DEBUG - Start of program
2019-05-23 17:13:40,651 - DEBUG - Start of factorial(5)
2019-05-23 17:13:40,651 - DEBUG - i is 1, total is 1
2019-05-23 17:13:40,654 - DEBUG - i is 2, total is 2
2019-05-23 17:13:40,656 - DEBUG - i is 3, total is 6
2019-05-23 17:13:40,659 - DEBUG - i is 4, total is 24
2019-05-23 17:13:40,661 - DEBUG - i is 5, total is 120
2019-05-23 17:13:40,661 - DEBUG - End of factorial(5)
120
2019-05-23 17:13:40,666 - DEBUG - End of program
```

factorial(5)를 호출한 결과 120이라는 맞는 값을 반환한다. 이 로그 메시지들은 버그가 발생한 반복문 안에서 어떤 일이 일어나는지 보여준다.

logging.debug()를 호출하면 이 함수에 전달된 문자열뿐 아니라 타임스탬프와 DEBUG라는 단어도 출력한다.

print() 함수로 디버깅하지 말라

import logging과 logging.basicConfig(level=logging.DEBUG, format=

'%(asctime)s - %(levelname)s - %(message)s')를 입력하는 게 어색하게 느껴질지도 모른다. 아마도 print() 함수를 대신 사용하고 싶겠지만 이 유혹에 빠져서는 안 된다! 이 방법으로 디버깅할 경우, 코드의 각 로그 메시지에 대한 print() 호출 부분을 제거하는 데 많은 시간을 허비하게 될 것이다. 심지어 실수로 로깅에 사용하지 않는 메시지를 출력하는 print() 함수 호출 부분을 제거할 수도 있다. 로그 메시지를 사용하면 좋은 점은 프로그램을 원하는 만큼 자유롭게 작성할 수 있으며, logging.disable(logging.CRITICAL)을 호출하는 부분을 추가해 이를 언제든지 비활성화할 수 있다는 것이다. print()와 달리 logging 모듈은 로그 메시지 표시 여부를 쉽게 전환할 수 있다.

로그 메시지는 사용자가 아니라 프로그래머를 위한 기능이다. 디버깅할 때 어떤 딕셔너리값이 도움이 되더라도 사용자는 그 값에 별로 관심이 없을 수 있다. 로그 메시지는 바로 이런 경우에 사용해야 한다. 사용자에게 필요한 File not found or Invalid input, please enter a number와 같은 메시지는 print()를 호출해서 출력해야 한다. 로그 메시지를 비활성화한 후에도 사용자에게 유용한 정보는 보여 주는 것이 좋다.

로깅 수준

로깅 수준은 로그 메시지를 중요도에 따라 분류하는 방법이다. 표 11-1에 나온 총 다섯 가지 로깅 수준은 중요도가 높아지는 순서로 서술한 것이다. 서로 다른 로깅 함수로 메시지를 각 수준에서 로깅할 수 있다.

수준	로깅 함수	설명
DEBUG	logging.debug()	가장 낮은 수준으로 작은 세부 사항에 사용한다. 문제를 진단할 때에만 이 메시지를 사용한다.
INFO	logging.info()	프로그램에서 일반적으로 발생하는 이벤트 정보를 기록하거나 프로그램에서 어떤 시점에 동작하는지 확인하기 위해 사용한다.
WARNING	logging.warning()	현재는 프로그램이 동작하는 데 문제를 일으키지 않지만, 추후에는 그럴 가능성이 있는 잠재적인 문제를 나타낼 때 사용한다.
ERROR	logging.error()	프로그램이 어떤 작업을 실행하지 못하게 하는 문제들을 기록할 때 사용한다.
CRITICAL	logging.critical()	가장 높은 수준으로 프로그램 실행을 완전히 중지시키는 원인이 되는 치명적인 오류를 나타낼 때 사용한다.

표 11-1 파이썬의 로깅 수준

사용자가 정의한 로깅 메시지는 문자열 형태로 이 함수들에 전달된다. 로깅 수준은 권고 사항일 뿐이다. 궁극적으로 로그 메시지가 어느 범주에 속하는지 결정하는 것은 사용자다. 대화형 셸에 다음과 같이 입력해 보자.

```
>>> import logging
>>> logging.basicConfig(level=logging.DEBUG, format=' %(asctime)s - %(levelname)s - %(message)s')
>>> logging.debug('Some debugging details.')
2019-05-18 19:04:26,901 - DEBUG - Some debugging details.
>>> logging.info('The logging module is working.')
2019-05-18 19:04:35,569 - INFO - The logging module is working.
>>> logging.warning('An error message is about to be logged.')
2019-05-18 19:04:56,843 - WARNING - An error message is about to be logged.
>>> logging.error('An error has occurred.')
2019-05-18 19:05:07,737 - ERROR - An error has occurred.
>>> logging.critical('The program is unable to recover!')
2019-05-18 19:05:45,794 - CRITICAL - The program is unable to recover!
```

로깅 수준을 사용하면 로깅 메시지의 우선순위를 변경할 수 있다는 장점이 있다. basicConfig() 함수의 키워드 인자 level에 logging.DEBUG를 전달하면 모든 로깅 수준의 메시지를 보여 준다(DEBUG는 가장 낮은 수준이다). 그러나 프로그램을 완성해 갈수록 오류 발생 여부에만 관심을 갖게 될 것이다. 이 경우, basicConfig()의 level 인자를 logging.ERROR로 설정하면 된다. 그 결과 ERROR와 CRITICAL 메시지만 보여 줄 뿐 DEBUG, INFO, WARNING 메시지는 생략된다.

로깅 비활성화하기

프로그램을 디버깅한 뒤에는 이 로그 메시지들 때문에 화면이 지저분해지는 것을 더는 바라지 않을 것이다. 이때 일일이 수작업으로 모든 로그 메시지를 제거하는 대신, logging.disable() 함수로 이 메시지들을 비활성화할 수 있다. logging.disable()에 로깅 수준을 전달하면, 그 수준을 포함하여 그 이하에 해당하는 로그 메시지들을 비활성화한다. 전체 로깅을 비활성화하고 싶다면, 프로그램에 logging.disable(logging.CRITICAL)을 추가하면 된다. 대화형 셸에 다음과 같이 입력해 보자.

```
>>> import logging
>>> logging.basicConfig(level=logging.INFO, format=' %(asctime)s - %(levelname)s - %(message)s')
>>> logging.critical('Critical error! Critical error!')
```

```
2019-05-22 11:10:48,054 - CRITICAL - Critical error! Critical error!
>>> logging.disable(logging.CRITICAL)
>>> logging.critical('Critical error! Critical error!')
>>> logging.error('Error! Error!')
```

logging.disable()이 그 뒤의 메시지들을 전부 비활성화하기 때문에 코드에서는 이를 import logging이 있는 행에 추가하면 좋을 것이다. 이렇게 하면 필요에 따라 로깅 메시지들을 활성화하거나 비활성화할 때, 주석 처리하거나 주석을 해제해야 할 호출 부분을 쉽게 찾을 수 있다.

파일에 로깅하기

로그 메시지들을 화면에 출력하는 대신 텍스트 파일에 작성할 수 있다. logging.basicConfig() 함수는 다음과 같이 filename 키워드 인자를 받는다.

```
import logging
logging.basicConfig(filename='myProgramLog.txt', level=logging.DEBUG,
format='%(asctime)s - %(levelname)s - %(message)s')
```

로그 메시지는 myProgramLog.txt 파일에 저장된다. 로깅 메시지는 도움은 되지만 화면이 매우 너저분해져서 프로그램의 출력을 읽기 어려워진다. 로깅 메시지를 파일에 작성하면 화면이 깔끔해질 뿐 아니라 프로그램을 종료한 뒤에도 그 메시지들을 읽을 수 있다는 장점이 있다. 윈도우 메모장 같은 텍스트 편집기에서 이 파일을 열어 볼 수 있다.

뮤의 디버거

디버거는 뮤 편집기, IDLE 그리고 다른 편집기 소프트웨어에서 제공하는 기능으로 한 번에 한 줄씩 프로그램을 실행한다. 디버거는 코드 한 줄을 실행한 뒤, 사용자가 계속해서 다음 줄을 실행하라는 지시를 내릴 때까지 기다린다. 이와 같이 디버깅 모드로 프로그램을 실행하면 프로그램이 종료되기 전까지 모든 시점에서 변수에 들어 있는 값들을 검사하는 데 원하는 만큼 시간을 할애할 수 있다. 이는 버그를 추적하는 데 매우 유용한 도구다.

뮤의 디버깅 모드로 프로그램을 실행하려면 제일 윗줄에 있는 버튼 중 Run 버튼 옆에 있는 **Debug** 버튼을 클릭하면 된다. 하단에 위치한 일반적인 출력 패널과 함께 오른쪽에 Debug Inspector 패널이 열린다. 이 패널에는 프로그램의 현재 시점의 변숫값들이 나타난다. 그림 11-1은 디버거가 코드의 첫 번째 줄을 실행하기 전에 프로그램 실행을 일시 정지한 상태를 보여 준다. 해당 줄이 파일 편집기에서 강조되어 있는 것을 볼 수 있다.

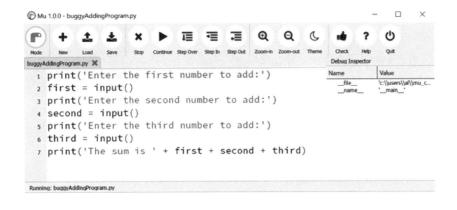

그림 11-1 뮤의 디버깅 모드로 프로그램 실행하기

디버깅 모드에서는 Continue, Step Over, Step In, Step Out 버튼들이 편집기의 제일 위에 추가된다. 일반적인 Stop 버튼도 존재한다.

Continue

Continue 버튼을 클릭하면 중단점(breakpoint)에 이를 때까지 프로그램을 정상적으로 실행한다(이 장의 뒷부분에서 중단점에 대해 설명할 예정이다). 디버깅을 마치고 프로그램을 정상적으로 실행하려면 Continue 버튼을 클릭하면 된다.

Step In

Step In 버튼을 클릭하면 디버거가 코드의 다음 줄을 실행한 뒤 다시 일시 정지한다. 코드의 다음 줄이 함수를 호출하는 부분이라면, 디버거는 그 함수로 '들어가서' 해당 함수의 첫 번째 줄로 건너뛴다.

Step Over

Step Over 버튼을 클릭하면 Step In 버튼과 비슷하게 코드의 다음 줄을 실행한다. 그러나 코드의 다음 줄이 함수를 호출하는 부분이라면 이 함수의 코드를 '건너뛴다'. 이 함수에 있는 코드는 최대 속도로 실행되며, 디버거는 호출된 함수가 값을 반환하는 즉시 일시 정지한다. 예를 들어 코드의 다음 줄이 spam() 함수를 호출하는 부분이지만 이 함수의 내부에 있는 코드를 신경 쓰지 않을 경우, Step Over 버튼을 클릭하여 함수 내부에 있는 코드는 정상적인 속도로 실행하고 함수가 값을 반환하면 일시 정지할 수 있다. 이러한 이유로 Step In 버튼보다 Step Over 버튼을 더 자주 사용한다.

Step Out

Step Out 버튼을 클릭하면 디버거는 현재 실행하는 함수에서 값을 반환할 때까지 코드를 최대 속도로 실행한다. 함수를 호출하는 부분에서 Step In 버튼을 클릭하여 해당 함수 내부로 들어간 뒤 그 함수에서 빠져나올 때까지 단순히 명령어들을 실행만 하려고 한다면 Step Out 버튼을 눌러 호출한 함수 밖으로 '빠져나간다'.

Stop

디버깅을 완전히 중지하여 프로그램의 나머지 부분을 계속 실행하지 않으려면 Stop 버튼을 클릭하면 된다. 이 버튼을 클릭하면 프로그램이 즉시 종료된다.

숫자 더하기 프로그램 디버깅하기

새 파일 편집기 탭을 열고 다음과 같이 코드를 입력해 보자.

```
print('Enter the first number to add:')
first = input()
print('Enter the second number to add:')
second = input()
print('Enter the third number to add:')
third = input()
print('The sum is ' + first + second + third)
```

이를 buggyAddingProgram.py라는 이름의 파일로 저장한 뒤 디버거를 사용하지 않고 실행해 보자. 이 프로그램을 실행한 결과는 다음과 같을 것이다.

```
Enter the first number to add:
5
Enter the second number to add:
3
Enter the third number to add:
42
The sum is 5342
```

프로그램은 충돌하지 않았지만 합산 결과는 명백하게 틀렸다. 이번에는 디버깅 모드로 프로그램을 다시 실행해 보자.

Debug 버튼을 클릭하면 실행하려고 하는 코드인 1번 줄에서 프로그램이 일시 정지된다. 이때 뮤는 그림 11-1과 같은 상태다.

Step Over 버튼을 한 번 눌러서 첫 번째 print() 함수를 실행해 보자. 이때 print() 함수 내부의 코드에 들어가려고 하는 것이 아니기 때문에 Step In 대신 Step Over 버튼을 사용해야 한다(뮤는 디버거가 파이썬 내장 함수에 들어가는 것을 방지해야 하지만). 디버거는 2번 행으로 이동하고 그림 11-2와 같이 파일 편집기의 2번 행을 강조하여 나타낸다. 이는 프로그램이 현재 어느 부분을 실행하고 있는지 보여 준다.

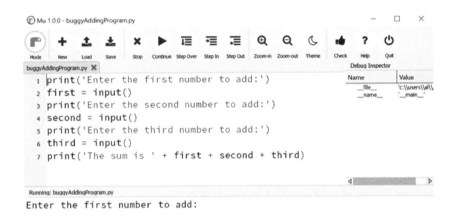

그림 11-2 Step Over를 클릭한 뒤의 뮤 편집기 창

Step Over 버튼을 다시 한번 클릭하여 input() 함수를 호출한다. input() 호출에 대해 사용자가 어떤 값을 출력 패널에 입력할 때까지 기다리는 동안 강조되었던 부분은 사라진다. 5를 입력하고 엔터를 누르자. 이제 강조 부분이 다시 나타난다.

다시 Step Over를 누르고 다음 두 개의 숫자로 3과 42를 입력하자. 디버거가 7번 행에 도달하여 프로그램에서 마지막으로 print()를 호출하면 뮤 편집기 창은 그림 11-3과 같은 상태다.

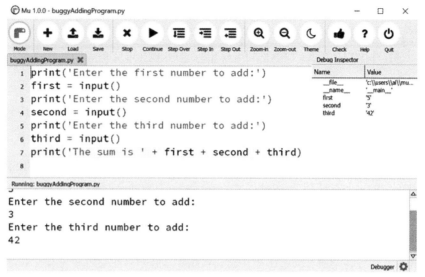

그림 11-3 오른쪽의 Debug Inspector 패널에서 볼 수 있다시피 변수들이 정수가 아니라 문자열로 되어 있고 이것이 버그가 발생한 이유다.

Debug Inspector 패널에서 first, second, third 변수는 각각 정수 5, 3, 42가 아니라 문자열 '5', '3', '42'로 설정되어 있는 것을 볼 수 있다. 마지막 줄을 실행하면 숫자들을 더하는 대신 문자열들을 결합하여 버그를 일으키는 것이다.

디버거로 프로그램을 단계별로 실행하면 도움은 되지만 속도가 매우 느리다. 종종 특정 코드 행에 도달할 때까지 프로그램이 정상적으로 실행되기를 원하는 경우도 있을 것이다. 이 경우 중단점을 사용하도록 디버거를 구성할 수 있다.

중단점

중단점은 코드의 특정 행에 설정해 프로그램 실행이 해당 행에 도달했을 때, 디버거를 강제로 일시 정지하는 역할을 한다. 새 파일 편집기 탭을 열고 다음 프로그램을 입력해 보자. 이는 동전을 1000번 던지는 시뮬레이션에 관한 코드다. 이를 coinFlip.py라는 이름으로 저장하자.

```python
import random
heads = 0
for i in range(1, 1001):
    if random.randint(0, 1) == 1:                              ❶
        heads = heads + 1
    if i == 500:
        print('Halfway done!')                                 ❷
print('Heads came up ' + str(heads) + ' times.')
```

random.randint(0, 1)을 호출하면(❶) 전체의 반은 0을, 나머지 반은 1을 반환한다. 이를 활용하여 1이 동전의 앞면을 나타내는 50/50 동전 던지기를 시뮬레이션할 수 있다. 이 프로그램을 디버거 없이 실행하면, 바로 다음과 같은 결과가 나온다.

```
Halfway done!
Heads came up 490 times.
```

이 프로그램을 디버깅 모드로 실행하면, 프로그램이 종료될 때까지 Step Over 버튼을 수천 번 클릭해야 할 것이다. 프로그램이 절반가량 실행되어 1000번 중 500번의 동전 던지기가 실행되었을 때 heads의 값을 알고 싶다면, print('Halfway done!')이 있는 줄(❷)에 중단점을 설정하면 된다. 중단점을 설정하려면 파일 편집기에서 줄 번호를 클릭하여 그림 11-4와 같이 중단점을 표기하는 빨간색 점이 나타나도록 하면 된다.

```python
1  import random
2  heads = 0
3  for i in range(1, 1001):
4      if random.randint(0, 1) == 1:
5          heads = heads + 1
6      if i == 500:
7●         print('Halfway done!')
8  print('Heads came up ' + str(heads) + ' times.')f
```

그림 11-4 중단점을 설정하면 줄 번호 옆에 빨간색 점(원형)이 나타난다.

반복문을 돌 때마다 if 문이 실행되므로 if 문이 있는 줄에는 중단점을 설정하지 말라. 코드에서 if 문 안에 중단점을 설정하면 디버거는 if 절을 실행할 때만 실행을 중단한다.

중단점이 설정된 줄에는 빨간색 점이 있다. 디버깅 모드로 이 프로그램을 실행하면, 일반적인 경우와 같이 첫 번째 줄에서 일시 정지된 상태로 시작한다. 그러나 Continue 버튼을 클릭하면 중단점이 설정된 줄에 도달할 때까지 최대 속도로 프로그램을 실행한다. 그 뒤에는 일반적인 경우처럼 Continue, Step Over, Step In, Step Out 버튼을 클릭할 수 있다.

중단점을 제거하고 싶다면 해당 줄 번호를 한 번 더 클릭하면 된다. 빨간색 점이 사라질 것이고, 디버거는 앞으로 그 줄에서 실행을 중단하지 않을 것이다.

요약

단언, 예외, 로깅, 디버거는 프로그램에서 버그를 탐색하고 방지하는 데 매우 유용한 도구다. 파이썬의 assert 문을 활용한 단언은 '온전성 검사'를 수행하는 좋은 방법으로, 필요 조건을 만족하지 않을 때 조기에 경고하도록 한다. 단언은 프로그램이 복구를 시도하지 않고 빠르게 중단해야 하는 오류에 사용해야 한다. 그렇지 않다면 예외 처리를 해야 한다.

예외는 try, except 문으로 탐지하고 처리할 수 있다. logging 모듈은 실행 중인 코드를 살펴볼 수 있는 좋은 방법이며 다양한 로깅 수준과 텍스트 파일에 로깅할 수 있는 기능 덕분에 print() 함수를 사용하는 방법보다 훨씬 편리하다.

디버거를 사용하면 프로그램을 한 번에 한 줄씩 실행할 수 있다. 또는 정상적인 속도로 프로그램을 실행하다가 중단점에 해당하는 줄에 도달하면 실행을 일시 정지할 수 있다. 디버거를 사용하면 프로그램 실행 도중 언제든지 변수의 상태를 볼 수 있다.

이 디버깅 도구와 기법은 제대로 작동하는 프로그램을 작성하는 데 도움이 된다. 코드에 실수로 버그를 집어넣는 것은 코딩 경험의 많고 적음에 관계없이 피할 수 없는 일이다.

연습 문제

1. spam 변수가 10보다 작을 때 AssertionError를 일으키는 assert 문을 작성하라.
2. eggs와 bacon 변수에 같은 문자열값이 들어 있을 때 AssertionError를 일으키는 assert 문을 작성하라. 이때 대소문자는 구별하지 않는다(즉, 'hello'와 'hello'뿐 아니라 'goodbye'와 'GOODbye'도 같은 문자열로 취급한다).
3. 항상 AssertionError를 일으키는 assert 문을 작성하라.
4. 프로그램에서 logging.debug()를 호출하기 위해 작성해야 할 코드 두 줄은 무엇인가?
5. 프로그램에서 logging.debug()가 로깅 메시지를 programLog.txt라는 파일에 보내기 위해 작성해야 할 코드 두 줄은 무엇인가?

6. 다섯 가지 로깅 수준은 각각 무엇인가?

7. 프로그램에서 로깅 메시지들을 전부 비활성화하려면 어떤 코드를 추가하면 되는가?

8. 어떤 메시지를 화면에 출력할 때 print()를 사용하는 것보다 로깅 메시지를 사용하는 것이 좋은 이유는 무엇인가?

9. 디버거에서 Step Over, Step In, Step Out 버튼의 차이점은 무엇인가?

10. Continue 버튼을 클릭한 뒤에 디버거가 실행을 멈추는 지점은 언제인가?

11. 중단점은 무엇인가?

12. 뷰에서 코드의 어떤 줄에 중단점을 설정하려면 어떻게 해야 하는가?

연습 프로젝트

연습을 위해 다음과 같은 작업들을 수행하는 프로그램을 작성해 보자.

동전 던지기 디버깅하기

다음 프로그램은 간단한 동전을 던져서 나오는 면을 맞추는 게임이다. 플레이어는 두 가지 추측을 한다(간단한 게임이다). 그러나 이 프로그램에는 몇 가지 버그가 있다. 이 프로그램을 몇 번 실행해 보면서 버그들을 찾아보자.

```python
import random
guess = ''
while guess not in ('heads', 'tails'):
    print('Guess the coin toss! Enter heads or tails:')
    guess = input()
toss = random.randint(0, 1) # 0 is tails, 1 is heads
if toss == guess:
    print('You got it!')
else:
    print('Nope! Guess again!')
    guesss = input()
    if toss == guess:
        print('You got it!')
    else:
        print('Nope. You are really bad at this game.')
```

12장

웹 스크래핑

드물기는 하지만 와이파이가 없는 끔찍한 상황이 돼서야 내가 컴퓨터로 하는 많은 작업이 인터넷 환경에서만 가능함을 깨닫는다. 나는 습관적으로 이메일 확인하기, 친구들의 트위터 피드 읽기, '1987년 〈로보캅〉 원작에 출연하기 이전에 커트우드 스미스가 맡았던 중요한 역할이 있는가?'[1]와 같은 질문에 답하기 등의 행동을 한다.

인터넷에 연결되어야 수행할 수 있는 컴퓨터 작업이 많기 때문에 자신이 작성하는 프로그램도 온라인에 연결될 수 있다면 좋을 것이다. 웹 스크래핑(web scraping)은 프로그램을 활용하여 웹에서 콘텐츠를 다운로드하고 처리하는 것을 일컫는다. 예를 들어 구글은 많은 웹 스크래핑 프로그램을 활용하여 자사 검색 엔진을 위해 웹 페이지들을 색인화한다. 이 장에서는 파이썬으로 웹 페이지를 쉽게 스크랩할 수 있는 몇 가지 모듈을 소개한다.

webbrowser 파이썬과 함께 제공되며 브라우저로 특정 페이지를 연다.

requests 인터넷에서 파일과 웹 페이지를 다운로드한다.

bs4 웹 페이지가 작성된 형식인 HTML을 구문 분석(parsing)한다.

selenium 웹 브라우저를 띄우고 제어한다. **selenium** 모듈은 웹 브라우저에서 양식 채우기와 마우스 클릭 시뮬레이션을 할 수 있다.

---

1 답은 '아니오'다.

프로젝트: webbrowser 모듈로 mapIt.py 작성하기

webbrowser 모듈의 open() 함수를 활용하여 브라우저를 새로 띄워 특정 URL에 접속할 수 있다. 대화형 셸에 다음과 같이 입력해 보자.

```
>>> import webbrowser
>>> webbrowser.open('https://inventwithpython.com/')
```

이와 같이 실행하면 웹 브라우저 탭이 열리며 *https://inventwithpython.com/*에 접속된다. 이는 webbrowser 모듈이 할 수 있는 유일한 기능이다. 그렇기는 한데 open() 함수로 몇 가지 흥미로운 일을 할 수 있다. 예를 들어 거리 주소를 클립보드에 복사해서 해당 주소의 지도를 구글 지도(Google Maps)로 불러오는 것은 지루한 작업이다. 클립보드에 있는 내용을 활용하여 브라우저에 지도를 자동으로 띄우는 간단한 스크립트를 작성하면, 이 지루한 작업에서 몇몇 단계는 생략할 수 있다. 이런 식으로 주소를 클립보드에 복사하고 스크립트를 실행하기만 하면 지도를 불러올 수 있다.

　프로그램은 다음과 같은 작업들을 수행한다.

1. 명령 행 인자 또는 클립보드에서 거리 주소를 받는다.
2. 웹 브라우저에서 해당 주소를 구글 지도로 연다.

이는 코드가 다음과 같은 작업들을 수행해야 함을 의미한다.

1. sys.argv에서 명령 행 인자를 읽는다.
2. 클립보드에 있는 내용을 읽는다.
3. webbrowser.open() 함수를 호출하여 웹 브라우저를 연다.

새 파일 편집기 탭을 열고 mapIt.py라는 이름으로 저장하자.

1단계: URL 알아내기

부록 B에 있는 설명을 따라 다음과 같이 명령 행에서 실행할 수 있도록 설정하자.

```
C:\> mapit 870 Valencia St, San Francisco, CA 94110
```

이 스크립트는 클립보드 대신 명령 행 인자를 활용하여 실행한다. 명령 행 인자가 없다면 프로그램은 클립보드에 있는 내용을 사용한다.

먼저 거리 주소에 해당하는 URL을 알아내야 한다. 브라우저에서 *https://maps.google.com/*을 열고 주소를 찾아보면, 주소 창의 URL은 다음과 같음을 알 수 있다: *https://www.google.com/maps/place/870+Valencia+St/@37.7590311,-122.4215096,17z/data=!3m1!4b1!4m2!3m1!1s0x808f7e3dadc07a37:0xc86b0b2bb93b73d8.*

URL에는 주소와 더불어 다른 추가 텍스트도 있다. 웹 사이트에서 방문자를 추적하거나 사이트를 맞춤 설정하기 위해 URL에 데이터를 추가하는 경우가 종종 있다. *https://www.google.com/maps/place/870+Valencia+St+San+Francisco+CA/*에 접속해도 맞는 페이지에 도달할 수 있음을 알게 될 것이다. 따라서 프로그램이 'https://www.google.com/maps/place/*your_address_string*'의 주소로 웹 브라우저를 열도록 설정해야 한다(이때 *your_address_string*은 연결하려고 하는 주소다).

2단계: 명령 행 인자 처리하기

다음과 같이 코드를 작성하자.

```python3
#! python3
# mapIt.py - 명령 행이나 클립보드에 있는 주소를 활용하여
# 브라우저에서 지도를 실행한다.

import webbrowser, sys
if len(sys.argv) > 1:
    # 명령 행에서 주소를 받는다.
    address = ' '.join(sys.argv[1:])

# TODO: 클립보드에서 주소를 받는다.
```

프로그램의 #! 다음 줄에서 브라우저를 실행하기 위한 webbrowser 모듈과 명령 행 인자를 읽기 위한 sys 모듈을 불러온다. sys.argv 변수에는 프로그램의 파일 이름과 명령 행 인자들로 이루어진 리스트가 들어 있다. 이 리스트에 파일 이름 이상의 무언가를 갖고 있다면, len(sys.argv)는 1 이상의 정수로 평가되고, 이는 명령 행 인자가 제공되었음을 의미한다.

명령 행 인자들은 일반적으로 빈칸으로 구분되지만, 이 경우 모든 인자를 하나의 문자열로 해석해야 한다. sys.argv는 문자열로 이루어진 리스트이므로

join() 메서드에 전달하여 하나의 문자열로 반환하도록 할 수 있다. 이 문자열에서 프로그램 이름은 불필요하므로 sys.argv 대신 sys.argv[1:]을 전달하여 배열의 첫 번째 원소를 잘라 내야 한다.

명령 행에 다음과 같이 입력하여 프로그램을 실행하면,

```
mapit 870 Valencia St, San Francisco, CA 94110
```

sys.argv 변수에는 다음과 같은 리스트가 들어간다.

```
['mapIt.py', '870', 'Valencia', 'St', ', 'San', 'Francisco, ', 'CA', '94110']
```

address 변수에는 '870 Valencia St, San Francisco, CA 94110' 문자열이 들어 있게 된다.

3단계: 클립보드 내용을 처리하고 브라우저 실행하기

다음과 같이 코드를 작성하자.

```
#! python3
# mapIt.py - 명령 행이나 클립보드에 있는 주소를 활용하여
# 브라우저에서 지도를 실행한다.

import webbrowser, sys, pyperclip
if len(sys.argv) > 1:
    # 명령 행에서 주소를 받는다.
    address = ' '.join(sys.argv[1:])
else:
    # 클립보드에서 주소를 받는다.
    address = pyperclip.paste()

webbrowser.open('https://www.google.com/maps/place/' + address)
```

명령 행 인자가 없다면 프로그램은 주소가 클립보드에 들어 있다고 가정한다. 이 경우, pyperclip.paste()로 클립보드에 있는 내용을 받아서 address 변수에 저장한다. 마지막으로 webbrowser.open()으로 웹 브라우저를 실행해 구글 지도 URL에 해당하는 주소를 연다.

큰 작업을 수행하여 시간을 많이 절약하도록 하는 어떤 프로그램을 작성할 수 있는 반면, 주소에 해당하는 지도를 가져오는 것과 같은 일반적인 작업을 매번 수행할 때마다 약간의 시간을 줄여 주는 편리한 프로그램을 작성할 수도 있다. 표 12-1은 mapIt.py를 사용할 때와 그렇지 않을 때, 지도를 보여 주기 위해 필요한 단계들을 나타낸다.

수동으로 지도 가져오기	mapIt.py 사용하기
주소 확인하기	주소 확인하기
주소 복사하기	주소 복사하기
웹 브라우저 열기	mapIt.py 실행하기
https://maps.google.com/에 접속하기	
주소 텍스트 필드를 클릭하기	
주소 붙여 넣기	
엔터 입력하기	

표 12-1 mapIt.py를 사용하거나 사용하지 않고 지도 가져오기

mapIt.py가 이 작업을 얼마나 덜 지루하게 만드는지 알겠는가?

비슷한 프로그램에 대한 아이디어

URL을 알고 있을 경우 webbrowser 모듈을 사용하면 브라우저를 열고 해당 웹 사이트로 접속하는 과정을 일일이 거치지 않아도 된다. 다음과 같은 작업들을 수행할 때 이러한 기능을 활용할 수 있다.

- 별도의 브라우저 탭에서 어떤 페이지의 모든 링크를 열기
- 지역 날씨에 해당하는 URL로 브라우저를 열기
- 정기적으로 확인하는 소셜 네트워크 사이트들을 열기

requests 모듈을 사용하여 웹에서 파일 다운로드하기

requests 모듈을 사용하면 네트워크 오류, 연결, 데이터 압축 등의 복잡한 문제를 걱정할 필요 없이 웹에서 파일을 쉽게 다운로드할 수 있다. 파이썬은 requests 모듈을 기본으로 제공하지 않으므로 먼저 설치해야 한다. 명령 행에서 pip install --user requests를 실행하자(서드 파티 모듈을 설치하는 방법에 대한 자세한 설명은 부록 A를 참고하기 바란다).

　requests 모듈은 파이썬의 urllib2 모듈이 사용하기 너무 복잡해서 만들어졌다. 사실, 지금 이 문단은 영구적으로 지워 버려도 된다. 내가 urllib2를 언급했다는 사실 자체도 잊어버리자. 앞으로 웹에서 어떤 것을 다운로드해야 한다면, requests 모듈을 사용하도록 하자.

이제 requests가 제대로 설치되었는지 확인하기 위해 다음과 같이 간단하게 테스트해 보자. 대화형 셀에 다음과 같이 입력해 보자.

```
>>> import requests
```

어떤 오류 메시지도 나타나지 않았다면 requests 모듈을 성공적으로 설치한 것이다.

requests.get() 함수를 사용하여 웹 페이지 다운로드하기

requests.get() 함수는 다운로드할 URL 문자열을 받는다. request.get() 함수가 반환한 값에 type()을 호출하면 Response 객체가 반환되는 것을 알 수 있다. 이때 이 객체에는 사용자의 요청에 대한 웹 서버의 응답이 들어 있다. Response 객체에 대해서는 뒤에서 더 자세히 설명할 것이다. 지금은 컴퓨터가 인터넷에 연결된 상태에서 대화형 셀에 다음과 같이 입력해 보자.

```
>>> import requests
>>> res = requests.get('https://automatetheboringstuff.com/files/rj.txt')   ❶
>>> type(res)
<class 'requests.models.Response'>
>>> res.status_code == requests.codes.ok                                     ❷
True
>>> len(res.text)
178981
>>> print(res.text[:250])
The Project Gutenberg EBook of Romeo and Juliet, by William Shakespeare

This eBook is for the use of anyone anywhere at no cost and with
almost no restrictions whatsoever. You may copy it, give it away or
re-use it under the terms of the Proje
```

앞에 나온 URL은 이 책 사이트에서 제공하는 《로미오와 줄리엣》의 전체 극본이 있는 텍스트 웹 페이지(❶)로 이동하는 URL이다. Response 객체의 status_code 속성을 살펴보면 이 웹 페이지에 대한 요청이 성공했음을 알 수 있다. 이 결괏값이 requests.codes.ok라면(❷), 모든 것이 정상임을 의미한다(HTTP에서 'OK'에 대한 상태 코드는 200이다. 'Not Found'에 대한 404 상태 코드는 이미 익숙할 것이다). 모든 상태 코드와 각각의 의미는 *https://en.wikipedia.org/wiki/List_of_HTTP_status_codes*에서 찾아볼 수 있다.

이 요청이 성공했다면 다운로드한 웹 페이지는 Response 객체의 text 변수에 저장된다. 이 변수에는 전체 극본에 해당하는 거대한 문자열이 들어 있다.

len(res.text)를 호출하면 이 문자열에는 17만 8000개 이상의 문자가 존재함을 알 수 있다. print(res.text[:250])을 호출하면 처음 250개의 문자를 화면에 출력한다.

요청이 실패하여 'Failed to establish a new connection' 또는 'Max retries exceeded'와 같은 오류 메시지가 출력된다면 인터넷에 연결되어 있는지 확인하라. 서버에 연결하는 것은 꽤나 복잡하기 때문에 가능한 문제들을 여기에 전부 나열하여 보여 줄 수는 없다. 따옴표 안에 있는 오류 메시지를 웹에서 검색하면 에러가 발생하는 주된 원인들을 찾을 수 있다.

오류 검사하기

앞에서 언급했던 바와 같이 Response 객체는 requests.codes.ok로 검사하여(이 변수는 정숫값 200을 갖는다) 다운로드 성공 여부를 알 수 있는 status_code 속성을 갖는다. 더 간단하게 성공 여부를 검사하려면 Response 객체에 raise_for_status() 메서드를 호출하면 된다. 다운로드가 성공하면 아무런 일도 일어나지 않고 오류가 있다면 예외를 일으킨다. 대화형 셸에 다음과 같이 입력해 보자.

```
>>> res = requests.get('https://inventwithpython.com/page_that_does_not_exist')
>>> res.raise_for_status()
Traceback (most recent call last):
  File "<stdin>", line 1, in <module>

  File"C:\Users\Al\AppData\Local\Programs\Python\Python37\lib\site-packages\
requests\models.py", line 940, in raise_for_status
    raise HTTPError(http_error_msg, response=self)
requests.exceptions.HTTPError: 404 Client Error: Not Found for url: https://
inventwithpython.com/page_that_does_not_exist.html
```

raise_for_status() 메서드는 다운로드가 잘못되었을 때 프로그램이 이를 중단하는 좋은 방법이다. 예기치 않은 오류가 발생하면 그 즉시 프로그램을 중지하고자 할 때 유용하게 사용할 수 있다. 실패한 다운로드가 프로그램의 주된 문제가 아닌 경우 raise_for_status()가 있는 줄을 try, except 문으로 감싸서 프로그램 충돌 없이 이 오류를 처리하도록 할 수 있다.

```
import requests
res = requests.get('https://inventwithpython.com/page_that_does_not_exist')
try:
    res.raise_for_status()
except Exception as exc:
    print('There was a problem: %s' % (exc))
```

이와 같이 `raise_for_status()` 메서드를 호출하면 다음과 같은 결과가 출력된다.

```
There was a problem: 404 Client Error: Not Found for url: https://
inventwithpython.com/page_that_does_not_exist.html
```

`requests.get()`을 호출한 뒤에는 항상 `raise_for_status()`를 호출하자. 이와 같이 호출하면 프로그램이 계속되기 전에 다운로드가 잘 이뤄졌는지 확인할 수 있다.

다운로드한 파일을 하드 드라이브에 저장하기

지금부터는 표준 `open()` 함수와 `write()` 메서드를 사용하여 웹 페이지를 하드 드라이브에 파일 형태로 저장할 수 있다. 그러나 약간 다른 점이 있다. 먼저 `open()`의 두 번째 인자로 문자열 `'wb'`를 전달하여 바이너리 파일 쓰기 모드로 파일을 열어야 한다. 페이지가 일반 텍스트로 되어 있더라도(이전에 다운로드한 《로미오와 줄리엣》 텍스트 데이터와 같이) 텍스트의 유니코드 인코딩 형식을 유지하기 위해 텍스트 데이터 대신 바이너리 데이터로 작성해야 한다.

웹 페이지를 파일로 쓰기 위해 Response 객체의 `iter_content()` 메서드와 함께 for 반복문을 사용할 수 있다.

```
>>> import requests
>>> res = requests.get('https://automatetheboringstuff.com/files/rj.txt')
>>> res.raise_for_status()
>>> playFile = open('RomeoAndJuliet.txt', 'wb')
>>> for chunk in res.iter_content(100000):
        playFile.write(chunk)

100000
78981
>>> playFile.close()
```

`iter_content()` 메서드는 반복문을 돌 때마다 내용의 '덩어리'를 반환한다. 각 덩어리는 바이트 자료형이고, 각 덩어리가 갖는 바이트 수를 지정해야 한다. 10만 바이트가 많이 사용되는 좋은 크기이므로 `iter_content()`의 인자에 `100000`을 전달한다.

이제 현재 작업 폴더에 RomeoAndJuliet.txt라는 파일이 생성될 것이다. 웹 사이트에는 rj.txt라는 파일 이름으로 되어 있지만 하드 드라이브에는 다른 이름으로 저장되었다. requests 모듈은 단순히 웹 페이지의 내용을 다운로드하는 동작을 처리한다. 페이지가 다운로드되면 이는 프로그램의 데이터일 뿐이다. 웹 페이지를 다운로드한 뒤에 인터넷 연결이 끊겨도 해당 페이지의 모든 데이터는 컴퓨터에 계속 존재한다.

유니코드 인코딩

유니코드 인코딩은 이 책의 범위를 벗어난다. 다음 웹 페이지에서 더 많은 내용을 배울 수 있다.

- Joel on Software: The Absolute Minimum Every Software Developer Absolutely, Positively Must Know About Unicode and Character Sets(No Excuses!): https://www.joelonsoftware.com/articles/Unicode.html
- Pragmatic Unicode: https://nedbatchelder.com/text/unipain.html

---

write() 메서드는 파일에 쓰인 바이트 수를 반환한다. 이전 예에서 첫 번째 덩어리에 10만 바이트가 있었고, 파일의 나머지 부분에는 7만 8981바이트만 필요하다.

복습하자면 파일을 다운로드하고 저장하는 전체 과정은 다음과 같다.

1. request.get()을 호출하여 파일을 다운로드한다.
2. open()을 호출할 때 인자 'wb'를 전달하여 바이너리 모드로 새 파일을 생성한다.
3. Response 객체의 iter_content() 메서드를 반복 실행한다.
4. 매 반복마다 write()를 호출하여 파일에 내용을 작성한다.
5. close()를 호출하여 파일을 닫는다.

이것이 requests 모듈의 전부다! 이때 for 반복문과 iter_content()를 사용하는 이 방법은 텍스트 파일 작성 시에 사용했던 open(), write(), close() 작업 흐름보다 복잡해 보일 것이다. 그러나 requests 모듈을 사용함으로써 큰 파일을 다운로드할 때도 많은 메모리를 사용하지 않을 수 있다. requests 모듈의 다른 기능들은 *https://requests.readthedocs.org/*에서 확인할 수 있다.

HTML

웹 페이지를 분석하기 전에 HTML의 기본적인 사항들을 먼저 설명할 것이다. 또한, 웹 브라우저의 개발자 도구에 어떻게 접근하는지 알아보겠다. 이 개발자 도구를 활용하면 웹에서 정보를 더 쉽게 스크래핑할 수 있다.

HTML 학습 자료

HTML은 웹 페이지 작성 형식이다. 여기서는 여러분이 HTML의 기본적인 사항들을 이미 알고 있다고 가정한다. 그러나 초보자를 위한 설명이 필요하다면 다음 사이트 중 하나를 추천한다.

- *https://developer.mozilla.org/en-US/learn/html/*
- *https://htmldog.com/guides/html/beginner/*
- *https://www.codecademy.com/learn/learn-html*

간단히 살펴보기

HTML을 살펴본 지 오래된 독자들을 위해 여기서 기초적인 내용을 간단히 설명하겠다. HTML 파일은 확장자가 .html인 일반 텍스트 파일이다. 이 파일에 있는 텍스트들은 꺾쇠 괄호 안에 단어가 있는 태그(tag)로 둘러싸여 있다. 이 태그들은 웹 페이지의 형식을 브라우저에 알려 주는 역할을 한다. 텍스트를 시작 태그와 닫는 태그로 감싸서 요소를 만들 수 있다. 시작 태그와 닫는 태그에 있는 텍스트(또는 내부 HTML)는 내용(content)이라 한다. 예를 들어 다음 HTML은 'Hello, world!'를 웹 브라우저에 출력한다. 이때 Hello는 굵게 표시된다.

```
<strong>Hello</strong>, world!
```

이 HTML은 브라우저에 그림 12-1과 같은 결과를 출력한다.

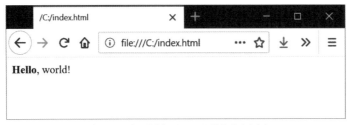

그림 12-1 브라우저에 'Hello, world!'가 렌더링된다.

시작 태그 은 뒤의 텍스트가 굵게 표시됨을 나타낸다. 닫는 태그 은 어느 텍스트까지 굵게 표시해야 하는지 알려 준다.

　HTML에는 다양한 종류의 태그가 있다. 이러한 태그 중 일부는 꺾쇠 괄호 안에 속성 형식이 추가된다. 예를 들어 <a> 태그 뒤에는 링크를 나타내는 텍스트가 존재해야 한다. 이 텍스트가 연결하는 URL은 href 속성에 의해 결정된다. 다음 예를 살펴보자.

```
Al's free <a href="https://inventwithpython.com">Python books</a>.
```

이 HTML은 브라우저에 그림 12-2와 같은 결과를 출력한다.

그림 12-2 브라우저에 링크가 렌더링된다.

몇몇 요소는 페이지에서 각 요소를 고유하게 식별하기 위해 사용하는 id 속성을 갖는다. 프로그램에서 id 속성으로 요소를 찾도록 지시하는 경우가 많기 때문에 웹 스크래핑 프로그램을 작성할 때 브라우저의 개발자 도구에서 요소의 id 속성을 찾아내는 작업을 자주 수행한다.

웹 페이지의 소스 HTML 보기

프로그램으로 작업할 웹 페이지의 HTML 소스를 살펴봐야 할 필요가 있다. 이를 위해 임의의 페이지가 열려 있는 웹 브라우저에서 마우스 오른쪽 버튼을 클릭(또는 맥OS에서는 Ctrl-클릭)하여 소스 보기 또는 페이지 소스 보기를 선택하여 페이지의 HTML 텍스트를 살펴보자(그림 12-3 참고). 이것이 브라우저가 실제로 받는 텍스트다. 브라우저는 이 HTML을 가지고 웹 페이지를 표시하거나 렌더링하는 방법을 알고 있다.

그림 12-3 웹 페이지 소스 보기

선호하는 사이트의 HTML 소스를 살펴보는 것을 추천한다. 그 소스를 살펴보았을 때 완전히 이해하지 못해도 괜찮다. 웹 사이트를 제작하려고 하는 것이 아니기 때문에 간단한 웹 스크래핑 프로그램을 작성하는 데 HTML을 완전히 이해하지 못해도 된다. 실제 사이트에서 데이터를 추출하기 위해 필요한 지식만 갖고 있어도 괜찮다.

브라우저의 개발자 도구 열기

웹 페이지의 HTML을 보기 위해서는 웹 페이지의 소스를 보는 방법뿐 아니라 브라우저의 개발자 도구를 활용하는 방법도 있다. 윈도우용 크롬(Chrome)에는 개발자 도구가 설치되어 있고 F12를 누르면 나타난다(그림 12-4 참고). 다시 한 번 F12를 누르면 개발자 도구가 사라진다. 크롬에서 도구 더 보기 ▶ 개발자 도구를 선택하여 개발자 도구를 보는 방법도 있다. 맥OS에서는 command-option-I를 누르면 크롬의 개발자 도구가 열린다.

그림 12-4 크롬 브라우저의 개발자 도구 창

파이어폭스(Firefox)의 경우, 윈도우에서는 Ctrl-Shift-C 그리고 맥OS에서는 command-option-C를 누르면 웹 개발자 도구 검사기를 볼 수 있다. 크롬의 개발자 도구와 레이아웃이 거의 비슷하다.

사파리(Safari)의 경우, 환경 설정 창을 열고 고급을 클릭하여 메뉴 막대에서 개발자용 메뉴 보기를 체크한다. 이를 활성화했다면 command-option-I를 눌러서 개발자 도구를 볼 수 있다.

브라우저에 개발자 도구를 설치하거나 활성화했다면, 웹 페이지의 아무 부분에서나 마우스 오른쪽 버튼을 클릭하여 나타난 콘텍스트 메뉴에서 요소 검사하기를 선택하여 페이지의 해당 부분을 담당하는 HTML을 표시할 수 있다. 이는 웹 스크래핑 프로그램을 위한 HTML 구문 분석을 시작할 때 도움이 된다.

HTML을 구문 분석하기 위해 정규 표현식을 사용하지 말자

문자열에서 특정 HTML에 해당하는 부분을 찾는 것은 정규 표현식을 사용할 수 있는 완벽한 사례처럼 보일 것이다. 그러나 이 방법은 사용하지 않기를 권한다. HTML은 다양한 형식으로 존재하며, 이것들은 여전히 유효한 HTML로 사용되고 있다. 이와 같이 다양한 형식을 한 가지 정규 표현식으로 찾아내는 것은 매우 지루한 작업일 뿐 아니라 오류가 생기기 쉽다. HTML을 구문 분석하기 위해 만들어진 bs4와 같은 모듈을 사용하면 버그가 덜 생길 것이다.

HTML을 구문 분석할 때 정규 표현식을 사용하면 안 되는 이유에 대한 더 많은 논의는 https://stackoverflow.com/a/1732454/1893164/를 참고하기 바란다.

HTML 요소를 찾기 위해 개발자 도구 사용하기

프로그램에서 requests 모듈로 웹 페이지를 다운로드하면, 그 페이지의 HTML 내용이 하나의 문자열 형태로 들어 있는 값을 갖게 된다. 이제 웹 페이지에서 관심 있는 정보에 해당하는 HTML 부분을 파악해야 한다.

브라우저의 개발자 도구가 이 작업을 수행하는 데 도움이 된다. 웹 페이지 *https://weather.gov*에서 일기 예보 데이터를 가져오는 프로그램을 작성해야 한다고 하자. 코드를 작성하기 전에 이 페이지를 간단히 살펴보자. 이 사이트에 방문해서 우편 번호 941905를 검색하면 해당 지역의 예보를 보여 주는 페이지로 이동한다.

이 우편 번호에 해당하는 지역의 날씨 정보를 스크래핑하고 싶다면 어떻게 해야 할까? 그 페이지에서 마우스 오른쪽 버튼을 클릭(또는 맥OS의 경우 Ctrl-클릭)했을 때 나타나는 콘텍스트 메뉴에서 요소 검사하기를 선택한다. 이제 개발자 도구 창이 나타날 것이고, 여기에서 웹 페이지의 특정 부분을 생성하는 HTML을 확인할 수 있다. 그림 12-5는 개발자 도구로 가장 가까운 지역의 예보에 해당하는 HTML을 연 모습을 나타낸다. 만약 *https://weather.gov* 웹 페이지의 디자인이 변경되면, 새로운 요소를 검사하기 위해 이러한 작업을 반복해야 한다.

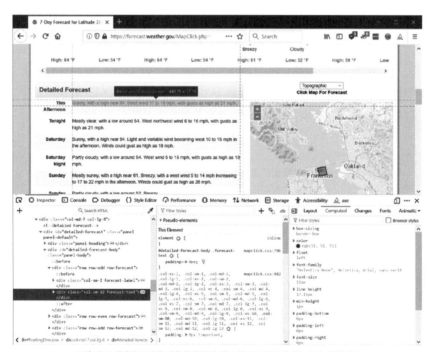

그림 12-5 개발자 도구를 사용하여 일기 예보 텍스트가 들어 있는 요소 검사하기

개발자 도구에서 웹 페이지의 일기 예보 부분을 담당하는 HTML은 `<div class="col-sm-10 forecast-text">Sunny, with a high near 64. West wind 11 to 16 mph, with gusts as high as 21 mph.</div>`임을 확인할 수 있다. 이는 페이지에서 보이는 것과 정확히 같다! 일기 예보 정보는 forecast-text CSS 클래스가 있는 `<div>` 요소 안에 존재하는 것으로 보인다. 브라우저의 개발자 도구에서 이 요소를 마우스 오른쪽 버튼으로 클릭하고, 그 결과 나타난 콘텍스트 메뉴에서 복사 ▶ CSS 선택자를 선택한다. 이렇게 해서 `'div.row-odd:nth-child(1) > div:nth-child(2)'`와 같은 문자열을 클립보드에 복사한다. 이 장의 뒷부분에서 설명하겠지만, 뷰티플 수프(Beautiful Soup)의 `select()`나 셀레니엄(Selenium)의 `find_element_by_css_selector()` 메서드에서 이 문자열을 활용할 수 있다. 이제 찾아야 할 부분을 알았으니 뷰티플 수프 모듈로 문자열에서 이를 찾아보자.

bs4 모듈로 HTML 구문 분석하기

뷰티플 수프는 HTML 페이지에서 정보를 추출하기 위한 모듈이다(그리고 이 목적에 한해서는 정규 표현식을 사용하는 것보다 더 좋은 방법이다). 뷰티플 수프 모듈의 이름은 bs4다(뷰티플 수프 버전 4를 의미). 이를 설치하기 위해서는 명령행에서 `pip install --user beautifulsoup4`를 실행하면 된다(서드 파티 모듈을 설치하는 자세한 방법은 부록 A를 참고하자). 설치할 때는 beautifulsoup4라는 이름이 사용되지만, 이 모듈을 불러올 때는 `import bs4`를 실행한다.

이 절에서는 뷰티플 수프를 활용하여 하드 드라이브에 있는 HTML 파일을 구문 분석하는 예를 진행할 것이다. 뮤 편집기에서 새 파일 편집기 탭을 열고 다음과 같이 입력한 뒤, example.html이라는 이름으로 저장하자. 직접 입력하는 대신 *https://nostarch.com/automatestuff2*/에서 다운로드해도 된다.

```
<!-- example.html 예시 파일 -->

<html><head><title>The Website Title</title></head>
<body>
<p>Download my <strong>Python</strong> book from <a href="https://
inventwithpython.com">my website</a>.</p>
<p class="slogan">Learn Python the easy way!</p>
<p>By <span id="author">Al Sweigart</span></p>
</body></html>
```

앞에서 본 것과 같이 간단한 HTML 파일도 다양한 태그와 속성을 사용하는데, 복잡한 웹 사이트의 경우 이 때문에 헷갈리기 쉽다. 고맙게도 뷰티플 수프로 이러한 HTML을 훨씬 쉽게 다룰 수 있다.

HTML에서 BeautifulSoup 객체 생성하기

bs4.BeautifulSoup() 함수를 호출할 때는 구문 분석을 할 HTML이 들어 있는 문자열을 전달해야 한다. bs4.BeautifulSoup()는 BeautifulSoup 객체를 반환한다. 인터넷에 연결된 상태에서 대화형 셀에 다음과 같이 입력해 보자.

```
>>> import requests, bs4
>>> res = requests.get('https://nostarch.com')
>>> res.raise_for_status()
>>> noStarchSoup = bs4.BeautifulSoup(res.text, 'html.parser')
>>> type(noStarchSoup)
<class 'bs4.BeautifulSoup'>
```

이 코드는 requests.get()으로 노 스타치 출판사 웹 사이트 메인 페이지를 다운로드하고, 응답 결과의 text 속성을 bs4.BeautifulSoup()에 전달한다. 반환된 BeautifulSoup 객체는 noStarchSoup 변수에 저장된다.

하드 드라이브에 들어 있는 HTML 파일을 사용할 수도 있다. 이를 위해서는 해당 HTML 파일의 File 객체를 첫 번째 인자로, HTML을 분석할 때 사용할 구문 분석기를 두 번째 인자로 bs4.BeautifulSoup()에 전달하여 호출하면 된다.

대화형 셀에 다음과 같이 입력해 보자(작업 폴더에 example.html이라는 파일이 존재하는지 먼저 확인하라).

```
>>> exampleFile = open('example.html')
>>> exampleSoup = bs4.BeautifulSoup(exampleFile, 'html.parser')
>>> type(exampleSoup)
<class 'bs4.BeautifulSoup'>
```

파이썬은 'html.parser'라는 구문 분석기를 기본으로 제공한다. 그러나 서드파티 모듈인 lxml 모듈을 설치하면 더 빠른 구문 분석기인 'lxml' 구문 분석기를 사용할 수 있다. 부록 A에 나온 설명을 따라 pip install --user lxml을 실행하여 이 모듈을 설치하자. 두 번째 인자를 입력하지 않으면 UserWarning: No parser was explicitly specified라는 경고 문구가 출력된다.

BeautifulSoup 객체가 생성되면, 이 객체의 메서드를 활용하여 HTML 문서의 특정 부분을 찾을 수 있다.

select() 메서드로 요소 찾기

BeautifulSoup 객체에서 찾으려는 CSS 선택자의 문자열을 select() 메서드에 전달하고 호출하여 웹 페이지의 특정 요소를 검색할 수 있다. 선택자는 찾고자 하는 패턴을 특정한다는 점에서 정규 표현식과 비슷하다. 다른 점은 일반적인 텍스트 문자열 대신 HTML 페이지에서 탐색하는 것이다.

CSS 선택자에 대한 자세한 내용은 이 책의 범위를 벗어나지만(그러나 선택자를 설명한 좋은 튜토리얼들이 *https://nostarch.com/automatestuff2/*에 있다) 여기서 간단히 소개하겠다. 표 12-2는 자주 사용되는 CSS 선택자 패턴의 예다.

select() 메서드에 전달된 선택자	일치하는 대상
soup.select('div')	이름이 \<div>인 모든 요소
soup.select('#author')	id 속성이 author인 모든 요소
soup.select('.notice')	CSS class 속성의 이름이 notice인 모든 요소
soup.select('div span')	\<div> 요소 내에 존재하는 요소 중 이름이 \<span>인 모든 요소
soup.select('div > span')	\<div> 요소 내에 존재하는 요소 중 이름이 \<span>인 모든 요소. 이때 둘 사이에는 어떠한 요소도 존재하지 않음
soup.select('input[name]')	이름이 \<input>인 요소 중 name 속성값이 있는 모든 요소
soup.select('input[type="button"]')	이름이 \<input>인 요소 중 type 속성값이 button인 경우

표 12-2 CSS 선택자 예시

다양한 선택자 패턴을 결합하여 복잡하게 대조할 수도 있다. 예를 들어 soup. select('p #author')는 p 요소 내에 존재하는 요소 중 id 속성이 author인 요소들과 일치한다. 선택자를 직접 작성하는 대신, 브라우저에서 해당 요소를 마우스 오른쪽 버튼으로 클릭하여 '요소 검사하기'를 선택할 수도 있다. 브라우저에서 개발자 콘솔 창이 열리면 요소에 해당하는 HTML 부분을 마우스 오른쪽 버튼으로 클릭하여 복사하기 ▶ CSS 선택자를 선택하여 선택자 문자열을 클립보드에 복사하고 소스 코드에 이를 붙여 넣는다.

select() 메서드는 뷰티플 수프가 HTML 요소를 표현하는 방식인 Tag 객체 리스트를 반환한다. 이 리스트에 있는 각 Tag 객체는 BeautifulSoup 객체의 HTML과 일치하는 부분을 나타낸다. 이 태그값들을 str() 함수에 전달하여 각 HTML 태그가 어떤 것을 나타내는지 볼 수 있다. 이때 태그값에는 갖고 있는 모든 HTML 속성을 딕셔너리 형태로 보여 주는 attrs 속성이 존재한다. 앞의 example.html 파일을 활용하여 대화형 셀에 다음과 같이 입력해 보자.

```
>>> import bs4
>>> exampleFile = open('example.html')
>>> exampleSoup = bs4.BeautifulSoup(exampleFile.read(), 'html.parser')
>>> elems = exampleSoup.select('#author')
>>> type(elems) # elems는 Tag 객체들의 리스트
<class 'list'>
>>> len(elems)
1
>>> type(elems[0])
<class 'bs4.element.Tag'>
>>> str(elems[0]) # Tag 객체를 문자열 형태로 표현
'<span id="author">Al Sweigart</span>'
>>> elems[0].getText()
'Al Sweigart'
>>> elems[0].attrs
{'id': 'author'}
```

이 코드는 예시 HTML에서 id="author"에 해당하는 모든 요소를 추출한다. 여기서 select('#author')로 id="author"인 모든 요소의 리스트를 반환한다. 이러한 Tag 객체들의 리스트를 elems라는 변수에 저장하고, len(elems)는 그 리스트에 하나의 Tag만 존재한다는 것을 의미하고, 이는 일치하는 요소가 단 하나만 있음을 나타낸다. 그 요소에서 getText()를 호출하면 해당 요소의 텍스트 또는 내부 HTML을 반환한다. 이때 요소의 텍스트란 열림 태그와 닫힘 태그 사이의 모든 내용을 일컫는다. 이 예에서는 'Al Sweigart'가 이에 해당한다.

요소를 str()에 전달하면 해당 요소의 텍스트와 함께 열림 태그, 닫힘 태그가 함께 들어 있는 문자열을 반환한다. 마지막으로 attrs는 해당 요소가 갖는 속성인 'id'와 id 속성에 해당하는 값인 'author'를 반환한다.

BeautifulSoup 객체에서 모든 <p> 요소도 추출할 수 있다. 대화형 셀에 다음과 같이 입력해 보자.

```
>>> pElems = exampleSoup.select('p')
>>> str(pElems[0])
'<p>Download my <strong>Python</strong> book from <a href="https://
inventwithpython.com">my website</a>.</p>'
>>> pElems[0].getText()
'Download my Python book from my website.'
>>> str(pElems[1])
'<p class="slogan">Learn Python the easy way!</p>'
```

```
>>> pElems[1].getText()
'Learn Python the easy way!'
>>> str(pElems[2])
'<p>By <span id="author">Al Sweigart</span></p>'
>>> pElems[2].getText()
'By Al Sweigart'
```

이번에는 select()가 세 개의 일치한 결과에 대한 리스트를 반환하며 이를 pElems에 저장한다. str() 함수에 pElems[0], pElems[1], pElems[2]를 전달하여 호출하면 각 요소를 문자열 형태로 보여 주며, 각 요소에 getText()를 사용하면 그 요소의 텍스트를 보여 준다.

요소의 속성에서 데이터 가져오기

Tag 객체의 get() 메서드는 해당 요소의 속성값에 접근하기 쉽도록 도와주는 메서드다. 이 메서드에 속성 이름의 문자열을 전달하면, 해당 속성값을 반환한다. 이전 example.html 파일을 활용하여 대화형 셸에 다음과 같이 입력해 보자.

```
>>> import bs4
>>> soup = bs4.BeautifulSoup(open('example.html'), 'html.parser')
>>> spanElem = soup.select('span')[0]
>>> str(spanElem)
'<span id="author">Al Sweigart</span>'
>>> spanElem.get('id')
'author'
>>> spanElem.get('some_nonexistent_addr') == None
True
>>> spanElem.attrs
{'id': 'author'}
```

여기서 select()로 모든 <span> 요소를 찾고 첫 번째로 일치한 요소를 spanElem에 저장한다. 여기에 속성 이름인 'id'를 전달하여 get() 메서드를 호출하면 해당 속성값인 'author'를 반환한다.

프로젝트: 모든 검색 결과 열기

나는 구글에서 어떤 주제를 검색하면 검색 결과를 한 번에 한 개씩 보지 않는다. 검색 결과에서 처음 몇 개의 검색 결과 링크들을 마우스 가운데 버튼으로 클릭(또는 Ctrl 버튼을 누른 채로 클릭)하여 새 탭에 이 링크들을 열어 두고 나중에 읽을 수 있도록 한다. 나는 이러한 방식으로(브라우저를 열고 주제를 검색한 뒤 링크 몇 개를 마우스로 하나씩 가운데 클릭하기) 구글에서 자주 검색하는데, 이러한 방식이 귀찮게 느껴지기도 한다. 명령 행에 단순히 검색어를 입력하면 컴퓨터가 자동으로 모든 상위 검색 결과를 브라우저 새 탭으로 열면 좋겠다. 파이썬 패키지 색인 정보가 있는 *https://pypi.org/*의 검색 결과 페이지에서 이러한 작업을 수행하는 스크립트를 작성해 보자. 이와 같은 프로그램은 다른 웹 사이트에서도 사용할 수 있다. 다만 구글이나 덕덕고(DuckDuckGo) 같은 사이트에서는 검색 결과를 스크래핑하기 까다로운 방식을 사용하기 때문에 이 프로그램을 사용하기가 어렵다.

이 프로그램은 다음과 같은 작업을 수행한다.

1. 명령 행 인자들로부터 검색 키워드를 받는다.
2. 검색 결과 페이지를 찾는다.
3. 각 검색 결과를 브라우저 탭으로 하나씩 연다.

이는 코드가 다음과 같은 작업을 수행해야 함을 의미한다.

1. sys.argv로 명령 행 인자를 읽는다.
2. requests 모듈로 검색 결과 페이지를 불러온다.
3. 검색 결과의 각 링크를 찾는다.
4. webbrowser.open() 함수를 호출하여 웹 브라우저를 연다.

새 파일 편집기 탭을 열고 searchpypi.py라는 이름으로 저장하자.

1단계: 명령 행 인자를 받고 검색 페이지 요청하기

본격적으로 코딩을 시작하기 전에 검색 결과 페이지의 URL을 먼저 알아야 한다. 검색을 한 뒤 브라우저 주소 표시 줄에서 *https://pypi.org/search/?q=〈검색어〉* 형식의 검색 결과 URL을 볼 수 있다. 이 페이지를 requests 모듈로 다운로드한 뒤 뷰티플 수프로 HTML에서 검색 결과 링크를 찾을 수 있다. 마지막으로 webbrowser 모듈로 브라우저 탭에서 해당 링크들을 열 수 있다.

다음과 같이 코드를 작성해 보자.

```
#! python3
# searchpypi.py - 몇 가지 검색 결과를 열기
```

```
import requests, sys, webbrowser, bs4
# 검색 결과 페이지를 다운로드하는 동안 이 텍스트를 화면에 출력하기
print('Searching...')
res = requests.get('https://google.com/search?q=' 'https://pypi.org/search/?q='
+ ' '.join(sys.argv[1:]))
res.raise_for_status()

# TODO: 상위 검색 결과 링크들을 찾기

# TODO: 브라우저 탭에서 각 검색 결과를 열기
```

프로그램을 시작하면 명령 행 인자를 활용하여 검색어를 지정한다. 이 인자들은 sys.argv에 있는 리스트에 문자열 형식으로 저장된다.

2단계: 모든 결과 찾기

이제 다운로드한 HTML에서 뷰티플 수프로 상위 검색 결과 링크를 추출해야 한다. 그러나 이 작업을 위한 올바른 선택자는 어떻게 찾아야 할까? 예를 들어 HTML에는 불필요한 링크가 많이 있기 때문에 단순히 모든 <a> 태그를 검색하면 안 된다. 그 대신, 브라우저의 개발자 도구로 검색 결과 페이지를 검사하여 필요한 링크만 추출하는 선택자를 찾아야 한다.

'Beautiful Soup'를 검색하고 나서 검색 결과 페이지에서 브라우저의 개발자 도구를 열고 몇몇 링크 요소를 검사할 수 있다. 몇몇 페이지는 <a class="package-snippet" href="HYPERLINK "view-source:https://pypi.org/project/xml-parser/"/project/xml-parser/">와 같이 생겼는데, 매우 복잡해 보일지도 모른다.

요소가 얼마나 복잡한지는 별로 중요하지 않다. 검색 결과 링크에 있는 패턴만 찾아내면 된다.

다음과 같이 코드를 작성해 보자.

```
#! python3
# searchpypi.py - 검색 결과를 열기
import requests, sys, webbrowser, bs4
--생략--
# 상위 검색 결과 링크들을 찾기
soup = bs4.BeautifulSoup(res.text, 'html.parser')
# 브라우저 탭에서 각 검색 결과를 열기
linkElems = soup.select('.package-snippet')
```

<a> 요소들을 살펴보면, 검색 결과 링크들은 모두 class="package-snippet"임을 확인할 수 있다. 나머지 HTML 소스를 쭉 살펴보면, 검색 결과 링크들에는 모두 package-snippet만 사용되었음을 알 수 있다. CSS 클래스 package-snippet이 무엇인지, 어떤 일을 하는지 알아야 할 필요는 없다. 이것을 <a> 요소 중에서 찾고자 하는 대상의 마커로 사용할 것이다. 다운로드한 HTML 텍스트에서 BeautifulSoup 객체를 만들고 '.package-snippet' 선택자를 사용하여 package-snippet CSS 클래스를 갖는 모든 <a> 요소를 찾을 수 있다. PyPI 웹 사이트가 레이아웃을 변경하면 이 프로그램을 업데이트하여 새로운 CSS 선택자 문자열을 soup.select()에 전달해야 한다. 나머지 프로그램은 여전히 최신 상태일 것이다.

3단계: 웹 브라우저에서 각 결과를 열기

마지막으로 검색 결과들을 웹 브라우저 탭으로 여는 프로그램을 작성한다. 프로그램의 끝부분에 다음과 같이 추가하자.

```python3
#! python3
# searchpypi.py - 검색 결과를 열기
import requests, sys, webbrowser, bs4
--생략--
# 브라우저 탭에서 각 검색 결과를 열기
linkElems = soup.select('.package-snippet')
numOpen = min(5, len(linkElems))
for i in range(numOpen):
    urlToOpen = 'https://pypi.org' + linkElems[i].get('href')
    print('Opening', urlToOpen)
    webbrowser.open(urlToOpen)
```

기본값으로 webbrowser 모듈로 상위 다섯 개의 검색 결과를 새로운 탭들로 열 수 있다. 그러나 사용자가 검색한 결과가 다섯 개보다 적을 수 있다. soup.select()를 호출하면 '.package-snippet' 선택자와 일치하는 모든 요소로 구성된 리스트를 반환하기 때문에 열어야 하는 탭의 수는 5이거나 리스트의 길이와 같아야 한다(둘 중 작은 값이어야 한다).

파이썬 내장 함수인 min()은 전달한 정수 또는 부동 소수점 수 인자 중에서 가장 작은 값을 반환한다(전달한 인자 중 가장 큰 값을 반환하는 max()라는 파이썬 내장 함수도 있다). min() 함수를 사용하여 리스트에 존재하는 링크가 다섯 개보다 적은지 알 수 있다. 열어야 할 링크의 수는 numOpen이라는 이름의 변수에 저장한다. 그 뒤에 range(numOpen)을 호출하면서 for 반복문을 실행한다.

반복문을 돌 때마다 `webbrowser.open()`으로 웹 브라우저에서 새로운 탭을 연다. 반환된 `<a>` 요소의 초기 href 속성값은 `https://pypi.org`라는 부분이 없기 때문에 href 속성값에 이 문자열을 결합해야 한다.

이제 PyPI의 첫 다섯 개 검색 결과를 바로 열 수 있게 되었다. 예를 들어 명령행에서 `searchpypi boring stuff`를 실행하면 boring stuff를 검색한 결과를 열 수 있다(사용하는 운영 체제에서 프로그램을 쉽게 실행하는 방법은 부록 B를 참고하라).

비슷한 프로그램에 대한 아이디어

탭을 사용하는 브라우징은 새로운 탭으로 링크를 열어서 나중에 사용하기 쉽다는 장점이 있다. 한 번에 링크 여러 개를 자동으로 여는 프로그램을 사용하면 다음과 같은 작업을 빠르게 수행할 수 있다.

- 아마존과 같은 쇼핑 사이트를 검색한 뒤 모든 제품 페이지를 연다.
- 어떤 제품에 대한 리뷰 링크를 전부 연다.
- 플리커(Flickr)나 임저(Imgur)와 같은 사진 공유 사이트에서 검색한 결과에 대한 링크를 연다.

프로젝트: 모든 XKCD 만화 다운로드하기

블로그나 다른 정기적 업데이트가 일어나는 웹 사이트들은 첫 페이지에 최근 게시물을 보여 주고, 같은 페이지에 있는 이전(Prev) 버튼을 누르면 이전 게시물로 이동한다. 이동한 페이지에도 이전 버튼이 있으며, 이를 계속 누르면 사이트의 맨 처음 게시물까지 거슬러 올라갈 수 있다. 인터넷에 연결되지 않았을 때도 이 사이트의 내용을 읽을 수 있도록 사본을 만들고 싶다면, 각 페이지마다 접속해 일일이 저장하면 된다. 그러나 이는 매우 지루한 작업이기 때문에 이 일을 대신할 수 있는 프로그램을 작성해 보자.

XKCD는 유명 웹툰 사이트로 앞서 언급한 것과 같은 구조로 되어 있다(그림 12-6 참고). *https://xkcd.com/*에 접속하면 첫 페이지에는 이전 만화로 옮겨 가는 이전 버튼이 있다. 각 만화를 수동으로 다운로드하면 시간이 매우 오래 걸리지만, 이러한 작업을 하는 스크립트를 작성하면 수 분 내에 끝낼 수 있다.

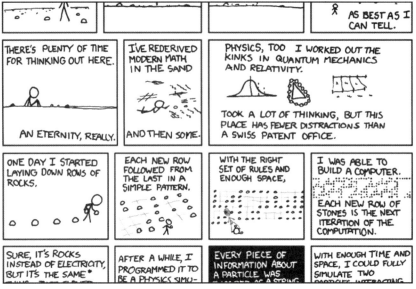

그림 12-6 XKCD, '로맨스, 풍자, 수학 그리고 언어의 웹툰'

프로그램은 다음과 같은 작업을 수행한다.

1. XKCD 홈페이지를 불러온다.
2. 해당 페이지에 있는 만화 이미지를 저장한다.
3. 이전 만화 링크를 따라 이동한다.
4. 첫 번째 만화에 도달할 때까지 이를 반복한다.

이는 코드가 다음과 같은 작업을 수행해야 함을 의미한다.

1. requests 모듈로 페이지를 다운로드한다.
2. 뷰티플 수프를 사용하여 페이지에 있는 만화 이미지의 URL을 찾는다.
3. iter_content()로 만화 이미지를 다운로드하고 하드 드라이브에 저장한다.
4. 이전 만화 링크의 URL을 찾고 앞의 작업들을 반복한다.

새 파일 편집기 탭을 열고 downloadXkcd.py라는 이름으로 저장하자.

1단계: 프로그램 설계하기

브라우저의 개발자 도구를 열고 페이지 요소를 검사하면 다음과 같은 것들을 알수 있다.

- 만화 이미지 파일의 URL은 <img> 요소의 href 속성에 있다.
- <img> 요소는 <div id="comic"> 요소 안에 있다.
- 이전 버튼은 rel HTML 속성을 갖고 있으며, 그 값은 prev다.
- 첫 만화에 있는 이전 버튼은 *https://xkcd.com/#*이라는 URL에 링크되어 있으며, 이는 더 이상 이전 페이지가 없다는 것을 의미한다.

다음과 같이 코드를 작성해 보자.

```python3
#! python3
# downloadXkcd.py - XKCD 만화 다운로드

import requests, os, bs4

url = 'https://xkcd.com' # 시작 URL
os.makedirs('xkcd', exist_ok=True) # ./xkcd에 만화를 저장하기
while not url.endswith('#'):
    # TODO: 페이지를 다운로드하기

    # TODO: 만화 이미지의 URL 찾기

    # TODO: 이미지 다운로드하기

    # TODO: ./xkcd에 이미지를 저장하기

    # TODO: 이전 버튼의 URL 얻기

print('Done.')
```

url 변수에는 'https://xkcd.com'으로 시작하는 값이 있으며, 이는 (for 반복문에서) 현재 페이지의 이전 링크에 해당하는 URL로 업데이트된다. 반복문의 매 단계마다 url에 있는 만화를 다운로드한다. url 변수에 있는 값이 '#'로 끝날 경우 이 반복문은 종료된다.

   이미지 파일은 현재 작업 디렉터리 안의 xkcd라는 폴더에 다운로드된다. os.makedirs()를 호출하여 이 폴더가 항상 존재하도록 하고, exist_ok=True라는 키워드 인자를 전달하여 이 폴더가 존재하여 예외가 발생하는 상황을 막을 수 있다. 나머지 코드는 프로그램 뒷부분의 개요를 나타내는 주석이다.

2단계: 웹 페이지 다운로드하기

이제 페이지를 다운로드하는 코드를 구현하자. 다음과 같이 코드를 작성해 보자.

```
#! python3
# downloadXkcd.py - XKCD 만화 다운로드

import requests, os, bs4

url = 'https://xkcd.com' # 시작 URL
os.makedirs('xkcd', exist_ok=True) # ./xkcd에 만화를 저장하기
while not url.endswith('#'):
    # 페이지를 다운로드하기
    print('Downloading page %s...' % url)
    res = requests.get(url)
    res.raise_for_status()

    soup = bs4.BeautifulSoup(res.text, 'html.parser')

    # TODO: 만화 이미지의 URL 찾기

    # TODO: 이미지 다운로드하기

    # TODO: ./xkcd에 이미지를 저장하기

    # TODO: 이전 버튼의 URL 얻기

print('Done.')
```

먼저 프로그램이 다운로드하려고 하는 URL을 사용자들이 알 수 있도록 url을 출력한다. 그런 다음, requests 모듈의 request.get() 함수로 이를 다운로드한다. 지금까지와 마찬가지로 Response 객체의 raise_for_status() 메서드를 즉시 호출하여 다운로드할 때 문제가 생길 경우 예외를 일으켜 프로그램을 종료하도록 한다. 그렇지 않다면, 다운로드한 페이지의 텍스트로 BeautifulSoup 객체를 생성한다.

3단계: 만화 이미지를 찾고 다운로드하기

다음과 같이 코드를 작성해 보자.

```
#! python3
# downloadXkcd.py - XKCD 만화 다운로드

import requests, os, bs4

--생략--

    # 만화 이미지의 URL 찾기
    comicElem = soup.select('#comic img')
    if comicElem == []:
```

```
        print('Could not find comic image.')
    else:
        comicUrl = 'https:' + comicElem[0].get('src')
        # 이미지 다운로드하기
        print('Downloading image %s...' % (comicUrl))
        res = requests.get(comicUrl)
        res.raise_for_status()

    # TODO: ./xkcd에 이미지를 저장하기

    # TODO: 이전 버튼의 URL 얻기

print('Done.')
```

개발자 도구로 XKCD 홈페이지를 검사하면, 만화 이미지의 <img> 요소는 id 속성값이 comic으로 설정된 <div> 요소 안에 위치해 있음을 알 수 있다. 따라서 '#comic img' 선택자로 BeautifulSoup 객체에서 정확한 <img> 요소를 찾을 수 있다.

몇몇 XKCD 페이지에는 단순한 이미지 파일이 아닌 콘텐츠가 존재하지만 괜찮다. 그냥 넘어가자. 선택자가 어떠한 요소도 찾아내지 못했다면 soup.select('#comic img')는 빈 리스트를 반환한다. 이러한 상황이 발생하면 프로그램은 이 이미지를 다운로드하지 않고 오류 메시지만 출력한 뒤 다음으로 넘어갈 것이다.

그렇지 않다면 선택자는 하나의 <img> 요소를 포함하는 리스트를 반환한다. <img> 요소에서 src 속성을 얻고, 이를 requests.get()에 전달하여 만화 이미지 파일을 다운로드할 수 있다.

4단계: 이미지를 저장하고 이전 만화 찾기

다음과 같이 코드를 작성해 보자.

```
#! python3
# downloadXkcd.py - XKCD 만화 다운로드

import requests, os, bs4

--생략--

    # ./xkcd에 이미지를 저장하기
    imageFile = open(os.path.join('xkcd', os.path.basename(comicUrl)),
        'wb')
    for chunk in res.iter_content(100000):
```

```
        imageFile.write(chunk)
    imageFile.close()

    # 이전 버튼의 URL 얻기
    prevLink = soup.select('a[rel="prev"]')[0]
    url = 'https://xkcd.com' + prevLink.get('href')

print('Done.')
```

만화의 이미지 파일은 res 변수에 이미 저장되어 있는 상태다. 이제 이 이미지 데이터를 파일 형식으로 하드 드라이브에 저장해야 한다.

이때 로컬에 저장할 이미지 파일명을 open()에 전달한다. comicUrl 변수에는 'https://imgs.xkcd.com/comics/heartbleed_explanation.png' 같은 파일 경로처럼 보이는 값이 저장되어 있다. 사실 comicUrl과 함께 os.path.basename()을 호출하면 'heartbleed_explanation.png'와 같이 URL의 마지막 부분만을 반환한다. 이 결과 문자열을 하드 드라이브에 이미지를 저장할 때 파일 이름으로 사용할 수 있다. 이를 윈도우에서는 역슬래시, 맥OS에서는 슬래시를 사용하여 xkcd 폴더와 결합하려면 os.path.join()을 사용하면 된다. 이제 최종 파일 이름을 갖게 되었으므로 이를 '이진 쓰기' 모드인 'wb'로 open() 함수를 호출할 때 전달하여 새로운 파일을 열 수 있다.

이 절의 초반부에서 언급했던 requests를 사용하여 다운로드한 파일을 저장하기 위해서는 iter_content() 메서드가 반환한 값들을 반복해서 사용해야 한다는 사실을 기억해 보자. for 반복문 안의 코드는 이미지 데이터 덩어리(각각 최대 10만 바이트)를 파일에 쓰고 그 파일을 닫는다. 이제 이미지가 하드 드라이브에 저장되었다.

그다음 'a[rel="prev"]' 선택자는 rel 속성이 prev로 설정된 <a> 요소들을 찾고, 이 요소들의 href 속성을 사용하여 url에 저장되어 있는 이전 만화의 URL을 얻을 수 있다. 그리고 while 반복문이 이 만화의 전체 다운로드를 시작한다.

프로그램이 출력하는 것은 다음과 같다.

```
Downloading page https://xkcd.com...
Downloading image https://imgs.xkcd.com/comics/phone_alarm.png...
Downloading page https://xkcd.com/1358/...
Downloading image https://imgs.xkcd.com/comics/nro.png...
Downloading page https://xkcd.com/1357/...
Downloading image https://imgs.xkcd.com/comics/free_speech.png...
Downloading page https://xkcd.com/1356/...
Downloading image https://imgs.xkcd.com/comics/orbital_mechanics.png...
```

```
Downloading page https://xkcd.com/1355/...
Downloading image https://imgs.xkcd.com/comics/airplane_message.png...
Downloading page https://xkcd.com/1354/...
Downloading image https://imgs.xkcd.com/comics/heartbleed_explanation.png...
--생략--
```

이 프로젝트는 웹에서 많은 양의 데이터를 스크랩하기 위해 링크를 자동으로 따라가는 프로그램의 좋은 예다. 뷰티플 수프의 다른 기능들을 배우고 싶다면 *https://www.crummy.com/software/BeautifulSoup/bs4/doc/*에 있는 문서를 참고하기 바란다.

비슷한 프로그램에 대한 아이디어

페이지를 다운로드하고 링크를 따라가는 것은 많은 웹 크롤링 프로그램의 기본적인 동작이다. 비슷한 프로그램으로 다음과 같은 작업을 수행할 수 있다.

- 모든 링크를 따라가면서 전체 웹 사이트를 백업한다.
- 웹 포럼의 모든 메시지를 복사한다.
- 온라인 상점에서 판매 중인 제품들의 카탈로그를 복제한다.

`requests.get()`에 전달해야 할 URL을 알아낼 수 있다면 requests, bs4 모듈은 매우 훌륭한 도구다. 그러나 가끔은 이를 알아내기가 쉽지 않다. 또는 프로그램으로 탐색해야 할 웹 사이트가 먼저 로그인을 하도록 요구하는 경우도 있다. selenium 모듈을 사용하면 이러한 복잡한 작업을 수월하게 수행할 수 있다.

selenium 모듈을 사용하여 브라우저 제어하기

selenium 모듈을 사용하면 파이썬이 스스로 링크를 클릭하고 로그인 정보를 입력하도록 제어할 수 있다. 이는 마치 사람이 웹 페이지와 상호 작용하는 것과 같다. selenium을 사용하면 requests나 bs4를 사용하는 것보다 더 고차원적인 방법으로 상호 작용할 수 있다. 그러나 selenium은 웹 브라우저를 실행하기 때문에 웹에서 파일 몇 개를 다운로드하는 등의 작업을 할 때는 앞의 모듈들보다 속도가 느릴 뿐 아니라 백그라운드에서 실행하기 어렵다는 단점도 있다.

그러나 자바스크립트로 업데이트하는 특정 웹 페이지와 상호 작용해야 할 경우, requests 대신 selenium을 사용하는 것이 좋다. 이는 아마존과 같은 주요 전자 상거래 웹 사이트들의 경우, 자사의 정보를 수집하거나 여러 개의 무료 계정에 가입하는 스크립트를 인식하는 소프트웨어 시스템을 갖고 있기 때문이다. 이러한 사이트들에서는 잠시 뒤에 작성할 스크립트를 차단하고, 사용자에게 페이지를 제공하는 것을 거절할 수 있다. 이러한 사이트들의 경우 장기적으로 requests 모듈보다 selenium 모듈이 더 잘 작동할 가능성이 높다.

여러분이 웹 사이트에 스크립트를 사용하고 있다고 '알려 주는' 것은 주로 웹 브라우저를 식별하는 사용자 에이전트 문자열로, 이는 모든 HTTP 요청에 포함되어 있다. 예를 들어 requests 모듈의 사용자 에이전트 문자열은 'python-requests/2.21.0'과 같은 형식으로 되어 있다. *https://www.whatsmyua.info/*와 같은 사이트를 방문하면 사용자 에이전트 문자열을 볼 수 있다. 셀레니엄의 사용자 에이전트가 일반 브라우저와 비슷할 뿐 아니라(예를 들어 'Mozilla/5.0 (Windows NT 10.0; Win64; x64; rv:65.0) Gecko/20100101 Firefox/65.0') 트래픽 패턴이 비슷하기 때문에 selenium을 사용하면 '인간으로 통과'할 가능성이 높아진다. 따라서 selenium이 제어하는 브라우저는 일반 브라우저처럼 이미지, 광고, 쿠키, 프라이버시 침해 추적자들에 대한 정보를 다운로드한다. 그렇지만 selenium은 웹 사이트에서 탐지될 수 있으며, 주요 예약 사이트나 전자 상거래 사이트는 selenium으로 동작하는 브라우저를 막아 해당 사이트의 페이지들을 스크래핑할 수 없도록 한다.

셀레니엄이 제어하는 브라우저 실행하기

다음 예들은 파이어폭스 웹 브라우저를 어떻게 제어하는지 보여 준다. 파이어폭스가 설치되어 있지 않다면, *https://getfirefox.com/*에서 무료로 다운로드할 수 있다. 명령 행 터미널에서 pip install --user selenium을 실행하면 selenium을 설치할 수 있다. 이에 관한 더 자세한 정보는 부록 A를 참고하기 바란다.

selenium 모듈을 불러오는 일은 약간 까다롭다. import selenium 대신 from selenium import webdriver를 실행해야 한다(selenium 모듈을 이러한 방법으로 실행해야 하는 정확한 이유는 이 책의 범위를 벗어난 내용이다). 그 뒤에 selenium으로 파이어폭스 브라우저를 실행한다. 대화형 셀에 다음과 같이 입력해 보자.

```
>>> from selenium import webdriver
>>> browser = webdriver.Firefox()
>>> type(browser)
<class 'selenium.webdriver.firefox.webdriver.WebDriver'>
>>> browser.get('https://inventwithpython.com')
```

webdriver.Firefox()를 호출하면 파이어폭스 웹 브라우저가 실행된다. webdriver.Firefox() 값에 type()을 호출하면, 이 값이 WebDriver 자료형임을 알 수 있다. 또한, browser.get('https://inventwithpython.com')을 호출하면, 브라우저는 *https://inventwithpython.com/*으로 이동한다. 그 결과, 브라우저는 그림 12-7과 같이 보일 것이다.

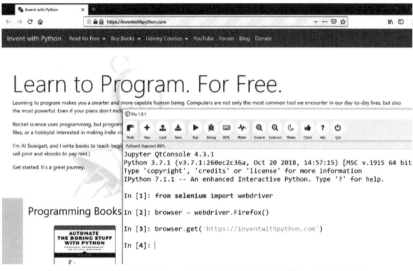

그림 12-7 뮤 편집기에서 webdriver.Firefox()를 호출하고 여기에 get()을 호출하면, 파이어폭스 브라우저가 나타난다.

"'geckodriver' executable needs to be in PATH."라는 오류 메시지가 출력된다면, 먼저 파이어폭스의 웹 드라이버를 수동으로 다운로드한 뒤에 selenium을 사용하여 제어할 수 있다. 파이어폭스뿐 아니라 다른 브라우저도 해당 브라우저의 웹 드라이버를 설치하면 제어할 수 있다.

파이어폭스의 경우 *https://github.com/mozilla/geckodriver/releases*에 접속하여 운영 체제에 맞는 geckodriver를 다운로드할 수 있다('게코'는 파이어폭스에 사용되는 브라우저 엔진의 이름이다). 예를 들어 윈도우를 사용한다면 geckodriver-v0.24.0-win64.zip, 맥OS를 사용한다면 geckodriver-v0.24.0-macos.tar.gz에 해당하는 링크에서 다운로드할 수 있다. 새로운 버전의 경우 링크 주소가 약간 다를 수 있다. 다운로드한 ZIP 파일에는 geckodriver.exe(윈도우) 또는 geckodriver(맥OS, 리눅스) 파일이 들어 있고, 이 파일을 시스템 PATH에 넣으면 된다. 시스템 PATH에 대한 정보는 부록 B에서 볼 수 있다. 또는 *https://stackoverflow.com/q/40208051/1893164*에서 이에 대한 자세한 정보를 얻을 수 있다.

크롬의 경우, *https://sites.google.com/a/chromium.org/chromedriver/downloads*
에 접속하여 운영 체제에 맞는 ZIP 파일을 다운로드하면 된다. 이 ZIP 파일에는
chromedriver.exe(윈도우) 또는 chromedriver(맥OS, 리눅스) 파일이 들어 있
고, 이 파일을 시스템 PATH에 넣으면 된다.

다른 주요 웹 브라우저에도 사용할 수 있는 웹 드라이버가 있다. 인터넷에서
'⟨browser name⟩ webdriver'라는 검색어로 검색하면, 이에 대한 자세한 정보
를 알 수 있다.

selenium의 제어하에 브라우저를 새로 여는 데 문제가 계속 생긴다면, 브라우
저의 현재 버전이 selenium 모듈과 호환성이 맞지 않기 때문일 수도 있다. 이를
해결하려면 구 버전 웹 브라우저를 설치하거나 또는 더 간단하게 selenium 모
듈의 더 이전 버전을 설치하면 된다. *https://pypi.org/project/selenium/#history*에서
selenium 버전 목록을 찾아볼 수 있다. 불행하게도 selenium과 브라우저 버전으
로 인한 호환성 문제가 가끔 발생하기 때문에 인터넷에서 이에 대한 해결책을
검색해야 한다. 부록 A에 pip로 selenium의 특정 버전을 설치하는 데 필요한 자
세한 정보가 나와 있다(예를 들어 pip install --user -U selenium==3.14.1을
실행하는 방법 등이 있다).

페이지에서 요소 찾기

WebDriver 객체는 페이지에서 요소를 찾는 몇 가지 메서드를 가지고 있다. 이 메
서드들은 find_element_*와 find_elements_*로 나눌 수 있다. find_element_* 메서
드는 페이지에서 검색어와 매칭되는 첫 번째 요소를 나타내는 단일 WebElement
객체를 반환한다. find_elements_* 메서드는 페이지에서 검색어와 매칭되는 각
요소를 하나의 WebElement_* 객체로 나타내고, 이러한 객체들로 구성된 리스트
를 반환한다.

표 12-3은 browser 변수에 들어 있는 WebDriver 객체에서 find_element_*와
find_elements_*를 호출했을 때의 예들을 보여 준다.

메서드 이름	설명
browser.find_element_by_class_name(*name*) browser.find_elements_by_class_name(*name*)	CSS 클래스 *name*을 사용하는 요소
browser.find_element_by_css_selector(*selector*) browser.find_elements_by_css_selector(*selector*)	CSS *selector*와 매칭되는 요소

browser.find_element_by_id(*id*) browser.find_elements_by_id(*id*)	*id* 속성값과 매칭되는 요소
browser.find_element_by_link_text(*text*) browser.find_elements_by_link_text(*text*)	주어진 *text*와 완전히 매칭되는 <a> 요소
browser.find_element_by_partial_link_text(*text*) browser.find_elements_by_partial_link_text(*text*)	주어진 *text*가 포함된 <a> 요소
browser.find_element_by_name(*name*) browser.find_elements_by_name(*name*)	속성값이 주어진 *name*과 매칭되는 요소
browser.find_element_by_tag_name(*name*) browser.find_elements_by_tag_name(*name*)	태그 *name*과 매칭되는 요소(대소문자를 구분하지 않아 <a> 요소는 'a', 'A'와 매칭된다)

표 12-3 요소들을 찾기 위한 셀레니엄 WebDriver의 메서드

*_by_tag_name() 메서드를 제외하면 모든 메서드에 전달되는 인자는 전부 대소문자를 구분한다. 메서드가 찾으려고 하는 요소가 해당 페이지에 없다면, selenium 모듈은 NoSuchElement 예외를 일으킨다. 이러한 예외로 인해 프로그램이 중단되는 것을 막고 싶다면, 코드에 try, except 문을 추가하면 된다.

WebElement 객체를 생성했다면, 표 12-4에 있는 객체의 속성을 읽거나 메서드들을 호출하는 등의 방법으로 이 객체에 대해 더 많은 것을 알 수 있다.

속성 또는 메서드	설명
tag_name	태그 이름. 예를 들면, <a> 요소의 a
get_attribute(*name*)	요소의 name 속성에 해당하는 값
text	요소 안에 있는 텍스트. 예를 들면, hello 안의 'hello'
clear()	텍스트 필드나 텍스트 영역 요소가 있는 곳에 입력된 텍스트를 지움
is_displayed()	해당 요소가 보이면 True를, 그렇지 않으면 False를 반환
is_enabled()	입력 요소에 대해 해당 요소를 사용할 수 있으면 True를, 그렇지 않다면 False를 반환
is_selected()	체크 박스나 라디오 버튼 요소에 대해 해당 요소가 선택되면 True를, 그렇지 않다면 False를 반환
location	키를 'x', 페이지에서 요소의 위치를 'y'로 갖는 딕셔너리

표 12-4 WebElement 객체의 속성과 메서드

예를 들어 새 파일 편집기 탭을 열고 다음과 같은 프로그램을 입력해 보자.

```
from selenium import webdriver
browser = webdriver.Firefox()
browser.get('https://inventwithpython.com')
try:
    elem = browser.find_element_by_class_name(' cover-thumb')
    print('Found <%s> element with that class name!' % (elem.tag_name))
except:
    print('Was not able to find an element with that name.')
```

이 프로그램은 파이어폭스를 열고 해당 URL로 연결해 이 페이지에서 'bookcover'라는 클래스 이름을 사용하는 요소를 찾으려고 한다. 이러한 요소가 발견되면 tag_name 속성을 사용하여 해당 태그 이름을 출력한다. 발견되지 않으면 다른 메시지를 출력한다.

이 프로그램을 실행하면 다음과 같이 출력할 것이다.

```
Found <img> element with that class name!
```

클래스 이름이 'bookcover'이며 태그 이름이 'img'인 요소를 발견한 것이다.

페이지 클릭하기

find_element_*와 find_elements_* 메서드가 반환한 WebElement 객체는 해당 요소에서의 마우스 클릭을 시뮬레이션하는 click() 메서드를 갖는다. 이 메서드는 링크를 따라갈 때, 라디오 버튼을 선택할 때, 제출 버튼을 클릭할 때 또는 마우스로 어떤 요소를 클릭했을 때 발생할 수 있는 모든 일을 시뮬레이션하는 데 사용할 수 있다. 예를 들어 대화형 셸에 다음과 같이 입력해 보자.

```
>>> from selenium import webdriver
>>> browser = webdriver.Firefox()
>>> browser.get('https://inventwithpython.com')
>>> linkElem = browser.find_element_by_link_text('Read Online for Free')
>>> type(linkElem)
<class 'selenium.webdriver.remote.webelement.FirefoxWebElement'>
>>> linkElem.click() # "Read Online for Free" 링크를 따라간다.
```

이 코드는 파이어폭스로 *https://inventwithpython.com/*이라는 사이트를 열어서 Read It Online이라는 텍스트와 함께 <a> 요소에 대한 WebElement 객체를 얻은 뒤, 해당 <a> 요소를 클릭하는 시뮬레이션을 한다. 마치 사용자가 이 링크를 클릭한 것처럼 브라우저는 해당 링크를 따라간다.

양식을 작성하고 제출하기

웹 페이지의 텍스트 필드에 키를 입력하는 것은 해당 텍스트 필드에 해당하는
<input>이나 <textarea> 요소를 찾고 send_keys() 메서드를 호출하는 것이다.
예를 들어 대화형 셸에 다음과 같이 입력해 보자.

```
>>> from selenium import webdriver
>>> browser = webdriver.Firefox()
>>> browser.get('https://login.metafilter.com')
>>> userElem = browser.find_element_by_id('user_name)
>>> userElem.send_keys('your_real_username_here')

>>> passwordElem = browser.find_element_by_id('user_pass')
>>> passwordElem.send_keys('your_real_password_here')
>>> passwordElem.submit()
```

이 책이 출판된 이후에 메타필터(MetaFilter)의 로그인 페이지에서 사용자 이름
과 비밀번호 텍스트 필드의 id가 변경되지 않았다면, 앞서 나온 코드는 제공한
값을 해당 텍스트 필드에 입력한다(브라우저의 검사 기능을 사용해서 id를 확인
할 수 있다). 어떤 요소에서 submit()을 호출하면 그 요소가 있는 양식에서 제출
버튼을 클릭한 것과 같은 결과가 도출된다(간단하게 emailElem.submit()을 호출
할 수도 있으며, 이 코드도 같은 작업을 수행한다).

> **!** 소스 코드에 비밀번호를 넣지 않는 것이 좋다. 비밀번호가 암호화되지 않은 상태로 하드 드
> 라이브에 방치되면 다른 사람들에게 쉽게 노출될 수 있기 때문이다. 가능하다면 8장에서
> 설명한 pyinputplus.inputPassword() 함수를 사용하여 사용자가 프롬프트 창에서 키
> 보드로 비밀번호를 입력하는 프로그램을 작성하도록 하자.

특수 키 보내기

selenium 모듈은 문자열값으로 입력할 수 없는 키보드 키를 위한 모듈을 갖
고 있다. 이러한 키들은 이스케이프 문자와 비슷한 역할을 한다. 이 값들은
selenium.webdriver.common.keys 모듈의 속성에 저장되어 있다. 이 모듈의 이
름이 너무 길기 때문에 프로그램의 제일 윗부분에서 from selenium.webdriver.
common.keys import Keys라고 먼저 실행하는 것이 좋다. 이렇게 하면 일반적
으로 사용하는 방식인 selenium.webdriver.common.keys라고 쓰는 대신 간단히
Keys라고 쓰면 된다. 표 12-5는 자주 사용하는 Keys 변수들을 나타낸다.

속성	의미
Keys.DOWN, Keys.UP, Keys.LEFT, Keys.RIGHT	키보드의 화살표 키
Keys.ENTER, Keys.RETURN	엔터, 리턴 키
Keys.HOME, Keys.END, Keys.PAGE_DOWN, Keys.PAGE_UP	홈, 엔드, 페이지 다운, 페이지 업 키
Keys.ESCAPE, Keys.BACK_SPACE, Keys.DELETE	ESC, 백스페이스, 딜리트 키
Keys.F1, Keys.F2, . . . , Keys.F12	키보드의 제일 위에 있는 F1에서 F12까지의 키
Keys.TAB	탭 키

표 12-5 selenium.webdriver.common.keys 모듈에서 자주 사용하는 변수들

예를 들어 커서가 현재 텍스트 필드 위에 위치하고 있지 않다면, 홈이나 엔드 키를 누르면 브라우저는 각각 페이지의 제일 위나 아래로 스크롤한다. 대화형 셸에 다음과 같이 입력하고 send_keys()가 어떻게 페이지를 스크롤하는지 살펴보자.

```
>>> from selenium import webdriver
>>> from selenium.webdriver.common.keys import Keys
>>> browser = webdriver.Firefox()
>>> browser.get('https://nostarch.com')
>>> htmlElem = browser.find_element_by_tag_name('html')
>>> htmlElem.send_keys(Keys.END) # 제일 아래로 스크롤
>>> htmlElem.send_keys(Keys.HOME) # 제일 위로 스크롤
```

HTML 파일의 기본 태그는 <html> 태그다. HTML 파일의 전체 내용은 <html>과 </html> 태그 사이에 있다. browser.find_element_by_tag_name('html')을 호출하면 전체 웹 페이지에 키를 보낼 수 있다. 이는 페이지의 마지막 부분으로 스크롤할 때 새로운 내용을 불러오는 페이지와 같은 경우에 유용하게 사용할 수 있다.

브라우저 버튼 클릭하기

selenium 모듈은 다음과 같은 메서드를 통해 다양한 브라우저 버튼을 클릭하는 시뮬레이션도 할 수 있다.

browser.back() 뒤로 버튼 클릭하기

browser.forward() 앞으로 버튼 클릭하기

browser.refresh() 새로 고침 버튼 클릭하기

browser.quit() 창 닫기 클릭하기

셀레니엄에 대한 자세한 정보

셀레니엄은 여기서 설명한 것보다 더 많은 작업, 이를테면 브라우저 쿠키 수정하기, 웹 페이지 스크린샷 찍기, 사용자가 정의한 자바스크립트 실행하기 등의 작업을 수행할 수 있다. 이러한 기능들에 대해 더 많은 내용을 알고 싶다면, *https://selenium-python.readthedocs.org/*에 방문하여 selenium 문서를 참고하기 바란다.

요약

대부분의 지루한 작업은 컴퓨터의 파일에만 국한되지 않는다. 프로그램으로 웹 페이지를 다운로드하는 것은, 프로그램이 인터넷 영역까지 확장되어 동작함을 의미한다. requests 모듈을 활용하면 다운로드 작업을 간단하게 수행할 수 있다. 또한, HTML에 대한 개념과 선택자에 대한 기본적인 지식이 있다면 BeautifulSoup 모듈을 사용하여 다운로드하는 페이지를 구문 분석할 수 있다.

그러나 어떤 웹 기반 작업을 완전히 자동화하고 싶다면, selenium 모듈로 웹 브라우저를 직접 제어할 필요가 있다. selenium 모듈은 웹 사이트에 로그인하거나 양식을 자동으로 작성할 수 있다. 인터넷에서 정보를 송수신하는 가장 일반적인 방법이 웹 브라우저를 활용하는 방식이기 때문에 이는 프로그래머에게 매우 커다란 능력을 부여하는 도구다.

연습 문제

1. webbrowser, requests, bs4, selenium 모듈 간의 차이점을 간략하게 설명하라.

2. requests.get()이 반환하는 객체는 어떤 유형인가? 다운로드한 내용을 문자열값으로 얻고 싶다면 어떻게 해야 하는가?

3. 다운로드가 정상적으로 이루어졌는지 확인하고 싶다면 requests의 어떤 메서드를 활용해야 하는가?

4. requests가 응답한 HTTP 상태 코드를 얻는 방법은 무엇인가?

5. requests의 응답을 파일로 저장하는 방법은 무엇인가?

6. 브라우저의 개발자 도구를 여는 키보드 단축키는 무엇인가?

7. 웹 페이지에 있는 특정 요소의 HTML을 (개발자 도구로) 보는 방법은 무엇인가?

8. id 속성값이 main인 요소를 찾는 CSS 선택자 문자열은 무엇인가?

9. CSS 클래스가 highlight인 요소를 찾는 CSS 선택자 문자열은 무엇인가?

10. <div> 요소 중 또 다른 모든 <div> 요소 안에 있는 경우를 찾는 CSS 선택자 문자열은 무엇인가?

11. value 속성값이 favorite으로 설정되어 있는 <button> 요소를 찾는 CSS 선택자 문자열은 무엇인가?

12. spam 변수에 <div>Hello, world!</div>에 대한 뷰티풀 수프 Tag 객체가 들어 있다고 하자. 이 Tag 객체로부터 Hello, world!라는 문자열을 얻으려면 어떻게 해야 하는가?

13. 뷰티플 수프 Tag 객체의 모든 속성을 linkElem이라는 변수에 저장하는 방법은 무엇인가?

14. 단순히 import selenium을 실행하면 제대로 작동하지 않는다. 제대로 selenium 모듈을 불러오는 방법은 무엇인가?

15. find_element_* 메서드와 find_elements_* 메서드의 차이점은 무엇인가?

16. 셀레니엄에서 마우스 클릭과 키보드 키 입력을 시뮬레이션하는 WebElement 객체의 메서드는 무엇인가?

17. 제출 버튼의 WebElement 객체에서 send_keys(Keys.ENTER)를 호출하면 양식을 제출할 수 있다. 그러나 selenium을 활용한 어떤 방법을 사용하면 이를 더 쉽게 수행할 수 있다. 이 방법은 무엇인가?

18. selenium을 활용하여 브라우저의 앞으로, 뒤로, 새로 고침을 시뮬레이션하는 방법은 무엇인가?

연습 프로젝트

연습을 위해 다음과 같은 작업들을 수행하는 프로그램을 작성해 보자.

명령 행에서 이메일 보내기

명령 행에서 이메일 주소에 대한 텍스트 문자열을 받고 selenium을 활용하여 사용자의 이메일 계정에 로그인한 뒤, 입력받은 주소로 이메일을 보내는 프로그램을 작성하라(이 프로그램을 위한 별도의 이메일 계정을 설정할 수 있다).

이는 프로그램에 알림 기능을 추가하는 좋은 방법일 수 있다. 페이스북이나 트위터 계정으로 메시지를 보내는 비슷한 프로그램을 작성할 수도 있다.

이미지 사이트 다운로더

플리커나 임저와 같은 사진 공유 사이트에 접속하여 어떤 카테고리에 해당하는 사진들을 검색하고, 검색 결과 이미지들을 다운로드하는 프로그램을 작성하라. 검색 기능을 갖춘 어떠한 사진 공유 사이트에서도 이 작업을 수행할 수 있는 프로그램을 작성할 수 있다.

2048

2048은 방향키를 눌러서 타일을 상하좌우로 움직여 타일을 결합하는 간단한 게임이다. 사실 상하좌우 패턴을 계속 반복해 움직이면 꽤 높은 점수를 얻을 수 있다. *https://gabrielecirulli.github.io/2048/*에 접속하여 게임을 실행하고 상하좌우 방향키를 계속 입력하여 자동으로 플레이하는 프로그램을 작성하라.

링크 확인

어떤 웹 페이지의 URL이 주어지면 해당 페이지와 연결되어 있는 모든 페이지를 다운로드하는 프로그램을 작성하라. 이때 404 'Not Found'라는 상태 코드를 갖는 페이지는 별도로 표시하고, 이를 깨진 링크로 출력하도록 하라.

13장

엑셀 스프레드시트 다루기

사람들은 보통 스프레드시트를 프로그래밍 도구로 생각하지 않고, 대부분 임의의 정보를 이차원 형태의 자료로 구조화하거나 식을 세워서 계산할 때 또는 결과 차트를 생성할 때 사용한다. 13, 14장에서는 파이썬을 활용하여 두 가지 유명한 스프레드시트 애플리케이션인 마이크로소프트 엑셀과 구글 스프레드시트를 사용하는 방법을 설명할 것이다.

엑셀은 널리 알려신 강력한 스프레느시트 애플리케이션이다. openpyxl 모듈을 활용하면 파이썬 프로그램으로 엑셀 스프레드시트 파일을 읽거나 수정할 수 있다. 예를 들어 어떤 스프레드시트에서 특정 데이터를 복사하여 다른 스프레드시트에 붙여 넣는 지루한 작업을 해야 할 수 있다. 또는 수천 행에 걸쳐 있는 데이터에서 어떤 기준에 의해 몇 개만 추출해 약간 수정을 하는 경우도 있다. 부서 예산에 관한 스프레드시트 수백 개를 살펴보면서 적자를 내고 있는 부서를 찾아야 할 수도 있다. 이런 지루하고 기계적인 스프레드시트 작업이야말로 파이썬이 사람을 대신해 수행할 수 있는 작업이다.

엑셀은 마이크로소프트가 소유권을 갖고 있는 프로그램인 데 반해 윈도우나 맥OS, 리눅스에서 동작하는 무료 대안 소프트웨어가 있다. 리브레오피스 캘크(LibreOffice Calc)나 오픈오피스 캘크(OpenOffice Calc)로 스프레드시트인 엑셀 .xlsx 파일을 다룰 수 있다. 이는 openpyxl 모듈도 이러한 애플리케이션으로 만든 스프레드시트 파일을 다룰 수 있다는 의미이기도 하다. 이 소프트웨어들은 각각 *https://www.libreoffice.org/*와 *https://www.openoffice.org/*에서 다운로드할 수 있다. 컴퓨터에 엑셀이 이미 설치되어 있다고 하더라도 이 프로그램들이 사용하기 더 쉬울지도 모른다. 그러나 이 장에 있는 스크린샷들은 모두 윈도우 10에 설치한 엑셀 2010에서 가져온 화면들이다.

엑셀 문서

먼저 몇 가지 기본적인 정의를 살펴보자. 엑셀 스프레드시트 문서는 통합 문서(workbook)라고 한다. 통합 문서는 .xlsx 확장자 형식의 파일로 저장된다. 각 통합 문서에는 여러 개의 시트가 있다(워크시트(worksheet)라고도 한다). 사용자가 현재 살펴보고 있는(또는 엑셀을 닫기 전에 마지막으로 보고 있던) 시트는 활성 시트(active sheet)라고 한다.

각 시트에는 열(A부터 시작되는 글자로 지정되는 주소)과 행(1부터 시작되는 숫자로 지정되는 주소)이 존재한다. 특정 열과 행에 있는 박스를 셀(cell)이라고 한다. 각 셀에는 숫자나 텍스트값이 들어 있다. 데이터가 들어 있는 격자들이 모여서 하나의 시트를 구성한다.

openpyxl 모듈 설치하기

파이썬은 OpenPyXL을 기본으로 제공하지 않기 때문에 별도로 설치해야 한다. 부록 A에 나온 서드 파티 모듈 설치 방법을 따라 설치하자. 이때 모듈 이름은 openpyxl이다.

이 책에서는 OpenPyXL 버전 2.6.2를 사용한다. `pip install --user -U openpyxl==2.6.2`를 실행하여 이 버전을 설치하는 것이 좋다. 이보다 더 최신 버전의 OpenPyXL에서는 이 책의 내용과 맞지 않는 부분이 있을 수 있기 때문이다. 제대로 설치되었는지 점검하기 위해 대화형 셀에 다음과 같이 입력해 보자.

```
>>> import openpyxl
```

이 모듈을 정상적으로 설치했다면 앞서와 같이 실행했을 때 어떠한 오류 메시지도 나오지 않는다. 이 장에 있는 대화형 셀 예들을 실행하기 전에 openpyxl 모듈을 불러와야 함을 기억하라. 그렇지 않다면 `NameError: name 'openpyxl' is not defined`라는 오류 메시지를 보게 될 것이다.

OpenPyXL 문서 전체를 보고 싶다면 *https://openpyxl.readthedocs.org/*를 참고하라.

엑셀 문서 읽기

이 장에서는 루트 폴더에 저장된 example.xlsx라는 이름의 스프레드시트를 예로 사용할 것이다. 이 스프레드시트를 직접 작성하거나 *https://nostarch.com/automatestuff2/* 에서 다운로드할 수 있다. 그림 13-1은 엑셀에서 새 통합 문서를 만들 때 자동으로 제공하는 Sheet1, Sheet2, Sheet3이라는 이름의 기본 시트에 대한 탭을 나타낸다(기본 시트 개수는 운영 체제나 사용하는 스프레드시트 프로그램에 따라 달라진다).

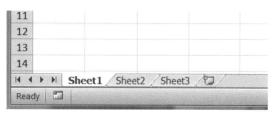

그림 13-1 통합 문서 시트 탭은 엑셀의 왼쪽 아래 구석에 위치해 있다.

예시 파일의 시트 1에는 표 13-1과 같은 데이터가 저장되어 있다(웹 사이트에서 example.xlsx라는 파일을 다운로드하지 않았다면, 이 데이터를 시트에 직접 입력해야 한다).

	A	B	C
1	4/5/2015 1:34:02 PM	Apples	73
2	4/5/2015 3:41:23 AM	Cherries	85
3	4/6/2015 12:46:51 PM	Pears	14
4	4/8/2015 8:59:43 AM	Oranges	52
5	4/10/2015 2:07:00 AM	Apples	152
6	4/10/2015 6:10:37 PM	Bananas	23
7	4/10/2015 2:40:46 AM	Strawberries	98

표 13-1 example.xlsx 스프레드시트

이제 이 예시 스프레드시트를 openpyxl 모듈로 어떻게 조작하는지 살펴보자.

OpenPyXL로 엑셀 문서 열기

openpyxl을 불러온 뒤에는 openpyxl.load_workbook() 함수를 사용할 수 있다. 대화형 셸에 다음과 같이 입력해 보자.

```
>>> import openpyxl
>>> wb = openpyxl.load_workbook('example.xlsx')
>>> type(wb)
<class 'openpyxl.workbook.workbook.Workbook'>
```

이 openpyxl.load_workbook() 함수는 파일 이름을 전달받아 workbook 자료형의 값을 반환한다. 이 Workbook 객체는 엑셀 파일을 나타내며, 이는 File 객체가 열린 텍스트 파일을 나타내는 것과 비슷하다.

이때 example.xlsx 파일이 현재 작업 디렉터리에 위치해야 작업을 할 수 있음을 기억하라. 현재 작업 디렉터리를 알고 싶다면 os 모듈을 불러와서 os.getcwd()를 사용하면 된다. 또한, 현재 작업 디렉터리를 변경하고 싶다면 os.chdir()을 사용하면 된다.

통합 문서에서 시트 얻기

sheetnames 속성에 접근하면 해당 통합 문서의 모든 시트 이름이 담겨 있는 리스트를 얻을 수 있다. 대화형 셸에 다음과 같이 입력해 보자:

```
>>> import openpyxl
>>> wb = openpyxl.load_workbook('example.xlsx')
>>> wb.sheetnames # 이 통합 문서에 있는 시트 이름들
['Sheet1', 'Sheet2', 'Sheet3']
>>> sheet = wb['Sheet3'] # 통합 문서의 특정 시트 얻기
>>> sheet
<Worksheet "Sheet3">
>>> type(sheet)
<class 'openpyxl.worksheet.worksheet.Worksheet'>
>>> sheet.title # 시트 제목을 문자열 형식으로 얻기
'Sheet3'
>>> anotherSheet = wb.active # 활성 시트 얻기
>>> anotherSheet
<Worksheet "Sheet1">
```

각 시트는 Worksheet 객체로 표현되며, 이는 딕셔너리의 키처럼 대괄호를 사용하고 그 안에 시트 이름을 넣으면 해당하는 시트를 얻을 수 있다. 마지막으로 Workbook 객체의 active 속성을 사용하면 통합 문서의 활성 시트를 얻을 수 있다. 활성 시트는 엑셀에서 통합 문서를 열었을 때 가장 먼저 나타나는 시트를 의미한다. Worksheet 객체를 얻은 뒤에는 title 속성을 사용하여 이 시트의 이름을 얻을 수 있다.

시트에서 셀 얻기

Worksheet 객체를 얻은 뒤에는 이름을 사용하여 Cell 객체에 접근할 수 있다. 대화형 셀에 다음과 같이 입력해 보자:

```
>>> import openpyxl
>>> wb = openpyxl.load_workbook('example.xlsx')
>>> sheet = wb['Sheet1'] # 통합 문서에서 시트 얻기
>>> sheet['A1'] # 시트에서 셀 얻기
<Cell 'Sheet1'.A1>
>>> sheet['A1'].value # 셀에 있는 값 얻기
datetime.datetime(2015, 4, 5, 13, 34, 2)
>>> c = sheet['B1'] # 시트의 또 다른 셀 얻기
>>> c.value
'Apples'
>>> # 해당 셀이 위치한 행과 열 그리고 그 셀에 들어 있는 값 얻기
>>> 'Row %s, Column %s is %s' % (c.row, c.column, c.value)
'Row 1, Column B is Apples'
>>> 'Cell %s is %s' % (c.coordinate, c.value)
'Cell B1 is Apples'
>>> sheet['C1'].value
73
```

Cell 객체는 value 속성을 갖고 있고, 당연히 그 셀에 저장되어 있는 값을 포함하고 있다. 또한, Cell 객체는 해당 셀의 위치 정보를 제공하는 row, column, coordinate라는 속성을 갖는다.

이때 B1 셀에 대한 Cell 객체의 value 속성에 접근하면 문자열 'Apples'를 제공한다. 해당 객체의 row 속성에 접근하면 정수 1을, column 속성에 접근하면 'B'를 그리고 coordinate 속성에 접근하면 'B1'을 제공한다.

OpenPyXL은 A열에 있는 날짜를 자동으로 해석하여 문자열이 아닌 datetime 형식의 값으로 반환한다. datetime 자료형은 17장에서 더 자세히 설명하겠다.

프로그램에서 문자로 특정 열을 지정하는 것은 까다로울 수 있다. 이는 특히 Z열 뒤에 AA, AB, AC와 같이 두 글자로 이루어진 열이 있기 때문에 더 까다롭다. 이러한 방법 대신, 시트의 cell() 메서드의 row, column 키워드 인자에 숫자를 전달해도 셀을 얻을 수 있다. 첫 번째 행과 열은 전부 0이 아니라 1이다. 앞서 나온 대화형 셀 예에 다음과 같이 이어서 입력해 보자.

```
>>> sheet.cell(row=1, column=2)
<Cell 'Sheet1'.B1>
>>> sheet.cell(row=1, column=2).value
'Apples'
>>> for i in range(1, 8, 2): # 각 행에 대해 계속 진행
```

```
...        print(i, sheet.cell(row=i, column=2).value)
...
1 Apples
3 Pears
5 Apples
7 Strawberries
```

여기서 볼 수 있듯이 시트의 cell() 메서드에 row=1과 column=2를 전달하여 호출하면, 마치 sheet['B1']이 반환하는 결과처럼 B1 셀에 해당하는 Cell 객체를 반환한다. 그리고 나서 cell() 메서드와 키워드 인자를 사용하면 for 반복문으로 연속된 셀의 값을 출력할 수 있다.

예를 들어 B열을 따라 내려가면서 홀수 행의 셀에 들어 있는 값들을 출력한다고 하자. range() 함수의 '스텝' 매개 변수에 2를 전달하면, 하나 건너 하나씩 셀을 얻을 수 있다(이 경우, 모든 홀수 행에 해당된다). 이때 for 반복문의 i 변수는 cell() 메서드의 row 키워드 인자에 전달되고, column 키워드 인자에는 항상 2가 전달된다. 문자열 'B'가 아니라 숫자 2가 전달된다는 점을 명심하자.

Worksheet 객체의 max_row, max_column 속성으로 시트 크기를 결정할 수 있다. 대화형 셀에 다음과 같이 입력해 보자.

```
>>> import openpyxl
>>> wb = openpyxl.load_workbook('example.xlsx')
>>> sheet = wb['Sheet1']
>>> sheet.max_row # 가장 큰 행 번호를 얻는다.
7
>>> sheet.max_column # 가장 큰 열 번호를 얻는다.
3
```

여기서 max_column 속성은 엑셀의 문자 대신 숫자로 표현된다는 점에 유의하자.

열의 글자 이름과 숫자 이름의 변환

문자에서 숫자로 변환하려면 openpyxl.utils.column_index_from_string() 함수를 호출한다. 숫자에서 문자로 변환하려면 openpyxl.utils.get_column_letter() 함수를 호출한다. 대화형 셀에 다음과 같이 입력해 보자.

```
>>> import openpyxl
>>> from openpyxl.utils import get_column_letter, column_index_from_string
>>> get_column_letter(1) # 1번 열 번호를 글자 형태로 변환
'A'
>>> get_column_letter(2)
'B'
```

```
>>> get_column_letter(27)
'AA'
>>> get_column_letter(900)
'AHP'
>>> wb = openpyxl.load_workbook('example.xlsx')
>>> sheet = wb['Sheet1']
>>> get_column_letter(sheet.max_column)
'C'
>>> column_index_from_string('A') # A에 해당하는 숫자
1
>>> column_index_from_string('AA')
27
```

openpyxl.utils 모듈에서 이 두 함수를 불러온 뒤에는 get_column_letter() 함수에 27과 같은 숫자를 전달하여 27번째 열의 이름을 알 수 있다. column_index_string() 함수는 정반대 역할을 한다. 즉, 함수에 열의 이름을 전달하면 해당 열이 몇 번째 열인지 알려 준다. 이 함수를 사용하기 위해 통합 문서를 반드시 불러올 필요는 없다. 통합 문서를 불러오고 싶다면, 해당 문서를 불러와서 Worksheet 객체를 생성한 후, Worksheet의 max_column과 같은 속성을 사용하여 숫자를 얻는다. 그 뒤에는 해당 숫자를 get_column_letter()에 전달할 수 있다.

시트에서 행과 열 얻기

스프레드시트의 행, 열 또는 모든 사각형 영역의 Cell 객체를 전부 얻기 위해 Worksheet 객체를 슬라이스할 수 있다. 그 뒤에 슬라이스 결과로 얻은 모든 셀에 대해 반복문을 사용할 수 있다. 대화형 셀에 다음과 같이 입력해 보자.

```
>>> import openpyxl
>>> wb = openpyxl.load_workbook('example.xlsx')
>>> sheet = wb['Sheet1']
>>> tuple(sheet['A1':'C3']) # A1부터 C3까지 모든 셀을 가져온다.
((<Cell 'Sheet1'.A1>, <Cell 'Sheet1'.B1>, <Cell 'Sheet1'.C1>), (<Cell 'Sheet1'.
A2>, <Cell 'Sheet1'.B2>, <Cell 'Sheet1'.C2>), (<Cell 'Sheet1'.A3>, <Cell
'Sheet1'.B3>, <Cell 'Sheet1'.C3>))
>>> for rowOfCellObjects in sheet['A1':'C3']:                              ❶
...     for cellObj in rowOfCellObjects:                                  ❷
...         print(cellObj.coordinate, cellObj.value)
...     print('--- END OF ROW ---')

A1 2015-04-05 13:34:02
B1 Apples
C1 73
--- END OF ROW ---
A2 2015-04-05 03:41:23
```

```
B2 Cherries
C2 85
--- END OF ROW ---
A3 2015-04-06 12:46:51
B3 Pears
C3 14
--- END OF ROW ---
```

앞에 나온 코드에서는 A1부터 C3 사이에 있는 사각형 영역의 Cell 객체들이 필요하다고 지정했다. 또한, 해당 영역의 Cell 객체들이 들어 있는 Generator 객체를 얻었다. 이 Generator 객체를 시각화하기 위해 해당 객체에 tuple()을 활용하여 튜플에 존재하는 Cell 객체들을 나타냈다.

이 튜플에는 세 개의 튜플이 포함되어 있다. 각 튜플은 한 행에 대한 것이고, 영역의 제일 위 행부터 마지막 행까지 각 행을 나타낸다. 내부에 있는 이 세 개의 튜플에는 각각 해당 줄에 있는 Cell 객체들이 맨 왼쪽에서 오른쪽 순으로 정렬되어 존재한다. 즉, 시트를 슬라이스하여 얻은 결과는 A1에서 C3까지 걸쳐 있는 영역의 Cell 객체이고, 이것들은 맨 왼쪽 상단 셀에서 오른쪽 하단 셀까지 정렬되어 존재한다.

어떤 영역에 존재하는 각 셀의 값을 출력하기 위해 for 반복문을 두 개 사용한다. 외부 for 반복문(❶)은 슬라이스의 각 행에 대해 반복한다. 그리고 내부 for 반복문(❷)은 행의 각 셀에 대해 반복한다.

특정 행이나 열에 존재하는 셀들의 값에 접근하기 위해 Worksheet 객체의 rows나 columns 속성을 사용할 수 있다. 이 속성들과 대괄호로 둘러싸인 인덱스를 함께 사용하기 위해서는, 먼저 이 속성에 list() 함수를 사용하여 리스트로 변환해야 한다. 대화형 셀에 다음과 같이 입력해 보자.

```
>>> import openpyxl
>>> wb = openpyxl.load_workbook('example.xlsx')
>>> sheet = wb.active
>>> list(sheet.columns)[1] # 두 번째 열에 있는 셀들을 얻는다.
(<Cell 'Sheet1'.B1>, <Cell 'Sheet1'.B2>, <Cell 'Sheet1'.B3>, <Cell 'Sheet1'.B4>,
<Cell 'Sheet1'.B5>, <Cell 'Sheet1'.B6>, <Cell 'Sheet1'.B7>)
>>> for cellObj in list(sheet.columns)[1]:
        print(cellObj.value)

Apples
Cherries
Pears
Oranges
Apples
```

Bananas
Strawberries

Worksheet 객체의 rows 속성을 사용하면 중첩된 튜플을 얻는다. 내부 튜플은 한 행을 나타내며 그 행에 있는 Cell 객체들이 이 튜플 안에 들어 있다. columns 속성을 사용해도 중첩된 튜플을 얻는다. 이때 내부 튜플에는 특정 열에 있는 Cell 객체들이 들어 있다. 예시 파일인 example.xlsx에는 일곱 개의 열과 세 개의 행이 존재하고, rows는 일곱 개의 튜플로 구성된 튜플(이 튜플에는 각각 세 개의 Cell 객체가 존재)을, columns는 세 개의 튜플로 구성된 튜플(각 튜플에는 각각 일곱 개의 Cell 객체가 존재)을 제공한다.

특정 튜플에 접근하기 위해 더 큰 튜플의 인덱스를 가지고 참조할 수 있다. 예를 들어 B열을 나타내는 튜플은 list(sheet.columns)[1]을 사용하여 얻을 수 있다. A열에 있는 Cell 객체를 갖고 있는 튜플은 list(sheet.columns)[0]을 사용하여 얻을 수 있다. 한 행이나 열을 나타내는 튜플을 얻은 다음에는, 그 튜플에 있는 Cell 객체들에 대해 반복하면서 그 값들을 차례대로 출력할 수 있다.

통합 문서, 시트, 셀

간단하게 복습하기 위해 스프레드시트 파일에서 셀을 읽는 데 사용되는 모든 함수, 메서드, 자료형에 대해 간단하게 다시 설명하겠다.

1. openpyxl 모듈을 불러온다.
2. openpyxl.load_workbook()을 호출한다.
3. Workbook 객체를 얻는다.
4. active나 sheetnames 속성을 얻는다.
5. Worksheet 객체를 얻는다.
6. 인덱싱이나 cell()에 키워드 인자 row, col을 사용한다.
7. Cell 객체를 얻는다.
8. Cell 객체의 value 속성값을 읽는다.

프로젝트: 스프레드시트에서 데이터 읽기

2010년 미국 인구 조사에 관한 스프레드시트 데이터에 있는 수천 줄을 살펴보면서 각 카운티별 총인구와 해당 카운티에 있는 인구 조사 표준 지역(census tract) 수를 계산하는 지루한 작업을 해야 한다고 가정하자(인구 조사 표준 지역은 단순히 인구 조사 목적으로만 정의된 지정학적 영역을 의미한다). 각 행은 하나의 인구 조사 표준 지역을 의미한다. 이 스프레드시트 파일 이름은 censuspopdata.xlsx이며, *https://nostarch.com/automatestuff2/*에서 다운로드할 수 있다. 그 내용은 그림 13-2와 같다.

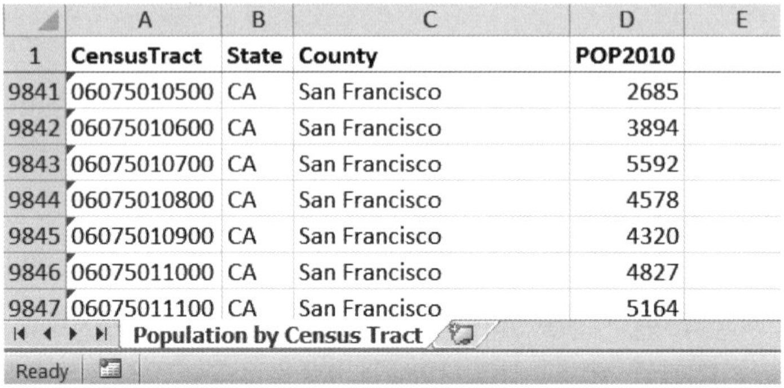

	A	B	C	D	E
1	**CensusTract**	**State**	**County**	**POP2010**	
9841	06075010500	CA	San Francisco	2685	
9842	06075010600	CA	San Francisco	3894	
9843	06075010700	CA	San Francisco	5592	
9844	06075010800	CA	San Francisco	4578	
9845	06075010900	CA	San Francisco	4320	
9846	06075011000	CA	San Francisco	4827	
9847	06075011100	CA	San Francisco	5164	

그림 13-2 censuspopdata.xlsx 스프레드시트

엑셀에서도 여러 개의 셀을 선택해서 그 값을 합산할 수 있지만, 3000개 이상의 카운티에 대한 셀을 각각 선택해야 한다는 문제가 있다. 수동으로 단일 카운티 인구를 계산하는 것은 몇 초면 충분하지만, 전체 스프레드시트에 대해 이 작업을 수행하려면 몇 시간이 걸린다.

이 프로젝트에서는 인구 조사 스프레드시트 파일을 읽고 각 카운티별로 통계치를 계산하는 작업을 수 초 내에 수행하는 스크립트를 작성할 것이다.

프로그램은 다음과 같은 작업을 수행한다.

1. 엑셀 스프레드시트에서 데이터를 읽는다.
2. 각 카운티별로 인구 조사 표준 지역 수를 계산한다.
3. 각 카운티별로 총인구 수를 계산한다.
4. 결과를 출력한다.

이는 코드가 다음과 같은 작업을 수행해야 함을 의미한다.

1. openpyxl 모듈로 엑셀 문서를 열고 각 셀을 읽는다.
2. 모든 인구 조사 지역과 총인구 데이터를 계산하고 이를 어떠한 자료 형식으로 저장한다.

3. 생성한 결과를 pprint 모듈을 활용하여 .py 확장자를 갖는 텍스트 파일로 저장한다.

1단계: 스프레드시트 데이터 읽기

censuspopdata.xlsx 스프레드시트 파일에는 'Population by Census Tract'라는 이름의 단일 시트만 존재하고, 그 시트에 있는 각 행은 단일 인구 조사 표준 지역의 데이터를 나타낸다. 각 열은 인구 조사 표준 지역 번호(A), 주의 약어(B), 카운티 이름(C) 그리고 해당 지역의 인구수(D)를 나타낸다.

새 파일 편집기 탭을 열고 다음과 같은 코드를 입력해 보자. 그리고 이를 readCensusExcel.py라는 이름의 파일로 저장하자.

```
#! python3
# readCensusExcel.py – 각 카운티에 있는 인구 조사 표준 지역 수와
# 인구수를 표로 제작한다.

import openpyxl, pprint                                          ❶
print('Opening workbook...')
wb = openpyxl.load_workbook('censuspopdata.xlsx')               ❷
sheet = wb['Population by Census Tract']                        ❸
countyData = {}

# TODO: 각 카운티의 인구수와 인구 조사 표준 지역 수로 countyData를 채운다.
print('Reading rows...')
for row in range(2, sheet.max_row + 1):                         ❹
    # 스프레드시트의 각 행은 단일 인구 조사 표준 지역의 데이터를 갖는다.
    state = sheet['B' + str(row)].value
    county = sheet['C' + str(row)].value
    pop = sheet['D' + str(row)].value

# TODO: 새 텍스트 파일을 열고 countyData의 내용을 작성한다.
```

이 코드에서는 openpyxl뿐 아니라 최종 카운티 데이터를 출력할 때 사용할 pprint 모듈도 불러온다(❶). 그 뒤에 censuspopdata.xlsx 파일을 열고(❷), 인구 조사 데이터가 있는 시트를 가져온(❸) 뒤 각 행을 반복하기(❹) 시작한다.

각 카운티별 인구와 인구 조사 표준 지역의 수를 저장하기 위해 countyData 변수를 만들었다. 그러나 이 변수에 어떤 것을 저장하기 전에 저장할 데이터의 구조를 먼저 정확하게 결정해야 한다.

2단계: 데이터 구조 채워 넣기

countyData에는 주의 약어를 키로 하는 딕셔너리가 저장된다. 각 주의 약어는 또 다른 딕셔너리와 연결되는데, 이는 해당 주의 카운티 이름들을 문자열 형태의 키로 갖는 딕셔너리다. 각 카운티의 이름은 다시 'tracts', 'pop'이라는 두 개의 키를 갖는 딕셔너리에 매핑된다. 이 키들은 각각 카운티 내의 인구 조사 표준 지역 수와 총인구 수에 매핑된다. 예를 들어 딕셔너리는 다음과 같은 형태를 갖게 될 것이다.

```
{'AK': {'Aleutians East': {'pop': 3141, 'tracts': 1},
        'Aleutians West': {'pop': 5561, 'tracts': 2},
        'Anchorage': {'pop': 291826, 'tracts': 55},
        'Bethel': {'pop': 17013, 'tracts': 3},
        'Bristol Bay': {'pop': 997, 'tracts': 1},
        --생략--
```

이전 딕셔너리가 countyData에 저장되어 있다면, 이어서 나오는 두 표현식의 결과는 다음과 같을 것이다.

```
>>> countyData['AK']['Anchorage']['pop']
291826
>>> countyData['AK']['Anchorage']['tracts']
55
```

더 일반적으로 countyData 딕셔너리의 키는 다음과 같을 것이다.

```
countyData[state abbrev][county]['tracts']
countyData[state abbrev][county]['pop']
```

이제 countyData가 어떻게 구조화되어 있는지 알기 때문에 이 카운티 데이터에 값을 채우는 코드를 작성할 수 있다. 다음 코드를 이전 프로그램의 아래에 추가하자.

```
#! python3
# readCensusExcel.py – 각 카운티에 있는 인구 조사 표준 지역 수와
# 인구수를 표로 제작한다.

--생략--

for row in range(2, sheet.max_row + 1):
    # 스프레드시트의 각 행은 단일 인구 조사 표준 지역의 데이터를 갖는다.
    state = sheet['B' + str(row)].value
    county = sheet['C' + str(row)].value
    pop = sheet['D' + str(row)].value
```

```
# 이 주에 해당하는 키가 존재하도록 하기
countyData.setdefault(state, {})                                      ❶
# 주 안의 해당 카운티에 해당하는 키가 존재하도록 하기
countyData[state].setdefault(county, {'tracts': 0, 'pop': 0})        ❷

# 각 행은 한 인구 조사 표준 지역을 의미하기 때문에 1만큼 증가시킨다.
countyData[state][county]['tracts'] += 1                             ❸
# 카운티의 pop을 이 인구 조사 표준 지역에 있는 pop만큼 증가시킨다.
countyData[state][county]['pop'] += int(pop)                         ❹
```

```
# TODO: 새 텍스트 파일을 열고 countyData의 내용을 작성한다.
```

코드의 마지막 두 줄은 실제 계산을 수행하는 작업에 대한 내용으로, for 반복문의 매 반복마다 해당 카운티의 tract 값(❸)과 pop 값(❹)을 증가시킨다.

countyData 딕셔너리에 주의 약어에 해당하는 키가 존재해야 카운티 딕셔너리를 추가할 수 있기 때문에 나머지 코드는 이러한 상황을 방지하기 위한 것이다(즉, countyData['AK']['Anchorage']['tracts'] += 1은 'AK'라는 키가 존재하지 않으면 에러가 발생한다). 주의 약어 키가 결과 딕셔너리에 존재하지 않을 경우, 이를 처리하기 위해 setdefault() 메서드를 호출하여 해당 state에 대한 약어 키가 반드시 존재하도록 해야 한다(❶).

countyData 딕셔너리가 각 주의 약어 키에 해당하는 값으로 다른 딕셔너리가 필요한 것처럼, 각 딕셔너리도 각 카운티 키에 대한 값으로 다른 딕셔너리가 필요하다(❷). 그리고 이 딕셔너리들은 'tracts'와 'pop'이라는 키가 필요하며, 이 것들에 해당하는 값은 정숫값 0부터 시작한다(여기서 사용할 딕셔너리 구조에 대해 잊어버렸다면, 이 절에 시작 부분에 있는 딕셔너리 예를 다시 살펴보자).

키가 이미 존재한다면 setdefault()는 아무것도 하지 않기 때문에 for 반복문에서 매 반복마다 이를 문제없이 호출할 수 있을 것이다.

3단계: 결과를 파일로 작성하기

for 반복문이 끝나면 countyData 딕셔너리는 인구수와 인구 조사 표준 지역 수에 대한 정보를 카운티별, 주별로 정리한 정보를 갖는다. 여기서 이 결과를 텍스트 또는 다른 엑셀 스프레드시트 형식의 파일로 쓰는 코드를 작성할 수 있다. 지금은 pprint.pformat() 함수를 사용하여 countyData 딕셔너리값을 하나의 커다란 문자열 형식으로 census2010.py라는 이름의 파일에 작성해 보자. 이제까지 작성한 프로그램의 아래에 다음과 같은 코드를 추가해 보자(들여쓰기를 하지 말고 for 반복문 밖에 있도록 주의하라).

```
#! python 3
# readCensusExcel.py – 각 카운티에 있는 인구 조사 표준 지역 수와
# 인구수를 표로 제작한다.
--생략--

for row in range(2, sheet.max_row + 1):
--생략--

# 새 텍스트 파일을 열고 countyData의 내용을 작성한다.
print('Writing results...')
resultFile = open('census2010.py', 'w')
resultFile.write('allData = ' + pprint.pformat(countyData))
resultFile.close()
print('Done.')
```

pprint.pformat() 함수는 그 자체로 유효한 파이썬 코드 형식인 문자열을 생성한다. 이 문자열을 census2010.py라는 이름의 텍스트 파일에 작성함으로써 파이썬 프로그램으로 다른 파이썬 프로그램을 생성한 것이다! 조금 복잡해 보이지만 이렇게 파일을 생성하면 다른 파이썬 모듈을 불러오듯이 census2010.py라는 파일을 불러와서 사용할 수 있다. 대화형 셸에서 현재 작업 디렉터리를 census2010.py 파일을 생성한 폴더로 변경한 뒤, 이를 불러오는 작업을 해 보자.

```
>>> import os

>>> import census2010
>>> census2010.allData['AK']['Anchorage']
{'pop': 291826, 'tracts': 55}
>>> anchoragePop = census2010.allData['AK']['Anchorage']['pop']
>>> print('The 2010 population of Anchorage was ' + str(anchoragePop))
The 2010 population of Anchorage was 291826
```

이제 readCensusExcel.py 프로그램은 더는 쓸모가 없는 코드다. 한 번 census2010.py라는 프로그램을 생성한 뒤에는 더 이상 이 프로그램을 실행할 필요가 없기 때문이다. 카운티 데이터가 필요할 경우, 단지 import census2010을 실행하면 된다.

　이 데이터를 수작업으로 계산하려면 몇 시간은 걸릴 것이다. 그러나 이 프로그램은 이를 몇 초 안에 완료한다. OpenPyXL을 사용하면 엑셀 스프레드시트에 저장된 정보를 추출, 활용하여 어떤 계산 작업을 수행하는 데 별다른 어려움을 겪지 않는다. 이 프로그램은 *https://nostarch.com/automatestuff2/*에서 다운로드할 수 있다.

비슷한 프로그램에 대한 아이디어

많은 기업이나 사무실에서 엑셀을 사용하여 다양한 형태의 데이터를 저장한다. 그러나 이 스프레드시트는 매우 크고 다루기 어려운 경우가 종종 있다. 엑셀 스프레드시트를 구문 분석하는 프로그램들은 구조가 비슷하다. 스프레드시트를 불러온 뒤 몇몇 변수나 데이터 구조를 준비하고 나서 스프레드시트의 각 행에 대해 반복하는 형식이다. 이러한 프로그램들은 다음과 같은 작업을 할 수 있다.

- 스프레드시트의 여러 줄에 걸쳐 있는 데이터를 비교한다.
- 엑셀 파일 여러 개를 열고 스프레드시트 간의 데이터를 비교한다.
- 스프레드시트에 빈 줄이 있는지 확인하고, 어떤 셀에 유효하지 않은 데이터가 있다면 사용자에게 이를 경고한다.
- 스프레드시트에서 데이터를 읽고 파이썬 프로그램의 입력값으로 사용한다.

엑셀 문서 쓰기

OpenPyXL은 데이터를 작성하는 방법도 제공한다. 즉, 프로그램으로 스프레드시트 파일을 작성하거나 수정할 수 있다는 의미다. 파이썬을 활용하면 수천 줄의 데이터가 있는 스프레드시트를 쉽게 만들 수 있다.

엑셀 문서 작성과 저장

openpyxl.Workbook() 함수를 호출하면 새로 빈 Workbook 객체를 생성한다. 대화형 셸에 다음과 같이 입력해 보자.

```
>>> import openpyxl
>>> wb = openpyxl.Workbook() # 빈 통합 문서를 생성한다.
>>> wb.sheetnames # 한 개의 시트에서 시작한다.
['Sheet']
>>> sheet = wb.active
>>> sheet.title
'Sheet'
>>> sheet.title = 'Spam Bacon Eggs Sheet' # 제목을 변경한다.
>>> wb.sheetnames
['Spam Bacon Eggs Sheet']
```

이 통합 문서는 Sheet라는 이름의 단일 시트를 가진 상태에서 시작한다. 이 시트의 이름을 변경하려면 title 속성에 새로운 문자열을 저장하면 된다.

　Workbook 객체 또는 시트와 셀을 수정하고 싶다면, 통합 문서의 save() 메서드를 호출해야 한다. 이 메서드를 호출하기 전까지 스프레드시트 파일은 저장되지 않는다. 대화형 셸에 다음과 같이 입력해 보자(현재 작업 디렉터리의 example. xlsx 파일을 사용한다).

```
>>> import openpyxl
>>> wb = openpyxl.load_workbook('example.xlsx')
>>> sheet = wb.active
>>> sheet.title = 'Spam Spam Spam'
>>> wb.save('example_copy.xlsx') # 통합 문서를 저장한다.
```

앞에 나온 코드에서 시트 이름을 변경했다. 이 변경 사항을 저장하기 위해 save() 메서드에 문자열 형식의 파일 이름을 전달한다. 파일 이름을 전달할 때 'example_copy.xlsx'처럼 원본과 다른 파일 이름을 전달하면, 해당 스프레드시트의 복사본을 만들고 수정본을 여기에 저장한다.

파일에 있는 스프레드시트를 불러와서 수정할 때, 새로 수정된 스프레드시트를 항상 원본과 다른 이름의 파일로 저장하는 것이 좋다. 그래야 코드의 버그로 인해 새로 저장된 파일이 부정확하거나 손상되더라도 원본 스프레드시트 파일을 사용할 수 있다.

시트 생성과 제거

통합 문서 파일에서 create_sheet() 메서드와 del 연산자를 사용하여 시트를 추가하거나 제거할 수 있다. 대화형 셸에 다음과 같이 입력해 보자.

```
>>> import openpyxl
>>> wb = openpyxl.Workbook()
>>> wb.sheetnames
['Sheet']
>>> wb.create_sheet() # 새로운 시트를 추가한다.
<Worksheet "Sheet1">
>>> wb.sheetnames
['Sheet', 'Sheet1']
>>> # 인덱스 0에 새로운 시트를 추가한다.
>>> wb.create_sheet(index=0, title='First Sheet')
<Worksheet "First Sheet">
>>> wb.sheetnames
['First Sheet', 'Sheet', 'Sheet1']
>>> wb.create_sheet(index=2, title='Middle Sheet')
<Worksheet "Middle Sheet">
>>> wb.sheetnames
['First Sheet', 'Sheet', 'Middle Sheet', 'Sheet1']
```

create_sheet() 메서드는 SheetX라는 이름의 새로운 Worksheet 객체를 반환하고, 이는 기본적으로 통합 문서의 마지막 시트로 설정된다. 새 시트의 인덱스와 이름은 index와 title 키워드 인자를 사용하여 선택적으로 지정할 수 있다.

이전 예시에 이어 다음과 같이 입력해 보자.

```
>>> wb.sheetnames
['First Sheet', 'Sheet', 'Middle Sheet', 'Sheet1']
>>> del wb['Middle Sheet']
>>> del wb['Sheet1']
>>> wb.sheetnames
['First Sheet', 'Sheet']
```

del 연산자를 사용하면 딕셔너리에서 키-값 쌍을 제거하듯이 통합 문서에서 시트를 삭제할 수 있다.

통합 문서에서 시트를 추가하거나 제거하는 등의 수정을 한 뒤에는 save() 메서드를 호출하여 변경 사항을 저장해야 함을 기억하자.

셀에 값 쓰기

셀에 값을 쓰는 것은 딕셔너리에서 어떤 키에 해당하는 값을 쓰는 것과 매우 비슷하다. 대화형 셸에 다음과 같이 입력해 보자.

```
>>> import openpyxl
>>> wb = openpyxl.Workbook()
>>> sheet = wb['Sheet']
>>> sheet['A1'] = 'Hello, world!' # 셀의 값 수정
>>> sheet['A1'].value
'Hello, world!'
```

문자열 형태의 셀 위치를 사용할 경우, 이를 Worksheet 객체에서 딕셔너리 키처럼 사용하여 어떤 셀에 값을 쓸지 지정할 수 있다.

프로젝트: 스프레드시트 업데이트하기

이 프로젝트에서는 농산물 판매 스프레드시트에 있는 값을 업데이트하는 프로그램을 작성한다. 이 프로그램은 스프레드시트에서 특정 종류의 농산물을 검색하고 가격을 업데이트한다. 이 스프레드시트는 *https://nostarch.com/automatestuff2/*에서 다운로드하자. 그림 13-3은 이 스프레드시트가 어떤 형식인지 나타낸다.

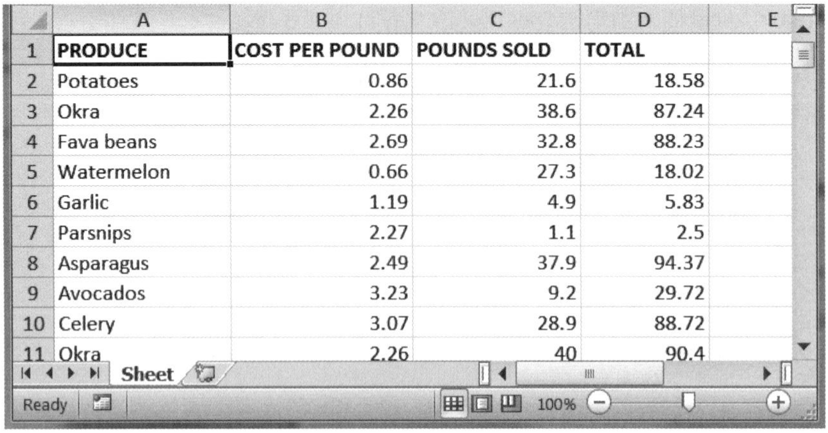

	A	B	C	D	E
1	PRODUCE	COST PER POUND	POUNDS SOLD	TOTAL	
2	Potatoes	0.86	21.6	18.58	
3	Okra	2.26	38.6	87.24	
4	Fava beans	2.69	32.8	88.23	
5	Watermelon	0.66	27.3	18.02	
6	Garlic	1.19	4.9	5.83	
7	Parsnips	2.27	1.1	2.5	
8	Asparagus	2.49	37.9	94.37	
9	Avocados	3.23	9.2	29.72	
10	Celery	3.07	28.9	88.72	
11	Okra	2.26	40	90.4	

그림 13-3 농산물 판매 스프레드시트

각 행은 각 농산물의 판매 현황을 나타낸다. 각 열은 판매한 농산물의 종류(A), 파운드당 가격(B), 판매량(C) 그리고 판매에 의한 총수익(D)을 의미한다. TOTAL열은 엑셀 식 =ROUND(B3*C3, 2)에 의해 계산된다. 이는 파운드(약 450그램)당 가격과 파운드 단위의 판매량을 곱하고, 가장 가까운 센트 단위로 근사한 것이다. 이 식에 의해 TOTAL열에 있는 셀의 값들은 B열이나 C열에 변화가 있으면 자동으로 업데이트된다.

여기서 마늘(garlic), 셀러리(celery), 레몬(lemon) 가격이 잘못 입력되어 있었다고 가정하자. 이 경우, 스프레드시트에 있는 수천 줄을 일일이 검색하면서 마늘, 셀러리, 레몬 가격을 업데이트해야 한다. 특정 가격을 탐색하고 바꾸는 방법은 불가능한데, 이는 가격이 같은 다른 상품이 존재할 수 있고, 이에 대해 실수로 '바로잡아서는' 안 되기 때문이다. 이와 같은 수천 줄의 내역에 대해 일일이 작업하면 매우 오랜 시간이 걸릴 것이다. 그러나 이러한 작업을 하는 프로그램을 작성하면 이를 몇 초 안에 할 수 있다.

프로그램은 다음과 같은 작업을 한다.

1. 모든 행에 대해 반복한다.
2. 어떤 행이 마늘, 셀러리, 레몬에 대한 내역이라면 가격을 변경한다.

이는 코드가 다음과 같은 작업을 수행해야 함을 의미한다.

1. 스프레드시트 파일을 연다.

2. 각 행에 대해 A열에 있는 값이 `Celery`, `Garlic`, `Lemon` 중 하나에 해당하는지 확인한다.

3. B열에 있는 가격을 업데이트한다.

4. 변경한 스프레드시트를 저장한다(만약을 대비해 기존 스프레드시트를 잃지 않도록 하기 위해).

1단계: 데이터 구조를 설정하고 정보 업데이트하기

가격은 다음과 같이 수정해야 한다.

Celery	1.19
Garlic	3.07
Lemon	1.27

다음과 같이 코드를 작성할 수 있다.

```
if produceName == 'Celery':
    cellObj = 1.19
if produceName == 'Garlic':
    cellObj = 3.07
if produceName == 'Lemon':
    cellObj = 1.27
```

농산물과 이에 해당하는 가격 데이터를 이러한 형식으로 하드 코딩하는 것은 그다지 우아해 보이지 않는다. 다른 가격이나 농산물로 스프레드시트를 다시 업데이트해야 하는 경우, 코드를 많이 수정해야 할 것이다. 그리고 코드를 수정할 때마다 버그가 생길 위험이 있다.

정확한 가격 정보를 저장하는 더 좋은 방법은 수정된 가격 정보를 딕셔너리에 저장하고 이를 사용하도록 코드를 작성하는 것이다. 새 파일 편집기 탭을 열고 다음과 같은 코드를 입력해 보자.

```
#! python3
# updateProduce.py — 농산물 판매 스프레드시트에서 가격을 정정한다.

import openpyxl

wb = openpyxl.load_workbook('produceSales.xlsx')
sheet = wb['Sheet']
```

```
# 농산물 종류와 업데이트된 가격
PRICE_UPDATES = {'Garlic': 3.07,
                 'Celery': 1.19,
                 'Lemon': 1.27}

# TODO: 각 행에 대해 반복하고 가격을 업데이트한다.
```

이를 updateProduce.py라는 이름으로 저장하자. 스프레드시트를 다시 업데이트해야 할 경우, PRICE_UPDATES 딕셔너리만 업데이트하면 되고, 다른 코드는 수정하지 않아도 된다.

2단계: 모든 행을 검사하고 잘못된 가격을 업데이트하기

이 프로그램의 다음 부분은 스프레드시트의 모든 행에 대해 반복하는 것이다. 앞에서 작성한 updateProduce.py의 아래에 다음과 같은 코드를 추가하자.

```
#! python3
# updateProduce.py – 농산물 판매 스프레드시트에서 가격을 정정한다.

--생략--

# 각 행에 대해 반복하면서 가격을 업데이트한다.
for rowNum in range(2, sheet.max_row+1): # 첫 번째 행은 건너뛴다.       ❶
    produceName = sheet.cell(row=rowNum, column=1).value              ❷
    if produceName in PRICE_UPDATES:                                  ❸
        sheet.cell(row=rowNum, column=2).value = PRICE_UPDATES[produceName]

wb.save('updatedProduceSales.xlsx')                                   ❹
```

첫 번째 행은 단순히 헤더(❶)이기 때문에 두 번째 행부터 시작하여 각 행에 대해 반복한다. 첫 번째 열(A열)에 있는 셀은 produceName이라는 변수에 저장된다(❷). produceName의 값이 PRICE_UPDATES 딕셔너리의 키 중에 이미 있는 경우, 이 행 가격은 정정되어야 함을 알 수 있다. 정정될 가격은 PRICE_UPDATES[produceName]에 존재한다.

PRICE_UPDATES가 얼마나 코드를 깔끔하게 하는지 살펴보자. produceName == 'Garlic'과 같은 코드 대신, if 문 하나만 업데이트하면 모든 종류의 농산물에 대해 다 업데이트할 수 있다. 또한, 이 코드에서는 for 반복문 안에서 농산물 이름과 업데이트할 가격을 하드 코딩하는 대신 PRICE_UPDATES 딕셔너리만 사용하기 때문에 농산물 판매 스프레드시트에 추가 수정 사항이 있을 때 코드를 수정하는 대신 PRICE_UPDATES 딕셔너리만 수정하면 된다.

전체 스프레드시트에 대해 수정을 완료한 후, 이 코드는 생성한 Workbook 객체를 updatedProduceSales.xlsx라는 파일에 저장한다(❹). 여기서는 프로그램에 버그가 생겨서 업데이트한 스프레드시트가 잘못될 가능성이 있기 때문에 기존 스프레드시트를 덮어쓰지 않는다. 업데이트한 스프레드시트가 맞는지 확인한 뒤에 기존 스프레드시트를 삭제하는 것이 좋다.

이 프로그램에 대한 전체 소스 코드는 *https://nostarch.com/automatestuff2/*에서 다운로드할 수 있다.

비슷한 프로그램을 위한 아이디어

많은 사무직이 엑셀 스프레드시트를 항상 사용하기 때문에 엑셀 파일을 자동으로 수정하고 작성할 수 있는 프로그램은 아주 유용할 것이다. 이러한 프로그램은 다음과 같은 작업을 수행할 수 있다.

- 어떤 스프레드시트에 있는 데이터를 읽고 다른 스프레드시트의 일부에 쓸 수 있다.
- 웹 사이트, 텍스트 파일 또는 클립보드에 있는 데이터를 읽고 스프레드시트에 쓸 수 있다.
- 스프레드시트에 있는 데이터를 자동으로 '정리'한나. 예를 들어 성규 표현식을 사용하여 여러 형식으로 된 전화번호를 읽고 하나의 표준 형식으로 수정할 수 있다.

셀의 글꼴 설정하기

특정 셀이나 행, 열을 스타일링하면 스프레드시트에서 중요한 영역을 강조하는 데 도움이 된다. 예를 들어 농산물 스프레드시트에서 감자, 마늘, 파스닙(parsnip)에 대한 행에 굵은 텍스트를 적용할 수 있다. 또는 파운드당 가격이 5달러 이상인 행에는 이탤릭 글꼴로 표시하도록 할 수 있다. 큰 스프레드시트 파일의 일부분을 수작업으로 스타일링하는 것은 지루한 작업이지만, 프로그램을 작성하면 이를 금방 수행할 수 있다.

중요한 셀의 글꼴 스타일을 사용자가 지정하려면 openpyxl.styles 모듈의 Font() 함수를 불러와야 한다.

```
from openpyxl.styles import Font
```

이렇게 불러오면 openpyxl.styles.Font() 대신 Font()만 입력해도 이 함수를 사용할 수 있다(52쪽 '모듈 불러오기'에서 import 문의 스타일에 대해 다시 한번 살펴보자).

다음 예에서는 새 통합 문서를 생성하고 A1 셀이 글씨 크기 24에 이탤릭 글꼴을 갖도록 한다. 대화형 셸에 다음과 같이 입력해 보자.

```
>>> import openpyxl
>>> from openpyxl.styles import Font
>>> wb = openpyxl.Workbook()
>>> sheet = wb['Sheet']
>>> italic24Font = Font(size=24, italic=True) # 글꼴을 생성한다.          ❶
>>> sheet['A1'].font = italic24Font # 글꼴을 A1에 적용한다.               ❷
>>> sheet['A1'] = 'Hello, world!'
>>> wb.save('styles.xlsx')
```

이 예에서 Font(size=24, italic=True)는 Font 객체를 생성하고, 이는 italic24Font라는 변수에 저장된다(❶). Font()의 키워드 인자인 size와 italic은 Font 객체의 스타일링 정보를 설정한다. 그리고 sheet['A1'].font에 italic24Font 객체가 할당되면(❷), 글꼴 스타일링 정보가 A1 셀에 적용된다.

Font 객체

font 속성을 설정하기 위해 Font()에 키워드 인자를 전달한다. 표 13-2는 Font() 함수에서 사용할 수 있는 키워드 인자들을 나타낸다.

키워드 인자	자료형	설명
name	문자열	'Calibri'나 'Times New Roman'과 같은 글꼴 이름
size	정수	글씨 크기
bold	불	볼드 글꼴일 경우 True
italic	불	이탤릭 글꼴일 경우 True

표 13-2 Font 객체의 키워드 인자

Font 객체를 생성하기 위해 Font() 함수를 호출하고, 이 Font 객체를 변수에 저장할 수 있다. 그 뒤에 이 변수를 Cell 객체의 font 속성에 할당한다. 예를 들어 다음 코드는 다양한 글꼴 스타일을 생성한다.

```
>>> import openpyxl
>>> from openpyxl.styles import Font
>>> wb = openpyxl.Workbook()
>>> sheet = wb['Sheet']

>>> fontObj1 = Font(name='Times New Roman', bold=True)
>>> sheet['A1'].font = fontObj1
>>> sheet['A1'] = 'Bold Times New Roman'

>>> fontObj2 = Font(size=24, italic=True)
>>> sheet['B3'].font = fontObj2
>>> sheet['B3'] = '24 pt Italic'

>>> wb.save('styles.xlsx')
```

여기서 Font 객체를 fontObj1에 저장하고, A1 Cell 객체의 font 속성값을 fontObj1로 설정한다. 두 번째 셀의 글꼴을 설정하기 위해 앞의 과정을 다른 Font 객체에 적용한다. 이 코드를 실행한 후 이 스프레드시트의 A1과 B3 셀의 스타일은 그림 13-4와 같이 사용자가 정의한 글꼴 스타일로 설정될 것이다.

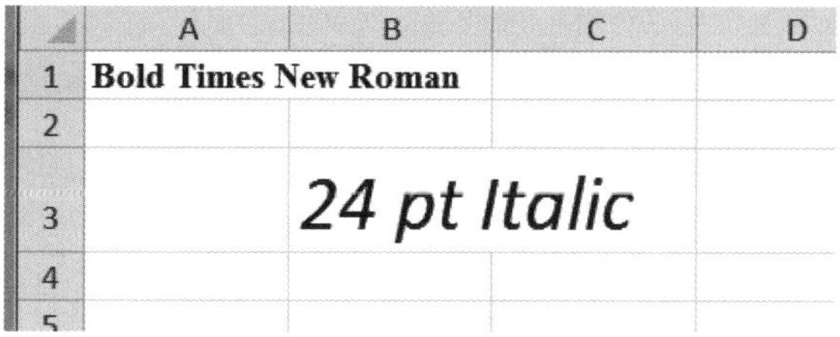

그림 13-4 사용자가 정의한 글꼴 스타일로 작성된 스프레드시트

A1 셀의 경우, 글꼴 이름을 'Times New Roman'으로, bold를 True로 설정하여 텍스트가 굵은 타임스 뉴 로만 형식으로 나타난다. 여기서 크기는 별도로 지정하지 않았기 때문에 openpyxl의 기본값인 11로 설정되었다. B3 셀은 이탤릭 글꼴에 크기는 24로 설정되어 있지만, 글꼴 이름은 별도로 설정하지 않았다. 따라서 openpyxl의 기본값인 Calibri가 사용되었다.

수식

엑셀 수식은 등호 기호로 시작하며 다른 셀들을 활용하여 계산된 값을 갖도록 설정할 수 있다. 이 절에서는 openpyxl 모듈을 사용하여 프로그래밍으로 셀에 일반 값들을 추가하듯이 셀에 수식을 추가하는 방법을 살펴볼 것이다. 예를 들어 다음 코드를 살펴보자.

```
>>> sheet['B9'] = '=SUM(B1:B8)'
```

이 코드는 B9 셀에 =SUM(B1:B8)이라는 값이 들어가도록 한다. 즉, B9 셀은 B1 에서 B8까지의 값의 합계를 계산하는 수식으로 설정된다. 이를 그림 13-5에서 실제로 볼 수 있다.

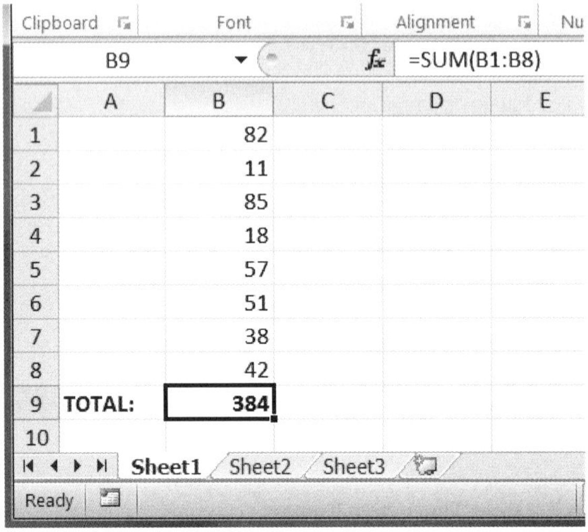

그림 13-5 B9 셀에는 =SUM(B1:B8)이라는 수식이 들어 있고, 이는 B1에서 B8까지의 셀에 들어 있는 값을 합산한다.

셀에 엑셀 수식을 설정하는 방법은 일반적인 텍스트값을 설정하는 방법과 같다. 대화형 셀에 다음과 같이 입력해 보자.

```
>>> import openpyxl
>>> wb = openpyxl.Workbook()
>>> sheet = wb.active
>>> sheet['A1'] = 200
>>> sheet['A2'] = 300
>>> sheet['A3'] = '=SUM(A1:A2)' # 수식을 설정한다.
>>> wb.save('writeFormula.xlsx')
```

이로써 A1과 A2 셀에는 각각 200과 300이라는 값이 설정된다. A3에 있는 값은 A1과 A2에 있는 값을 합산하는 수식으로 설정된다. 엑셀로 이 스프레드시트를 열면, 화면에 출력되는 A3의 값은 500이다.

엑셀 수식은 스프레드시트를 프로그래밍할 수 있을 정도의 수준이지 만, 복잡한 작업의 경우 관리가 불가능해질 수 있다. 예를 들어 여러분이 엑 셀 수식에 매우 익숙하다고 해도 =IFERROR(TRIM(IF(LEN(VLOOKUP

(F7, Sheet2!$A$1:$B$10000, 2, FALSE)))〉0,SUBSTITUTE(VLOOKUP(F7, Sheet2!$A$1:$B$10000, 2, FALSE)," ", "")),"")), "")와 같은 코드가 실제로 어떤 작업을 하는지 해독하기는 매우 어려울 것이다. 파이썬 코드는 이보다 훨씬 더 가독성이 높다.

행과 열 조정하기

엑셀에서 행과 열의 크기를 조정하는 방법은 매우 간단하다. 행이나 열의 헤더 부분에 있는 모서리를 클릭하고 드래그하면 된다. 그러나 행과 열에 있는 내용에 따라 크기를 설정하거나 매우 많은 수의 스프레드시트 파일에서 크기를 조정하려면 파이썬 프로그램으로 이를 수행하는 것이 훨씬 더 빠른 방법이다.

행과 열을 완전히 보이지 않게 숨길 수도 있다. 또는 특정 행이나 열을 화면에 항상 보이도록 하거나 스프레드시트를 출력할 때 매 페이지마다 나타나도록 '고정'할 수도 있다(헤더에 이를 사용하면 유용하다).

행의 높이와 열의 너비 설정하기

Worksheet 객체는 행의 높이와 열의 너비를 조절하는 row_dimensions와 column_dimensions 속성을 갖는다. 대화형 셸에 다음과 같이 입력해 보자.

```
>>> import openpyxl
>>> wb = openpyxl.Workbook()
>>> sheet = wb.active
>>> sheet['A1'] = 'Tall row'
>>> sheet['B2'] = 'Wide column'
>>> # 높이와 너비를 설정한다.
>>> sheet.row_dimensions[1].height = 70
>>> sheet.column_dimensions['B'].width = 20
>>> wb.save('dimensions.xlsx')
```

시트의 row_dimensions와 column_dimensions는 딕셔너리 형태의 값이다. 즉, row_dimensions에는 RowDimension라는 객체가, column_dimensions에는 ColumnDimension 객체가 들어 있다. row_dimensions의 경우, 행 번호를 사용하여 객체 중 하나에 접근할 수 있다(앞서 나온 예에서는 1 또는 2다). column_dimensions의 경우, 열의 문자를 사용하여 객체 중 하나에 접근할 수 있다(앞서 나온 예에서는 A 또는 B다).

그림 13-6은 dimensions.xlsx 스프레드시트를 나타낸다.

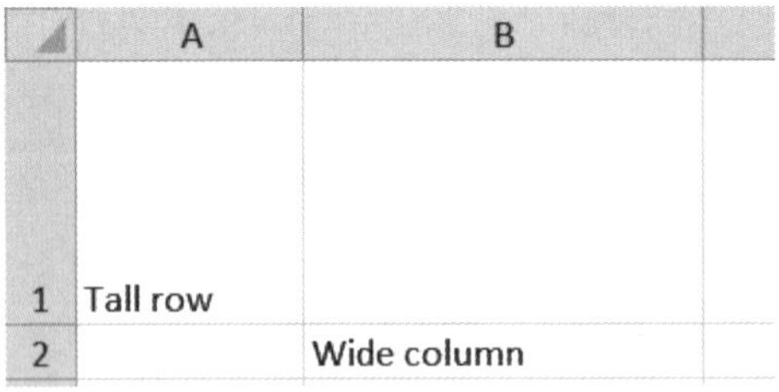

그림 13-6 1행과 B열이 큰 높이와 너비로 설정되었다.

RowDimension 객체를 생성하면 높이를 설정할 수 있다. 마찬가지로 ColumnDimension 객체를 생성하면 너비를 설정할 수 있다. 행의 높이는 0에서 409 사이의 정숫값 또는 실숫값으로 설정할 수 있다. 이 값은 포인트 단위이며 이는 1/72인치에 해당한다. 행 높이의 기본값은 12.75로 설정되어 있다. 열의 너비는 0에서 255 사이의 정숫값 또는 실숫값으로 설정할 수 있다. 이 값은 기본 글씨 크기(11포인트) 기준으로 셀에 나타낼 수 있는 글자 수를 나타낸다. 기본 열의 너비는 8.43자다. 높이가 0인 행이나 너비가 0인 열은 사용자로부터 숨겨진다.

셀 병합하기와 분할하기

직사각형 영역의 셀들은 merge_cells() 시트 메서드를 사용하여 단일 셀로 병합할 수 있다. 대화형 셀에 다음과 같이 입력해 보자.

```
>>> import openpyxl
>>> wb = openpyxl.Workbook()
>>> sheet = wb.active
>>> sheet.merge_cells('A1:D3') # 이 셀들을 전부 병합한다.
>>> sheet['A1'] = 'Twelve cells merged together.'
>>> sheet.merge_cells('C5:D5') # 이 두 개의 셀을 병합한다.
>>> sheet['C5'] = 'Two merged cells.'
>>> wb.save('merged.xlsx')
```

merge_cells()에 전달하는 인자는 병합할 직사각형 영역에서 맨 좌상단에 있는 셀과 맨 우하단에 있는 셀을 하나로 묶은 단일 문자열이다. 'A1:D3'는 열두 개의 셀을 단일 셀로 병합한다. 병합된 셀의 값을 설정하기 위해서는 병합된 그룹의 맨 좌상단에 있는 셀에 값을 설정하면 된다.

이 코드를 실행하면 merged.xlsx는 그림 13-7과 같은 모습이 된다.

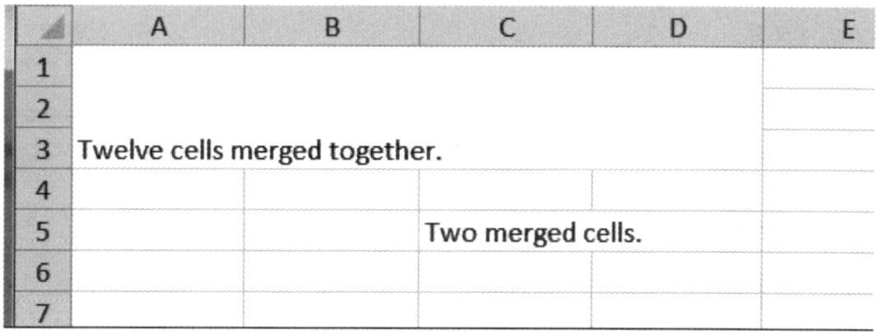

그림 13-7 스프레드시트에서 병합된 셀의 모습

셀을 분할하려면 unmerge_cells() 시트 메서드를 호출하면 된다. 대화형 셀에 다음과 같이 입력해 보자.

```
>>> import openpyxl
>>> wb = openpyxl.load_workbook('merged.xlsx')
>>> sheet = wb.active
>>> sheet.unmerge_cells('A1:D3') # 이 셀들을 나눈다.
>>> sheet.unmerge_cells('C5:D5')
>>> wb.save('merged.xlsx')
```

이러한 변경 사항을 저장하고 스프레드시트를 살펴보면, 병합된 셀이 각각의 셀로 다시 분할되어 있음을 확인할 수 있을 것이다.

틀 고정하기

화면에 한 번에 표시하기 어려울 정도로 큰 스프레드시트는 맨 위의 몇 행이나 맨 왼쪽의 몇 열을 '고정'하면 도움이 된다. 예를 들어 고정한 열이나 행 헤더는 스프레드시트를 스크롤하더라도 사용자가 늘 볼 수 있다. 이를 틀 고정이라 일컫는다. OpenPyXL에서 각 Worksheet 객체는 Cell 객체나 셀의 좌표에 대한 문자열에 설정할 수 있는 freeze_panes 속성이 존재한다. 해당 셀보다 더 위에 위치한 행들 또는 더 왼쪽에 위치한 열들이 고정되지만, 그 셀이 위치한 행과 열은 고정되지 않는다.

틀 고정을 해제하려면 freeze_panes를 None이나 'A1'로 설정하면 된다. 표 13-3은 freeze_panes를 사용했을 때 어떤 행과 열이 고정되는지 몇 가지 예를 들어 보여 준다.

freeze_panes 설정	고정된 행과 열
sheet.freeze_panes' = 'A2'	1행
sheet.freeze_panes' = 'B1'	A열
sheet.freeze_panes' = 'C1'	A, B열
sheet.freeze_panes' = 'C2'	1행과 A, B열
sheet.freeze_panes' = 'A1' 또는 sheet.freeze_panes' = None	고정된 틀이 없음

표 13-3 틀 고정 예시

제품 판매 스프레드시트를 *https://nostarch.com/automatestuff2/*에서 다운로드하자. 그리고 대화형 셀에 다음과 같이 입력해 보자.

```
>>> import openpyxl
>>> wb = openpyxl.load_workbook('produceSales.xlsx')
>>> sheet = wb.active
>>> sheet.freeze_panes = 'A2'  # A2보다 위에 있는 행들을 고정
>>> wb.save('freezeExample.xlsx')
```

freeze_panes 속성을 'A2'로 설정하면, 스프레드시트를 어디로 스크롤하더라도 사용자는 항상 1행을 볼 수 있을 것이다. 그림 13-8에서 이를 볼 수 있다.

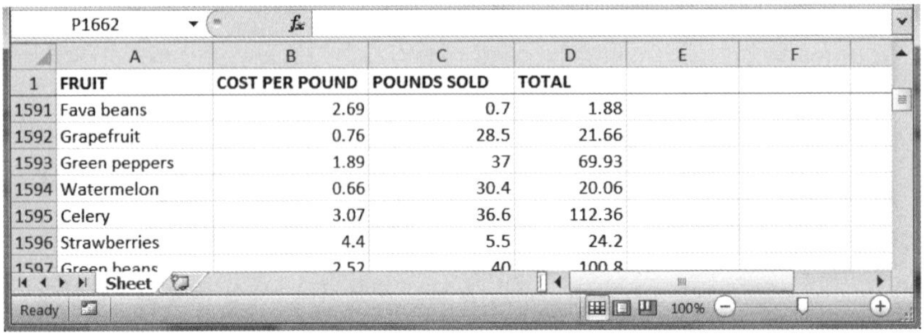

그림 13-8 freeze_panes를 'A2'로 설정하여 사용자가 스크롤을 내리더라도 1행을 늘 볼 수 있다.

차트

OpenPyXL은 시트의 셀에 들어 있는 데이터를 사용하여 막대 차트, 선 차트, 분산 차트, 파이 차트를 생성하는 것을 지원한다. 차트는 다음과 같이 생성할 수 있다.

1. 직사각형 범위의 셀에서 Reference 객체를 생성한다.

2. Reference 객체를 전달하여 Series 객체를 생성한다.

3. Chart 객체를 생성한다.

4. Chart 객체에 Series 객체를 추가한다.

5. Worksheet 객체에 Chart 객체를 추가한다. 이때 선택 사항으로 차트의 좌측 상단 지점이 어느 셀에 위치할지 지정할 수 있다.

Reference 객체는 설명이 약간 필요하다. Reference 객체를 생성하려면 openpyxl.chart_Reference()에 인자를 세 개 전달하여 호출하면 된다.

1. 차트 데이터가 포함된 Worksheet 객체

2. 정수 두 개로 이루어진 튜플. 이는 차트 데이터가 있는 직사각형 형태의 셀 영역의 맨 왼쪽 상단의 위치를 나타낸다. 이때 첫 번째 행은 0이 아니라 1임에 유의하라.

3. 정수 두 개로 이루어진 튜플. 이는 차트 데이터가 있는 직사각형 형태의 셀 영역의 맨 오른쪽 하단의 위치를 나타낸다. 이때 첫 번째 값은 행, 두 번째 값은 열을 나타낸다.

그림 13-9는 몇 가지 좌표 인자를 나타낸다.

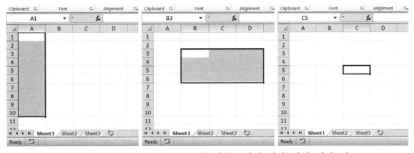

그림 13-9 왼쪽에서 오른쪽 순서대로 (1, 1), (10, 1); (3, 2), (6, 4); (5, 3), (5, 3)

대화형 셀에 다음과 같이 입력해 막대 차트를 만들어 스프레드시트에 추가해 보자.

```
>>> import openpyxl
>>> wb = openpyxl.Workbook()
>>> sheet = wb.active
>>> for i in range(1, 11): # A열에 데이터를 만든다.
...     sheet['A' + str(i)] = i
```

```
...
>>> refObj = openpyxl.chart.Reference(sheet, min_col=1, min_row=1, max_col=1,
max_row=10)
>>> seriesObj = openpyxl.chart.Series(refObj, title='First series')

>>> chartObj = openpyxl.chart.BarChart()
>>> chartObj.title = 'My Chart'
>>> chartObj.append(seriesObj)

>>> sheet.add_chart(chartObj, 'C5')
>>> wb.save('sampleChart.xlsx')
```

이렇게 하면 그림 13-10과 같은 스프레드시트가 만들어진다.

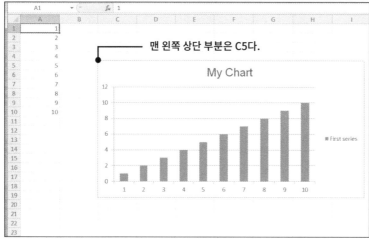

그림 13-10 차트가 추가된 스프레드시트

앞에 나온 예에서 openpyxl.chart.BarChart()로 막대 차트를 생성했다. 선 차트, 분산 차트, 파이 차트도 각각 openpyxl.charts.LineChart(), openpyxl.chart. ScatterChart(), openpyxl.chart.PieChart()를 사용하여 생성할 수 있다.

요약

어떤 정보를 처리할 때 가장 어려운 부분은 처리 과정 그 자체가 아니라 프로그램에 맞는 형식의 데이터를 얻는 것이다. 그러나 일단 파이썬으로 스프레드시트를 불러오면 수작업으로 데이터를 추출하거나 조작하는 것보다 훨씬 빠르게 수행할 수 있다.

프로그램의 출력으로 스프레드시트를 생성할 수도 있다. 이렇게 하면 수천 개의 텍스트 파일 또는 PDF 파일 형식의 판매 연락처를 스프레드시트 파일에 옮기는 등의 귀찮은 일을 해야 할 때, 전부 복사해 엑셀에 붙여 넣을 필요가 없다.

openpyxl 모듈과 약간의 프로그래밍 지식을 갖고 있으면, 큰 스프레드시트 파일도 쉽게 처리할 수 있다.

다음 장에서는 파이썬으로 또 다른 유명한 스프레드시트 프로그램인 구글 스프레드시트와 상호 작용하는 방법을 살펴볼 것이다.

연습 문제

다음 문제들에서 wb라는 변수에 Workbook 객체, sheet라는 변수에 Worksheet 객체, comm 변수에 Comment 객체, img 변수에 Image 객체가 들어 있다고 하자.

1. openpyxl.load_workbook() 함수가 반환하는 값은 무엇인가?
2. 통합 문서의 wb.sheetnames 속성값에 들어 있는 것은 무엇인가?
3. 'Sheet1'이라는 시트에서 Worksheet 객체를 얻는 방법은 무엇인가?
4. 통합 문서의 활성 시트에 대한 Worksheet 객체를 얻는 방법은 무엇인가?
5. C5 셀에 들어 있는 값을 얻는 방법은 무엇인가?
6. C5 셀에 "Hello"라는 값을 설정하는 방법은 무엇인가?
7. 셀의 행과 열 번호를 정숫값으로 얻는 방법은 무엇인가?
8. sheet.max_column과 sheet.max_row라는 속성에는 어떤 값이 들어 있고 이 속성은 어떤 자료형인가?
9. 'M' 열에 대한 정수 인덱스를 얻으려면 어떤 함수를 호출해야 하는가?
10. 14번째 열의 문자열 이름을 얻으려면 어떤 함수를 호출해야 하는가?
11. A1에서 F1까지의 모든 Cell 객체가 들어 있는 튜플을 얻는 방법은 무엇인가?
12. 통합 문서를 example.xlsx라는 파일 이름으로 저장하는 방법은 무엇인가?
13. 셀에서 수식을 설정하는 방법은 무엇인가?
14. 셀에서 수식 그 자체 대신 수식의 결괏값을 얻고 싶을 때 가장 먼저 해야 할 것은 무엇인가?
15. 5번 행의 높이를 100으로 설정하는 방법은 무엇인가?
16. C열을 숨기는 방법은 무엇인가?
17. 틀 고정이 무엇인가?

18. 막대 차트를 생성할 때 호출해야 하는 다섯 가지 함수와 메서드는 무엇인가?

연습 프로젝트

연습을 위해 다음과 같은 작업들을 수행하는 프로그램을 작성해 보자.

곱셈표 만들기

명령 행에서 N이라는 숫자를 받아서 엑셀 스프레드시트에 N×N의 곱셈표를 생성하는 프로그램을 작성하라. 예를 들어 프로그램은 다음과 같이 실행된다.

```
py multiplicationTable.py 6
```

이와 같이 실행한 결과는 그림 13-11과 같아야 한다.

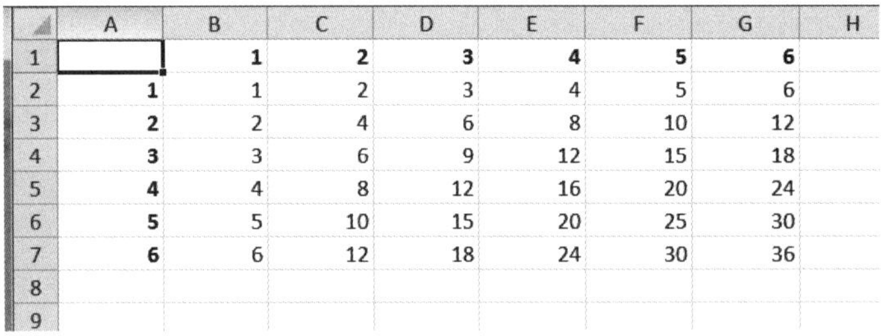

◢	A	B	C	D	E	F	G	H
1		1	2	3	4	5	6	
2	1	1	2	3	4	5	6	
3	2	2	4	6	8	10	12	
4	3	3	6	9	12	15	18	
5	4	4	8	12	16	20	24	
6	5	5	10	15	20	25	30	
7	6	6	12	18	24	30	36	
8								
9								

그림 13-11 스프레드시트에 생성된 곱셈표

1행과 A열은 라벨(label)로 사용되어야 하고 굵은 글씨로 되어 있어야 한다.

빈 행 삽입하기

명령 행 인자로 정수 두 개와 문자열 형식의 파일 이름 한 개를 받는 blankRow Inserter.py라는 프로그램을 작성해 보자. 첫 번째 정수를 N, 두 번째 정수를 M이라고 하자. 프로그램은 스프레드시트에 N열에서 시작하는 M개의 빈 행을 삽입한다. 예를 들어 프로그램은 다음과 같이 실행된다.

```
python blankRowInserter.py 3 2 myProduce.xlsx
```

이 프로그램의 실행 '이전'과 '이후'가 그림 13-12에 나타나 있다.

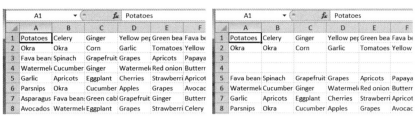

그림 13-12 3행에서 시작하는 두 개의 빈 행을 삽입하기 이전(왼쪽)과 이후(오른쪽)의 모습

이 프로그램은 먼저 스프레드시트의 내용을 읽는 것으로 시작한다. 그 뒤에 새로운 스프레드시트를 작성할 때, for 반복문을 사용하여 처음 N개의 행을 복사하고 나머지 행들은 기존 행 번호에 M을 더한다.

스프레드시트 셀 반전시키기

셀의 행과 열을 반전시키는 프로그램을 작성하라. 예를 들어 5행 3열에 위치한 값을 3행 5열에 위치하도록 한다(반대의 경우도 마찬가지다). 이를 스프레드시트의 모든 셀에 대해 수행한다. 그림 13-13은 어떤 스프레드시트를 반전시키기 '이전'과 '이후'의 예를 보여 준다.

	A	B	C	D	E	F	G	H	I	J
1	ITEM	SOLD								
2	Eggplant	334								
3	Cucumber	252								
4	Green cabl	238								
5	Eggplant	516								
6	Garlic	98								
7	Parsnips	16								
8	Asparagus	335								
9	Avocados	84								
10										

	A	B	C	D	E	F	G	H	I	J
1	ITEM	Eggplant	Cucumber	Green cabl	Eggplant	Garlic	Parsnips	Asparagus	Avocados	
2	SOLD	334	252	238	516	98	16	335	84	
3										
4										
5										
6										
7										
8										
9										
10										

그림 13-13 어떤 스프레드시트를 반전시키기 이전(위)과 이후(아래)의 모습

이 프로그램은 중첩 for 반복문을 사용하여 스프레드시트의 데이터를 읽고 중첩 리스트에 저장하는 방식으로 작성할 수 있다. 반전하기 이전 x열 y행에 위치한 셀의 자료 구조는 sheetData[x][y]이고, 새 스프레드시트를 작성할 때 x열 y행에 위치한 셀의 자료 구조는 sheetData[y][x]다.

텍스트 파일을 스프레드시트로

몇몇 텍스트 파일에 있는 내용을 읽고(각자 텍스트 파일을 별도로 만들어도 된다), 이 내용을 스프레드시트에 삽입하는 프로그램을 작성해 보자. 이때 텍스트 한 줄이 한 행에 삽입되도록 한다. 첫 번째 텍스트 파일에 있는 내용은 A열의 셀들에, 두 번째 텍스트 파일에 있는 내용은 B열의 셀들에 들어 있는 식이다.

File 객체의 readlines() 메서드를 사용하여 문자열로 된 리스트를 반환하도록 하자. 이때 한 문자열은 파일의 한 줄에 해당한다. 첫 번째 파일의 첫 번째 줄은 1행 1열에, 두 번째 줄은 2열 1행에 들어가는 방식이다. readlines()로 읽은 다음 파일은 2열에, 그다음 파일은 3열에 저장되는 방식으로 이어진다.

스프레드시트를 텍스트 파일로

이전 프로그램과 정반대 역할을 하는 프로그램을 작성하라. 즉, 어떤 스프레드시트를 열고 A열에 있는 셀들을 하나의 텍스트 파일로, B열에 있는 셀들을 또 다른 텍스트 파일로 저장하는 방식의 프로그램을 작성해 보자.

14장

구글 스프레드시트 다루기

구글 스프레드시트는 다양한 기능을 제공하는 웹 기반 스프레드시트 애플리케이션으로, 엑셀의 강력한 경쟁 프로그램으로 각광받고 있으며 구글 계정이나 지메일 주소가 있는 사용자라면 누구나 무료로 사용할 수 있다. 구글 스프레드시트는 자체 API를 제공하지만, 일반 사용자들이 사용하기에는 어려울 수 있다는 문제점이 있다. 이 장에서는 서드 파티 모듈인 EZSheets를 소개한다. 이에 대한 자세한 문서는 *https://ezsheets.readthedocs.io/*에서 찾아볼 수 있다. 공식 구글 스프레드시트 API만큼 많은 기능을 제공하지는 않지만, 자주 사용하는 스프레드시트 작업은 EZSheets로 쉽게 수행할 수 있다.

EZSheets 설치 및 설정

새 터미널 창을 열고, `pip install --user ezsheets`를 실행하면, EZSheets를 설치할 수 있다. 설치 과정에서 EZSheets는 `google-api-python-client`, `google-auth-httplib2`, `google-auth-oauthlib`을 설치한다. 이 모듈들을 사용하면 프로그램으로 구글 서버에 로그인하여 API 요청을 할 수 있다. EZSheets는 이 모듈들과 상호 작용하는 역할을 하기 때문에 이 모듈들이 어떻게 작동하는지 걱정할 필요는 없다.

사용자 인증 정보와 토큰 파일 얻기

EZSheets를 사용하기 전에 사용자의 구글 계정으로 구글 스프레드시트와 구글 드라이브 API를 사용할 수 있도록 해야 한다. 다음 웹 페이지들을 방문하여 사용(Enable) 버튼을 클릭하라.

- *https://console.developers.google.com/apis/library/sheets.googleapis.com/*
- *https://console.developers.google.com/apis/library/drive.googleapis.com/*

또한, 다음 파일 세 개를 받아야 한다. 이 파일들은 EZSheets를 사용하는 파이썬 스크립트인 .py 파일과 같은 폴더에 위치해야 한다.

- credentials-sheets.json이라는 이름의 사용자 인증 정보 파일
- token-sheets.pickle이라는 이름의 구글 스프레드시트 토큰
- token-drive.pickle이라는 이름의 구글 드라이브 토큰

이 사용자 인증 정보 파일은 토큰 파일을 생성할 것이다. 사용자 인증 정보 파일을 얻는 가장 쉬운 방법은 *https://developers.google.com/sheets/api/quickstart/python/*에 있는 'Google Sheets Python QuickStart'라는 페이지에 접속하여 그림 14-1과 같이 구글 스프레드시트 API 사용(Enable the Google Sheets API) 버튼을 클릭하는 것이다. 여기서 이 페이지를 보기 위해서는 각자의 구글 계정으로 로그인해야 한다.

그림 14-1 credentials.json 파일 얻기

이 버튼을 클릭하면 credentials.json 파일을 다운로드할 수 있는 클라이언트 구성 다운로드(Download Client Configuration) 링크가 있는 창이 나타날 것이다. 이 파일의 이름을 credentials-sheets.json으로 변경하고 파이썬 스크립트와 같은 폴더에 위치시키자.

이 credentials-sheets.json 파일을 생성한 뒤에 `import ezsheets` 모듈을 실행해 보자. 처음 EZSheets 모듈을 불러오면 구글 계정으로 로그인하라는 웹 브라우저 창이 열릴 것이다. 그림 14-2와 같이 허용(Allow) 버튼을 클릭하자.

Google Sheets Python Quickstart 페이지에서 사용자 인증 정보 파일을 다운로드해야 빠른 시작에 대한 메시지를 볼 수 있다. 이 창은 두 번 나타난다. 첫 번째는 구글 스프레드시트에, 두 번째는 구글 드라이브에 접근하기 위한 것이다. EZSheets는 스프레드시트를 업로드, 다운로드, 삭제하기 위해 구글 드라이브에 접근한다.

로그인을 완료하면 브라우저 창에서 이를 닫으라는 메시지가 나타나고, token-sheets.pickle과 token-drive.pickle 파일이 credentials-sheet.json과 동일한 폴더에 나타난다. 이러한 프로세스는 처음으로 import ezsheets를 실행할 때만 진행하면 된다.

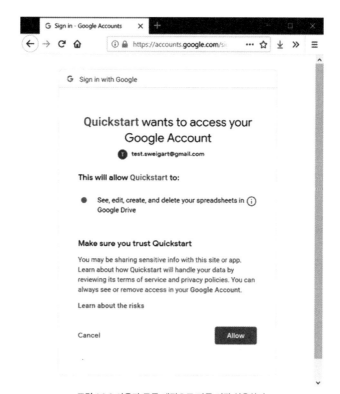

그림 14-2 사용자 구글 계정으로 빠른 시작 허용하기

허용 버튼을 클릭한 후에 오류가 발생하여 페이지가 멈췄다면, 이 절의 앞부분에 있는 링크에서 구글 스프레드시트와 드라이브 API를 활성화했는지 확인하라. 구글 서버에서 이러한 변동 사항을 등록하는 데 시간이 걸릴 수 있기 때문에 EZSheets를 실행하기 전에 기다려야 한다.

사용자 인증 정보 파일이나 토큰 파일을 타인과 공유해서는 안 된다. 이 파일들은 비밀번호처럼 취급하도록 하자.

사용자 인증 정보 파일 철회하기

실수로 타인과 사용자 인증 정보 파일이나 토큰 파일을 공유했다면, 공유한 사람이 원 사용자의 구글 계정 비밀번호를 변경할 수는 없지만, 사용자의 스프레드시트에 접근할 수 있다. 구글 클라우드 플랫폼의 개발자 콘솔 페이지인 *https://console.developers.google.com*에서 이 파일들을 철회할 수 있다. 구글 계정으로 로그인해야 이 페이지를 볼 수 있다. 사이드바(sidebar)에서 인증(Credentials) 링크를 클릭하라. 그리고 그림 14-3과 같이 실수로 공유한 사용자 인증 정보 파일의 옆에 있는 휴지통 아이콘을 클릭하라.

그림 14-3 구글 클라우드 플랫폼 개발자 콘솔에서 사용자 인증 정보 페이지

이 페이지에서 새로운 사용자 인증 정보 파일을 생성하려면, 그림 14-3의 사용자 인증 정보 생성하기(Create Credentials) 버튼을 클릭하고 OAuth 클라이언트 ID(OAuth Client ID)를 선택하면 된다. 그리고 응용 분야는 기타(Other) 버튼을 선택하고 원하는 파일 이름을 부여한다. 새로운 사용자 인증 정보 파일은 페이지에 나열되며, 다운로드 아이콘을 클릭하여 다운로드할 수 있다. 다운로드한 파일은 길고 복잡한 이름으로 되어 있을 것이다. 따라서 이를 EZSheets가 불러오려고 하는 파일 이름인 credentials-sheets.json으로 변경해야 한다. 이전 절에서 설명했던 것처럼 구글 스프레드시트 API 사용 버튼을 클릭하는 방법으로도 사용자 인증 정보 파일을 새로 생성할 수 있다.

Spreadsheet 객체

구글 스프레드시트에서 한 스프레드시트는 여러 개의 시트(또는 워크시트)를 포함할 수 있다. 각 시트에는 어떤 값들이 들어가는 행과 열이 포함되어 있다. 그림 14-4는 'Education Data'라는 이름의 스프레드시트를 나타내는데 이 스프레드시트에는 'Students', 'Classes', 'Resources'라는 이름의 시트가 있다. 각 시트의 첫 번째 열은 A로, 첫 번째 행은 1로 이름이 붙었다.

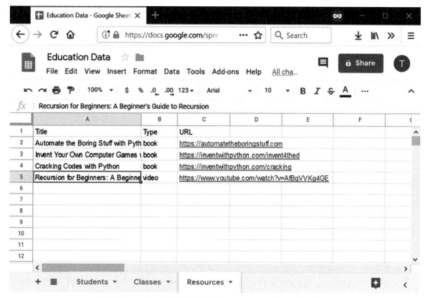

그림 14-4 시트 세 개가 있는 'Education Data' 스프레드시트

대부분 Sheet 객체를 수정하는 작업을 수행하게 되지만, Spreadsheet 객체도 수정할 수 있다. 이는 다음 절에서 곧 자세히 설명할 것이다.

스프레드시트 생성, 업로드, 나열하기

기존 스프레드시트나 빈 스프레드시트 또는 업로드된 스프레드시트에서 새로운 Spreadsheet 객체를 생성할 수 있다. 이미 존재하는 구글 스프레드시트에서 Spreadsheet 객체를 생성하려면, 해당 스프레드시트의 문자열 아이디가 필요하다. 구글 스프레드시트의 고유 아이디는 URL에서 찾을 수 있는데, 이는 spreadsheets/d/ 부분과 /edit 부분 사이에 있다. 예를 들어 그림 14-4의 스프레드시트는 URL 주소가 *https://docs.google.com/spreadsheets/d/1J-Jx6Ne2K_vqI9J2SO-TAXOFbxx_9tUjwnkPC22LjeU/edit#gid=151537240/*이므로 이 스프레드시트의 아이디는 1J-Jx6Ne2K_vqI9J2SO-TAXOFbxx_9tUjwnkPC22LjeU다.

 이 장에서 사용하는 특정 스프레드시트 아이디는 내 구글 계정에서 생성한 스프레드시트의 아이디이다. 대화형 셸에 이를 그대로 입력하면 작동하지 않을 것이다. https://sheets.google.com/에 접속해 각자 계정으로 스프레드시트를 생성하고, 생성한 스프레드시트의 주소 창에서 아이디를 가지고 오도록 하자.

문자열 형식의 스프레드시트 아이디를 ezsheets.Spreadsheet() 함수에 전달하면 해당 스프레드시트의 Spreadsheet 객체를 얻을 수 있다.

```
>>> import ezsheets
>>> ss = ezsheets.Spreadsheet('1J-Jx6Ne2K_vqI9J2SO-TAXOFbxx_9tUjwnkPC22LjeU')
>>> ss
Spreadsheet(spreadsheetId='1J-Jx6Ne2K_vqI9J2SO-TAXOFbxx_9tUjwnkPC22LjeU')
>>> ss.title
'Education Data'
```

사용자 편의를 위해 이미 존재하는 스프레드시트의 전체 URL을 함수에 전달하여 해당 스프레드시트의 Spreadsheet 객체를 얻을 수 있다. 또한, 구글 계정에 특정 제목으로 된 스프레드시트가 단 한 개만 존재하는 경우, 해당 스프레드시트의 제목을 문자열 형태로 전달하는 방식도 가능하다.

빈 스프레드시트를 새로 만들기 위해서는 해당 스프레드시트의 제목을 문자열 형태로 ezsheets.createSpreadsheet() 함수에 전달하여 호출하면 된다. 예를 들어 대화형 셸에 다음과 같이 입력해 보자.

```
>>> import ezsheets
>>> ss = ezsheets.createSpreadsheet('Title of My New Spreadsheet')
>>> ss.title
'Title of My New Spreadsheet'
```

기존에 있는 엑셀, 오픈오피스, CSV, TSV 형식의 스프레드시트 파일을 구글 스프레드시트에 업로드하려면, 해당 스프레드시트 파일의 이름을 ezsheets.upload()에 전달하면 된다. 대화형 셸에 다음과 같이 입력해 보자. 이때 my_spreadsheet.xlsx를 각자 실제로 갖고 있는 스프레드시트 파일 이름으로 대체하자.

```
>>> import ezsheets
>>> ss = ezsheets.upload('my_spreadsheet.xlsx')
>>> ss.title
'my_spreadsheet'
```

listSpreadsheets() 함수를 호출하면 구글 계정에 있는 스프레드시트를 전부 나열할 수 있다. 스프레드시트를 한 개 업로드한 뒤에 대화형 셸에 다음과 같이 입력해 보자.

```
>>> ezsheets.listSpreadsheets()
{'1J-Jx6Ne2K_vqI9J2SO-TAXOFbxx_9tUjwnkPC22LjeU': 'Education Data'}
```

listSpreadsheets() 함수는 키가 스프레드시트 아이디이고, 값이 각 스프레드시트의 제목인 딕셔너리를 반환한다.

　Spreadsheet 객체를 생성하면, 그 객체의 속성이나 메서드를 사용하여 구글 스프레드시트에서 호스팅되는 온라인 스프레드시트를 조작할 수 있다.

Spreadsheet의 속성

실제 데이터들은 스프레드시트의 각 시트에 존재하는 반면, Spreadsheet 객체는 스프레드시트 그 자체를 조작할 수 있는 title, spreadsheetId, url, sheetTitles, sheets와 같은 속성들을 갖는다. 대화형 셸에 다음과 같이 입력해 보자.

```
>>> import ezsheets
>>> ss = ezsheets.Spreadsheet('1J-Jx6Ne2K_vqI9J2SO-TAXOFbxx_9tUjwnkPC22LjeU')
>>> ss.title # 스프레드시트 제목
'Education Data'
>>> ss.title = 'Class Data' # 제목 변경하기
>>> ss.spreadsheetId # 고유 아이디(이는 읽기 전용 속성이다)
'1J-Jx6Ne2K_vqI9J2SO-TAXOFbxx_9tUjwnkPC22LjeU'
>>> ss.url # 원본 URL(이는 읽기 전용 속성이다)
'https://docs.google.com/spreadsheets/d/1J-Jx6Ne2K_vqI9J2SOTAXOFbxx_9tUjwnkPC22LjeU/'
>>> ss.sheetTitles # Sheet 객체 제목
('Students', 'Classes', 'Resources')
>>> ss.sheets # 이 스프레드시트에 있는 Sheet 객체들을 순서대로 정렬
(<Sheet sheetId=0, title='Students', rowCount=1000, columnCount=26>, <Sheet
sheetId=1669384683, title='Classes', rowCount=1000, columnCount=26>, <Sheet
sheetId=151537240, title='Resources', rowCount=1000, columnCount=26>)
>>> ss[0] # 스프레드시트에 있는 첫 번째 Sheet 객체
<Sheet sheetId=0, title='Students', rowCount=1000, columnCount=26>
>>> ss['Students'] # 시트는 제목으로도 접근할 수 있다.
<Sheet sheetId=0, title='Students', rowCount=1000, columnCount=26>
>>> del ss[0] # 이 스프레드시트의 첫 번째 Sheet 객체를 삭제한다.
>>> ss.sheetTitles # 'Students' Sheet 객체는 삭제되었다.
('Classes', 'Resources')
```

구글 스프레드시트 웹 사이트에서 어떤 스프레드시트를 수정하면, refresh() 메서드를 사용하여 온라인 데이터와 Spreadsheet 객체의 내용이 일치하도록 업데이트할 수 있다.

```
>>> ss.refresh()
```

이는 Spreadsheet 객체의 속성뿐 아니라 Sheet 객체에 있는 데이터도 새로 고친다. 이러한 방식으로 Spreadsheet 객체를 수정하면 온라인 스프레드시트에도 실시간으로 반영된다.

스프레드시트 다운로드 및 업로드

구글 스프레드시트를 엑셀, 오픈오피스, CSV, TSV, PDF 등 다양한 형식으로 다운로드할 수 있다. 또한, 스프레드시트 데이터가 들어 있는 HTML 파일을 포함한 ZIP 파일 형식으로도 다운로드할 수 있다. EZSheets는 다음과 같은 옵션들을 위한 함수들을 제공한다.

```
>>> import ezsheets
>>> ss = ezsheets.Spreadsheet('1J-Jx6Ne2K_vqI9J2SO-TAXOFbxx_9tUjwnkPC22LjeU')
>>> ss.title
'Class Data'
>>> ss.downloadAsExcel() # 스프레드시트를 엑셀 파일로 다운로드한다.
'Class_Data.xlsx'
>>> ss.downloadAsODS() # 스프레드시트를 오픈오피스 파일로 다운로드한다.
'Class_Data.ods'
>>> ss.downloadAsCSV() # 첫 번째 시트만 CSV 파일 형식으로 다운로드한다.
'Class_Data.csv'
>>> ss.downloadAsTSV() # 첫 번째 시트만 TSV 파일 형식으로 다운로드한다.
'Class_Data.tsv'
>>> ss.downloadAsPDF() # 스프레드시트를 PDF 형식으로 다운로드한다.
'Class_Data.pdf'
>>> ss.downloadAsHTML() # 스프레드시트를 HTML 파일들이 있는 ZIP 형식으로 다운로드한다.
'Class_Data.zip'
```

여기서 CSV와 TSV 형식은 단일 시트만 담을 수 있다는 데 주의하자. 즉, 구글 스프레드시트로 작성한 어떤 스프레드시트를 이러한 형식으로 다운로드하면 첫 번째 시트만 얻을 수 있다. 다른 시트도 다운로드하려면 Sheet 객체의 index 속성을 0으로 변경해야 한다. '시트 생성하고 삭제하기'(397쪽)에서는 이러한 작업을 수행하는 방법을 설명한다.

다운로드 함수는 다운로드한 모든 파일의 이름을 문자열 형식으로 반환한다.

또한, 다운로드 함수에 새로운 파일 이름을 전달하여 스프레드시트에 고유한 파일 이름을 지정할 수 있다.

```
>>> ss.downloadAsExcel('a_different_filename.xlsx')
'a_different_filename.xlsx'
```

이 함수는 업데이트된 파일 이름을 반환한다.

스프레드시트 삭제하기

스프레드시트를 삭제하려면 delete() 메서드를 호출하면 된다.

```
>>> import ezsheets
>>> ss = ezsheets.createSpreadsheet('Delete me') # 스프레드시트를 생성한다.
>>> ezsheets.listSpreadsheets() # 스프레드시트를 생성했는지 확인한다.
{'1aCw2NNJSZblDbhygVv77kPsL3djmgV5zJZllSOZ_mRk': 'Delete me'}
>>> ss.delete() # 스프레드시트를 삭제한다.
>>> ezsheets.listSpreadsheets()
{}
```

delete() 메서드는 해당 스프레드시트 파일을 구글 드라이브의 휴지통 폴더로 옮긴다. 휴지통 폴더에 있는 내용물은 *https://drive.google.com/drive/trash*에서 볼 수 있다. 스프레드시트를 영구히 삭제하려면 permanent 키워드 인사에 True를 전달하자.

```
>>> ss.delete(permanent=True)
```

일반적으로 스프레드시트를 영구히 삭제하는 것은 별로 좋은 생각이 아니다. 스크립트에 있는 버그로 인해 실수로 스프레드시트를 삭제했을 때, 해당 파일을 복구하는 것이 불가능하기 때문이다. 무료 구글 드라이브 계정에도 수 기가바이트의 저장 공간이 있으므로 대부분의 경우 공간 확보에 대한 걱정은 하지 않아도 된다.

Sheet 객체

Spreadsheet 객체에는 한 개 또는 그보다 많은 수의 Sheet 객체가 존재한다. Sheet 객체는 각 시트의 데이터 행과 열을 나타낸다. 이러한 시트들에 접근하기 위해서는 대괄호 연산자와 정수 인덱스를 사용한다. Spreadsheet 객체의 sheets 속성에는 해당 스프레드시트에 존재하는 시트들에 대한 Sheet 객체들로 구성된

튜플이 있다. 스프레드시트의 Sheet 객체에 접근하기 위해 대화형 셸에 다음과
같이 입력해 보자.

```
>>> import ezsheets
>>> ss = ezsheets.Spreadsheet('1J-Jx6Ne2K_vqI9J2SO-TAXOFbxx_9tUjwnkPC22LjeU')
>>> ss.sheets # 스프레드시트에 있는 Sheet 객체들이 정렬된 상태로 존재한다.
(<Sheet sheetId=1669384683, title='Classes', rowCount=1000, columnCount=26>,
<Sheet sheetId=151537240, title='Resources', rowCount=1000, columnCount=26)
>>> ss.sheets[0] # 이 스프레드시트의 첫 번째 Sheet 객체를 얻는다.
<Sheet sheetId=1669384683, title='Classes', rowCount=1000, columnCount=26>
>>> ss[0] # 여기서도 이 스프레드시트의 첫 번째 Sheet 객체를 얻는다.
<Sheet sheetId=1669384683, title='Classes', rowCount=1000, columnCount=26>
```

또한, 대괄호 연산자와 문자열 형식의 시트 이름을 사용하여 Sheet 객체를 얻을
수 있다. Spreadsheet 객체의 sheetTitles 속성에는 시트 제목들로 구성된 튜플
이 있다. 예를 들어 대화형 셸에 다음과 같이 입력해 보자.

```
>>> ss.sheetTitles # 이 스프레드시트에 있는 Sheet 객체들의 제목
('Classes', 'Resources')
>>> ss['Classes'] # 시트 제목으로도 시트에 접근할 수 있다.
<Sheet sheetId=1669384683, title='Classes', rowCount=1000, columnCount=26>
```

Sheet 객체를 생성한 뒤에는 Sheet 객체의 메서드를 사용하여 데이터를 읽거나
쓸 수 있다. 이는 바로 뒤에서 설명할 것이다.

데이터 읽기와 쓰기

엑셀과 마찬가지로 구글 스프레드시트의 워크시트에도 데이터가 들어 있는 셀
들의 행과 열이 있다. 대괄호 연산자를 사용하여 이 셀에 데이터를 쓰거나 셀에
서 데이터를 읽을 수 있다. 예를 들어 새로운 스프레드시트를 생성하고 데이터
를 추가하기 위해 대화형 셸에 다음과 같이 입력해 보자.

```
>>> import ezsheets
>>> ss = ezsheets.createSpreadsheet('My Spreadsheet')
>>> sheet = ss[0] # 이 스프레드시트의 첫 번째 시트를 얻는다.
>>> sheet.title
'Sheet1'
>>> sheet = ss[0]
>>> sheet['A1'] = 'Name' # 셀 A1에 값을 설정한다.
>>> sheet['B1'] = 'Age'
>>> sheet['C1'] = 'Favorite Movie'
>>> sheet['A1'] # 셀 A1의 값을 읽는다.
'Name'
>>> sheet['A2'] # 빈 셀은 빈 문자열을 반환한다.
```

```
''
>>> sheet[2, 1] # 2열 1행은 B1과 같은 위치를 나타낸다.
'Age'
>>> sheet['A2'] = 'Alice'
>>> sheet['B2'] = 30
>>> sheet['C2'] = 'RoboCop'
```

이 명령문들로 그림 14-5와 같은 구글 스프레드시트 파일을 생성한다.

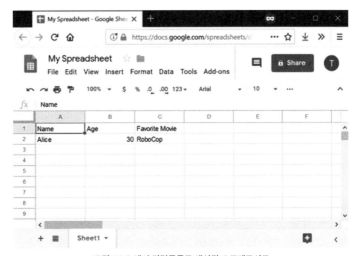

그림 14-5 예시 명령문들로 생성된 스프레드시트

여러 명의 사용자가 시트를 동시에 업데이트할 수 있다. Sheet 객체에 있는 로컬 데이터를 새로 고치려면 해당 객체의 refresh() 메서드를 호출하자.

```
>>> sheet.refresh()
```

Spreadsheet 객체를 처음 불러올 때 Sheet 객체의 모든 데이터를 불러온다. 따라서 데이터를 즉시 읽을 수 있다. 반면 온라인 스프레드시트에 값을 작성할 때는 네트워크 연결이 필수이고, 시간이 몇 초가량 걸릴 수도 있다. 셀 수천 개를 한 번에 업데이트하려고 하면 속도가 매우 느려질 것이다.

행과 열의 주소 지정하기

구글 스프레드시트에서 셀의 주소를 지정하는 방식은 엑셀과 매우 비슷하다. 유일한 차이점은 파이썬의 인덱스는 0으로 시작하는데 구글 스프레드시트는 행과 열이 1부터 시작한다는 점이다. 즉, 첫 번째 행과 열의 인덱스는 0이 아니라 1이다. 문자열 형식의 주소인 'A2'는 convertAddress() 함수를 활용하여 튜플 형식의 주소인 (column, row)로 변환할 수 있다(반대의 경우도 가능하다). 함수 getColumnLetterOf()와 getColumnNumberOf()는 각각 숫자로 된 열의 주소를 문자로, 문자로 된 열의 주소를 숫자로 변환한다. 대화형 셸에 다음과 같이 입력해보자.

```
>>> import ezsheets
>>> ezsheets.convertAddress('A2') # 주소를 변환한다.
(1, 2)
>>> ezsheets.convertAddress(1, 2) # 그리고 다시 원래 주소로 변환한다.
'A2'
>>> ezsheets.getColumnLetterOf(2)
'B'
>>> ezsheets.getColumnNumberOf('B')
2
>>> ezsheets.getColumnLetterOf(999)
'ALK'
>>> ezsheets.getColumnNumberOf('ZZZ')
18278
```

소스 코드에 주소를 직접 입력한다면 'A2'와 같은 단일 문자열 형식의 주소가 편리할 것이다. 그러나 일정 범위의 주소들에 대해 반복하여 숫자 형식으로 표현한 열이 필요할 때는 (column, row)처럼 튜플 형식으로 나타낸 주소가 편리할 것이다. 두 가지 형식 간에 서로 변환해야 할 때는 convertAddress(), getColumnLetterOf(), getColumnNumberOf() 함수를 사용하면 된다.

전체 열과 행을 읽고 쓰기

이미 언급한 바와 같이 데이터를 한 번에 한 셀에만 쓰면 시간이 매우 오래 걸린다. 다행히도 EZSheets에는 전체 열과 행을 동시에 읽거나 쓸 수 있는 Sheet 메서드가 있다. getColumn(), getRow(), updateColumn(), updateRow() 메서드는 각각 열과 행에 대해 읽고 쓰는 역할을 한다. 이 메서드들은 구글 스프레드시트 서버에 스프레드시트를 업데이트하도록 요청하기 때문에 이를 사용하려면 인터넷에 연결되어 있어야 한다. 이 예에서는 이전에 작성한 produceSales.xlsx를 구글 스프레드시트에 업로드할 것이다. 첫 여덟 줄은 표 14-1과 같다.

	A	B	C	D
1	PRODUCE	COST PER POUND	POUNDS SOLD	TOTAL
2	Potatoes	0.86	21.6	18.58
3	Okra	2.26	38.6	87.24

4	Fava beans	2.69	32.8	88.23
5	Watermelon	0.66	27.3	18.02
6	Garlic	1.19	4.9	5.83
7	Parsnips	2.27	1.1	2.5
8	Asparagus	2.49	37.9	94.37

표 14-1 produceSales.xlsx 스프레드시트의 첫 여덟 줄

이 스프레드시트를 업로드하기 위해 대화형 셸에 다음과 같이 입력해 보자.

```
>>> import ezsheets
>>> ss = ezsheets.upload('produceSales.xlsx')
>>> sheet = ss[0]
>>> sheet.getRow(1) # 첫 번째 행은 0번 행이 아닌 1번 행이다.
['PRODUCE', 'COST PER POUND', 'POUNDS SOLD', 'TOTAL', '', '']
>>> sheet.getRow(2)
['Potatoes', '0.86', '21.6', '18.58', '', '']
>>> columnOne = sheet.getColumn(1)
>>> sheet.getColumn(1)
['PRODUCE', 'Potatoes', 'Okra', 'Fava beans', 'Watermelon', 'Garlic',
--생략--
>>> sheet.getColumn('A') # getColumn(1)과 같은 결과다.
['PRODUCE', 'Potatoes', 'Okra', 'Fava beans', 'Watermelon', 'Garlic',
--생략--
>>> sheet.getRow(3)
['Okra', '2.26', '38.6', '87.24', '', '']
>>> sheet.updateRow(3, ['Pumpkin', '11.50', '20', '230'])
>>> sheet.getRow(3)
['Pumpkin', '11.50', '20', '230', '', '']
>>> columnOne = sheet.getColumn(1)
>>> for i, value in enumerate(columnOne):
...     # 파이썬 리스트가 대문자 문자열을 갖도록 하자.
...     columnOne[i] = value.upper()
...
>>> sheet.updateColumn(1, columnOne) # 한 번 요청할 때 전체 열을 업데이트한다.
```

getRow()와 getColumn() 함수는 특정 행이나 열의 셀에 있는 모든 값을 검색하여 리스트 형식의 값으로 반환한다. 빈 셀은 리스트에서 빈 문자열값으로 반환된다. 특정 열의 데이터를 얻기 위해 getColumn() 함수를 사용할 때, 해당 열의 숫자 또는 이름을 전달할 수 있다. 앞에 나온 예에서 getColumn(1)과 getColumn('A')는 동일한 리스트를 반환한다.

updateRow()와 updateColumn() 함수는 각각 특정 행이나 열에 있는 데이터를 함수에 전달하는 리스트값으로 덮어쓴다. 앞에 나온 예에서 세 번째 행은 원래

오크라(Okra)의 정보를 갖고 있었지만 updateRow()를 호출하여 데이터가 호박 (Pumpkin)에 대한 정보로 대체되었다. 세 번째 행의 새로운 값을 확인하기 위해 sheet.getRow(3)을 호출해 보자.

다음으로 'produceSales' 스프레드시트를 업데이트하자. 업데이트해야 할 셀이 많은 경우 한 번에 셀 한 개씩 업데이트하는 것은 매우 느린 방법이다. 한 행이나 열을 리스트로 얻고 그 리스트를 업데이트한 뒤에 전체 열이나 행을 해당 리스트로 업데이트하는 것이 훨씬 빠른 방법이다. 이렇게 하면 한 번의 요청으로 모든 변경 사항을 수행할 수 있기 때문이다.

한 번에 모든 행을 얻으려면 getRows() 메서드를 호출하여 중첩 리스트 형식의 값을 얻으면 된다. 외부 리스트 안에 있는 내부 리스트는 시트의 단일 행을 나타낸다. 이러한 데이터 구조에서 값을 변경함으로써 어떤 행에 해당하는 상품 이름이나 파운드 단위 판매량 그리고 총비용 등을 변경할 수 있다. 그리고 이를 updateRows() 메서드에 전달하면 된다. 대화형 셸에 다음과 같이 입력해 보자.

```
>>> rows = sheet.getRows() # 스프레드시트의 모든 행을 얻는다.
>>> rows[0] # 첫 번째 행에 있는 값을 확인한다.
['PRODUCE', 'COST PER POUND', 'POUNDS SOLD', 'TOTAL', '', '']
>>> rows[1]
['POTATOES', '0.86', '21.6', '18.58', '', '']
>>> rows[1][0] = 'PUMPKIN' # 상품 이름을 변경한다.
>>> rows[1]
['PUMPKIN', '0.86', '21.6', '18.58', '', '']
>>> rows[10]
['OKRA', '2.26', '40', '90.4', '', '']
>>> rows[10][2] = '400' # 파운드 단위 판매량을 변경한다.
>>> rows[10][3] = '904' # 총비용을 변경한다.
>>> rows[10]
['OKRA', '2.26', '400', '904', '', '']
>>> sheet.updateRows(rows) # 변경된 값으로 온라인 스프레드시트를 업데이트한다.
```

getRows()가 반환한 중첩 리스트를 updateRows()에 전달하여 호출하는 방식으로, 요청 한 번으로 전체 시트를 업데이트할 수 있다. 이때 1행부터 10행까지 변경 사항이 적용된다.

앞에 나온 예의 경우 구글 스프레드시트에서 각 행의 마지막에 빈 문자열이 존재한다는 데 유의하자. 이는 업로드한 시트에서 열의 개수가 6으로 나타나는 반면, 실제 데이터는 네 개의 열로 구성되어 있기 때문이다. 시트의 행과 열의 개수는 rowCount와 columnCount 속성으로 읽을 수 있다. 이 값을 설정하면 시트 크기도 변경할 수 있다.

```
>>> sheet.rowCount  # 시트의 행 개수
23758
>>> sheet.columnCount  # 시트의 열 개수
6
>>> sheet.columnCount = 4  # 열의 개수를 4로 변경
>>> sheet.columnCount  # 이제 열의 개수는 4
4
```

이러한 명령문들은 그림 14-6과 같이 'produceSales' 스프레드시트의 다섯 번째
와 여섯 번째 열을 삭제한다.

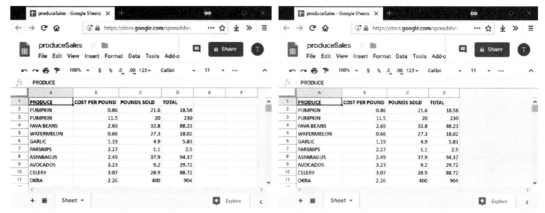

그림 14-6 열의 개수를 4로 변경하기 전(왼쪽)과 후(오른쪽)

*https://support.google.com/drive/answer/37603*에 있는 정보에 따르면 구글 스프레
드시트 형식의 단일 스프레드시트는 셀을 최대 500만 개 가질 수 있다고 한다.
그러나 데이터를 업데이트하고 새로 고치는 데 걸리는 시간을 최소화하기 위해
필요한 만큼의 크기로 시트를 만드는 것이 좋다.

시트 생성하고 삭제하기

모든 구글 스프레드시트 형식의 스프레드시트는 'Sheet1'이라는 이름의 단일 시
트를 가진 상태에서 시작한다. 시트 리스트의 끝부분에 시트를 추가하려면, 추
가하려는 새 시트의 이름을 문자열 형식으로 createSheet() 메서드에 전달하여
호출하면 된다. 선택적으로 사용할 수 있는 두 번째 인자에는 새로운 시트의 정
수 인덱스를 지정할 수 있다. 대화형 셀에 다음과 같이 입력하여 새 스프레드시
트를 생성하고 새로운 시트를 추가해 보자.

```
>>> import ezsheets
>>> ss = ezsheets.createSpreadsheet('Multiple Sheets')
```

```
>>> ss.sheetTitles
('Sheet1',)
>>> ss.createSheet('Spam') # 시트 리스트의 제일 마지막에 새로운 시트를 생성한다.
<Sheet sheetId=2032744541, title='Spam', rowCount=1000, columnCount=26>
>>> ss.createSheet('Eggs') # 새로운 시트를 한 개 더 생성한다.
<Sheet sheetId=417452987, title='Eggs', rowCount=1000, columnCount=26>
>>> ss.sheetTitles
('Sheet1', 'Spam', 'Eggs')
>>> ss.createSheet('Bacon', 0) # 시트 리스트의 인덱스 0에 새로운 시트를 생성한다.
<Sheet sheetId=814694991, title='Bacon', rowCount=1000, columnCount=26>
>>> ss.sheetTitles
('Bacon', 'Sheet1', 'Spam', 'Eggs')
```

이 명령어들로 스프레드시트에 'Bacon', 'Spam', 'Eggs'라는 새로운 시트 세 개가 추가된다(기본 'Sheet1' 시트가 있는 상태에서 추가된다). 스프레드시트 내의 시트들은 정렬된 상태로, createSheet()에 두 번째 인자를 전달하여 시트의 인덱스를 지정하지 않는 한, 새로운 시트는 리스트의 마지막 부분에 생성된다. 앞에 나온 예에서는 'Bacon'이라는 시트가 인덱스 0에 해당하는 위치에 생성되기 때문에 'Bacon'을 이 스프레드시트의 첫 번째 시트로 설정하며 나머지 세 개 시트의 위치를 한 자리씩 옮긴다. 이는 리스트 메서드인 insert() 동작 방법과 비슷하다.

그림 14-7과 같이 화면의 아랫부분에 위치한 탭에서 새로운 시트를 볼 수 있다.

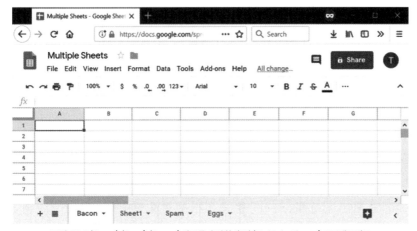

그림 14-7 'Spam', 'Eggs', 'Bacon' 시트를 추가한 후의 'Multiple Sheets' 스프레드시트

Sheet 객체의 delete 메서드는 스프레드시트에서 시트를 삭제한다. 시트는 남겨 두지만 그 안에 있는 데이터를 삭제하고 싶다면, clear() 메서드를 호출하

여 모든 셀을 삭제하고 빈 시트로 만들면 된다. 대화형 셀에 다음과 같이 입력해
보자.

```
>>> ss.sheetTitles
('Bacon', 'Sheet1', 'Spam', 'Eggs')
>>> ss[0].delete()  # 인덱스 0에 해당하는 'Bacon' 시트를 삭제한다.
>>> ss.sheetTitles
('Sheet1', 'Spam', 'Eggs')
>>> ss['Spam'].delete()  # 'Spam' 시트를 삭제한다.
>>> ss.sheetTitles
('Sheet1', 'Eggs')
>>> sheet = ss['Eggs']  # 'Eggs' 시트를 변수에 할당한다.
>>> sheet.delete()  # 'Eggs' 시트를 삭제한다.
>>> ss.sheetTitles
('Sheet1',)
>>> ss[0].clear()  # 'Sheet1' 시트의 모든 셀의 내용을 삭제한다.
>>> ss.sheetTitles  # 'Sheet1' 시트는 비어 있지만 여전히 존재한다.
('Sheet1',)
```

시트는 영구적으로 삭제되기 때문에 그 안의 데이터를 복구할 수 있는 방법은
없다. 그러나 copyTo() 메서드를 사용하여 다른 스프레드시트에 복사하는 방식
으로 시트를 백업할 수 있다. 이에 대해서는 바로 다음 절에서 설명한다.

시트 복사하기

모든 Spreadsheet 객체는 해당 객체에 있는 Sheet 객체들의 정렬 리스트를 갖
고 있으며, 이 리스트를 사용하여 시트 순서를 변경하거나 (이전 절에서 설명
했듯이) 이 시트들을 다른 스프레드시트에 복사할 수 있다. Sheet 객체를 다른
Spreadsheet 객체에 복사하려면, copyTo() 메서드를 호출하면 된다. 이때 대상
Spreadsheet 객체를 인자로 전달한다. 대화형 셀에 다음과 같이 입력하여 스프
레드시트를 두 개 생성한 뒤 첫 번째 스프레드시트 데이터를 다른 시트에 복사
하는 작업을 수행해 보자.

```
>>> import ezsheets
>>> ss1 = ezsheets.createSpreadsheet('First Spreadsheet')
>>> ss2 = ezsheets.createSpreadsheet('Second Spreadsheet')
>>> ss1[0]
<Sheet sheetId=0, title='Sheet1', rowCount=1000, columnCount=26>
>>> ss1[0].updateRow(1, ['Some', 'data', 'in', 'the', 'first', 'row'])
>>> ss1[0].copyTo(ss2)  # ss1의 Sheet1을 ss2 스프레드시트에 복사하자.
>>> ss2.sheetTitles  # 이제 ss2는 ss1에 들어 있는 Sheet1의 복사본을 포함한다.
('Sheet1', 'Copy of Sheet1')
```

대상 스프레드시트(앞에 나온 예에서는 ss2가 이에 해당한다)에 Sheet1이라는 이름의 시트가 이미 있기 때문에 복사한 시트는 Copy of Sheet1이라는 이름이 붙는다. 복사한 시트는 대상 스프레드시트 시트 리스트의 마지막에 나타난다. 원한다면 index 속성을 변경하여 새로운 스프레드시트에서 순서를 바꿀 수 있다.

구글 스프레드시트 할당량 다루기

구글 스프레드시트는 온라인 기반이기 때문에 시트에 접근할 수 있는 여러 명의 사용자와 동시에 시트를 공유하기 쉽다. 그러나 이로 인해 로컬 하드 드라이브에서 엑셀 파일을 읽거나 업데이트하는 것보다 구글 스프레드시트를 읽거나 업데이트하는 것이 속도가 더 느리다. 추가로 구글 스프레드시트는 읽기, 쓰기 작업을 수행할 수 있는 횟수에도 제한이 있다.

구글 개발자 가이드라인에 따르면, 사용자가 하루에 생성할 수 있는 새로운 스프레드시트 개수는 250개로 제한되며, 무료 구글 계정을 사용하는 경우 100초당 각각 100번의 읽기와 쓰기 작업 요청을 할 수 있다. 이 할당량을 초과하는 경우 googleapiclient.errors.HttpError "Quota exceeded for quota group" 예외를 일으킨다. EZSheets는 이 예외를 자동으로 탐지하여 다시 요청한다. 이럴 경우, 데이터를 읽거나 쓰기 위한 함수를 호출하면 결과를 반환하는 데 몇 초(심지어 1~2분 정도)가 걸릴 수도 있다. 요청이 계속 실패하면(다른 스크립트에서 동일한 사용자 인증 정보를 활용하여 요청을 하면 이러한 상황이 가능할 수도 있다) EZSheets는 이 예외를 다시 일으킨다.

이는 EZSheets 메서드를 호출해도 값을 반환할 때까지 가끔씩 몇 초가 걸릴 수도 있다는 것을 의미한다. API 사용량을 보고 싶거나 할당량을 늘리고 싶다면, IAM & Admin Quotas 페이지인 *https://console.developers.google.com/quotas/*에 접속하여 사용량을 늘리기 위해 결제하는 방법을 알아보자. HttpError 예외를 스스로 처리하고 싶다면, ezsheets.IGNORE_QUOTA를 True로 설정하자. 이와 같이 처리하면, 같은 문제가 생겼을 때 EZSheets 메서드가 예외를 일으킬 것이다.

요약

구글 스프레드시트는 브라우저에서 실행되는 온라인 기반 스프레드시트 애플리케이션이다. 서드 파티 모듈인 EZSheets를 사용하면 스프레드시트 다운로드, 생성, 읽기, 수정 등의 작업을 할 수 있다. EZSheets는 스프레드시트를 Spreadsheet 객체로 나타내며, 각각은 Sheet 객체들이 정렬된 리스트를 갖고 있다. 각 시트에는 여러 방법으로 읽거나 업데이트할 수 있는 데이터의 열과 행이 존재한다.

구글 스프레드시트로 다른 사람들과 데이터를 공유하거나 함께 편집하는 작업을 매우 수월하게 수행할 수 있지만 가장 큰 단점은 속도다. 스프레드시트를 업데이트하려면 반드시 웹으로 요청해야 하고, 이를 실행하려면 몇 초가 걸린다. 그러나 대부분의 경우 이러한 속도 제한은 EZSheets를 사용하는 파이썬 스크립트에 영향을 미치지 않는다. 구글 스프레드시트는 수정 횟수도 제한한다.

EZSheets의 기능을 설명한 전체 문서는 *https://ezsheets.readthedocs.io/*에 접속하여 확인할 수 있다.

연습 문제

1. EZSheets를 사용하여 구글 스프레드시트에 접근하기 위해 필요한 세 가지 파일은 무엇인가?

2. EZSheets에 있는 두 가지 객체는 무엇인가?

3. 구글 스프레드시트 형식의 스프레드시트에서 엑셀 파일을 생성하는 방법은 무엇인가?

4. 엑셀 파일에서 구글 스프레드시트 형식의 스프레드시트를 생성하는 방법은 무엇인가?

5. 변수 ss에는 Spreadsheet 객체가 들어 있다고 가정하자. 이때 'Student'라는 제목의 시트에서 B2 셀에 있는 데이터를 읽는 코드는 무엇인가?

6. 999열에 해당하는 열 문자를 찾는 방법은 무엇인가?

7. 시트에 존재하는 행과 열의 개수를 알아내는 방법은 무엇인가?

8. 스프레드시트를 삭제하는 방법은 무엇인가? 이 삭제는 영구적으로 이루어지는가?

9. 새 Spreadsheet 객체와 Sheet 객체를 생성하는 방법은 각각 무엇인가?

10. EZSheets를 활용하여 구글 계정 할당량 이상으로 읽기나 쓰기 요청을 자주 보냈을 때 발생하는 일은 무엇인가?

연습 프로젝트

연습을 위해 다음과 같은 작업들을 수행하는 프로그램을 작성해 보자.

구글 설문지 데이터 다운로드하기

구글 설문지(Google Forms)는 온라인 설문을 만들어 사람들로부터 정보를 쉽게 수집할 수 있는 서비스다. 설문 대상자들이 설문지에 입력하는 정보는 구글 스프레드시트에 저장된다. 이 프로젝트를 위해 설문 대상자들이 제출한 설문 정보를 자동으로 다운로드하는 프로그램을 작성해 보자. *https://docs.google.com/forms/*에 접속하여 새로운 설문지를 시작하자. 초기에는 빈 설문일 것이다. 사용자의 이름과 이메일 주소를 문의하는 필드를 설문에 추가하자. 이제 우측 상단에 있는 보내기(Send) 버튼을 클릭하여 새 설문지에 대한 링크를 얻는다. 이 링크는 *https://goo.gl/forms/QZsq5sC2Qe4fYO592*와 같은 형식이다. 이 설문지에 예시 응답을 몇 개 작성해 보자.

설문지의 '응답(Response)' 탭에서 초록색의 스프레드시트 만들기(Create Spreadsheet) 버튼을 클릭하여 설문 대상자들이 제출한 응답 내용을 저장할 구글 스프레드시트를 생성한다. 이 스프레드시트의 첫째 줄에서 예시로 작성한 응답들을 찾을 수 있을 것이다. 이제 EZSheets를 사용하여 이 스프레드시트의 이메일 주소들을 모은 리스트를 얻는 파이썬 스크립트를 작성해 보자.

스프레드시트를 다른 형식으로 변환하기

구글 스프레드시트를 사용하면 스프레드시트 파일을 다른 형식으로 변환할 수 있다. 제출한 파일을 upload()에 전달하는 스크립트를 작성해 보자. 스프레드시트가 구글 스프레드시트에 업로드되면 downloadAsExcel(), downloadAsODS() 등의 함수를 사용하여 다른 형식으로 변환된 스프레드시트 복사본을 생성하여 다운로드하자.

스프레드시트에서 오류 찾아내기

하루 내내 콩의 총개수를 세는 일을 한 끝에 전체 콩의 총량을 산출한 스프레드시트를 작성해 구글 스프레드시트에 업로드했다. 스프레드시트는 모든 사람이 조회할 수 있다(그러나 편집은 불가능하다). 이 스프레드시트는 다음 코드를 통해 얻을 수 있다.

```
>>> import ezsheets
>>> ss = ezsheets.Spreadsheet('1jDZEdvSIh4TmZxccyy0ZXrH-ELlrwq8_YYiZrEOB4jg')
```

브라우저로 *https://docs.google.com/spreadsheets/d/1jDZEdvSIh4TmZxccyy0ZXrH-ELlrwq8_YYiZrEOB4jg/edit?usp=sharing/*에 접속하면 이 스프레드시트 파일을 조회할 수 있다. 이 스프레드시트의 첫 번째 시트에 있는 열들은 '한 병당 콩의 개수(Beans per Jar)', '병의 개수(Jars)', '전체 콩의 개수(Total Beans)'다. 이때 '전체 콩의 개수' 열은 '한 병당 콩의 개수'와 '병의 개수' 열을 곱한 결과다. 그런데 이 1만 5000개의 행으로 구성된 시트에 단 한 개의 오류가 있다. 이를 일일이 확인하기에는 행이 너무 많다. 다행히도 여러분은 전체 개수를 확인할 수 있는 스크립트를 작성할 수 있다.

힌트를 주자면 어떤 행의 개별 셀에 접근하기 위해서는 ss[0].getRow(*rowNum*)을 사용하면 된다. 이때 ss는 Spreadsheet 객체를, *rowNum*은 행 번호를 의미한다. 구글 스프레드시트에서 행의 번호는 0이 아니라 1에서 시작한다는 점을 기억하자. 셀의 주소는 문자열 형식이기 때문에 정수로 변경하여 프로그램이 이를 활용해 동작할 수 있도록 해야 한다. 전체 개수를 맞게 계산했다면, 표현식 int(ss[0].getRow(2)[0]) * int(ss[0].getRow(2)[1]) == int(ss[0].getRow(2)[2])의 결괏값은 True일 것이다. 이 코드를 반복문에 넣어서 어떤 행이 전체 값을 잘못되게 만들었는지 알아보자.

15장

PDF와 워드 문서 다루기

PDF나 워드 문서는 이진 파일로서, 일반 텍스트 파일보다 만들기가 훨씬 복잡하다. 이 파일에는 텍스트뿐 아니라 글꼴, 색상, 레이아웃 정보가 들어 있다. PDF나 워드 문서를 읽거나 작성하기 위해서는 단순히 open()에 파일 이름을 넣는 것 이상의 무언가를 해야 한다.

다행히 PDF 또는 워드 문서와 쉽게 상호 작용할 수 있도록 하는 파이썬 모듈이 있다. 이 장에서는 이러한 두 가지 모듈을 다룰 것이다. 바로 PyPDF2와 Python-Docx다.

PDF 문서

PDF는 이식 가능 문서 양식(Portable Document Format)을 뜻하며 .pdf 파일 확장자를 사용한다. PDF에는 많은 기능이 있지만 이 장에서는 가장 많이 사용할 두 가지 기능에 집중해 설명할 것이다. 바로 PDF로부터 텍스트를 읽어 오는 것과 다른 문서로부터 PDF를 생성하는 것이다.

PDF 파일과 관련된 작업을 할 때 사용하는 모듈은 PyPDF2이며 사용할 버전은 1.26.0이다. 이보다 나중에 출시된 버전의 PyPDF2를 설치하면 이 책에 있는 코드와 호환되지 않을 수 있기 때문에 반드시 1.26.0 버전의 PyPDF2를 설치하는 것이 중요하다. 이를 설치하기 위해 명령 행에서 `pip install --user PyPDF2==1.26.0`을 실행하자. 모듈 이름은 대소문자를 구분하기 때문에 반드시 y는 소문자로, 나머지는 대문자로 써야 한다(서드 파티 모듈을 설치하는 방법에 대한 자세한 내용은 부록 A를 참고하라). 모듈이 제대로 설치되었다면 대화형 셀에 import PyPDF2라고 입력해 실행했을 때 어떠한 오류도 나타나지 않을 것이다.

> **문제가 되는 PDF 형식**
>
> PDF 파일은 사람들이 출력하거나 읽기 쉽게 텍스트의 레이아웃을 만드는 데는 좋지만, 소프트웨어를 사용하여 일반 텍스트로 구문 분석을 하기는 쉽지 않다. 이로 인해 PyPDF2는 PDF에서 텍스트를 추출할 때 많은 오작동을 하기도 하며, 일부 PDF 파일의 경우 아예 열지 못할 수도 있다. 불행하게도 이런 경우에 취할 수 있는 조치는 별로 없다. PyPDF2는 사용자의 특정 파일을 전혀 조작하지 못할 수도 있다. 그렇지만 아직까지는 PyPDF2로 열리지 않는 PDF 파일은 보지 못했다.

PDF에서 텍스트 추출하기

PyPDF2로 PDF 문서에서 이미지나 차트 또는 다른 미디어를 추출할 수는 없으나 텍스트는 추출할 수 있으며 이를 파이썬 문자열 형식으로 반환할 수도 있다. PyPDF2의 동작 원리를 배우기 전에 그림 15-1의 예시 PDF에 이 기능을 사용해 보자.

그림 15-1 텍스트를 추출할 PDF 페이지

이 PDF를 *https://nostarch.com/automatestuff2/*에서 다운로드하고, 대화형 셀에 다음과 같이 입력해 보자.

```
>>> import PyPDF2
>>> pdfFileObj = open('meetingminutes.pdf', 'rb')
>>> pdfReader = PyPDF2.PdfFileReader(pdfFileObj)
>>> pdfReader.numPages                                              ❶
19
>>> pageObj = pdfReader.getPage(0)                                  ❷
>>> pageObj.extractText()                                           ❸
'OOFFFFIICCIIAALL BBOOAARRDD MMIINNUUTTEESS Meeting of March 7, 2015 \n The
Board of Elementary and Secondary Education shall provide leadership and create
policies for education that expand opportunities for children, empower families
and communities, and advance Louisiana in an increasingly competitive global
market. BOARD of ELEMENTARY and SECONDARY EDUCATION '
>>> pdfFileObj.close()
```

먼저 PyPDF2 모듈을 불러오자. 그리고 meetingminutes.pdf를 이진 읽기 모드로 열고 pdfFileObj에 저장하자. 그리고 이 PDF를 나타내는 PdfFileReader 객체를 얻기 위해 pdfFileObj를 전달하여 PyPDF2.PdfFileReader()를 호출한다. 이 PdfFileReader 객체를 pdfReader에 저장한다.

이 문서의 총 페이지 수는 PdfFileReader 객체의 numPages 속성(❶)에 저장되어 있다. 이 예시 PDF는 19페이지로 구성되어 있으나 첫 페이지에서만 텍스트를 추출해 보자.

이 페이지에서 텍스트를 추출하기 위해 Page 객체를 얻어야 한다. 이는 PdfFileReader 객체에서 PDF 단일 페이지를 나타내는 객체다. 이 Page 객체는 PdfFileReader 객체에서 getPage() 메서드(❷)를 호출하면 얻을 수 있다. 이때 관심 있는 페이지 수를 전달하여 호출하면 된다. 이 경우는 0을 전달한다.

PyPDF2는 페이지를 얻을 때 0으로 시작하는 인덱스를 사용한다. 첫 번째 페이지는 0페이지, 두 번째 페이지는 1페이지와 같은 형식이다. 이러한 규칙은 항상 적용되며, 문서 내에서 페이지가 다르게 매겨져 있더라도 마찬가지다. 예를 들어 긴 보고서에서 42, 43, 44페이지를 추출한 3페이지짜리 PDF를 사용한다고 가정하자. 이 문서의 첫 번째 페이지를 얻기 위해서는 getPage(42)나 getPage(1)이 아니라 pdfReader.getPage(0)을 호출해야 한다.

Page 객체를 생성한 뒤 이 객체의 extractText() 메서드(❸)를 호출하면 해당 페이지의 텍스트를 반환한다. 이는 완벽한 텍스트 추출 방법이 아니다. 예를 들어 PDF의 Charles E. "Chas" Roemer, President라는 텍스트는 extractText()가 반환한 값에서 누락되어 있거나 띄어쓰기가 되어 있지 않음을 알 수 있다. 그럼에도 이와 같이 PDF 내용을 대부분 추출하기만 해도 프로그램에 많은 도움이 된다.

PDF 해독하기

가끔 PDF 문서가 암호화되어 있어 비밀번호를 입력하여 열지 않으면 타인이 읽을 수 없는 경우가 있다. rosebud라는 비밀번호가 걸려 있는 PDF를 다운로드해 대화형 셸에 다음과 같이 입력해 보자.

```
>>> import PyPDF2
>>> pdfReader = PyPDF2.PdfFileReader(open('encrypted.pdf', 'rb'))
>>> pdfReader.isEncrypted                                              ❶
True
>>> pdfReader.getPage(0)
Traceback (most recent call last):                                    ❷
  File "<pyshell#173>", line 1, in <module>
    pdfReader.getPage()
  --생략--
  File "C:\Python34\lib\site-packages\PyPDF2\pdf.py", line 1173, in getObject
    raise utils.PdfReadError("file has not been decrypted")
PyPDF2.utils.PdfReadError: file has not been decrypted
>>> pdfReader = PyPDF2.PdfFileReader(open('encrypted.pdf', 'rb'))
>>> pdfReader.decrypt('rosebud')                                      ❸
1
>>> pageObj = pdfReader.getPage(0)
```

모든 PdfFileReader 객체는 isEncrypted 속성(❶)을 갖는데 이 속성은 해당 PDF 파일이 암호화되어 있으면 True이고 그렇지 않으면 False다. 올바른 비밀번호를 전달하여 파일을 해독하기 전에 파일을 읽으려고 함수를 호출하면 오류가 발생한다(❷).

 PyPDF2 1.26.0 버전의 버그로 인해 암호화된 PDF에 대해 decrypt() 함수를 호출하기 전에 getPage()를 호출하면, 나중에 getPage()를 제대로 호출하더라도 다음과 같은 오류와 함께 실행이 중단된다: IndexError: list index out of range. 이러한 이유로 앞에 나온 예에서 새로운 PdfFileReader 객체를 사용하여 파일을 연 것이다.

암호화된 PDF를 읽으려면 문자열 형식의 비밀번호를 decrypt() 함수에 전달하여 호출해야(❸) 한다. 올바른 비밀번호와 함께 decrypt() 함수를 호출한 뒤에는 더 이상 getPage()가 오류를 일으키지 않음을 볼 수 있다. 잘못된 비밀번호를 전달했다면 decrypt() 메서드는 0을 반환하고 getPage()는 계속해서 실행되지 않는다. 이 경우, decrypt()는 PdfFileReader 객체를 해독할 뿐 실제 PDF 파일을 해독하지는 못한다. 프로그램이 종료되면 하드 드라이브의 원본 파일은 다시 비밀번호가 걸린다. 이 프로그램을 나중에 다시 실행하기 위해서는 decrypt() 함수를 또 호출해야 한다.

PDF 생성하기

PyPDF2에서 `PdfFileReader`에 대응되는 것은 `PdfFileWriter`인데 새 PDF 파일을 생성하는 역할을 한다. 그러나 파이썬으로 일반 텍스트 파일을 작성하듯이 PyPDF2로 임의의 텍스트를 PDF로 작성할 수는 없다. 그 대신 PyPDF2의 쓰기 기능은 다른 PDF에서 페이지 복사하기, 페이지 회전하기와 덮어쓰기, 파일 암호화하기 정도로 제한된다.

사용자는 PyPDF2로 PDF를 직접 편집할 수 없다. 그 대신 새로운 PDF를 만들고 기존 문서에서 내용을 복사해야 한다. 이 절의 예에서는 다음과 같은 일반적인 방식을 따른다.

1. 하나 또는 그 이상의 기존 PDF(또는 원본 PDF)에서 `PdfFileReader` 객체를 생성한다.
2. 새로운 `PdfFileWriter` 객체를 생성한다.
3. `PdfFileReader` 객체에서 페이지를 복사하여 `PdfFileWriter` 객체에 붙여 넣는다.
4. `PdfFileWriter` 객체를 사용하여 결과 PDF를 작성한다.

`PdfFileWriter` 객체를 생성하면 파이썬에서 PDF 문서를 나타내는 값만 생성된다. 실제 PDF 파일을 생성하지는 않는다. 이를 위해서는 `PdfFileWriter`의 `write()` 메서드를 호출해야 한다.

`write()` 메서드는 이진 쓰기 모드로 열린 일반적인 File 객체를 받는다. 이러한 File 객체는 인자 두 개와 함께 파이썬의 `open()` 함수를 호출해 얻을 수 있다. 한 인자는 생성할 PDF 파일 이름이 될 문자열이고 다른 인자는 파일을 이진 쓰기로 열어야 한다는 것을 지정하는 `'wb'`다.

약간 헷갈릴 수도 있지만 걱정하지 않아도 된다. 다음 코드 예시에서 이것이 어떻게 동작하는지 알아볼 것이다.

페이지 복사하기

PyPDF2를 사용하면 한 PDF 문서에 있는 페이지들을 다른 문서로 복사할 수 있다. 이렇게 해서 PDF 파일 여러 개를 결합할 수도 있고, 원하지 않는 페이지들을 걸러 낼 수도 있으며, 페이지 순서를 변경할 수도 있다.

*https://nostarch.com/automatestuff2/*에서 meetingminutes.pdf와

meetingminutes2.pdf를 다운로드하고, 이 PDF 파일들을 현재 작업 디렉터리와 같은 위치에 있도록 한다. 대화형 셀에 다음과 같이 입력해 보자.

```
>>> import PyPDF2
>>> pdf1File = open('meetingminutes.pdf', 'rb')
>>> pdf2File = open('meetingminutes2.pdf', 'rb')
>>> pdf1Reader = PyPDF2.PdfFileReader(pdf1File)                              ❶
>>> pdf2Reader = PyPDF2.PdfFileReader(pdf2File)                              ❷
>>> pdfWriter = PyPDF2.PdfFileWriter()                                      ❸

>>> for pageNum in range(pdf1Reader.numPages):
        pageObj = pdf1Reader.getPage(pageNum)                               ❹
        pdfWriter.addPage(pageObj)                                          ❺

>>> for pageNum in range(pdf2Reader.numPages):
        pageObj = pdf2Reader.getPage(pageNum)                               ❹
        pdfWriter.addPage(pageObj)                                          ❺

>>> pdfOutputFile = open('combinedminutes.pdf', 'wb')                       ❻
>>> pdfWriter.write(pdfOutputFile)
>>> pdfOutputFile.close()
>>> pdf1File.close()
>>> pdf2File.close()
```

두 PDF 파일은 모두 이진 읽기 모드에서 열었으며, 결과로 나온 두 개의 File 객체를 pdf1File, pdf2File에 저장했다. pdf1File 객체를 PyPDF2.PdfFileReader()에 전달하고 이를 호출하여 meetingminutes.pdf에 대한 PdfFileReader 객체를 생성한다(❶). 다시 한번 호출할 때 이번에는 pdf2File을 전달하여 meetingminutes2.pdf에 대한 PdfFileReader 객체를 생성한다(❷). 그리고 나서 빈 PDF 문서를 나타내는 PdfFileWriter 객체(❸)를 생성하자.

다음으로 두 원본 PDF에서 모든 페이지를 복사하여 PdfFileWriter 객체에 추가하자. 그리고 PdfFileReader 객체에서 getPage()를 호출하여 Page 객체를 생성한다(❹). 그런 다음 그 Page 객체를 PdfFileWriter의 addPage() 메서드(❺)에 전달한다. 이러한 과정은 pdf1Reader 객체에 먼저 수행하고 나서 pdf2Reader 객체에 수행한다. 페이지를 복사하는 작업이 끝난 뒤에는 PdfFileWriter의 write() 메서드에 File 객체를 전달하여 combinedminutes.pdf라는 이름의 새로운 PDF 문서를 생성한다(❻).

 PyPDF2는 PdfFileWriter 객체의 중간에 페이지를 삽입할 수 없다. addPage() 메서드는 제일 끝부분에 페이지를 추가한다.

이제 meetingminutes.pdf와 meetingminutes2.pdf의 페이지들을 하나로 결합한 새로운 PDF 문서가 만들어졌다. 이때 PyPDF2.PdfFileReader()에 전달할 File 객체는 이진 읽기 모드로 열려 있어야 한다. 이렇게 하려면 open()의 두 번째 인자로 'rb' 인자를 전달하여 파일을 열면 된다. 마찬가지로 PyPDF2.PdfFileWriter()에 전달하는 File 객체도 'wb'를 사용하여 이진 쓰기 모드로 열려 있어야 한다.

페이지 회전하기

PDF 페이지는 rotateClockwise()와 rotateCounterClockwise()를 사용하여 90도 단위로 회전할 수 있다. 이 메서드에 정수 90, 180, 270 중 하나를 전달한다. 현재 작업 디렉터리에 meetingminutes.pdf 파일이 있는 상태에서 대화형 셸에 다음과 같이 입력해 보자.

```
>>> import PyPDF2
>>> minutesFile = open('meetingminutes.pdf', 'rb')
>>> pdfReader = PyPDF2.PdfFileReader(minutesFile)
>>> page = pdfReader.getPage(0)                                          ❶
>>> page.rotateClockwise(90)                                            ❷
{'/Contents': [IndirectObject(961, 0), IndirectObject(962, 0),
--생략--
}
>>> pdfWriter = PyPDF2.PdfFileWriter()
>>> pdfWriter.addPage(page)
>>> resultPdfFile = open('rotatedPage.pdf', 'wb')                        ❸
>>> pdfWriter.write(resultPdfFile)
>>> resultPdfFile.close()
>>> minutesFile.close()
```

여기서 PDF의 첫 번째 페이지를 선택하기 위해 getPage(0)을 사용했고(❶), 그 페이지에 rotateClockwise(90)을 호출했다(❷). 그리고 회전된 페이지가 들어 있는 새로운 PDF 파일을 생성하고, rotatedPage.pdf라는 이름으로 저장했다.

결과 PDF 파일은 그림 15-2와 같이 한 페이지로 이루어져 있고, 시계 방향으로 90도 회전되어 있다. rotateClockwise()와 rotateCounterClockwise()가 반환하는 값에는 무시해도 되는 많은 정보가 들어 있다.

그림 15-2 시계 방향으로 90도 회전된 페이지가 들어 있는 rotatedPage.pdf 파일

페이지 덧입히기

PyPDF2는 어떤 페이지의 내용 위에 다른 것을 덧입힐 수 있다. 이는 로고, 타임 스탬프, 워터마크(watermark)를 페이지에 추가하는 데 유용한 기능이다. 파이썬을 사용하면 여러 개의 파일 또는 프로그램이 지정하는 페이지에 워터마크를 쉽게 추가할 수 있다.

*https://nostarch.com/automatestuff2/*에서 watermark.pdf 파일을 다운로드하고, 해당 파일을 meetingminutes.pdf와 함께 현재 작업 디렉터리에 놓는다. 그러고 나서 대화형 셀에 다음과 같이 입력해 보자.

```
>>> import PyPDF2
>>> minutesFile = open('meetingminutes.pdf', 'rb')
>>> pdfReader = PyPDF2.PdfFileReader(minutesFile)                          ❶
>>> minutesFirstPage = pdfReader.getPage(0)                                ❷
>>> pdfWatermarkReader = PyPDF2.PdfFileReader(open('watermark.pdf', 'rb')) ❸
>>> minutesFirstPage.mergePage(pdfWatermarkReader.getPage(0))              ❹
>>> pdfWriter = PyPDF2.PdfFileWriter()                                     ❺
>>> pdfWriter.addPage(minutesFirstPage)                                    ❻

>>> for pageNum in range(1, pdfReader.numPages):                           ❼
        pageObj = pdfReader.getPage(pageNum)
        pdfWriter.addPage(pageObj)
```

```
>>> resultPdfFile = open('watermarkedCover.pdf', 'wb')
>>> pdfWriter.write(resultPdfFile)
>>> minutesFile.close()
>>> resultPdfFile.close()
```

이 예에서는 먼저 meetingminutes.pdf에 대한 PdfFileReader 객체를 생성한다 (❶). 여기서 getPage(0)을 호출하여 첫 번째 페이지에 대한 Page 객체를 생성하고 이 객체를 minutesFirstPage 변수에 저장한다(❷). 그리고 watermark.pdf에 대한 PdfFileReader를 생성하고(❸), minutesFirstPage에 mergePage()를 호출한다(❹). mergePage()에 전달한 인자는 watermark.pdf의 첫 번째 페이지에 대한 Page 객체다.

이제 minutesFirstPage에 mergePage()를 호출한다. 이때 minutesFirstPage는 워터마크가 찍힌 첫 번째 페이지를 나타낸다. PdfFileWriter 객체를 생성하고(❺), 워터마크가 찍힌 첫 번째 페이지를 추가한다(❻). 그리고 나서 meetingminutes.pdf의 나머지 페이지에 대해 반복하여 PdfFileWriter 객체에 추가한다(❼). 마지막으로 watermarkedCover.pdf라는 이름의 새 PDF 파일을 열고 PdfFileWriter에 있는 내용을 새로운 PDF에 기록한다.

그림 15-3은 그 결과를 나타낸다. 새로 생성한 PDF인 watermarkedCover.pdf에는 meetingminutes.pdf의 모든 내용이 들어 있고, 첫 번째 페이지에는 워터마크가 찍혀 있다.

그림 15-3 원본 PDF(왼쪽), 워터마크 PDF(가운데), 병합된 PDF(오른쪽)

PDF 파일 암호화하기

PdfFileWriter 객체는 PDF 문서에 비밀번호를 설정할 수도 있다. 대화형 셀에 다음과 같이 입력해 보자.

```
>>> import PyPDF2
>>> pdfFile = open('meetingminutes.pdf', 'rb')
>>> pdfReader = PyPDF2.PdfFileReader(pdfFile)
>>> pdfWriter = PyPDF2.PdfFileWriter()
>>> for pageNum in range(pdfReader.numPages):
        pdfWriter.addPage(pdfReader.getPage(pageNum))

>>> pdfWriter.encrypt('swordfish')                                        ❶
>>> resultPdf = open('encryptedminutes.pdf', 'wb')
>>> pdfWriter.write(resultPdf)
>>> resultPdf.close()
```

write() 메서드를 호출하여 파일로 저장하기 전에 encrypt() 메서드를 호출해 문자열 형식의 비밀번호를 전달한다(❶). PDF는 사용자 비밀번호(PDF를 조회할 수 있도록 허용)나 소유자 비밀번호(출력, 주석 추가, 텍스트 추출 및 기타 다른 기능을 할 수 있도록 허용)를 가질 수 있다. 사용자 비밀번호와 소유자 비밀번호는 encrypt()의 각각 첫 번째, 두 번째 인자다. encrypt()에 문자열 인자 하나만 전달한 경우, 이는 두 비밀번호에 다 사용된다.

앞에 나온 예에서는 meetingminutes.pdf의 페이지들을 PdfFileWriter 객체에 복사했다. PdfFileWriter에 swordfish라는 비밀번호를 설정해 encryptedminutes.pdf라는 이름의 새로운 PDF를 열고, PdfFileWriter의 내용을 새로운 PDF에 기록한다. 이 encryptedminutes.pdf 파일을 보고 싶다면 앞에 나온 비밀번호를 입력해야 한다. 제대로 암호화된 복사본을 생성했음을 확인한 뒤에는 암호화되지 않은 원본 meetingminutes.pdf 파일은 삭제하는 것이 좋을 수도 있다.

프로젝트: 여러 PDF에서 선택한 페이지를 결합하기

PDF 문서 수십 개를 하나로 결합하는 지루한 작업을 수행해야 하는 상황을 가정해 보자. 각 파일의 첫 페이지에는 표지가 있지만, 최종 결과물에도 이 표지들이 반복해 나타나는 것은 원하지 않는다. PDF를 결합하는 여러 종류의 무료 프로그램이 있지만 대부분 PDF를 결합만 할 뿐이다. 결합한 PDF에 들어갈 페이지를 사용자가 지정할 수 있는 파이썬 프로그램을 작성해 보자.

전체적으로 프로그램은 다음과 같은 작업을 수행해야 한다.

1. 현재 작업 디렉터리에 있는 모든 PDF 파일을 검색한다.

2. PDF가 순서대로 추가될 수 있도록 파일 이름을 정렬한다.

3. 각 PDF에서 첫 번째 페이지를 제외한 모든 페이지를 결과 파일에 기록한다.

이를 코드로 표현하면 다음과 같다.

1. os.listdir()을 호출하여 현재 작업 디렉터리에 있는 모든 파일을 탐색하고 PDF가 아닌 파일은 제거한다.

2. 파일 이름을 알파벳 순서대로 정렬하기 위해 리스트 메서드 sort()를 호출한다.

3. 결과 PDF를 위한 PdfFileWriter 객체를 생성한다.

4. 각 PDF 파일에 대해 반복하여 해당 파일에 대한 PdfFileReader 객체를 생성한다.

5. 각 PDF 파일의 모든 페이지에 대해(첫 번째 페이지는 제외하고) 반복한다.

6. 결과 PDF에 페이지를 추가한다.

7. 결과 PDF를 allminutes.pdf라는 파일에 기록한다.

이 프로젝트 코드를 작성하기 위해 새 파일 편집기 탭을 열고 combinePdfs.py 라는 이름으로 저장하자.

1단계: 모든 PDF 파일 찾기

이 프로그램은 먼저 현재 작업 디렉터리에서 확장자가 .pdf인 모든 파일에 대한 리스트를 얻어야 한다. 다음과 같이 코드를 작성해 보자.

```python
#! python3
# combinePdfs.py - 현재 작업 디렉터리에 있는 모든 PDF를 하나의 PDF로 결합한다.

import PyPDF2, os                                                   ❶

# 모든 PDF 파일의 이름을 얻는다.
pdfFiles = []
for filename in os.listdir('.'):
    if filename.endswith('.pdf'):
        pdfFiles.append(filename)                                  ❷
pdfFiles.sort(key = str.lower)                                     ❸

pdfWriter = PyPDF2.PdfFileWriter()                                 ❹
```

```
# TODO: 모든 PDF 파일에 대해 반복한다.

# TODO: 모든 페이지에 대해 반복하고(첫 페이지 제외) 추가한다.

# TODO: 결과 PDF를 파일로 저장한다.
```

서뱅 줄과 이 프로그램이 하는 작업에 대한 설명 각주 뒤에 나오는 코드는 os와
PyPDF2 모듈을 불러온다(❶). os.listdir('.')는 현재 작업 디렉터리에 있는 모
든 파일의 리스트를 반환한다. 이 코드는 리스트에 대해 반복하면서 확장자가
.pdf인 파일만 pdfFiles에 추가한다(❷). 그리고 나서 키워드 인자 key = str.
lower와 함께 sort()를 호출하여 이 리스트를 알파벳 순서대로 정렬한다(❸).

    PdfFileWriter 객체는 결합된 PDF 페이지들을 담기 위해 생성되었다. 마지막
으로 프로그램의 나머지 부분에 대한 윤곽을 나타내는 주석을 작성한다.

2단계: 각 PDF 파일 열기

이제 이 프로그램은 pdfFiles에 있는 각 PDF 파일을 읽어야 한다. 프로그램에
다음과 같이 추가하자.

```python
#! python3
# combinePdfs.py – 현재 작업 디렉터리에 있는 모든 PDF를 하나의 PDF로 결합한다.

import PyPDF2, os

# 모든 PDF 파일의 이름을 얻는다.
pdfFiles = []
--생략--

# 모든 PDF 파일에 대해 반복한다.
for filename in pdfFiles:
    pdfFileObj = open(filename, 'rb')
    pdfReader = PyPDF2.PdfFileReader(pdfFileObj)
    # TODO: 모든 페이지에 대해 반복하고(첫 페이지 제외) 추가한다.

# TODO: 결과 PDF를 파일로 저장한다.
```

반복문에서는 open()을 호출하고 두 번째 인자로 'rb'를 전달하여 파일 이름
에 해당하는 PDF를 이진 읽기 모드로 연다. open()을 호출하면 File 객체를
반환하고, 이는 PyPDF2.PdfFileReader()에 전달되어 해당 PDF 파일에 대한
PdfFileReader 객체를 생성한다.

3단계: 각 페이지 추가하기

각 PDF에서 첫 번째 페이지를 제외한 나머지 페이지에 대해 반복해 수행해야
할 것이다. 다음과 같은 코드를 프로그램에 추가하자.

```python
#! python3
# combinePdfs.py - 현재 작업 디렉터리에 있는 모든 PDF를 하나의 PDF로 결합한다.

import PyPDF2, os

--생략--

# 모든 PDF 파일에 대해 반복한다.
for filename in pdfFiles:
--생략--
    # 모든 페이지에 대해 반복하고(첫 페이지 제외) 추가한다.
    for pageNum in range(1, pdfReader.numPages):                    ❶
        pageObj = pdfReader.getPage(pageNum)
        pdfWriter.addPage(pageObj)

# TODO: 결과 PDF를 파일로 저장한다.
```

for 반복문 안의 코드는 각 Page 객체를 개별적으로 PdfFileWriter 객체에 복사
한다. 이때 첫 번째 페이지를 건너뛰어야 한다는 점을 기억하자. PyPDF2는 0을
첫 번째 페이지로 간주하므로 반복문은 1에서 시작해서(❶) pdfReader.numPages
에 들어 있는 정숫값의 바로 전까지 증가하면서 진행해야 한다.

4단계: 결과 저장하기

이러한 중첩 for 반복문이 끝나면, pdfWriter 변수에는 모든 PDF의 페이지들
이 결합된 PdfFileWriter가 들어 있게 된다. 마지막 단계는 이 내용을 하드 드라
이브에 파일 형식으로 저장하는 것이다. 프로그램에 다음과 같은 코드를 추가
하자.

```python
#! python3
# combinePdfs.py - 현재 작업 디렉터리에 있는 모든 PDF를 하나의 PDF로 결합한다.

import PyPDF2, os

--생략--

# 모든 PDF 파일에 대해 반복한다.
for filename in pdfFiles:
--생략--
    # 모든 페이지에 대해 반복하고(첫 페이지 제외) 추가한다.
```

```
    for pageNum in range(1, pdfReader.numPages):
    --생략--
```

```
# 결과 PDF를 파일로 저장한다.
pdfOutput = open('allminutes.pdf', 'wb')
pdfWriter.write(pdfOutput)
pdfOutput.close()
```

open()에 'wb'를 전달하면, 결과 파일인 allminutes.pdf를 이진 쓰기 모드로 연다. 그리고 결과 File 객체를 write() 메서드에 전달하면 실제 PDF 파일을 생성한다. close() 메서드를 호출하면 프로그램이 종료된다.

비슷한 프로그램에 대한 아이디어

다른 PDF의 페이지들로 PDF를 생성할 수 있다면 다음과 같은 작업들도 수행할 수 있다.

- PDF 파일에서 특정 페이지 잘라 내기
- PDF 파일에서 페이지 순서 변경하기
- extractText()를 활용하여 검색된 특정 텍스트가 있는 페이지만으로 PDF 생성하기

워드 문서

파이썬 docx 모듈로 확장자가 .docx인 워드 문서를 작성하거나 수정할 수 있다. 이 모듈은 pip install --user -U python-docx==0.8.10을 실행하여 설치할 수 있다(부록 A에 서드 파티 모듈을 설치하는 자세한 방법이 나와 있다).

 pip로 Python-Docx를 처음 설치할 때 docx가 아니라 python-docx를 설치해야 함을 명심하라. docx라는 패키지 이름은 이 책에서 다루지 않는 다른 모듈이다. 그러나 python-docx 모듈을 불러올 때는 import python-docx가 아니라 import docx를 실행해야 한다.

워드가 설치되지 않았다면 대체재로 무료 애플리케이션인 리브레오피스 라이터 (LibreOffice Writer)나 오픈오피스 라이터(OpenOffice Writer)를 사용하여 윈도우, 맥OS, 리눅스에서 .docx 파일을 열 수 있다. 이 프로그램들은 각각 *https:// www.libreoffice.org/*와 *https://openoffice.org/*에서 다운로드할 수 있다. Python-

Docx의 전체 문서는 *https://python-docx.readthedocs.io/*에서 볼 수 있다. 맥OS용 워드도 있지만 이 장에서는 윈도우용 워드에 초점을 맞춰서 진행한다.

일반 텍스트에 비해 .docx 파일은 많은 구조를 갖는다. Python-Docx는 이 구조를 세 가지 다른 자료형으로 나타낸다. 가장 높은 수준에서 Document 객체는 전체 문서를 나타낸다. Document 객체에는 문서 내의 문단을 나타내는 Paragraph 객체들의 리스트가 들어 있다(사용자가 워드 문서를 작성하는 동안 엔터나 리턴을 누를 때마다 새로운 문단이 시작된다). 각 Paragraph 객체에는 한 개 이상의 Run 객체가 들어 있는 리스트가 들어 있다. 그림 15-4를 보면 한 문장으로 이루어진 문단에 런(run)이 네 개 있다.

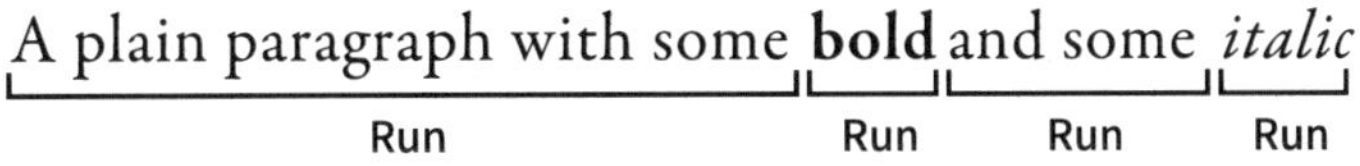

A plain paragraph with some **bold** and some *italic*

Run   Run   Run   Run

그림 15-4 Paragraph 객체에서 식별되는 Run 객체들

워드 문서 내의 텍스트는 단순한 문자열이 아니라 글꼴, 크기, 색상, 그 외 관련된 다른 스타일 정보를 갖는다. 워드에서 스타일은 이러한 속성의 모음이다. Run 객체는 같은 스타일이 연속된 텍스트다. 텍스트 스타일이 변경될 때마다 새로운 Run 객체가 필요하다.

워드 문서 읽기

이제 docx 모듈로 실험을 해 보자. *https://nostarch.com/automatestuff2/*에서 demo.docx를 다운로드해서 현재 작업 디렉터리에 저장하자. 그리고 나서 대화형 셀에 다음과 같이 입력해 보자.

```
>>> import docx
>>> doc = docx.Document('demo.docx')                              ❶
>>> len(doc.paragraphs)                                           ❷
7
>>> doc.paragraphs[0].text                                        ❸
'Document Title'
>>> doc.paragraphs[1].text                                        ❹
'A plain paragraph with some bold and some italic'
>>> len(doc.paragraphs[1].runs)                                   ❺
4
>>> doc.paragraphs[1].runs[0].text                               ❻
'A plain paragraph with some '
>>> doc.paragraphs[1].runs[1].text                               ❼
'bold'
>>> doc.paragraphs[1].runs[2].text                               ❽
```

```
' and some '
>>> doc.paragraphs[1].runs[3].text                                    ❾
'italic'
```

❶에서는 docx.Document()를 호출하는데, 파일 이름인 demo.docx를 전달하여 파이썬으로 .docx 파일을 연다. 그 결과, Document 객체를 반환한다. 이때 이 객체는 Paragraph 객체의 리스트가 들어 있는 paragraphs 속성을 갖는다. 여기서 doc.paragraphs에 len()을 호출하면 7을 반환하며, 이는 문서에 일곱 개의 Paragraph 객체가 있다는 것을 알려 준다(❷). 각 Paragraph 객체는 text 속성을 갖는데, 여기에는 문자열 형식의 문단 텍스트가 들어 있다(스타일 정보는 제외). 여기서 첫 번째 text 속성에는 'DocumentTitle'이 들어 있고(❸), 두 번째에는 'A plain paragraph with some bold and some italic'이 들어 있다(❹).

각 Paragraph 객체는 Run 객체들의 리스트가 들어 있는 runs 속성을 갖는다. 이 Run 객체들도 특정한 런(run)에 들어 있는 텍스트가 포함된 text 속성을 갖는다. 두 번째 Paragraph 객체의 text 속성인 'A plain paragraph with some bold and some italic'을 살펴보자. 이 Paragraph 객체에 len()을 호출하면, 네 개의 Run 객체가 있는 것을 알 수 있다(❺). 첫 번째 run 객체에는 'A plain paragraph with some '이 들어 있다(❻). 그 이후에는 텍스트가 굵은 스타일로 변경되었기 때문에 'bold'부터 새로운 Run 객체가 시작된다(❼). 그다음에는 다시 보통 스타일로 돌아오므로 세 번째 Run 객체는 ' and some '이 들어 있다(❽). 끝으로 네 번째이자 마지막 Run에는 이탤릭 글꼴 스타일로 된 'italic' 객체가 들어 있다(❾).

Python-Docx를 쓰면 파이썬 프로그램으로 .docx 파일에서 텍스트를 읽고 다른 문자열값들처럼 활용할 수 있다.

.docx 파일에서 전체 텍스트 얻기

워드 문서에서 스타일 정보가 아닌 텍스트만 필요하다면, getText() 함수를 작성해 사용할 수 있다. 이는 .docx 형식의 파일 이름을 받아 해당 파일에 있는 텍스트를 하나의 문자열값으로 반환한다. 새 파일 편집기 탭을 열고 다음과 같은 코드를 입력한 뒤, readDocx.py라는 이름으로 저장하자.

```
#! python3

import docx
```

```
def getText(filename):
    doc = docx.Document(filename)
    fullText = []
    for para in doc.paragraphs:
        fullText.append(para.text)
    return '\n'.join(fullText)
```

getText() 함수는 워드 문서를 열고 paragraphs 리스트 안의 모든 Paragraph
에 대해 반복하면서 각각의 텍스트를 fullText에 추가한다. 반복문이 끝난 뒤,
fullText 내의 문자열은 개행 문자로 결합된다.

작성한 readDocx.py 프로그램은 다른 모듈들처럼 불러올 수 있다. 워드 문서
에서 텍스트만 필요할 때 다음과 같이 입력하면 된다.

```
>>> import readDocx
>>> print(readDocx.getText('demo.docx'))
Document Title
A plain paragraph with some bold and some italic
Heading, level 1
Intense quote
first item in unordered list
first item in ordered list
```

또한, 값을 반환하기 전에 문자열을 수정하도록 getText()를 변경할 수 있다. 예
를 들어 각 문단에 들여쓰기를 하려면 readDocx.py의 append() 호출 부분을 다
음과 같이 수정하면 된다.

```
fullText.append('    ' + para.text)
```

문단 사이를 한 줄씩 띄어 타자(double space)하려면, join() 호출 부분을 다음
과 같이 수정하면 된다.

```
return '\n\n'.join(fullText)
```

앞에서 볼 수 있듯이 코드 단 몇 줄로 .docx 파일을 읽고 그 안의 내용을 원하는
형식의 문자열로 반환하는 함수를 만들 수 있다.

Paragraph와 Run 객체 스타일링하기

윈도우용 워드에서는 Ctrl-Alt-Shift-S를 누르면 그림 15-5와 같이 스타일 창이 나
타난다. 그리고 이 스타일 창에서 스타일 목록을 볼 수 있다. 맥OS에서는 보기
▶ 스타일 메뉴 항목을 클릭하여 스타일 창을 볼 수 있다.

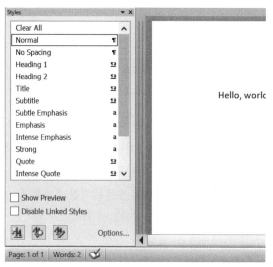

그림 15-5 윈도우에서 Ctrl-Alt-Shift-S를 눌러서 스타일 창 보기

워드 또는 다른 워드 프로세서에서는 스타일을 사용하여 비슷한 유형의 텍스트를 일관되게 보이도록 하고 변경하기 쉽게 만든다. 예를 들어 본문을 11포인트의 타임스 뉴 로만 글꼴로 작성하고, 왼쪽 정렬하여 오른쪽은 정렬되지 않은 스타일로 설정하려 한다고 가정하자. 이러한 설정으로 스타일을 생성하여 전체 본문에 적용할 수 있다. 이후에 문서의 전체 본문이 다르게 보이도록 변경하려면, 스타일을 변경하여 모든 문단이 자동으로 업데이트되도록 할 수 있다.

워드 문서에는 세 가지 스타일이 있다. 문단 스타일은 Paragraph 객체에, 문자 스타일은 Run 객체에, 연결 스타일은 두 객체에 모두 적용할 수 있다. Paragraph와 Run 객체의 style 속성에 문자열값을 설정하여 스타일을 설정할 수 있다. 이 문자열은 스타일의 이름이어야 한다. style이 None으로 설정되었다면, Paragraph와 Run 객체에는 스타일이 지정되지 않는다.

기본 워드 스타일에 대한 문자열값은 다음과 같다.

```
'Normal'        'Heading 5'      'List Bullet'       'List Paragraph'
'Body Text'     'Heading 6'      'List Bullet 2'     'MacroText'
'Body Text 2'   'Heading 7'      'List Bullet 3'     'No Spacing'
'Body Text 3'   'Heading 8'      'List Continue'     'Quote'
'Caption'       'Heading 9'      'List Continue 2'   'Subtitle'
'Heading 1'     'Intense Quote'  'List Continue 3'   'TOC Heading'
'Heading 2'     'List'           'List Number '      'Title'
'Heading 3'     'List 2'         'List Number 2'
'Heading 4'     'List 3'         'List Number 3'
```

연결 스타일을 Run 객체에 사용할 때는 이름 뒤에 ' Char'를 추가해야 한다. 예를 들어 Paragraph 객체에 Quote 연결 스타일을 설정하려면, paragraphObj.style = 'Quote'라고 사용하지만, Run 객체에는 runObj.style = 'Quote Char'를 사용한다.

이 글을 쓰는 현재 Python-Docx 버전(0.8.10)에서는 기본 워드 스타일과 현재 열려 있는 .docx의 스타일만 사용할 수 있다. 나중에 출시되는 Python-Docx 버전에서 바뀔 수 있겠지만, 현재는 스타일을 생성할 수 없다.

기본 스타일이 아닌 워드 문서 생성하기

기본 스타일이 아닌 워드 문서를 생성하려면 워드를 실행하고 빈 워드 문서를 만들어 스타일 창의 아랫부분에서 새 스타일(New Style) 버튼을 클릭하여 스타일을 생성해야 한다(그림 15-6은 윈도우에서 이를 수행하는 방법을 나타낸다).

버튼을 누르면 '서식에서 새 스타일 만들기' 대화 창이 열리고 여기서 새로운 스타일을 입력하면 된다. 그리고 대화형 셸로 돌아가서 docx.Document()로 작성할 워드 문서의 기본이 될 빈 워드 문서를 새로 생성한다. 이 스타일에 부여한 이름은 이제 Python-Docx에서 사용할 수 있다.

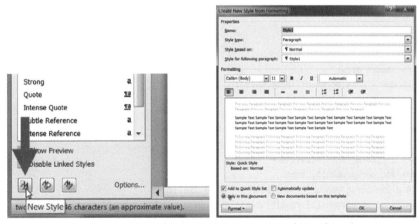

그림 15-6 새 스타일 버튼(왼쪽)과 '서식에서 새 스타일 만들기' 대화 창(오른쪽)

Run의 속성

런은 text 속성을 사용하여 스타일을 더 자세하게 설정할 수 있다. 각 속성은 True(런에 적용된 다른 스타일에 관계없이 이 속성은 항상 활성화), False(이 속성은 항상 비활성화) 또는 None(런에 설정된 스타일에 관계없이 항상 기본값)이다.

표 15-1은 Run 객체에 설정할 수 있는 text 속성들을 나타낸다.

속성	설명
bold	텍스트를 굵게 표시한다.
italic	텍스트를 이탤릭 글꼴로 표시힌다.
underline	텍스트에 밑줄을 긋는다.
strike	텍스트에 취소 선을 긋는다.
double_strike	텍스트에 이중 취소 선을 긋는다.
all_caps	텍스트를 대문자로 표시한다.
small_caps	텍스트를 대문자로 표시하며 소문자는 2포인트 작게 표시한다.
shadow	텍스트를 그림자 처리해서 표시한다.
outline	텍스트를 윤곽선으로만 표시한다.
rtl	텍스트를 오른쪽에서 왼쪽으로 작성한다.
imprint	텍스트를 페이지에 눌러 박은 것처럼 표시한다.
emboss	텍스트를 페이지에서 튀어나온 것처럼 표시한다.

표 15-1 Run 객체의 text 속성들

예를 들어 demo.docx의 스타일을 변경하기 위해 대화형 셸에 다음과 같이 입력해 보자.

```
>>> import docx
>>> doc = docx.Document('demo.docx')
>>> doc.paragraphs[0].text
'Document Title'
>>> doc.paragraphs[0].style # 정확한 아이디는 다를 수 있다.
_ParagraphStyle('Title') id: 3095631007984
>>> doc.paragraphs[0].style = 'Normal'
>>> doc.paragraphs[1].text
'A plain paragraph with some bold and some italic'
>>> (doc.paragraphs[1].runs[0].text, doc.paragraphs[1].runs[1].text, doc.
paragraphs[1].runs[2].text, doc.paragraphs[1].runs[3].text)
('A plain paragraph with some ', 'bold', ' and some ', 'italic')
>>> doc.paragraphs[1].runs[0].style = 'QuoteChar'
>>> doc.paragraphs[1].runs[1].underline = True
>>> doc.paragraphs[1].runs[3].underline = True
>>> doc.save('restyled.docx')
```

이 예시에서는 문서의 문단에 어떤 것이 있는지 쉽게 알아보기 위해 text와 style 속성을 사용했다. 문단을 여러 개의 런으로 나누어 각 런에 개별적으로 접근하는 것이 쉽다는 점을 알 수 있다. 두 번째 문단에서 첫 번째와 두 번째 그리고 네 번째 런을 얻어 각 런에 스타일을 부여한 뒤 결과를 새로운 문서에 저장한다.

restyled.docx의 맨 위에 있는 Document Title이라는 단어들은 Title 스타일이 아닌 Normal 스타일로 되어 있으며, A plain paragraph with some이라는 텍스트에 대한 Run 객체는 QuoteChar 스타일로, bold와 italic이라는 두 단어에 대한 Run 객체의 underline 속성은 True로 설정된다. 그림 15-7은 restyled.docx에서 문단과 런의 스타일이 어떻게 나타나는지 알려 준다.

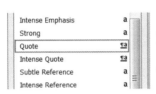

그림 15-7 restyled.docx 파일

Python-Docx에서 스타일 사용 방법에 대한 전체 문서는 *https://python-docx.readthedocs.io/en/latest/user/styles.html*에서 볼 수 있다.

워드 문서 작성하기

대화형 셸에 다음과 같이 입력해 보자.

```
>>> import docx
>>> doc = docx.Document()
>>> doc.add_paragraph('Hello, world!')
<docx.text.Paragraph object at 0x0000000003B56F60>
>>> doc.save('helloworld.docx')
```

사용자가 .docx 파일을 작성하기 위해 docx.Document()를 호출하면 새로운 빈 워드 Document 객체가 반환된다. add_paragraph() 문서 메서드는 텍스트에 문단을 추가하며, 추가된 Paragraph 객체의 주소를 반환한다. 텍스트를 추가했으면 save() 문서 메서드에 Document 객체를 저장할 파일의 이름을 전달한다.

이렇게 하면 현재 작업 디렉터리에 helloworld.docx라는 파일이 만들어지고, 이 파일을 열면 그림 15-8과 같다.

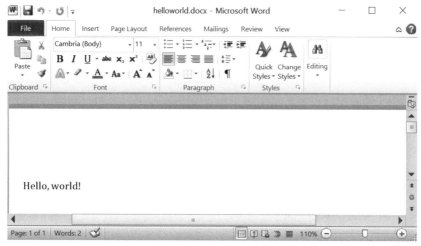

그림 15-8 add_paragraph('Hello, world!')를 사용하여 만든 워드 문서

문단을 추가하려면 새로운 문단 텍스트와 함께 add_paragraph()를 다시 호출하면 된다. 또는 이미 존재하는 문단 끝에 텍스트를 추가하려면 해당 문단의 add_run() 메서드를 호출하면 된다. 이때 메서드에 문자열을 전달한다. 대화형 셸에 다음과 같이 입력해 보자.

```
>>> import docx
>>> doc = docx.Document()
>>> doc.add_paragraph('Hello world!')
<docx.text.Paragraph object at 0x000000000366AD30>
>>> paraObj1 = doc.add_paragraph('This is a second paragraph.')
>>> paraObj2 = doc.add_paragraph('This is a yet another paragraph.')
>>> paraObj1.add_run(' This text is being added to the second paragraph.')
<docx.text.Run object at 0x0000000003A2C860>
>>> doc.save('multipleParagraphs.docx')
```

이를 실행한 결과 문서는 그림 15-9와 같을 것이다. 텍스트 'This text is being added to the second paragraph.'는 paraObj1에 들어 있는 Paragraph 객체에 더해진다. 그리고 이는 doc에 추가된 두 번째 문단이다. 함수 add_paragraph()와 add_run()은 각각 Paragraph와 Run 객체를 반환한다. 이렇게 하면 별도의 단계에서 이를 추출해야 하는 어려움을 덜 겪을 수 있다.

Python-Docx 버전 0.8.10에서 새 Paragraph 객체는 문서의 맨 끝에만 추가할 수 있고, 새로운 Run 객체는 Paragraph 객체의 끝에만 추가할 수 있음을 기억하자.

앞에서 작성한 추가 변경 사항을 저장할 때 save() 메서드를 다시 호출할 수 있다.

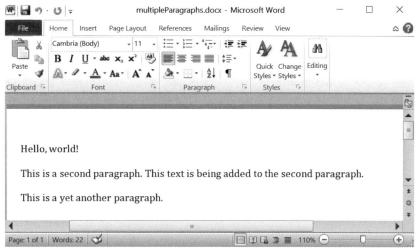

그림 15-9 여러 개의 Paragraph와 Run 객체가 추가된 문서

add_paragraph()나 add_run()은 Paragraph나 Run 객체의 형식을 나타내는 문자열을 두 번째 인자로 받아들이고, 이는 선택적 입력 사항이다. 다음은 이에 대한 예다.

```
>>> doc.add_paragraph('Hello, world!', 'Title')
```

이 줄은 Title 스타일이 적용된 Hello, world!라는 텍스트가 들어 있는 문단을 추가한다.

제목 추가하기

add_heading()을 호출하면 여러 개의 제목 스타일 중 하나를 적용한 문단을 추가한다. 대화형 셸에 다음과 같이 입력해 보자.

```
>>> doc = docx.Document()
>>> doc.add_heading('Header 0', 0)
<docx.text.Paragraph object at 0x00000000036CB3C8>
>>> doc.add_heading('Header 1', 1)
<docx.text.Paragraph object at 0x00000000036CB630>
>>> doc.add_heading('Header 2', 2)
<docx.text.Paragraph object at 0x00000000036CB828>
>>> doc.add_heading('Header 3', 3)
<docx.text.Paragraph object at 0x00000000036CB2E8>
```

```
>>> doc.add_heading('Header 4', 4)
<docx.text.Paragraph object at 0x00000000036CB3C8>
>>> doc.save('headings.docx')
```

add_heading()에 전달한 인자는 제목 텍스트 문자열과 0에서 4까지의 정수다. 정수 0은 제목에 Title 스타일을 적용하며 이는 문서의 맨 위에 사용한다. 정수 1부터 4는 여러 제목 수준을 의미하며 1은 주 제목을, 4는 가장 낮은 단계의 부제목을 나타낸다. add_heading() 함수는 Paragraph 객체를 반환하는데 별도의 단계에서 Document 객체에서 이를 추출해야 하는 수고로움을 덜어 준다.

headings.docx 파일은 그림 15-10과 같다.

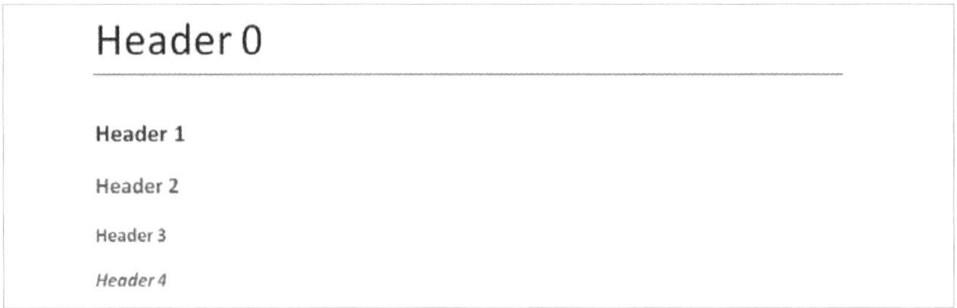

Header 0

Header 1

Header 2

Header 3

Header 4

그림 **15-10** 0에서 4까지의 제목 수준을 갖는 headings.docx

줄 추가하기와 페이지 나누기

줄 바꿈을 추가하려면(새로운 문단을 시작하는 대신), 줄 바꿈을 넣으려는 위치의 바로 앞에 있는 Run 객체에서 add_break() 메서드를 호출한다. 페이지 나누기를 추가하려면, 다음 예의 중간 부분에서 실행한 것처럼 add_break()에 docx.enum.text.WD_BREAK.PAGE라는 단일 인자를 전달해야 한다.

```
>>> doc = docx.Document()
>>> doc.add_paragraph('This is on the first page!')
<docx.text.Paragraph object at 0x0000000003785518>
>>> doc.paragraphs[0].runs[0].add_break(docx.enum.text.WD_BREAK.PAGE)   ❶
>>> doc.add_paragraph('This is on the second page!')
<docx.text.Paragraph object at 0x00000000037855F8>
>>> doc.save('twoPage.docx')
```

이는 첫 번째 페이지에 'This is on the first page!', 두 번째 페이지에 'This is on the second page!'라는 텍스트가 있는 두 페이지의 워드 문서를 생성한다. 첫 번째 페이지의 텍스트 'This is on the first page!' 뒤에 빈 공간이 많이 있지만, 첫 번째 문단의 첫 번째 런 이후에 페이지 나누기를 추가하여 새 문단이 새로운 페이지에서 시작하도록 강제했다(❶).

그림 추가하기

Documents 객체는 문서 끝에 이미지를 추가할 수 있는 add_picture() 메서드를 갖는다. 현재 작업 디렉터리에 zophie.png라는 파일이 있다고 가정하자. 다음과 같이 입력하여 문서 끝에 zophie.png라는 파일을 너비 1인치, 높이 4센티미터로 추가할 수 있다(워드에서는 인치법과 미터법 둘 다 사용할 수 있다).

```
>>> doc.add_picture('zophie.png', width=docx.shared.Inches(1), height=docx.
shared.Cm(4))
<docx.shape.InlineShape object at 0x00000000036C7D30>
```

첫 번째 인자는 이미지의 파일 이름 문자열이다. 선택적 키워드 인자인 width와 height는 문서 내의 너비와 높이를 설정한다. 별도로 설정되지 않는 경우, 높이와 너비는 이미지의 원본 크기로 기본 설정된다.

이미지의 높이와 너비를 인치나 센티미터와 같은 익숙한 단위로 지정하고 싶을 것이다. 따라서 width와 height 키워드 인자를 지정할 때 docx.shared.Inches()와 docx.shared.Cm() 같은 함수를 사용할 수 있다.

워드 문서에서 PDF 파일 생성하기

PyPDF2 모듈은 PDF 문서를 직접 생성할 수 없지만, 윈도우에 마이크로소프트 워드가 설치되어 있는 환경에서는 파이썬으로 PDF 파일을 생성할 수 있다. 이를 위해서는 pip install --user -U pywin32==224를 실행하여 Pywin32 패키지를 설치해야 한다. 이 패키지와 docx 모듈을 사용하여 다음과 같은 코드를 통해 워드 문서를 생성해서 PDF 파일로 변환할 수 있다.

새 파일 편집기 탭을 열고 다음과 같은 코드를 입력한 뒤 convertWordToPDF.py라는 이름으로 저장하자.

```
# 이 스크립트는 윈도우 환경에서만 실행되며 워드가 설치되어 있어야 한다.
import win32com.client # "pip install --user -U pywin32==224"를 실행해 설치한다.
import docx
wordFilename = 'your_word_document.docx'
pdfFilename = 'your_pdf_filename.pdf'

doc = docx.Document()
```

```
# 여기에 워드 문서를 생성하는 코드를 작성한다.
doc.save(wordFilename)

wdFormatPDF = 17 # PDF를 위한 워드의 숫자 코드
wordObj = win32com.client.Dispatch('Word.Application')
docObj = wordObj.Documents.Open(wordFilename)
docObj.SaveAs(pdfFilename, FileFormat=wdFormatPDF)
docObj.Close()
wordObj.Quit()
```

사용자가 자신이 직접 작성한 내용으로 PDF를 생성하는 프로그램을 만들려면 docx 모듈을 사용하여 워드 문서를 생성한 뒤에 Pywin32 패키지의 win32com. clinet 모듈을 사용하여 PDF로 변환하는 단계를 거쳐야 한다. 주석 '# 여기에 워드 문서를 생성하는 코드를 작성한다.'가 있는 부분을, PDF로 변환할 워드 문서를 생성하는 docx 함수 호출 코드로 대체한다.

PDF를 생성하는 이 방법은 복잡하게 느껴질 수도 있으나 알려진 바와 같이 전문적인 소프트웨어 솔루션은 종종 그만큼 복잡하다.

요약

텍스트 정보는 단순히 일반 텍스트 파일에만 들어 있지 않다. 실제로는 PDF나 워드 문서를 다룰 일이 훨씬 많다. PDF 파일을 읽거나 쓸 때 PyPDF2 모듈을 사용할 수 있다. 안타깝게도 복잡한 PDF 파일 형식이나 몇몇 PDF는 읽는 것이 불가능하기 때문에 PDF 문서에서 텍스트를 읽어서 완벽하게 문자열로 변환하기가 불가능한 경우도 있다. 이런 경우는 PyPDF2가 향후 업데이트되어 추가적인 PDF 기능을 지원하지 않는 한 별다른 방법이 없다.

워드 문서는 좀 더 신뢰할 만하고, python-docx 패키지의 docx 모듈을 사용하여 읽을 수 있다. Paragraph와 Run 객체를 활용하면 워드 문서에 있는 텍스트를 처리할 수 있다. 또한 이 객체들에 스타일을 지정할 수 있다. 이때 사용할 수 있는 스타일은 기본 스타일이나 워드 문서에 이미 있는 스타일이다. 또한, 문서에 새로운 문단, 제목, 줄 바꿈, 그림을 추가할 수 있다. 이때 추가할 수 있는 위치는 문서의 끝부분에 한정된다.

PDF나 워드 문서를 작업하면서 겪는 대부분의 한계는 이러한 문서 형식들이 소프트웨어가 구문 분석보다 가독성이 좋도록 표시하는 데 초점을 맞춘 것에서 원인을 찾을 수 있다. 다음 장에서는 정보를 저장하기 위해 자주 사용되는 다른 두 가지 형식에 대해 살펴볼 것이다. 바로 JSON과 CSV 파일이다. 이 형식들은

컴퓨터가 사용하는 목적으로 설계되었고, 파이썬은 이러한 형식을 훨씬 쉽게 처리할 수 있음을 알게 될 것이다.

연습 문제

1. 문자열 형식의 PDF 파일 이름은 `PyPDF2.PdfFileReader()`에 전달되지 않는다. 그 대신 이 함수에 무엇을 전달하는가?

2. `PdfFileReader()`와 `PdfFileWriter()`를 위한 File 객체는 어떠한 형식으로 열려 있어야 하는가?

3. `PdfFileReader` 객체에서 5페이지에 해당하는 Page 객체를 얻는 방법은 무엇인가?

4. PDF 문서의 총 페이지 수가 저장되어 있는 `PdfFileReader`의 변수는 무엇인가?

5. `PdfFileReader` 객체의 PDF가 swordfish라는 비밀번호로 암호화되어 있을 경우, 이로부터 Page 객체를 얻기 전에 반드시 해야 하는 일은 무엇인가?

6. 페이지를 회전시키는 메서드는 무엇인가?

7. demo.docx라는 이름의 파일에 대한 Document 객체를 반환하는 메서드는 무엇인가?

8. Paragraph 객체와 Run 객체의 차이점은 무엇인가?

9. 변수 doc에 들어 있는 Document 객체의 Paragraph 객체 리스트를 얻는 방법은 무엇인가?

10. `bold`, `underline`, `italic`, `strike`, `outline`이라는 변수를 갖는 객체는 무엇인가?

11. `bold` 객체를 `True`, `False`, `None`으로 설정했을 때의 차이점은 무엇인가?

12. 새 워드 문서에 대한 Document 객체를 생성하는 방법은 무엇인가?

13. 변수 doc에 들어 있는 Document 객체에 `'Hello, there!'`라는 텍스트로 된 문단을 추가하는 방법은 무엇인가?

14. 워드 문서에서 제목의 수준을 나타내는 정수의 범위는 무엇인가?

연습 프로젝트

연습을 위해 다음과 같은 작업들을 수행하는 프로그램을 작성해 보자.

PDF 편집증

10장에서 살펴봤던 os.walk() 함수를 활용하여 폴더 내(하위 폴더들도 포함)에 있는 모든 PDF를 찾아서 명령 행에서 제공하는 비밀번호로 암호화하는 스크립트를 작성하라. 암호화된 PDF는 원래 파일 이름에 접미사 _encrypted.pdf를 추가하여 저장한다. 원본 파일을 삭제하기 전에 파일이 제대로 암호화되었는지 확인하기 위해 프로그램이 암호화된 파일을 풀고 읽어서 확인하도록 작성하자.

그리고 나서 폴더 내(하위 폴더들도 포함)에 있는 암호화된 PDF를 전부 찾고 제공된 비밀번호로 암호화가 해제된 PDF의 복사본을 생성하는 프로그램을 작성하라. 비밀번호가 틀렸다면 사용자에게 메시지를 출력하고 다음 PDF로 넘어간다.

워드 문서로 맞춤 초대장 만들기

손님 명단이 있는 텍스트 파일이 있다고 하자. 이 guests.txt 파일은 다음과 같이 한 줄에 한 명의 이름으로 되어 있다.

```
Prof. Plum
Miss Scarlet
Col. Mustard
Al Sweigart
RoboCop
```

그림 15-11과 같이 워드 문서로 된 맞춤 초대장을 생성하는 프로그램을 작성해 보자.

Python-Docx가 워드 문서에 이미 존재하는 스타일만 사용하기 때문에 새 워드 파일을 열고 스타일을 먼저 추가한 뒤, Python-Docx로 이 파일을 열어야 한다. 결과 워드 문서에는 한 쪽에 한 장의 초대장만 있어야 하기 때문에 각 초대장의 마지막 문단 뒤에 페이지를 나누는 add_break()를 호출한다. 이러한 방법으로 워드 문서 하나만 열면 모든 초대장을 한 번에 출력할 수 있다.

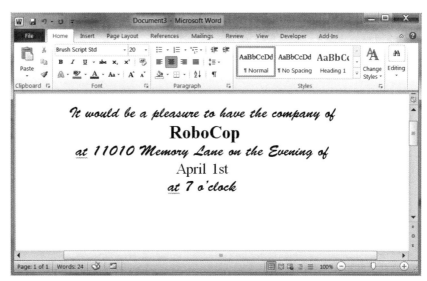

그림 15-11 맞춤 초대 스크립트로 만든 워드 문서

예시 guests.txt 파일은 *https://nostarch.com/automatestuff2/*에서 다운로드할 수 있다.

무차별 대입 PDF 비밀번호 해독기

암호화된 PDF 파일이 있는데 비밀번호를 잊어버린 상황이라고 가정하자. 다만, 비밀번호가 영어 단어인 것은 알고 있다. 잊어버린 비밀번호를 추측하여 풀려고 시도하는 것은 매우 지루한 작업이다. 그 대신, 비밀번호를 맞힐 때까지 가능한 영어 단어를 모두 시도하여 PDF를 해독하는 프로그램을 작성할 수 있다. 이를 무차별 대입 비밀번호 해독이라고 한다. *https://nostarch.com/automatestuff2/*에서 dictionary.txt라는 파일을 다운로드하자. 이 사전 파일은 4만 4000개 이상의 영어 단어가 한 줄에 한 단어씩 있다.

9장에서 설명했던 파일 읽기 방법을 사용하여 이 파일을 읽고 단어 문자열로 구성된 리스트를 생성한다. 그리고 이 리스트의 각 단어를 반복하면서 이를 decrypt() 메서드에 전달한다. 이 메서드가 정수 0을 반환하면 이 비밀번호는 틀린 것이고, 프로그램은 다음 비밀번호로 넘어간다. decrypt()가 1을 반환하면, 프로그램은 반복문을 빠져나와 찾아낸 비밀번호를 출력한다. 각 단어마다 대문자와 소문자를 다 써 봐야 한다(내 노트북에서는 사전 파일에 있는 대문자로 된 단어와 소문자로 된 단어 8만 8000개를 다 시도하는 데 몇 분밖에 걸리지 않았다. 이것이 비밀번호로 단순한 영어 단어를 사용하면 안 되는 이유다).

16장

CSV 파일과 JSON 데이터 다루기

15장에서는 PDF와 워드 문서에서 텍스트를 추출하는 방법을 배웠다. 이 파일들은 이진 형식으로, 이 데이터에 접근하려면 특별한 파이썬 모듈이 필요하다. 반면 CSV나 JSON 파일은 단순 텍스트 파일이다. 이 파일들은 뷰와 같은 텍스트 편집기에서 볼 수 있다. 파이썬에는 이러한 파일 형식을 가지고 작업하는 데 도움이 되는 함수들을 제공하는 csv, json 모듈이 있다.

CSV는 '쉼표로 구분된 값(comma-separated values)'을 의미하며, CSV 파일은 일반 텍스트 파일처럼 저장된 간단한 스프레드시트다. 파이썬의 csv 모듈로 CSV 파일을 쉽게 구문 분석할 수 있다.

JSON('JAY-sawn'이나 'Jason'으로 발음한다. 그러나 어느 쪽으로 발음하더라도 사람들은 잘못 발음하고 있다고 할 테니 별 상관없다)은 일반 텍스트 파일에 자바스크립트 소스 코드처럼 정보를 저장하는 형식이다. 여기서 JSON은 자바스크립트 객체 표기법(JavaScript Object Notation)을 의미한다. JSON 파일을 사용하기 위해 자바스크립트 프로그래밍 언어를 알 필요는 없으나 JSON 형식은 많은 웹 애플리케이션에서 사용되기 때문에 알아 두면 유용하다.

csv 모듈

CSV 파일의 각 줄은 스프레드시트의 행을 의미하고 쉼표는 행에서 셀을 구분한다. 예를 들어 *https://nostarch.com/automatestuff2*에 있는 example.xlsx라는 스프레드시트를 CSV 파일 형식으로 만들면 다음과 같다.

```
4/5/2015 13:34,Apples,73
4/5/2015 3:41,Cherries,85
4/6/2015 12:46,Pears,14
4/8/2015 8:59,Oranges,52
4/10/2015 2:07,Apples,152
4/10/2015 18:10,Bananas,23
4/10/2015 2:40,Strawberries,98
```

이 장의 대화형 셀 예에서는 이 파일을 사용할 것이다. *https://nostarch.com/ automatestuff2/*에서 이 example.csv 파일을 다운로드할 수 있다. 또는 텍스트 편집기에서 앞에 나온 텍스트를 입력하고 example.csv라고 저장하자.

CSV 파일은 간단하지만 엑셀 스프레드시트의 많은 기능이 빠져 있다. 예를 들어 CSV 파일은

- 값에 유형이 없다. 모든 것은 다 문자열이다.
- 글꼴 크기나 색상을 설정할 수 없다.
- 여러 개의 워크시트를 가질 수 없다.
- 셀의 너비나 높이를 지정할 수 없다.
- 셀을 병합할 수 없다.
- 그림이나 차트를 포함할 수 없다.

CSV 파일의 장점은 단순함이다. CSV 파일은 많은 유형의 프로그램에서 지원하고, (뷰를 포함한) 텍스트 편집기에서 볼 수 있으며, 스프레드시트 데이터를 표현하는 간단한 방법이다. CSV 형식은 의미 그대로 쉼표로 구분된 값을 나타내는 텍스트 파일이다.

CSV 파일은 단순한 텍스트 파일이기 때문에 이 파일을 문자열 형태로 읽고 9장에서 살펴봤던 방법으로 이 문자열을 처리할 수 있다. 예를 들어 CSV 파일의 각 셀은 쉼표로 구분되어 있기 때문에 텍스트의 각 줄에 대해 split(',')을 호출하여 쉼표로 구분된 값에서 문자열 리스트를 얻을 수 있다. 그러나 CSV 파일의 모든 쉼표가 두 셀의 경계를 나타내지는 않는다. CSV 파일에도 값의 일부로 쉼표 외에 다른 문자들을 포함할 수 있도록 자체 이스케이프 문자가 있다. split() 메서드는 이러한 이스케이프 문자를 처리하지는 않는다. 이러한 잠재적인 문제들이 있기 때문에 CSV 파일을 읽거나 쓸 때 csv 모듈을 사용하는 것이 좋다.

reader 객체

csv 모듈을 사용하여 CSV 파일에 있는 데이터를 읽기 위해서는 reader 객체를 생성해야 한다. reader 객체는 CSV 파일의 각 행에 대해 반복할 수 있다. 현재 작업 디렉터리에 example.csv 파일이 있는 상황에서 대화형 셸에 다음과 같이 입력해 보자.

```
>>> import csv                                          ❶
>>> exampleFile = open('example.csv')                   ❷
>>> exampleReader = csv.reader(exampleFile)             ❸
>>> exampleData = list(exampleReader)                   ❹
>>> exampleData                                         ❺
[['4/5/2015 13:34', 'Apples', '73'], ['4/5/2015 3:41', 'Cherries', '85'],
['4/6/2015 12:46', 'Pears', '14'], ['4/8/2015 8:59', 'Oranges', '52'],
['4/10/2015 2:07', 'Apples', '152'], ['4/10/2015 18:10', 'Bananas', '23'],
['4/10/2015 2:40', 'Strawberries', '98']]
```

파이썬은 csv 모듈을 기본으로 제공하므로 별도의 설치 과정 없이 사용할 수 있다(❶).

csv 모듈을 활용하여 CSV 파일을 읽으려면 다른 텍스트 파일처럼 open() 함수로 파일을 열어야 한다(❷). 그러나 open()이 반환하는 File 객체에서 read()나 readlines() 메서드를 호출하는 대신 File 객체를 csv.reader() 함수에 전달한다(❸). 그 결과로 사용할 reader 객체가 반환된다. csv.reader() 함수에 파일 이름을 직접 전달하지 않는다는 사실을 기억하자.

reader 객체에 있는 값에 접근하는 가장 직접적인 방법은 이를 list()에 전달하여 일반 파이썬 리스트로 변환하는 것이다(❹). 이 reader 객체에 list()를 사용하면 중첩 리스트를 반환하며, 이 리스트를 exampleData와 같은 변수에 저장할 수 있다. 셸에 exampleData를 입력하면 중첩 리스트를 화면에 출력한다(❺).

이제 CSV 파일이 중첩 리스트로 변환되었으므로 특정 행이나 열에 해당하는 값에 exampleData[row][col] 표현식을 사용하여 접근할 수 있다. 여기서 row는 exampleData에 있는 한 리스트의 인덱스를, col은 해당 리스트에서 원하는 아이템의 인덱스를 나타낸다. 대화형 셸에 다음과 같이 입력해 보자.

```
>>> exampleData[0][0]
'4/5/2015 13:34'
>>> exampleData[0][1]
'Apples'
>>> exampleData[0][2]
'73'
>>> exampleData[1][1]
```

```
'Cherries'
>>> exampleData[6][1]
'Strawberries'
```

실행 결과에서 볼 수 있듯이 exampleData[0][0]은 첫 번째 리스트로 가서 첫 번째 문자열을 반환하며, exampleData[0][2]는 첫 번째 리스트로 가서 세 번째 문자열을 반환한다.

for 반복문을 활용해 reader 객체로부터 데이터 읽기

큰 CSV 파일의 경우, for 반복문에서 reader 객체를 사용하는 것이 좋다. 이런 방식이라면 전체 파일을 한 번에 메모리로 로드하지 않아도 된다. 예를 들어 대화형 셸에 다음과 같이 입력해 보자.

```
>>> import csv
>>> exampleFile = open('example.csv')
>>> exampleReader = csv.reader(exampleFile)
>>> for row in exampleReader:
        print('Row #' + str(exampleReader.line_num) + ' ' + str(row))

Row #1 ['4/5/2015 13:34', 'Apples', '73']
Row #2 ['4/5/2015 3:41', 'Cherries', '85']
Row #3 ['4/6/2015 12:46', 'Pears', '14']
Row #4 ['4/8/2015 8:59', 'Oranges', '52']
Row #5 ['4/10/2015 2:07', 'Apples', '152']
Row #6 ['4/10/2015 18:10', 'Bananas', '23']
Row #7 ['4/10/2015 2:40', 'Strawberries', '98']
```

csv 모듈을 불러오고 CSV 파일에서 reader 객체를 생성한 뒤에는 for 문을 사용하여 reader 객체의 각 행에 대해 같은 명령을 반복할 수 있다. 각 행은 리스트이고 리스트 내의 각 값은 셀을 나타낸다.

print() 함수는 현재 행의 번호와 내용을 출력한다. 현재 행의 번호를 얻으려면 reader 객체의 line_num 변수를 사용하면 된다.

reader 객체는 단 한 번만 반복할 수 있다. CSV 파일을 다시 읽으려면 csv.reader를 호출하여 reader 객체를 생성해야 한다.

writer 객체

writer 객체를 사용하면 데이터를 CSV 파일에 쓸 수 있다. writer 객체를 생성하려면 csv.writer() 함수를 사용해야 한다. 대화형 셸에 다음과 같이 입력해 보자.

```
>>> import csv
>>> outputFile = open('output.csv', 'w', newline='')          ❶
>>> outputWriter = csv.writer(outputFile)                     ❷
>>> outputWriter.writerow(['spam', 'eggs', 'bacon', 'ham'])
21
>>> outputWriter.writerow(['Hello, world!', 'eggs', 'bacon', 'ham'])
32
>>> outputWriter.writerow([1, 2, 3.141592, 4])
16
>>> outputFile.close()
```

먼저 open()을 호출하면서 'w'를 전달하여 파일을 쓰기 모드로 연다(❶). 이렇게 해서 csv.writer()에 전달할 객체를 생성할 것이다(❷). 그리고 writer 객체를 생성한다.

윈도우에서는 open() 함수의 키워드 인자 newline에 빈 문자열을 전달해야 한다. newline 인자를 잊고 설정하지 않는다면, 그림 16-1과 같이 output.csv의 행들은 한 줄씩 띄어진다. 이러한 현상이 발생하는 기술적인 이유는 이 책의 범위를 벗어난다.

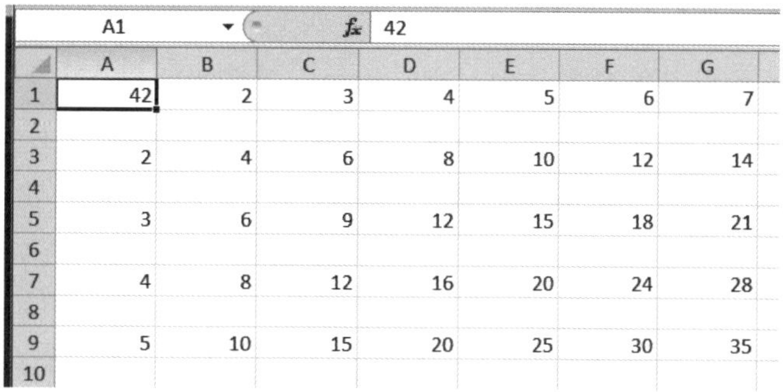

그림 16-1 open()의 키워드 인자를 newline = ''으로 설정하는 것을 잊는다면 CSV 파일은 한 줄씩 띄어진다.

writer 객체의 writerow() 메서드는 리스트 인자를 전달받는다. 리스트의 각 값은 결과 CSV 파일의 각 셀에 위치하게 된다. writerow()의 반환값은 파일의 각 행에 기록할 문자 수다(개행 문자 포함).

이 코드는 다음과 같은 output.csv 파일을 생성한다.

```
spam,eggs,bacon,ham
"Hello, world!",eggs,bacon,ham
1,2,3.141592,4
```

여기서 writer 객체가 CSV 파일 내에서 Hello, world! 값의 양옆에 큰따옴표를 삽입함으로써 쉼표를 자동으로 이스케이프 문자 처리했음에 유의하자. csv 모듈을 사용하면 이와 같이 특이한 경우들을 직접 처리하지 않아도 된다.

키워드 인자 delimiter와 lineterminator

쉼표가 아닌 탭 문자로 셀을 구분하고 줄 간격을 한 줄씩 띄려는 상황을 가정해 보자. 대화형 셸에 다음과 비슷하게 입력하면 될 것이다.

```
>>> import csv
>>> csvFile = open('example.tsv', 'w', newline='')
>>> csvWriter = csv.writer(csvFile, delimiter='\t', lineterminator='\n\n')    ❶
>>> csvWriter.writerow(['apples', 'oranges', 'grapes'])
24
>>> csvWriter.writerow(['eggs', 'bacon', 'ham'])
17
>>> csvWriter.writerow(['spam', 'spam', 'spam', 'spam', 'spam', 'spam'])
32
>>> csvFile.close()
```

이런 식으로 파일에서 구분자(delimiter)와 줄 끝 문자(line terminator character)를 변경한다. 구분자는 행의 셀들 사이에 있는 문자다. 기본적으로 CSV 파일의 구분자는 쉼표다. 줄 끝 문자는 행의 가장 뒤에 있는 문자다. 기본적으로 줄 끝 문자는 개행 문자다. csv.writer()의 키워드 인자인 delimiter와 lineterminator를 사용하여 이 문자들을 다른 값으로 변경할 수 있다.

delimiter='\t'와 lineterminator='\n\n'을 전달하면(❶) 셀들 사이에 있는 문자는 탭으로, 행들 사이에 있는 문자는 개행 문자 두 개로 변경된다. 그리고 writerow()를 세 번 호출하면 세 행을 얻게 된다.

그러면 다음과 같은 내용이 들어 있는 example.tsv라는 파일이 만들어진다.

```
apples   oranges grapes

eggs     bacon   ham

spam     spam    spam    spam    spam    spam
```

이제 셀들이 탭으로 구분되어 있기 때문에 탭으로 구분된 값을 의미하는 .tsv 파일 확장자를 사용한다.

CSV 객체의 DictReader와 DictWriter

헤더 행이 있는 CSV 파일의 경우, reader나 writer 객체보다 DictReader나 DictWriter 객체를 사용하는 것이 작업하기 편하다.

reader와 writer 객체는 CSV 파일에서 행을 읽거나 CSV 파일에 행을 쓸 때 리스트를 사용한다. DictReader와 DictWriter 객체는 같은 역할을 하지만 리스트 대신 딕셔너리를 사용하고, 딕셔너리의 키를 CSV 파일의 첫 번째 줄로 사용한다.

*https://nostarch.com/automatestuff2/*에 접속하여 exampleWithHeader.csv 파일을 다운로드하자. 이는 Timestamp, Fruit, Quantity라는 각 열의 헤더가 첫 번째 행에 있다는 점을 제외하면 example.csv와 똑같은 파일이다.

이 파일을 읽기 위해 대화형 셀에 다음과 같이 입력해 보자.

```
>>> import csv
>>> exampleFile = open('exampleWithHeader.csv')
>>> exampleDictReader = csv.DictReader(exampleFile)
>>> for row in exampleDictReader:
...     print(row['Timestamp'], row['Fruit'], row['Quantity'])
...
4/5/2015 13:34 Apples 73
4/5/2015 3:41 Cherries 85
4/6/2015 12:46 Pears 14
4/8/2015 8:59 Oranges 52
4/10/2015 2:07 Apples 152
4/10/2015 18:10 Bananas 23
4/10/2015 2:40 Strawberries 98
```

반복문 안에서 DictReader 객체는 row를 딕셔너리 객체로 설정한다. 이때 이 딕셔너리의 키는 첫 번째 행의 헤더에서 파생된다(기술적으로는 row를 OrderedDict 객체로 설정한다고 얘기하는 것이 더 정확하다. 이는 딕셔너리와 같은 방법으로 사용할 수 있다. 둘의 차이는 이 책의 범위를 벗어난다). DictReader 객체를 사용하면 첫 번째 행에 있는 헤더 정보를 건너뛰기 때문에 이를 위한 별도의 코드를 작성하지 않아도 된다.

첫 번째 행에 각 열의 헤더 정보가 없는 example.csv에 DictReader 객체를 사용하면 DictReader는 '4/5/201513:34', 'Apples', '73'을 딕셔너리의 키로 사용한다. 이를 방지하려면 DictReader() 함수에 두 번째 인자로 헤더 이름을 지어서 전달하면 된다.

```
>>> import csv
>>> exampleFile = open('example.csv')
>>> exampleDictReader = csv.DictReader(exampleFile, ['time', 'name', 'amount'])
>>> for row in exampleDictReader:
...     print(row['time'], row['name'], row['amount'])
...
```

```
4/5/2015 13:34 Apples 73
4/5/2015 3:41 Cherries 85
4/6/2015 12:46 Pears 14
4/8/2015 8:59 Oranges 52
4/10/2015 2:07 Apples 152
4/10/2015 18:10 Bananas 23
4/10/2015 2:40 Strawberries 98
```

example.csv에는 각 열의 헤더에 대한 텍스트가 없기 때문에 여기서는 'time', 'name', 'amount'라고 생성한다.

DictWriter 객체는 CSV 파일을 생성하기 위해 딕셔너리를 사용한다.

```
>>> import csv
>>> outputFile = open('output.csv', 'w', newline='')
>>> outputDictWriter = csv.DictWriter(outputFile, ['Name', 'Pet', 'Phone'])
>>> outputDictWriter.writeheader()
>>> outputDictWriter.writerow({'Name': 'Alice', 'Pet': 'cat', 'Phone': '555-1234'})
20
>>> outputDictWriter.writerow({'Name': 'Bob', 'Phone': '555-9999'})
15
>>> outputDictWriter.writerow({'Phone': '555-5555', 'Name': 'Carol', 'Pet': 'dog'})
20
>>> outputFile.close()
```

파일에 헤더 행을 넣고 싶으면 writeheader()를 호출해서 그 행을 쓰면 된다. 반면 파일에 헤더 행을 넣고 싶지 않다면 writeheader()를 호출하지 않으면 된다. 이제 writerow() 메서드를 호출하여 CSV 파일의 각 행을 쓸 수 있다. 이때 딕셔너리를 전달하는데 딕셔너리의 키는 헤더이고, 딕셔너리의 값에는 파일에 쓰려고 하는 데이터가 들어 있다.

이 코드로 생성한 output.csv는 다음과 같다.

```
Name,Pet,Phone
Alice,cat,555-1234
Bob,,555-9999
Carol,dog,555-5555
```

이때 writerow()에 전달한 딕셔너리에서 키-값 쌍의 순서는 중요하지 않다. DictWriter()에 전달한 키 순서대로 쓰기 때문이다. 예를 들어 Phone 키와 이에 해당하는 값을, 네 번째 줄 Name 및 Pet 키와 이에 해당하는 값보다 이전에 작성했지만, 출력에서는 전화번호가 가장 나중에 나타난다.

{'Name': 'Bob','Phone': '555-9999'}에서 누락된 'PET'과 같이 누락된 키는 CSV 파일에서 빈 상태로 있게 된다.

프로젝트: CSV 파일에서 헤더 제거하기

수백 개의 CSV 파일에서 첫 번째 행을 제거하는 지루한 작업을 해야 한다고 하자. 아마도 각 열의 맨 위에 있는 헤더를 제외한 데이터만 필요로 하는 자동화 프로세스 등에 필요한 작업일 것이다. 엑셀에서 각 파일을 열고 첫 번째 행을 제거한 후 파일을 다시 저장하는 방식도 물론 가능하지만, 이 과정을 수백 번 반복하려면 몇 시간이나 걸릴 것이다. 이를 대신해서 수행하는 프로그램을 작성해 보자.

이 프로그램은 현재 작업 디렉터리에서 파일 확장자가 .csv인 모든 파일을 열고 CSV 파일의 내용을 읽은 뒤, 첫 번째 행을 제외한 내용을 같은 이름의 파일로 저장하는 과정을 수행해야 한다. 이런 과정을 통해 기존의 CSV 파일 내용을 헤더가 사라진 새로운 내용으로 대체한다.

> ❗ 지금껏 그래왔듯 파일을 수정하는 프로그램을 작성할 때는 프로그램이 예상대로 제대로 동작하지 않을 경우를 대비해서 파일을 항상 먼저 백업하자. 실수로 원본 파일을 삭제하는 상황을 겪고 싶지는 않을 것이다.

전체적으로 프로그램은 다음과 같은 작업을 수행해야 한다.

1. 현재 작업 디렉터리에서 모든 CSV 파일을 찾는다.
2. 각 파일의 전체 내용을 읽는다.
3. 첫 행을 제외한 내용을 새로운 CSV 파일에 쓴다.

이를 코드로 표현하면 다음과 같다.

1. `os.listdir()`로 얻은 파일 리스트에 대해 반복하면서 CSV가 아닌 파일은 건너뛴다.
2. 각 CSV 파일의 CSV `reader` 객체를 생성하고 파일의 내용을 읽은 뒤, `line_num` 속성을 사용해 제외할 행을 알아낸다.
3. CSV `writer` 객체를 생성하고 수정한 데이터를 새 파일에 쓴다.

이 프로젝트를 위해 새 파일 편집기 창을 열고 removeCsvHeader.py라는 이름으로 저장하자.

1단계: 각 CSV 파일에 대해 반복한다

프로그램이 가장 먼저 해야 할 일은 현재 작업 디렉터리의 모든 CSV 파일 이름이 들어 있는 리스트에 대해 반복하도록 하는 것이다. 다음과 같이 removeCsvHeader.py를 작성하라.

```python
#! python3
# removeCsvHeader.py - 현재 작업 디렉터리에 있는 모든 CSV 파일에서 헤더를 제거한다.

import csv, os

os.makedirs('headerRemoved', exist_ok=True)

# 현재 작업 디렉터리에 있는 모든 파일에 대해 반복한다.
for csvFilename in os.listdir('.'):
    if not csvFilename.endswith('.csv'):
        continue # 확장자가 .csv가 아닌 파일은 건너뛴다.               ❶

    print('Removing header from ' + csvFilename + '...')

    # TODO: CSV 파일을 읽어 들인다(첫 번째 행은 건너뛰고).

    # TODO: CSV 파일을 작성한다.
```

os.makedirs()를 호출하여 헤더가 제거된 모든 CSV 파일을 저장할 headerRemoved 폴더를 생성한다. os.listdir('.')에 대해 for 반복문을 수행하면 된다고 생각하겠지만, 이 코드는 작업 디렉터리의 모든 파일에 대해 반복한다. 따라서 반복문의 시작 부분에 .csv로 끝나지 않는 파일 이름은 건너뛰는 코드를 추가해야 한다. continue 문(❶)은 CSV가 아닌 파일을 발견할 경우 for 반복문이 다음 파일 이름으로 넘어가도록 한다.

프로그램이 실행되면 현재 프로그램이 작업하고 있는 CSV 파일을 알려 주는 메시지가 화면에 출력되도록 한다. 그 뒤에 프로그램의 나머지 부분이 수행해야 할 사항을 알려 주는 TODO 주석을 추가한다.

2단계: CSV 파일에서 내용 읽기

이 프로그램은 CSV 파일의 첫 번째 행을 제거하지 않는다. 대신 첫 번째 줄을 제외한 CSV 파일의 복사본을 만든다. 이 복사본의 이름이 원본 파일의 이름과 같다면, 복사본이 원본을 덮어쓰게 된다.

이 프로그램은 현재 첫 번째 행을 반복하고 있는지 알아야 한다. removeCsv Header.py에 다음과 같은 코드를 추가하라.

```
#! python3
# removeCsvHeader.py – 현재 작업 디렉터리에 있는 모든 CSV 파일에서 헤더를 제거한다.

--생략--

    # CSV 파일을 읽어 들인다(첫 번째 행은 건너뛰고).
    csvRows = []
    csvFileObj = open(csvFilename)
    readerObj = csv.reader(csvFileObj)
    for row in readerObj:
        if readerObj.line_num == 1:
            continue  # 첫 번째 행은 건너뛴다.
        csvRows.append(row)
    csvFileObj.close()

    # TODO: CSV 파일을 작성한다.
```

reader 객체의 line_num 속성은 CSV 파일에서 현재 읽고 있는 행이 몇 번째 행인지 알아내는 데 사용할 수 있다. 또 다른 for 반복문은 CSV reader 객체가 반환한 행들에 대해 반복하며, 첫 번째를 제외한 모든 행은 csvRows에 추가된다.

for 반복문이 각 행에 대해 반복하면서 이 코드는 readerObj.line_num이 1로 설정되어 있는지 검사한다. 이를 만족할 경우, continue를 실행하여 csvRows에 행을 추가하지 않고 다음 행으로 넘어간다. 그 이후 행에서는 조건이 항상 False이기 때문에 각 행은 csvRows에 추가된다.

3단계: 첫 번째 행을 제거한 CSV 파일 작성하기

이제 csvRows는 첫 번째 행을 제외한 모든 행이 들어 있는 리스트가 되었으므로 리스트의 내용을 headerRemoved 폴더에 있는 CSV 파일에 기록해야 한다. removeCsvHeader.py에 다음과 같은 코드를 추가하라.

```
#! python3
# removeCsvHeader.py – 현재 작업 디렉터리에 있는 모든 CSV 파일에서 헤더를 제거한다.
--생략--

# 현재 작업 디렉터리에 있는 모든 파일에 대해 반복한다.
for csvFilename in os.listdir('.'):                                    ❶
    if not csvFilename.endswith('.csv'):
        continue  # 확장자가 .csv가 아닌 파일은 건너뛴다.

    --생략--

    # CSV 파일을 작성한다.
    csvFileObj = open(os.path.join('headerRemoved', csvFilename), 'w',
```

```
            newline='')
    csvWriter = csv.writer(csvFileObj)
    for row in csvRows:
        csvWriter.writerow(row)
    csvFileObj.close()
```

CSV writer 객체는 csvFilename을 사용하여 리스트를 headerRemoved에 CSV 파일로 작성한다(이는 CSV reader에서도 사용했다). 이렇게 하면 원본 파일을 덮어쓰게 된다.

writer 객체를 생성하면 csvRows에 있는 하위 리스트에 대해 반복하며 각 하위 리스트를 파일에 작성한다.

코드가 실행된 후 외부 for 반복문은 os.listdir('.')이 얻은 다음 파일 이름에 대해 반복한다. 반복문이 끝나면 프로그램은 완료된다.

프로그램을 시험해 보기 위해 *https://nostarch.com/automatestuff2/*에서 removeCsvHeader.zip을 다운로드해 압축을 풀자. 그리고 그 폴더에서 removeCsvHeader.py 프로그램을 실행하면 다음과 같은 결과를 보게 될 것이다.

```
Removing header from NAICS_data_1048.csv...
Removing header from NAICS_data_1218.csv...
--생략--
Removing header from NAICS_data_9834.csv...
Removing header from NAICS_data_9986.csv...
```

이 프로그램은 CSV 파일에서 첫 번째 행을 제거할 때마다 파일 이름을 출력한다.

비슷한 프로그램에 대한 아이디어

CSV 파일과 엑셀 파일은 둘 다 스프레드시트 파일이므로 CSV 파일에 쓸 수 있는 프로그램과 엑셀 파일에 쓸 수 있는 프로그램은 비슷하다. 다음과 같은 작업을 수행하는 프로그램을 작성할 수 있다.

• 한 CSV 파일 내에서 서로 다른 행의 데이터를 비교하거나 여러 개의 CSV 파일을 비교한다.
• CSV 파일에서 특정 데이터를 엑셀 파일로 복사하거나 반대로 엑셀 파일에서 특정 데이터를 CSV 파일로 복사한다.
• CSV 파일에서 유효하지 않은 데이터나 형식 오류를 검사하고, 이러한 오류에

대해 사용자에게 경고한다.

- CSV 파일에서 데이터를 읽어서 파이썬 프로그램의 입력값으로 사용한다.

JSON과 API

JSON은 자주 사용되는 데이터 형식으로, 데이터를 사람이 읽을 수 있는 문자열로 나타내는 방식이다. JSON은 자바스크립트 프로그램에서 데이터 구조를 작성하는 기본 방식이며, 대개 파이썬의 pprint() 함수가 만들어 내는 것과 비슷하다. JSON 형식의 데이터로 작업하기 위해 자바스크립트를 알아야 할 필요는 없다.

다음은 JSON 형식의 데이터 예다.

```
{"name": "Zophie", "isCat": true,
 "miceCaught": 0, "napsTaken": 37.5,
 "felineIQ": null}
```

많은 웹 사이트에서 프로그램이 웹 사이트와 상호 작용하는 데 JSON 형식의 내용을 제공하기 때문에 JSON을 알아 두면 유용하다. 이를 API 제공이라고도 한다. API에 접근하는 것은 URL을 통해 일반 웹 페이지에 접근하는 것과 같다. 두 가지의 차이점은 API가 반환하는 값은 기계를 위한 JSON 등의 형식으로 되어 있다는 것이다. 이 때문에 API는 사람들이 읽기 쉽지 않다.

많은 웹 사이트가 데이터를 JSON 형식으로 제공할 수 있도록 만들어졌다. 페이스북, 트위터, 야후, 구글, 텀블러, 위키백과, 플리커, Data.gov, 레딧, IMDb, 로튼 토마토, 링크드인과 같이 많은 유명한 사이트에서 프로그램이 사용할 수 있는 API를 제공한다. 몇몇 사이트는 API를 사용하기 위해 등록이 필요하지만, 거의 대부분의 경우 무료로 사용 가능하다. 원하는 데이터를 얻으려면 프로그램이 요청해야 할 URL뿐 아니라 반환되는 JSON 데이터 구조의 일반적인 형식에 대한 문서도 찾아봐야 할 것이다. API를 공급하는 모든 사이트는 이 문서를 제공해야 한다. '개발자(Developers)' 페이지가 있다면 그 페이지에서 문서를 찾아보면 된다.

API를 사용하여 다음과 같은 작업을 수행하는 프로그램을 작성할 수 있다.

- 웹 사이트에서 원시 데이터를 스크랩한다(API에 접근하는 것이 웹 페이지를 다운로드하고 뷰티플 수프를 활용하여 HTML을 구문 분석하는 것보다 더 쉽다).

- 가입한 소셜 네트워크 계정에서 새로운 게시물을 자동으로 다운로드한 후 다른 계정에 올린다. 예를 들어 텀블러에 작성한 게시물을 페이스북에 게시할 수 있다.

- IMDb, 로튼 토마토, 위키백과에서 데이터를 가져와 컴퓨터에 있는 텍스트 파일에 넣어서 개인 영화 컬렉션을 위한 '영화 백과사전'을 만든다.

*https://nostarch.com/automatestuff2/*에서 몇 가지 JSON API에 대한 예를 볼 수 있다.

JSON만이 데이터를 사람이 읽을 수 있는 문자열로 나타내는 유일한 방식은 아니다. XML(eXtensible Markup Language), TOML(Tom's Obvious Minimal Language), YML(Yet another Markup Language), INI(Initialization) 등이 있으며 심지어 오래된 ASN.1(Abstract Syntax Notation One) 형식도 있다. 이는 모두 데이터를 사람이 읽을 수 있는 텍스트로 표현하는 구조를 제공한다. 이 책에서는 이에 대해 설명하지 않는다. 그 이유는 JSON이 이것들을 대체하여 빠른 속도로 퍼져서 현재 가장 널리 사용되는 형식이기 때문이다. 그러나 이것들을 처리하는 서드 파티 파이썬 모듈도 있다.

json 모듈

파이썬의 json 모듈은 json.loads(), json.dumps() 함수로 JSON 데이터와 파이썬 값을 서로 변환하는 모든 세부 사항을 처리한다. JSON은 모든 종류의 파이썬 값을 저장할 수 없다. JSON은 문자열, 정수, 부동 소수점 수, 불, 리스트, 딕셔너리, NoneType 자료형 값만 저장할 수 있다. File, CSV reader와 writer, Regex, 셀레니엄의 WebElement 객체와 같이 파이썬 특유의 객체들은 나타낼 수 없다.

loads() 함수를 사용하여 JSON 읽기

JSON 데이터가 들어 있는 문자열을 파이썬 값으로 변환하려면, 이를 json. loads() 함수에 전달해야 한다(이 의미는 그냥 '불러오다(loads)'가 아니라 '문자열을 불러오다(load string)'이다). 대화형 셸에 다음과 같이 입력해 보자.

```
>>> stringOfJsonData = '{"name": "Zophie", "isCat": true, "miceCaught": 0, "felineIQ": null}'
>>> import json
>>> jsonDataAsPythonValue = json.loads(stringOfJsonData)
>>> jsonDataAsPythonValue
{'isCat': True, 'miceCaught': 0, 'name': 'Zophie', 'felineIQ': None}
```

json 모듈을 불러온 뒤에는 loads()를 호출할 수 있고, 이때 JSON 데이터 문자열을 전달한다. JSON 문자열은 항상 큰따옴표를 사용한다는 점에 유의하라. 이는 파이썬 딕셔너리 형태의 데이터를 반환한다. 파이썬 딕셔너리는 정렬되어 있지 않으므로 jsonDataAsPythonValue를 출력하면 키-값 쌍이 다른 순서로 나타날 수도 있다.

dumps() 함수를 사용하여 JSON 작성하기

json.dumps()(이 의미는 그냥 '넘기다(dumps)'가 아니라 '문자열을 넘기다(dump string)'이다) 함수는 파이썬 값을 JSON 형식 데이터 문자열로 변환한다. 대화형 셸에 다음과 같이 입력해 보자.

```
>>> pythonValue = {'isCat': True, 'miceCaught': 0, 'name': 'Zophie', 'felineIQ': None}
>>> import json
>>> stringOfJsonData = json.dumps(pythonValue)
>>> stringOfJsonData
'{"isCat": true, "felineIQ": null, "miceCaught": 0, "name": "Zophie" }'
```

이 값은 기본 파이썬 자료형인 딕셔너리, 리스트, 정수, 부동 소수점 수, 문자열, 불, None 중 하나여야 한다.

프로젝트: 현재 날씨 정보 가져오기

날씨를 확인하는 것은 매우 사소한 일처럼 보인다. 웹 브라우저를 열고, 주소창을 클릭한 뒤, 날씨 웹 사이트 URL을 입력하고(또는 날씨 웹 사이트를 검색한 뒤 링크를 클릭하고), 페이지를 불러오는 것을 기다리고, 모든 광고가 끝나기를 기다리는 방식이다.

사실 다음 며칠 동안의 일기 예보를 다운로드해서 일반 텍스트로 출력하는 프로그램을 작성하면, 많은 지루한 단계를 건너뛸 수 있다. 이 프로그램은 12장에서 설명한 requests 모듈을 사용해 웹에서 데이터를 다운로드한다.

전체적으로 프로그램은 다음과 같은 작업을 수행한다.

1. 명령 행에서 요청한 위치 정보를 읽는다.
2. OpenWeatherMap.org에서 JSON 형식의 날씨 데이터를 다운로드한다.
3. JSON 데이터 문자열을 파이썬 자료 구조로 변환한다.
4. 오늘과 다음 이틀의 날씨를 출력한다.

따라서 코드는 다음과 같은 작업을 수행해야 한다.

1. 위치 정보를 얻기 위해 sys.argv로 문자열을 결합한다.
2. requests.get()을 호출하여 날씨 데이터를 다운로드한다.
3. json.loads()를 호출하여 JSON 데이터를 파이썬 데이터 구조로 변환한다.
4. 일기 예보를 출력한다.

이 프로젝트를 시작하기 위해 새 파일 편집기 창을 열고 getOpenWeather. py라는 이름으로 저장하자. 그리고 브라우저에서 *https://openweathermap. org/api/*를 방문하여 무료 계정에 가입해 앱 아이디라는 API 키를 받는다. OpenWeatherMap 서비스의 API 키는 '30144aba38018987d84710d0e319281e'처럼 생긴 문자열 코드다. 이 서비스를 이용할 때 1분당 60번 이상 API를 호출할 것이 아니라면 별도로 돈을 내야 할 필요는 없다. API 키는 비밀로 유지하라. 그렇지 않다면 이를 알고 있는 누군가가 해당 키의 할당량을 다 써 버리는 스크립트를 작성할 수 있다.

1단계: 명령 행 인자에서 위치 가져오기

프로그램의 입력값은 명령 행에서 가져온다. 다음과 같이 getOpenWeather.py를 작성하자.

```python
#! python3
# getOpenWeather.py - 명령 행에서 가져온 위치에 해당하는 날씨를 출력한다.

APPID = 'YOUR_APPID_HERE'

import json, requests, sys

# 명령 행 인자에서 위치 정보를 가져온다.
if len(sys.argv) < 2:
    print('Usage: getOpenWeather.py city_name, 2-letter_country_code')
    sys.exit()
location = ' '.join(sys.argv[1:])

# TODO: OpenWeatherMap.org의 API를 사용하여 JSON 데이터를 다운로드한다.

# TODO: JSON 데이터를 불러와서 파이썬 변수에 저장한다.
```

파이썬에서 명령 행 인자는 `sys.argv` 리스트에 저장되어 있다. `APPID` 변수는 계정의 API 키로 설정되어 있어야 한다. 이 키가 없으면 날씨 서비스에 대한 요청이 실패한다. `#!` 줄과 `import` 문 뒤에 나오는 프로그램은 항상 한 개 이상의 명령 행 인자가 있는지 검사한다(`sys.argv`에는 `sys.argv[0]`처럼 항상 최소 한 개의 요소가 있다는 사실을 기억하라. 그리고 여기에는 파이썬 스크립트의 파일 이름이 들어 있다). 리스트에 단 하나의 요소만 있다는 것은 사용자가 명령 행에 위치 정보를 제공하지 않았다는 것을 의미하고, 이 경우 프로그램이 종료되기 전에 '사용법(usage)' 메시지가 출력된다.

OpenWeatherMap 서비스는 도시 이름, 쉼표, 두 글자의 국가 코드(예를 들어 미국의 경우 'US')로 구성된 쿼리를 필요로 한다. 이 코드들은 *https://en.wikipedia.org/wiki/ISO_3166-1_alpha-2*에서 찾아볼 수 있다. 이 스크립트에서는 검색된 JSON 텍스트에 나열된 첫 번째 도시에 대한 날씨 정보를 보여 준다. 안타깝게도 오리건(Oregon)주의 포틀랜드(Portland)와 메인(Maine)주의 포틀랜드처럼 이름이 똑같은 도시들도 있는데, 이름이 같은 경우를 구분하기 위해 JSON 텍스트에는 위도/경도 정보도 포함되어 있다.

명령 행 인자는 빈칸으로 구분된다. 명령 행 인자 `San Francisco, US`의 경우 `sys.argv`에는 `['getOpenWeather.py', 'San', 'Francisco,', 'US']`가 들어 있다. 그러므로 `join()` 메서드를 호출하여 `sys.argv`의 첫 번째 문자열을 제외한 모든 문자열을 결합해야 한다. 결합된 이 문자열을 `location`이라는 변수에 저장한다.

2단계: JSON 데이터 다운로드하기

OpenWeatherMap.org는 JSON 형식으로 실시간 날씨 정보를 제공한다. 먼저 이 사이트에 가입하여 무료 API 키를 얻어야 한다(이 키는 대역폭 비용을 낮추기 위해 서버에 요청하는 빈도를 제한하는 용도로 사용된다). 이 프로그램은 *https://api.openweathermap.org/data/2.5/forecast/daily?q=<Location>&cnt=3&APPID=<API key>*에서 다운로드할 수 있다. 여기서 *<Location>*은 날씨 정보를 얻으려는 도시의 이름을, *<API key>*는 개별 API 키를 의미한다. getOpenWeather.py에 다음과 같은 코드를 추가하자.

```
#! python3
# getOpenWeather.py - 명령 행에서 가져온 위치 정보에 해당하는 날씨를 출력한다.

--생략--
```

```python
# OpenWeatherMap.org의 API를 사용하여 JSON 데이터를 다운로드한다.
url = 'https://api.openweathermap.org/data/2.5/forecast/
daily?q=%s&cnt=3&APPID=%s ' % (location, APPID)
response = requests.get(url)
response.raise_for_status()

# 원본 JSON 텍스트를 보려면 주석 처리를 해제한다.
#print(response.text)

# TODO: JSON 데이터를 불러와서 파이썬 변수에 저장한다.
```

우리는 명령 행 인자에서 받은 location을 갖고 있다. 접근하려는 URL을 만들기 위해 위치 표시자인 %s를 사용하여 location에 어떤 문자열이 들어 있더라도 URL 문자열의 해당 위치에 이를 삽입하도록 한다. 그 결과를 url에 저장하고 이 url을 requests.get()에 전달한다. requests.get()을 호출한 결과 Response 객체가 반환되는데, 여기에 raise_for_status()를 호출하여 오류가 있는지 점검할 수 있다. 어떤 예외도 발생하지 않았다면 response.text에는 다운로드한 텍스트가 들어 있게 된다.

3단계: JSON 데이터 불러오기 및 날씨 출력하기

response.text 멤버 변수에는 JSON 형식의 거대한 문자열이 들어 있다. 이를 파이썬 값으로 변환하기 위해 json.loads()를 호출한다. JSON 데이터는 다음과 같이 생겼다.

```
{'city': {'coord': {'lat': 37.7771, 'lon': -122.42},
         'country': 'United States of America',
         'id': '5391959',
         'name': 'San Francisco',
         'population': 0},
 'cnt': 3,
 'cod': '200',
 'list': [{'clouds': 0,
         'deg': 233,
         'dt': 1402344000,
         'humidity': 58,
         'pressure': 1012.23,
         'speed': 1.96,
         'temp': {'day': 302.29,
                 'eve': 296.46,
                 'max': 302.29,
                 'min': 289.77,
                 'morn': 294.59,
                 'night': 289.77},
```

```
'weather': [{'description': 'sky is clear',
             'icon': '01d',
--생략--
```

이 데이터를 보려면 pprint.pprint()에 weatherData를 전달하여 호출하면 된다. 각 필드의 의미를 설명한 더 많은 문서는 *https://openweathermap.org/*에서 볼 수 있다. 예를 들어 온라인 문서에서 'day' 뒤의 302.29는 섭씨나 화씨가 아니라 켈빈(Kelvin) 단위로 표기한 주간 온도임을 알 수 있을 것이다.

우리가 원하는 날씨 정보는 'main'과 'description' 뒤에 서술되어 있다. 이를 깔끔하게 출력하려면 getOpenWeather.py에 다음과 같은 코드를 추가하자.

```
#! python3
# getOpenWeather.py - 명령 행에서 가져온 위치 정보에 해당하는 날씨를 출력한다.

--생략--

# JSON 데이터를 불러와서 파이썬 변수에 저장한다.
weatherData = json.loads(response.text)

# 날씨에 대한 설명을 출력한다.
w = weatherData['list']                                                    ❶
print('Current weather in %s:' % (location))
print(w[0]['weather'][0]['main'], '-', w[0]['weather'][0]['description'])
print()
print('Tomorrow:')
print(w[1]['weather'][0]['main'], '-', w[1]['weather'][0]['description'])
print()
print('Day after tomorrow:')
print(w[2]['weather'][0]['main'], '-', w[2]['weather'][0]['description'])
```

코드가 weatherData['list']를 w 변수에 저장하여 타자를 줄이는 방법에 주목하자. w[0], w[1], w[2]를 사용하여 각각 오늘, 내일, 모레 날씨에 대한 딕셔너리를 검색했다. 각 딕셔너리에는 'weather' 키가 있고 이에 매칭되는 값은 리스트 형식의 값이다. 여기서 중요한 것은 리스트의 인덱스 0에 해당하는 첫 번째 항목이며, 이는 키가 몇 개 더 존재하는 중첩 딕셔너리다. 여기서 'main'과 'description' 키에 들어 있는 값을 하이픈으로 구분하여 출력한다.

getOpenWeather.py San Francisco, CA라는 명령 행 인자로 이 프로그램을 실행한 결과는 다음과 같다.

```
Current weather in San Francisco, CA:
Clear - sky is clear
```

```
Tomorrow:
Clouds — few clouds

Day after tomorrow:
Clear — sky is clear
```

(날씨는 내가 샌프란시스코에 사는 것을 좋아하는 이유 중 하나다!)

비슷한 프로그램에 대한 아이디어

날씨 데이터에 접근하는 것은 다양한 유형의 프로그램의 기반이 될 수 있다. 다음과 같은 작업을 수행하는 비슷한 프로그램을 만들 수 있다.

- 몇몇 캠프장이나 하이킹 코스에 대한 일기 예보 정보를 수집하여 날씨가 가장 좋은 곳을 탐색한다.
- 프로그램으로 날씨를 주기적으로 확인해서 식물들을 실내로 옮길 필요가 있으면 서리 경고를 보내도록 한다.
- 여러 사이트에서 날씨 정보를 가져와 한 번에 볼 수 있도록 하거나 여러 일기 예보의 평균을 구해 보여 준다.

요약

CSV나 JSON은 데이터를 저장하는 일반 텍스트 형식으로 자주 사용된다. 이 형식들은 가독성이 좋을 뿐 아니라 프로그램으로 구문 분석하기 쉽다는 장점이 있기 때문에 간단한 스프레드시트나 웹 애플리케이션 데이터에 자주 사용된다. csv와 json 모듈을 사용하면 매우 간단하게 CSV와 JSON 파일을 읽거나 작성할 수 있다.

지난 몇 장에서 파이썬으로 다양한 형식의 파일을 구문 분석하는 방법을 설명했다. 공통으로 진행한 작업은 다양한 형식의 데이터를 가져와 필요한 특정 정보를 얻기 위해 구문 분석하는 것이었다. 이러한 작업들은 상용 소프트웨어가 최적으로 도움이 되지 않는 경우가 많다. 따라서 스크립트를 직접 작성해서 컴퓨터가 이러한 형식들로 된 많은 양의 데이터를 처리하게 할 수 있다.

18장에서는 데이터 형식에서 벗어나 프로그램으로 이메일이나 문자 메시지를 보내서 사용자에게 정보를 전달하는 방법을 설명할 것이다.

연습 문제

1. 엑셀 스프레드시트는 갖고 있지만 CSV 스프레드시트는 갖고 있지 않은 특성들은 무엇인가?

2. reader와 writer 객체를 생성하기 위해 csv.reader()와 csv.writer()에 전달하는 것은 무엇인가?

3. reader와 writer 객체에 사용하기 위한 File 객체는 어떠한 모드로 열려 있어야 하는가?

4. 리스트 인자를 받아 CSV 파일로 작성하는 메서드는 무엇인가?

5. 키워드 인자 delimiter와 lineterminator는 각각 어떠한 역할을 하는가?

6. JSON 데이터 문자열을 받아 파이썬 자료형을 반환하는 함수는 무엇인가?

7. 파이썬 데이터 자료형을 받아 JSON 데이터 문자열을 반환하는 함수는 무엇인가?

연습 프로젝트

연습을 위해 다음과 같은 작업들을 수행하는 프로그램을 작성해 보자.

엑셀-CSV 변환기

엑셀에서는 클릭 몇 번으로 스프레드시트를 CSV 파일로 저장할 수 있다. 그러나 수백 개의 엑셀 파일을 CSV로 변환하려면 몇 시간 동안 클릭을 해야 할 것이다. 12장의 openpyxl 모듈을 사용하여 현재 작업 디렉터리에 있는 모든 엑셀 파일을 읽고 CSV 파일로 저장하는 프로그램을 작성하라.

한 엑셀 파일에는 시트 여러 개가 포함되어 있을 수 있다. 그러므로 시트 하나당 CSV 파일 한 개를 생성해야 할 것이다. CSV 파일의 이름은 〈excel filename〉_〈sheet title〉.csv가 되도록 하자. 이때 〈excel filename〉은 파일 확장자를 제외한 엑셀 파일의 이름이며(예를 들어 'spam_data.xlsx'가 아니라 'spam_data'), 〈sheet title〉은 Worksheet 객체의 title 변수에 들어 있는 문자열이다.

이 프로그램은 여러 개의 중첩된 for 반복문을 사용해야 할 것이다. 이 프로그램의 뼈대는 다음과 같다.

```
for excelFile in os.listdir('.'):
    # xlsx가 아닌 파일은 건너뛰면서 workbook 객체를 불러온다.
    for sheetName in wb.get_sheet_names():
        # 워크북의 모든 시트에 걸쳐 반복한다.
        sheet = wb.get_sheet_by_name(sheetName)

        # 엑셀 파일 이름과 시트 제목에서 CSV 파일 이름을 생성한다.
        # 이 CSV 파일에 대한 csv.writer 객체를 생성한다.

        # 시트의 각 행에 대해 반복한다.
        for rowNum in range(1, sheet.max_row + 1):
            rowData = [] # append each cell to this list
            # 이 행에 존재하는 모든 셀에 대해 반복한다.
            for colNum in range(1, sheet.max_column + 1):
                # 각 셀의 데이터를 rowData에 추가한다.

            # rowData 리스트를 CSV 파일에 작성한다.

    csvFile.close()
```

*https://nostarch.com/automatestuff2/*에서 excelSpreadsheets.zip이라는 파일을 다운로드하고 프로그램이 있는 디렉터리에 스프레드시트 압축을 해제하자. 이 파일들을 사용하여 프로그램이 잘 작동하는지 점검할 수 있다.

17장

시간 관리, 작업 예약, 프로그램 실행

사용자가 컴퓨터 앞에 앉아 있을 때 프로그램을 실행하는 것도 좋지만, 사용자의 조작 없이 프로그램이 실행되게 하는 것도 유용하다. 컴퓨터 내장 시계를 사용하여 프로그램이 특정 시각이나 날짜 또는 특정 기간에 코드를 실행하도록 계획할 수 있다. 예를 들어 매시간 변경 사항을 점검하기 위해 웹 사이트를 스크랩하거나 사용자가 잠든 새벽 4시에 CPU를 많이 사용하는 작업을 수행하도록 할 수 있다. 파이썬의 time, datetime 모듈은 이러한 함수들을 제공한다.

또한, subprocess, threading 모듈을 사용하여 일정에 따라 다른 프로그램을 실행하는 프로그램을 작성할 수도 있다. 가끔은 다른 사람들이 이미 작성한 애플리케이션을 사용하는 것이 가장 빠른 프로그래밍 방법이기도 하다.

time 모듈

컴퓨터 시스템 시계는 특정 날짜, 시간, 시간대로 설정되어 있다. 내장 모듈인 time을 사용하면 파이썬 프로그램이 시스템 시계에 접근하여 현재 시각을 알 수 있다. time.time(), time.sleep() 함수는 time 모듈에서 가장 유용한 함수들이다.

time.time() 함수

유닉스 시간(Unix epoch)은 프로그래밍에서 자주 사용하는 시간 기준으로, 협정 세계시(Coordinated Universal Time, UTC) 1970년 1월 1일 오전 12시를 의미한다. time.time() 함수는 해당 시점에서 경과한 시간을 초로 환산하여 나타낸 부동 소수점값을 반환한다(부동 소수점 수는 소수점이 있는 수를 의미한다는 것을 기억하라). 이 수는 시점 기준 타임스탬프(epoch timestamp)라고 부른다. 예를 들어 대화형 셀에 다음과 같이 입력해 보자.

```
>>> import time
>>> time.time()
1543813875.3518236
```

앞에서 time.time()은 태평양 표준시 기준 2018년 12월 2일 9:11 PM에 호출되었다. 반환된 값은 유닉스 시간을 기준으로 time.time()이 호출된 시점까지 경과한 시간을 초 단위로 나타낸 것이다.

시점 기준 타임스탬프를 사용하면 코드 프로파일링에 사용할 수 있다. 즉, 어떤 코드가 실행되는 데 걸리는 시간을 측정할 수 있다. 측정하려고 하는 코드 블록의 시작 부분에서 time.time()을 호출하고 끝에서 다시 한번 호출한 뒤, 두 번째 타임스탬프에서 첫 번째 타임스탬프를 빼면 두 번의 호출 사이에 경과한 시간을 알 수 있다. 예를 들어 새 파일 편집기 탭을 열고 다음과 같은 프로그램을 입력해 보자.

```
import time
def calcProd():                                                    ❶
    # 첫 10만 개의 수를 곱한 결과를 계산한다.
    product = 1
    for i in range(1, 100000):
        product = product * i
    return product

startTime = time.time()                                            ❷
prod = calcProd()
endTime = time.time()                                              ❸
print('The result is %s digits long.' % (len(str(prod))))          ❹
print('Took %s seconds to calculate.' % (endTime - startTime))     ❺
```

❶에서 1부터 99999까지의 정수들을 반복해서 곱하는 CalcProd() 함수를 정의한다. ❷에서 time.time()을 호출하고 startTime에 저장한다. 그런 다음 calcProd() 함수를 호출한 뒤 곧바로 time.time()을 다시 호출하여 endTime에 저장한다(❸). 그리고 calcProd() 함수에서 곱한 결괏값의 자릿수(❹)와 소요 시간(❺)을 출력하면서 끝난다.

이 프로그램을 calcProd.py로 저장하고 실행해 보자. 결과는 다음과 같다.

```
The result is 456569 digits long.
Took 2.844162940979004 seconds to calculate.
```

 코드를 프로파일링하는 또 다른 방법은 cProfile.run() 함수를 사용하는 것이다. 이 함수
는 time.time()보다 훨씬 자세한 정보를 많이 제공한다. cProfile.run() 함수에 대한
설명은 https://docs.python.org/3/library/profile.html을 참고하라.

time.time()이 반환하는 값은 유용하지만 가독성이 좋지 않다. time.ctime() 함
수는 현재 시각에 관한 설명을 문자열 형식으로 반환한다. time.time()이 반환
한 유닉스 시간에서 경과한 초 단위 시간을 선택적으로 전달하여 해당 시간에
대한 문자열값을 얻을 수도 있다. 대화형 셸에 다음과 같이 입력해 보자.

```
>>> import time
>>> time.ctime()
'Mon Jun 15 14:00:38 2020'
>>> thisMoment = time.time()
>>> time.ctime(thisMoment)
'Mon Jun 15 14:00:45 2020'
```

time.sleep() 함수

프로그램을 잠시 중지하려면 time.sleep() 함수를 호출한다. 이때 프로그램을
일시적으로 중지하려는 초 단위 시간을 전달하면 된다. 대화형 셸에 다음과 같
이 입력해 보자.

```
>>> import time
>>> for i in range(3):
        print('Tick')                                          ❶
        time.sleep(1)                                          ❷
        print('Tock')                                          ❸
        time.sleep(1)                                          ❹

Tick
Tock
Tick
Tock
Tick
Tock
>>> time.sleep(5)                                              ❺
```

for 반복문은 Tick을 출력하고(❶), 1초간 일시 정지한 뒤(❷), Tock을 출력하고
(❸), 1초간 일시 정지한 뒤(❹), Tick을 출력하고, 일시 정지하는 방식으로 진행

된다. 그리고 이는 Tick과 Tock이 각각 세 번 출력될 때까지 진행된다.

time.sleep() 함수는 time.sleep()에 전달한 초가 경과하기 전까지 실행이 차단된다. 즉, 다른 코드를 실행하기 위해 프로그램을 반환하고 해제하지 않는다. 예를 들어 time.sleep(5)를 입력하면(❺) 5초가 경과되기 전까지 다음 프롬프트(>>>)가 나타나지 않음을 확인할 수 있다.

숫자 반올림하기

시간을 다루는 작업을 할 때 소수점 뒤에 많은 숫자가 있는 부동 소수점 수를 마주하게 될 것이다. 이러한 값이 나오는 작업을 쉽게 하려면 round()라는 파이썬 내장 함수를 사용하면 된다. 이 함수로 부동 소수점값을 반올림하여 지정한 만큼 짧게 만들 수 있다. 함수에 반올림하려는 수를 전달하면 되는데, 여기에 두 번째 인자를 선택적으로 전달하여 소수점 뒤에 있는 숫자 개수를 지정할 수도 있다. 두 번째 인자를 생략하면 round() 함수는 가장 가까운 정수로 반올림한다. 대화형 셀에 다음과 같이 입력해 보자.

```
>>> import time
>>> now = time.time()
>>> now
1543814036.6147408
>>> round(now, 2)
1543814036.61
>>> round(now, 4)
1543814036.6147
>>> round(now)
1543814037
```

time을 불러오고 now에 time.time() 결과를 저장한 뒤, round(now, 2)를 호출하여 now를 소수점 뒤에 숫자 두 개가 오도록 반올림하고, round(now, 4)를 호출하여 소수점 뒤에 숫자 네 개가 오도록 반올림하며, round(now)를 호출하여 가장 가까운 정수로 반올림했다.

프로젝트: 슈퍼 스톱워치

아직 자동화하지 않은 어떤 지루한 작업을 수행하는 데 걸리는 시간을 추적하려고 하는 상황을 가정하자. 실제 스톱워치를 갖고 있지 않은 상황에서 광고가 없거나 마케터들에게 브라우저 기록 복사본을 보내지 않는 컴퓨터 또는 스마트

폰용 무료 스톱워치 앱은 의외로 찾기 어렵다(아마도 그 앱들은 사용 계약서에 동의했기 때문에 이러한 행위를 했다고 할 것이다. 다들 사용 계약서를 읽었을 것이다. 그렇지 않나?). 파이썬으로 간단한 스톱워치 프로그램을 직접 만들 수 있다.

전체적으로 프로그램은 다음과 같은 작업들을 해야 한다.

1. 엔터 키를 누른 시점 사이의 시간을 추적한다. 이때 각 키를 누른 시점은 타이머의 새로운 '랩(lap)'이 시작된 시점을 의미한다.
2. 랩 번호, 전체 시간, 랩 타임을 출력한다.

이를 코드로 표현하면 다음과 같다.

1. time.time()을 호출하여 현재 시간을 찾고 이를 프로그램의 시작 타임스탬프로 저장한다. 같은 방법으로 각 랩의 시작 타임스탬프도 저장한다.
2. 랩 횟수를 유지하다가 사용자가 엔터를 누를 때마다 하나씩 증가시킨다.
3. 타임스탬프 간의 차이로 경과 시간을 계산한다.
4. 사용자가 Ctrl-C를 눌러 종료할 수 있도록 KeyboardInterrupt 예외를 처리한다.

새 파일 편집기 탭을 열고 stopwatch.py라는 이름으로 저장하자.

1단계: 시간을 추적하도록 프로그램 구성하기

스톱워치 프로그램은 현재 시각을 사용하기 때문에 time 모듈을 불러와야 한다. 또한 input()을 호출하기 전에 사용자에게 간단한 안내문을 출력하기 위해 사용자가 엔터를 누르면 타이머를 시작하도록 할 것이다. 그 뒤에 코드는 랩 타임을 추적하기 시작한다.

파일 편집기에 다음과 같은 코드를 입력하고, 코드의 나머지 부분은 위치 표시자로 TODO 주석을 작성한다.

```python3
#! python3
# stopwatch.py - 간단한 스톱워치 프로그램

import time
```

```
# 프로그램 안내문을 화면에 출력한다.
print('Press ENTER to begin. Afterward, press ENTER to "click" the stopwatch.
Press Ctrl-C to quit.')
input() # 엔터를 입력하여 시작한다.
print('Started.')
startTime = time.time() # 첫 번째 랩의 시작 시각을 얻는다.
lastTime = startTime
lapNum = 1

# TODO: 랩 타임을 추적하기 시작한다.
```

안내문을 화면에 출력하는 코드를 작성했고 첫 번째 랩을 시작했으며 시작 시각을 기록하고 랩 횟수를 1로 설정했다.

2단계: 랩 타임 추적 및 출력

이제 각각의 새로운 랩을 시작하고 이전 랩에 소모되는 시간을 계산하며 스톱워치가 시작된 시점부터 경과한 시간을 계산하는 코드를 작성해 보자. 각각의 새로운 랩마다 랩 타임과 전체 시간을 출력하며 랩 횟수를 증가시킨다. 프로그램에 다음과 같은 코드를 추가하라.

```
#! python3
# stopwatch.py - 간단한 스톱워치 프로그램

import time

--생략--
# 랩 타임 추적을 시작한다.
try:                                                              ❶
    while True:                                                   ❷
        input()
        lapTime = round(time.time() - lastTime, 2)                ❸
        totalTime = round(time.time() - startTime, 2)             ❹
        print('Lap #%s: %s (%s)' % (lapNum, totalTime, lapTime), end='')  ❺
        lapNum += 1
        lastTime = time.time() # 마지막 랩 타임을 재설정한다.
except KeyboardInterrupt:                                         ❻
    # Ctrl-C 예외를 처리하여 에러 메시지가 출력되지 않도록 한다.
    print('\nDone.')
```

사용자가 스톱워치를 중지하기 위해 Ctrl-C를 누르면 KeyboardInterrupt 예외가 발생하여 프로그램은 충돌하게 된다. 충돌을 방지하기 위해 프로그램의 이 부분을 try 문으로 둘러싼다(❶). 또한 except 절로 예외를 처리하기 때문에 Ctrl-C를 눌러 예외가 발생하면 프로그램은 except 절로 이동하여 실행되며

KeyboardInterrupt 오류 메시지 대신 Done이 출력된다. 이러한 일이 발생하기 전, 프로그램 실행은 input()을 호출하고 사용자가 엔터를 눌러서 랩을 끝낼 때까지 기다리는 무한 루프에 있다(❷). 랩이 끝나면 현재 시각인 time.time()에서 랩의 시작 시각인 lastTime을 빼서 해당 랩에 소요된 시간을 계산한다(❸). 또한 현재 시각에서 스톱워치 시작 시각인 startTime을 빼서 전체 경과 시간을 계산한다(❹).

이러한 시간 계산 결과는 소수점 뒤에 많은 숫자가 있기 때문에 (4.766272783279419와 같이) ❸과 ❹에서는 round() 함수를 사용하여 부동 소수점값을 소수점 뒤에 두 자리 숫자만 있도록 반올림한다.

❺에서 랩 횟수와 전체 경과 시간 그리고 랩 타임을 출력한다. 사용자가 엔터를 눌러 input() 함수를 호출하면 화면에서 새로운 줄로 넘어가기 때문에 print() 함수에 end=' '를 전달하여 결과가 한 줄씩 떠어 출력되는 것을 막는다. 랩 정보를 출력한 뒤에는 lapNum에 1을 더하고, lastTime을 다음 랩의 시작 시각인 현재 시각으로 설정하여 다음 랩을 준비한다.

비슷한 프로그램에 대한 아이디어

시간 추적은 프로그램에 몇 가지 가능성을 열어 준다. 물론 시간 추적 앱을 다운로드해도 되지만, 이러한 프로그램을 직접 작성하면 무료로 사용할 수 있고 쓸모없는 기능과 광고가 추가되지 않는다는 장점이 있다. 다음과 같은 작업을 수행하는 비슷한 프로그램도 작성할 수 있다.

- 사람 이름을 입력하면 현재 시각을 사용해 출퇴근 시각을 기록하는 간단한 근무 시간 기록표 앱을 만든다.
- requests 모듈을 사용하여 다운로드 작업을 하는 등의 프로그램에 프로세스가 시작된 시점부터 경과된 시점을 출력하는 기능을 추가한다(12장 참고).
- 프로그램 실행 중에 간헐적으로 실행 시점부터 경과한 시간을 점검하고, 시간이 너무 오래 걸릴 경우 사용자에게 작업을 취소할 기회를 준다.

datetime 모듈

time 모듈은 유닉스 시간 기준 타임스탬프를 얻을 때 유용하다. 그러나 날짜를 더 편리한 형식으로 출력하거나 날짜 단위로 산술 연산을 할 때(예를 들어 현재로부터 205일 전이나 123일 후의 날짜를 알아낼 때)에는 datetime 모듈을 사용해야 한다.

datetime 모듈은 고유의 datetime 자료형을 갖는다. datetime 값은 특성 시점의 시각을 나타낸다. 대화형 셀에 다음과 같이 입력해 보자.

```
>>> import datetime
>>> datetime.datetime.now()                                    ❶
datetime.datetime(2019, 2, 27, 11, 10, 49, 55, 53)             ❷
>>> dt = datetime.datetime(2019, 10, 21, 16, 29, 0)            ❸
>>> dt.year, dt.month, dt.day                                  ❹
(2019, 10, 21)
>>> dt.hour, dt.minute, dt.second                              ❺
(16, 29, 0)
```

datetime.datetime.now()를 호출하면(❶) 사용자의 컴퓨터 내장 시계에 설정된 현재 날짜와 시각을 나타내는 datetime 객체를 반환한다(❷). 이 객체에는 현재 시점의 연도, 월, 일, 시, 분, 초, 마이크로초 정보가 들어 있다. 또한, datetime. datetime() 함수(❸)에 원하는 연도, 월, 일, 시, 분, 초를 나타내는 정수를 전달, 호출하여 해당 시점에 대한 datetime 객체를 얻을 수 있다. 이 정수는 datetime 객체의 year, month, day(❹), hour, minute, second(❺) 속성에 저장된다.

유닉스 시간 타임스탬프는 datetime.datetime.fromtimestamp() 함수를 사용하여 datetime 객체로 변환할 수 있다. datetime 객체의 날짜와 시각은 지역 시간대로 변환된다. 대화형 셀에 다음과 같이 입력해 보자.

```
>>> import datetime, time
>>> datetime.datetime.fromtimestamp(1000000)
datetime.datetime(1970, 1, 12, 5, 46, 40)
>>> datetime.datetime.fromtimestamp(time.time())
datetime.datetime(2019, 10, 21, 16, 30, 0, 604980)
```

1000000을 datetime.datetime.fromtimestamp() 함수에 전달하여 호출하면, 유닉스 시간으로부터 100만 초가 지난 시점에 대한 datetime 객체를 반환한다. 따라서 datetime.datetime.now() 표현식과 datetime.datetime.fromtimestamp(time. time()) 표현식은 같은 역할을 수행하며, 현재 시점에 대한 datetime 객체를 제공한다.

두 datetime 객체 중 더 앞선 시점의 객체를 알아내기 위해 비교 연산자를 사용하여 두 객체를 비교할 수 있다. 더 나중 시점의 datetime 객체는 더 '큰' 값을 갖는다. 대화형 셀에 다음과 같이 입력해 보자.

```
>>> halloween2019 = datetime.datetime(2019, 10, 31, 0, 0, 0)          ❶
>>> newyears2020 = datetime.datetime(2020, 1, 1, 0, 0, 0)             ❷
>>> oct31_2019 = datetime.datetime(2019, 10, 31, 0, 0, 0)
>>> halloween2019 == oct31_2019                                       ❸
True
>>> halloween2019 > newyears2020                                      ❹
False
>>> newyears2020 > halloween2019                                      ❺
True
>>> newyears2020 != oct31_2019
True
```

첫 번째 시점인 2019년 10월 31일의 첫 시점(자정)에 대한 datetime 객체를 생성하고 이를 halloween2019라는 변수에 저장한다(❶). 또한 2020년 1월 1일의 첫 시점에 대한 datetime 객체를 생성하고, newyears2020이라는 변수에 저장한다(❷). 그리고 나서 2019년 10월 31일 자정에 대한 객체를 생성하고 이를 oct31_2019라는 변수에 저장한다. halloween2019와 oct31_2019를 비교한 결과는 같다(❸). newyears2020과 halloween2019를 비교하면, newyears2020이 halloween2019보다 크다(나중이다. ❹, ❺).

timedelta 자료형

datetime 모듈은 timedelta 자료형을 제공하는데, 이는 시점에 대한 시각이 아니라 기간에 대한 시간을 나타낸다. 대화형 셸에 다음과 같이 입력해 보자.

```
>>> delta = datetime.timedelta(days=11, hours=10, minutes=9, seconds=8)   ❶
>>> delta.days, delta.seconds, delta.microseconds                         ❷
(11, 36548, 0)
>>> delta.total_seconds()
986948.0
>>> str(delta)
'11 days, 10:09:08'
```

timedelta 객체를 생성하기 위해 datetime.timedelta() 함수를 사용한다. datetime.timedelta() 함수는 키워드 인자로 weeks, days, hours, minutes, seconds, milliseconds, microseconds를 전달받는다. 여기서 month나 year 키워드 인자는 없다. 그 이유는 '한 달' 또는 '1년'은 특정 달이나 해에 따라 달라질 수 있기 때문이다. timedelta 객체는 일, 초, 마이크로초 단위로 표현된 전체 기간을 갖는다. 이 수들은 각각 days, seconds, microseconds 속성에 저장되어 있다. total_seconds() 메서드는 초 단위로 나타낸 전체 기간을 반환한다. timedelta

객체를 str()에 전달하면 해당 객체를 사람이 읽을 수 있도록 잘 형식화된 문자열을 반환한다.

앞서 나온 예에서는 datetime.delta()에 키워드 인자로 11일 10시간 9분 8초라는 특정 기간을 전달했고, 그 결과 반환된 timedelta 객체를 delta에 저장했다(❶). 이 timedelta 객체의 days 속성에는 11이, seconds 속성에는 36548(10시간 9분 8초를 초로 환산한 값)이 저장되어 있다(❷). total_seconds()를 호출하면 11분 10시간 9분 8초는 98만 6948초임을 알려 준다. 마지막으로 str()에 timedelta 객체를 전달하면 해당 기간을 알기 쉽게 표기한 문자열을 반환한다.

산술 연산자를 사용하여 datetime 값에 대해 날짜 산술을 수행할 수 있다. 예를 들어 현재에서 1000일 뒤의 날짜를 계산하려면 대화형 셸에 다음과 같이 입력한다.

```
>>> dt = datetime.datetime.now()
>>> dt
datetime.datetime(2018, 12, 2, 18, 38, 50, 636181)
>>> thousandDays = datetime.timedelta(days=1000)
>>> dt + thousandDays
datetime.datetime(2021, 8, 28, 18, 38, 50, 636181)
```

먼저 현재 시점에 대한 datetime 객체를 생성하고 dt에 저장한다. 그런 다음 1000일의 기간에 대한 timedelta 객체를 생성하고 thousandDays에 저장한다. dt와 thousandDays를 더하여 현재로부터 1000일 뒤의 datetime 객체를 얻는다. 파이썬은 날짜 산술 연산을 수행하여 2018년 12월 2일에서 1000일 후가 2021년 8월 18일임을 알아낼 것이다. 이는 주어진 날짜로부터 1000일을 계산할 때 각 달의 일수, 윤년 및 기타 까다로운 세부 사항을 고려해야 하는데 datetime 모듈이 이를 다 알아서 수행하기 때문에 매우 유용하다.

timedelta 객체는 +나 – 연산자를 사용하여 datetime이나 다른 timedelta 객체를 더하거나 뺄 수 있다. 또한 timedelta 객체는 *나 / 연산자를 사용하여 정수나 부동 소수점 수로 곱하거나 나눌 수 있다. 대화형 셸에 다음과 같이 입력해 보자.

```
>>> oct21st = datetime.datetime(2019, 10, 21, 16, 29, 0)          ❶
>>> aboutThirtyYears = datetime.timedelta(days=365 * 30)          ❷
>>> oct21st
datetime.datetime(2019, 10, 21, 16, 29)
>>> oct21st – aboutThirtyYears
datetime.datetime(1989, 10, 28, 16, 29)
```

```
>>> oct21st - (2 * aboutThirtyYears)
datetime.datetime(1959, 11, 5, 16, 29)
```

이 예에서는 2019년 10월 21일에 대한 datetime 객체를 생성하고(❶) 30년이라는 기간에 대한 timedelta 객체를 생성(❷)했다(1년은 365일이라고 가정한다). oct21st에서 aboutThirtyYears를 빼면 2019년 10월 21일에서 30년 전에 대한 datetime 객체를 얻을 수 있다. oct21st에서 2 * aboutThirtyYears를 빼면 2019년 10월 21일에서 60년 전에 대한 datetime 객체를 반환한다.

특정 날짜까지 일시 정지하기

time.sleep() 메서드는 프로그램을 몇 초간 일시 정지시킨다. while 반복문을 사용하면 특정 날짜까지 프로그램을 일시 정지할 수도 있다. 예를 들어 다음 코드는 2016년 핼러윈까지 반복문을 계속 수행한다.

```
import datetime
import time
halloween2016 = datetime.datetime(2016, 10, 31, 0, 0, 0)
while datetime.datetime.now() < halloween2016:
    time.sleep(1)
```

timc.slccp(1)을 호출히면 피이썬 프로그램을 일시 정지시겨시 딘순히 시긱을 계속 점검하느라 CPU 처리 사이클을 낭비하지 않도록 한다. while 반복문은 1초에 한 번씩 조건문을 검사하고, 2016년 핼러윈(또는 프로그램이 멈추기를 바라는 임의의 시점)이 지나면 나머지 프로그램을 계속 진행하도록 한다.

datetime 객체를 문자열로 변환하기

시간 기준 타임스탬프와 datetime 객체는 사람이 알아보기 어려운 형식으로 되어 있다. strftime() 메서드를 사용하여 datetime 객체를 문자열 형식으로 출력하자(strftime()의 f는 형식(format)을 의미한다).

strftime() 메서드는 파이썬의 문자열 형식과 비슷한 지시자를 사용한다. 표 17-1은 strftime()의 전체 지시자 목록이다.

strftime() 지시자	의미
%Y	세기를 포함한 연도, 예를 들어 '2014'
%y	세기를 뺀 연도, '00'에서 '99'까지(1970에서 2069까지)
%m	십진수로 표현한 월, '01'에서 '12'까지
%B	완전한 월의 이름, 예를 들어 'November'
%b	축약한 월의 이름, 예를 들어 'Nov'
%d	월의 일자, '01'에서 '31'까지
%j	한 해의 일자, '001'에서 '366'까지
%w	요일, '0'(일요일)에서 '6'(토요일)까지
%A	완전한 요일 이름, 예를 들어 'Monday'
%a	축약한 요일 이름, 예를 들어 'Mon'
%H	시(24시간 기준), '00'에서 '23'까지
%I	시(12시간 기준), '01'에서 '12'까지
%M	분, '00'에서 '59'까지
%S	초, '00'에서 '59'까지
%p	'AM' 또는 'PM'
%%	'%' 글자

표 17-1 strftime() 지시자

strftime()에 형식 지시자를 사용한 사용자 지정 형식 문자열을 전달하면(원하는 슬래시, 콜론 등과 함께), strftime()은 datetime 객체의 정보를 형식화된 문자열로 반환한다. 대화형 셀에 다음과 같이 입력해 보자.

```
>>> oct21st = datetime.datetime(2019, 10, 21, 16, 29, 0)
>>> oct21st.strftime('%Y/%m/%d %H:%M:%S')
'2019/10/21 16:29:00'
>>> oct21st.strftime('%I:%M %p')
'04:29 PM'
>>> oct21st.strftime("%B of '%y")
"October of '19"
```

이 예에서는 2019년 10월 21일 오후 4시 29분에 대한 datetime 객체를 oct21st 변수에 저장했다. strftime()에 사용자 지정 형식 문자열인 '%Y/%m/%d %H:%M:%S'를 전달하면 2019, 10, 21이 슬래시로 구분되어 있고 16, 29, 00이 콜론으로 구분된 문자열을 반환한다. '%I:%M %p'를 전달하면 '04:29 PM'을 반환하고, "%B of '%y"를 전달하면 "October of '19"를 반환한다. strftime()은 datetime.datetime으로 시작하지 않는다는 점에 유의하자.

문자열을 datetime 객체로 변환하기

'2019/10/21 16:29:00'이나 'October 21, 2019'와 같은 문자열 형식의 날짜 정보를 datetime 객체로 변환해야 한다면 datetime.datetime.strptime() 함수를 사용하면 된다. strptime() 함수는 strftime() 메서드의 반대 역할을 수행한다. strptime()이 문자열을 어떻게 구문 분석하고 이해해야 할지 알 수 있도록 strftime()에서 사용하는 것과 같은 지시자를 사용한 사용자 정의 형식 문자열을 전달해야 한다(strptime() 함수 이름의 p는 구문 분석(parse)을 의미한다).

대화형 셸에 다음과 같이 입력해 보자.

```
>>> datetime.datetime.strptime('October 21, 2019', '%B %d, %Y')          ❶
datetime.datetime(2019, 10, 21, 0, 0)
>>> datetime.datetime.strptime('2019/10/21 16:29:00', '%Y/%m/%d %H:%M:%S')
datetime.datetime(2019, 10, 21, 16, 29)
>>> datetime.datetime.strptime("October of '19", "%B of '%y")
datetime.datetime(2019, 10, 1, 0, 0)
>>> datetime.datetime.strptime("November of '63", "%B of '%y")
datetime.datetime(2063, 11, 1, 0, 0)
```

문자열 'October 21, 2019'에서 datetime 객체를 얻으려면 strptime()의 첫 번째 인자로 해당 문자열을, 두 번째 인자로 'October 21, 2019'에 해당하는 사용자 정의 형식 문자열을 전달해야 한다(❶). 날짜 정보가 포함된 문자열은 사용자 정의 형식 문자열과 완전히 같은 형식이여야 하며, 그렇지 않으면 파이썬이 ValueError 예외를 일으킨다.

파이썬의 시간 함수들 복습하기

파이썬의 날짜와 시간은 상당히 다른 자료형 및 함수를 포함할 수 있다. 여기서 시간을 나타내는 세 가지 값을 다시 한번 살펴보자.

- 유닉스 시간 기준 타임스탬프(time 모듈에서 사용)는 UTC 기준 1970년 1월 1일 오전 12시를 기준으로 경과한 시간을 초 단위로 나타낸 부동 소수점값 또는 정숫값이다.
- datetime 객체(datetime 모듈)는 year, month, day, hour, minute, second 속성을 갖고 그 안에는 정숫값이 저장되어 있다.

- timedelta 객체(datetime 모듈)는 특정 시점이 아니라 기간을 나타낸다.

다음은 시간 관련 함수들의 역할과 인자 그리고 반환값을 정리한 내용이다.

time.time() 이 함수는 현재 시점의 시간 기준 타임스탬프를 부동 소수점값으로 반환한다.

time.sleep(*seconds*) 이 함수는 *seconds* 인자로 지정한 초 단위 시간만큼 프로그램을 정지한다.

datetime.datetime(*year, month, day, hour, minute, second*) 이 함수는 인자로 지정한 시점에 대한 datetime 객체를 반환한다. *hour, minute, second* 인자를 제공하지 않는다면 기본값인 0으로 설정된다.

datetime.datetime.now() 이 함수는 현재 시점에 대한 datetime 객체를 반환한다.

datetime.datetime.fromtimestamp(*epoch*) 이 함수는 *epoch* 타임스탬프 인자인 *epoch* 시점에 대한 datetime 객체를 반환한다.

datetime.timedelta(*weeks, days, hours, minutes, seconds, milliseconds, microseconds*) 이 함수는 기간에 대한 timedelta 객체를 반환한다. 이 함수의 키워드 인자는 전부 선택적으로 제공할 수 있으며, *month*나 *year*는 포함되어 있지 않다.

total_seconds() timedelta 객체의 이 메서드는 timedelta 객체가 나타내는 초 단위 시간을 반환한다.

strftime(*format*) 이 메서드는 datetime 객체가 의미하는 시간을 사용자가 정의한 *format* 형식으로 나타낸 문자열을 반환한다. 형식에 대한 자세한 내용은 표 17-1을 참고하라.

datetime.datetime.strptime(*time_string, format*) 이 함수는 *time_string* 으로 지정된 시점에 대한 datetime 객체를 반환한다. 이때 문자열 인자 *format*을 사용하여 구문 분석한다. 형식에 대한 자세한 내용은 표 17-1을 참고하라.

멀티스레딩

멀티스레딩 개념을 설명하기 위해 다음과 같은 상황을 살펴보자. 어떤 코드를 특정 시점에 실행하려는 상황을 가정해 보자. 프로그램의 시작 부분에 다음과 같은 코드를 추가하면 된다.

```
import time, datetime

startTime = datetime.datetime(2029, 10, 31, 0, 0, 0)
while datetime.datetime.now() < startTime:
    time.sleep(1)

print('Program now starting on Halloween 2029')
--생략--
```

이 코드에서는 시작 시점을 2029년 10월 31일로 지정하고, 그 시점이 도래할 때까지 time.sleep(1)을 계속해서 호출한다. 프로그램은 반복문에서 time.sleep() 호출이 끝날 때까지 아무것도 못하고 계속 기다려야 한다. 그저 2029년 핼러윈까지 하염없이 기다릴 뿐이다. 이는 파이썬 프로그램의 실행이 기본적으로 단일 스레드이기 때문이다.

실행 스레드를 이해하기 위해 2장에서 다루었던 흐름 제어를 기억해 보자. 프로그램 실행을 코드의 어떤 줄을 손가락으로 가리키는 것으로 생각하면, 그 후에는 다음 줄이나 흐름 제어문이 지시하는 어떤 부분으로 손가락이 이동하게 될 것이다. 이때 단일 스레드 프로그램은 손가락 하나만 있는 상황이다. 반면 멀티 스레드 프로그램은 손가락이 여러 개 있는 상황과 같다. 각 손가락은 흐름 제어문들이 정의한 바에 따라 코드의 다음 줄로 이동하지만, 프로그램 안에서 서로 다른 장소에 있는 손가락들이 코드의 서로 다른 줄을 동시에 실행한다(지금까지 이 책에서 소개한 모든 프로그램은 단일 스레드로 실행했다).

time.sleep() 함수가 끝날 때까지 모든 코드를 대기시키는 게 아니라 지연 또는 예약 실행을 하려는 코드는 파이썬의 threading 모듈을 사용해 별도의 스레드에서 실행할 수 있다. 별도의 스레드에서 지연 또는 예약 작업이 time.sleep() 호출로 일시 정지 상태인 동안 프로그램은 원래 스레드에서 다른 작업을 수행할 수 있게 되는 것이다.

별도의 스레드를 생성하려면 먼저 threading.Thread 함수를 사용하여 Thread 객체를 생성해야 한다. 새 파일에 다음과 같은 코드를 입력하고 threadDemo. py라는 이름으로 저장하자.

```
import threading, time
print('Start of program.')

def takeANap():                                   ❶
    time.sleep(5)
    print('Wake up!')
```

```
threadObj = threading.Thread(target=takeANap)                    ❷
threadObj.start()                                                ❸

print('End of program.')
```

❶에서 새 스레드에서 사용하려는 함수를 정의했다. Thread 객체를 생성하기 위해 threading.Thread()를 호출하며, target=takeANap이라는 키워드 인자를 전달한다(❷). 이는 새로운 스레드에서 호출하려는 함수가 takeANap()이라는 의미다. 이때 키워드 인자가 target=takeANap()이 아니라 target=takeANap이라는 점에 유의하자. takeANap() 함수 자체를 인자로 전달하려는 것이지, takeANap()을 호출한 반환값을 인자로 전달하려는 것이 아니기 때문에 이와 같이 작성한다.

threading.Thread()로 생성한 Thread 객체를 threadObj에 저장한 후 threadObj.start()를 호출하여(❸) 새로운 스레드를 생성하고 새 스레드에서 대상 함수를 실행한다. 프로그램을 실행한 결과는 다음과 같다.

```
Start of program.
End of program.
Wake up!
```

이 결과가 조금 헷갈릴 수도 있다. print('End of program.')이 프로그램의 제일 마지막 줄에 있으면, 이 코드가 마지막에 출력되어야 한다고 생각할 수 있다. 그러나 Wake up!이 이 문구 뒤에 출력되는 것은 threadObj.start()를 호출하면 threadObj의 대상 함수가 새로운 스레드에서 실행되기 때문이다. takeANap() 함수의 시작 부분에 두 번째 손가락이 있다고 가정하자. 주 스레드는 print('End of program.')까지 진행된다. 반면 새로운 스레드에서는 time.sleep(5)가 호출되어 5초간 일시 정지한다. 5초간 짧은 잠에서 깨어난 뒤에 'Wake up!'을 출력하고 takeANap()에서 돌아온다. 시간 순서대로 봤을 때 'Wake up!'이 마지막에 출력된다.

일반적으로 프로그램은 파일에 있는 코드 마지막 줄의 실행이 끝나면(또는 sys.exit() 함수가 호출되면) 종료된다. 그러나 threadDemo.py에는 스레드가 두 개 있다. 첫 번째는 원래 스레드로 프로그램의 시작 부분에서 시작하여 print('End of program.')이 실행된 후 종료된다. 두 번째 스레드는 threadObj.start()를 호출할 때 생성되며 takeANap() 함수의 첫 부분에서 시작하고 takeANap()이 끝나면 종료된다.

파이썬 프로그램은 모든 스레드가 끝나기 전에는 종료되지 않는다. thread

Demo.py를 실행하면 원래 스레드가 종료되어도 두 번째 스레드에서는 여전히 time.sleep(5) 호출 부분이 실행 중이다.

스레드 대상 함수에 인자 전달하기

새로운 스레드에서 실행하려는 대상 함수가 인자를 받는 함수일 경우, 대상 함수의 인자를 threading.Thread()에 전달할 수 있다. 예를 들어 새로운 스레드에서 print()를 호출하는 부분을 실행하려는 상황을 가정하자.

```
>>> print('Cats', 'Dogs', 'Frogs', sep=' & ')
Cats & Dogs & Frogs
```

앞에서 print() 호출에는 세 개의 일반 인자인 'Cats', 'Dogs', 'Frogs'와 한 개의 키워드 인자인 sep=' & '가 있다. 일반 인자는 threading.Thread()의 키워드 인자 args에 리스트 형식으로 전달될 수 있다. 키워드 인자는 threading.Thread()의 키워드 인자 kwargs에 딕셔너리로 지정할 수 있다.

대화형 셸에 다음과 같이 입력해 보자.

```
>>> import threading
>>> threadObj = threading.Thread(target=print, args=['Cats', 'Dogs', 'Frogs'],
kwargs={'sep': ' & '})
>>> threadObj.start()
Cats & Dogs & Frogs
```

새로운 스레드에서 'Cats', 'Dogs', 'Frogs' 인자가 print()에 전달되도록 threading.Thread()에 args=['Cats', 'Dogs', 'Frogs']를 전달했다. 새로운 스레드에서 sep=' & ' 키워드 인자가 print()에 전달되도록 하기 위해 threading.Thread()에 kwargs={'sep': ' & '}를 전달했다.

threadObj.start()를 호출하면 print() 함수를 호출하는 새로운 스레드를 생성하며 인자로 'Cats', 'Dogs', 'Frogs'와 sep 키워드 인자로 ' & '를 전달한다.

다음은 print()를 호출하는 새로운 스레드를 생성하는 잘못된 예다.

```
threadObj = threading.Thread(target=print('Cats', 'Dogs', 'Frogs', sep=' & '))
```

이 코드는 print() 함수를 호출하고 반환된 값(print()의 반환값은 항상 None이다)을 키워드 인자 target에 전달한다. 즉, print() 함수 자체를 전달하지 않는다. 새로운 스레드에서 함수에 인자를 전달할 때는 threading.Thread() 함수의 args, kwargs 키워드 인자를 사용하라.

동시성 문제

새로운 스레드를 만들어서 여러 스레드를 동시에 실행할 수 있다. 그러나 여러 개의 스레드는 동시성 문제라는 새로운 문제를 야기한다. 이러한 문제는 여러 스레드에서 동시에 변수를 읽거나 쓸 경우에 생기며, 각 스레드는 서로 문제를 일으키게 된다. 동시성 문제는 일관되게 재현하는 게 어렵기 때문에 디버깅하기 까다롭다.

멀티스레드 프로그래밍은 그 자체만으로도 다룰 수 있는 주제가 많고 이 책의 범위를 벗어난다. 다음과 같은 사항만 명심하자. 동시성 문제를 겪지 않기 위해 여러 개의 스레드에서 동시에 같은 변수를 읽거나 쓰지 말자. 새로운 Thread 객체를 생성할 때 대상 함수는 그 함수에서 지역 변수만 사용하도록 하자. 이렇게 하면 프로그램에서 디버깅하기 어려운 동시성 문제를 겪지 않을 것이다.

 멀티스레드 프로그래밍에 대한 초보자 안내서는 https://nostarch.com/automatestuff2/ 에서 볼 수 있다.

프로젝트: 멀티스레드 XKCD 다운로더

12장에서 XKCD 웹 사이트에서 모든 XKCD 만화를 다운로드하는 프로그램을 작성했다. 이는 단일 스레드를 사용하는 프로그램으로 한 번에 한 편의 만화를 다운로드한다. 실행 시간의 대부분은 다운로드를 시작하기 위해 네트워크에 연결하고, 다운로드한 이미지를 하드 드라이브에 저장하는 데 쓰였다. 광대역 인터넷에 연결되어 있다면, 단일 스레드 프로그램은 사용 가능한 대역폭을 충분히 활용하지 못하고 있는 것이다.

멀티스레드 프로그램을 사용하여 스레드별로 각각 연결을 설정하고 만화를 다운로드하고 디스크에 만화 이미지 파일을 저장하도록 하면 인터넷 연결을 더 효율적으로 사용해 더 빨리 다운로드할 수 있을 것이다. 새 파일 편집기 탭을 열고 threadedDownloadXkcd.py라는 이름으로 저장하자. 이 프로그램에 멀티스레딩을 추가하도록 수정할 것이다. 수정이 완료된 소스 코드는 *https://nostarch. com/automatestuff2/*에서 다운로드할 수 있다.

1단계: 함수를 사용하도록 프로그램 수정하기

이 프로그램은 12장에서 만든 다운로드 코드와 거의 비슷하기 때문에 requests

와 뷰티풀 수프 코드에 대한 설명은 생략하겠다. 여기서 수정해야 할 주요 사항은 threading 모듈을 불러오고, downloadXkcd() 함수를 생성하는 것이다. 이때 이 함수는 시작과 끝에 해당하는 만화 번호를 인자로 받는다.

예를 들어 downloadXkcd(140, 280)은 다운로드하는 코드를 반복하여 *https://xkcd.com/140/*, *https://xkcd.com/141/*, *https://xkcd.com/142/*와 같은 방식으로 *https://xkcd.com/279/*까지 이어서 다운로드한다. 생성한 각 스레드에서는 downloadXkcd()를 호출하며, 이때 각자 다운로드할 다른 범위를 전달한다.

threadedDownloadXkcd.py 프로그램에 다음과 같은 코드를 추가하자.

```python
#! python3
# threadedDownloadXkcd.py - 여러 스레드를 활용해 XKCD 만화를 다운로드한다.

import requests, os, bs4, threading
os.makedirs('xkcd', exist_ok=True) # 만화를 ./xkcd에 저장한다.            ❶

def downloadXkcd(startComic, endComic):                                  ❷
    for urlNumber in range(startComic, endComic):                        ❸
        # 페이지를 다운로드한다.
        print('Downloading page https://xkcd.com/%s...' % (urlNumber))
        res = requests.get('https://xkcd.com/%s' % (urlNumber))          ❹
        res.raise_for_status()

        soup = bs4.BeautifulSoup(res.text, 'html.parser')                ❺

        # 만화 이미지의 URL을 찾는다.
        comicElem = soup.select('#comic img')                            ❻
        if comicElem == []:
            print('Could not find comic image.')
        else:
            comicUrl = comicElem[0].get('src')                           ❼
            # 이미지를 다운로드한다.
            print('Downloading image %s...' % (comicUrl))
            res = requests.get('https:' + comicUrl)                      ❽
            res.raise_for_status()

            # 이미지를 ./xkcd에 저장한다.
            imageFile = open(os.path.join('xkcd',
                        os.path.basename(comicUrl)), 'wb')
            for chunk in res.iter_content(100000):
                imageFile.write(chunk)
            imageFile.close()

# TODO: Thread 객체를 생성하고 시작한다.
# TODO: 모든 스레드가 종료될 때까지 기다린다.
```

필요한 모듈을 불러온 뒤 만화를 저장할 디렉터리를 생성하고(❶) downloadXkcd()를 정의한다(❷). 지정된 범위만큼 코드를 반복하면서(❸) 각 페이지를 다운로드한다(❹). 각 페이지의 HTML을 살펴보기 위해 뷰티플 수프를 사용하고(❺) 만화 이미지를 찾는다(❻). 페이지에서 만화 이미지를 찾을 수 없다면 메시지를 출력한다. 그렇지 않다면 이미지의 URL을 알아내서(❼) 이미지를 다운로드한다(❽). 마지막으로 생성한 디렉터리에 이미지를 저장한다.

2단계: 스레드 생성 및 시작

이제 downloadXkcd() 함수를 정의했으므로 여러 개의 스레드를 생성하자. 이때 각 스레드에서는 downloadXkcd() 함수를 호출하여 XKCD 웹 사이트에서 서로 다른 범위에 해당하는 만화들을 다운로드한다. threadedDownloadXkcd.py에서 downloadXkcd() 함수 정의 뒤에 다음과 같은 코드를 추가하라.

```python
#! python3
# threadedDownloadXkcd.py - 여러 스레드를 활용해 XKCD 만화를 다운로드한다.

--생략--

# Thread 객체를 생성하고 시작한다
downloadThreads = [] # 모든 Thread 객체의 리스트
for i in range(0, 140, 10): # 열네 번 반복하여 스레드를 열네 개 생성한다.
    start = i
    end = i + 9
    if start == 0:
        start = 1 # 0에 해당하는 만화는 없기 때문에 1로 설정한다.
    downloadThread = threading.Thread(target=downloadXkcd, args=(start, end))
    downloadThreads.append(downloadThread)
    downloadThread.start()
```

먼저 downloadThreads라는 빈 리스트를 생성한다. 이 리스트는 생성한 많은 Thread 객체를 추적하는 데 도움이 될 것이다. 이제 for 반복문을 시작한다. 매 반복마다 threading.Thread()로 Thread 객체를 생성해서 리스트에 추가한 뒤, start()를 호출해 새로운 스레드에서 downloadXkcd()를 실행하기 시작한다. for 반복문은 i 변수를 0에서 140까지 10씩 증가시킨다. 즉, i는 첫 번째 반복에서 0, 두 번째 반복에서 10, 세 번째 반복에서 20과 같은 방식으로 변한다. args=(start, end)를 threading.Thread()에 전달했기 때문에 downloadXkcd()에 전달되는 두 개의 인자는 첫 번째 반복에서는 1과 9, 두 번째 반복에서는 10과 19, 세 번째 반복에서는 20과 29가 되는 식으로 진행된다.

Thread 객체의 start() 메서드가 호출되고 새로운 스레드에서 downloadXkcd() 안의 코드가 실행되기 시작하는 동안, 주 스레드에서는 for 반복문의 다음 반복을 계속하면서 다음 스레드를 생성한다.

3단계: 모든 스레드가 종료될 때까지 기다리기

생성한 다른 스레드에서 만화를 다운로드하는 동안 주 스레드는 평소와 같이 실행된다. 그러나 다른 스레드가 종료되기 전까지 주 스레드에서 실행하면 안 되는 코드가 있다고 가정하자. Thread 객체의 join() 메서드를 호출하면 스레드가 종료될 때까지 실행을 막는다. for 반복문을 사용하여 모든 downloadThreads 리스트 안에 있는 Thread 객체들에 대해 반복하여 주 스레드는 다른 각 스레드에 대해 join() 메서드를 호출할 수 있다. 프로그램의 끝부분에 다음과 같은 코드를 추가하라.

```python3
#! python3
# threadedDownloadXkcd.py - 여러 스레드를 활용해 XKCD 만화를 다운로드한다.

--생략--

# 모든 스레드가 종료될 때까지 기다린다.
for downloadThread in downloadThreads:
    downloadThread.join()
print('Done.')
```

문자열 'Done.'은 모든 join() 호출이 종료될 때까지는 출력되지 않는다. Thread 객체가 join() 메서드를 호출했을 때 이미 완료되었을 경우 메서드는 즉시 종료된다. 모든 만화 다운로드가 종료된 후에만 실행되는 코드로 프로그램을 확장하려면, print('Done.') 줄을 사용자의 새로운 코드로 대체하면 된다.

파이썬으로 다른 프로그램 실행하기

파이썬 프로그램은 내장 모듈인 subprocess의 Popen() 함수를 사용하여 컴퓨터에 있는 다른 프로그램을 시작할 수 있다(Popen() 함수의 P는 프로세스(process)를 의미한다). 한 애플리케이션의 여러 개체를 열었다면, 각 개체는 같은 프로그램의 별도 프로세스다. 예를 들어 동시에 웹 브라우저 창을 여러 개 열었다면 각 창은 웹 브라우저 프로그램의 개별 프로세스가 되는 것이다. 그림 17-1은 동시에 여러 개의 계산기 프로세스를 여는 예를 나타낸다.

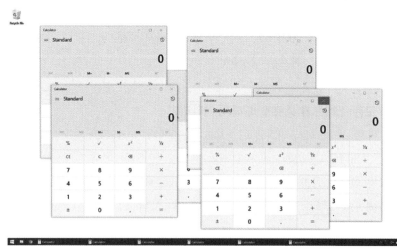

그림 17-1 같은 계산기 프로그램의 여섯 개 프로세스

각 프로세스는 여러 개의 스레드를 가질 수 있다. 스레드와 달리 프로세스는 다른 프로세스의 변수를 직접 읽거나 쓰지 않는다. 멀티스레드를 활용하는 프로그램을 여러 개의 손가락이 소스 코드를 따라가는 것이라고 생각한다면, 같은 프로그램에 대한 다중 프로세스는 프로그램의 소스 코드를 친구가 별도의 복사본으로 갖고 있는 것으로 생각할 수 있다. 즉, 같은 프로그램을 독립적으로 실행하는 것이다.

파이썬 스크립트로 외부 프로그램을 시작하려면, 프로그램의 파일 이름을 subprocess.Popen()에 전달해야 한다(윈도우에서는 시작 메뉴에서 원하는 애플리케이션을 마우스 오른쪽 버튼으로 클릭하고 속성을 클릭하면 애플리케이션의 파일 이름을 볼 수 있다. 맥OS에서는 애플리케이션을 컨트롤 키와 함께 클릭하면 나오는 '패키지 내용 보기'를 선택하여 실행 파일의 경로를 찾는다). Popen() 함수는 즉시 종료될 것이다. 시작된 프로그램은 파이썬 프로그램과 같은 스레드에서 실행되지 않는다는 사실을 명심하라.

윈도우 컴퓨터를 사용한다면 대화형 셸에 다음과 같이 입력해 보자.

```
>>> import subprocess
>>> subprocess.Popen('C:\\Windows\\System32\\calc.exe')
<subprocess.Popen object at 0x0000000003055A58>
```

우분투 리눅스를 사용한다면 다음과 같이 입력해 보자.

```
>>> import subprocess
>>> subprocess.Popen('/snap/bin/gnome-calculator')
<subprocess.Popen object at 0x7f2bcf93b20>
```

맥OS에서는 프로세스가 약간 다르다. '기본 애플리케이션으로 파일 열기'(482쪽) 부분을 참고하라.

반환되는 값은 Popen 객체이며 poll(), wait()라는 두 개의 유용한 메서드를 갖는다.

poll() 메서드는 어떤 지점에 도착할 때까지 운전자에게 "아직 덜 왔어?"라고 계속 물어보는 것과 같다. poll()이 호출되었을 때 프로세스가 아직 실행 중이라면, poll() 메서드는 None을 반환한다. 프로그램이 종료되었다면 정수로 된 프로세스 종료 코드를 반환한다. 종료 코드는 프로세스가 오류 없이 종료되었음을 나타내거나(종료 코드 0), 오류로 인해 프로세스가 종료되었음을 나타낸다(0이 아닌 종료 코드로, 일반적으로 1이지만 프로그램에 따라 다양한 값을 갖는다).

wait() 메서드는 운전자가 목적지에 도착할 때까지 기다리는 것과 같이 실행된 프로세스가 종료될 때까지 실행을 멈춘다. 이는 사용자가 다른 프로그램을 종료할 때까지 프로그램을 대기시켜야 할 때 유용하게 사용할 수 있다. wait()가 반환하는 값은 정수로 된 프로세스 종료 코드다.

윈도우에서 대화형 셸에 다음과 같이 입력해 보자. wait() 함수를 호출하면 마이크로소프트 그림판 프로그램을 종료할 때까지 실행이 멈춘다는 점에 유의하라.

```
>>> import subprocess
>>> paintProc = subprocess.Popen('c:\\Windows\\System32\\mspaint.exe')    ❶
>>> paintProc.poll() == None                                              ❷
True
>>> paintProc.wait() # 마이크로소프트 그림판을 종료하기 전까지 종료되지 않는다.    ❸
0
>>> paintProc.poll()
0
```

❶에서 마이크로소프트 그림판 프로세스를 연다. 이 프로세스가 실행되는 동안 poll()이 None을 반환하는지 확인했다(❷). 프로세스는 계속 실행 중이기 때문에 이 값을 반환해야 한다. 그 후, 마이크로소프트 그림판 프로그램을 종료하고 종료된 프로세스에 대해 wait()를 호출한다(❸). wait()와 poll()은 모두 0을 반환하고, 이는 프로세스가 오류 없이 종료되었음을 의미한다.

mspaint.exe와 달리 윈도우 10에서 subprocess.Popen()으로 calc.exe를 실행하면, 계산기 앱이 실행 중이라도 wait()는 즉각 종료됨을 알 수 있다. 이는 calc.exe가 계산기 앱을 실행하자마자 스스로 종료되기 때문이다. 윈도우의 계산기 프로그램은 '신뢰하는 마이크로소프트 스토어 앱(Trusted Microsoft Store app)'으로, 이러한 프로그램의 특성은 이책의 범위를 벗어난다. 간단히 얘기하자면 프로그램은 애플리케이션별, 운영 체제별로 다양한 방법으로 실행된다.

Popen() 함수에 명령 행 인자 전달하기

Popen()으로 생성한 프로세스에 명령 행 인자를 전달할 수 있다. 그렇게 하려면 Popen()에 단일 인자로 리스트를 전달해야 한다. 이 리스트의 첫 번째 문자열은 실행하려는 프로그램의 실행 파일 이름이어야 한다. 그다음에 오는 문자열들은 프로그램을 시작할 때 전달하는 명령 행 인자들이다. 결과적으로 이 리스트는 실행하는 프로그램의 sys.argv 값이 된다.

그래픽 사용자 인터페이스(GUI)를 갖는 대부분의 애플리케이션은 명령 행이나 터미널 기반의 프로그램들처럼 명령 행 인자를 사용하지 않는다. 그러나 대부분의 GUI 애플리케이션은 단일 인자로, 시작할 때 여는 파일을 받는다. 예를 들어 윈도우에서 C:\Users\Al\hello.txt라는 간단한 텍스트 파일을 만들고 대화형 셸에 다음과 같이 입력해 보자.

```
>>> subprocess.Popen(['C:\\Windows\\notepad.exe', 'C:\\Users\Al\\hello.txt'])
<subprocess.Popen object at 0x00000000032DCEB8>
```

이는 메모장 애플리케이션을 실행할 뿐 아니라 C:\Users\Al\hello.txt라는 파일을 바로 연다.

작업 스케줄러, launchd, 크론

컴퓨터에 대한 지식이 풍부하다면 윈도우의 작업 스케줄러(Task Scheduler), 맥OS의 launchd, 리눅스의 크론(cron) 스케줄러에 대해 알 것이다. 문서화가 잘되어 있고 믿을 만한 도구들을 사용하면 애플리케이션이 특정 시간에 실행될수 있도록 일정 관리를 할 수 있다. 이에 대해 더 많은 것을 알고 싶다면 *https://nostarch.com/automatestuff2*에서 튜토리얼 링크를 찾아보자.

운영 체제의 내장 스케줄러를 사용하면 프로그램 일정을 관리하도록 시간을 확인하는 코드를 직접 작성해야 하는 수고를 덜 수 있다. 그러나 단순히 프로그램을 일시적으로 중지하고 싶다면 time.sleep() 함수를 사용하자. 또는 운영 체제의 스케줄러를 사용하는 대신 특정 날짜나 시간이 될 때까지 반복하여 매번 time.sleep(1)을 호출하도록 코드를 작성하자.

파이썬으로 웹 사이트 열기

subprocess.Popen()으로 브라우저 애플리케이션을 여는 대신, webbrowser. open() 함수를 사용해 프로그램으로 웹 브라우저를 실행해 특정 웹 사이트에 접속할 수 있다. 더 자세한 내용을 원한다면 '프로젝트: webbrowser 모듈로 mapIt. py 작성하기'(310쪽)를 참고하라.

다른 파이썬 스크립트 실행하기

파이썬으로 다른 애플리케이션들을 실행할 수 있듯이 다른 파이썬 스크립트 역시 실행할 수 있다. Popen()의 인자로 python.exe와 실행하려는 .py 스크립트의 파일 이름을 전달한다. 예를 들어 다음과 같이 입력하면 1장의 hello.py 스크립트가 실행된다.

```
>>> subprocess.Popen(['C:\\Users\\<YOUR USERNAME>\\AppData\\Local\\Programs\\
Python\\Python38\\python.exe', 'hello.py'])
<subprocess.Popen object at 0x000000000331CF28>
```

Popen()에 파이썬 실행 파일의 경로를 나타내는 문자열과 스크립트 파일 이름을 나타내는 문자열이 들어 있는 리스트를 전달하라. 실행하려는 스크립트가 명령 행 인자를 필요로 한다면, 리스트에서 파일 이름 뒤에 추가하면 된다. 윈도우에서 파이썬 실행 파일의 경로는 C:\Users\⟨YOUR USERNAME⟩\AppData\Local\Programs\Python\Python38\python.exe다. 맥OS에서는 /Library/Frameworks/Python.framework/Versions/3.8/bin/python3이며, 리눅스의 경우 /usr/bin/python3.8(배포판에 따라 경로가 /usr/bin/python3인 경우도 있다)이다.

파이썬 프로그램을 모듈로 불러오는 것과 달리 파이썬 프로그램으로 또 다른 파이썬 프로그램을 실행할 경우 두 프로그램은 다른 프로세스에서 실행되며 서로의 변수를 공유하지 않는다.

기본 애플리케이션으로 파일 열기

컴퓨터에서 .txt 파일을 더블 클릭하면 .txt 파일 확장자와 연결된 애플리케이션이 자동으로 실행된다. 이와 같이 컴퓨터에서 몇몇 파일 확장자는 연결 프로그램이 이미 설정되어 있을 것이다. 파이썬에서는 Popen()을 사용하여 이와 같은 방식으로 파일을 열 수 있다.

각 운영 체제에는 문서 파일을 더블 클릭하여 파일을 여는 것과 동일한 기능을 하는 프로그램이 있다. 윈도우의 경우 start 프로그램, 맥OS에서는 open 프로그램, 우분투 리눅스에서는 see 프로그램이 그런 역할을 한다. 대화형 셸에 다음과 같이 입력하자. 이때 사용하는 운영 체제에 따라 'start, 'open', 'see' 중에서 선택하여 전달한다.

```
>>> fileObj = open('hello.txt', 'w')
>>> fileObj.write('Hello, world!')
12
>>> fileObj.close()
>>> import subprocess
>>> subprocess.Popen(['start', 'hello.txt'], shell=True)
```

앞에 나온 코드에서는 먼저 hello.txt 파일에 'Hello, world!'라는 내용을 작성한다. 그 후 Popen()을 호출하는데 이때 프로그램 이름과 파일 이름이 들어 있는 리스트를 전달한다. 또한, 윈도우에서는 키워드 인자인 shell=True도 같이 전달한다. 운영 체제는 해당 파일과 연결된 프로그램이 무엇이고 어떤 프로그램을 실행해야 하는지 알고 있다. 여기서는 hello.txt 파일을 처리하기 위해 Notepad.exe가 사용된다.

맥OS에서는 문서 파일과 프로그램을 여는 데 open 프로그램이 사용된다. 맥을 사용한다면 대화형 셸에 다음과 같이 입력해 보자.

```
>>> subprocess.Popen(['open', '/Applications/Calculator.app/'])
<subprocess.Popen object at 0x10202ff98>
```

계산기 앱이 열릴 것이다.

프로젝트: 간단한 카운트다운 프로그램

간단한 스톱워치 애플리케이션을 찾기 어려운 것처럼, 간단한 카운트다운 애플리케이션도 찾기 어렵다. 카운트다운이 끝나면 알람을 울리는 카운트다운 프로그램을 작성해 보자.

전체적으로 프로그램은 다음과 같은 작업을 할 것이다.

1. 60에서 카운트다운을 시작한다.
2. 카운트다운이 0에 도달하면 사운드 파일(alarm.wav)을 재생한다.

이를 코드로 표현하면 다음과 같다.

1. 카운트다운의 각 숫자를 화면에 출력한 뒤 time.sleep()을 호출하여 1초간 일
   시 정지한다.
2. subprocess.Popen()을 사용해 기본 애플리케이션으로 사운드 파일을 연다.

새 파일 편집기 탭을 열고 countdown.py라는 이름으로 저장하자.

1단계: 카운트다운

이 프로그램에서는 time.sleep()과 subprocess.Popen() 함수를 사용하기 위해
time과 subprocess 모듈을 필요로 한다. 다음과 같은 코드를 입력하고 이 파일을
countdown.py라는 이름으로 저장하자.

```
#! python3
# countdown.py – 간단한 카운트다운 스크립트

import time, subprocess

timeLeft = 60                                          ❶
while timeLeft > 0:
    print(timeLeft, end='')                            ❷
    time.sleep(1)                                      ❸
    timeLeft = timeLeft - 1                             ❹

# TODO: 카운트다운이 끝나면 사운드 파일을 재생한다.
```

time, subprocess 모듈을 호출한 후, 남은 카운트다운 초를 담은 timeLeft라는
변수를 생성한다(❶). 이는 60에서 시작하지만 원하는 값에서 시작하도록 변경
하거나 명령 행에서 이를 받도록 할 수도 있다.

while 반복문에서 나머지 카운트를 화면에 출력하고(❷), 1초간 일시 정지
한 뒤(❸) 다음 반복이 시작하기 전에 timeLeft 변수의 값을 감소시킨다(❹).

timeLeft 값이 0 이상으로 유지되는 한 반복문은 계속 반복된다. 이것이 끝나면 카운트다운은 종료된다.

2단계: 사운드 파일 재생하기

다양한 형식의 사운드 파일을 재생하는 서드 파티 모듈이 있지만, 빠르고 쉬운 방법은 사용자가 사운드 파일을 재생하는 데 사용하고 있는 애플리케이션을 실행하는 것이다. 운영 체제는 .wav 파일 확장자를 보고 해당 파일을 재생하기 위해 실행해야 할 애플리케이션을 판단한다. .wav 대신 .mp3나 .ogg 등 다른 사운드 파일 형식이 될 수도 있다.

카운트다운이 끝난 뒤에 재생할 사운드 파일은 사용자의 컴퓨터에 있는 임의의 사운드 파일로 설정해도 되고, *https://nostarch.com/automatestuff2/*에서 다운로드할 수도 있다.

코드에 다음과 같이 추가하자.

```python
#! python3
# countdown.py - 간단한 카운트다운 스크립트

import time, subprocess

--생략--

# 카운트다운이 끝나면 사운드 파일을 재생한다.
subprocess.Popen(['start', 'alarm.wav'], shell=True)
```

while 반복문이 끝나면 alarm.wav(또는 직접 고른 사운드 파일)를 재생하여 카운트다운이 끝났음을 사용자에게 알려 준다. 윈도우를 사용할 경우 Popen()에 전달할 리스트에 'start'가 포함되도록 하고, 키워드 인자 shell=True를 전달한다. 맥OS에서는 'start' 대신 'open'을 전달하며 shell=True 부분을 제거한다.

사운드 파일을 재생하는 대신 어딘가에 '휴식 시간 끝!'과 같은 메시지가 들어 있는 텍스트 파일을 저장하고, 카운트다운이 끝나면 Popen()으로 이를 열 수도 있다. 이렇게 하면 메시지가 있는 팝업 창을 효과적으로 생성할 수 있다. 또는 webbrowser.open() 함수를 사용하여 카운트다운이 끝나면 특정 웹 사이트를 열도록 할 수 있다. 온라인에서 찾을 수 있는 일반 무료 카운트다운 애플리케이션과 달리, 직접 만든 카운트다운 프로그램의 알람은 원하는 그 어떤 것으로도 설정할 수 있다.

비슷한 프로그램에 대한 아이디어

카운트다운은 프로그램을 계속해서 실행하기 전에 실행을 약간 지연시킨다. 이는 다음과 같은 다른 애플리케이션이나 기능에 사용할 수 있다.

- time.sleep()을 사용하여 사용자에게 Ctrl-C를 눌러서 파일을 삭제하는 등의 동작을 취소할 수 있는 기회를 부여한다. 프로그램은 화면에 "취소하려면 Ctrl-C를 누르시오(Press Ctrl-C to cancel)"라는 메시지를 출력하고 try, except 문으로 KeyboardInterrupt 예외를 처리할 수 있다.
- 긴 카운트다운의 경우 timedelta 객체를 사용하여 미래의 어떤 시점(예를 들어 생일이나 기념일)까지 남은 일, 시간, 분, 초를 측정할 수 있다.

요약

유닉스 시간 기준(UTC 기준 1970년 1월 1일 자정)은 파이썬을 포함한 많은 프로그래밍 언어의 표준 참조 시간이다. time.time() 함수가 유닉스 시간 기준 타임스탬프를 돌려주는 반면(유닉스 시간 기준으로부터 경과된 시간을 부동 소수점 수 형태의 초로 나타낸 것), datetime 모듈은 날짜에 대한 산술 작업을 하거나 날짜 정보가 들어간 문자열을 형식화하거나 구문 분석할 때 좋다.

time.sleep() 함수는 지정된 초 단위 시간 동안 실행을 차단한다(즉, 함수가 종료되지 않는다는 것을 의미한다). 이는 프로그램에 일시 정지 기능을 추가할 때 사용할 수 있다. 그러나 프로그램이 특정 시점에 시작하도록 예약하려면, *https://nostarch.com/automatestuff2/*를 참고하기 바란다. 여기에는 운영 체제가 제공하는 스케줄러를 사용하는 방법이 설명되어 있다.

threading 모듈은 스레드를 여러 개 생성할 때 사용한다. 이는 파일을 여러 개 다운로드하거나 동시에 다른 작업을 수행할 때 유용하게 사용할 수 있다. 다만 스레드를 사용할 때 지역 변수만 읽거나 쓰도록 주의하자. 그렇지 않다면 동시성 문제를 겪을 것이다.

마지막으로 파이썬 프로그램은 subprocess.Popen() 함수를 사용하여 다른 애플리케이션을 실행할 수 있다. Popen() 호출 시 명령 행 인자를 전달하여 애플리케이션으로 특정 문서를 열도록 할 수 있다. 또는 Popen()을 사용할 때 start, open, see를 같이 사용하는 방법이 있다. 이 경우, 컴퓨터의 파일 연결 프로그램이 해당 문서를 열 때 어떤 애플리케이션을 사용해야 하는지 자동으로 알아낸다. 컴퓨터의 다른 애플리케이션을 사용하면 파이썬 프로그램은 자동화에 필요한 기능을 활용할 수 있다.

연습 문제

1. 유닉스 시간 기준이란 무엇인가?
2. 유닉스 시간 기준에서 경과한 초 단위 시간을 반환하는 함수는 무엇인가?
3. 프로그램을 정확히 5초간 일시 정지하려면 어떻게 해야 하는가?
4. round() 함수의 역할을 무엇인가?
5. datetime 객체와 timedelta 객체의 차이점은 무엇인가?
6. datetime 모듈을 활용하여 2019년 1월 7일은 무슨 요일인지 답하라.
7. spam()이라는 함수가 있다고 가정하자. 이 함수를 호출하고 해당 함수에 있는 코드가 다른 스레드에서 실행되도록 하는 방법은 무엇인가?
8. 멀티스레드에서 동시성 문제를 피하려면 어떻게 해야 하는가?

연습 프로젝트

연습을 위해 다음과 같은 작업들을 수행하는 프로그램을 작성해 보자.

예쁜 스톱워치

이 장의 스톱워치 프로젝트를 확장해 보자. 문자열 메서드인 rjust()와 ljust()를 사용하여 '보기 좋게' 출력하도록 하자(6장에서 이 메서드들에 대해 이미 설명했다). 다음과 같이 출력하는 대신

```
Lap #1: 3.56 (3.56)
Lap #2: 8.63 (5.07)
Lap #3: 17.68 (9.05)
Lap #4: 19.11 (1.43)
```

다음과 같이 출력하도록 한다.

```
Lap #1:  3.56 (  3.56)
Lap #2:  8.63 (  5.07)
Lap #3: 17.68 (  9.05)
Lap #4: 19.11 (  1.43)
```

이때 문자열 메서드를 사용하려면 정수나 부동 소수점 수 형식의 변수인 lapNum, lapTime, totalTime의 문자열 버전이 필요할 것이다.

다음으로 6장에서 소개한 pyperclip 모듈을 사용하여 텍스트 출력값을 클립보드에 복사하라. 이는 사용자들이 출력값을 텍스트 파일이나 이메일에 빠르게 붙여 넣을 수 있게 하기 위함이다.

웹툰 예약 다운로더

여러 웹툰이 있는 웹 사이트들을 확인하고 프로그램이 마지막으로 방문한 이후 만화가 업데이트되었으면 해당 만화의 이미지를 자동으로 다운로드하는 프로그램을 작성하라. 운영 체제에서 기본으로 제공하는 스케줄러(윈도우의 작업 스케줄러, 맥OS의 launchd, 리눅스의 크론)로 하루에 한 번 파이썬 프로그램을 실행할 수 있다. 파이썬 프로그램 자체는 만화를 다운로드하고 컴퓨터에 복사하여 쉽게 찾을 수 있게 한다. 이렇게 하면 웹 사이트에 직접 방문해 만화가 업데이트되었는지 확인하는 수고를 하지 않아도 된다(*https://nostarch.com/automatestuff2/*에서 웹툰 목록을 찾아볼 수 있다).

18장

이메일과 문자 메시지 보내기

이메일을 확인하고 답장을 쓰는 일은 시간이 많이 걸리는 작업이다. 물론 수신하는 모든 이메일에 각각 다르게 답장을 하는 프로그램을 작성하기는 불가능하다. 그러나 이메일을 보내고 받는 프로그램을 작성하는 방법을 배우면, 이메일과 관련된 수많은 작업을 자동화할 수 있다.

예를 들어 전체 고객 정보가 기록된 스프레드시트가 있고 각 고객의 연령과 주소에 따라 다른 형식의 편지를 보내야 하는 상황을 가정해 보자. 상용 소프트웨어로 이러한 작업을 하기란 아마도 불가능할 것이다. 다행히 이러한 이메일을 보내는 프로그램을 작성하는 방법을 알고 있다면, 이메일 양식을 복사하고 붙여넣는 데 드는 시간을 많이 줄일 수 있다.

또한 사용자가 컴퓨터 앞에 있지 않은 상황에서도 알림 이메일이나 문자 메시지를 자동으로 보내는 프로그램을 작성할 수도 있다. 마치는 데 몇 시간이 걸리는 작업을 자동화하면, 컴퓨터 앞에 앉아 몇 분마다 프로그램 상태를 확인할 필요가 없을 것이다. 그 대신, 작업이 완료되면 프로그램이 여러분의 휴대 전화에 문자 메시지를 보내면 된다. 이렇게 되면 컴퓨터 앞을 떠나 있어도 더 중요한 일에 집중할 수 있을 것이다.

이 장에서는 지메일 계정을 활용하여 이메일을 보내고 받는 간단한 EZGmail 모듈에 대해 설명한다. 또한, 표준 SMTP와 IMAP 이메일 프로토콜을 사용하는 파이썬 모듈도 설명한다.

> 스크립트를 활용하여 이메일을 보내고 받는 별도의 계정을 만들 것을 강력하게 권한다. 그래야 프로그램에 버그가 있을 때 개인 이메일 계정에 영향이 가는 것을 막을 수 있기 때문이다(예를 들어 이메일을 삭제하거나 주소록에 있는 사람들에게 스팸 메일을 보내는 행위). 실수로 이메일을 보내거나 삭제하는 코드를 실행하기 전에 해당 코드를 주석 처리하고 임시로 print() 함수 호출로 대체하여 먼저 실행하는 것이 좋다. 이런 방식으로 프로그램을 실제로 실행하기 전에 프로그램을 테스트할 수 있다.

지메일 API로 이메일 전송 및 수신하기

지메일은 전체 이메일 사용자의 3분의 1을 차지하는 시장 점유율을 갖고 있으며, 아마 여러분도 최소 한 개의 지메일 계정을 가지고 있을 것이다. 추가적인 보안 및 스팸 방지 조치 때문에 EZGmail 모듈을 활용하여 지메일 계정을 다루는 편이, 이 장의 중반부에서 다룰 smtplib이나 imapclient를 활용하는 것보다 더 수월할 것이다. EZGmail 모듈은 내가 작성한 모듈로 공식 지메일 API 위에서 작동하며, 파이썬으로 지메일을 사용할 때 유용한 함수들을 제공한다. *https://github.com/asweigart/ezgmail/*에서 EZGmail에 대한 자세한 내용을 살펴볼 수 있다. EZGmail은 구글에서 공식적으로 배포하거나 구글과 제휴를 맺어서 만든 것이 아니다. *https://developers.google.com/gmail/api/v1/reference/*에서 공식 지메일 API 문서를 확인할 수 있다.

윈도우에서 EZGmail을 설치하려면 pip install --user --upgrade ezgmail을 실행하라(맥OS나 리눅스의 경우 pip3를 사용하자). --upgrade 옵션은 해당 패키지의 최신 버전을 설치하며, 이는 지메일 API처럼 지속적으로 변하는 온라인 서비스와 상호 작용할 때 필수다.

지메일 API 사용하기

코드를 작성하기 전에 *https://gmail.com/*에서 지메일 계정을 만들어야 한다. 그러고 나서 *https://developers.google.com/gmail/api/quickstart/python/*에 접속하여 그 페이지에 있는 지메일 API 사용하기(Enable the Gmail API) 버튼을 클릭하여 나타나는 양식을 작성한다.

양식을 다 작성하면 credentials.json 파일을 받을 수 있는 링크가 나타난다. 이를 .py 파일과 같은 폴더에 다운로드하자. 이 credentials.json 파일에는 클라이언트 아이디와 클라이언트 비밀 정보가 들어 있는데, 이것들을 지메일 비밀번호처럼 여겨야 하고 타인과 공유해서는 안 된다.

　그런 다음 대화형 셀에 다음과 같이 입력하자.

```
>>> import ezgmail, os
>>> os.chdir(r'C:\path\to\credentials_json_file')
>>> ezgmail.init()
```

현재 작업 디렉터리를 credentials.json이 있는 폴더와 같도록 설정하고 인터넷에 연결되어 있는지 확인하라. ezgmail.init() 함수는 구글 로그인 페이지로 브라우저를 열 것이다. 지메일 주소와 비밀번호를 입력해 보자. "이 앱은 검증되지 않았습니다(This app isn't verified)"라는 경고 문구가 나타날 수도 있는데 괜찮다. 고급(Advanced)을 클릭하고 빠른 시작(Go to Quickstart(unsafe))을 클릭하자(이 파이썬 스크립트를 다른 사람을 위해 작성하고 있고 그들에게 이 경고 문구를 보여 주고 싶지 않다면, 구글 앱 검증 과정을 알아야 한다. 그러나 그 내용은 이 책의 범위에서 벗어난다). 다음 페이지에서 "빠른 시작에서 당신의 구글 계정에 접근하려고 합니다(Quickstart wants to access your Google Account)"라는 메시지가 나타나면, 허용(Allow) 버튼을 클릭하고 브라우저를 닫는다.

　그 결과 token.json 파일이 생성되고 파이썬 스크립트로 해당 지메일 계정에 접근할 수 있는 권한이 부여된다. 만약 token.json 파일을 찾지 못한다면 로그인 페이지로 브라우저가 열릴 것이다. credential.json과 token.json을 활용하면 지메일 계정 비밀번호를 소스 코드에 별도로 포함하지 않아도 해당 지메일 계정에서 이메일 전송과 수신이 가능하다.

지메일 계정에서 메일 보내기

token.json 파일을 생성하면 EZGmail 모듈의 함수 단 하나만 호출하여 이메일을 보낼 수 있다.

```
>>> import ezgmail
>>> ezgmail.send('recipient@example.com', 'Subject line', 'Body of the email')
```

이메일에 파일을 첨부하려면 send() 함수에 별도로 리스트 인자를 전달하면 된다.

```
>>> ezgmail.send('recipient@example.com', 'Subject line', 'Body of the email',
['attachment1.jpg', 'attachment2.mp3'])
```

보안과 스팸 방지 기능의 일부로 지메일은 동일한 텍스트(스팸일 가능성이 높음)로 이메일을 반복하여 보내거나 .exe나 .zip 형식의 첨부 파일(바이러스일 가능성이 높음)이 포함된 이메일을 보내지 못하게 할 수도 있다.

또한, 선택적 키워드 인자인 cc와 bcc를 전달하여 참조나 숨은 참조로도 이메일을 보낼 수 있다.

```
>>> import ezgmail
>>> ezgmail.send('recipient@example.com', 'Subject line', 'Body of the email',
cc='friend@example.com', bcc='otherfriend@example.com,someoneelse@example.com')
```

token.json 파일이 어떤 지메일 계정에 해당하는지 기억하고 싶다면, ezgmail. EMAIL_ADDRESS를 실행해 보자. 단, 이 변수에는 ezgmail.init() 또는 다른 EZGmail 함수가 호출된 뒤에 값이 채워진다.

```
>>> import ezgmail
>>> ezgmail.init()
>>> ezgmail.EMAIL_ADDRESS
'example@gmail.com'
```

token.json 파일을 계정 비밀번호처럼 취급해야 한다는 점을 명심하라. 만약 다른 사람이 이 파일을 획득하면, 해당 지메일 계정에 접근할 수 있다(해당 지메일 계정의 비밀번호는 변경할 수 없지만). 이전에 발급받았던 token.json 파일을 삭제하려면, *https://security.google.com/settings/security/permissions?pli=1*/에 접속하여 빠른 시작 앱에 대한 접근을 취소하라. 새로운 token.json 파일을 얻으려면 ezgmail.init()을 실행하고 로그인 과정을 다시 거쳐야 한다.

지메일 계정에서 메일 읽기

지메일은 서로 주고받는 이메일을 대화 스레드 형식으로 구성한다. 웹 브라우저나 앱으로 지메일에 로그인하면 개별 이메일이 아니라 이메일 스레드를 보게 된다(스레드에 메일 한 통만 있더라도).

EZGmail은 GmailThread와 GmailMessage 객체로 각각 대화 스레드와 개별 이메일을 나타낸다. GmailThread 객체는 GmailMessage 객체 리스트가 들어 있는 messages 속성을 갖는다. unread() 함수는 아직 읽지 않은 이메일들에 대한 GmailThread 객체 리스트를 반환한다. 이를 ezgmail.summary()에 전달하면 해당 리스트에 있는 대화 스레드의 요약본을 출력할 수 있다.

```
>>> import ezgmail
>>> unreadThreads = ezgmail.unread() # GmailThread 객체 리스트
>>> ezgmail.summary(unreadThreads)
Al, Jon – Do you want to watch RoboCop this weekend? – Dec 09
Jon – Thanks for stopping me from buying Bitcoin. – Dec 09
```

summary() 함수는 이메일 스레드를 간단하게 요약하여 출력할 때 유용하게 사용할 수 있으나 특정 메시지(또는 메시지의 일부분)에 접근하려면 GmailThread 객체의 message 속성을 살펴봐야 한다. messages 속성에는 스레드를 구성하는 GmailMessage 객체 리스트가 들어 있다. 그리고 이 객체들은 각각 이메일을 나타내는 subject, body, timestamp, sender, recipient 속성을 갖는다.

```
>>> len(unreadThreads)
2
>>> str(unreadThreads[0])
"<GmailThread len=2 snippet= Do you want to watch RoboCop this weekend?'>"
>>> len(unreadThreads[0].messages)
2
>>> str(unreadThreads[0].messages[0])
"<GmailMessage from='Al Sweigart <al@inventwithpython.com>' to='Jon Doe
<example@gmail.com>' timestamp=datetime.datetime(2018, 12, 9, 13, 28, 48)
subject='RoboCop' snippet='Do you want to watch RoboCop this weekend?'>"
>>> unreadThreads[0].messages[0].subject
'RoboCop'
>>> unreadThreads[0].messages[0].body
'Do you want to watch RoboCop this weekend?\r\n'
>>> unreadThreads[0].messages[0].timestamp
datetime.datetime(2018, 12, 9, 13, 28, 48)
>>> unreadThreads[0].messages[0].sender
'Al Sweigart <al@inventwithpython.com>'
>>> unreadThreads[0].messages[0].recipient
'Jon Doe <example@gmail.com>'
```

ezgmail.unread() 함수와 비슷하게, ezgmail.recent() 함수는 지메일 계정에서 최근 25개 스레드를 반환한다. 키워드 인자 maxResults를 선택적으로 전달하여 이 제한을 변경할 수 있다.

```
>>> recentThreads = ezgmail.recent()
>>> len(recentThreads)
25
>>> recentThreads = ezgmail.recent(maxResults=100)
>>> len(recentThreads)
46
```

지메일 계정에서 메일 검색하기

ezgmail.unread(), ezgmail.recent()를 사용하는 것 외에도 ezgmail.search()를 호출하여 *https://gmail.com/* 검색 상자에 검색어를 입력하듯이 특정 이메일을 검색할 수 있다.

```
>>> resultThreads = ezgmail.search('RoboCop')
>>> len(resultThreads)
1
>>> ezgmail.summary(resultThreads)
Al, Jon - Do you want to watch RoboCop this weekend? - Dec 09
```

앞에서 search()를 호출한 결과는 그림 18-1과 같이 검색 상자에서 'RoboCop'을 입력한 결과와 동일해야 한다.

그림 18-1 지메일 웹 사이트에서 'RoboCop' 이메일을 검색

unread()와 recent()처럼 search() 함수도 GmailThread 객체 리스트를 반환한다. 또한 다음과 같이 검색 상자에 입력할 수 있는 특수 검색 연산자를 search() 함수에도 전달할 수 있다.

'label:UNREAD' 읽지 않은 이메일

'from:al@inventwithpython.com' al@inventwithpython.com에서 보낸 이메일들

'subject:hello' 제목에 'hello'가 들어 있는 이메일들

'has:attachment' 첨부 파일이 있는 이메일들

*https://support.google.com/mail/answer/7190*에서 검색 연산자 전체 목록을 볼 수 있다.

지메일 계정에서 첨부 파일 다운로드하기

GmailMessage 객체는 attachments 속성을 갖는데, 여기에는 메시지에 첨부된 파일 이름 리스트가 들어 있다. 이 파일 이름들 중에서 하나를 골라서

GmailMessage 객체의 downloadAttachment() 메서드에 전달하면 해당 파일을 다운로드할 수 있다. downloadAllAttachments() 메서드를 사용하면 모든 파일을 한 번에 다운로드할 수 있다. 기본적으로 EZGmail은 첨부 파일을 현재 작업 디렉터리에 저장하지만 downloadAttachment(), downloadAllAttachments()에 추가로 downloadFolder 키워드 인자를 전달할 수 있다. 다음은 그 예다.

```
>>> import ezgmail
>>> threads = ezgmail.search('vacation photos')
>>> threads[0].messages[0].attachments
['tulips.jpg', 'canal.jpg', 'bicycles.jpg']
>>> threads[0].messages[0].downloadAttachment('tulips.jpg')
>>> threads[0].messages[0].downloadAllAttachments(downloadFolder='vacation2019')
['tulips.jpg', 'canal.jpg', 'bicycles.jpg']
```

첨부 파일과 이름이 같은 파일이 이미 존재한다면 다운로드한 첨부 파일이 원래 파일을 자동으로 덮어쓴다.

EZGmail에는 여러 가지 추가 기능이 들어 있다. 이에 대한 전체 문서는 *https://github.com/asweigart/ezgmail/*에서 확인할 수 있다.

SMTP

HTTP가 인터넷을 통해 웹 페이지를 전송할 때 사용하는 프로토콜인 것처럼, SMTP(Simple Mail Transfer Protocol)는 이메일을 전송할 때 사용하는 프로토콜이다. SMTP는 이메일 메시지의 형식, 암호화, 메일 서버 간 전달, 전송 버튼을 누른 뒤에 컴퓨터에서 처리하는 모든 세부 사항 등을 결정한다. 그러나 이와 같은 기술적 세부 사항을 다 알아야 할 필요는 없다. 파이썬의 smtplib 모듈이 이러한 작업을 함수 몇 개로 단순화하기 때문이다.

SMTP는 타인에게 이메일을 보낼 때만 관여한다. IMAP이라는 또 다른 프로토콜이 받은 메일을 가져올 때 관여하며, 이에 관한 자세한 내용은 'IMAP' 절(500쪽)에서 설명한다.

오늘날 대부분의 웹 기반 이메일 제공 업체들은 스팸, 피싱 및 기타 악의적인 이메일로부터 사용자를 보호하기 위해 다른 보안 조치를 갖추고 있다. 이러한 조치들로 인해 smtplib, imapclient를 사용한 파이썬 스크립트로 이메일 계정에 로그인하는 것은 차단된다. 그러나 대다수 서비스는 API를 갖고 있고 특정 파이썬 모듈을 통해 스크립트로 접근하는 것을 허용한다. 이 장에서는 지메일의 모듈을 설명했다. 다른 서비스들의 경우 각 서비스의 온라인 문서를 참고하자.

이메일 전송하기

아웃룩(Outlook)이나 선더버드(Thunderbird)와 같은 프로그램을 통하거나 또는 지메일이나 야후 메일(Yahoo Mail)과 같은 웹 사이트에서 이메일을 보내는 방법은 이미 잘 알고 있을 것이다. 그러나 파이썬은 이러한 서비스들과 달리 그래픽 사용자 인터페이스를 제공하지 않는다. 그 대신 다음 대화형 셸 예와 같이 SMTP의 주요 단계들을 수행하는 함수들을 호출한다.

 대화형 셸에 이 예를 입력하지 말라. 아마도 작동하지 않을 것이다. smtp.example.com, bob@example.com, MY_SECRET_PASSWORD, alice@example.com 등은 단순한 위치 표시자일 뿐이다. 이 코드는 파이썬으로 이메일을 전송하는 과정을 개략적으로 나타낸 것에 불과하다.

```
>>> import smtplib
>>> smtpObj = smtplib.SMTP('smtp.example.com', 587)
>>> smtpObj.ehlo()
(250, b'mx.example.com at your service, [216.172.148.131]\nSIZE
35882577\n8BITMIME\nSTARTTLS\nENHANCEDSTATUSCODES\nCHUNKING')
>>> smtpObj.starttls()
(220, b'2.0.0 Ready to start TLS')
>>> smtpObj.login('bob@example.com', 'MY_SECRET_PASSWORD')
(235, b'2.7.0 Accepted')
>>> smtpObj.sendmail('bob@example.com', 'alice@example.com', 'Subject: So long.\
nDear Alice, so long and thanks for all the fish. Sincerely, Bob')
{}
>>> smtpObj.quit()
(221, b'2.0.0 closing connection ko10sm23097611pbd.52 - gsmtp')
```

지금부터는 위치 표시자로 나타냈던 부분을 실제 정보로 치환하면서 SMTP 서버에 연결하기, 로그인하기, 이메일 전송하기, 서버 연결 끊기의 각 단계를 하나씩 살펴볼 것이다.

SMTP 서버에 연결하기

선더버드나 아웃룩 또는 이메일 계정을 연동하는 다른 프로그램을 사용해 봤다면 SMTP 서버와 포트 설정에 이미 익숙할 것이다. 이러한 설정은 각 이메일 서비스 제공자에 따라 다를 수 있다. 웹에서 '〈your provider〉 smtp settings'라고 검색해 보면 사용하는 서버와 포트에 대한 정보를 찾을 수 있다.

일반적으로 SMTP 서버의 도메인 이름은 이메일 서비스 제공자의 이름 앞에 smtp가 붙어 있는 형식이다. 예를 들어 버라이즌(Verizon)의 SMTP 서버는 smtp.verizon.net이다. 표 18-1은 자주 사용되는 몇몇 이메일 서비스 제공자와 해당 SMTP 서버를 나타낸다(포트는 정숫값으로 대부분의 경우 587이다. 이 포 트는 명령 암호화 표준인 TLS가 사용한다).

제공자	SMTP 서버 도메인 이름
지메일*	smtp.gmail.com
Outlook.com/Hotmail.com*	smtp-mail.outlook.com
야후 메일*	smtp.mail.yahoo.com
AT&T	smtp.mail.att.net(포트 465)
컴캐스트	smtp.comcast.net
버라이즌	smtp.verizon.net(포트 465)
네이버 메일	smtp.naver.com(포트 587)
한메일	smtp.daum.net(포트 465)
카카오 메일	smtp.kakao.com(포트 465)

표 18-1 이메일 서비스 제공자와 이에 해당하는 SMTP 서버

* 추가 보안 조치로 인해 파이썬에서 smtplib 모듈을 사용하여 이 서버에 로그인하면 차단당한다.
EZGmail 모듈을 사용하면 지메일 계정에 집근힐 때 겪을 수 있는 이러한 어려움을 우회할 수 있나.

이메일 서비스 제공자의 도메인 이름과 포트 정보를 알았다면, smtplib.SMTP를 호출하여 SMTP 객체를 생성한다. 이때 도메인 이름을 문자열 인자로, 포트 번호 를 정수 인자로 전달한다. SMTP 객체는 SMTP 메일 서버에 대한 연결을 나타내 며 이메일을 발송하는 메서드를 갖는다. 예를 들어 다음과 같이 호출하면 가상 의 이메일 서버 연결에 대한 SMTP 객체를 생성하게 된다.

```
>>> smtpObj = smtplib.SMTP('smtp.example.com', 587)
>>> type(smtpObj)
<class 'smtplib.SMTP'>
```

type(smtpObj)를 입력하면 smtpObj에 SMTP 객체가 있음을 보여 준다. 로그인 하고 이메일을 전송하는 메서드를 호출하기 위해 이 SMTP 객체가 필요하다. smptlib.SMTP()가 성공적으로 호출되지 않는다면, SMTP 서버가 587 포트에서 TLS를 지원하지 않는 것이 그 원인일 수도 있다. 이 경우, smtplib.SMTP_SSL()과 465 포트를 사용하여 SMTP 객체를 생성해야 할 것이다.

```
>>> smtpObj = smtplib.SMTP_SSL('smtp.example.com', 465)
```

 인터넷에 연결되어 있지 않다면 파이썬은 `socket.gaierror: [Errno 11004] getaddrinfo failed` 또는 그와 비슷한 예외를 일으킨다.

프로그램을 작성할 때 TLS와 SSL의 차이는 중요하지 않다. SMTP 서버에서 사용하는 암호화 표준에 대해서만 알면 어떻게 연결하는지 알 수 있다. 이후 나오는 모든 대화형 셸 예에서 `smtpObj` 변수는 `smtplib.SMTP()` 또는 `smtplib.SMTP_SSL()` 함수가 반환한 SMTP 객체를 갖고 있다.

SMTP 서버에 '인사' 메시지 보내기

SMTP 객체를 생성한 뒤, SMTP 이메일 서버에 '인사'하기 위해 해당 객체의 `ehlo()`라는 이상한 이름의 메서드를 호출해 보자. 이러한 인사는 SMTP에서 첫 번째 단계이자 서버에 연결하는 중요한 단계다. 이 프로토콜의 구체적인 사항들을 알 필요는 없다. 다만 SMTP 객체를 생성한 뒤에 가장 먼저 `ehlo()` 메서드를 호출해야 한다는 것만 확실히 기억하자. 나중에 호출하면 오류가 발생한다. 다음은 `ehlo()` 호출과 반환값에 대한 예다.

```
>>> smtpObj.ehlo()
(250, b'mx.example.com at your service, [216.172.148.131]\nSIZE
35882577\n8BITMIME\nSTARTTLS\nENHANCEDSTATUSCODES\nCHUNKING')
```

반환된 튜플의 첫 번째 항목은 숫자 250(SMTP에서 '성공'에 대한 코드)으로, 인사가 성공했다는 것을 의미한다.

TLS 암호화 시작하기

SMTP 서버의 587 포트에 연결했으면(이는 TLS 암호화를 사용한다는 의미다), 다음으로 해야 할 일은 `starttls()` 메서드를 호출하는 것이다. 이 필수 단계는 연결을 암호화할 수 있도록 한다. 465 포트에 연결했다면(SSL 사용), 암호화가 이미 설정되었기 때문에 이 단계를 건너뛰어도 된다.

다음은 `starttls()` 메서드 호출 예다.

```
>>> smtpObj.starttls()
(220, b'2.0.0 Ready to start TLS')
```

starttls() 메서드는 SMTP 연결을 TLS 모드로 설정한다. 반환값 220은 서버가 준비되었음을 의미한다.

SMTP 서버에 로그인하기

SMTP 서버에 암호화된 연결을 설정했다면, login() 메서드를 호출하여 사용자 이름(보통 이메일 주소)과 이메일 비밀번호를 사용한 로그인이 가능하다.

```
>>> smtpObj.login('my_email_address@example.com', 'MY_SECRET_PASSWORD')
(235, b'2.7.0 Accepted')
```

이때 첫 번째 인자로 이메일 주소 문자열을, 두 번째 인자로 비밀번호 문자열을 전달한다. 반환값 235는 인증에 성공했음을 의미한다. 파이썬은 부정확한 비밀번호를 입력했을 때 smtplib.SMTPAuthentification 예외를 일으킨다.

 소스 코드에 비밀번호를 직접 넣는 것은 조심해야 한다. 만약 다른 사람이 프로그램을 복사하면, 해당 이메일 계정에 접근할 수 있게 된다! input()을 호출하여 사용자가 비밀번호를 입력하도록 하는 것이 좋다. 프로그램을 실행할 때마다 비밀번호를 입력해야 하는 번거로움이 있지만, 이렇게 해야 컴퓨터에 들어 있는 암호화되지 않은 파일에 비밀번호를 남기지 않을 수 있어서 해커나 도둑이 이를 쉽게 얻을 수 있는 위험을 피할 수 있다.

이메일 보내기

이메일 서비스 제공자의 SMTP 서버에 로그인한 다음에는 sendmail() 메서드를 호출하여 실제로 이메일을 보낼 수 있다. sendmail() 메서드는 다음과 같이 호출한다.

```
>>> smtpObj.sendmail('my_email_address@example.com', 'recipient@example.com',
'Subject: So long.\nDear Alice, so long and thanks for all the fish.
Sincerely, Bob')
{}
```

sendmail() 메서드는 다음 세 개의 인자가 필요하다.

- 문자열로 된 발신자의 이메일 주소(이메일의 '보내는 사람' 주소)
- 문자열로 된 단일 수신자의 이메일 주소나 문자열 리스트로 된 여러 수신자의 이메일 주소들(이메일의 '받는 사람' 주소)
- 문자열로 된 이메일 본문

이메일 본문 문자열은 이메일 제목 줄에서 'Subject: \n'으로 시작해야 한다. 개행 문자 '\n'은 이메일에서 제목 줄과 본문을 구분하는 역할을 한다.

sendmail()은 딕셔너리값을 반환한다. 이 딕셔너리에는 이메일을 받지 못한 각 수신자가 하나의 키-값 쌍으로 존재한다. 이 딕셔너리가 비어 있다면 모든 수신자에게 이메일을 성공적으로 전송했음을 의미한다.

SMTP 서버와의 연결 끊기

이메일 전송을 완료했으면 quit() 메서드를 호출해야 한다. 이는 SMTP 서버와 프로그램 간의 연결을 끊는 역할을 한다.

```
>>> smtpObj.quit()
(221, b'2.0.0 closing connection ko10sm23097611pbd.52 - gsmtp')
```

반환값에서 221은 세션이 종료되었음을 의미한다.

서버에 연결하고 로그인하여 이메일을 보낸 뒤 연결을 끊는 모든 과정을 다시 한번 살펴보고 싶다면 '이메일 보내기'(499쪽)를 참조하라.

IMAP

SMTP가 이메일 전송을 위한 프로토콜인 것처럼, 인터넷 메시지 접근 프로토콜(Internet Message Access Protocol, IMAP)은 특정 이메일 주소로 전송받은 이메일을 가져오기 위해 이메일 서비스 제공자의 서버와 통신하는 방법을 지정한다. 파이썬은 이를 위한 모듈인 imaplib을 제공하지만, 사실 서드 파티 모듈인 imapclient가 사용하기 더 편리하다. 이 절에서는 IMAPClient를 사용하는 방법을 소개한다. 전체 문서는 *https://imapclient.readthedocs.io/*에서 찾을 수 있다.

imapclient 모듈은 IMAP 서버로부터 다소 복잡한 형식으로 이메일을 다운로드한다. 대부분의 경우, 이러한 형식의 메일을 간단한 문자열값으로 바꾸고 싶을 것이다. pyzmail 모듈은 이러한 이메일 메시지들을 구문 분석하는 어려운 작업을 수행한다. PyzMail 전체 문서는 *https://www.magiksys.net/pyzmail/*에서 찾을 수 있다.

윈도우 터미널 창에서 pip install --user -U imapclient==2.1.0과 pip install --user -U pyzmail36==1.0.4를 실행하여 imapclient, pyzmail을 설치하라(또는 맥OS나 리눅스의 경우 pip3를 사용한다). 부록 A에 서드 파티 모듈을 설치하는 자세한 절차가 나와 있다.

IMAP으로 이메일 가져오기와 삭제하기

파이썬으로 이메일을 검색하고 가져오려면 서드 파티 모듈인 imapclient, pyzmail을 활용하여 여러 단계의 과정을 거쳐야 한다. 전체적인 개요를 살펴보기 위해 다음과 같은 예를 살펴보자. 다음은 IMAP 서버에 로그인해서 이메일을 검색하여 가져온 뒤 여기서 텍스트를 추출하는 전체 과정을 나타낸 예다.

```
>>> import imapclient
>>> imapObj = imapclient.IMAPClient('imap.example.com', ssl=True)
>>> imapObj.login('my_email_address@example.com', 'MY_SECRET_PASSWORD')
'my_email_address@example.com Jane Doe authenticated (Success)'
>>> imapObj.select_folder('INBOX', readonly=True)
>>> UIDs = imapObj.search(['SINCE 05-Jul-2019'])
>>> UIDs
[40032, 40033, 40034, 40035, 40036, 40037, 40038, 40039, 40040, 40041]
>>> rawMessages = imapObj.fetch([40041], ['BODY[]', 'FLAGS'])
>>> import pyzmail
>>> message = pyzmail.PyzMessage.factory(rawMessages[40041][b'BODY[]'])
>>> message.get_subject()
'Hello!'
>>> message.get_addresses('from')
[('Edward Snowden', 'esnowden@nsa.gov')]
>>> message.get_addresses('to')
[('Jane Doe', 'jdoe@example.com')]
>>> message.get_addresses('cc')
[]
>>> message.get_addresses('bcc')
[]
>>> message.text_part != None
True
>>> message.text_part.get_payload().decode(message.text_part.charset)
'Follow the money.\r\n\r\n-Ed\r\n'
>>> message.html_part != None
True
>>> message.html_part.get_payload().decode(message.html_part.charset)
'<div dir="ltr"><div>So long, and thanks for all the fish!<br><br></div>-
Al<br></div>\r\n'
>>> imapObj.logout()
```

이 모든 과정을 다 기억할 필요는 없다. 각 단계를 자세하게 살펴본 후에 이 개요로 돌아와서 다시 살펴보면 기억을 떠올릴 수 있을 것이다.

IMAP 서버에 연결하기

SMTP 서버에 연결하여 이메일을 보내기 위해 SMTP 객체가 필요했던 것처럼, IMAP 서버에 연결하여 이메일을 받기 위해서는 IMAPClient 객체가 필요하다.

먼저 이메일 서비스 제공자의 IMAP 서버 도메인 이름이 필요하다. 이는 SMTP 서버의 도메인 이름과 다르다. 표 18-2는 몇몇 유명한 이메일 서비스 제공자의 IMAP 서버 목록을 나타낸다.

제공자	SMTP 서버 도메인 이름
지메일*	imap.gmail.com
Outlook.com/Hotmail.com*	imap-mail.outlook.com
야후 메일*	imap.mail.yahoo.com
AT&T	imap.mail.att.net(포트 465)
컴캐스트	imap.comcast.net
버라이즌	imap.verizon.net(포트 465)
네이버 메일	imap.naver.com(포트 993)
한메일	imap.daum.net(포트 993)
카카오 메일	imap.kakao.com(포트 993)

표 18-2 이메일 서비스 제공자와 이에 해당하는 IMAP 서버

* 추가 보안 조치로 인해 파이썬에서 imapclient 모듈을 사용하여 이 서버에 로그인하려고 하면 차단당한다.

IMAP 서버의 도메인 이름을 알았다면 imapclient.IMAPClient() 함수를 호출하여 IMAPClient 객체를 생성한다. 대부분의 이메일 서비스 제공자들은 SSL 암호화를 필요로 하기 때문에 ssl=True라는 키워드 인자를 전달한다. 대화형 셸에 다음과 같이 입력해 보자(각자 사용하는 서비스 제공자의 도메인 이름을 사용하라).

```
>>> import imapclient
>>> imapObj = imapclient.IMAPClient('imap.example.com', ssl=True)
```

이후 나오는 모든 대화형 셸 예에서는 imapObj 변수에 imapclient.IMAPClient() 함수가 반환한 IMAPClient 객체가 들어 있다. 여기서 클라이언트는 서버에 연결한 객체를 의미한다.

IMAP 서버에 로그인하기

IMAPClient 객체를 만든 뒤에는 해당 객체의 login() 메서드를 호출한다. 이때 문자열로 된 사용자 이름(보통 사용자의 이메일 주소)과 비밀번호를 전달한다.

```
>>> imapObj.login('my_email_address@example.com', 'MY_SECRET_PASSWORD')
'my_email_address@example.com Jane Doe authenticated (Success)'
```

> ⚠️ 절대로 비밀번호를 코드에 그대로 작성하면 안 된다! 대신, input()으로 비밀번호를 입력
> 받도록 프로그램을 작성하라.

IMAP 서버가 사용자 이름-비밀번호 조합을 거절하면 파이썬은 imaplib.error
예외를 일으킨다.

이메일 검색하기

로그인했다면 관심 있는 이메일을 가져오기 위해 두 단계의 과정을 거쳐야
한다. 먼저 검색할 폴더를 선택해야 한다. 그러고 나서 IMAPClient 객체의
search() 메서드를 호출한다. 이때 문자열 형식의 IMAP 검색 키워드를 전달
한다.

폴더 선택하기

거의 대부분의 계정이 기본적으로 받은 편지함(INBOX) 폴더를 갖고 있지만,
IMAPClient 객체의 list_folders() 메서드를 호출하여 폴더 목록을 얻을 수도
있다. 이는 튜플들로 구성된 리스트를 반환한다. 각 튜플은 단일 폴더에 대한 정
보를 갖고 있다. 다음과 같이 입력하여 대화형 셸 예를 계속 진행해 보자.

```
>>> import pprint
>>> pprint.pprint(imapObj.list_folders())
[(('\\HasNoChildren',), '/', 'Drafts'),
 (('\\HasNoChildren',), '/', 'Filler'),
 (('\\HasNoChildren',), '/', 'INBOX'),
 (('\\HasNoChildren',), '/', 'Sent'),
--생략--
 (('\\HasNoChildren', '\\Flagged'), '/', 'Starred'),
 (('\\HasNoChildren', '\\Trash'), '/', 'Trash')]
```

각 튜플에는 다음과 같은 세 개의 값이 있다. 예를 들어 (('\\HasNoChildren',),
'/', 'INBOX')라는 튜플에서는 다음과 같다.

- 폴더 플래그 튜플(이 플래그가 정확히 무엇을 나타내는지 설명하는 것은 이
  책의 범위를 벗어나며 이에 대해서는 무시해도 된다)
- 이름 문자열에서 상위 폴더와 하위 폴더를 구분하는 구분자

- 폴더 이름

검색하려는 폴더를 선택하려면, IMAPClient 객체의 select_folder() 메서드에 문자열 형태의 폴더 이름을 전달하면 된다.

```
>>> imapObj.select_folder('INBOX', readonly=True)
```

select_folder()가 반환하는 값은 무시해도 된다. 선택한 폴더가 존재하지 않는다면, 파이썬은 imaplib.error 예외를 일으킨다.

키워드 인자인 readonly=True를 사용하면 다음 메서드 호출 시 실수로 해당 폴더에 존재하는 이메일들을 수정하거나 삭제하는 것을 방지한다. 이메일을 삭제하려는 목적이 아니라면, readonly를 항상 True로 설정하는 것이 좋다.

검색 수행하기

이제 선택된 폴더에서 IMAPClient 객체의 search() 메서드로 이메일을 검색할 수 있다. 이때 search()에 전달하는 인자는 문자열로 구성된 리스트로, 각 문자열은 IMAP의 검색 키 형식으로 되어 있다. 표 18-3은 다양한 검색 키를 나타낸다.

어떤 IMAP 서버들은 약간 다른 방식으로 플래그나 검색 키를 처리할 수도 있다는 사실을 알아 두자. 어떤 방식으로 작동하는지 정확히 알기 위해서는 대화형 셸에서 몇 가지 실험을 해야 할 수도 있다.

search() 메서드에 전달하는 리스트 인자에는 여러 개의 IMAP 검색 키 문자열이 포함되어 있을 수 있다. 반환된 메시지들은 모든 검색 키와 일치하는 메시지들이다. 검색 키 중에서 최소 한 개 이상의 키와 매칭되는 모든 메시지를 찾으려면 OR 검색 키를 사용하면 된다. 검색 키 OR와 NOT을 사용할 때는 완전한 검색 키가 각각 두 개 그리고 한 개 있어야 한다.

검색 키	의미
'ALL'	폴더 내의 모든 메시지를 반환한다. 큰 폴더에 있는 모든 메시지를 요청할 때는 imaplib 크기 제한을 설정할 수 있다. '크기 제한'(506쪽)을 참고하라.
'BEFORE date', 'ON date', 'SINCE date'	이 세 가지 검색 키는 각각 date의 이전, 당일, 이후에 IMAP 서버로부터 받은 메시지를 반환한다. 이때 날짜는 05-jul-2019와 같은 형식이어야 한다. 또한, 'SINCE 05-Jul-2019'는 7월 5일 당일과 그 이후의 메시지와 일치하지만, 'BEFORE 05-Jul-2019'는 7월 5일 당일을 제외한 그 이전의 메시지들과 일치한다.

'SUBJECT string', 'BODY string', 'TEXT string'	각각 제목, 본문 또는 제목과 본문 모두에서 *string*이 있는 메시지들을 반환한다. *string*에 공백 문자가 포함되어 있으면, 'TEXT "search with spaces"'처럼 양옆에 큰따옴표를 붙인다.
'FROM string', 'TO string', 'CC string', 'BCC string'	각각 '발신자(from)', '수신자(to)', '참조(carbon copy, cc)', '숨은 참조(blind carbon copy, bcc)' 주소에 문자열 *string*이 포함된 모든 메시지를 반환한다. *string*에 이메일 주소가 여러 개 있는 경우, 각 수소를 공백 문자로 구분하고 주소들의 처음과 끝에 다음과 같이 큰따옴표를 붙여 준다: 'CC "*firstcc@example.com secondcc@example.com*"'
'SEEN', 'UNSEEN'	각각 \Seen 플래그가 있는 메시지와 없는 메시지를 반환한다. fetch() 메서드 호출로 접근하거나 이메일 프로그램이나 웹 브라우저에서 클릭한 이메일은 \Seen 플래그를 얻는다(뒤에서 설명할 예정). 일반적으로 이메일을 '보았다(seen)'는 표현보다 '읽었다(read)'는 표현을 더 자주 사용하지만 이 둘은 동일한 의미다.
'ANSWERED', 'UNANSWERED'	각각 \Answered 플래그가 있는 메시지와 없는 메시지를 반환한다. 답장을 한 메시지는 \Answered 플래그를 얻는다.
'DELETED', 'UNDELETED'	각각 \Deleted 플래그가 있는 메시지와 없는 메시지를 반환한다. delete_messages() 메서드를 사용하여 삭제된 이메일 메시지들은 \Deleted 플래그를 얻지만, expunge() 메서드를 호출하지 않는 한 영구히 삭제되지는 않는다(510쪽 '이메일 삭제하기'를 참고하라). 다만 몇몇 이메일 서비스 제공자는 자동으로 이메일을 영구히 삭제한다.
'DRAFT', 'UNDRAFT'	각각 \Draft 플래그가 있는 메시지와 없는 메시지를 반환한다. 보낼 메시지들은 보통 일반 INBOX 폴더가 아니라 별도의 Drafts 편지함에 저장된다.
'FLAGGED', 'UNFLAGGED'	각각 \Flagged 플래그가 있는 메시지와 없는 메시지를 반환한다. 이 플래그는 이메일 메시지들이 '중요(important)'하거나 '긴급(urgent)'하다는 것을 표시할 때 사용한다.
'LARGER N', 'SMALLER N'	메시지 크기가 각각 *N*바이트보다 큰 메시지와 작은 메시지를 반환한다.
'NOT search-key'	*search-key*가 포함되지 않은 메시지들을 반환한다.
'OR search-key1 search-key2'	첫 번째나 두 번째 *search-key*와 매칭되는 모든 메시지를 반환한다.

표 18-3 IMAP 검색 키

다음은 search() 메서드를 호출하는 몇몇 예와 그 의미를 나타낸다.

imapObj.search(['ALL']) 현재 선택된 폴더에 있는 모든 메시지를 반환한다.

imapObj.search(['ON 05-Jul-2019']) 2019년 7월 5일에 전송한 모든 메시지를 반환한다.

imapObj.search(['SINCE 01-Jan-2019', 'BEFORE 01-Feb-2019', 'UNSEEN']) 2019년 1월에 전송한 모든 메시지 중 아직 읽지 않은 메시지들을 반환한다

(이는 1월 1일부터 2월 1일 전까지를 의미한다).

imapObj.search(['SINCE 01-Jan-2019', 'FROM alice@example.com']) 2019
년 1월 1일부터 alice@example.com에서 받은 모든 메시지를 반환한다.

imapObj.search(['SINCE 01-Jan-2019', 'NOT FROM alice@example.com'])
2019년 1월 1일부터 받은 메시지 중 alice@example.com에서 받지 않은 모
든 메시지를 반환한다.

imapObj.search(['OR FROM alice@example.com FROM bob@example.com'])
alice@example.com이나 bob@example.com에서 받은 모든 메시지를 반환
한다.

imapObj.search(['FROM alice@example.com', 'FROM bob@example.com']) 혼
동하기 쉬운 예다. 이렇게 검색하면 어떤 메시지도 반환하지 않는다. 그 이
유는 모든 검색 키워드와 일치하는 메시지만 검색하기 때문이다. 메일을
'보낸 사람'의 주소는 단 한 개만 존재하므로 alice@example.com과 bob@
example.com에서 함께 보낸 메시지는 있을 수 없다.

search() 메서드는 이메일 자체를 반환하는 게 아니라 정숫값으로 된 이메일의
고유 아이디(unique ID, UID)를 반환한다. 이 UID들을 fetch() 메서드에 전달
하면, 해당 이메일 내용을 얻을 수 있다.

다음과 같이 입력하여 이전 대화형 셸 예를 계속해 보자.

```
>>> UIDs = imapObj.search(['SINCE 05-Jul-2019'])
>>> UIDs
[40032, 40033, 40034, 40035, 40036, 40037, 40038, 40039, 40040, 40041]
```

여기서 search()가 반환한 메시지 아이디 리스트(7월 5일 이후로 받은 메시지
들)는 UIDs에 저장된다. 각자 컴퓨터에서 실행하여 반환받은 UID들은 이 책의
예와는 다를 수 있다. 이는 특정 이메일 계정에만 해당하는 값이기 때문이다. 나
중에 UID를 사용하는 함수를 호출할 때 이 책의 예에서 출력된 값이 아니라 직
접 받은 UID 값을 전달해야 한다.

크기 제한

검색 조건과 일치하는 이메일 메시지가 매우 많을 경우, 파이썬은 imaplib.
error: got more than 10000 bytes 예외를 일으킬 수도 있다. 이 예외가 발생하
면 IMAP 서버와의 연결을 끊었다가 다시 연결해서 시도해야 한다.

파이썬 프로그램이 메모리를 너무 많이 사용하는 것을 막기 위해 이러한 제한을 설정한다. 그러나 기본 크기 제한은 대부분 매우 작다. 다음과 같은 코드를 실행하여 이러한 제한을 1만 바이트에서 1000만 바이트로 변경할 수 있다.

```
>>> import imaplib
>>> imaplib._MAXLINE = 10000000
```

이렇게 하면 오류 메시지가 다시 나타나지 않을 것이다. 작성하는 모든 IMAP 프로그램에 이 두 줄을 포함하는 것이 좋다.

이메일 가져오기와 읽음으로 표시하기

UID 리스트를 생성했다면 IMAPClient 객체의 fetch() 메서드를 호출하여 실제 이메일 내용을 얻을 수 있다.

fetch()의 첫 번째 인자는 UID 리스트다. 두 번째 인자는 ['BODY[]']이며, 두 번째 인자를 전달하면 fetch()는 UID 리스트에 해당하는 이메일들의 본문 내용을 다운로드한다.

대화형 셸 예를 계속 진행해 보자.

```
>>> rawMessages = imapObj.fetch(UIDs, ['BODY[]'])
>>> import pprint
>>> pprint.pprint(rawMessages)
{40040: {'BODY[]': 'Delivered-To: my_email_address@example.com\r\n'
                   'Received: by 10.76.71.167 with SMTP id '
--생략--
                   '\r\n'
                   '------=_Part_6000970_707736290.1404819487066--\r\n',
        'SEQ': 5430}}
```

pprint 모듈을 불러와서 rawMessages 변수에 들어 있는 fetch()의 반환값을 '보기 좋게 출력'하기 위해 pprint.pprint()에 전달한다. 그 결과 반환된 값은 메시지들을 중첩 딕셔너리로 나타낸 값으로, 이 딕셔너리의 키는 해당 메시지의 UID 임을 알 수 있다. 딕셔너리로 저장된 각 메시지는 'BODY[]'와 'SEQ' 두 개의 키를 갖는다. 'BODY[]' 키에 해당하는 값은 이메일의 실제 내용이다. 'SEQ' 키에 해당하는 값은 시퀀스 번호이며 UID와 비슷한 역할을 한다. 그러나 여기서는 이를 무시하고 넘어가도 된다.

앞에서 볼 수 있는 것처럼 'BODY[]' 키에 해당하는 값인 메시지 내용은 매우 이해하기 어렵다. 이는 IMAP 서버가 읽을 수 있도록 설계된 RFC 822라는 형식이다. 그러나 여기서 RFC 822 형식에 대해 이해할 필요는 없다. 이 장의 뒷부분에서 설명할 pyzmail 모듈이 이를 이해하기 좋은 형태로 바꿔 줄 것이다.

검색할 폴더를 선택했다면 select_folder()를 호출한다. 이때 키워드 인자인 readonly=True를 전달한다. 이렇게 하면 이메일을 실수로 삭제하는 상황을 막을 수 있지만, 이는 fetch() 메서드로 가져올 때 읽었다고 표시되지 않는다는 의미이기도 하다. 이메일을 가져올 때 해당 이메일을 읽었다고 표시하고 싶다면, select_folder()에서 readonly=False를 전달해야 한다. 선택된 폴더가 이미 읽기 전용 모드라면, select_folder()를 다시 한번 호출하여 현재 폴더를 선택해야 한다. 이번에는 키워드 인자로 readonly=False를 전달해야 한다.

```
>>> imapObj.select_folder('INBOX', readonly=False)
```

원시 메시지에서 이메일 주소 가져오기

단순히 이메일을 읽기 원하는 사람들에게 fetch() 메서드가 반환한 원시 메시지는 별로 유용하지 않다. pyzmail 모듈은 이 원시 메시지들을 구문 분석하여 PyzMessage 객체로 반환한다. 이 객체를 사용하면 파이썬 코드로 제목, 본문, '수신' 필드, '발신' 필드 그리고 이메일의 다른 요소들에 쉽게 접근할 수 있다.

다음과 같이 입력하여 대화형 셸 예를 계속해 보자(다음에 나와 있는 UID 값 말고 각자의 이메일 계정에서 나온 UID들을 사용하라).

```
>>> import pyzmail
>>> message = pyzmail.PyzMessage.factory(rawMessages[40041][b'BODY[]'])
```

먼저 pyzmail 모듈을 불러온다. 그러고 나서 이메일에 해당하는 PyzMessage 객체를 생성하고, pyzmail.PyzMessage.factory() 함수를 호출한다. 이때 원시 메시지의 'BODY[]' 부분을 전달한다(여기서 접두어 b는 이것이 문자열이 아니라 바이트값임을 의미한다. 둘의 차이점은 별로 중요하지 않다. 코드에 접두어 b를 써야 한다는 것만 기억하자). 결과는 message에 저장한다. 이제 message는 PyzMessage 객체를 갖고 있는데 이 객체는 이메일의 제목 줄, 보낸 사람, 받는 사람 주소 등을 쉽게 얻을 수 있도록 하는 메서드들을 갖고 있다. get_subject() 메서드는 제목을 간단한 문자열 형식의 값으로 반환한다. get_addresses() 메서드는 필드에 전달한 주소 리스트를 반환한다. 예를 들어 이 메서드들을 호출한 결과는 다음과 같다.

```
>>> message.get_subject()
'Hello!'
>>> message.get_addresses('from')
[('Edward Snowden', 'esnowden@nsa.gov')]
>>> message.get_addresses('to')
[('Jane Doe', 'my_email_address@example.com')]
>>> message.get_addresses('cc')
[]
>>> message.get_addresses('bcc')
[]
```

여기서 get_addresses()에는 'from', 'to', 'cc', 'bcc' 중에서 선택하여 인자로 전달한다. get_addresses()는 튜플로 구성된 리스트를 반환한다. 튜플의 첫 번째 요소는 이메일 주소와 연관된 이름이고 두 번째 요소는 이메일 주소다. 요청한 필드에 주소가 없을 경우, get_addresses()는 빈 리스트를 반환한다. 예시의 참조와 숨은 참조 필드에는 주소가 없기 때문에 'cc', 'bcc'를 전달하여 호출하면 둘 다 빈 리스트를 반환한다.

원시 메시지에서 본문 가져오기

이메일은 일반 텍스트나 HTML 또는 두 가지 모두에 해당하는 형식으로 보낼 수 있다. 일반 텍스트 이메일은 텍스트만 포함한다. 반면, HTML 이메일은 색상, 글꼴, 이미지나 다른 속성들을 가질 수 있다. 이는 이메일을 작은 웹 페이지처럼 보이도록 한다. 이메일이 단순히 일반 텍스트라면, 이에 해당하는 PyzMessage 객체의 html_part 속성은 None으로 설정된다. 마찬가지로 이메일이 단순히 HTML이라면, PyzMessage 객체의 text_part 속성은 None으로 설정된다.

반면, text_part나 html_part 값은 이메일 본문을 바이트 자료형값으로 반환하는 get_payload()라는 메서드를 갖는다(바이트 자료형에 대한 내용은 이 책의 범위를 벗어난다). 그러나 이는 아직도 우리가 사용할 수 있는 문자열값이 아니다. 마지막 단계는 get_payload()가 반환한 바이트값에 decode() 메서드를 호출하는 것이다. decode() 메서드는 인자를 하나 받는다. 이는 text_part.charset 또는 html_part.charset 속성에 저장되어 있는 메시지의 문자 인코딩이다. 이렇게 하면 드디어 문자열 형식으로 나타낸 이메일 본문을 반환한다.

다음과 같이 입력하여 대화형 셸 예를 계속 진행해 보자.

```
>>> message.text_part != None                                        ❶
True
>>> message.text_part.get_payload().decode(message.text_part.charset)
```

```
'So long, and thanks for all the fish!\r\n\r\n-Al\r\n'                    ❷
>>> message.html_part != None                                            ❸
True
>>> message.html_part.get_payload().decode(message.html_part.charset)    ❹
'<div dir="ltr"><div>So long, and thanks for all the fish!<br><br></div>-
Al<br></div>\r\n'
```

앞에 나온 예에서 작업하고 있는 이메일은 일반 텍스트와 HTML 콘텐츠를 모두
갖고 있으므로 message에 들어 있는 PyzMessage 객체의 text_part와 html_part
속성은 모두 None이 아니다(❶, ❸). 이 메시지의 text_part에 get_payload() 함
수를 호출한 뒤, 결과로 얻은 바이트값에 decode()를 호출하면 이메일의 텍스트
버전 문자열이 반환된다(❷). 메시지의 html_part에 get_payload()와 decode()
를 사용하면 이메일의 HTML 버전 문자열이 반환된다(❹).

이메일 삭제하기

이메일을 삭제하려면 IMAPClient 객체의 delete_message() 메서드에 삭제하려
는 메시지 UID 리스트를 전달해야 한다. 이렇게 하면 해당 이메일에 \Deleted
플래그를 표시한다. expunge() 메서드를 호출하면 \Deleted 플래그가 있는 이메
일들을 현재 선택된 폴더에서 영구히 삭제한다. 다음과 같은 대화형 셸 예를 살
펴보자.

```
>>> imapObj.select_folder('INBOX', readonly=False)            ❶
>>> UIDs = imapObj.search(['ON 09-Jul-2019'])                 ❷
>>> UIDs
[40066]
>>> imapObj.delete_messages(UIDs)
{40066: ('\\Seen', '\\Deleted')}                              ❸
>>> imapObj.expunge()
('Success', [(5452, 'EXISTS')])
```

앞에 나온 예에서는 IMAPClient 객체에 select_folder()를 호출하는데, 첫 번째
인자로 'INBOX'를 전달하여 받은 편지함을 선택한다. 또한 keywoad=False 키워
드 인자를 전달하여 이메일을 삭제할 수 있도록 한다(❶). 받은 편지함에서 특
정 날짜에 받은 메시지들을 검색하고, 검색 결과 메시지들의 아이디를 UIDs에
저장한다(❷). delete_message()를 호출할 때 UIDs를 전달하면 딕셔너리 형식의
값이 반환된다. 이 딕셔너리의 키-값 쌍은 메시지 아이디와 해당 메시지의 플래
그 튜플로, 이제 \Deleted도 포함되어야 한다(❸). expunge() 메서드를 호출하면
\Deleted 플래그가 있는 메시지들을 영구히 삭제하며, 삭제할 때 문제가 없었다

면 성공했다는 메시지를 반환한다. 몇몇 이메일 서비스 제공자는 IMAP 클라이언트에서 영구히 삭제하라는 명령을 기다리는 대신, delete_messages()를 사용하여 자동으로 이메일을 영구히 삭제한다는 사실에 유의하자.

IMAP 서버 연결 끊기

프로그램이 이메일을 가져오거나 삭제하는 등의 작업을 끝냈다면, IMAP 서버 연결을 끊기 위해 IMAPClient의 logout()을 호출하라.

```
>>> imapObj.logout()
```

프로그램 실행 시간이 몇 분 이상 걸릴 경우, 시간 초과로 인해 IMAP 서버가 자동으로 연결을 끊을 수도 있다. 이럴 경우, 프로그램에서 IMAPClient 객체에 대해 다음 메서드를 호출하면 다음과 같은 예외를 일으킨다.

```
imaplib.abort: socket error: [WinError 10054] An existing connection was
forcibly closed by the remote host
```

이 경우, 서버에 다시 연결하려면 프로그램에서 imapclient.IMAPClient()를 호출해야 한다.

휴! 이세 끝났다. 넘어야 할 문제가 아직 많이 남아 있지만, 이제 파이썬 프로그램으로 이메일 계정에 로그인하고 이메일을 가져오는 과정을 할 수 있게 되었다. 이 모든 과정을 다시 기억해야 할 필요가 있을 때마다 'IMAP으로 이메일 가져오기와 삭제하기'(501쪽)를 살펴보면 된다.

프로젝트: 회원에게 회비 알림 이메일 보내기

자원봉사 클럽의 회비 관리를 '자원하여' 담당하게 되었다고 하자. 이 일은 클럽 회원 전체를 대상으로 매달 회비를 납부한 사람들 명단을 스프레드시트로 작성하고, 회비를 납부하지 않은 사람들에게 알림 메일을 전송하는 매우 지루한 작업이다. 스프레드시트를 직접 살펴보면서 회비를 납부하지 않은 사람들에게 같은 메일을 복사하고 붙여 넣어서 작성하는 대신, 이미 예상했겠지만 이러한 작업을 하는 스크립트를 작성해 보자.

전체적으로 프로그램은 다음과 같은 작업을 해야 한다.

1. 엑셀 스프레드시트에서 데이터를 읽는다.

2. 지난달에 회비를 납부하지 않은 회원들을 찾는다.

3. 회비 미납 회원의 이메일 주소를 찾고 개인화된 알림 메일을 보낸다.

이를 코드로 표현하면 다음과 같다.

1. `openpyxl` 모듈을 활용하여 엑셀 문서를 열고 셀을 읽는다(엑셀 파일 작업에 관한 내용은 13장을 참고하라).

2. 회비를 납부하지 않은 회원들에 대한 딕셔너리를 만든다.

3. `smtplib.SMTP()`, `ehlo()`, `starttls()`, `login()`을 호출하여 SMTP 서버에 로그인한다.

4. 회비를 납부하지 않은 회원들에게 `sendmail()` 메서드를 호출하여 개인화된 알림 메일을 보낸다.

새 파일 편집기 탭을 열고 sendDuesReminders.py라는 이름으로 저장하자.

1단계: 엑셀 파일 열기

회비 납부 여부를 추적하기 위한 엑셀 스프레드시트가 있다고 가정하자. 이 스프레드시트는 duesRecords.xlsx라는 파일 이름으로 되어 있으며 그림 18-2와 같은 형식이다. 이 파일은 *https://nostarch.com/automatestuff2/*에서 다운로드할 수 있다.

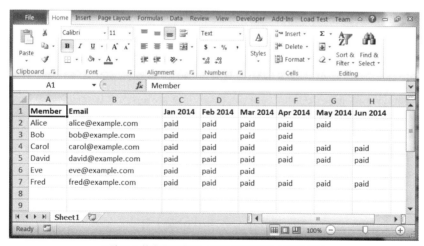

그림 18-2 회비 납부 여부를 추적하기 위한 엑셀 스프레드시트

이 스프레드시트에는 회원들의 이름과 이메일 주소가 있다. 또한, 매달 회원들의 회비 납부 여부를 추적하는 열이 있다. 회비를 납부한 회원들에 해당하는 셀은 'paid'라는 텍스트로 표시된다.

프로그램은 먼저 duesRecords.xlsx라는 파일을 열고 sheet.max_column 속성을 사용하여 최근 달에 해당하는 열을 찾아낸다(openpyxl 모듈을 사용하여 엑셀 스프레드시트 파일에 있는 셀들에 접근하는 방법은 13장을 참고하라). 파일 편집기 탭에 다음과 같은 코드를 입력해 보자.

```python
#! python3
# sendDuesReminders.py – 스프레드시트에서 회비 납부 상태에 따라 이메일을 전송하기

import openpyxl, smtplib, sys

# 스프레드시트를 열고 최근 회비 납부 상태를 받아 오기
wb = openpyxl.load_workbook('duesRecords.xlsx')                    ❶
sheet = wb.get_sheet_by_name('Sheet1')                            ❷
lastCol = sheet.max_column                                        ❸
latestMonth = sheet.cell(row=1, column=lastCol).value            ❹

# TODO: 각 회원의 회비 납부 상태 검사하기

# TODO: 이메일 계정에 로그인하기

# TODO: 알림 메일 전송하기
```

openpyxl, smtplib, sys 모듈을 불러온 뒤 duesRecords.xlsx 파일을 열고, 그 결과 생성된 Workbook 객체를 wb에 저장한다(❶). 그런 다음 해당 스프레드시트의 Sheet1에 해당하는 Worksheet 객체를 sheet에 저장한다(❷). Worksheet 객체를 생성한 뒤에는 행, 열, 셀에 접근할 수 있다. 마지막 열을 lastCol에 저장하고 (❸), 1번 행과 lastCol을 사용하여 최근 납부 내역을 저장하고 있는 셀에 접근한다. 이 셀의 값을 받아 와서 latestMonth에 저장한다(❹).

2단계: 미납 회원들 찾기

최근 달에 해당하는 열 번호를 알아내고 나서(lastCol에 저장되어 있다), 첫 번째 행 다음에 있는 모든 행에 대해 반복하면서, 해당 달에 회비 납부 여부를 나타내는 셀이 paid라는 텍스트값을 갖는 회원을 확인할 수 있다. 어떤 회원이 납부하지 않았다면, 1열과 2열에서 각각 그 회원의 이름과 이메일 주소를 가져온다. 이 정보는 최근 달에 납부하지 않은 회원을 추적하는 unpaidMembers라는 딕셔너리에 저장된다. 다음과 같은 코드를 sendDuesReminder.py에 추가하라.

```
#! python3
# sendDuesReminders.py – 스프레드시트에서 회비 납부 상태에 따라 이메일을 전송하기

--생략--

# 각 회원의 회비 납부 상태 검사하기
unpaidMembers = {}
for r in range(2, sheet.max_row + 1):                          ❶
    payment = sheet.cell(row=r, column=lastCol).value         ❷
    if payment != 'paid':
        name = sheet.cell(row=r, column=1).value              ❸
        email = sheet.cell(row=r, column=2).value             ❹
        unpaidMembers[name] = email                           ❺
```

앞에 나온 코드에서는 먼저 빈 딕셔너리인 unpaidMembers를 생성하고, 첫 번째 행 이후의 모든 행에 대해 반복문을 실행한다(❶). 각 행의 마지막 열에 있는 값이 payment에 저장된다(❷). payment가 'paid'와 같지 않다면, 첫 번째 열에 있는 값은 name에(❸), 두 번째 행에 있는 값은 email에(❹) 저장되며, name과 email은 unpaidMembers에 추가된다(❺).

3단계: 맞춤형 알림 메일 보내기

회비 미납 회원 목록을 만들었다면 그 회원들에게 알림 메일을 보내야 한다. 프로그램에 다음과 같은 코드를 추가하자. 이때 실제로 사용하는 이메일 주소와 서비스 제공자 정보를 활용하자.

```
#! python3
# sendDuesReminders.py – 스프레드시트에서 회비 납부 상태에 따라 이메일을 전송하기

--생략--

# 이메일 계정에 로그인하기
smtpObj = smtplib.SMTP('smtp.example.com', 587)
smtpObj.ehlo()
smtpObj.starttls()
smtpObj.login('my_email_address@example.com', sys.argv[1])
```

smtplib.SMTP()를 호출하고 도메인 이름과 서비스 제공자 포트 번호를 전달해 SMTP 객체를 생성한다. ehlo(), starttls()를 호출한 뒤 login()을 호출한다. 이때 이메일 주소와 비밀번호 문자열이 들어 있는 sys.argv[1]을 전달한다. 소스 코드에 비밀번호를 직접 저장하지 않도록 프로그램을 실행할 때마다 명령 행 인자로 비밀번호를 입력할 것이다.

프로그램으로 이메일 계정에 로그인하면 unpaidMembers 딕셔너리를 살펴보면서 그 안에 있는 회원들의 메일 주소로 맞춤형 메일을 보내야 한다. 다음과 같은 코드를 sendDuesReminders.py에 추가하라.

```python
#! python3
# sendDuesReminders.py – 스프레드시트에서 회비 납부 상태에 따라 이메일을 전송하기

--생략--

#  알림 메일 전송하기
for name, email in unpaidMembers.items():
    body = "Subject: %s dues unpaid.\nDear %s,\nRecords show that you have      ❶
            not paid dues for %s. Please make this payment as soon as possible.
            Thank you!'" % (latestMonth, name, latestMonth)
    print('Sending email to %s...' % email)                                     ❷
    sendmailStatus = smtpObj.sendmail('my_email_address@example.com', email,
                    body)                                                        ❸
    if sendmailStatus != {}:                                                     ❹
        print('There was a problem sending email to %s: %s' % (email,
            sendmailStatus))
smtpObj.quit()
```

이 코드는 unpaidMembers에 있는 이름과 이메일에 대해 반복문을 수행한다. 납부하지 않은 회원들에 대해 최근 달, 회원 이름으로 개인별 맞춤 메시지를 만들고 이 메시지를 body에 저장한다(❶). 그리고 이 회원의 이메일 주소로 이메일을 보낸다는 메시지를 출력한다(❷). 그러고 나서 sendmail()에 보내는 사람의 주소와 맞춤형 메시지를 전달하고 이를 호출한다(❸). 그 반환값은 sendmailStatus에 저장한다.

이때 SMTP 서버에서 특정 이메일을 전송할 때 오류가 보고되었다면, sendmail() 메서드는 비어 있지 않은 딕셔너리값을 반환한다는 것을 기억하자. for 반복문의 마지막 부분(❹)에서는 반환된 딕셔너리가 비어 있지 않은지 검사하고, 비어 있지 않을 경우 수신자의 이메일 주소와 반환된 딕셔너리를 출력하도록 한다.

프로그램이 모든 이메일을 전송했다면, quit() 메서드를 호출하여 SMTP 서버와의 연결을 끊는다.

이 프로그램을 실행한 결과는 다음과 같다.

```
Sending email to alice@example.com...
Sending email to bob@example.com...
Sending email to eve@example.com...
```

이제 수신자들은 수동으로 보낸 회비 미납 알림 이메일과 비슷한 이메일을 받을 것이다.

SMS 이메일 게이트웨이로 문자 메시지 보내기

사람들은 컴퓨터보다 스마트폰을 더 가까이 두고 있을 가능성이 높기 때문에 이메일보다 문자 메시지로 알림을 보내는 것이 더 즉각적이고 안정적인 방법이다. 또한, 일반적으로 문자 메시지의 길이가 더 짧기 때문에 사람들이 이메일보다 메시지를 읽을 가능성이 더 높다.

문자 메시지를 보내는 가장 안정적인 방법은 아니지만, 가장 쉬운 방법은 단문 메시지 서비스(short message service, SMS) 이메일 게이트웨이를 사용하는 것이다. 이는 휴대 전화 서비스 제공자가 이메일 형태로 텍스트를 받아서 수신자에게 문자 메시지로 전달하는 이메일 서버다.

`ezgmail`이나 `smtplib` 모듈을 사용하여 이러한 이메일을 보내는 프로그램을 작성할 수 있다. 전화번호와 해당 전화 회사의 이메일 서버가 수신자의 이메일 주소를 구성한다. 이메일 제목과 본문은 문자 메시지 본문에 해당한다. 예를 들어 버라이즌 고객의 415-555-1234라는 번호에 문자 메시지를 보내려면 4155551234@vtext.com에 이메일을 전송한다.

웹에서 'sms email gateway provider name'을 검색하면 휴대 전화 서비스 제공자의 SMS 이메일 게이트웨이를 찾을 수 있다. 표 18-4는 몇몇 유명한 서비스 제공자의 게이트웨이를 나타낸다. 160자 제한이 있는 SMS와 문자 수 제한이 없는 멀티미디어 메시지 서비스(multimedia messaging service, MMS)에 대해 별도의 이메일 서버를 둔 서비스 제공자가 많다. 사진을 전송하고 싶다면 MMS 게이트웨이를 사용하고 이메일에 파일을 첨부한다.

수신자의 휴대 전화 서비스 제공자 정보를 모른다면, 해당 전화번호의 서비스 제공자를 조회하기 위해 이동 통신사 조회(carrier lookup) 사이트를 사용해 볼 수 있다. 이러한 사이트를 찾는 가장 좋은 방법은 웹에서 'find cell phone provider for number'로 검색하는 것이다. 많은 사이트에서 무료로 번호를 조회할 수 있다(API를 사용하여 수백 또는 수천 개의 전화번호를 조회해야 한다면 비용이 발생한다).

휴대 전화 서비스 제공자	SMS 게이트웨이	MMS 게이트웨이
AT&T	number@txt.att.net	number@mms.att.net
부스트 모바일 (Boost Mobile)	number@sms.myboostmobile.com	SMS와 동일
크리켓(Cricket)	number@sms.cricketwireless.net	number@mms.cricketwireless.net
구글 파이(Google Fi)	number@msg.fi.google.com	SMS와 동일
메트로 PCS(Metro PCS)	number@mymetropcs.com	SMS와 동일
리퍼블릭 와이어리스 (Republic Wireless)	number@text.republicwireless.com	SMS와 동일
스프린트(Sprint)	number@messaging.sprintpcs.com	number@pm.sprint.com
티모바일(T-Mobile)	number@tmomail.net	SMS와 동일
U.S. 셀룰러 (U.S. Cellular)	number@email.uscc.net	number@mms.uscc.net
버라이즌	number@vtext.com	number@vzwpix.com
버진 모바일 (Virgin Mobile)	number@vmobl.com	number@vmpix.com
XFinity 모바일 (XFinity Mobile)	number@vtext.com	number@mypixmessages.com

표 18-4 휴대 전화 서비스 제공자별 SMS 이메일 게이트웨이

SMS 이메일 게이트웨이는 무료이고 사용하기 간편하다는 장점이 있지만, 몇 가지 주요 단점도 있다.

- 문자 메시지가 즉시 수신된다는 보장이 없다.
- 문자 메시지가 잘 전송되지 못했더라도 확인할 방법이 없다.
- 문자 메시지 수신자는 답장을 할 수 없다.
- 이메일을 너무 많이 보내면 SMS 게이트웨이가 더는 보내지 못하도록 차단한다. 게다가 '너무 많은'의 기준을 알 수 없다.
- SMS 게이트웨이에서 오늘 문자 메시지를 잘 전송했다고 해서, 내일도 잘 전송할 것이라고 보장할 수 없다.

이따금 보내는 메시지거나 급하지 않은 사항이라면 SMS 게이트웨이를 통해 문자 메시지를 보내는 것이 이상적이다. 더 안정적인 서비스를 원한다면 이메일 기반이 아닌 SMS 게이트웨이 서비스를 사용하는 것이 좋다. 이에 대해서는 바로 다음에 설명할 것이다.

트윌리오로 문자 메시지 전송하기

이 절에서는 무료 트윌리오(Twilio) 서비스에 가입하는 방법과 이 서비스의 파이썬 모듈로 문자 메시지를 전송하는 방법을 설명할 것이다. 트윌리오는 SMS 게이트웨이 서비스로, 프로그램을 이용해 인터넷으로 문자 메시지를 전송할 수 있다. 무료 평가판 계정을 사용하면 한도가 제한될 뿐 아니라 텍스트 앞에 "Sent from a Twilio trial account"라는 문구가 붙지만, 개인 프로그램에 사용하기에는 이 평가판 서비스가 적합할 수도 있다.

그러나 트윌리오가 유일한 SMS 게이트웨이 서비스는 아니다. 다른 서비스를 사용하고 싶다면 온라인에서 '무료 SMS(free sms)', '파이썬 SMS API(python sms api)', '트윌리오 대체 서비스(twilio alternatives)' 등으로 검색하여 나오는 서비스를 이용하면 된다.

트윌리오 계정에 가입하기 전에 윈도우에서 `pip install --user --upgrade twilio`를 실행하여 twilio 모듈을 먼저 설치한다(맥OS나 리눅스에서는 `pip3`를 사용한다). 서드 파티 모듈을 설치하는 방법은 부록 A를 참고하라.

 이 절의 내용은 미국에만 해당된다. 트윌리오는 미국 외 다른 국가에서도 SMS 문자 서비스를 제공한다. 이에 대한 자세한 정보를 원한다면 https://twilio.com/을 찾아보자. twilio 모듈과 그 함수들은 미국 외의 지역에서도 똑같이 작동할 것이다.

트윌리오 계정에 가입하기

*https://twilio.com/*에 접속하여 가입 양식을 작성하자. 새로운 계정을 만들었다면, 문자 메시지를 보낼 휴대 전화번호를 인증해야 할 것이다. Verified Caller IDs 페이지로 이동하여 접근할 수 있는 전화번호를 추가한다. 트윌리오는 이 번호로 코드를 전송하는데, 이 코드를 입력해야 전화번호를 인증할 수 있다(이 인증 과정이 필요한 이유는 무작위로 만든 전화번호로 사람들에게 스팸 문자 메시지를 보내는 것을 막기 위해서다). 이제 twilio 모듈을 활용하여 등록한 전화번호에서 문자를 보낼 수 있다.

트윌리오는 무료 시험 계정에 전화번호를 제공하는데 이를 문자 메시지 발신자 이름으로 사용할 수 있다. 여기서 두 가지 정보가 더 필요한데, 바로 계정 SID와 인증(authentication, auth) 토큰이다. 이 정보는 트윌리오 계정에 로그인하면 나타나는 Dashboard 페이지에서 찾을 수 있다. 파이썬 프로그램으로 로그인할 때 이 값들이 트윌리오 사용자 이름과 비밀번호 역할을 한다.

문자 메시지 보내기

twilio 모듈을 설치한 뒤 트윌리오 계정에 가입하여 전화번호를 인증하고, 트윌리오 전화번호를 등록하여 계정 SID와 인증 토큰을 획득했다면, 이제 파이썬 스크립트로 직접 문자 메시지를 보낼 준비가 된 것이다.

이전 등록 단계들에 비교하면 실제 파이썬 코드는 매우 간단하다. 인터넷에 연결된 컴퓨터에서 대화형 셸에 다음과 같이 입력해 보자. 이때 accountSID, authToken, myTwilioNumber, myCellPhone 변수에는 다음 예에 있는 값 대신 실제 정보를 입력한다.

```
>>> from twilio.rest import Client                                           ❶
>>> accountSID = 'ACxxxxxxxxxxxxxxxxxxxxxxxxxxxxxxxx'
>>> authToken = 'xxxxxxxxxxxxxxxxxxxxxxxxxxxxxxxx'
>>> twilioCli = Client(accountSID, authToken)                                ❷
>>> myTwilioNumber = '+14955551234'
>>> myCellPhone = '+14955558888'
>>> message = twilioCli.messages.create(body='Mr. Watson - Come here - I want to
see you.', from_=myTwilioNumber, to=myCellPhone)                             ❸
```

마지막 줄을 입력하고 나서 잠시 뒤에 "Sent from your Twilio trial account - Mr. Watson – Come here - I want to see you."라는 문자 메시지를 받을 것이다.

twilio 모듈이 설치되는 방식 때문에 import twilio가 아니라 from twilio.rest import Client로 모듈을 불러와야 한다(❶). 계정 SID를 accountSID에, 인증 코드를 authToken에 저장하고 Client()에 이 둘을 전달하여 호출한다. Client()를 호출한 결과 Client 객체가 반환된다(❷). 이 객체에는 messages라는 속성이 있는데, 여기에는 문자 메시지를 보낼 때 사용할 수 있는 create() 메서드가 있다. 이 메서드는 트윌리오 서버에 문자 메시지를 보내도록 지시한다. 트윌리오 번호와 휴대 전화번호를 각각 myTwilioNumber, myCellPhone에 저장한 뒤 create()를 호출한다. 이때 메시지 본문, 발신자 번호(myTwilioNumber), 수신자 번호(myCellPhone)를 지정하는 키워드 인자를 전달한다(❸).

create() 메서드가 반환한 Message 객체에는 보낸 문자 메시지에 대한 정보가 들어 있을 것이다. 앞서 나온 대화형 셸 예시에 다음과 같이 입력해 보자.

```
>>> message.to
'+14955558888'
>>> message.from_
'+14955551234'
```

```
>>> message.body
'Mr. Watson - Come here - I want to see you.'
```

to, from_, body 속성에는 각각 휴대 전화번호, 트윌리오 번호 그리고 메시지가 들어 있다. 이때 전송한 전화번호는 from이 아니라 마지막에 밑줄이 붙은 from_ 속성에 들어 있다는 데 유의하자. from은 파이썬에서 키워드로 사용하고 있기 때문에(예를 들어 from modulename import *) 속성 이름으로 사용할 수 없다. 앞서 나온 대화형 셸 예시에 다음과 같이 입력해 보자.

```
>>> message.status
'queued'
>>> message.date_created
datetime.datetime(2019, 7, 8, 1, 36, 18)
>>> message.date_sent == None
True
```

이때 status 속성은 문자열을 제공한다. 메시지를 작성하고 전송한 이력이 있다면 date_created, date_sent 속성은 datetime 객체를 제공한다. 문자 메시지를 이미 보냈는데 status 속성이 'queued'로, date_sent 속성이 None으로 설정된 것이 조금 이상하게 생각될 수도 있다. 이는 message 변수 안에 있는 Message 객체를 메시지가 실제로 전송되기 전에 가져왔기 때문이다. 최신 status와 date_sent를 보려면 Message 객체를 다시 가져와야 한다. 각 트윌리오 메시지는 고유의 문자열 아이디(SID)를 갖고 있으며, 이는 최신 업데이트된 Message 객체를 가져올 때 사용할 수 있다. 다음과 같이 입력하여 대화형 셸 예를 계속해 보자.

```
>>> message.sid
'SM09520de7639ba3af137c6fcb7c5f4b51'
>>> updatedMessage = twilioCli.messages.get(message.sid)        ❶
>>> updatedMessage.status
'delivered'
>>> updatedMessage.date_sent
datetime.datetime(2019, 7, 8, 1, 36, 18)
```

message.sid를 입력하면 이 메시지의 긴 SID를 출력한다. 이 SID를 트윌리오 클라이언트의 get() 메서드에 전달하면(❶), 최신 정보가 들어 있는 새로운 Message 객체를 얻을 수 있다. 새로운 Message 객체에는 status, date_sent 속성이 제대로 설정되어 있다.

 status 속성은 'queued', 'sending', 'sent', 'delivered', 'undelivered', 'failed' 문자열값 중 한 값으로 설정된다. 이 값들은 그 자체로도 어떤 의미인

지 알 수 있지만, 더 자세한 내용을 원한다면 *https://nostarch.com/automatestuff2/* 를 참고하라.

파이썬으로 문자 메시지 수신하기

트윌리오로 문자 메시지를 수신하는 것은 전송하는 것보다 조금 더 복잡하다. 트윌리오로 이를 수행하려면 자체 웹 애플리케이션을 실행하는 웹 사이트가 있어야 한다. 이는 이 책의 범위를 넘어서는 내용이지만, 이 책의 온라인 자료에서 더 많은 자세한 내용을 찾아볼 수 있다 (https://nostarch.com/automatestuff2/).

프로젝트: '나에게 문자 보내기' 모듈

프로그램을 활용하여 보내는 문자를 가장 많이 받는 사람은 아마도 여러분 자신일 것이다. 문자 메시지는 컴퓨터에서 떨어져 있을 때 자기 자신에게 알림을 보내는 좋은 방법이다. 완료하는 데 몇 시간이 걸리는 지루한 작업을 프로그램으로 자동화했다면, 해당 작업이 종료되었을 때 문자 메시지로 알림을 받을 수 있다. 또는 우산을 챙기라는 알림 문자를 보내는 일기 예보 프로그램과 같이 이따금 사용자에게 연락해야 하는 정기적 예약 실행 프로그램을 만들 수도 있다.

간단한 예로, 다음은 textmyself()라는 함수를 활용하여 전달받은 문자열 인자의 내용으로 메시지를 보내는 간단한 파이썬 프로그램이다. 새 파일 편집기 탭을 열고 다음과 같은 코드를 입력할 때 계정 SID, 인증 토큰, 전화번호를 실제 정보로 치환하여 입력해 보자. 이를 textMyself.py라는 이름으로 저장한다.

```python3
#! python3
# textMyself.py - 문자열로 전달받은 메시지를 문자 메시지로 보내는
# textmyself() 함수 정의하기

# 사전에 설정된 값:
accountSID = 'ACxxxxxxxxxxxxxxxxxxxxxxxxxxxxxxxxxx'
authToken = 'xxxxxxxxxxxxxxxxxxxxxxxxxxxxxxxxxx'
myNumber = '+15559998888'
twilioNumber = '+15552225678'

from twilio.rest import Client

def textmyself(message):                                              ❶
    twilioCli = Client(accountSID, authToken)                        ❷
    twilioCli.messages.create(body=message, from_=twilioNumber, to=myNumber)  ❸
```

이 프로그램에는 계정 SID, 인증 토큰, 발신 번호, 수신 번호가 저장되어 있다. 먼저 textmyself()를 정의한다. 이때 인자를 받고(❶) Client 객체(❷)를 생성한 뒤 전달한 메시지에 create()를 호출한다(❸).

textmyself() 함수를 다른 프로그램에서도 사용하고 싶다면, 파이썬 스크립트와 동일한 폴더에 textMyself.py 파일을 위치시킨다. 프로그램으로 자기 자신에게 문자를 보내고 싶다면 다음과 같은 코드를 추가하기만 하면 된다.

```
import textmyself
textmyself.textmyself('The boring task is finished.')
```

트윌리오에 가입하고 문자로 보내는 코드는 한 번만 작성하면 된다. 그 후에 어떤 프로그램으로 문자를 보내고 싶을 때는 앞에 나온 코드 두 줄만 추가하면 된다.

요약

우리는 인터넷이나 휴대 전화 네트워크를 활용해 여러 가지 방식으로 소통하는데 그중에서도 이메일이나 문자 메시지 전송이 대부분을 차지한다. 프로그램은 이 채널을 통해 서로 통신할 수 있으며, 이럴 경우 매우 강력한 알림 기능을 제공한다. 심지어 서로 다른 컴퓨터에서 직접 이메일을 통한 통신을 하도록 프로그램을 작성할 수도 있다. 이때 한 프로그램이 SMTP를 통해 이메일을 전송하면 다른 프로그램은 IMAP을 통해 이를 읽는다.

파이썬의 smtplib은 이메일 서비스 제공자의 SMTP 서버를 통해 이메일을 전송할 수 있는 함수들을 제공한다. 마찬가지로 서드 파티 모듈인 imapclient와 pyzmail을 사용하면 IMAP 서버에 접근해서 전송받은 이메일을 읽을 수 있다. IMAP이 SMTP보다 조금 더 복잡하지만 매우 강력한 도구다. 이를 통해 특정 이메일을 검색, 다운로드할 수 있으며 구문 분석하여 제목과 본문을 문자열값으로 추출할 수 있다.

보안과 스팸 방지 차원에서 지메일과 같은 몇몇 유명한 이메일 서비스는 표준 SMTP와 IMAP을 사용하여 자사 서비스에 접근하는 것을 금지한다. EZGmail 모듈은 지메일 API를 편리하게 사용할 수 있는 래퍼 역할을 하며, 이를 활용하면 파이썬 스크립트로 지메일 계정에 접근할 수 있다. 이때 반드시 스크립트를 위한 별도의 지메일 계정을 만들 것을 강력하게 권한다. 그래야 프로그램에 생길

지도 모르는 잠재적인 버그로 인해 개인 지메일 계정에 문제가 생기는 것을 막을 수 있기 때문이다.

문자 메시지는 이메일과 조금 다른데, SMS를 보내려면 인터넷 연결 이상의 것이 필요하기 때문이다. 다행히도 트윌리오와 같은 서비스는 프로그램으로 문자 메시지를 보낼 수 있는 모듈들을 제공한다. 초기 설정 과정을 마치면 코드 단 몇 줄로 문자 메시지를 보낼 수 있다.

이러한 기능을 사용할 수 있게 되면 알림을 보내거나 알림을 보내는 조건을 설정하는 프로그램을 작성할 수 있다. 이제 프로그램은 실행되고 있는 컴퓨터 너머에 도달하게 될 것이다!

연습 문제

1. 이메일을 전송할 때 사용하는 프로토콜은 무엇인가? 이메일을 확인하고 수신하기 위한 프로토콜은 무엇인가?

2. SMTP 서버에 로그인하기 위해 호출해야 하는 smtplib의 함수와 메서드는 무엇인가?

3. IMAP 서버에 로그인하기 위해 호출해야 하는 imapclient의 함수와 메서드는 무엇인가?

4. imapObj.search()에 전달하는 인자는 무엇인가?

5. 코드에서 오류가 발생했고 got more than 10000 bytes라는 오류가 출력되었다면 어떻게 해야 하는가?

6. imapclient 모듈은 IMAP 서버에 연결하고 이메일을 찾는 역할을 한다. imapclient로 모은 이메일을 읽는 역할을 수행하는 모듈은 무엇인가?

7. 지메일 API를 사용할 때 credentials.json과 token.json 파일이 하는 역할은 무엇인가?

8. 지메일 API에서 'thread'와 'message' 객체의 차이점은 무엇인가?

9. ezgmail.search()를 사용하여 첨부 파일이 있는 이메일을 찾는 방법은 무엇인가?

10. 트윌리오로 문자 메시지를 전송할 때 필요한 세 가지 정보는 무엇인가?

연습 프로젝트

연습을 위해 다음과 같은 작업들을 수행하는 프로그램을 작성해 보자.

허드렛일 무작위 할당 이메일 전송 프로그램

사람들의 이메일 주소가 들어 있는 리스트와 허드렛일 리스트를 받아서 사람들에게 무작위로 할당하는 프로그램을 작성하라. 그리고 각 사람들에게 허드렛일을 할당하는 이메일을 발송하라. 좀 더 욕심을 낸다면 각 인원에게 이전에 할당된 허드렛일을 기록해서 바로 전에 할당된 허드렛일을 연달아 할당받지 않도록 하는 프로그램을 작성해 보자. 또 다른 기능으로 일주일에 한 번 자동으로 프로그램을 실행하도록 작성해 보자.

힌트는 다음과 같다. random.choice() 함수에 리스트를 전달하면, 리스트에서 무작위로 항목을 선택하여 반환한다. 코드의 일부분은 다음과 같다.

```
chores = ['dishes', 'bathroom', 'vacuum', 'walk dog']
randomChore = random.choice(chores)
chores.remove(randomChore) # 허드렛일이 할당되었기 때문에 이를 제거한다.
```

우산 알리미

12장에서는 requests 모듈을 사용하여 *https://weather.gov*에서 데이터를 스크랩하는 방법을 설명했다. 아침에 일어나기 직전에 실행하여 그 날 비가 오는지 여부를 확인하는 프로그램을 작성하라. 만약 비가 온다면 집에서 나오기 전에 우산을 챙기라는 알림 문자 메시지를 보내도록 프로그램을 작성하라.

자동으로 수신 거부하기

이메일 계정을 살펴보면서 수신 거부 링크를 모두 찾아 브라우저에서 자동으로 여는 프로그램을 작성해 보자. 이 프로그램은 이메일 서비스 제공자의 IMAP 서버에 로그인해서 모든 이메일을 다운로드해야 할 것이다. 뷰티플 수프(12장에서 설명)를 사용하면 HTML 링크 태그 안에 수신 거부(unsubscribe)라는 단어가 있는 곳을 찾아낼 수 있다.

이러한 URL 리스트를 얻은 뒤에는 webbrowser.open()을 사용하여 자동으로 이 링크들을 브라우저에서 열 수 있다.

하지만 이 리스트에 있는 링크들을 가지고 실제로 수신을 거부하려면 몇 단계를 더 거쳐야 한다. 대부분의 경우 링크를 직접 클릭하여 확인하는 작업이 필요하다.

그러나 이 스크립트를 사용하면 모든 이메일에 대해 수신 거부 링크를 찾는 작업을 하지 않아도 된다. 이 스크립트를 여러분의 친구에게 전달하여 그들의 계정에서 실험해 보게 할 수도 있다(소스 코드에 이메일 비밀번호를 적지 않도록 주의하자!).

이메일로 컴퓨터 제어하기

여러분이 지시 사항을 작성하여 보낸 이메일을 15분마다 확인하고, 그 지시 사항을 자동으로 실행하는 프로그램을 작성하라. 예를 들어 비트토런트(BitTorrent)는 사용자 간 직접(peer-to-peer) 다운로드 시스템이다. 큐비트토런트(qBitTorrent)와 같은 무료 비트토런트 소프트웨어를 사용하면 집에 있는 컴퓨터에 큰 미디어 파일을 다운로드할 수 있다. 비트토런트 링크(완전히 합법적이며 무단 복제와 전혀 무관한)가 들어 있는 이메일을 보내면 프로그램이 해당 메시지를 찾아내 링크를 추출한 뒤 큐비트토런트를 실행하여 파일을 다운로드하기 시작한다. 이러한 방법으로 여러분이 집에 없더라도 집에 있는 컴퓨터가 (완전히 합법적이며 무단 복제와 전혀 무관한 파일) 다운로드를 시작하여 집에 도착했을 때에는 다운로드가 이미 완료되었을 것이다.

17장에서는 subprocess.Popen() 함수로 프로그램을 실행하는 방법을 설명했다. 예를 들어 다음과 같이 호출하면 토런트 파일과 함께 큐비트토런트 프로그램이 실행될 것이다.

```
qbProcess = subprocess.Popen(['C:\\Program Files (x86)\\qBittorrent\\
qbittorrent.exe', 'shakespeare_complete_works.torrent'])
```

물론 사용자가 보낸 메일인지 확인하도록 프로그램을 작성하면 좋을 것이다. 특히 이러한 이메일에는 비밀번호를 설정하는 것이 좋다. 해커들이 가짜 발신 이메일 주소를 사용하는 경우가 매우 흔하기 때문이다. 이미 검색한 이메일은 삭제하여 프로그램이 이메일 계정을 확인할 때마다 명령을 실행하지 않도록 해야 한다. 추가로 명령을 실행할 때마다 여러분에게 확인 메일이나 문자 메시지를 보내게 할 수도 있다. 프로그램이 실행되는 컴퓨터 앞에 계속 앉아 있지는 않을 것이므로 오류가 발생했을 때 확인할 수 있도록 로그 텍스트 파일을 작성하는 로깅 함수를 사용하는 것도 좋은 방법이다.

큐비트토런트(다른 비트토런트 애플리케이션도 마찬가지)에는 다운로드가 완료되면 자동으로 종료할 수 있는 기능이 있다. 17장에서는 Popen 객체의 wait() 메서드를 사용하여 시작된 애플리케이션이 종료되는 시점을 결정할 수 있는 방법을 설명했다. wait() 메서드 호출로 인해 큐비트토런트가 멈출 때까지 차단되고, 프로그램은 사용자에게 다운로드가 완료되었다는 알림 이메일이나 문자 메시지를 보낼 수 있게 된다.

이 프로젝트에는 추가할 수 있는 기능이 매우 많다. 프로젝트 진행 도중 막힌다면 *https://nostarch.com/automatestuff2/*에서 이 프로그램의 예를 다운로드할 수 있다.

19장

AUTOMATE THE BORING STUFF WITH PYTHON

이미지 처리하기

디지털 사진기를 갖고 있거나 휴대 전화로 페이스북에 사진을 업로드한다면 디지털 이미지 파일을 항상 접하게 될 것이다. 마이크로소프트 그림판과 같은 기본 그래픽 소프트웨어나 어도비 포토샵과 같은 고급 애플리케이션을 사용하는 방법을 아는 사람도 있을 것이다. 그러나 많은 양의 이미지를 편집해야 할 경우, 모두 수작업으로 편집하는 것은 길고 지루한 작업이다.

파이썬을 사용하자. 필로(Pillow)는 이미지 파일과 상호 작용하는 파이썬 서드 파티 모듈이다. 이 모듈에는 이미지를 자르거나 크기를 조정하거나 내용을 쉽게 변경할 수 있는 몇 가지 함수가 있다. 이러한 함수들은 마이크로소프트 그림판이나 어도비 포토샵과 비슷한 이미지 파일 처리 기능을 가지고 있어서 파이썬에서 이를 활용하여 자동으로 수백, 수천 개의 이미지를 쉽게 수정할 수 있다. `pip install --user -U pillow==6.0.0`을 실행하여 필로를 설치할 수 있다. 부록 A에 이러한 모듈들을 설치할 수 있는 자세한 방법이 나와 있다.

컴퓨터 이미지 기초

이미지를 처리하기 위해서는 컴퓨터가 이미지의 색상과 좌표를 어떻게 처리하는지, 필로를 활용해 색상과 좌표를 어떻게 작업하는지 이해할 필요가 있다. 시작하기 전에 `pillow` 모듈을 먼저 설치하자. 서드 파티 모듈 설치 방법을 설명한 부록 A를 참고하라.

색상과 RGBA 값

컴퓨터 프로그램은 이미지의 색상을 RGBA 값으로 나타낸다. RGBA 값은 색상에서 빨간색, 초록색, 파란색 그리고 알파(또는 투명도)가 들어 있는 정도를 지정하는 수의 집합이다. 각 요소의 값은 0(전혀 없음)에서 255(최대) 사이에 있는 정수다. 이 RGBA 값은 컴퓨터 화면이 보여 주는 단일 색상의 가장 작은 점인 픽셀에 각각 할당된다(이미 알고 있듯이 화면에는 수백만 개의 픽셀이 있다). 픽셀의 RGB 설정은 어떤 색상을 화면에 출력해야 하는지 정확하게 나타낸다. 또한, 이미지는 알파값을 갖는다. 이미지가 배경 이미지 또는 바탕 화면 배경에 표시되는 경우, 알파값은 이미지의 픽셀을 '통해 보이는' 배경의 정도를 결정한다.

필로에서 RGBA 값은 정숫값 네 개가 들어 있는 튜플로 표현된다. 예를 들어 빨간색은 (255, 0, 0, 255)로 표현된다. 이 색상은 최대치의 빨간색을 갖지만 초록색과 파란색은 전혀 없다. 또한, 최대치의 알파값을 갖는데 이는 완전히 불투명하다는 것을 의미한다. 초록색은 (0, 255, 0, 255), 파란색은 (0, 0, 255, 255)로 나타낸다. 모든 색의 조합으로 생성된 하얀색은 (255, 255, 255, 255)로, 모든 색상을 전혀 갖지 않는 검은색은 (0, 0, 0, 255)로 표현된다.

알파값이 0인 색상은 완전히 투명한 색상으로, 이런 경우에는 실제 RGB 값이 전혀 중요하지 않다. 투명한 빨간색은 투명한 검은색과 같게 보인다.

필로는 HTML이 사용하는 표준 색상 이름을 사용한다. 표 19-1은 몇 가지 표준 색상 이름과 이에 해당하는 값을 나타낸다.

이름	RGBA 값	이름	RGBA 값
White	(255, 255, 255, 255)	Red	(255, 0, 0, 255)
Green	(0, 128, 0, 255)	Blue	(0, 0, 255, 255)
Gray	(128, 128, 128, 255)	Yellow	(255, 255, 0, 255)
Black	(0, 0, 0, 255)	Purple	(128, 0, 128, 255)

표 19-1 표준 색상 이름과 RGBA 값

필로는 ImageColor.getcolor() 함수를 제공하므로 사용하려는 색상에 해당하는 RGBA 값을 모두 기억하지 않아도 된다. 이 함수에 첫 번째 인자로 문자열로 된 색상 이름을, 두 번째 인자로 문자열 'RGBA'를 전달하면 RGBA 튜플을 반환한다.

이 함수가 어떻게 동작하는지 확인하기 위해 대화형 셀에 다음과 같이 입력해 보자.

```
>>> from PIL import ImageColor                              ❶
>>> ImageColor.getcolor('red', 'RGBA')                      ❷
(255, 0, 0, 255)
>>> ImageColor.getcolor('RED', 'RGBA')                      ❸
(255, 0, 0, 255)
>>> ImageColor.getcolor('Black', 'RGBA')
(0, 0, 0, 255)
>>> ImageColor.getcolor('chocolate', 'RGBA')
(210, 105, 30, 255)
>>> ImageColor.getcolor('CornflowerBlue', 'RGBA')
(100, 149, 237, 255)
```

먼저 PIL에서 ImageColor 모듈(❶)을 불러온다(이 모듈은 필로에서 불러오지 않는데 그 이유는 곧 알게 될 것이다). ImageColor.getcolor()에 전달하는 색상 이름 문자열은 대소문자를 구별하지 않으므로 'red'(❷)나 'RED'(❸)를 전달한 결과는 같은 RGBA 튜플이다. 'chocolate'이나 'Cornflower Blue'처럼 자주 사용하지 않는 색상 이름도 전달할 수 있다.

필로는 'aliceblue'에서 'whitesmoke'까지 매우 많은 색상 이름을 지원한다. 100개 이상의 표준 색상 이름에 대한 목록을 보고 싶다면 *https://nostarch.com/automatestuff2/*를 참고하라.

좌표와 상자형 튜플

이미지 픽셀은 x좌표와 y좌표로 위치를 지정하며, 이는 각각 픽셀의 수평 위치와 수직 위치를 지정한다. 원점은 이미지의 제일 왼쪽 상단에 위치한 픽셀이며 이를 (0, 0)으로 표기한다. 첫 번째 0은 x축을 나타내며, 원점인 0에서 시작하여 왼쪽에서 오른쪽으로 갈수록 증가한다. 두 번째 0은 y축을 나타내며 원점인 0에서 시작하여 아래로 갈수록 증가한다. 한 번 더 강조하자면 y축은 아래로 갈수록 증가하며 수학 시간에 배웠던 y축과는 반대다. 그림 19-1은 이러한 좌표 시스템을 나타낸다.

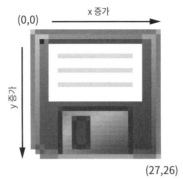

그림 19-1 예전에 사용하던 저장 장치를 나타내는 28×27 크기의 이미지에서 x축과 y축

필로의 함수와 메서드는 상자형 튜플(box tuple) 인자를 받는다. 이는 필로가 이미지의 사각형 영역을 나타내는 네 개의 정수 좌표로 구성된 튜플을 받는다는 것을 의미한다. 네 개의 정수는 순서대로 다음과 같다.

> **왼쪽** 상자의 맨 왼쪽 모서리의 x좌표
>
> **위쪽** 상자의 맨 위쪽 모서리의 y좌표
>
> **오른쪽** 상자의 맨 오른쪽 모서리에서 오른쪽으로 한 픽셀 옆에 해당하는 x좌표. 이 정수는 왼쪽에 해당하는 정수보다 커야 한다.
>
> **아래쪽** 상자의 맨 아래쪽 모서리에서 한 픽셀 아래에 해당하는 y좌표. 이 정수는 위쪽에 해당하는 정수보다 커야 한다.

이 상자는 왼쪽과 위쪽 좌표를 포함하고 있으나 오른쪽과 아래쪽 좌표는 포함하지 않는다. 예를 들어 상자형 튜플 (3, 1, 9, 6)은 그림 19-2에서 검은 상자 안에 있는 모든 픽셀들을 나타낸다.

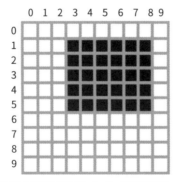

그림 19-2 상자형 튜플 (3, 1, 9, 6)이 나타내는 영역

필로로 이미지 처리하기

이제 필로에서 색상과 좌표를 어떻게 사용하는지 알게 되었으니 필로로 이미지를 처리해 보자. 그림 19-3은 이 장에 나온 모든 대화형 셀 예시에 사용할 이미지다. 이 이미지는 *https://nostarch.com/automatestuff2/*에서 다운로드할 수 있다.

이 이미지 파일을 현재 작업 디렉터리에 zophie.png라는 이름으로 저장하면, 다음과 같이 조피(Zophie) 이미지를 파이썬으로 불러올 수 있다.

```
>>> from PIL import Image
>>> catIm = Image.open('zophie.png')
```

이미지를 불러오기 위해 필로에서 Image 모듈을 불러오고 Image.open()에 이미지 파일 이름을 전달하여 호출한다. 그리고 불러온 이미지를 CatIm과 같은 변수에 저장한다. 필로 모듈 이름은 PIL인데 이는 과거에 사용했던 모듈인 파이썬 이미징 라이브러리(Python Imaging Library)와 호환되게 하기 위해서다. from Pillow import Image 대신 from PIL import Image를 실행해야 하는 이유는 바로 이 때문이다. 필로 개발자들이 pillow 모듈을 설정한 방식 때문에 그냥 import PIL이 아니라 from PIL import Image와 같이 import 문을 사용해야 한다.

그림 19-3 내 고양이 조피. 사진기를 통해 보니 4.5kg 정도 더 나가는 것 같다 (고양이치고는 많이 무거운 몸무게다).

이미지 파일이 현재 작업 디렉터리에 없다면, os.chdir() 함수를 호출하여 작업 디렉터리를 이미지가 들어 있는 폴더로 변경한다.

```
>>> import os
>>> os.chdir('C:\\folder_with_image_file')
```

Image.open() 함수는 Image 객체 자료형값을 반환하며, 이는 필로가 이미지를 파이썬 값으로 나타내는 방법이다. Image.open() 함수에 파일 이름 문자열을 전달하여 호출하면, 그에 해당하는 (모든 형식의) 이미지 파일로부터 Image 객체를 불러올 수 있다. Image 객체를 수정하더라도 save() 메서드를 사용하면, 이 수정사항을 이미지 파일에 저장할 수 있다. 또한, Image 객체의 메서드를 호출하여 회전, 크기 조정, 자르기, 그리기 또는 다른 이미지 처리 기능을 수행할 수 있다.

이 장에 나오는 예들의 길이를 짧게 하기 위해 필로의 Image 모듈을 호출했고, catIm 변수에 조피 이미지가 저장되어 있다고 가정하겠다. 이때 Image.open() 함수가 zophie.png를 찾을 수 있도록 이 파일이 현재 작업 디렉터리에 있어야 한다는 것을 명심하자. 그렇지 않다면 Image.open()에 문자열 인자로 전체 절대 경로를 지정해야 한다.

Image 자료형으로 작업하기

Image 객체는 불러온 이미지 파일의 기본적인 정보를 제공하는 몇 가지 유용한 속성을 갖는다. 여기서 기본적인 정보란 높이, 너비, 파일 이름, 그래픽 형식(JPEG, GIF, PNG 등)을 의미한다.

예를 들어 대화형 셸에 다음과 같이 입력해 보자.

```
>>> from PIL import Image
>>> catIm = Image.open('zophie.png')
>>> catIm.size                                              ❶
(816, 1088)
>>> width, height = catIm.size                              ❷
>>> width                                                   ❸
816
>>> height                                                  ❹
1088
>>> catIm.filename
'zophie.png'
>>> catIm.format
'PNG'
>>> catIm.format_description
'Portable network graphics'
>>> catIm.save('zophie.jpg')                                ❺
```

zophie.jpg 파일로부터 Image 객체를 만들고 이 객체를 catIm에 저장하면, 해당 객체의 size 속성에는 픽셀 단위로 나타낸 이미지의 너비와 높이가 들어 있는 튜플(❶)이 있는 것을 볼 수 있다. 너비(❸)와 높이(❹)에 따라 접근할 수 있도록 하기 위해 이 튜플에 있는 값들을 width와 height 변수에 할당할 수 있다(❷). filename 속성은 원본 파일의 이름을 나타낸다. format과 format_description 속성에는 원본 이미지 파일의 형식을 나타내는 문자열이 들어 있다(format_description이 더 자세하다).

마지막으로 save() 메서드에 'zophie.jpg'를 전달하여 호출하면 새로운 이미지를 하드 드라이브에 zophie.jpg라는 파일 이름으로 저장한다(❺). 필로는 파일 확장자가 .jpg인 것을 인지하고 자동으로 JPEG 파일 형식으로 이미지를 저장한다. 이제 하드 드라이브에는 zophie.png와 zophie.jpg라는 두 가지 이미지가 존재한다. 이 파일들은 같은 이미지를 근간으로 하고 있으나 다른 파일 형식으로 되어 있기 때문에 동일한 것은 아니다.

또한, 필로는 Image.new()라는 함수를 제공하는데, 이는 Image.open()처럼 Image 객체를 반환한다. 다만 다른 점은 Image.new()로 생성된 객체가 나타내는 이미지는 비어 있다는 것이다. Image.new()에 전달하는 인자들은 다음과 같다.

- 문자열 'RGBA': RGBA 색상 모드를 설명한나(이 책에서 설명하지는 않지만 다른 색상 모드들이 더 있다).
- 크기: 정수 두 개가 들어 있는 튜플로 각각 이미지의 너비와 높이를 의미한다.
- 이미지의 기본 배경 색상: RGBA 값을 나타내는 정수 네 개짜리 튜플이다. 이 인자로 ImageColor.getcolor() 함수가 반환하는 값을 사용할 수 있다. Image.new() 함수에 이를 대신하여 표준 색상 이름 문자열을 전달해도 된다.

예를 들어 대화형 셸에 다음과 같이 입력해 보자.

```
>>> from PIL import Image
>>> im = Image.new('RGBA', (100, 200), 'purple')                    ❶
>>> im.save('purpleImage.png')
>>> im2 = Image.new('RGBA', (20, 20))                               ❷
>>> im2.save('transparentImage.png')
```

앞에 나온 코드에서는 너비 100픽셀, 높이 200픽셀에 보라색 배경인 이미지에 대한 Image 객체를 생성한다(❶). 그리고 이 이미지를 purpleImage.png라는 이름으로 저장한다. 그런 다음 Image.new()를 다시 호출하여 또 다른 Image 객체를 생성한다. 이번에는 이미지 크기 인자로 (20, 20)을 전달하고 배경 색상 인자는 아무것도 전달하지 않는다(❷). 색상 인자가 지정되지 않으면 기본으로 (0, 0, 0, 0)에 해당하는 투명한 검은색을 사용하므로 두 번째 이미지는 투명한 배경색을 갖는다. 그리고 이 20×20의 투명한 사각형을 transparentImage.png라는 이름으로 저장한다.

이미지 자르기

이미지를 자른다는 것은 이미지 내부에서 어떤 직사각형 영역을 선택하고, 그 바깥 부분을 모두 제거한다는 의미다. Image 객체에 있는 crop() 메서드는 상자형 튜플을 받아 잘라낸 이미지를 나타내는 Image 객체를 반환한다. 이미지 자르기는 같은 객체에서 일어나지 않는다. 즉, 원본 Image 객체를 수정하지 않고, crop() 메서드는 새로운 Image 객체를 반환한다. 이 경우 오려낸 부분에 해당하는 상자형 튜플은 지정한 영역에서 맨 왼쪽에 해당하는 열과 위쪽에 해당하는 행을 포함하지만, 오른쪽 열과 아래쪽 행은 그 직전까지만 포함한다는 것을 기억하라.

대화형 셸에 다음과 같이 입력해 보자.

```
>>> from PIL import Image
>>> catIm = Image.open('zophie.png')
>>> croppedIm = catIm.crop((335, 345, 565, 560))
>>> croppedIm.save('cropped.png')
```

이 코드는 잘라낸 이미지에 대해 새로운 Image 객체를 생성하고, 그 객체를 croppedIm이라는 변수에 저장한 뒤, 그 croppedIm에서 save()를 호출하여 잘라낸 이미지를 cropped.png라는 이름으로 저장한다. 새로운 cropped.png 파일은 그림 19-4와 같이 원본 이미지에서 생성된다.

그림 19-4 새로운 이미지는 원본 이미지에서 잘라낸 부분만 해당된다.

이미지를 복사하여 다른 이미지에 붙여 넣기

어떤 Image 객체에서 copy() 메서드를 호출하면, 그 객체에 해당하는 이미지와 동일한 이미지의 새로운 객체를 생성한다. 이 메서드는 이미지를 수정해야 하지만 원본을 변경하지 않은 상태로 보존하고 싶을 때 유용하게 사용할 수 있다. 예를 들어 대화형 셸에 다음과 같이 입력해 보자.

```
>>> from PIL import Image
>>> catIm = Image.open('zophie.png')
>>> catCopyIm = catIm.copy()
```

catIm과 catCopyIm 변수에는 별개의 두 Image 객체가 들어 있지만, 이 객체에 해당하는 이미지는 같다. 이제 catCopyIm에 들어 있는 Image 객체를 활용하여 catCopyIm을 원하는 대로 수정할 수 있으며, zophie.png 파일은 변경하지 않으면서 수정한 이미지를 새로운 이름으로 저장할 수 있다. 예를 들어 paste() 메서드를 활용하여 catCopyIm을 수정해 보자.

paste() 메서드는 Image 객체에서 호출되며, 다른 이미지를 위에 붙여 넣을 수 있다. 이제 catCopyIm에 작은 이미지를 붙여 넣어서 대화형 셸 예시를 계속 진행해 보자.

```
>>> faceIm = catIm.crop((335, 345, 565, 560))
>>> faceIm.size
(230, 215)
>>> catCopyIm.paste(faceIm, (0, 0))
>>> catCopyIm.paste(faceIm, (400, 500))
>>> catCopyIm.save('pasted.png')
```

먼저 crop()에 상자형 튜플을 전달한다. 이때 이 튜플은 zophie.png에서 조피의 얼굴을 포함하는 직사각형 영역을 나타난다. 이는 235×215 크기의 잘라낸 이미지에 대한 Image 객체를 나타내며, 이를 faceIm에 저장한다. 이제 faceIm을 catCopyIm에 붙여 넣을 수 있다. paste() 메서드는 인자 두 개를 받는다. 하나는 '소스' Image 객체이며, 다른 하나는 소스 Image 객체의 왼쪽 상단 꼭짓점을 주 Image 객체의 어느 위치에 붙여 넣을지 지정하는 x, y 좌표가 들어 있는 튜플이다. 여기서 catCopyIm에 paste() 메서드를 두 번 호출했다. 처음에는 (0, 0)을, 두 번째에는 (400, 500)을 전달했다. 이는 faceIm을 catCopyIm에 두 번 붙여 넣었다는 의미다. 처음에는 faceIm의 왼쪽 상단의 꼭짓점이 (0, 0)에 오도록 붙여 넣고, 다른 한 번은 왼쪽 상단 꼭지점이 (400, 500)에 오도록 붙여 넣는다. 마지막으로 수정한 catCopyIm을 pasted.png라는 이름으로 저장했다. 그림 19-5는 pasted.png 이미지를 나타낸다.

☑️ 이름과 달리 필로에서 copy()와 paste()는 사용자 컴퓨터의 클립보드를 사용하지 않는다.

이때 paste() 메서드는 Image 객체 자체를 수정한다. 이를 호출하면 붙여 넣은 이미지와 원본 Image 객체를 같이 반환해 주지는 않는다. paste() 메서드를 호출하되 원본 이미지를 수정하고 싶지 않다면 이미지를 먼저 복사하고 해당 복사본에 대해 paste()를 호출해야 한다.

그림 19-5 고양이 조피의 얼굴을 두 번 붙여 넣었다.

그림 19-6과 같이 조피의 머리가 전체 이미지에 걸쳐서 나타나게 하고 싶다고

가정해 보자. for 문 단 두 개면 이를 해결할 수 있다. 다음과 같이 입력하여 대화형 셀 예시를 계속해 보자.

```
>>> catImWidth, catImHeight = catIm.size
>>> faceImWidth, faceImHeight = faceIm.size
>>> catCopyTwo = catIm.copy()                                    ❶
>>> for left in range(0, catImWidth, faceImWidth):               ❷
        for top in range(0, catImHeight, faceImHeight):          ❸
            print(left, top)
            catCopyTwo.paste(faceIm, (left, top))
0 0
0 215
0 430
0 645
0 860
0 1075
230 0
230 215
--생략--
690 860
690 1075
>>> catCopyTwo.save('tiled.png')
```

그림 19-6 중첩 for 반복문과 paste()를 사용하여 고양이의 얼굴을 복제했다(복제된 고양이라고 불러도 좋겠다).

여기서 catIm의 너비와 높이를 각각 catImWidth와 catImHeight에 저장한다. ❶에서 catIm의 복사본을 만들어서 catCopyTwo에 저장한다. 이제 붙여 넣을 수 있는 복사본을 만들었으므로 반복문을 통해 faceIm을 catCopyTwo에 붙여 넣는다. 외부 for 반복문의 left 변수는 0에서 시작하여 faceImWidth(230)씩 증가한다 (❷). 내부 for 반복문의 top 변수는 0에서 시작하여 faceImHeight(215)씩 증가한다(❸). 이러한 중첩 for 반복문은 left와 top 값을 생성하여 그림 19-6과 같이 faceIm 이미지 격자를 catCopyTwo Image 객체에 붙여 넣는다. 이 중첩 반복문이 작동하는 것을 확인하기 위해 left와 top을 출력한다. 붙여 넣기가 끝난 후 수정된 catCopyTwo를 tiled.png에 저장한다.

이미지 크기 조절하기

resize() 메서드는 Image 객체에서 호출되며, 지정된 너비와 높이의 새로운 Image 객체를 반환한다. 이 메서드는 두 개의 정수가 들어 있는 튜플 인자를 받으며, 각각 반환하는 이미지의 새로운 너비와 높이를 나타낸다. 대화형 셸에 다음과 같이 입력해 보자.

```
>>> from PIL import Image
>>> catIm = Image.open('zophie.png')
>>> width, height = catIm.size                                       ❶
>>> quartersizedIm = catIm.resize((int(width / 2), int(height / 2)))  ❷
>>> quartersizedIm.save('quartersized.png')
>>> svelteIm = catIm.resize((width, height + 300))                   ❸
>>> svelteIm.save('svelte.png')
```

여기서 catIm.size 튜플에 있는 두 값을 각각 width, height 변수에 할당한다 (❶). catIm.size[0], catIm.size[1]을 사용하는 대신 width, height를 사용하여 코드 나머지 부분의 가독성을 높였다.

첫 번째 resize() 호출에서는 새로운 너비로 int(width / 2)를, 새로운 높이로 int(height / 2)를 전달했다(❷). 그 결과 resize()가 반환하는 Image 객체의 길이와 너비는 원본의 절반이 되어 원본 이미지 크기의 1/4이 된다. resize() 메서드에 인자로 전달하는 튜플에는 반드시 정수만 존재해야 한다. 이것이 길이와 너비를 2로 나눌 때 이를 int() 호출로 둘러싸는 이유다.

이러한 방식으로 크기를 조절하면 너비와 높이의 비율이 유지된다. 그러나 resize()에 전달하는 새로운 너비와 높이가 원본 이미지에 비례할 필요는 없다. svelteIm 변수에는 원본과 너비가 같지만 높이가 원본보다 300픽셀 더 큰 Image 객체가 들어 있다(❸). 그 결과 조피가 더 홀쭉해 보인다.

resize() 메서드는 Image 객체 자체를 편집하지 않는 대신 새로운 Image 객체를 반환한다는 것을 기억하자.

이미지 회전하기와 뒤집기

이미지는 rotate() 메서드로 회전시킬 수 있다. 이 메서드는 회전한 이미지에 대한 새 Image 객체를 반환하고 원본 Image 객체는 변경하지 않는다. 이때 rotate()에 전달하는 인자는 이미지를 시계 반대 방향으로 회전시킬 각도를 나타내는 정수 또는 부동 소수점 수다. 대화형 셀에 다음과 같이 입력해 보자.

```
>>> from PIL import Image
>>> catIm = Image.open('zophie.png')
>>> catIm.rotate(90).save('rotated90.png')
>>> catIm.rotate(180).save('rotated180.png')
>>> catIm.rotate(270).save('rotated270.png')
```

여기서 rotate()가 반환한 Image 객체에 save() 메서드를 연쇄적으로 호출할 수 있다는 사실을 알아 두자. 첫 번째 rotate()와 save() 호출은 원본 이미지를 시계 반대 방향으로 90도 회전시킨 이미지에 대한 새로운 Image 객체를 생성하고, 이 회전한 이미지를 rotated90.png에 저장한다. 두 번째와 세 번째 호출은 회전 각도가 각각 180도와 270도인 것만 제외하면 같은 작업을 수행한다. 결과는 그림 19-7과 같다.

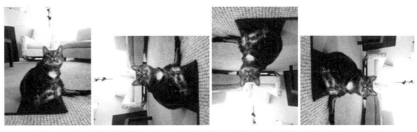

그림 19-7 원본 이미지(왼쪽)와 이를 시계 반대 방향으로 각각 90도, 180도, 270도 회전시킨 이미지

이미지를 90도나 270도 회전했을 때 너비와 높이가 바뀐다는 데 유의하자. 이미지를 이 각도 외의 다른 각도로 회전시키면 이미지의 원래 크기는 유지된다. 윈도우에서는 그림 19-8과 같이 회전으로 생기는 빈 공간을 검은색 배경으로 채운다. 맥OS에서는 투명한 픽셀들이 이 빈 공간들을 대신하여 채운다.

rotate() 메서드는 선택적 키워드인 expand를 갖고 있는데, 이를 True로 설정하면 회전한 이미지에 맞게 이미지 크기를 키운다. 예를 들어 대화형 셀에 다음과 같이 입력해 보자.

```
>>> catIm.rotate(6).save('rotated6.png')
>>> catIm.rotate(6, expand=True).save('rotated6_expanded.png')
```

첫 번째 호출은 이미지를 6도 회전시키고 rotate6.png라는 이름으로 저장한다 (그림 19-8의 왼쪽 이미지). 두 번째 호출은 이미지를 6도 회전하고 expand를 True로 설정한 결과를 rotate6_expanded.png로 저장한다(그림 19-8의 오른쪽 이미지).

그림 19-8 이미지를 일반적인 방법으로 6도 회전한 결과(왼쪽)와 expand=True로 회전한 결과(오른쪽)

또한 transpose() 메서드를 사용하면 이미지의 '거울 대칭'인 이미지를 얻을 수 있다. 이때 transpose() 메서드에 Image.FLIP_LEFT_RIGHT나 Image.FLIP_TOP_BOTTOM을 반드시 전달해야 한다. 대화형 셀에 다음과 같이 입력해 보자.

```
>>> catIm.transpose(Image.FLIP_LEFT_RIGHT).save('horizontal_flip.png')
>>> catIm.transpose(Image.FLIP_TOP_BOTTOM).save('vertical_flip.png')
```

rotate()와 마찬가지로 transpose()도 새로운 Image 객체를 생성한다. 여기서 Image.FLIP_LEFT_RIGHT를 전달하면 이미지를 가로로 뒤집고, 그 결과를 horizontal_flip.png에 저장한다. 이미지를 세로로 뒤집으려면 Image.FLIP_TOP_BOTTOM을 전달하고, 그 결과를 vertical_flip.png에 저장한다. 그 결과는 그림 19-9와 같다.

그림 19-9 원본 이미지(왼쪽), 좌우 반전(가운데), 상하 반전(오른쪽)

개별 픽셀 변경하기

개별 픽셀의 색상은 getpixel()로 가져오거나 putpixel()로 설정할 수 있다. 이 메서드들은 픽셀의 x축과 y축의 좌표를 나타내는 튜플을 받는다. putpixel() 메서드는 픽셀의 색상을 나타내는 추가 튜플 인자를 받는다. 이 색상 인자는 네 개의 정수로 된 RGBA 튜플이거나 세 개의 정수로 된 RGB 튜플이다. 대화형 셸에 다음과 같이 입력해 보자.

```
>>> from PIL import Image
>>> im = Image.new('RGBA', (100, 100))                              ❶
>>> im.getpixel((0, 0))                                             ❷
(0, 0, 0, 0)
>>> for x in range(100):                                            ❸
        for y in range(50):
            im.putpixel((x, y), (210, 210, 210))                    ❹

>>> from PIL import ImageColor
>>> for x in range(100):                                            ❺
        for y in range(50, 100):
            im.putpixel((x, y), ImageColor.getcolor('darkgray', 'RGBA'))   ❻
>>> im.getpixel((0, 0))
(210, 210, 210, 255)
>>> im.getpixel((0, 50))
(169, 169, 169, 255)
>>> im.save('putPixel.png')
```

❶에서 100×100의 투명한 정사각형 이미지를 생성한다. 이 이미지의 임의의 좌표에서 getpixel()을 호출하면, 이 이미지는 투명하기 때문에 (0, 0, 0, 0)을 반환한다(❷). 이 이미지의 픽셀에 색상을 넣기 위해 중첩 for 반복문으로 이미지의 위쪽 절반에 있는 픽셀들에 대해 반복하면서(❸) putpixel()로 각 픽셀에

색상을 넣는다. 여기서는 putpixel()에 밝은 회색에 해당하는 RGB 튜플인 (210, 210, 210)을 전달했다.

이미지의 아래쪽 절반은 어두운 회색을 입히고 싶은데, 어두운 회색에 대한 RGB 튜플을 모른다고 가정하자. putpixel() 메서드는 'darkgray'와 같은 표준 색상 이름을 받아들이지 않는다. 따라서 ImageColor.getcolor()를 사용하여 'darkgray'에서 색상 튜플을 받아야 한다. 이미지의 아래쪽 절반에 있는 픽셀들에 대해 반복하면서(❺) putpixel()에 ImageColor.getcolor()를 전달하여 호출한다(❻). 그 결과 이미지는 그림 19-10처럼 위쪽 절반은 밝은 회색으로, 아래쪽 절반은 어두운 회색으로 되어 있을 것이다. 아무 좌표에서나 getpixel()을 호출하여 해당 픽셀의 색상이 생각했던 것과 같은지 확인할 수 있다. 최종적으로 이 이미지를 putPixel.png에 저장한다.

그림 19-10 putPixel.png 이미지

물론 한 번에 한 픽셀씩 이미지에 그리는 것은 매우 불편하다. 어떤 도형을 그려야 할 때는 이 장의 뒷부분에서 설명할 ImageDraw 함수를 사용하라.

프로젝트: 로고 추가하기

어떤 이미지의 크기를 변경하고 각 모서리에 작은 로고 워터마크를 추가하는 지루한 작업을 해야 한다고 가정하자. 그림판 같은 기본 그래픽 프로그램으로 이러한 작업을 하려면 시간이 한없이 걸릴 것이다. 포토샵 같은 더 좋은 프로그램을 사용하면 일괄 처리를 할 수는 있으나 이러한 소프트웨어는 수십만 원을 지불해야 사용할 수 있다. 이런 방법들을 사용하는 대신 스크립트를 직접 작성해 보자.

그림 19-11은 각 이미지의 오른쪽 하단 모서리에 추가하려고 하는 로고다. 로고는 검은색 고양이 아이콘에 흰색 테두리로 되어 있고 나머지 부분은 투명하다.

그림 19-11 이미지에 추가할 로고

전체적으로 프로그램은 다음과 같은 작업을 수행해야 한다.

1. 로고 이미지를 불러온다.
2. 작업 디렉터리에 있는 모든 .png와 .jpg 파일을 찾는다.
3. 각 이미지가 300픽셀보다 넓거나 긴지 확인한다.
4. 만약 그렇다면 높이나 너비 중 하나(더 큰 것)를 300픽셀로 줄이고 다른 치수는 그에 비례하게 줄인다.
5. 로고 이미지를 코너에 붙여 넣는다.
6. 변경된 이미지들을 다른 폴더에 저장한다.

이를 코드로 표현하면 다음과 같다.

1. catlogo.png 파일을 Image 객체 형식으로 연다.
2. os.listdir('.')이 반환한 문자열들에 대해 반복한다.
3. size 속성으로 이미지의 너비와 높이를 얻는다.
4. 크기가 조절된 이미지의 새로운 너비와 높이를 계산한다.
5. resize() 메서드를 호출하여 이미지 크기를 조절한다.
6. paste() 메서드를 호출하여 로고를 붙여 넣는다.
7. save() 메서드를 호출하여 원본 파일 이름으로 변경 사항을 저장한다.

1단계: 로고 이미지 열기

이 프로젝트를 수행하기 위해 새 파일 편집기 탭을 열고 다음과 같은 코드를 입력한 뒤, resizeAndAddLogo.py라는 이름으로 저장한다.

```
#! python3
# resizeAndAddLogo.py – 현재 작업 디렉터리에 있는 모든 이미지의 크기를
# 300×300 정사각형에 맞도록 바꾸고, catlogo.png를 오른쪽 아래 모서리에 추가한다.

import os
from PIL import Image

SQUARE_FIT_SIZE = 300                                            ❶
LOGO_FILENAME = 'catlogo.png'                                    ❷

logoIm = Image.open(LOGO_FILENAME)                               ❸
logoWidth, logoHeight = logoIm.size                              ❹

# TODO: 작업 디렉터리에 있는 모든 파일에 대해 반복한다.

# TODO: 이미지 크기를 조절해야 하는지 검사한다.

# TODO: 크기가 조절된 이미지의 새로운 너비와 높이를 계산한다.

# TODO: 이미지 크기를 조절한다.

# TODO: 로고를 추가한다.

# TODO: 변경 사항을 저장한다.
```

나중에 프로그램을 쉽게 수정할 수 있도록 프로그램의 시작 부분에 SQUARE_FIT_SIZE(❶)와 LOGO_FILENAME(❷) 상수를 설정했다. 고양이 아이콘이 아닌 다른 로고를 추가하려고 하거나 결과 이미지의 최대 치수를 300픽셀이 아닌 다른 값으로 설정하려는 상황을 생각해 보자. 프로그램의 시작 부분에 이 상수들을 설정하면, 코드를 열고 값을 한 번에 변경하기만 하면 된다(또는 이 상수들을 명령행 인자에서 받아오게 할 수도 있다). 이 상수들이 없으면 코드 전체를 검색하면서 모든 300과 'catlogo.png'를 새로운 프로젝트를 위한 값으로 일일이 변경해야 한다. 요약하자면 상수를 사용하면 프로그램을 더 일반화할 수 있다.

Image.open()(❸)을 사용하면 로고의 Image 객체를 반환한다. 가독성을 위해 logoIm.size에 있는 값들을 logoWidth와 logoHeight에 할당했다(❹).

나머지 부분은 당분간은 TODO 주석 형태인 전체 프로그램의 골격이다.

2단계: 모든 파일에 대해 반복하여 이미지 열기

이제 현재 작업 디렉터리에서 모든 .png 파일과 .jpg 파일을 찾아야 한다. 어떤 로고 이미지를 로고 이미지 자체에 추가할 것은 아니므로 프로그램은 LOGO_FILENAME과 같은 파일은 건너뛰어야 한다. 다음을 코드에 추가하자.

```
#! python3
# resizeAndAddLogo.py – 현재 작업 디렉터리에 있는 모든 이미지의 크기를
# 300×300 정사각형에 맞도록 바꾸고, catlogo.png를 오른쪽 아래 모서리에 추가한다.

import os
from PIL import Image

--생략--

os.makedirs('withLogo', exist_ok=True)
# 작업 디렉터리에 있는 모든 파일에 대해 반복한다.
for filename in os.listdir('.'):                                          ❶
    if not (filename.endswith('.png') or filename.endswith('.jpg')) \    ❷
        or filename == LOGO_FILENAME:
        continue # 이미지가 아닌 파일과 로고 파일 그 자체는 건너뛴다.       ❸

    im = Image.open(filename)                                             ❹
    width, height = im.size

--생략--
```

먼저 os.makedirs()를 호출해 withLogo라는 이름의 폴더를 생성한다. 원본 이미지 파일을 덮어쓰는 대신, 여기에 로고 처리가 완료된 이미지를 저장할 것이다. 키워드 인자인 exist_ok=True는 withLogo라는 폴더가 이미 존재할 때 os.makedirs()가 예외를 일으키는 것을 방지한다. os.listdir('.')로 작업 디렉터리에 있는 모든 파일에 대해 반복하는 동안(❶) 긴 if 문(❷)이 각 파일 이름이 .png나 .jpg로 끝나지 않는지 검사한다. 만약 그렇거나 파일이 로고 이미지 그 자체일 경우, 반복문은 이를 건너뛰고 continue를 사용하여(❸) 다음 파일로 넘어간다. filename이 .png나 .jpg로 끝난다면(그리고 로고 파일이 아니라면), Image 객체를 열고(❹) width와 height를 설정한다.

3단계: 이미지 크기 조절하기

이 프로그램에서는 이미지의 너비나 높이가 SQUARE_FIT_SIZE(예에서는 300픽셀) 이상일 때만 크기가 조절된다. 따라서 크기 조절과 관련된 모든 코드는 width, height 변수를 검사하는 if 문 안에 넣는다. 다음 코드를 프로그램에 추가하라.

```
#! python3
# resizeAndAddLogo.py – 현재 작업 디렉터리에 있는 모든 이미지의 크기를
# 300×300 정사각형에 맞도록 바꾸고, catlogo.png를 오른쪽 아래 모서리에 추가한다.
```

```
import os
from PIL import Image

--생략--

    # 이미지 크기를 조절해야 하는지 검사한다.
    if width > SQUARE_FIT_SIZE and height > SQUARE_FIT_SIZE:
        # 크기를 조절하기 위해 새로운 너비와 높이를 계산한다.
        if width > height:
            height = int((SQUARE_FIT_SIZE / width) * height)      ❶
            width = SQUARE_FIT_SIZE
        else:
            width = int((SQUARE_FIT_SIZE / height) * width)       ❷
            height = SQUARE_FIT_SIZE

        # 이미지 크기를 조절한다.
        print('Resizing %s...' % (filename))
        im = im.resize((width, height))                           ❸

--생략--
```

이미지 크기를 조절해야 한다면 이미지가 넓거나 긴지 알아야 한다. width가
height보다 크다면, 너비가 줄어든 비율과 비례하게 높이를 줄여야 한다(❶). 이
비율은 SQUARE_FIT_SIZE 값을 현재 너비로 나눈 값이다. 새로운 height 값은 현
재 height 값에 이 비율을 곱한 것이다. 나눗셈 연산자는 부동 소수점값을 반환
하는 반면 resize()는 정숫값의 치수를 필요로 하므로 int() 함수를 사용하여 결
괏값을 정수로 변환해야 한다는 것을 잊지 말자. 최종적으로 새로운 width 값은
SQUARE_FIT_SIZE로 설정된다.

height가 width보다 크거나 같은 값을 갖는다면(두 경우 모두 else 절에서 처
리한다), height 변수와 width 변수가 서로 바뀐다는 것만 제외하면 동일한 연산
을 수행한다(❷).

width와 height에 새로운 이미지의 치수가 들어 있으면, 이를 resize() 메서드
에 전달하여 반환된 Image 객체를 im에 저장한다(❸).

4단계: 로고를 추가하고 변경 사항 저장하기

이미지 크기 변경 여부와 무관하게 오른쪽 아래 모서리에 로고를 붙여 넣어야
한다. 로고를 붙여 넣을 정확한 위치는 이미지 크기와 로고 크기에 따라 달라진
다. 그림 19-12는 붙여 넣을 위치를 계산하는 방법을 알려 준다. 로고를 붙여 넣
을 왼쪽 좌표는 이미지 너비에서 로고 너비를 뺀 값이고, 위쪽 좌표는 이미지 높
이에서 로고 높이를 뺀 값이다.

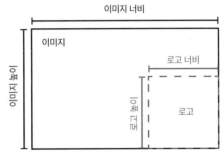

그림 19-12 로고를 이미지의 오른쪽 아래 모서리에 붙여 넣을 때
이미지 너비·높이에서 로고의 너비·높이를 뺀 값이다.

로고를 이미지에 붙여 넣은 뒤에는 수정한 Image 객체를 저장해야 한다. 프로그램에 다음과 같이 추가해 보자.

```
#! python3
# resizeAndAddLogo.py – 현재 작업 디렉터리에 있는 모든 이미지의 크기를
# 300×300 정사각형에 맞도록 바꾸고, catlogo.png를 오른쪽 아래 모서리에 추가한다.

import os
from PIL import Image

--생략--

    # 이미지 크기를 조절해야 하는지 검사한다.
    --생략--

    # 로고를 추가한다.
    print('Adding logo to %s...' % (filename))                          ❶
    im.paste(logoIm, (width – logoWidth, height – logoHeight), logoIm)   ❷

    # 변경 사항을 저장한다.
    im.save(os.path.join('withLogo', filename))                         ❸
```

새로운 코드에서는 로고가 추가될 때 사용자에게 이를 알리는 메시지를 출력하며(❶), logoIm을 im의 계산된 지점에 붙여 넣고(❷), 수정된 이 이미지를 withLogo 디렉터리에 동일한 파일 이름으로 저장한다(❸). 작업 디렉터리에 있는 유일한 이미지인 zophie.png 파일을 활용하여 이 프로그램을 실행하면 결과는 다음과 같다.

```
Resizing zophie.png...
Adding logo to zophie.png...
```

그림 19-13과 같이 zophie.png 이미지는 225×300 픽셀의 이미지로 변경된다. 이때 paste() 메서드에 세 번째 인자로 logoIm을 전달하지 않으면, 투명한 픽셀은 붙여 넣지 않는다는 것을 기억하자. 이 프로그램은 몇 분 이내에 수백 개의 이미지의 크기를 자동으로 조절하거나 로고를 붙여 넣을 수 있다.

그림 19-13 zophie.png의 크기가 조절되고 로고가 추가되었다(왼쪽).
세 번째 인자를 추가하지 않으면 로고의 투명한 픽셀은 흰색 픽셀 형식으로 복사된다(오른쪽).

비슷한 프로그램에 대한 아이디어

일괄적으로 이미지를 합성하거나 크기를 변경하는 기능은 많은 애플리케이션에 유용하게 사용될 수 있다. 다음과 같은 비슷한 프로그램도 작성할 수 있다.

- 이미지에 텍스트나 웹 사이트 URL을 추가한다.
- 이미지에 타임스탬프를 추가한다.
- 이미지 크기에 따라 다른 폴더로 복사하거나 이동한다.
- 이미지에 투명도가 매우 높은 워터마크를 추가해서 다른 사람이 복사하지 못하도록 한다.

이미지에 그리기

이미지에 선, 직사각형, 원 또는 다른 간단한 도형을 그려야 할 때 필로의 ImageDraw 모듈을 사용한다. 대화형 셸에 다음과 같이 입력해 보자.

```
>>> from PIL import Image, ImageDraw
>>> im = Image.new('RGBA', (200, 200), 'white')
>>> draw = ImageDraw.Draw(im)
```

먼저 Image와 ImageDraw를 불러온다. 이제 200×200의 새로운 흰색 이미지를 생성하고, 이에 대한 Image 객체를 im에 저장한다. 이 Image 객체를 ImageDraw. Draw() 함수에 전달하여 ImageDraw 객체를 얻는다. 이 객체에는 Image 객체에 어떤 도형을 그리거나 텍스트를 추가할 수 있는 몇 가지 메서드가 있다. 다음 예에서 쉽게 사용할 수 있도록 ImageDraw 객체를 draw와 같은 변수에 저장하자.

도형 그리기

다음 ImageDraw의 메서드들은 이미지에 다양한 도형을 그린다. 이러한 메서드에서 fill, outline 매개 변수는 선택적으로 사용하며 지정되지 않으면 흰색으로 기본 설정된다.

점

point(*xy*, *fill*) 메서드는 개별 픽셀을 그린다. *xy* 인자는 그리기 원하는 점의 목록들을 나타낸다. 이 목록들은 [(x, y), (x, y), …]처럼 x좌표, y좌표로 된 튜플들의 리스트일 수도 있고 [x1, y1, x2, y2, …]처럼 튜플 없이 x좌표, y좌표로 된 리스트일 수도 있다. *fill* 인자는 점의 색상을 의미하며, RGBA 튜플을 받거나 'red'처럼 색상의 이름을 문자열값으로 받기도 한다. *fill* 인자는 선택적으로 사용한다.

선

line(*xy*, *fill*, *width*) 메서드는 선을 한 개 또는 여러 개 그린다. *xy*는 [(x, y), (x, y), …]와 같이 튜플들로 구성된 리스트이거나 [x1, y1, x2, y2, …]와 같은 정수들로 구성된 리스트일 수도 있다. 여기서 각 점은 그리고 있는 선의 연결점이 된다. 선택적으로 사용하는 *fill* 인자는 선의 색상이며, RGBA 튜플이나 색상의 이름을 나타낸다. 선택적 인자인 *width*는 선의 두께를 나타내며, 별도로 지정하지 않았다면 1로 기본 설정된다.

직사각형

rectangle(*xy*, *fill*, *outline*) 메서드는 직사각형을 그린다. *xy* 인자는 상자형 튜플로 (*left*, *top*, *right*, *bottom*) 형식이다. *left*와 *top*은 직사각형의 왼쪽

상단 모서리를 지정하고 *right*와 *bottom*은 오른쪽 하단 모서리를 지정한다. 선택적 인자인 *fill*은 직사각형 안에 채워 넣을 색상을 나타낸다. 선택적 인자인 *outline*은 직사각형의 윤곽선 색상을 나타낸다.

타원

ellipse(*xy*, *fill*, *outline*) 메서드는 타원을 그린다. 타원의 너비와 높이가 같다면 이 메서드는 원을 그린다. *xy* 인자는 상자형 튜플 (*left*, *top*, *right*, *bottom*)이며 타원이 정확하게 들어가는 상자를 나타낸다. 선택적 인자인 *fill*은 타원 내부의 색상을 나타내며, 또 다른 선택적 인자인 *outline*은 타원의 윤곽선 색상을 나타낸다.

다각형

polygon(*xy*, *fill*, *outline*) 메서드는 임의의 다각형을 그린다. *xy* 인자는 [(x, y), (x, y), …]와 같이 튜플들이 들어 있는 리스트이거나 [x1, y1, x2, y2, …]처럼 정수가 들어 있는 리스트일 수 있다. 이때 이 점들은 다각형의 모서리가 이어지는 연결점을 나타낸다. 마지막 좌표 쌍은 자동으로 첫 번째 좌표 쌍과 연결된다. 선택적 인자인 *fill*은 다각형의 내부 색상을 나타내며, 또 다른 선택적 인자인 *outline*은 다각형 윤곽선의 색상을 나타낸다.

그리기 예제

대화형 셸에 다음과 같이 입력해 보자.

```
>>> from PIL import Image, ImageDraw
>>> im = Image.new('RGBA', (200, 200), 'white')
>>> draw = ImageDraw.Draw(im)
>>> draw.line([(0, 0), (199, 0), (199, 199), (0, 199), (0, 0)], fill='black')   ❶
>>> draw.rectangle((20, 30, 60, 60), fill='blue')                               ❷
>>> draw.ellipse((120, 30, 160, 60), fill='red')                               ❸
>>> draw.polygon(((57, 87), (79, 62), (94, 85), (120, 90), (103, 113)),
fill='brown')                                                                  ❹
>>> for i in range(100, 200, 10):                                              ❺
        draw.line([(i, 0), (200, i - 100)], fill='green')

>>> im.save('drawing.png')
```

200×200 크기의 흰 이미지에 대한 Image 객체를 생성한 뒤, 이를 ImageDraw.Draw()에 전달하여 ImageDraw 객체를 생성하고 draw에 저장한다. 이렇게 하면 draw에서 그리기 메서드들을 호출할 수 있다. 먼저 이미지에 검은색의 얇은 윤

곡선을 만들고(❶), 왼쪽 모서리가 (20, 30), 오른쪽 모서리가 (60, 60)인 파란색의 직사각형을 그린 뒤(❷), (120, 30)에서 (160, 60) 사이에 해당하는 상자에서 정의된 빨간 타원을 그린다(❸). 또한, 점 다섯 개를 가지고 있는 갈색 다각형을 만들고(❹), for 반복문을 사용하여 초록색 선으로 되어 있는 패턴을 생성한다(❺). 결과 drawing.png 파일은 그림 19-14와 비슷할 것이다.

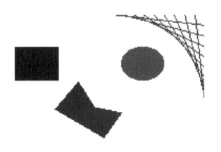

그림 19-14 결과 drawing.png 이미지

ImageDraw 객체에는 도형을 그리는 메서드가 몇 개 더 있다. 전체 문서는 *https://pillow.readthedocs.io/en/latest/reference/ImageDraw.html*에서 볼 수 있다.

텍스트 그리기

ImageDraw 객체에는 이미지에 텍스트를 그려 넣을 수 있는 text() 메서드가 있다. 이 text() 메서드는 인자를 네 개 받는데 바로 *xy*, *text*, *fill*, *font*다.

- *xy* 인자는 정수 두 개가 들어 있는 튜플로, 텍스트 상자의 왼쪽 위 모서리를 특정한다.
- *text* 인자는 작성할 텍스트 문자열이다.
- 선택적 인자인 *fill*은 텍스트의 색상이다.
- 선택적 인자인 *font*는 ImageFont 객체로, 텍스트의 글꼴과 크기를 설정하는 데 사용된다. 이는 다음 절에서 더 자세히 설명할 것이다.

주어진 글꼴에서 텍스트 블록의 크기를 미리 알기 어렵기 때문에 ImageDraw 모듈은 textsize() 메서드도 제공한다. 이 메서드의 첫 번째 인자는 측정하고자 하는 텍스트 문자열이며, 선택적으로 사용하는 두 번째 인자는 ImageFont 객체다. textsize() 메서드는 정수 두 개가 들어 있는 튜플을 반환한다. 이때 두 정수는 각각 전달한 글꼴로 텍스트를 이미지에 썼을 때 너비와 높이를 의미한다. 이 너비와 높이를 활용하면 텍스트를 이미지의 어느 부분에 넣어야 하는지 정확히 알아낼 때 도움이 될 것이다.

text()의 처음 세 개 인자는 직관적이다. text()로 텍스트를 넣기 전에 선택적으로 사용할 수 있는 네 번째 인자인 ImageFont 객체에 대해 살펴보자.

text()와 textsize()는 마지막 인자로 ImageFont 객체를 선택적으로 받아들인다. 이 객체들을 생성하려면 먼저 다음을 실행해야 한다.

```
>>> from PIL import ImageFont
```

이제 필로의 ImageFont 모듈을 불러왔고, ImageFont.truetype()을 사용할 수 있게 되었다. 이 함수는 인자를 두 개 받는다. 첫 번째 인자는 글꼴의 트루타입 파일에 대한 문자열이다. 이는 하드 드라이브에 있는 실제 글꼴 파일을 의미한다. 트루타입 파일은 파일 형식이 .ttf이며 주로 다음 폴더에서 찾을 수 있다.

- 윈도우: C:\Windows\Fonts
- 맥OS: /Library/Fonts와 /System/Library/Fonts
- 리눅스: /usr/share/fonts/truetype

파이썬은 이러한 디렉터리에서 글꼴을 자동으로 검색하는 방법을 알고 있으므로 트루타입 파일 문자열의 일부로 이러한 경로를 입력할 필요는 없다. 그러나 여러분이 지정한 글꼴을 찾을 수 없을 경우 오류가 일어날 것이다.

ImageFont.truetype()에 전달하는 두 번째 인자는 글꼴 크기를 나타내는 정수로 포인트 단위다(픽셀 단위가 아니다). 필로는 PNG 이미지를 1인치당 72픽셀로 생성하고, 1포인트는 1/72인치임을 기억하라.

대화형 셸에 다음과 같이 입력해 보자. 이때 FONT_FOLDER를 각자 운영 체제에 맞는 실제 폴더 이름으로 대체한다.

```
>>> from PIL import Image, ImageDraw, ImageFont
>>> import os
>>> im = Image.new('RGBA', (200, 200), 'white')              ❶
>>> draw = ImageDraw.Draw(im)                                ❷
>>> draw.text((20, 150), 'Hello', fill='purple')            ❸
>>> fontsFolder = 'FONT_FOLDER' # 예: '/Library/Fonts'
>>> arialFont = ImageFont.truetype(os.path.join(fontsFolder, 'arial.ttf'), 32)❹
```

```
>>> draw.text((100, 150), 'Howdy', fill='gray', font=arialFont)          ❺
>>> im.save('text.png')
```

Image, ImageDraw, ImageFont, os를 불러온 뒤 새로운 200×200의 흰색 이미지에 대해 Image 객체를 생성하고(❶), 이 Image 객체에서 ImageDraw 객체를 생성한다(❷). text()로 (20, 150) 위치에 보라색으로 Hello를 그린다(❸). 이때 text() 호출에 선택적으로 사용하는 네 번째 인자는 전달하지 않았기 때문에 텍스트의 글꼴과 크기는 사용자 맞춤 지정이 되지 않는다.

글꼴과 크기를 설정하려면 먼저 fontsFolder에 폴더 이름(/Library, /Fonts 등)을 저장해야 한다. 그리고 ImageFont.truetype()에 원하는 글꼴에 대한 .ttf 파일과 정수로 된 글꼴 크기를 전달하여 호출한다(❹). ImageFont.truetype()이 반환한 Font 객체를 arialFont와 같은 변수에 저장하고, 이 변수를 text()의 마지막 키워드 인자에 전달한다. 이제 ❺에서 text()를 호출하면 (100, 150)에서 에어리얼(Arial) 글꼴에 32포인트의 회색의 Howdy가 그려진다.

결과 text.png 파일은 그림 19-15와 같다.

그림 19-15 결과 text.png 이미지

요약

이미지는 픽셀들의 집합으로 구성되어 있고, 각 픽셀에는 색상을 나타내는 RGBA 값이 들어 있으며 x좌표와 y좌표로 주소를 지정할 수 있다. 자주 사용되는 두 가지 이미지 형식은 JPEG와 PNG이다. pillow 모듈은 이 두 가지 이미지 형식뿐 아니라 다른 형식의 이미지도 처리할 수 있다.

이미지를 Image 객체 형식으로 불러오면, size 속성에는 정수 두 개가 들어 있는 튜플이 저장되는데, 각각 이미지의 너비와 높이를 의미한다. Image 자료형 객체는 crop(), copy(), paste(), resize(), rotate(), transpose() 등의 자주 사용되는 이미지 처리 관련 메서드들을 제공한다. Image 객체를 이미지 파일로 저장하려면 save() 메서드를 호출하면 된다.

이미지 위에 어떤 도형을 그리려면 ImageDraw에서 제공하는 점, 선, 직사각형, 타원, 다각형을 그리는 메서드를 사용하면 된다. 또한, 이 모듈은 글꼴이나 크기를 지정해 이 설정으로 텍스트를 그리는 메서드도 제공한다.

포토샵과 같은 고급(그리고 고가) 애플리케이션에서 자동 일괄 처리 기능을 제공하지만, 파이썬 스크립트로 이러한 수정 작업을 공짜로 할 수 있다. 이전 장들에서 일반 텍스트 파일, 스프레드시트, PDF 또는 다른 형식의 파일들을 처리하는 파이썬 프로그램을 작성해 보았다. 이제 pillow 모듈로 이미지를 처리하는 영역까지 프로그래밍 능력을 확장하게 되었다!

연습 문제

1. RGBA 값이란 무엇인가?
2. pillow 모듈에서 'CornflowerBlue'의 RGBA 값을 얻는 방법은 무엇인가?
3. 상자형 튜플이란 무엇인가?
4. zophie.png라는 이미지 파일이 있다고 가정했을 때 이 이미지의 Image 객체를 반환하는 함수는 무엇인가?
5. Image 객체 이미지의 높이와 너비는 어떻게 알 수 있는가?
6. 100×100 이미지에서 왼쪽 하단 4분의 1을 제외한 부분에 대해 Image 객체를 얻으려면 어떤 메서드를 호출해야 하는가?
7. Image 객체를 수정한 후 이미지 파일로 저장하는 방법은 무엇인가?
8. 필로의 도형 그리기 코드가 포함되어 있는 모듈은 무엇인가?
9. Image 객체에는 그리기를 위한 메서드가 없다. 어떤 객체가 이러한 메서드를 갖고 있는가? 이러한 객체를 얻으려면 어떻게 해야 하는가?

연습 프로젝트

연습을 위해 다음과 같은 작업들을 수행하는 프로그램을 작성해 보자.

이 장의 프로젝트 프로그램 확장, 수정하기

이 장에서 만들었던 resizeAndAddLogo.py 프로그램은 PNG나 JPEG 파일을 다룬다. 그러나 필로는 이 두 가지보다 더 많은 형식을 지원한다. resizeAndAddLogo.py를 GIF나 BMP 이미지도 처리하도록 확장하라.

이 프로그램의 작은 문제점은 파일 확장자가 소문자로 되어 있을 때만 PNG나 JPEG 파일을 수정한다는 것이다. 예를 들어 zophie.png는 수정하지만 zophie. PNG는 수정하지 않는다. 파일 확장자를 검사할 때 대소문자를 구분하지 않도록 코드를 수정하라.

마지막으로 오른쪽 하단 모서리 근처에 추가한 로고는 크기가 작지만, 이미지와 로고가 같은 크기라면 결과는 그림 19-16과 같을 것이다. 로고를 붙여 넣기 전에 이미지의 너비와 높이가 각각 로고의 너비와 높이보다 두 배 이상 큰지 확인하도록 resizeAndAddLogo.py를 수정하라. 그렇지 않은 경우에는 로고를 붙여 넣지 않는다.

그림 19-16 이미지가 로고보다 훨씬 크지 않으면 이상한 결과가 나온다.

하드 드라이브에 있는 사진 폴더 찾기

나는 디지털 사진기에서 파일들을 전송받아서 하드 드라이브의 임시 폴더에 저장하고 이 폴더의 존재를 잊어버리는 안 좋은 습관이 있다. 전체 하드 드라이브를 탐색하면서 방치된 '사진 폴더'를 찾는 프로그램을 만들면 좋을 것이다.

하드 드라이브에 있는 모든 폴더를 검색하면서 잠재적인 사진 폴더를 찾는 프로그램을 작성해 보자. 물론 먼저 '사진 폴더'가 어떤 것인지 정의해야 한다. 여기서는 폴더 안에 있는 파일들의 절반 이상이 사진이면 이를 사진 폴더라고 하겠다. 그렇다면 어떤 파일들을 사진으로 정의할 수 있을까? 먼저 사진 파일은 파일 확장자가 .png나 .jpg다. 또한, 사진은 큰 이미지로 이미지의 너비와 높이가 모두 500픽셀 이상이다. 대부분의 디지털 사진기 사진들은 수천 픽셀 이상의 너비와 높이로 되어 있기 때문에 이 정도면 틀림없을 것이다.

힌트로 다음과 같이 프로그램의 뼈대를 제공한다.

```python
#! python3
# 모듈을 불러오고 프로그램을 설명하는 주석을 작성한다.

for foldername, subfolders, filenames in os.walk('C:\\'):
    numPhotoFiles = 0
    numNonPhotoFiles = 0
    for filename in filenames:
        # 파일 확장자가 .png 또는 .jpg인지 확인한다.
        if TODO:
            numNonPhotoFiles += 1
            continue # 다음 파일 이름으로 넘어간다.

        # 필로로 해당 이미지 파일을 연다.

        # 높이와 너비가 모두 500픽셀 이상인지 확인한다.
        if TODO:
            # 이 이미지는 사진으로 생각하기에 충분하다.
            numPhotoFiles += 1
        else:
            # 이 이미지는 사진이라고 생각하기에는 너무 작다.
            numNonPhotoFiles += 1

    # 절반 이상의 파일이 사진이라면 그 폴더의 전체 경로를 출력한다.
    if TODO:
        print(TODO)
```

이 프로그램을 실행하면 화면에 모든 사진 폴더의 경로를 출력한다.

맞춤형 좌석 카드

15장에서 일반 텍스트 파일에 있는 고객 명단에서 맞춤형 초대장을 만드는 연습 프로젝트를 진행했다. 추가 프로젝트로 pillow 모듈을 사용하여 각 고객을 위한 좌석 카드 이미지를 맞춤형으로 생성해 보자. *https://nostarch.com/automatestuff2/*의 guests.txt 파일에 있는 각 고객에 대해 고객 이름과 꽃 장식이 되어 있는 이미지 파일을 생성하자. 앞서 언급한 사이트에서 무료로 사용 가능한 꽃 이미지도 찾을 수 있다.

각 좌석 카드를 같은 크기로 맞추기 위해 초청장 이미지의 테두리에 검은색 선으로 된 직사각형을 추가한다. 이렇게 하면 실제 이미지를 출력한 뒤 이 선을 참고하여 자를 수 있다. 필로가 생성한 PNG 파일은 1인치당 72픽셀로 설정되어 있으므로 4×5인치(약 10×12㎝) 카드를 만들려면 288×360픽셀의 이미지를 생성해야 한다.

20장

GUI 자동화로
키보드와 마우스 제어하기

스프레드시트를 수정하거나 파일을 다운로드하거나 프로그램을 실행하는 등의 작업을 하는 파이썬 모듈을 알고 있으면 매우 유용하게 사용할 수 있다. 그러나 작업하려는 애플리케이션에 대한 모듈이 전혀 없는 경우도 있다. 컴퓨터에서 작업을 자동화하는 최후의 수단은 키보드와 마우스를 직접 제어하는 프로그램을 작성하는 것이다. 이러한 프로그램을 활용하면 마치 컴퓨터 앞에 앉아서 애플리케이션과 상호 작용하듯이 가상의 키 입력과 마우스 클릭을 전송하는 방식으로 그 애플리케이션을 제어할 수 있다.

이러한 기술을 그래픽 사용자 인터페이스 자동화(graphical user interface automation), 줄여서 GUI 자동화라고 일컫는다. GUI 자동화를 활용하는 프로그램은 사람이 컴퓨터 앞에서 하는 모든 일을 할 수 있다. 키보드에 커피를 엎지르는 것 같은 행동들을 제외한다면 말이다. GUI 자동화를 로봇 팔 프로그래밍이라고 생각해 보자. 로봇 팔을 프로그래밍해서 여러분 대신 키보드를 누르거나 마우스를 움직이는 등의 동작을 하게 하는 것이다. 이 기술은 기계적으로 마우스를 클릭하거나 양식을 작성해야 하는 작업에 특히 유용하다.

몇몇 회사에서 로보틱 프로세스 자동화(robotic process automation, RPA)라고 마케팅하면서 혁신적인(그리고 비싼) '자동화 솔루션'을 판매한다. 이 제품들은 pyautogui 모듈을 활용하여 파이썬 스크립트를 직접 작성하는 것과 전혀 다르지 않다. 이 모듈은 마우스 움직임, 버튼 클릭, 마우스 휠 스크롤 등을 시뮬레이션할 수 있는 함수를 제공한다. 이 장에서는 PyAutoGUI의 기능 중 일부만 설명할 것이다. *https://pyautogui.readthedocs.io/*에서 전체 문서를 확인할 수 있다.

pyautogui 모듈 설치하기

pyautogui 모듈은 윈도우, 맥OS, 리눅스에 가상의 키 입력과 마우스 클릭을 전송할 수 있다. 윈도우나 맥OS 사용자들은 간단히 pip로 PyAutoGUI를 설치할 수 있다. 그러나 리눅스 사용자들은 의존성 문제로 PyAutoGUI를 설치하기 전에 다른 소프트웨어들을 설치해야 한다. 우분투 리눅스의 경우 터미널 창을 열고 다음 명령어들을 입력하라.

- sudo apt-get install scrot
- sudo apt-get install python3-tk
- sudo apt-get install python3-dev

PyAutoGUI를 설치하기 위해 pip install --user pyautogui를 실행하자. 이때 sudo를 pip와 함께 사용하면 안 된다. 이렇게 설치한다면, 운영 체제가 사용하는 파이썬 설치 위치에 모듈을 설치할 수도 있으며, 이 경우 원래 구성에 의존하는 스크립트와 충돌할 수도 있다. 그런데 apt-get으로 애플리케이션을 설치할 때는 sudo 명령어를 사용해야 한다.

서드 파티 모듈 설치 방법은 부록 A를 참고하라. PyAutoGUI가 제대로 설치되었는지 확인하려면, 대화형 셸에서 import pyautogui를 실행하여 어떤 오류 메시지도 발생하지 않는지 확인하라.

> 프로그램을 저장할 때 pyautogui.py라는 이름으로 저장하면 안 된다. 그렇게 했을 경우 import pyautogui를 실행하면 파이썬은 PyAutoGUI 대신 그 프로그램을 불러와서 AttributeError: module 'pyautogui' has no attribute 'click'과 같은 오류 메시지가 발생할 것이다.

맥OS의 앱 접근성 설정하기

보안 조치의 일환으로 맥OS에서는 마우스나 키보드를 프로그램으로 제어하는 것을 허가하지 않는다. 맥OS에서 PyAutoGUI가 정상적으로 작동하려면 파이썬 스크립트로 실행하는 프로그램이 접근성을 가져야 한다. 이 단계를 거치지 않으면 PyAutoGUI 함수를 호출해도 효과가 전혀 없을 것이다.

파이썬 프로그램을 뮤, IDLE, 터미널 등 어디서 실행해도 상관없으니 실행에 사용할 애플리케이션을 열어 두자. 그리고 '시스템 환경설정'을 열고 '손쉬운 사용' 탭을 연다. '아래 앱이 컴퓨터를 제어하도록 허용' 레이블 아래 현재 열린 애플리케이션이 나타날 것이다. 뮤, IDLE, 터미널 등 파이썬 스크립트를 실행하는 데 사용하는 애플리케이션을 체크한다. 이 변경 사항을 저장하려면 비밀번호를 입력해야 할 것이다.

순조롭게 진행하기

GUI 자동화에 대해 살펴보기 전에, 문제가 생겼을 때 빠져나오는 방법을 알아두어야 한다. 파이썬은 놀라운 속도로 마우스를 움직이거나 키를 입력할 수 있다. 사실, 다른 프로그램이 쫓아가기 어려울 정도로 너무 빠르다. 또한, 뭔가 잘못되어 프로그램이 마우스를 계속 움직이면, 프로그램이 무엇을 하고 있는지 그리고 이를 어떻게 수습할지 파악하기 어려울 수 있다. 디즈니 애니메이션 〈마법사의 제자〉에서 마법에 걸린 빗자루가 미키의 욕조를 채우다 물이 넘쳐 버린 것처럼, 프로그램이 명령을 완벽하게 따르고 있어도 통제를 벗어날 수 있다. 마우스가 계속 움직이고 있으면 뮤 편집기 창에서 닫기 버튼을 클릭하는 것을 방해하기 때문에 프로그램을 멈추기 어려울 수 있다. 다행히도 이 GUI 자동화에서 발생하는 문제를 방지하거나 복구하는 몇 가지 방법이 있다.

일시 정지와 안전장치

프로그램에 버그가 있어서 키보드와 마우스로 종료하기가 불가능할 경우, PyAutoGUI의 안전장치 기능을 사용할 수 있다. 화면의 네 모퉁이 중 한 곳으로 마우스를 빠르게 옮긴다. 모든 PyAutoGUI 함수는 작업을 수행한 후 마우스를 모퉁이로 옮길 수 있는 충분한 시간을 제공하기 위해 0.1초 정도 지연되어 호출된다. 마우스 커서가 모퉁이에 있음을 PyAutoGUI가 발견하면 `pyautogui.FailSafeException` 예외를 일으킨다. PyAutoGUI가 아닌 명령어들은 이런 0.1초 지연이 없다.

PyAutoGUI 프로그램을 중지해야 하는 상황에 있다면, 마우스를 그냥 모퉁이로 옮기기만 하면 멈춘다.

로그아웃으로 모든 것을 종료하기

통제를 벗어난 GUI 자동화 프로그램을 종료하는 가장 간단한 방법은 로그아웃해서 실행 중인 모든 프로그램을 종료하는 것이다. 윈도우나 리눅스에서 로그아웃 단축키는 Ctrl-Alt-Del이다. 맥OS에서는 Ctrl-Shift-option-Q다. 로그아웃하면 저장하지 않은 작업을 모두 잃게 되지만, 적어도 컴퓨터를 완전히 재시동하느라 기다리지 않아도 된다.

마우스 움직임 제어하기

이 절에서는 PyAutoGUI를 사용하여 마우스를 움직이는 방법과 화면에서 커서의 위치를 추적하는 방법을 설명한다. 그러나 먼저 PyAutoGUI가 어떻게 좌표를 처리하는지 이해해야 한다.

PyAutoGUI에서 마우스 기능은 x좌표와 y좌표를 사용한다. 그림 20-1은 컴퓨터 화면에서 이 좌표 체계를 보여 주는데, 19장에서 다룬 이미지의 좌표 체계와 비슷하다. 원점은 x좌표와 y좌표가 모두 0이며 화면 왼쪽 상단 모퉁이에 해당한다. x좌표는 오른쪽으로 갈수록 증가하고, y좌표는 아래쪽으로 내려갈수록 증가한다. 모든 좌표는 양의 정수이며 음의 정수인 좌표는 없다.

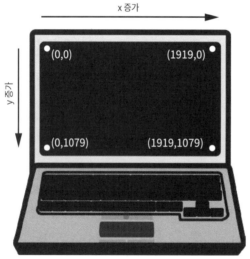

그림 20-1 1920×1080의 해상도를 갖는 컴퓨터 화면의 좌표

해상도는 화면의 가로세로에 각각 픽셀이 몇 개 있는지 나타낸다. 화면 해상도가 1920×1080으로 설정된다면 왼쪽 상단 모퉁이의 좌푯값은 (0, 0)이고 오른쪽 하단 모퉁이의 좌푯값은 (1919, 1079)가 된다.

`pyautogui.size()` 함수는 정수가 두 개 들어 있는 튜플을 반환하는데, 각각 화면의 너비와 높이를 픽셀로 나타낸 값이다. 대화형 셸에 다음과 같이 입력해 보자.

```
>>> import pyautogui
>>> wh = pyautogui.size() # 화면의 해상도를 얻는다.
>>> wh
Size(width=1920, height=1080)
>>> wh[0]
1920
>>> wh.width
1920
```

해상도가 1920×1080인 컴퓨터에서 pyautogui.size() 함수는 (1920, 1080)을 반환한다. 화면 해상도에 따라 반환하는 값은 달라진다. size()가 반환하는 Size 객체는 네임드 튜플(named tuple)이다. 여기서 네임드 튜플이란 일반 튜플처럼 숫자 인덱스를 갖고, 객체처럼 속성 이름을 갖는다. 즉, wh[0]과 wh.width 모두 화면의 너비를 반환한다(네임드 튜플은 이 책의 범위를 벗어난다. 이를 일반 튜플처럼 사용할 수 있다는 점만 기억하자).

마우스 움직이기

이제 화면 좌표에 대해 이해했으니 마우스를 움직여 보자. pyautogui.moveTo() 함수는 마우스 커서를 화면의 특정 위치로 즉시 옮긴다. 이 함수의 첫 번째와 두 번째 인자는 각각 x좌표와 y좌표다. 선택적 인자인 duration은 정수나 부동 소수점 수를 받으며, 목적지로 마우스를 옮길 때까지 걸리는 시간을 초 단위로 지정한다. 이를 비워 두면 기본값인 0이 되며 즉시 이동한다(모든 PyAutoGUI 함수에서 duration은 선택적 키워드 인자다). 대화형 셸에 다음과 같이 입력해 보자.

```
>>> import pyautogui
>>> for i in range(10): # 마우스를 사각형 내에서 움직인다.
...         pyautogui.moveTo(100, 100, duration=0.25)
...         pyautogui.moveTo(200, 100, duration=0.25)
...         pyautogui.moveTo(200, 200, duration=0.25)
...         pyautogui.moveTo(100, 200, duration=0.25)
```

이 예는 좌표 네 개로 구성된 사각형 패턴에서 마우스 커서를 시계 방향으로 총 열 번 움직인다. 마우스를 움직이는 데 걸리는 시간은 키워드 인자인 duration=0.25에서 지정한 것처럼 0.25초 걸린다. pyautogui.moveTo()를 호출할 때 세 번째 인자로 아무것도 전달하지 않았다면, 마우스 커서는 어떤 지점에서 목적 지점으로 즉시 순간 이동했을 것이다. 다음 예에서는 똑같이 사각형 패턴에서 마우스를 움직이는데, 이번에는 코드를 실행할 때 마우스가 화면에 있는 위치에서 시작한다.

```
>>> import pyautogui
>>> for i in range(10):
...        pyautogui.move(100, 0, duration=0.25) # 오른쪽
...        pyautogui.move(0, 100, duration=0.25) # 아래쪽
...        pyautogui.move(-100, 0, duration=0.25) # 왼쪽
...        pyautogui.move(0, -100, duration=0.25) # 위쪽
```

pyautogui.move() 함수는 세 개의 인자를 받는다. 세 개의 인자는 각각 오른쪽
으로 이동하는 픽셀 수, 아래쪽으로 이동하는 픽셀 수, 이동하는 데 걸리는 시간
(선택적 인자)이다. 첫 번째와 두 번째 인자에서 음의 정수가 주어지면 마우스를
각각 왼쪽과 위쪽으로 움직인다는 의미다.

마우스 위치 얻기

pyautogui.position() 함수를 사용하면 마우스의 현재 위치를 결정할 수 있다.
이 함수는 네임드 튜플인 Point를 반환하는데, 이 안에는 함수를 호출한 시점에
서 커서의 x위치와 y위치가 있다. 대화형 셸에 다음과 같이 입력하고, 매번 호출
한 뒤에 마우스를 움직여 보자.

```
>>> pyautogui.position() # 현재 마우스 위치를 알아낸다.
Point(x=311, y=622)
>>> pyautogui.position() # 다시 한번 현재 마우스 위치를 알아낸다.
Point(x=377, y=481)
>>> p = pyautogui.position() # 또 다시 한번
>>> p
Point(x=1536, y=637)
>>> p[0] # x좌표는 인덱스 0으로 얻을 수 있다.
1536
>>> p.x # x좌표는 속성 x로 얻을 수 있기도 하다.
1536
```

물론 반환되는 값은 마우스 커서의 위치에 따라 달라진다.

마우스 상호 작용 제어하기

이제 마우스를 움직이는 방법과 화면에서 커서의 위치를 알아내는 방법을 알았
으니 클릭, 드래그, 스크롤하는 방법을 알아보자.

마우스 클릭하기

컴퓨터에서 가상의 마우스 클릭을 전송하려면 pyautogui.click() 메서드를 호출해야 한다. 기본적으로 클릭은 마우스 왼쪽 버튼을 사용하여 이뤄지며, 현재 마우스 커서가 위치한 곳에서 발생한다. 마우스의 현재 위치가 아닌 다른 곳에서 클릭을 하고 싶다면 첫 번째와 두 번째 인자로 x좌표와 y좌표를 전달하면 된다.

사용할 마우스 버튼도 지정하고 싶다면 키워드 인자인 button에 'left', 'middle', 'right' 중 한 값을 지정하여 전달하면 된다. 예를 들어 pyautogui.click(100, 150, button='left')를 호출하면 (100, 150) 위치에서 마우스 왼쪽 버튼을 클릭한다. pyautogui.click(200, 250, button='right')를 호출하면 (200, 250) 위치에서 마우스 오른쪽 버튼을 클릭한다.

대화형 셀에 다음과 같이 입력해 보자.

```
>>> import pyautogui
>>> pyautogui.click(10, 5) # 마우스를 (10, 5)로 이동하고 클릭한다.
```

이를 실행하면 마우스 포인터가 화면 왼쪽 상단 구석 근처로 이동하여 한 번 클릭하는 것을 볼 수 있다. 전체 '클릭'은 마우스 버튼을 아래로 눌렀다가 커서 이동 없이 떼는 것으로 정의한다. 또한, 마우스 버튼을 아래로 누르는 pyautogui.mouseDown()을 호출한 뒤, 버튼을 떼는 pyautogui.mouseUp()을 호출하여 클릭을 수행할 수도 있다. 이 함수들은 click()과 같은 인자들을 받는다. 사실 click() 함수는 이 두 함수 호출에 대한 편리한 래퍼(wrapper)일 뿐이다.

더 많은 편의성을 제공하기 위해 pyautogui.doubleClick() 함수는 마우스 왼쪽 버튼을 두 번 클릭하며 pyautogui.rightClick(), pyautogui.middleClick() 함수는 각각 마우스 가운데 버튼과 오른쪽 버튼을 클릭한다.

마우스 드래그하기

드래그는 마우스 버튼 중 하나를 누른 상태로 마우스를 움직이는 동작을 의미한다. 예를 들어 폴더 아이콘을 클릭하여 파일들을 다른 폴더로 옮기거나 달력 앱에서 약속을 다른 일정으로 옮길 수 있다.

PyAutoGUI는 pyautogui.dragTo(), pyautogui.drag() 함수를 제공한다. 이 함수들은 각각 마우스 커서를 새로운 위치로 드래그하거나 현재 위치에서 상대적인 위치까지 드래그하는 함수다. dragTo()와 drag()의 인자들은 각각 moveTo()

와 move()의 인자와 동일하다. 즉 x좌표·수평 이동 거리, y좌표·수직 이동 거리 그리고 선택적으로 사용하는 소요 시간이다(맥OS의 경우 마우스가 너무 빨리 이동하면 드래그가 잘 안 되기 때문에 duration 키워드 인자를 사용하는 것을 추천한다).

이 함수들을 시험 삼아 사용해 보기 위해 윈도우의 그림판, 맥OS의 페인트 브러시(Paintbrush), 리눅스의 GNU 페인트(GNU Paint) 등 그래픽을 그리는 애플리케이션을 열어 보자(그래픽을 그리는 애플리케이션이 없다면 *https://sumopaint.com/*에서 온라인으로 사용할 수 있다). 이제 PyAutoGUI로 이러한 애플리케이션에서 그림을 그려 보도록 하겠다.

연필이나 브러시 도구가 선택된 상태에서 해당 애플리케이션의 캔버스 위에 마우스 커서가 위치하도록 하고, 새 파일 편집기 창에 다음과 같이 입력한 뒤 spiralDraw.py라는 이름으로 저장하라.

```
import pyautogui, time
time.sleep(5)                                                      ❶
pyautogui.click() # 클릭하여 창을 활성화한다.                        ❷
distance = 300
change = 20
while distance > 0:
    pyautogui.drag(distance, 0, duration=0.2) # 오른쪽으로 이동한다.   ❸
    distance = distance  -  change                                 ❹
    pyautogui.drag(0, distance, duration=0.2) # 아래쪽으로 이동한다.   ❺
    pyautogui.drag(-distance, 0, duration=0.2) # 왼쪽으로 이동한다.    ❻
    distance = distance  -  change
    pyautogui.drag(0, -distance, duration=0.2) # 위쪽으로 이동한다.
```

이 프로그램을 실행하면 연필이나 브러시 도구를 선택하고 그림 그리기 프로그램 창 위로 마우스 커서를 옮길 수 있도록 5초간 실행을 지연한다(❶). 5초가 지난 뒤, spiralDraw.py 파일은 마우스 제어권을 가져가고 프로그램 창을 활성화하기 위해 클릭한다(❷). 활성화된 창은 현재 키보드 입력을 받아들이는 창이다. 또한, 키보드 입력을 하거나 이 경우와 같이 마우스 드래그를 하는 등의 사용자 행동은 이 창에 영향을 미친다. 활성화된 창은 포커스가 적용된 창(focused window) 또는 상위 창(foreground window)으로 일컬어지기도 한다. 그림 그리기 프로그램이 활성화되면, sprialDraw.py는 그림 20-2의 왼쪽 그림과 같이 사각형 나선 패턴을 그린다. 19장에서 설명했던 필로 모듈을 사용해서 사각형 나선 이미지를 그릴 수도 있다. 그러나 마이크로소프트 그림판에서 마우스를 직접 제어하면서 이미지를 생성하면, 그림 20-2의 오른쪽 그림처럼 다양한 브러시 스타일, 그레이디언트, 채우기 버킷과 같은 고급 기능을 사용하여 그릴 수 있다. 브러시 설정도 미리 선택한 뒤에(또는 파이썬 코드에서 이를 설정하도록 하여) 나선 그리기 프로그램을 실행할 수도 있다.

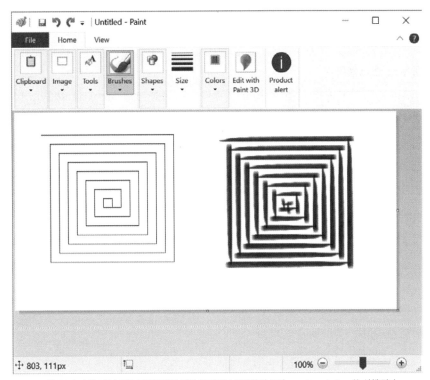

그림 20-2 마이크로소프트 그림판에서 다른 브러시를 사용하여 그린 pyautogui.drag() 실행 결과

distance 변수는 200에서 시작하므로 while 반복문의 첫 번째 반복에서 처음 drag()를 호출하면 커서를 오른쪽으로 200픽셀만큼 드래그한다. 이때 걸리는 시간은 0.2초다(❸). 그리고 나서 distance는 195로 줄어들고(❹), 두 번째 drag() 호출은 커서를 195픽셀만큼 드래그한다(❺). 세 번째 drag() 호출은 커서를 -195만큼 수평으로 이동(❻)한다(왼쪽으로 195). 이제 distance는 190으로 줄어들고, 마지막 drag() 호출은 커서를 190픽셀만큼 위로 드래그한다. 매 반복마다 마우스를 오른쪽, 아래쪽, 왼쪽, 위쪽으로 드래그하고 distance는 이전 반복 때보다 조금씩 줄어든다. 이 코드를 반복하다 보면 마우스 커서를 움직여서 사각형 나선을 그릴 수 있다.

직접 손(또는 마우스)으로 이 나선을 그릴 수 있지만, 정밀하게 하기 위해서는 천천히 작업해야 한다. 반면, PyAutoGUI는 이를 몇 초 안에 그릴 수 있다!

이 책을 집필할 당시 특정 프로그램에서 PyAutoGUI로 마우스 클릭이나 키 입력을 하기
가 불가능했다. 백신 소프트웨어(소프트웨어를 망가뜨리는 바이러스로부터 방어하는)나
윈도우에서 동작하는 게임(마우스와 키보드 입력을 다른 방법으로 받는) 등이 이러한 프
로그램의 대표적인 예다. 이런 기능들이 추가되었는지 확인하려면 https://pyautogui.
readthedocs.io/에서 온라인 문서를 확인하라.

마우스 스크롤하기

PyAutoGUI의 마우스 관련 함수 중 마지막으로 다룰 것은 scroll() 함수로, 이
함수는 마우스를 상하로 스크롤하는 단위 횟수를 의미하는 정수 인자를 받는다.
이 단위의 크기는 사용하는 운영 체제나 애플리케이션에 따라 다르기 때문에 특
정 상황에서 얼마나 스크롤하는지 알아내기 위해서는 직접 실험해 봐야 한다.
스크롤은 마우스 커서의 현재 위치에서 이루어진다. 양의 정수를 전달하면 위로
스크롤하고 음의 정수를 입력하면 아래로 스크롤한다. 마우스 커서가 뮤 편집기
창 위에 있는 상태에서 뮤 편집기의 대화형 셀에서 다음을 실행해 보자.

```
>>> pyautogui.scroll(200)
```

마우스 커서가 위로 스크롤할 수 있는 텍스트 필드 위에 있는 경우, 뮤 스크롤이
위로 움직이는 것을 볼 수 있다.

마우스 이동 계획하기

화면을 자동으로 클릭하는 프로그램을 작성할 때 어려운 문제 중 하나는 클릭하
려는 것의 x좌표와 y좌표를 알아내는 것이다. pyautogui.mouseInfo() 함수를 사
용하면 이러한 문제에 도움이 된다.

pyautogui.mouseInfo() 함수는 프로그램의 일부가 아니라 대화형 셀에
서 호출하도록 되어 있다. 이렇게 하면 PyAutoGUI에 들어 있는 마우스인포
(MouseInfo)라는 이름의 작은 애플리케이션이 실행된다. 이 애플리케이션 창은
그림 20-3처럼 생겼다.

그림 20-3 마우스인포 애플리케이션 창

대화형 셸에 다음과 같이 입력해 보자.

```
>>> import pyautogui
>>> pyautogui.mouseInfo()
```

이를 실행하면 마우스인포 창이 나타난다. 이 창은 현재 마우스 커서 위치 정보와 마우스 커서 아래의 픽셀 색상에 대한 정보를 세 개의 정수가 들어 있는 RGB 튜플과 십육진수 값으로 제공한다. 색상 정보는 이 창의 색상 상자에서 제공한다.

이러한 좌표 또는 픽셀 정보를 기록하려면 여덟 개의 Copy 버튼 또는 Log 버튼 중 하나를 클릭하면 된다. Copy All, Copy XY, Copy RGB, Copy RGB Hex 버튼은 각각의 정보를 클립보드에 복사한다. Log All, Log XY, Log RGB, Log RGB Hex 버튼은 각각의 정보를 해당 창의 큰 텍스트 필드에 기록한다. Save Log 버튼을 클릭하여 로그 텍스트 필드에 있는 텍스트를 저장할 수도 있다.

기본적으로 '3 Sec. Button Delay' 체크 박스가 선택되어 있는데, 이로 인해 Copy 또는 Log 버튼을 클릭하고 나서 3초 뒤에 실제 복사나 로깅이 실행된다. 이렇게 하면 버튼을 클릭한 다음 원하는 위치로 마우스를 옮길 수 있는 짧은 시간이 생긴다. 이 체크 박스 선택을 해제하고 마우스를 원하는 위치로 옮겨 놓고 F1에서 F8까지의 키 중 하나를 눌러서 마우스 위치를 복사하거나 로깅하는 방법이 더 쉬울 수 있다. 마우스인포 창의 위쪽에 있는 Copy나 Log 메뉴를 살펴보면 어떤 키가 어떤 버튼에 배치되어 있는지 알 수 있다.

예를 들어 '3 Sec. Button Delay' 체크 박스를 해제하고, F6을 누른 상태에서 화면에서 마우스를 움직이면, 창의 가운데 있는 거대한 텍스트 필드에서 마우스의 x좌표, y좌표가 어떻게 기록되는지 알 수 있다. 나중에 PyAutoGUI 스크립트에서 이 좌표 정보를 사용할 수 있다.

마우스인포에 대한 더 자세한 정보를 원한다면 *https://mouseinfo.readthedocs.io/* 에서 전체 문서를 찾아보자.

화면 작업하기

GUI 자동화 프로그램이 무작정 클릭이나 키 입력만 하지는 않는다. PyAutoGUI 는 현재 화면에 있는 내용물을 기반으로 한 이미지 파일을 생성하는 스크린샷 기능도 갖고 있다. 이 함수는 현재 화면의 모습에 대한 필로 Image 객체도 반환할 수 있다. 이 책의 앞부분을 건너뛰었다면 이 절을 진행하기 전에 19장을 먼저 읽고 pillow 모듈을 설치하고 오는 것이 좋겠다.

리눅스 컴퓨터에서 PyAutoGUI의 스크린샷 함수를 사용하려면 scrot이라는 프로그램이 설치되어 있어야 한다. 터미널 창에서 sudo apt-get install scrot 을 실행해 이 프로그램을 설치하자. 윈도우나 맥OS를 사용하고 있다면 이 과정은 건너뛰고 바로 내용으로 들어가도 된다.

스크린샷 찍기

파이썬에서 스크린샷을 찍으려면 pyautogui.screenshot() 함수를 호출하면 된다. 대화형 셀에 다음과 같이 입력해 보자.

```
>>> import pyautogui
>>> im = pyautogui.screenshot()
```

im 변수에는 스크린샷에 대한 Image 객체가 들어 있다. 이제 다른 Image 객체들처럼 im 변수에 있는 Image 객체의 메서드들을 호출할 수 있다. Image 객체에 대한 더 자세한 설명은 19장을 보라.

스크린샷 분석하기

GUI 자동화 프로그램에서 수행하는 단계 중 한 단계가 회색 버튼을 클릭하는 것이라고 가정하자. click() 메서드를 호출하기 전에 스크린샷을 찍고 스크립트가 클릭해야 하는 픽셀 위치를 탐색할 수 있다. 회색 버튼과 똑같은 회색이 아니라면, 무언가 잘못되었음을 프로그램이 알아챌 것이다. 창이 예기치 않게 이동했거나 팝업 대화 상자가 버튼을 차단했을 수 있다. 이 시점에서 프로그램은 계속해서 잘못된 것을 클릭하여 혼란을 일으키는 대신 올바른 것을 클릭하지 않는 다는 것을 '알고' 스스로 중지할 수 있다

pixel() 함수로 화면에서 특정 픽셀의 RGB 색상값을 얻을 수 있다. 대화형 셀에 다음과 같이 입력해 보자.

```
>>> import pyautogui
>>> pyautogui.pixel((0, 0))
(176, 176, 175)
>>> pyautogui.pixel((50, 200))
(130, 135, 144)
```

pixel()에 (0, 0), (50, 200)과 같은 좌표가 들어 있는 튜플을 전달하면, 이미지에서 이 좌표에 해당하는 픽셀의 색상을 알려 준다. pixel()이 반환하는 값은 정수세 개가 들어 있는 RGB 튜플로, 세 정수는 각각 그 픽셀에 빨간색, 초록색, 파란색이 들어 있는 양을 나타낸다(네 번째 값인 알파가 없는데, 스크린샷 이미지가완전히 불투명하기 때문이다).

화면에서 주어진 x좌표와 y좌표에 해당하는 픽셀이 주어진 색상과 완전히 일치하면 PyAutoGUI의 pixelMatchesColor() 함수는 True를 반환한다. 첫 번째와두 번째 정수 인자는 x좌표와 y좌표를 나타내며, 세 번째 인자는 RGB 색상을 나타내는 정수 세 개가 들어 있는 튜플이다. 이 튜플은 화면에서 주어진 좌표에 해당하는 픽셀의 색상과 비교할 색상이다. 대화형 셀에 다음과 같이 입력해 보자.

```
>>> import pyautogui
>>> pyautogui.pixel((50, 200))                                    ❶
(130, 135, 144)
>>> pyautogui.pixelMatchesColor(50, 200, (130, 135, 144))        ❷
True
>>> pyautogui.pixelMatchesColor(50, 200, (255, 135, 144))        ❸
False
```

지정한 좌표에 해당하는 픽셀의 색상을 RGB 튜플 형식으로 얻은 뒤(❶), 같은좌표와 RGB 튜플을 pixelMatchesColor()에 전달하면(❷) True를 반환해야 한다. 이제 RGB 튜플값을 변경하고 같은 좌표에 대해 pixelMatchesColor()를 다시 호출해 보자(❸). 반환되는 값은 False여야 한다. GUI 자동화 프로그램에서click()을 호출하려고 할 때마다 이 메서드를 호출하면 유용할 것이다. 주어진좌표에서 색상은 완벽하게 일치해야 함에 유의하라. 예를 들어 (255, 255, 255)대신 (255, 255, 254)처럼 아주 조금 달라도 pixelMatchesColor()는 False를 반환한다.

이미지 인식

PyAutoGUI가 어디를 클릭해야 하는지 미리 알 수 없다면 어떻게 할까? 이럴 경우 이미지 인식을 사용하면 된다. PyAutoGUI에 클릭하려고 하는 이미지를 제공하고, 그 이미지가 있는 좌표를 알아내는 것이다.

예를 들어 제출 버튼의 이미지를 캡처한 스크린샷을 찍고 이를 submit.png라는 이름의 파일로 저장했다면, locateOnScreen() 함수는 그 이미지를 찾아낸 좌표를 반환한다. locateOnScreen()이 어떻게 동작하는지 보기 위해 화면의 작은 영역에 대한 스크린샷을 찍은 이미지를 파일로 저장한 뒤, 대화형 셸에 다음과 같이 입력해 보자. 이때 'submit.png'를 앞에서 만든 스크린샷의 파일 이름으로 대체한다.

```
>>> import pyautogui
>>> b = pyautogui.locateOnScreen('submit.png')
>>> b
Box(left=643, top=745, width=70, height=29)
>>> b[0]
643
>>> b.left
643
```

여기서 Box 객체는 locateOnScreen()이 반환한 네임드 튜플이다. 여기에는 화면에서 해당 이미지를 처음으로 발견한 위치의 왼쪽 모서리 x좌표, 위쪽 모서리 y좌표, 너비, 높이가 들어 있다. 각자의 컴퓨터와 스크린샷으로 이 작업을 했다면, 반환값은 앞에 나온 예와 다를 것이다.

화면에서 해당 이미지를 찾을 수 없다면 locateOnScreen()은 None을 반환한다. 화면에 있는 이미지가 제공한 이미지와 완전히 일치해야 인식할 수 있다. 이미지가 한 픽셀만 벗어나도 locateOnScreen()은 ImageNotFoundException 예외를 일으킨다. 화면 해상도를 변경한다면 이전 스크린샷의 이미지는 현재 화면에 있는 이미지와 일치하지 않을 수 있다. 그림 20-4와 같이 사용하는 운영 체제의 화면 설정에서 배율을 변경할 수 있다.

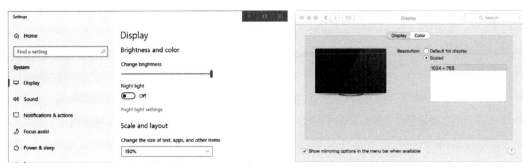

그림 20-4 화면 배율 설정. 윈도우 10(왼쪽), 맥OS(오른쪽)

화면에서 이미지를 여러 개 찾았다면 locateAllOnScreen()은 Generator 객체를 반환한다. 생성자는 이 책의 범위에서 벗어나지만, 이를 list()에 전달하면 정수 네 개로 구성된 튜플들이 들어 있는 리스트를 반환한다. 정수 네 개로 구성된 튜플 한 개는 화면에서 찾은 이미지 한 개를 의미한다. 다음과 같이 입력하여 이전 대화형 셸 예시를 계속 진행하자('submit.png'는 각자의 이미지 파일 이름으로 대체해야 한다).

```
>>> list(pyautogui.locateAllOnScreen('submit.png'))
[(643, 745, 70, 29), (1007, 801, 70, 29)]
```

네 개의 정수가 들어 있는 각 튜플은 스크린의 한 영역을 나타낸다. 앞서 나온 예에서 이미지는 두 위치에서 발견된다. 이미지가 한 영역에서만 발견되었다면, list()와 locateAllOnScreen()은 한 개의 튜플만 들어 있는 리스트를 반환한다.

선택하려는 특정 이미지에 대한 튜플을 얻어서 click()에 전달하면 해당 영역의 중앙 부분을 클릭할 수 있다. 대화형 셸에 다음과 같이 입력해 보자.

```
>>> pyautogui.click((643, 745, 70, 29))
```

간단하게는 click() 함수에 이미지 파일 이름을 직접 전달하는 방법이 있다.

```
>>> pyautogui.click('submit.png')
```

moveTo(), dragTo() 함수도 이미지 파일 이름 인자를 받는다. 화면에서 이미지를 발견하지 못하면 locateOnScreen()은 예외를 일으킨다는 사실을 기억하라. 따라서 이를 try 문 안에서 호출해야 한다.

```
try:
    location = pyautogui.locateOnScreen('submit.png')
except:
    print('Image could not be found.')
```

try, except 문을 사용하지 않으면 별도로 처리하지 않은 예외 때문에 프로그램이 충돌한다. 프로그램이 항상 이미지를 찾는다고 확신할 수 없기 때문에 locateOnScreen()을 사용할 때 try, except 문을 사용하는 것이 좋다.

창 정보 얻기

이미지 인식은 화면에서 무언가를 찾는 좋은 방법이 아니다. 픽셀 하나만 색상이 달라도 pyautogui.locateOnScreen()은 그 이미지를 찾지 못한다. 따라서 화면에서 특정 창의 위치를 찾아야 한다면, PyAutoGUI의 창 기능을 사용하는 것이 더 빠르고 믿을 만한 방법이다.

 PyAutoGUI 버전 0.9.46에서 창 기능은 윈도우에서만 작동할 뿐 맥OS나 리눅스에서는 작동하지 않는다. 이 기능들은 PyAutoGUI의 PyGetWindow 모듈에서 제공한다.

활성화된 창 획득하기

화면에서 활성화된 창은 현재 전면에 있으며 키보드 입력을 받는 창을 일컫는다. 현재 뮤 편집기로 코드를 작성하고 있다면, 뮤 편집기 창이 활성화된 창이다. 화면에 있는 모든 창 중 한 번에 창 하나만 활성화된다.

대화형 셀에서 pyautogui.getActiveWindow() 함수를 호출하여 Window 객체를 생성해 보자(윈도우에서 이 객체는 기술적으로는 Win32Window 객체다).

Window 객체를 생성하면 그 객체에서 크기, 위치, 제목 등을 나타내는 속성을 가져올 수 있다.

left, right, top, bottom 창 측면의 x좌표 또는 y좌표를 나타내는 단일 정수

topleft, topright, bottomleft, bottomright 창 모서리의 (x, y) 좌표에 대한 두 개의 정수로 구성된 네임드 튜플

midleft, midright, midleft, midright 창 측면의 가운데 지점 (x, y) 좌표에 대한 두 개의 정수로 구성된 네임드 튜플

width, height 창의 치수 중 하나를 픽셀 단위로 나타낸 정수

size 창의 (width, height) 정수 두 개가 들어 있는 네임드 튜플

area 창의 면적을 픽셀 단위로 나타낸 단일 정수

center 창 중앙 부분의 (x, y) 좌표에 대한 정수 두 개가 들어 있는 네임드 튜플

centerx, centery 창 중앙 부분의 x좌표 또는 y좌표를 나타내는 단일 정수

box 창의 (left, top, width, height) 측정값에 해당하는 정수 네 개가 들어 있는 네임드 튜플

title 창의 윗부분에 있는 제목 표시 줄의 텍스트 문자열

예를 들어 window 객체에서 창의 위치와 크기, 제목 정보를 얻기 위해 다음과 같이 대화형 셸에 입력해 보자.

```
>>> import pyautogui
>>> fw = pyautogui.getActiveWindow()
>>> fw
Win32Window(hWnd=2034368)
>>> str(fw)
'<Win32Window left="500", top="300", width="2070", height="1208", title="Mu
1.0.1 - test1.py">'
>>> fw.title
'Mu 1.0.1 - test1.py'
>>> fw.size
(2070, 1208)
>>> fw.left, fw.top, fw.right, fw.bottom
(500, 300, 2070, 1208)
>>> fw.topleft
(256, 144)
>>> fw.area
2500560
>>> pyautogui.click(fw.left + 10, fw.top + 20)
```

이제 이러한 속성들을 사용하여 창 안에서 정확한 좌표를 계산할 수 있다. 클릭해야 할 버튼이 창의 왼쪽 상단 모서리에서 오른쪽으로 10픽셀, 아래쪽으로 20픽셀만큼 떨어져 있다는 사실을 알고 있고, 전체 화면에서 창의 왼쪽 상단 모서리는 좌표 (300, 500)에 위치하고 있다고 하자. 이 경우 pyautogui.click(310, 520)(또는 pyautogui.click(fw.left + 10, fw.top + 20))을 호출하면 버튼을 클릭할 것이다. 이러한 방법으로 진행하면 속도가 더 느리면서 신뢰가 덜 가는 locateOnScreen() 함수를 사용하여 버튼을 찾을 필요가 없다.

창을 획득하는 다른 방법들

getActiveWindow() 함수는 해당 함수를 호출 시 활성화된 창을 획득하는 데 유용한 반면, 화면의 다른 창에 해당하는 Window 객체를 획득하기 위한 다른 함수가 필요할 수도 있다.

다음 함수 네 개는 Window 객체의 리스트를 반환한다. 어떠한 창도 찾지 못한다면 빈 리스트를 반환한다.

pyautogui.getAllWindows() 화면에 보이는 모든 창에 대한 Window 객체 리스트를 반환한다.

pyautogui.getWindowsAt(x, y) (x, y) 지점이 포함되어 있고 보이는 모든 창에 대한 Window 객체 리스트를 반환한다.

pyautogui.getWindowsWithTitle(title) 보이는 모든 창 중에서 제목 표시줄에 문자열 title이 포함된 창들에 대한 Window 객체들이 들어 있는 리스트를 반환한다.

pyautogui.getActiveWindow() 키보드 포커스를 받고 있는 창의 Window 객체를 반환한다.

PyAutoGUI는 pyautogui.getAllTitles()라는 함수를 제공하는데, 이 함수는 보이는 모든 창의 제목이 문자열값으로 들어 있는 리스트를 반환한다.

창 조작하기

창의 크기와 위치 말고도 더 많은 것을 알려 주는 속성들이 있다. 창 크기를 조정하거나 창을 옮기기 위해 이 값들을 설정할 수도 있다. 예를 들어 대화형 셀에 다음과 같이 입력해 보자.

```
>>> import pyautogui
>>> fw = pyautogui.getActiveWindow()
>>> fw.width # 창의 현재 너비를 얻는다.                    ❶
1669
>>> fw.topleft # 창의 현재 위치를 얻는다.                   ❷
(174, 153)
>>> fw.width = 1000 # 너비를 변경한다.                     ❸
>>> fw.topleft = (800, 400) # 창을 이동한다.              ❹
```

먼저 창의 크기(❶)와 위치(❷)를 알아내기 위해 Window 객체의 속성을 사용했다. 뮤 편집기에서 이 함수들을 호출한 후에는 그림 20-5와 같이 창이 움직이고 (❹) 좁아진다(❸).

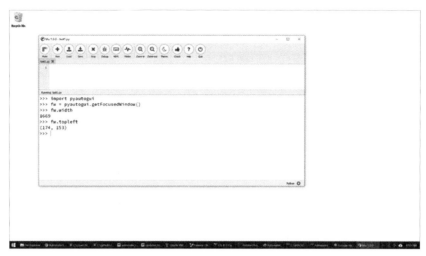

그림 20-5 Window 객체의 속성을 사용하여 창을 이동하고 크기를 바꾸기 전(❶)과 후(❷)의 뮤 편집기 모습

또한, 창의 최소화, 최대화, 활성화 상태에 대해 알아내고 이를 변경할 수도 있다. 대화형 셀에 다음과 같이 입력해 보자.

```
>>> import pyautogui
>>> fw = pyautogui.getActiveWindow()
>>> fw.isMaximized # 창이 최대화 상태라면 True를 반환한다.          ❶
False
>>> fw.isMinimized # 창이 최소화 상태라면 True를 반환한다.          ❷
False
>>> fw.isActive # 활성화된 창이라면 True를 반환한다.                ❸
True
>>> fw.maximize() # 창을 최대화한다.                               ❹
>>> fw.isMaximized
True
```

```
>>> fw.restore() # 최대화/최소화 동작을 실행 취소한다.                    ❺
>>> fw.minimize() # 창을 최소화한다.                                   ❻
>>> import time
>>> # 다른 창을 활성화하는 동안 5초간 대기한다.
>>> time.sleep(5); fw.activate()                                      ❼
>>> fw.close() # 입력하고 있는 창을 닫는다.                              ❽
```

isMaximized(❶), isMinimized(❷), isActive(❸) 속성에는 창이 현재 그러한 상태인지 나타내는 불값이 들어 있다. maximize(❹), minimize()(❻), activate() (❼), restore()(❺) 메서드는 창의 상태를 변경한다. maximize()나 minimize()로 창을 최대화하거나 최소화한 후, restore() 메서드로 창을 이전 크기와 위치로 되돌려 놓는다.

close() 메서드(❽)는 창을 닫는다. 이 메서드는 애플리케이션을 종료하기 전에 작업을 저장하라는 메시지 대화 상자를 무시할 수 있으므로 사용할 때 주의해야 한다.

PyAutoGUI의 창 제어 기능을 설명한 전체 문서는 *https://pyautogui.readthedocs.io/*에서 찾을 수 있다. PyAutoGUI와 별개로 PyGetWindow 모듈을 사용해도 이러한 기능들을 사용할 수 있다. 이 모듈에 대한 문서는 *https://pygetwindow.readthedocs.io/*를 참고하라.

키보드 제어하기

PyAutoGUI에는 컴퓨터에 가상의 키 입력을 전송하는 함수도 있다. 이를 사용하면 양식을 작성하거나 애플리케이션에 텍스트를 입력하는 등의 작업을 할 수 있다.

키보드에서 문자열 전송하기

pyautogui.write() 함수는 컴퓨터에 가상의 키 입력을 전송한다. 이러한 키 입력은 활성화된 창이나 포커스를 받는 텍스트 필드의 종류에 따라 다르다. 먼저 포커스를 두려고 하는 텍스트 필드에 마우스 클릭을 전송한다.

간단한 예로 파이썬으로 파일 편집기 창에 자동으로 Hello, world!를 입력해 보자. 먼저 새 파일 편집기 창을 열고 화면의 왼쪽 상단 모서리에 위치시킨다. 이렇게 하면 PyAutoGUI가 포커스를 맞춰야 할 올바른 위치를 클릭할 수 있게 된다. 다음으로 대화형 셸에 다음과 같이 입력해 보자.

```
>>> pyautogui.click(100, 200); pyautogui.write('Hello, world!')
```

두 명령을 같은 줄에 입력하고 세미콜론으로 구분하면 대화형 셀이 두 명령을 실행하는 사이에 명령 프롬프트가 나타나지 않게 할 수 있다는 점을 알아 두자. 이렇게 하면 click()과 write() 호출 사이에 실수로 새로운 창으로 포커스를 옮겨서 예시 전체를 엉망으로 만들어 버리는 상황을 방지할 수 있다.

파이썬은 먼저 (100, 200) 좌표에 가상의 마우스 클릭을 전송하여 파일 편집기 창을 클릭해서 이 창에 입력 포커스를 설정한다. 그리고 write()를 호출하면 그 창에 Hello, world! 텍스트를 전송하여 그림 20-6과 같은 결과가 나오게 된다. 이제 키보드 입력을 대신 수행해 주는 코드를 작성한 것이다!

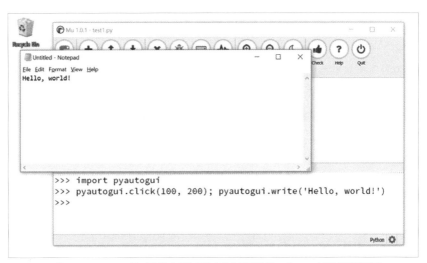

그림 20-6 PyAutoGUI를 사용하여 파일 편집기 창을 클릭한 뒤 Hello, world!를 입력한 결과

기본적으로 write() 함수는 전체 문자열을 즉시 입력한다. 그러나 선택적으로 사용하는 두 번째 인자를 전달하여 문자 사이에 짧게 일시 정지하도록 할 수 있다. 이 두 번째 인자는 정숫값이나 부동 소수점값으로 일시 정지할 초 단위 시간을 의미한다. 예를 들어 pyautogui.write('Hello, world!', 0.25)는 H를 입력한 뒤 0.25초 대기하고, e를 입력한 뒤 0.25초 대기하는 방식으로 진행된다. 이러한 점진적 타자 효과는 PyAutoGUI만큼 키 입력을 빠르게 처리할 수 없는 애플리케이션에서 유용하게 사용할 수 있다.

A나 !와 같은 문자의 경우 PyAutoGUI는 자동으로 시프트를 누른 상태에서 시뮬레이션한다.

키 이름

모든 키를 단일 텍스트 문자로 쉽게 표현할 수 있는 것은 아니다. 예를 들어 시프트와 왼쪽 화살표 키를 누르는 것을 어떻게 단일 문자로 나타낼 수 있을까? PyAutoGUI에서 이러한 키보드 키는 짧은 문자열값으로 대신해서 나타낸다. 예를 들어 ESC 키는 'esc'로 엔터 키는 'enter'로 나타내는 방식이다.

write()에는 단일 문자열 인자 대신 키보드 키 문자열 리스트를 전달할 수 있다. 예를 들어 다음과 같이 호출하면 A 키, B 키를 누른 뒤 왼쪽 화살표 키를 두 번 누르고, 마지막으로 X와 Y 키를 누른다.

```
>>> pyautogui.write(['a', 'b', 'left', 'left', 'X', 'Y'])
```

왼쪽 화살표 키를 누르면 키보드 커서가 이동하기 때문에 앞에 나온 입력의 결과는 XYab가 될 것이다. 표 20-1은 모든 키 조합 입력을 시뮬레이션하기 위해 write()에 전달할 수 있는 PyAutoGUI의 키보드 키 문자열 목록을 나타낸다.

pyautogui.KEYBOARD_KEYS에서 PyAutoGUI가 받을 수 있는 모든 키보드 키 문자열을 볼 수 있다. 문자열 'shift'는 왼쪽 시프트 키를 의미하며, 'shiftleft'와 동일하다. 'ctrl', 'alt', 'win' 문자열도 마찬가지로 모두 왼쪽에 있는 키를 의미한다.

키보드 키 문자열	의미
'a', 'b', 'c', 'A', 'B', 'C', '1', '2', '3', '!', '@', '#' 등	단일 문자를 의미하는 키
'enter'(또는 'return'이나 '\n')	엔터 키
'esc'	ESC 키
'shiftleft', 'shiftright'	좌우 시프트 키
'altleft', 'altright'	좌우 alt 키
ctrlleft', 'ctrlright'	좌우 컨트롤 키
'tab'(또는 '\t')	탭 키
'backspace', 'delete'	백스페이스, 딜리트 키
'pageup', 'pagedown'	페이지 업, 페이지 다운 키
'home', 'end'	홈과 엔드 키
'up', 'down', 'left', 'right'	상하좌우 화살표 키
'f1', 'f2', 'f3' 등	F1에서 F12까지의 키

'volumemute', 'volumedown', 'volumeup'	음 소거, 볼륨 줄이기, 볼륨 높이기(몇몇 키보드에는 이런 키가 없으나 운영 체제는 이러한 시뮬레이션 키 입력을 이해한다)
'pause'	일시 정지 키
'capslock', 'numlock', 'scrolllock'	캡스 락, 넘버 락, 스크롤 락 키
'insert'	삽입 키
'printscreen'	프린트 스크린 키
'winleft', 'winright'	좌우 윈도우 키
'command'	커맨드 키(맥OS)
'option'	옵션 키(맥OS)

표 20-1 PyKeyboard 속성

키보드 누르기와 떼기

mouseDown(), mouseUp() 함수와 비슷하게 pyautogui.keyDown(), pyautogui.keyUp() 함수는 가상으로 키보드를 누르고 떼는 동작을 컴퓨터에 전송한다. 이때 이 함수들은 키보드 키 문자열(표 20-1 참고)을 인자로 전달한다. 편의를 위해 PyAutoGUI는 pyautogui.press() 함수를 제공하는데, 이는 앞에 나온 두 함수를 모두 호출하여 하나의 완전한 키 입력을 가상으로 시뮬레이션한다.

다음 코드를 실행하면 달러 기호 문자가 입력된다(시프트 키를 누른 상태에서 숫자 4 키를 누른다).

```
>>> pyautogui.keyDown('shift'); pyautogui.press('4'); pyautogui.keyUp('shift')
```

여기서는 시프트 키를 누르고 4 키를 누르고(그리고 뗀 뒤) 시프트 키를 뗀다. 텍스트 필드에 문자열을 입력해야 한다면, write() 함수가 더 적합하다. 그러나 단일 키 명령어를 받는 애플리케이션의 경우 press() 함수가 더 간단한 접근 방법이다.

단축키 조합

단축키(hotkey 또는 shortcut)는 어떤 애플리케이션에서 특정 기능을 실행하는 키 입력 조합이다. 자주 사용하는 단축키에는 Ctrl-C(윈도우와 리눅스) 또는 command-C(맥OS)가 있다. 사용자는 컨트롤 키를 누르고 있는 상태에서 C 키를 눌렀다가 C 키를 떼고 컨트롤 키를 뗀다. 이러한 작업을 PyAutoGUI의

keyDown(), keyUp() 함수로 수행하려면 다음과 같이 입력해야 한다.

```
pyautogui.keyDown('ctrl')
pyautogui.keyDown('c')
pyautogui.keyUp('c')
pyautogui.keyUp('ctrl')
```

이 방법은 다소 복잡하다. 대신, pyautogui.hotkey() 함수를 사용해 보자. 이 함수는 여러 개의 키보드 키 문자열 인자를 받고 순서대로 키를 누른 뒤 역순으로 키를 뗀다. Ctrl-C 예제는 다음과 같이 간단한 코드로 할 수 있다.

```
pyautogui.hotkey('ctrl', 'c')
```

이 함수는 특히 복잡한 단축키 조합에 유용하게 사용할 수 있다. 워드에서 Ctrl-Alt-Shift-S 단축키 조합을 누르면 스타일 창이 나타난다. 함수 호출을 여덟 번 하는 대신(keyDown() 호출 네 번과 keyUp() 호출 네 번), hotkey('ctrl', 'alt', 'shift', 's')를 호출하면 된다.

GUI 자동화 스크립트 설정하기

GUI 자동화 스크립트는 지루한 작업을 자동화하는 매우 좋은 방법이다. 그러나 이 스크립트를 작성할 때는 세심한 주의가 필요하다. 창이 잘못된 위치에 있거나 예상하지 못한 팝업 창이 나타나면, 스크립트는 화면에서 잘못된 것을 클릭할 수도 있다. 다음은 GUI 자동화 스크립트를 작성하는 데 참고할 만한 몇 가지 조언이다.

- 창의 위치가 바뀌지 않도록 스크립트를 실행할 때마다 동일한 화면 해상도를 사용하라.
- 스크립트가 클릭하는 애플리케이션 창은 최대화해서 스크립트를 실행할 때마다 버튼과 메뉴가 동일한 위치에 있도록 하라.
- 콘텐츠를 읽어 들이는 것을 기다리는 동안 충분한 일시 정지 시간을 더하라. 애플리케이션이 준비되기 전에 스크립트가 클릭을 하면 안 된다.
- 클릭할 버튼과 메뉴를 찾을 때 XY 좌표보다 locateOnScreen()을 사용하라. 스크립트가 클릭해야 할 것을 찾지 못하면 무작정 클릭하도록 계속하는 대신 프로그램을 중지하도록 하라.
- getWindowsWithTitle()을 사용하여 스크립트가 클릭하고 있다고 생각하는

애플리케이션 창이 존재하는지 확인하고, activate() 메서드를 사용하여 해당 창이 상위 창이 되도록 한다.

- 11장에서 설명한 logging 모듈을 사용하여 스크립트가 수행한 것을 기록하는 로그 파일을 관리하라. 이렇게 하면 프로세스 중간에 스크립트를 중지해야 하는 경우, 중단된 부분부터 시작하도록 변경할 수 있다.
- 스크립트에 가능한 한 많은 검사를 추가하라. 예상하지 못한 팝업 창이 나타나거나 인터넷이 끊겨서 중단되는 경우 어떻게 실패하는지 생각하라.
- 스크립트를 처음 시작할 때 올바르게 작동하는지 확인하기 위해 스크립트를 모니터링하는 것이 좋다.

스크립트를 시작할 때 스크립트가 클릭할 창을 사용자가 설정할 수 있도록 일시 정지하는 것도 좋은 방법이다. PyAutoGUI에는 time.sleep()과 동일한 역할을 하는 sleep() 함수가 있다(이를 사용하면 스크립트에 import time을 추가하지 않아도 된다). 또한, 사용자에게 스크립트가 곧 계속될 것이라는 시각적 표시를 제공하기 위해 카운트다운 숫자를 인쇄하는 countdown()이라는 함수도 있다. 대화형 셀에 다음과 같이 입력해 보자.

```
>>> import pyautogui
>>> pyautogui.sleep(3) # 프로그램을 3초간 일시 정지한다.
>>> pyautogui.countdown(10) # 10초 카운트다운한다.
10 9 8 7 6 5 4 3 2 1
>>> print('Starting in ', end=''); pyautogui.countdown(3)
Starting in 3 2 1
```

이러한 조언들을 명심한다면 GUI 자동화 스크립트를 더 사용하기 쉽게 만들 수 있고 예측하지 못한 상황으로부터 빨리 복구할 수 있다.

PyAutoGUI 함수 복습

이번 장에서는 매우 다양한 함수에 대해 살펴보았다. 다음은 이 함수들을 간단하게 요약 정리한 내용이다.

moveTo(*x*, *y*) 지정한 *x*, *y* 좌표로 마우스 커서를 옮긴다.

move(*xOffset*, *yOffset*) 마우스 커서를 현재 위치에서 지정한 만큼 옮긴다.

dragTo(*x*, *y*) 마우스 왼쪽 버튼을 누른 상태로 커서를 지정한 위치로 옮긴다.

drag(*xOffset*, *yOffset*) 마우스 왼쪽 버튼을 누른 상태로 마우스 커서를 현재 위치에서 지정한 만큼 옮긴다.

click(*x*, *y*, *button*) 클릭을 시뮬레이션한다(기본값은 왼쪽 버튼이다).

rightClick() 마우스 오른쪽 버튼 클릭을 시뮬레이션한다.

middleClick() 마우스 가운데 버튼 클릭을 시뮬레이션한다.

doubleClick() 마우스 왼쪽 버튼 두 번 클릭을 시뮬레이션한다.

mouseDown(*x*, *y* ,*button*) 지정한 *x*, *y* 좌표에 해당하는 위치에서 마우스의 지정된 버튼 누르기를 시뮬레이션한다.

mouseUp(*x*, *y*, *button*) 지정한 *x*, *y* 좌표에 해당하는 위치에서 마우스의 지정 버튼 떼기를 시뮬레이션한다.

scroll(*units*) 휠 스크롤을 시뮬레이션한다. 양수 인자는 위로 스크롤을, 음수 인자는 아래로 스크롤을 의미한다.

write(*message*) 지정한 메시지 문자열의 문자를 입력한다.

write([*key1*, *key2*, *key3*]) 지정한 키보드 키 문자열을 입력한다.

press(*key*) 지정한 키보드 키 문자열을 누른다.

keyDown(*key*) 지정한 키보드 키를 누르는 것을 시뮬레이션한다.

keyUp(*key*) 지정한 키보드 키를 떼는 것을 시뮬레이션한다.

hotkey([*key1*, *key2*, *key3*]) 지정한 키보드 키 문자열을 순서대로 눌렀다가 역순으로 떼는 것을 시뮬레이션한다.

screenshot() Image 객체의 스크린샷을 반환한다(Image 객체의 정보에 대해서는 19장을 참고하라).

getActiveWindow(), getAllWindows(), getWindowsAt(), getWindowsWith Title() 이 함수들은 창 객체를 반환하는데 컴퓨터에서 창의 크기나 위치를 변경할 수 있다.

getAllTitle() 컴퓨터의 모든 창의 제목 표시 줄 텍스트에 있는 문자열들의 리스트를 반환한다.

> **캡차와 컴퓨터 윤리**
>
> '완전히 자동화된 사람과 컴퓨터 판별(Completely Automated Public Turing test to tell Computers and Humans Apart)' 또는 '캡차(captchas)'는 왜곡된 그림에 있는 글자를 입력하거나 소화전 사진 같은 것을 클릭하도록 요청하는 작은 테스트다. 이 테스트는 사람에게는 번거로워도 통과하기는 쉬운 반면, 소프트웨어로는 해결하기가 거의 불가능한 테스트다. 이 장을 읽고 나서 수십억 개의 무료 이메일 계정에 가입하거나 사용자를 괴롭히는 메시지를 남기는 스크립트를 작성하는 것이 얼마나 쉬운지 알게 됐을 것이다. 캡차는 사람만 통과할 수 있는 단계를 요구하여 이를 완화한다.
>
> 그러나 모든 웹 사이트에서 캡차를 도입하지는 않는다. 그리고 비도덕적인 프로그래머들이 이러한 점을 남용할 소지가 있다. 코딩을 배우는 것은 강력하고 흥미로운 기술이지만, 한편으로는 이 힘을 개인적 이득이나 단순 과시용으로 오용하려는 유혹에 빠질 수 있다. 그러나 문이 열려 있다고 해서 불법 침입을 정당하다고 할 수 없듯이 프로그램에 대한 책임은 프로그래머에게 있다. 시스템을 우회하여 피해를 입히거나 사생활을 침해하거나 부당한 이익을 얻는 것은 현명한 일이 아니다. 이 책을 쓰는 내 노력이 단순히 돈을 목적으로 사용되는 것이 아니라 여러분이 좀 더 생산적으로 작업할 수 있도록 하는 데 사용되길 바란다.

프로젝트: 자동 양식 채우기

여러 가지 지루한 작업 중 양식 작성이 가장 지루한 잡일이다. 이 지루한 작업을 처리하는 것이야말로 마지막 장의 프로젝트에 적합하다. 어떤 스프레드시트에 많은 양의 데이터가 있는데, 다른 신청서 양식 인터페이스에 이를 다시 입력해야 한다고 하자. 이를 도와줄 인턴도 없다. 몇몇 신청서에는 불러오기(import) 기능이 있어서 정보가 들어 있는 스프레드시트를 업로드할 수 있지만, 가끔은 아무 생각 없이 몇 시간 동안 클릭하면서 키보드로 입력해야만 하는 경우도 있다. 이 책에서 여기까지 왔으니 당연히 이 지루한 작업을 자동화할 수 있는 방법이 있다는 사실을 눈치챘을 것이다.

이 프로젝트에 사용할 구글 문서 양식은 *https://autbor.com/form*에서 찾을 수 있다. 이는 그림 20-7과 같은 양식이다.

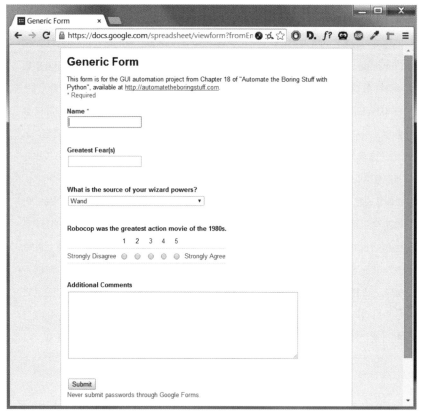

그림 20-7 이 프로젝트에서 사용할 양식

전체적으로 프로그램은 다음과 같은 작업을 수행해야 한다.

1. 양식의 텍스트 필드를 클릭한다.
2. 양식에서 각 필드에 정보를 입력한다.
3. 제출 버튼을 클릭한다.
4. 다음 데이터 세트로 이 과정을 반복한다.

이를 코드로 표현하면 다음과 같다.

1. pyautogui.click()을 호출하여 양식과 제출 버튼을 클릭한다.
2. pyautogui.write()를 호출하여 필드에 텍스트를 입력한다.
3. 사용자가 Ctrl-C를 눌러서 종료할 수 있도록 KeyboardInterrupt 예외를 처리
   한다.

새 파일 편집기 창을 열고 formFiller.py라는 이름으로 저장하자.

1단계: 단계 파악하기

코드를 작성하기 전에 한 번 정도는 양식을 직접 채워 가면서 어떤 키 입력이나 마우스 클릭을 해야 하는지 알아내야 한다. `pyautogui.mouseInfo()`를 호출하여 애플리케이션을 실행하면 특정 마우스 좌표를 알아내는 데 도움이 된다. 첫 번째 텍스트 필드의 좌표만 알면 된다. 첫 번째 필드를 클릭한 뒤 탭 버튼을 눌러서 다음 필드로 포커스를 이동하면 된다. 이렇게 하면 각 필드를 클릭하기 위해 x, y 좌표를 알아내야 할 필요가 없다.

다음과 같은 단계를 거쳐서 양식에 데이터를 입력한다.

1. Name 필드에 키보드 포커스를 설정하여 키를 눌러 해당 필드에 텍스트를 입력할 수 있도록 한다.
2. 이름(name)을 입력하고 탭을 누른다.
3. 가장 두려운 것(greatest fear)을 입력하고 탭을 누른다.
4. 마법력의 원천(wizard power source)을 선택하기 위해 아래쪽 화살표 키를 올바른 횟수만큼 누른다. 한 번 누르면 지팡이(wand), 두 번 누르면 부적(amulet), 세 번 누르면 수정 구슬(crystal ball), 네 번 누르면 돈(money)이다. 그리고 탭을 누른다(맥OS에서 아래 선택지로 이동하기 위해서는 아래쪽 화살표 키를 한 번씩 더 눌러야 한다는 사실을 알아 두자. 어떤 브라우저에서는 엔터를 눌러야 하는 경우도 있다).
5. 로보캅(RoboCop) 질문에 답하기 위해 오른쪽 화살표 키를 누른다. 한 번 누르면 2, 두 번 누르면 3, 세 번 누르면 4, 네 번 누르면 5, 단순히 스페이스 바만 누르면 1을 선택한다(기본값으로 선택되어 있다). 그리고 탭을 누른다.
6. 추가 의견(additional comment)을 작성하고 탭을 누른다.
7. 엔터를 눌러서 제출 버튼을 '클릭'한다.
8. 양식을 제출한 뒤에는 브라우저가 다른 페이지로 옮겨 가는데, 이 페이지에는 양식 페이지로 돌아가는 링크가 있다.

운영 체제나 브라우저별로 앞에 나와 있는 과정이 조금씩 다를 수 있기 때문에 실제 프로그램을 실행하기 전에 사용하는 컴퓨터에 맞는 키 입력 조합을 점검해 보자.

2단계: 좌표 설정하기

*https://autbor.com/form*에 접속하여 브라우저에 다운로드한 예시 양식(그림 20-7)을 불러오자.

다음과 같이 소스 코드를 작성하라.

```
#! python3
# formFiller.py — 자동으로 양식을 채운다.

import pyautogui, time

# TODO: 사용자에게 스크립트를 종료할 수 있는 기회를 준다.

# TODO: 양식 페이지를 불러올 때까지 대기한다.

# TODO: Name 필드를 작성한다.

# TODO: Greatest Fear(s) 필드를 작성한다.

# TODO: Source of Wizard Powers 필드를 작성한다.

# TODO: RoboCop 필드를 작성한다.

# TODO: Additional Comments 필드를 작성한다.

# TODO: Submit 버튼을 클릭한다.

# TODO: 양식 페이지를 불러올 때까지 대기한다.

# TODO: 다른 응답 제출 링크를 클릭한다.
```

이제 실제로 양식에 입력할 데이터가 필요하다. 실제로 데이터는 스프레드시트, 일반 텍스트 파일, 웹 사이트 등에서 가져오지만 이를 프로그램에 불러오기 위해서는 코드가 추가로 필요하다. 그러나 이 프로젝트에서는 이 데이터를 직접 입력하여 변수에 저장하겠다. 프로그램에 다음과 같은 코드를 추가하라.

```
#! python3
# formFiller.py — 자동으로 양식을 채운다.

--생략--

formData = [{'name': 'Alice', 'fear': 'eavesdroppers', 'source': 'wand',
            'robocop': 4, 'comments': 'Tell Bob I said hi.'},
            {'name': 'Bob', 'fear': 'bees', 'source': 'amulet', 'robocop': 4,
            'comments': 'n/a'},
            {'name': 'Carol', 'fear': 'puppets', 'source': 'crystal ball',
            'robocop': 1, 'comments': 'Please take the puppets out of the
```

```
          break room.'},
         {'name': 'Alex Murphy', 'fear': 'ED-209', 'source': 'money',
          'robocop': 5, 'comments': 'Protect the innocent. Serve the public
          trust. Uphold the law.'},
         ]
```

--생략--

formData 리스트에는 네 개의 이름을 가진 네 개의 딕셔너리가 들어 있다. 각 딕셔너리는 텍스트 필드의 이름을 키로, 각 필드에 대한 응답을 값으로 갖는다. 마지막 설정 단계는 함수가 호출될 때마다 0.5초간 대기하도록 PyAutoGUI의 PAUSE 변수를 설정하는 것이다. 또한, 브라우저를 클릭하여 창을 활성화하라고 사용자들에게 알린다. 프로그램에서 formData 할당문 뒤에 다음을 추가하라.

```
pyautogui.PAUSE = 0.5
print('Ensure that the browser window is active and the form is loaded!')
```

3단계: 데이터 입력하기

for 반복문은 formData 리스트에 있는 각 딕셔너리에 대해 반복하면서 딕셔너리에 있는 값들을 PyAutoGUI 함수에 전달하여 텍스트 필드에 가상으로 입력한다.

프로그램에 다음과 같은 코드를 추가한다.

```
#! python3
# formFiller.py - 자동으로 양식을 채운다.

--생략--

for person in formData:
    # 스크립트를 종료할 기회를 사용자에게 준다.
    print('>>> 5-SECOND PAUSE TO LET USER PRESS CTRL-C <<<')
    time.sleep(5)                                                    ❶

--생략--
```

스크립트에는 간단한 안전 기능으로 5초간 일시 정지하는(❶) 기능이 있어서 프로그램이 예상하지 못한 일을 하면 프로그램을 강제로 종료할 수 있도록 Ctrl-C를 누를 수 있는 기회를 사용자들에게 준다(또는 마우스 커서를 화면의 왼쪽 상단으로 움직여서 FailSafeException 예외를 일으킨다). 페이지를 불러오는 시간을 더하는 코드 뒤에 다음을 추가하라.

```
#! python3
# formFiller.py – 자동으로 양식을 채운다.

--생략--

    print('Entering %s info...' % (person['name']))              ❶
    pyautogui.write(['\t', '\t'])                                 ❷

    # Name 필드를 채운다.
    pyautogui.write(person['name'] + '\t')                        ❸

    # Greatest Fear(s) 필드를 채운다.
    pyautogui.write(person['fear'] + '\t')                        ❹

--생략--
```

가끔씩 print()를 호출하여 프로그램 상태를 터미널 창 화면에 출력하도록 해서 어떤 일이 발생하고 있는지 사용자들이 알 수 있도록 한다(❶).

양식을 읽어 들일 시간이 있었으므로 pyautogui.write(['\t', '\t'])를 호출하여 탭을 두 번 누른 뒤 포커스를 이름 필드에 설정한다(❷). 그런 다음 write()를 다시 한번 호출하여 person['name']에 있는 문자열을 입력한다(❸). 문자 '\t'를 write()에 전달된 문자열의 제일 끝에 추가하여 탭 버튼 누르는 것을 시뮬레이션한다. 그 결과, 키보드 포커스가 다음 필드인 Greatest Fear(s)로 넘어가게 된다. 한 번 더 write()를 호출하면 이 필드에 person['fear']의 문자열이 입력되고, 탭을 눌러 양식의 다음 필드로 넘어간다(❹).

4단계: 선택 리스트 및 라디오 버튼 처리하기

'마법력' 질문에 대한 드롭 다운(drop-down) 메뉴와 RoboCop 필드에 대한 라디오 버튼(radio button)은 텍스트 필드보다 처리하기 까다롭다. 마우스로 이 옵션을 클릭하려면, 각 선택지의 x좌표와 y좌표를 알아야 한다. 키보드의 화살표 키를 사용하면 더 쉽게 선택할 수 있다.

프로그램에 다음을 추가하라.

```
#! python3
# formFiller.py – 자동으로 양식을 채운다.

--생략--

    # Source of Wizard Powers 필드를 작성한다.
    if person['source'] == 'wand':                                ❶
        pyautogui.write(['down', '\t'] , 0.5)                     ❷
```

```
    elif person['source'] == 'amulet':
        pyautogui.write(['down', 'down', '\t'] , 0.5)
    elif person['source'] == 'crystal ball':
        pyautogui.write(['down', 'down', 'down', '\t'] , 0.5)
    elif person['source'] == 'money':
        pyautogui.write(['down', 'down', 'down', 'down', '\t'] , 0.5)


    # RoboCop 필드를 작성한다.
    if person['robocop'] == 1:                                        ❸
        pyautogui.write([' ', '\t'] , 0.5)                            ❹
    elif person['robocop'] == 2:
        pyautogui.write(['right', '\t'] , 0.5)
    elif person['robocop'] == 3:
        pyautogui.write(['right', 'right', '\t'] , 0.5)
    elif person['robocop'] == 4:
        pyautogui.write(['right', 'right', 'right', '\t'] , 0.5)
    elif person['robocop'] == 5:
        pyautogui.write(['right', 'right', 'right', 'right', '\t'] , 0.5)
```

--생략--

드롭 다운 메뉴에 포커스가 설정되고 나서(Greatest Fear 필드를 채운 뒤에 탭을 누르는 시뮬레이션에 대한 코드를 작성했던 것을 기억하라) 아래쪽 화살표 키를 누르면 선택 리스트에서 다음 항목으로 넘어간다. person['source']에 있는 값에 따라 프로그램은 다음 필드로 넘어가기 전에 아래쪽 화살표 키를 적절한 횟수만큼 전송한다. 사용자 딕셔너리의 'source' 키에 해당하는 값이 'wand'일 경우(❶), 아래쪽 화살표 키를 한 번 누르고 탭을 누른다(❷). 'source' 키에 해당하는 값이 'amulet'일 경우, 아래쪽 화살표 키를 두 번 누르고 탭을 누른다. 그리고 다른 응답들에 대해서도 같은 방식으로 진행한다. 이 write() 호출에서 0.5라는 인자는 키 사이에 0.5초간 일시 정지하도록 하여 프로그램이 양식에서 너무 빨리 이동하지 못하도록 한다.

RoboCop 질문에 대한 라디오 버튼도 오른쪽 화살표 키를 사용하여 선택할 수 있다. 또는 첫 번째 선택지를 선택할 경우(❸) 스페이스 바를 눌러도 선택할 수 있다(❹).

5단계: 양식을 제출하고 대기하기

Additional Comments 필드는 write() 함수에 person['comments']를 인자로 전달하고 호출하여 작성할 수 있다. 추가로 '\t'를 입력하여 키보드 포커스를 다음 필드나 제출 버튼으로 옮긴다. 제출 버튼에 포커스가 설정되면 pyautogui.

press('enter')를 호출하여 엔터 키를 누르는 것을 시뮬레이션하여 양식을 제출한다. 양식을 제출한 후 프로그램은 다음 페이지를 읽어 들일 때까지 5초간 대기한다.

새로운 페이지를 읽어 들이면 다른 응답 제출(Submit another response) 링크가 있는데, 이 링크는 브라우저를 새로운 빈 양식 페이지로 연결한다. 2단계에서 이 링크의 좌표를 submitAnotherLink에 튜플 형식으로 저장하였으므로 이를 pyautogui.click()에 전달하여 링크를 클릭하도록 한다.

새로운 양식이 준비된 상황에서 스크립트의 외부 for 반복문은 반복을 계속 진행하여 다음 사람의 정보를 양식에 입력한다.

다음과 같은 코드를 추가하여 프로그램을 완성하라.

```python
#! python3
# formFiller.py - 자동으로 양식을 채운다.

--생략--

    # Additional Comments 필드를 작성한다.
    pyautogui.write(person['comments'] + '\t')

    # 엔터 키를 눌러서 Submit 버튼을 '클릭'한다.
    time.sleep(0.5) # 버튼 활성화를 기다린다.
    pyautogui.press('enter')

    # 설문 페이지를 불러올 때까지 대기한다.
    print('Submitted form.')
    time.sleep(5)

    # 다른 응답 제출 링크를 클릭한다.
    pyautogui.click(submitAnotherLink[0], submitAnotherLink[1])
```

주 for 반복문이 끝나면, 프로그램은 각 사람의 정보를 이미 다 입력했을 것이다. 이 예에서 입력해야 할 사람은 단 네 명이다. 그러나 4000명이라면 이러한 작업을 수행하는 프로그램을 작성해야 더 많은 시간과 타이핑을 줄일 수 있을 것이다.

화면에 메시지 상자 출력하기

이제까지 작성한 프로그램은 일반 텍스트가 입력(input() 함수)과 출력(print() 함수)에 사용되었다. 그러나 PyAutoGUI 프로그램은 전체 컴퓨터가 활용 대상이다. 프로그램이 실행되고 있는 뮤나 터미널 창과 같은 텍스트 기반 창에서는 PyAutoGUI 프로그램이 클릭을 하거나 다른 창과 상호 작용하지 못할 것이다. 뮤 또는 터미널 창이 다른 창에 가려져 있는 경우, 사용자 입력이나 출력을 하기가 어려워질 수 있다.

이 문제를 해결하기 위해 PyAutoGUI는 팝업 메시지 상자를 띄워서 사용자에게 알리거나 사용자의 입력을 받는다. 다음과 같은 네 개의 메시지 상자 함수가 있다.

> **pyautogui.alert(text)** text를 화면에 출력하고 OK 버튼이 하나 있다.
>
> **pyautogui.confirm(text)** text를 화면에 출력하고 OK와 Cancel 버튼이 있으며, 클릭하는 버튼에 따라 'OK'나 'Cancel'을 반환한다.
>
> **pyautogui.prompt(text)** text를 화면에 출력하고, 사용자가 입력할 수 있는 텍스트 필드가 존재하며, 이는 문자열 형식으로 반환된다.
>
> **pyautogui.password(text)** prompt()와 동일하지만 애스터리스크 문자를 화면에 출력하여 사용자가 비밀번호와 같은 민감한 정보를 입력할 수 있도록 한다.

이 함수들에는 선택적으로 사용할 수 있는 두 번째 인자가 있는데 무자열값을 받는다. 이 인자는 메시지 상자 제목 표시 줄에 들어가는 제목으로 사용된다. 이 함수들은 사용자가 그 위에 있는 버튼을 누르기 전까지 반환되지 않기 때문에 PyAutoGUI 프로그램에서 일시 정지할 때 사용할 수도 있다. 대화형 셸에 다음과 같이 입력해 보자.

```
>>> import pyautogui
>>> pyautogui.alert('This is a message.', 'Important')
'OK'
>>> pyautogui.confirm('Do you want to continue?') # Cancel을 클릭한다.
'Cancel'
>>> pyautogui.prompt("What is your cat's name?")
'Zophie'
>>> pyautogui.password('What is the password?')
'hunter2'
```

여기서 만들어 내는 팝업 메시지 상자는 그림 20-8과 같다.

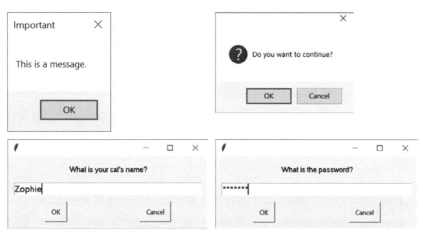

그림 20-8 왼쪽 상단에서 오른쪽 하단까지 각각 alert(), confirm(), prompt(), password()로 생성된 창

이러한 기능은 알림을 제공하거나 사용자에게 요청하는 데 사용할 수 있으며, 프로그램의 나머지 부분은 마우스와 키보드를 통해 컴퓨터와 상호 작용한다. 전체 온라인 문서는 *https://pymsgbox.readthedocs.io*에서 찾을 수 있다.

요약

pyautogui 모듈을 활용한 GUI 자동화로 마우스와 키보드를 제어하여 컴퓨터의 애플리케이션과 상호 작용할 수 있다. 이러한 방법은 사용자가 할 수 있는 행동이라면 무엇이든 할 수 있을 정도로 유연하다는 장점이 있지만, 프로그램이 어떤 것을 클릭하거나 입력하고 있는지 전혀 모르고 수행한다는 단점이 있다. GUI 자동화 프로그램을 작성할 때 잘못된 지시 사항을 받으면 바로 충돌이 일어나도록 작성하라. 충돌이 번거로운 일이기는 하지만, 프로그램이 잘못된 방향으로 계속 실행되는 것보다는 훨씬 낫다.

PyAutoGUI를 사용하면 화면에서 마우스 커서 이동이나 마우스 클릭, 키 입력, 단축 키 입력 등을 시뮬레이션할 수 있다. pyautogui 모듈은 화면에서 색상을 확인할 수 있으며, 이를 기반으로 GUI 자동화 프로그램이 정상 실행에서 벗어나지 않았는지 확인할 수 있는 단서를 제공한다. 심지어 PyAutoGUI에 스크린샷을 제공하여 클릭하고자 하는 영역의 좌표를 파악하도록 할 수도 있다.

이러한 PyAutoGUI의 기능들을 결합하여 컴퓨터에서 아무 생각 없이 반복하는 작업들을 자동화할 수 있다. 사실, 마우스 커서가 저절로 움직이거나 텍스트가 화면에 자동으로 나타나는 것을 보면 완전히 최면에 걸린 것처럼 느껴질 수도 있다. 편하게 앉아서 프로그램이 작업을 해 주는 것을 가만히 보고 있다면 어떨까? 자신의 영리함 덕분에 지루한 일에서 어떻게 벗어났는지 보고 있으면 꽤나 만족스러울 것이다.

연습 문제

1. PyAutoGUI에서 프로그램을 중지시키는 안전장치를 가동하는 방법은 무엇인가?
2. 현재 화면의 해상도를 반환하는 함수는 무엇인가?
3. 마우스 커서의 현재 위치 좌표를 반환하는 함수는 무엇인가?
4. pyautogui.moveTo()와 pyautogui.move()의 차이는 무엇인가?
5. 마우스를 드래그하는 함수는 무엇인가?
6. "Hello, world!"의 글자들을 입력하려면 어떤 함수를 호출해야 하는가?
7. 키보드의 왼쪽 화살표 키와 같은 특별한 키를 누르는 방법은 무엇인가?
8. 현재 화면에 있는 내용을 screenshot.png라는 이미지 파일에 저장하는 방법은 무엇인가?
9. PyAutoGUI의 함수를 호출을 호출한 뒤 2초간 일시 정지하는 방법은 무엇인가?
10. 웹 브라우저 안에서 클릭이나 키 입력을 자동화하고 싶다면, PyAutoGUI나 셀레니엄 중 어떤 것을 사용해야 할까?
11. PyAutoGUI에서 오류가 발생하기 쉬운 이유는 무엇인가?
12. 화면에서 제목에 Notepad라는 텍스트가 있는 모든 창의 크기는 어떻게 알아낼 수 있을까?
13. 예를 들어 파이어폭스 브라우저를 활성화하고 화면에서 모든 창보다 앞에 위치하도록 하려면 어떻게 해야 할까?

연습 프로젝트

연습을 위해 다음과 같은 작업들을 수행하는 프로그램을 작성해 보자.

바쁜 척하기

많은 인스턴트 메시지 프로그램은 일정 시간(예를 들어 10분) 동안 마우스 움직임이 있는지 없는지 감지하여 사용자가 유휴 상태인지 또는 컴퓨터에서 떨어져 있는지 확인한다. 여러분이 컴퓨터 앞에 없더라도 다른 사람이 여러분의 인스턴트 메신저 상태가 유휴 모드로 전환되는 모습을 보는 것을 원치 않을 수 있다. 10초마다 마우스 커서를 살짝 누르는 스크립트를 작성하라. 스크립트가 실행되는 동안 컴퓨터를 사용해야 하는 경우 방해가 되지 않도록 작은 동작이어야 하고 너무 자주 일어나면 안 된다.

클립보드를 사용하여 텍스트 필드 읽기

pyautogui.write()로 애플리케이션의 텍스트 필드에 키 입력을 보낼 수 있지만, PyAutoGUI 자체만으로 텍스트 필드에 있는 텍스트를 읽을 수는 없다. 이런 경우에는 Pyperclip 모듈이 도움이 된다. PyAutoGUI를 사용하여 뮤나 메모장과 같은 텍스트 편집기 창을 클릭해 화면의 제일 앞으로 가져온 뒤 텍스트 필드 내부를 클릭한다. 그 뒤에 '전체 선택하기'를 의미하는 Ctrl-A 또는 command-A 단축키를 누르고 '클립보드에 복사하기'를 의미하는 Ctrl-C 또는 command-C 단축키를 누른다. 그러고 나서 파이썬 스크립트에서 import pyperclip과 pyperclip. paste()를 사용하여 클립보드의 텍스트를 읽을 수 있다.

이러한 과정으로 창의 텍스트 필드에서 텍스트를 복사하는 프로그램을 작성하라. pyautogui.getWindowsWithTitle('Notepad')를 사용하여 Window 객체를 얻는다. Window 객체의 top과 left 속성은 창의 위치를 알려 주고, activate() 메서드는 화면의 제일 앞에 창이 위치하도록 한다. 그러고 나서 top, left 속성에 100이나 200픽셀을 더한 값을 pyautogui.click()에 전달하여 텍스트 편집기의 주 텍스트 필드를 클릭한다. pyautogui.hotkey('ctrl', 'a')와 pyautogui. hotkey('ctrl', 'c')를 호출하여 모든 텍스트를 선택한 뒤 클립보드에 복사한다. 마지막으로 pyperclip.paste()를 호출하여 클립보드에 있는 텍스트를 불러온 뒤, 파이썬 프로그램에 붙여 넣는다. 여기서 이 문자열은 원하는 대로 사용할 수 있지만, 지금은 print()에 전달만 하자.

PyAutoGUI에서 window 함수는 윈도우의 PyAutoGUI 1.0.0 버전에서만 작동하고, 맥OS나 리눅스에선 작동하지 않는다는 사실에 유의하라.

인스턴트 메신저 봇

스카이프(Skype), 구글 토크(Google Talk)[1] 등의 인스턴트 메시지 애플리케이

---

1 (옮긴이) 2017년 6월 서비스 종료

선들은 대부분 전용 프로토콜을 사용하므로 이 프로그램들과 상호 작용하는 파이썬 모듈을 작성하기는 어렵다. 그러나 전용 프로토콜을 사용하더라도 GUI 자동화 도구를 작성하여 사용하는 것은 막을 수 없다.

구글 토크 애플리케이션은 검색 창을 제공하는데, 여기서 친구 목록에 있는 사용자 이름을 입력하고 엔터를 누르면 메시지 창이 열린다. 키보드 포커스는 자동으로 새로운 창으로 이동한다. 다른 인스턴트 메신저 애플리케이션들도 비슷한 방법으로 새로운 메시지 창을 연다. 친구 목록에 있는 선택된 사람들에게 알림 메시지를 자동으로 보내는 프로그램을 작성하라. 이 프로그램은 오프라인 상태인 친구일 경우, 화면의 다른 좌표에서 채팅 창이 나타날 경우, 메시징을 방해하는 확인 창이 나타날 경우 등 예외적인 상황을 처리할 수 있어야 한다. 프로그램은 GUI 상호 작용을 안내하기 위해 스크린샷을 찍고 가상 키 입력이 전송되지 않을 때 감지하는 방법을 채택해야 한다.

 이 프로그램을 작성할 때 실수로 실제 친구에게 스팸을 보내지 않도록 가짜 테스트 계정을 설정하여 사용하는 것이 좋다.

게임 플레잉 봇 튜토리얼

*https://nostarch.com/automatestuff2/*에는 '웹 게임을 플레이할 수 있는 파이썬 봇 만들기(How to Build a Python Bot That Can Play Web Games)'라는 좋은 튜토리얼 링크가 있다. 이 튜토리얼은 회전 초밥(Sushi Go Round)이라는 이름의 플래시 게임을 플레이하는 GUI 자동화 프로그램을 파이썬으로 만드는 방법을 설명한다.[2] 이 게임은 고객이 주문하는 초밥에 맞는 재료 버튼을 클릭하는 과정이 필요하다. 실수 없이 주문을 더 빨리 처리할수록 더 많은 점수를 얻을 수 있다. 이는 GUI 자동화 프로그램에 딱 맞는 작업이지만, 게임에서 이 방법을 쓰면 높은 점수를 얻기 위한 부정행위가 된다! 이 튜토리얼에서는 이번 장에서 설명한 많은 주제를 다루지만, PyAutoGUI의 기본 이미지 인식 기능에 대한 설명도 들어 있다. 이 봇의 소스 코드는 *https://github.com/asweigart/sushigoroundbot/*에 있고, 이 봇이 실제로 게임을 플레이하는 영상은 *https://youtu.be/lfk_T6VKhTE*에 있다.

---

2 (옮긴이) 2020년 12월 31일 플래시 지원이 종료되어 이 게임은 정상으로 실행되지 않을 수도 있다.

부록 A

서드 파티 모듈 설치하기

많은 개발자가 자체적으로 모듈을 만들어서 파이썬으로 패키징된 표준 라이브러리 모듈에서 제공하는 것 이상으로 파이썬의 기능을 확장했다. 서드 파티 모듈을 설치하는 가장 기본적인 방법은 파이썬의 pip 도구를 이용하는 것이다. 이 소프트웨어는 *https://pypi.python.org/*에서 파이썬 모듈을 안전하게 다운로드하고 설치하는 역할을 한다. PyPI 또는 파이썬 패키지 인덱스(Python Package Index)는 일종의 무료 앱 스토어처럼 파이썬 모듈을 제공한다.

pip 도구

pip는 윈도우나 맥OS에서는 파이썬 3.4 이후 버전을 설치하면 자동으로 설치되지만, 리눅스에서는 별도로 설치해야 한다. 리눅스에 pip가 이미 설치되었는지 알고 싶다면, 터미널 창에서 which pip3를 실행하면 된다. 이미 설치되었다면 pip3의 위치가 화면에 출력된다. 그렇지 않다면 아무것도 출력되지 않는다. 우분투나 데비안 리눅스에서 pip3를 설치하려면 새 터미널 창을 열고 sudo apt-get install python3-pip를 입력하라. 페도라 리눅스에서 pip3를 설치하려면 터미널 창에서 sudo yum install python3-pip를 입력하면 된다. 이때 컴퓨터의 관리자 비밀번호를 입력해야 한다.

pip 도구는 대화형 셸이 아니라 터미널(또는 명령 행) 창에서 실행된다. 윈도우에서는 시작 메뉴의 '명령 프롬프트(Command Prompt)' 프로그램을 실행하면 된다. 맥OS에서는 스포트라이트에서 터미널을 실행하면 된다. 우분투 리눅스에서는 터미널을 실행하거나 Ctrl-Alt-T를 누르면 된다.

pip 폴더가 환경 변수 PATH에 등록되어 있지 않다면, pip를 실행하기 전에 터미널 창에서 cd 명령어를 사용하여 폴더를 변경해야 할 수도 있다. 사용자 이름을 찾아야 한다면, 윈도우에서는 echo %USERNAME%을, 맥OS나 리눅스에서는 whoami를 실행한다. 그러고 나서 cd *pip folder*를 실행한다. 이때 윈도우에서 pip 폴더는 C:\Users\〈USERNAME〉\AppData\Local\Programs\Python\Python37\Scripts이다. 맥OS에서는 /Library/Frameworks/Python.framework/Versions/3.7/bin/이다. 리눅스에서는 /home/〈USERNAME〉/.local/bin/이다. 이제 pip 도구를 실행할 적합한 폴더로 이동한 것이다.

서드 파티 모듈 설치하기

pip 도구의 실행 파일은 윈도우에서는 pip, 맥OS나 리눅스에서는 pip3이다. 명령 행에서 명령어 install과 그 뒤에 설치하려고 하는 모듈 이름을 입력하면 된다. 예를 들어 윈도우에서는 pip install --user *MODULE*을 입력하면 된다. 이때 *MODULE*은 모듈 이름이다.

이러한 서드 파티 모듈들의 향후 변경 사항은 이전 버전과 호환되지 않을 수 있으므로 이 절의 뒷부분에서 설명하는 대로 이 책에서 사용하는 정확한 버전을 설치하는 것을 추천한다. 특정 버전의 모듈을 설치하려면 모듈 이름 뒤에 -U *MODULE==VERSION*을 추가하여 입력하면 된다. 여기서 명령 행에 입력하는 옵션에 등호가 두 개 있다는 점에 유의하자. 예를 들어 pip install --user -U send2trash==1.5.0은 send2trash 모듈의 1.5.0 버전을 설치한다.

*https://nostarch.com/automatestuff2/*에서 운영 체제에 맞는 'requirements' 파일을 다운로드하고 다음 명령 중 하나를 실행하면, 이 책에서 사용하는 모든 모듈을 설치할 수 있다.

• 윈도우:

```
pip install --user -r automate-win-requirements.txt --user
```

• 맥OS:

```
pip3 install --user -r automate-mac-requirements.txt --user
```

• 리눅스:

```
pip3 install --user -r automate-linux-requirements.txt --user
```

다음 목록은 이 책에서 사용하는 서드 파티 모듈과 각각의 버전 정보다. 컴퓨터에 모듈 몇 개만 설치하고 싶다면, 이 명령들을 별도로 실행하면 된다.

- `pip install --user send2trash==1.5.0`
- `pip install --user requests==2.21.0`
- `pip install --user beautifulsoup4==4.7.1`
- `pip install --user selenium==3.141.0`
- `pip install --user openpyxl==2.6.1`
- `pip install --user PyPDF2==1.26.0`
- `pip install --user python-docx==0.8.10`(docs가 아니라 python-docx를 설치하라)
- `pip install --user imapclient==2.1.0`
- `pip install --user pyzmail36==1.0.4`
- `pip install --user twilio`
- `pip install --user ezgmail`
- `pip install --user ezsheets`
- `pip install --user pillow==6.0.0`
- `pip install --user pyobjc-framework-Quartz==5.2`(맥OS 전용)
- `pip install --user pyobjc-core==5.2`(맥OS 전용)
- `pip install --user pyobjc==5.2`(맥OS 전용)
- `pip install --user python3-xlib==0.15`(리눅스 전용)
- `pip install --user pyautogui`

 맥OS 사용자들을 위한 주의 사항: pyobjc 모듈을 설치하려면 20분 또는 그 이상의 시간이 걸린다. 따라서 오래 걸리더라도 너무 불안해하지 않아도 된다. 또한, pyobjc-core 모듈을 먼저 설치하면 전체 설치 시간을 줄일 수 있다.

모듈을 설치한 뒤에는 설치에 성공했는지 확인하기 위해 대화형 셸에 import *ModuleName*을 입력해 보자. 화면에 어떠한 오류 메시지도 출력되지 않는다면, 이 모듈은 성공적으로 설치되었다고 생각해도 좋다.

모듈이 이미 설치되었지만 PyPI에 등록된 최신 버전으로 업그레이드하려면, pip install --user -U *MODULE*(또는 맥OS나 리눅스에서는 pip3 install --user -U *MODULE*)을 실행하면 된다. 여기서 --user 옵션은 모듈을 홈 디렉터리에 설치하도록 한다. 이 옵션을 사용하면 모든 사용자가 쓸 수 있게 설치하려고 할 때 발생할 수 있는 잠재적인 권한 오류를 방지할 수 있다.

셀레니엄과 OpenPyXL 모듈의 최신 버전에는 이 책에서 사용한 버전과 호환되지 않는 변경 사항들이 있다. 반대로 트윌리오, EZGmail, EZSheets 모듈은 온라인 서비스와 상호 작용하기 때문에 이 모듈들의 경우 pip install --user -U 명령을 사용하여 최신 버전을 설치해야 한다.

> ✅ 이 책의 1판에서는 pip를 실행하다 권한 오류가 발생하면 sudo 명령어를 사용할 것을 추천했다. 즉, sudo pip install module을 실행하는 방식이었다. 그러나 운영 체제에서 사용하는 파이썬 관련 모듈들을 설치할 수 있으므로 별로 좋은 방법이 아니다. 사용하는 운영 체제에서 시스템과 관련된 작업을 수행하는 파이썬 스크립트를 실행할 수 있는데 운영 체제에서 사용하는 파이썬에 이 책에서 쓰는 모듈을 설치해서 이미 존재하는 모듈들과 충돌하는 경우 고치기 어려운 버그가 발생할 수 있다. 파이썬 모듈을 설치할 때 sudo를 절대로 사용하지 말자.

뮤 편집기를 위한 모듈 설치하기

뮤 편집기는 일반적인 파이썬 설치 환경과 별도로 고유한 환경을 갖는다. 뮤에서 실행하는 스크립트에서 사용할 수 있도록 모듈을 설치하려면, 뮤 편집기의 우측 하단에 있는 바퀴 아이콘을 클릭하여 관리자 패널을 불러와야 한다. 이때 나타나는 창에서 Third Party Package 탭을 클릭하여 그 탭에서 알려 주는 모듈 설치 방법을 따라 하면 된다. 뮤에 모듈을 설치하는 기능은 아직 개발 중인 초기 기능이기 때문에 나중에 바뀔 수도 있다.

관리자 패널에서 모듈을 설치하지 못했다면, 터미널 창을 열고 pip 도구를 실행할 때 뮤 편집기를 지정하는 방법도 있다. 뮤의 모듈 폴더를 지정하려면 pip의 명령 행 옵션인 --target을 사용해야 한다. 윈도우 환경에서 이 폴더는 C:\Users\⟨USERNAME⟩\AppData\Local\Mu\pkgs이다. 맥OS에서 이 폴더는 /Applications/mu-editor.app/Contents/Resources/app_packages이다. 리눅스에서는 --target 인자를 입력할 필요가 없다. 일반적인 상황과 같이 pip3 명령을 실행하면 된다.

예를 들어 *https://nostarch.com/automatestuff2/*에서 운영 체제에 맞는 'requirements' 파일을 다운로드한 뒤, 다음 명령을 실행하면 된다.

- 윈도우:

```
pip install -r automate-win-requirements.txt --target "C:\Users\USERNAME\
AppData\Local\Mu\pkgs"
```

- 맥OS:

```
pip3 install -r automate-mac-requirements.txt --target /Applications/mu-
editor.app/Contents/Resources/app_packages
```

- 리눅스:

```
pip3 install --user -r automate-linux-requirements.txt
```

이 모듈 중에서 몇몇 모듈만 설치하려면, 일반적인 방식으로 pip(또는 pip3) 명령을 실행하되 --target 인자를 추가하면 된다.

부록 B

프로그램 실행하기

뮤로 프로그램을 열었다면, 뮤 창 상단에 있는 Run 버튼을 클릭하거나 F5를 눌러서 실행할 수 있다. 이는 프로그램을 작성하면서 실행하는 가장 쉬운 방법이지만, 이미 완성된 프로그램을 실행하려고 뮤를 연다면 부담이 될 수 있다. 사용하는 운영 체제에 따라 파이썬 스크립트를 실행하는 더 편리한 방법이 있다.

터미널 창에서 프로그램 실행하기

터미널 창(윈도우의 명령 프롬프트나 맥OS와 리눅스의 터미널 같은)을 열면 텍스트 명령어를 입력할 수 있는 거의 텅 빈 창을 볼 수 있을 것이다. 터미널에서 프로그램을 실행할 수 있지만, 이에 익숙하지 않다면 터미널(또는 명령 행)로 컴퓨터를 사용하기가 겁이 날 수 있다. GUI와 달리 터미널(또는 명령 행)은 사용자가 무엇을 해야 하는지 어떠한 단서도 제공하지 않는다.

윈도우에서 터미널 창을 열기 위해서는 시작 버튼을 클릭하고 '명령 프롬프트'라고 입력한 뒤 엔터를 누르면 된다. 맥OS에서는 우측 상단의 스포트라이트 아이콘을 클릭한 뒤 '터미널'을 입력하고 엔터를 누르면 된다. 우분투 리눅스의 경우, 또 키보드 단축키인 Ctrl-Alt-T를 눌러도 터미널 창이 열린다.

파이썬 대화형 셸에 나오는 >>> 프롬프트처럼 터미널에서도 명령어를 입력하는 프롬프트가 화면에 나타난다. 윈도우에서는 현재 위치한 폴더의 절대 경로를 보여 준다.

```
C:\Users\Al> 여기에 명령을 입력한다
```

맥OS에서 프롬프트는 컴퓨터 이름, 콜론, 현재 작업 디렉터리(홈 폴더는 짧게 ~ 로 나타낸다), 사용자 이름과 그 뒤에 달러 기호($)를 보여 준다.

```
Als-MacBook-Pro:~ al$ 여기에 명령을 입력한다
```

우분투 리눅스의 경우, 맥OS의 프롬프트와 비슷하지만 사용자 이름으로 시작하고 @ 기호를 사용한다는 점이 다르다.

```
al@al-VirtualBox:~$ 여기에 명령을 입력한다
```

이 프롬프트는 사용자가 맞춤 설정할 수 있지만 그 내용은 이 책의 범위를 벗어난다.

윈도우에서 python이나 맥OS와 리눅스에서 python3 같은 명령어를 입력했을 때, 터미널은 현재 위치한 폴더에 그러한 이름의 프로그램이 존재하는지 검사한다. 이를 찾지 못할 경우, 환경 변수 PATH에 나열된 폴더를 확인한다. 이때 환경 변수는 전체 운영 체제에 대한 변수라고 생각할 수 있다. 이 변수에는 몇몇 시스템 관련 설정이 들어 있다. 이러한 환경 변수 PATH에 있는 값을 확인하려면, 윈도우에서는 echo %PATH%를, 맥OS나 리눅스에서는 echo $PATH를 실행하면 된다. 다음은 맥OS에서의 예다.

```
Als-MacBook-Pro:~ al$ echo $PATH
/Library/Frameworks/Python.framework/Versions/3.7/bin:/usr/local/bin:/usr/bin:/
bin:/usr/sbin:/sbin
```

맥OS에서 python3 프로그램 파일은 /Library/Frameworks/Python.framework/Versions/3.7/bin 폴더에 존재하므로 **/Library/Frameworks/Python.framework/Versions/3.7/bin/python3**라고 입력하거나 파이썬을 처음 실행하기 전에 그 폴더로 위치를 변경할 필요가 없다. 임의의 폴더에서 python3를 입력하더라도 터미널은 PATH 환경 변수의 폴더 중 한 폴더에서 찾을 것이다. 프로그램 폴더를 PATH 환경 변수에 추가하는 것도 편리한 방법이다.

.py 프로그램을 실행하려고 한다면 python(또는 python3) 뒤에 .py 파일 이름을 입력해야 한다. 이렇게 하면 파이썬을 실행하고 파이썬은 .py 파일 내에서 찾은 코드를 실행할 것이다. 파이썬 프로그램이 종료된 후에는 터미널 프롬프트로 돌아갈 것이다. 예를 들어 윈도우에서 간단한 "Hello, world!" 프로그램을 실행한 결과는 다음과 같다.

```
Microsoft Windows [Version 10.0.17134.648]
(c) 2018 Microsoft Corporation. All rights reserved.

C:\Users\Al>python hello.py
Hello, world!

C:\Users\Al>
```

파일 이름 없이 python(또는 python3)을 실행하면 파이썬은 대화형 셸을 실행한다.

윈도우에서 파이썬 프로그램 실행하기

윈도우에서 파이썬 프로그램을 실행하는 방법이 몇 가지 더 있다. 터미널 창을 열고 파이썬 스크립트를 실행하는 방식 대신, WIN-R을 눌러서 열리는 실행 대화 상자에서 그림 B-1과 같이 py C:\path\to\your\pythonScript.py를 실행해도 된다. 프로그램 py.exe는 C:\Windows\py.exe에 설치되어 있고, 이는 환경 변수 PATH에 존재한다. 또한, 프로그램을 실행할 때 .exe 파일 확장자는 입력하지 않아도 된다.

그림 B-1 윈도우의 실행 대화 상자

이 방법의 단점은 스크립트의 전체 경로를 반드시 입력해야 한다는 것이다. 대화 상자에서 파이썬 프로그램을 실행하면 새 터미널 창을 열어서 결과를 출력하지만, 프로그램이 종료되는 즉시 창이 닫히기 때문에 몇몇 결과를 놓칠 수 있다.

이러한 문제들은 배치 스크립트를 만들어 해결할 수 있다. 배치 스크립트는 맥OS나 리눅스의 셸 스크립트처럼 터미널 명령을 여러 개 실행할 수 있는 .bat 파일 확장자가 붙은 작은 텍스트 파일이다. 메모장과 같은 텍스트 편집기를 사용하여 이러한 파일을 만들 수 있다.

배치 파일을 만들기 위해 다음과 같은 줄들이 포함된 텍스트 파일을 입력해 보자.

```
@py.exe C:\path\to\your\pythonScript.py %*
@pause
```

이 예에서 경로를 프로그램의 절대 경로로 바꾸고 확장자가 .bat인 파일로 저장하자(예를 들어 pythonScript.bat). 이때 각 명령의 시작 부분에 있는 @ 기호는 터미널 창에서 화면에 출력되지 않으며, %*는 배치 파일 이름 뒤에 입력된 명령행 인자를 파이썬 스크립트로 전달한다. 파이썬 스크립트는 sys.argv에 있는 리스트에서 차례대로 명령 행 인자를 읽는다. 이와 같이 배치 파일을 사용하면 매번 파이썬 프로그램을 실행할 때마다 전체 절대 경로를 입력할 필요가 없다. 게다가 @pause는 파이썬 스크립트가 끝난 뒤에 "Press any key to continue..."를 추가하여 프로그램 창이 너무 빨리 사라지지 않도록 한다. 모든 배치 파일과 .py 파일을 C:\Users\⟨USERNAME⟩과 같이 환경 변수 PATH에 존재하는 폴더 중 한 폴더에 두는 것을 추천한다.

파이썬 스크립트를 실행하도록 배치 파일을 설정한 경우, 터미널 창을 열고 전체 파일 경로와 파이썬 스크립트의 이름을 입력할 필요가 없다. 그 대신, WIN-R을 누르고 pythonScript를 입력한 뒤(전체 이름인 pythonScript.bat을 다 입력할 필요가 없다), 엔터를 누르면 스크립트를 실행할 수 있다.

맥OS에서 파이썬 프로그램 실행하기

맥OS에서는 파일 확장자가 .command인 텍스트 파일을 만들어 파이썬 스크립트를 실행하는 셸 스크립트를 생성할 수 있다. 텍스트 편집기에서 새 파일을 만들고 다음과 같이 입력하자.

```
#!/usr/bin/env bash
python3 /path/to/your/pythonScript.py
```

이 파일을 홈 폴더(예를 들어 내 컴퓨터의 경우 /Users/al이다)에 확장자가 .command인 파일로 저장하자. 터미널 창에서 이 셸 스크립트를 실행 가능하도록 하기 위해 chmod u+x *yourScript*.command를 실행한다. 이제 스포트라이트 아이콘을 클릭하고(또는 command-Space를 누른다) *yourScript*.command를 입력하여 셸 스크립트를 실행하면 파이썬 스크립트를 실행할 수 있다.

우분투 리눅스에서 파이썬 프로그램 실행하기

우분투 리눅스에서 파이썬 스크립트를 실행하려면 많은 설정이 필요하다. /home/al/example.py라는 스크립트를 실행하려는 상황을 가정해 보자(실행하는 스크립트가 다른 폴더에 위치하거나 다른 파일 이름이라도 괜찮다). 먼저 gedit와 같은 텍스트 편집기에서 파일을 만들어 다음과 같은 내용을 입력하자.

```
[Desktop Entry]
Name=example.py
Exec=gnome-terminal -- /home/al/example.sh
Type=Application
Categories=GTK;GNOME;Utility;
```

이 파일을 /home/⟨al⟩/.local/share/applications 폴더(al을 자신의 사용자 이름으로 바꾼다)에 example.desktop이라는 이름으로 저장하자. 텍스트 편집기에서 .local 폴더가 나타나지 않는다면(마침표로 시작하는 폴더는 숨겨진 폴더로 간주된다), 터미널 창을 열고 mv /home/al/example.desktop /home/al/.local/share/applications 명령을 실행하여 파일을 옮긴다.

example.desktop 파일이 /home/al/.local/share/applications 폴더에 있다면, 키보드에서 윈도우 키를 누른 뒤 example.py를 입력한다(또는 Name 필드에 입력한 것). 그러면 새 터미널 창이 열리고(구체적으로는 gnome-terminal 프로그램) /home/al/example.sh라는 셸 스크립트가 실행된다. 이제 이 셸 스크립트를 만들어 보자.

텍스트 편집기로 다음 내용이 들어 있는 새 파일을 만든다.

```
#!/usr/bin/env bash
python3 /home/al/example.py
bash
```

이 파일을 /home/al/example.sh로 저장한다. 이를 셸 스크립트라고 하며 일련의 터미널 명령어를 실행하는 스크립트다. 이 셸 스크립트는 /home/al/example.py 파이썬 스크립트를 실행한 뒤 배시(bash) 셸 프로그램을 실행한다. 마지막 줄의 배시 명령어를 빼면 파이썬 스크립트 실행이 종료되는 즉시 터미널 창이 닫혀 버려서 print() 호출로 화면에 출력되는 텍스트를 놓치게 된다.

이 셸 스크립트에 실행 권한을 부여해야 하므로 터미널 창에서 다음 명령을 실행한다.

```
al@ubuntu:~$ chmod u+x /home/al/example.sh
```

이제 example.desktop과 example.sh 파일이 설정되었으므로 윈도우 키를 눌러 example.py를 입력하면 example.py 스크립트를 실행할 수 있다(또는 example.desktop 파일의 Name 필드에 입력한 이름의 파일을 실행할 수 있다).

단언을 비활성화한 상태에서 파이썬 프로그램 실행하기

성능을 약간 높이기 위해 파이썬 프로그램의 assert 문을 비활성화할 수 있다. 터미널에서 파이썬 프로그램을 실행할 때 python이나 python3와 .py 파일 이름 사이에 -O을 넣어 보자. 이렇게 하면, 단언 검사를 건너뛰어서 최적화된 프로그램을 실행할 수 있을 것이다.

부록 C

연습 문제 해답

이번 부록에는 각 장의 마지막에 있는 연습 문제에 대한 해답이 들어 있다. 시간이 걸리더라도 이 문제들을 하나하나 풀어 볼 것을 강력히 권한다. 프로그래밍은 문법이나 함수 이름 목록을 기억하는 것만으로는 충분하지 않고 그 이상을 공부해야 한다. 외국어를 배울 때도 더 많이 연습할수록 더 많은 것을 얻을 수 있다. 프로그래밍을 연습할 수 있는 웹 사이트는 매우 많다. 이러한 홈페이지 목록은 *https://nostarch.com/automatestuff2/*에서 찾아볼 수 있다.

연습 프로젝트의 경우 정답인 프로그램이 하나만 있는 것은 아니다. 프로젝트에서 요구하는 대로 프로그램이 동작한다면 그 프로그램은 맞았다고 간주할 수 있다. 그러나 완성된 프로젝트 예를 보고 싶다면 *https://nostarch.com/automatestuff2/*에서 '이 책에서 사용한 파일 다운로드하기(Download the files used in the book)' 링크에서 다운로드할 수 있다.

1장

1. 연산자는 +, -, *, /이다. 값은 'hello', -88.8, 5다.
2. 변수는 spam이고 문자열은 'spam'이다. 문자열은 항상 따옴표로 시작하고 끝난다.
3. 이 장에서 소개한 세 가지 자료형은 정수, 부동 소수점 수, 문자열이다.
4. 표현식은 값과 연산자의 조합이다. 모든 표현식은 단일 값으로 평가된다(또는 줄어든다).
5. 표현식은 단일 값으로 평가된다. 선언문은 그렇지 않다.

6. 변수 bacon은 20으로 설정되었다. bacon + 1 표현식은 bacon 안에 있는 값들을 재할당하지 않는다(이를 위해서는 bacon = bacon + 1이라는 할당문이 필요하다).

7. 두 표현식의 결과는 문자열 'spamspamspam'이다.

8. 변수 이름은 숫자로 시작할 수 없다.

9. int(), float(), str() 함수는 전달받은 값을 각각 정수, 부동 소수점 수, 문자열 형식으로 변환한다.

10. 이 표현식은 오류를 일으킨다. 연산자 +를 사용하여 다른 문자열과 결합할 수 있는 대상은 오직 문자열밖에 없으나 99는 정수이기 때문이다. 제대로 이를 수행하기 위해서는 I have eaten ' + str(99) + ' burritos.'라고 해야 한다.

2장

1. True와 False. 여기서 대문자 T와 F를 사용하고 단어의 나머지 부분은 소문자다.

2. and, or, not

3. True and True는 True이다.

   True and False는 False이다.

   False and True는 False이다.

   False and False는 False이다.

   True or True는 True이다.

   True or False는 True이다.

   False or True는 True이다.

   False or False는 False이다.

   not True는 False이다.

   not False는 True이다.

4. False

   False

   True

   False

   False

True

5. ==, !=, <, >, <=, >=

6. ==는 '동일함'을 나타내는 연산자로 두 값을 비교한 결과를 불 형식으로 나타 내는 반면, =는 할당 연산자로 변수에 값을 저장하는 역할을 한다.

7. 조건문은 흐름 제어 연산문에서 사용되는 표현식으로 결과는 불 형식의 값 이다.

8. 세 개의 블록은 각각 if 문 안에 있는 모든 내용, print('bacon') 줄, print('ham') 줄이다.

```
print('eggs')
if spam > 5:
    print('bacon')
else:
    print('ham')
print('spam')
```

9.
```
if spam == 1:
    print('Hello')
elif spam == 2:
    print('Howdy')
else:
    print('Greetings!')
```

10. 무한 루프에 갇혔을 때 Ctrl-C를 눌러서 프로그램을 중지한다.

11. break 문은 반복문의 바로 뒷부분을 실행하며, continue 문은 반복문의 시작 부분으로 돌아가서 실행한다.

12. 전부 동일한 역할을 한다. range(10)은 0부터 10까지의(10은 제외) 범위를 호출하고, range(0, 10)은 반복문이 0에서 시작하는 것을 명확하게 알려 주 며, range(0, 10, 1)은 반복문의 각 반복마다 변숫값이 1씩 증가한다는 것을 명확하게 알려 준다.

13.
```
for i in range(1, 11):
    print(i)
i = 1
while i <= 10:
    print(i)
    i = i + 1
```

14. 이 함수는 spam.bacon()으로 호출할 수 있다.

3장

1. 함수를 사용하면 중복된 코드를 사용할 필요성이 줄어든다. 이렇게 하면 프로그램이 더 짧아지고 가독성이 좋아지며 업데이트하기 쉬워진다.

2. 함수 안에 있는 코드는 함수를 정의할 때가 아니라 함수가 호출될 때 실행된다.

3. def 문은 함수를 정의(즉, 생성)한다.

4. 함수는 def 문과 def 절 안의 코드로 구성된다. 함수를 호출하면 프로그램의 실행 위치가 함수 내부로 이동하며, 함수를 호출한 결과는 함수가 반환하는 값이다.

5. 단일 전역 범위가 있고 지역 범위는 함수가 호출될 때마다 생성된다.

6. 함수가 종료되면 지역 범위는 파괴되며 그 안에 있는 변수들은 모두 삭제된다.

7. 반환값은 함수 호출에 대한 결괏값이다. 다른 값들과 마찬가지로 반환값도 표현식의 일부로 사용할 수 있다.

8. 함수에 return 문이 없다면 반환값은 None이다.

9. global 문은 함수에서 사용하는 변수가 전역 변수를 참고하도록 강제한다.

10. None의 자료형은 NoneType이다.

11. 이 import 문은 areallyourpetsnamederic이라는 이름의 모듈을 불러온다(그러나 실제 파이썬 모듈은 아니다).

12. 이 함수는 spam.bacon()으로 호출할 수 있다.

13. 오류를 일으킬 수 있는 코드를 try 절 안에 넣는다.

14. try 절에는 잠재적으로 오류를 일으킬 수 있는 코드를 넣는다. except 절에는 오류가 실제로 일어났을 때 실행할 코드를 넣는다.

4장

1. 빈 리스트값은 어떠한 항목도 들어 있지 않은 리스트값을 의미한다. 이는 ' '가 빈 문자열값인 것과 비슷하다.

2. spam[2] = 'hello'(첫 번째 인덱스는 0이기 때문에 이 리스트의 세 번째 값은 인덱스 2에 위치한다는 점에 주의하라)

3. 'd'(11로 나누기 전에 int()에 전달한 '3' * 2의 결과는 문자열 '33'이라는 점에 주목하라. 최종 결괏값은 3이다. 값을 사용하는 위치에서는 표현식도 사용

할 수 있다)

4. 'd'(음수 인덱스는 끝에서부터 센다)

5. ['a', 'b']

6. 1

7. [3.14, 'cat', 11, 'cat', True, 99]

8. [3.14, 11, 'cat', True]

9. 리스트 결합을 하는 연산자는 +, 리스트 복제를 하는 연산자는 *이다(이는 문자열의 경우에도 마찬가지다).

10. append()가 리스트의 끝에만 값을 추가하는 반면, insert()는 리스트의 어느 부분에서나 추가할 수 있다.

11. del 문과 remove() 리스트 메서드는 리스트에서 값을 제거하는 두 가지 방법이다.

12. 리스트와 문자열 모두 len()에 전달할 수 있으며, 인덱스와 슬라이스를 가질 수 있고, for 반복문에 사용될 수 있으며, 결합과 복제가 될 뿐 아니라 in과 not in 연산자와 함께 사용할 수 있다.

13. 리스트는 가변적으로 값을 추가하거나 제거하거나 변경할 수 있다. 튜플은 불변적으로 전혀 변경할 수 없다. 또한, 튜플은 소괄호를 사용하여 나타내는 반면, 리스트는 대괄호를 사용하여 나타낸다.

14. (42,)(뒤에 오는 쉼표는 필수다)

15. 각각 tuple(), list() 함수

16. 리스트값에 대한 참조를 갖고 있다.

17. copy.copy() 함수는 리스트를 얕은 복사를 한다. 반면, copy.deepcopy() 함수는 리스트를 깊은 복사를 한다. 즉, copy.deepcopy()만 리스트에 있는 리스트들을 복제한다.

5장

1. 두 개의 중괄호: {}

2. {'foo': 42}

3. 딕셔너리에 저장된 항목들은 순서가 없다. 반면, 리스트에 저장된 항목들은 순서가 있다.

4. KeyError 오류가 발생한다.

5. 차이는 없다. in 연산자는 해당 값이 딕셔너리의 키에 존재하는지 검사한다.

6. 'cat' in spam은 딕셔너리에 'cat'이라는 키가 있는지 검사한다. 'cat' in spam.values()는 spam의 키에 해당하는 값 중 'cat'이라는 값이 있는지 검사한다.

7. spam.setdefault('color', 'black')

8. pprint.pprint()

6장

1. 이스케이프 문자는 문자열값에서 코드에 입력하기 어렵거나 불가능한 문자를 표현한다.

2. \n은 개행 문자, \t는 탭 문자

3. 이스케이프 문자 \\는 역슬래시 문자를 나타낸다.

4. Howl's의 작은따옴표는 괜찮다. 그 이유는 문자열의 양 끝에 큰따옴표를 사용했기 때문이다.

5. 여러 줄에 걸쳐 있는 문자열을 사용하면 문자열 안에 이스케이프 문자 \n 없이 줄을 바꿀 수 있다.

6. 표현식의 결과는 다음과 같다.

    - 'e'
    - 'Hello'
    - 'Hello'
    - 'lo, world!'

7. 표현식의 결과는 다음과 같다.

    - 'HELLO'
    - True
    - 'hello'

8. 표현식의 결과는 다음과 같다.

    - ['Remember,', 'remember,', 'the', 'fifth', 'of', 'November.']
    - 'There-can-be-only-one.'

9. 각각 문자열 메서드인 rjust(), ljust(), center()다.

10. lstrip(), rstrip() 메서드는 각각 문자열의 왼쪽 끝과 오른쪽 끝에서 공백 문자를 제거한다.

7장

1. re.compile() 함수가 Regex 객체를 반환한다.

2. 역슬래시를 이스케이프할 필요가 없도록 원시 문자열을 사용한다.

3. search() 메서드는 Match 객체를 반환한다.

4. group() 메서드는 일치하는 텍스트 문자열을 반환한다.

5. 그룹 0은 전체 일치, 그룹 1은 첫 번째 괄호 세트, 그룹 2는 두 번째 괄호 세트를 포함한다.

6. 마침표와 괄호는 역슬래시로 이스케이프된다: \., \(, \)

7. 정규 표현식에 그룹이 없으면 문자열 리스트가 반환된다. 정규 표현식에 그룹이 있으면 문자열 튜플 리스트가 반환된다.

8. | 문자는 두 그룹 중 '둘 중 하나'와 일치하는 것을 나타낸다.

9. ? 문자는 '앞의 그룹과 하나도 일치하지 않거나 하나의 그룹과 일치'를 의미한다. 즉, 최소 일치를 나타낸다.

10. +는 하나 이상과 일치한다. *는 0개 또는 그 이상과 일치한다.

11. {3}은 앞의 그룹과 일치하는 것이 세 개 있다. {3, 5}는 일치하는 것이 세 개 이상 다섯 개 이하다.

12. 단축 문자 클래스인 \d, \w, \s는 각각 단일 숫자, 난어를 이루는 문자, 공백 문자와 일치한다.

13. 단축 문자 클래스인 \D, \W, \S는 각각 단일 숫자가 아닌 문자, 단어를 이루는 문자가 아닌 문자, 공백 문자가 아닌 문자와 일치한다.

14. .*는 최대 일치를, .*?는 최소 일치를 수행한다.

15. [0-9a-z] 또는 [a-z0-9]

16. re.compile()의 두 번째 인자에 re.IGNORECASE를 전달하면 대소문자를 구별하지 않고 대조한다.

17. . 문자는 개행 문자를 제외한 모든 문자와 일치한다. re.compile()의 두 번째 인자에 re.DOTALL을 전달하면, 이는 개행 문자와도 일치한다.

18. sub()를 호출하면 문자열 'X drummers, X pipers, five rings, X hens'를 반환한다.

19. re.VERBOSE 인자를 사용하면 re.compile()에 전달하는 문자열에 공백 문자나 주석을 추가할 수 있다.

20. re.compile(r'^\d{1,3}(,\d{3})*$')가 이 정규 표현식을 만든다. 그러나 다

른 문자열로도 비슷한 정규 표현식을 생성할 수 있다.

21. `re.compile(r'[A-Z][a-z]*\sJeong')`

22. `re.compile(r'(Alice|Bob|Carol)\s(eats|pets|throws)\` `s(apples|cats|baseballs)\.', re.IGNORECASE)`

8장

1. 아니다. PyInputPlus는 서드 파티 모듈로 파이썬 표준 라이브러리에는 포함되어 있지 않다.

2. 더 짧게 입력하기 위해서다. 이렇게 하면 `pyinputplus.inputStr()` 대신 `pyip.inputStr()`이라고 입력할 수 있다.

3. `inputInt()` 함수는 정숫값을, `inputFloat()` 함수는 부동 소수점값을 반환한다. 이는 4와 4.0의 차이다.

4. `pyip.inputint(min=0, max=99)`를 호출한다.

5. 명시적으로 허용 또는 거부된 정규 표현식 문자열 목록

6. 이 함수는 `RetryLimitException`을 일으킨다.

7. 이 함수가 반환하는 값은 `'hello'`다.

9장

1. 상대 경로는 현재 작업 디렉터리에 대해 상대적이다.

2. 절대 경로는 /이나 C:\와 같은 루트 폴더에서 시작한다.

3. 윈도우에서 결과는 `WindowsPath('C:/Users/Al')`이다. 다른 운영 체제의 경우, 같은 경로라도 다른 `Path` 객체가 나올 수 있다.

4. 표현식 `'C:/Users' / 'Al'`은 오류를 일으키는데, 이는 / 연산자를 문자열 두 개를 결합하는 데 사용할 수 없기 때문이다.

5. `os.getcwd()` 함수는 현재 작업 디렉터리를 반환한다. `os.chdir()` 함수는 현재 작업 디렉터리를 변경한다.

6. . 폴더는 현재 폴더, ..는 상위 폴더를 나타낸다.

7. C:\bacon\eggs는 폴더 이름, spam.txt는 기본 이름이다.

8. `'r'`은 읽기 모드, `'w'`는 쓰기 모드, `'a'`는 추가 모드다.

9. 쓰기 모드에서 열려 있는 이미 존재하는 파일은 삭제되어 완전히 덮어씌워진다.

10. read() 메서드는 파일의 전체 내용을 단일 문자열값으로 반환한다. readlines() 메서드는 문자열 리스트를 반환한다. 이때 각 문자열은 파일 내용 줄들이다.

11. 셸프값은 딕셔너리값과 비슷하다. 키와 값을 갖고 keys(), values() 메서드를 갖는다. 이 메서드는 딕셔너리에 있는 같은 이름의 메서드와 비슷하게 동작한다.

10장

1. shutil.copy() 함수는 파일 하나만 복사한다. 반면, shutil.copytree()는 폴더와 그 안에 있는 모든 내용 전체를 복사한다.

2. shutil.move() 함수는 파일 이름을 바꿀 때뿐 아니라 파일을 옮길 때도 사용한다.

3. send2trash 함수는 파일이나 폴더를 휴지통으로 옮긴다. 반면, shutil 함수는 파일이나 폴더를 영구적으로 삭제한다.

4 zipfile.ZipFile() 함수는 open() 함수와 비슷하다. 첫 번째 인자는 파일 이름이고, 두 번째 이름은 ZIP 파일을 여는 모드다(읽기, 쓰기, 추가).

11장

1. assert spam >= 10, 'The spam variable is less than 10.'

2. eggs.lower() != bacon.lower() 'The eggs and bacon variables are the same!' 또는 eggs.upper() != bacon.upper(), 'The eggs and bacon variables are the same!'

3. assert False, 'This assertion always triggers.'

4. logging.debug()를 호출하려면 프로그램의 시작 부분에 다음 두 줄이 필요하다.

```
import logging
logging.basicConfig(level=logging.DEBUG, format=' %(asctime)s - %(levelname)s
- %(message)s')
```

5. logging.debug()를 사용하여 *programLog.txt*라는 파일에 로깅 메시지를 전송하려면 프로그램의 시작 부분에 다음 두 줄이 필요하다.

```
import logging
logging.basicConfig(filename='programLog.txt', level=logging.DEBUG, format='
%(asctime)s - %(levelname)s - %(message)s')
```

6. DEBUG, INFO, WARNING, ERROR, CRITICAL

7. `logging.disable(logging.CRITICAL)`

8. 로깅 함수 호출을 제거하지 않고 로깅 메시지를 비활성화할 수 있다. 하위 수준 로깅 메시지를 선택적으로 비활성화할 수 있다. 로깅 메시지를 작성할 수 있다. 로깅 메시지는 타임 스탬프를 제공한다.

9. Step In 버튼은 디버거를 함수 호출 부분으로 옮긴다. Step Over 버튼은 디버거를 함수 내부로 들어가도록 하는 대신 빠르게 함수 호출을 실행한다. Step Out 버튼은 현재 있는 함수에서 빠져나올 때까지 나머지 코드를 빠르게 실행한다.

10. Continue 버튼을 클릭하면 디버거는 프로그램의 끝이나 중단점이 있는 줄에 이를 경우 멈춘다.

11. 중단점은 코드의 어떤 줄에 설정하며, 프로그램 실행이 이 줄에 이르면 디버거는 이 지점에서 일시 정지한다.

12. 뷰에서 중단점을 설정하려면 줄 번호를 클릭하여 그 옆에 빨간색 점이 나타나도록 한다.

12장

1. `webbrowser` 모듈에는 웹 브라우저를 실행해 특정 URL에 접속하게 하는 `open()` 메서드가 있는데 그게 전부다. `requests` 모듈은 웹에서 파일이나 페이지를 다운로드한다. `BeautifulSoup` 모듈은 HTML을 구문 분석한다. 마지막으로 `selenium` 모듈은 브라우저를 실행하거나 제어할 수 있다.

2. `requests.get()` 함수는 Response 객체를 반환하며, 이 객체는 다운로드한 내용이 문자열 형태로 저장된 text 속성을 갖는다.

3. `raise_for_status()` 메서드는 다운로드에 문제가 생기면 예외를 일으킨다. 반면, 다운로드가 성공한다면 아무것도 하지 않는다.

4. Response 객체의 `status_code` 속성에는 HTTP 상태 코드가 들어 있다.

5. 컴퓨터에서 새 파일을 '이진 쓰기(wb)' 모드로 열고, Response 객체의 `iter_content()` 메서드의 결과에 대해 for 반복문을 수행한다. 이에 대한 결과 말뭉치를 파일에 작성한다. 다음은 그 예다.

```
saveFile = open('filename.html', 'wb')
for chunk in res.iter_content(100000):
    saveFile.write(chunk)
```

6. 크롬에서 F12를 누르면 개발자 도구가 나타난다. 파이어폭스의 경우 Ctrl-Shift-C(윈도우나 리눅스)나 command-option-C(맥OS)를 누르면 개발자 도구가 나타난다.

7. 페이지의 요소를 마우스 오른쪽 버튼으로 클릭하여 나타나는 메뉴에서 요소 검사하기(Inspect Element)를 선택한다.

8. `'#main'`

9. `'.highlight'`

10. `'div div'`

11. `'button[value="favorite"]'`

12. `spam.getText()`

13. `linkElem.attrs`

14. `from selenium import webdriver`를 실행해야 selenium 모듈을 불러올 수 있다.

15. `find_element_*` 메서드는 첫 번째로 일치한 요소를 WebElement 객체로 반환한다. `find_elements_*` 메서드는 모든 일치한 요소들로 구성된 리스트를 WebElement 객체로 반환한다.

16. `click()`과 `send_keys()` 메서드가 각각 마우스 클릭과 키보드 키를 시뮬레이션한다.

17. 양식 안에 있는 모든 요소에 대해 `submit()` 메서드를 호출하면 양식이 제출된다.

18. WebDriver 객체의 메서드인 `forward()`, `back()`, `refresh()`가 각 브라우저 버튼을 시뮬레이션한다.

13장

1. `openpyxl.load_workbook()` 함수는 Workbook 객체를 반환한다.

2. `sheetnames` 속성에는 Worksheet 객체가 들어 있다.

3. `wb['Sheet1']`을 실행한다

4. `wb.active`를 사용한다.

5. sheet['C5'].value 또는 sheet.cell(row=5, column=3).value

6. sheet['C5'] = 'Hello' 또는 sheet.cell(row=5, column=3).value = 'Hello'

7. cell.row와 cell.column

8. 시트에서 가장 큰 열과 행의 번호를 정숫값 형태로 갖고 있다.

9. openpyxl.cell.column_index_from_string('M')

10. openpyxl.cell.get_column_letter(14)

11. sheet['A1':'F1']

12. wb.save('example.xlsx')

13. 다른 값들을 설정하는 것과 같은 방법으로 설정한다. 해당 셀의 value 속성을 수식 텍스트 문자열로 설정한다. 이때 수식은 = 기호로 시작됨을 기억하라.

14. load_workbook()을 호출할 때 키워드 인자 data_only에 True를 전달한다.

15. sheet.row_dimensions[5].height = 100

16. sheet.column_dimensions['C'].hidden = True

17. 화면에 항상 나타나는 행과 열을 의미한다. 헤더로 유용하게 사용된다.

18. openpyxl.chart.Reference(), openpyxl.chart.Series(), openpyxl.chart.BarChart(), chartObj.append(seriesObj), add_chart()

14장

1. 구글 스프레드시트에 접근하기 위해서는 사용자 인증 정보 파일, 구글 스프레드시트에 대한 토큰 파일, 구글 드라이브에 대한 토큰 파일이 필요하다.

2. EZSheets에는 ezsheets.Spreadsheet, ezsheets.Sheet 객체가 있다.

3. Spreadsheet의 downloadAsExcel() 메서드를 호출한다.

4. ezsheets.upload() 함수를 호출한다. 이때 엑셀 파일 이름을 전달한다.

5. ss['Students']['B2']를 호출한다.

6. exsheets.getColumnLetterOf(999)를 호출한다.

7. Sheet 객체의 rowCount, columnCount 속성에 접근한다.

8. Sheet의 delete() 메서드를 호출한다. 키워드 인자 permanent=True를 전달해야 영구적으로 삭제된다.

9. createSpreadsheet() 함수와 Spreadsheet의 createSheet() 메서드는 각각 Spreadsheet와 Sheet 객체를 생성한다.

10. EZSheets가 메서드 호출을 막는다.

15장

1. open()이 반환한 File 객체

2. PdfFileReader()는 이진-읽기 모드('rb'), PdfFileWriter()는 이진-쓰기 모드
   ('wb')

3. 0페이지가 첫 번째 페이지를 의미하므로 getPage(4)를 호출하면 5페이지에
   해당하는 Page 객체가 반환된다.

4. numPages 변수에는 PdfFileReader 객체에 들어 있는 페이지 수를 정수로 저장
   한다.

5. decrypt('swordfish')를 호출한다.

6. rotateClockwise()와 rotateCounterClockwise() 메서드. 이때 회전 각도를 정
   수 인자로 전달한다.

7. docx.Document('demo.docx')

8. 한 문서는 여러 문단을 가질 수 있다. 문단은 개행 문자로 시작하며 여러 개의
   런이 들어 있다. 이때 런이란 문단 내에서 연속된 문자의 그룹을 나타낸다.

9. doc.paragrphs를 사용한다.

10. Run 객체가 이러한 변수들을 갖는다(문단이 아니라)

11. 스타일에서 굵기 설정과 관계없이 True로 설정하면 해당 Run 객체가 굵게 표
    시되며, False로 설정하면 해당 Run 객체는 굵게 표시되지 않는다. None은
    Run 객체를 스타일의 굵기 설정에 맞도록 표시한다.

12. docx.Document() 함수를 호출한다.

13. doc.add_paragraph('Hello there!')

14. 0, 1, 2, 3, 4

16장

1. 엑셀에서 스프레드시트는 문자열 외에 다양한 자료형의 값을 가질 수 있다.
   각 셀에는 다양한 글꼴, 크기, 색상 설정을 할 수 있다. 각 셀은 다양한 너비와
   높이를 가질 수 있다. 인접한 셀을 병합할 수 있다. 이미지나 차트를 포함시
   킬 수 있다.

2. open()을 호출해서 얻은 File 객체를 전달한다.

3. reader 객체의 경우 File 객체는 이진-읽기('rb') 모드로 열어야 하고, writer 객체의 경우 이진-쓰기('wb') 모드로 열어야 한다.

4. writerow() 메서드

5. delimiter 인자를 사용하여 행 안에서 셀을 구분하는 문자열을 변경할 수 있다. lineterminator 인자를 사용하여 행을 구분하는 문자열을 변경할 수 있다.

6. json.loads()

7. json.dumps()

17장

1. 시간이나 날짜를 사용하는 프로그램에서 사용하는 기준 시점으로, UTC 기준 1970년 1월 1일에 해당된다.

2. time.time()

3. time.sleep(5)

4. 전달된 인자에 가장 가까운 정수. 예를 들어 round(2.4)는 2를 반환한다.

5. datetime 객체는 특정 시점에 대한 시간을 나타낸다. 반면 timedelta 객체는 기간을 나타낸다.

6. datetime.datetime(2019, 1, 7).weekday()를 호출하라. 그 결과는 0이 반환될 것이고, 월요일이라는 의미다. datetime 모듈에서도 0은 월요일, 1은 화요일, 이와 같은 방식으로 6은 일요일을 나타낸다.

7.
```
threadObj = threading.Thread(target=spam)
threadObj.start()
```

8. 어떤 스레드에서 실행되는 코드가 다른 스레드에서 실행되는 코드에 존재하는 변수를 읽거나 쓰지 못하도록 한다.

18장

1. 각각 SMTP와 IMAP

2. smtplib.SMTP(), smtpObj.ehlo(), smptObj.starttls(), smtpObj.login()

3. imapclient.IMAPClient(), imapObj.login()

4. `'BEFORE <date>'`, `'FROM <string>'`, `'SEEN'`과 같은 IMAP 키워드 문자열로 이루어진 리스트

5. `imaplib._MAXLINE`에 `1000000`과 같이 더 큰 정숫값을 할당한다.

6. `pyzmail`이 다운로드한 이메일들을 읽는다.

7. credentials.json과 token.json 파일은 지메일에 접근할 때 사용할 구글 계정을 알려 준다.

8. 메시지는 단일 이메일을 나타내는 반면, 대화 스레드는 여러 개의 이메일로 주고받는 대화를 나타낸다.

9. `search()`에 전달하는 문자열에 `'has:attachment'`를 포함시킨다.

10. 트윌리오 계정 SID 숫자, 인증 토큰 숫자, 트윌리오 전화번호가 필요하다.

19장

1. RGBA는 정수 네 개가 들어 있는 튜플로, 각 정수는 0에서 255까지의 범위 안에 있는 값을 가질 수 있다. 각 정수는 색상에서 빨간색, 초록색, 파란색, 알파(투명도)의 양에 해당한다.

2. `ImageColor.getcolor('CornflowerBlue', 'RGBA')`를 호출하면 `(100, 149, 237, 255)`를 반환하며, 이 값은 해낭 색상에 해당하는 RGBA 값이다.

3. 상자형 튜플은 정수가 네 개 들어 있는 튜플이다. 각각은 왼쪽 모서리의 x좌표, 위쪽 모서리의 y좌표, 너비, 높이를 나타낸다.

4. `Image.open('zophie.png')`

5. `imageObj.size`는 정수 두 개가 들어 있는 튜플로, 각각 너비와 높이에 해당한다.

6. `imageObj.crop((0, 50, 50, 50))`. `crop()`에 별도의 정수 인자 네 개가 아니라 상자형 튜플을 전달하는 점에 유의하라.

7. Image 객체에서 `imageObj.save('new_filename.png')` 메서드를 호출한다.

8. ImageDraw 모듈에 이미지를 그리는 코드들이 들어 있다.

9. ImageDraw 객체에는 `point()`, `line()`, `rectangle()`과 같은 도형을 그리는 메서드가 있다. 이 객체는 `ImageDraw.Draw()` 함수에 Image 객체를 전달하여 반환된다.

20장

1. 마우스를 화면의 왼쪽 상단 모서리인 좌표 (0, 0)으로 옮긴다

2. pyautogui.size()는 두 개의 정수로 된 튜플을 반환하는데, 각각 화면의 너비와 높이를 나타낸다.

3. pyautogui.position()은 두 개의 정수로 된 튜플을 반환하는데, 각각 마우스 커서의 x좌표와 y좌표를 나타낸다.

4. moveTo() 함수는 마우스를 화면의 절대 좌표로 옮긴다. 반면, move() 함수는 마우스를 현재 마우스 위치에서 상대적인 위치로 옮긴다.

5. pyautogui.dragTo(), pyautogui.drag()

6. pyautogui.typewrite('Hello, world!')

7. pyautogui.write()에 키보드 키 문자열 리스트를 전달하거나 pyautogui.press()에 단일 키보드 키 문자열을 전달한다.

8. pyautogui.screenshot('screenshot.png')

9. pyautogui.PAUSE = 2

10. 웹 브라우저를 제어하기 위해서는 PyAutoGUI 대신 셀레니엄을 써야 한다.

11. PyAutoGUI는 무턱대고 클릭과 입력을 진행해서 올바른 창을 클릭하고 입력하는지 쉽게 알 수 없다. 예상치 못한 팝업 창이나 오류로 인해 스크립트가 제대로 작동하지 않아 종료해야 할 수 있다.

12. pyautogui.getWindowsWithTitle('Notepad') 함수를 호출한다.

13. w = pyatuogui.getWindowsWithTitle('Firefox')를 실행한다. 그런 다음 w.activate()를 실행한다.

찾아보기